林崇德文集

爱新觉罗·毓嶦题签

林崇德文集

第三卷 ◎ 发展心理学

北京师范大学出版集团
BEIJING NORMAL UNIVERSITY PUBLISHING GROUP
北京师范大学出版社

林崇德

　　1941 年 2 月生，浙江宁波象山人，北京师范大学资深教授。中国心理学会前理事长，在教育部等单位学术兼职 26 种，并在多所高校任兼职或客座教授。获省部级以上学术奖励 28 项，并先后获中青年有突出贡献专家（1994）、全国劳动模范（2000）、全国"十佳师德标兵"（2001）、全国优秀教师（2006）、全国优秀科技工作者（2012）、国家杰出科技人才（2014）、北京市人民教师（2017）和当代教育名家（2017）等荣誉称号。

总　序

──────

　　1960 年，我毕业于上海市上海中学，因为受上海市劳动模范、我的班主任孙钟道老师的影响，我也想当一名像孙老师那样的好老师，成为一名教育家。于是，我在填报高考志愿时，把 23 个志愿全部填成了师范院校，并以优异的成绩考入第一志愿北京师范大学，成为教育系首届心理专业的学生。我为什么要选学心理学？其实我当时对心理学一窍不通，只是朴素地想到，当老师必须从学生心灵入手。在我朦胧的认识中，心理学似乎就是一门研究心灵的学问。今天，"林崇德文集"（以下简称"文集"）就体现了"教育"和"心灵"这四个字。

　　1965 年，是中国心理学从初步繁荣走向全面停顿的转折之年，也是我大学毕业之年。学习了 5 年的心理学已无用武之地，我被分配到北京从事基础教育，先后在 2 所基础薄弱校任教，一干就是 13 年。可能受当年的"志愿"影响，我对当中小学教师无怨无悔，全身心投入：当好班主任；教好课；做好校办厂厂长；主持好学校的教育教学工作。在这 13 年的基础教育工作中，我最大的感受是：教书育人是有规律的，其核心问题是如何架起师生之间的心灵桥梁。应该说，我这 13 年干得不错，"文化大革命"结束后的第二年，即 1977 年，在教育走上正轨的时刻，我被评为北京市朝阳区优秀教师。1978 年，北京师范大学心理专业恢复招生，但心理学教师极端缺乏。母校想起了当年的"好学生"，要调我回母校重操旧业。为振兴中国心理科学，时代呼唤我归队，我只能含泪离开已让我深爱的基础教育界。在回母校时，我带回了 5 篇在中小学工作之余收集数据并撰写完成的研究报告，涉及聚焦先天与后天关系的心理发展规律的双生子智能与性格研究、儿童青少年数学能力发展及其思维结构的研究、品德不良中学生心理追踪研究等。经我恩师朱智贤教授(以下简称"朱老")的推荐,我竟然成为1979年中国心理学会恢复活动后首次学术大会上的报告人之一,我报告的主题是智能发展及其结构问题。我对品德研究的论文则由中国心理学会秘书长、中国科学院心理研究所所长徐联仓先生向全国人大常委会彭真同志(后来任全国人大常委会委员长)推荐,彭真同志责成教育部等单位为我召开了一次研讨会,该文成了我的成名作。虽然这些作品在今天的"文集"中已显示不出水平,但毕竟是我对教育与心理学研究的开始。在这初入杏坛心灵的交响乐中,我深深地体会到三点:儿童青少年身心发展是有规律的,它是基础教育工作的出发点;中小学是一块心理学研究难得的实验宝地;儿童青少年心理发展将成为我终身研究的重点。

对一个高校教师来说,他的成长离不开师长的培养;而他自己能否培养出国家所需要的人才又是衡量其素质的根本标准。我的"文集"体现了上靠恩师、下靠学生的一种传承。我的心理学功底是北京师范大学心理专业的老师们给的。当年的北京师范大学心理专业名家多,按照专业课程的开设次序,彭飞、张厚粲、朱老和章志光等教授先后给我们上课,可以说我今天的讲课风格是他们讲课特点的综合体现。当然,对我系统培养、扶植的是我的恩师朱老。朱老是一位学术大师、是中国发展心理学的奠基者,他对我人品上的最大影响有两点:一是对国家的忠诚和对党的热爱;二是他的创新精神。如原杭州大学老校长陈立教授给朱老一封信中所言,"新中国成立后,心理学界能就一方面问题成一家之言者,实为少见。老兄苦心深思,用力之勤,卓有硕果,可谓独树一帜"。"文集"不仅反映了我对朱老事业的继承,也展现了我的具体研究。从思维认知到品德社会性,从非智力因素到心理健康,从教师心理到学生发展核心素养,等等,我的研究内容来自自己的课题,我主持过国家自然科学基金、国家社会科学基金、教育部和科技部等20多个大大小小的项目。谁来操作完成呢?是我的弟子们。在科研中,他们展示了品格、智慧和才干,使我萌生了培养出超越自己、值得自己崇拜的学生之信念。我的学生俞国良教授鼓励我创建一个学派,我说已经形成了。从朱老到我,从我到董奇教授,我们已经有了一个较庞大的团队,我们围绕着教育与心理发展的主题,做了许多颇有影响的心理学科建设工作，是否已成为与众不同的学派，我不想妄加评判。我的"文集"只不过是这个团队的一部分成果。

有人问我，"文集"有什么特点？我不想对它做过多的自我评价，只是想表达我在追求"六个坚持"。

一是坚持走心理学研究中国化的道路。心理学是科学，科学无国界。但心理学研究人的心理，人的心理往往又打着文化的烙印。中国人的心理既具有全人类性，又体现中华文化的特点。因此中国心理学必须立足中国、借鉴国外、挖掘历史、把握当代、面向未来，着力走心理学研究中国化的路子，在指导思想、学术体系、研究方法、话语体系等方面充分体现中国特色、中国风格和中国气派。这当然是我的理想，尽管现实离理想还有很大的距离，但我坚信，通过几代中国心理学家的不断努力，是能够实现这个目标的。而"文集"正体现了我在心理学研究中国化上的一些努力：努力研究中国的现实问题；努力借鉴国外理论方法的同时，积极地挖掘本土的智慧与方法论；努力建立我们自己的知识体系。我深深地体会到，越是民族的东西，越能在国际刊物上发表，即越能走向国际，实现国际化。

二是坚持科学的精神。什么叫科学？它是指运用范畴、定理、定律等思维形式反映现实世界各种现象的本质和规律的知识体系(《辞海》定义)。从我 1960 年考入北京师范大学学习心理科学那天算起，正好是一个甲子，我和心理学打了 60 年的交道，我热爱几乎用毕生来研究的心理学。我懂得在心理学研究中科学精神的重要性。而"文集"则体现了我在心理学研究中重视的几个原则：重视实事求是、注重客观标准、相信事实、强调实践，主张在中国实践中研究心理学；重视以定性分析和定量分析作为研究心理学的方法，不仅要运用心理统计学，还要涉及模糊数学和数理逻辑，这应该引起我们心理学界的注意，至少它是一个方向，因为心理现象具有模糊性，讲究范畴，惯用推理；重视国际化，强调开放体系，尽管我走的是心理学研究中国化的道路，但我从来不否认同国外交流，也从不承认终极真理；重视科学的自由探索，我们这代心理学学者，曾经历过对某种心理现象研究的禁区，我提倡中国心理学百家争鸣、百花齐放，有一定权威的心理学家更要谦虚谨慎，聆听各家的意见，切忌盛气凌人、以势压人、一人说了算。

三是坚持正确的指导思想。我出身贫寒，从高中到大学，都是靠人民助学金维持生活、完成学业的。我的座右铭是"忠诚于党的教育事业"。我的最大信仰是毛泽东同志指出的"领导我们事业的核心力量是中国共产党，指导我们思想的理论基础是马克思主义"。这应该是我们的根本意识形态，是核心价值观的精髓。因此，我把辩证唯物主义作为自己对心理学研究的指导思想。对这个观念，我是不会动摇的。而"文集"也体现了这种观点，尽管我做得还不够好。我赞同唯物辩证的心理发展观：和任何事物一样，心理处于发展变化之中；引起这种心理发展变化的有外因也有内因，外因必须通过内因而起作用；心理的发展变化，既有量变又有质变，量的积累是质的发展变化之基础。与此同时，我也赞同辩证唯物的心理反映论，即我协助恩师朱老提出的实践反映论，它强调实践反映人的认识，具有决定性、社会性、主体性、发展性、能动性和系统性等特点。

四是坚持系统的原则。受唯物辩证法的方法论以及现代系统论的影响，我比较喜欢整体性或系统性的原则或原理。事物是以系统形式存在的有机整体，是由要素以一定结构组成的，是具有不同于要素功能的系统，是由不同层次的等级组成的开放系统，它处于永不停息的自组织运动之中，有其产生、发展和消亡的过程。这个原则给我两点启发：人及其心理发展是一个系统或一个有机的整体；任何一项心理学具体研究都是一个整体或由各种环节构成的一个系统。这个原则促使我追求系统整合的心理学观。"文集"正体现了这个原则。系统观使我懂得教育与心理发展是一个系统工程，是一个多历程、多形态、多成效、多争议的自然和社会现象；系统观促进我构建了诸如思维结构、品德结构和学科能力结构等心理学知识体系；系统观成全我完成20多项重要的心理学和教育学的研究项目。

五是坚持理论联系实际。理论联系实际既是我们党和国家倡导的三大工作作风之一，又是科学技术和学术研究必须遵循的一种良好风范。在我从事的心理学与教育学界，理论联系实际不仅是朱老一贯的主张，也是国际心理学和教育学研究发展的一种新趋势。例如，"生态化运动""教育行动研究"等，是发展心理学和教育心理学研究领域出现的一种强调在活生生的自然与社会的生态环境中，研究被试心理特点的普遍倾向。因此，坚持理论联系实际是我在研究中的一个重要原则，它使我懂得：没有心理学理论的指导，就不可能深入研究一系列相关的现实问题，即使研究了也水平有限；如果没有扎实的实践基础，研究了半天也是空泛无味，没有应用价值，也不可能有进一步的创新价值，更重要的是广大老师、百姓不买账，所以我在理论联系实际上不偷懒、不懈怠。而"文集"则体现出我在这方面的收获。如果说今天我在心理学界与教育界有一定的知名度和影响力，是因为我在大大小小的项目研究中坚持了理论联系实际的研究作风。我还要指出的是，我的不少课题成果汇聚到"文集"中，靠的是众弟子的力量、团队的力量、各相关课题组的力量！应该特别提到的是董奇和申继亮等教授的辛勤投入，没有他们，哪能有在全国 26 个省、自治区和直辖市坚持 20 多年（1978—2002 年）的学习与发展、教育与发展的实验研究。从这些研究中获益的中小学教师超万人，学生超过 30 万。

六是坚持作品的独立性。"文集"由 2 本论文选和 11 本著作（合并为 10 卷）组成，构成 12 卷，除了学术论文和研究报告有合作的成果之外，其他著作都是"独作"，因为我不想收集合著、主编作品和译作。只有"独作"才能更好地代表我的观点。

"文集"终将出版，让我衷心地感谢最关心我的母校——北京师范大学，感谢我的好友、著名书法家启骧先生为"文集"题写书名，感谢协助我搞科研、出成果、辛苦付出的每一位团队成员和课题组成员，感谢北京师范大学出版社及相关的编辑们（我在各卷中将向具体人员致谢）！

著 者

2020 年 4 月 20 日于北京师范大学

第三版前言

————

　　"林崇德文集"（简称"文集"）中的《发展心理学》，应该是《发展心理学》的第三版。比起前两版，这一版没有太大的不同，如果一定要说区别，那就是第三版更规范。在心理学界，若严格地把心理学家分类，几乎 100% 的同人会称我为发展心理学家，因为我的专业方向是发展心理学，所以《发展心理学》是出自自己的专业之作。可以说，它是我的文集中专业的代表作。张春兴先生当年组织并主编"世纪心理学丛书"时，把撰写《发展心理学》的任务委托于我，就是因为我从事发展心理学的教学和研究。"文集"中的这本《发展心理学》是我独著的；我还主编了一本由人民教育出版社出版的《发展心理学》，那是由我带领的团队创作的成果，现在是我国高校心理学专业发展心理学课程的主要教材，并获北京市哲学社会科学优秀成果一等奖。这两本《发展心理学》都出自我的创意，写作的起始时间也差不多，但体例和内容是有差别的。为了使它们有较大的差异，我在对团队编写的《发展心理学》进行统稿前，除自己写的第一、第二章外，基本上没有看过后面的内容，最终竟把自己独著的《发展心理学》的字数写到了团队编写的两倍。如果让我自己评价，我肯定不能说出哪本书好、哪本书差；如果问我投入的程度，因为我的团队付出了集体的力量，所以我省了不少时间与精力，而独著则花费了我更多的时间，使我下了更大的功夫。如总序所述，"文集"只能选自己单独的作品，即独著或独作。在这本《发展心理学》入"文集"的过程中，首先，我要感谢浙江教育出版社，刚出版了此书的第二版，还不到 1 年就要给"文集"的出版单位北京师范大学出版社提供电子稿，显示出无私的情谊。其次，我要感谢我的弟子朱丽教授，她不仅帮助我修改了第二版，而且承担了第三版的校对工作，足见她发展心理学的功底。最后，我要感谢北京师范大学出版社，特别是策划编辑关雪菁和责任编辑张筱彤。雪菁苦费心思，把《发展心理学》排在两本论文选后，作为"文集"中著作部分的领头卷，以体现我的专业方向；筱彤下了大力，她所提的意见在 A4 纸上打了整整 10 页，可见她的认真、负责和细致，二位编辑的敬业精神给我留下难忘的印象。

著　者

2020 年 3 月 16 日

第二版前言

———

　　我的由东华书局与浙江教育出版社先后出版的独立专著《发展心理学》写于1995 年，其写作的缘起、目的、过程及所遇的感受，我都在自序中做了一一倾吐。

　　该书出版已 20 多年了，20 多年来，我拜读过一些书评，也获悉此书在海峡两岸的影响。该书先由我国台湾东华书局出版，在 21 世纪前 10 年与张春兴先生的多次通话中，他告诉我，台湾不少师范院校把它作为师范生的参考书；教育家高震东先生曾把此书推荐给其创建的忠信高专的学生作为阅读图书，因此该书在台湾的发行量不低。在大陆发行的是浙江教育出版社的简体字版本。我知道，一些师范院校把它与我主编的人民教育出版社出版的《发展心理学》一起列为心理学专业发展心理学课程的教材或教学参考书。此书拥有一批对我十分信任的读者，2016 年，在一次由我弟子李庆安教授主持的论坛上，一位来自北京大学的嘉宾，竟然手举该书上讲台，大谈此书对其人生发展的启迪。

　　尽管我仍坚持当年所撰写的《发展心理学》中的各种理论，但自该书第一版出版至今已有 1/5 世纪了。发展心理学逐渐走向发展科学，并产生不少毕生发展的新理论，即使是我自己所提出的观点，也需要更新支持的实验资料。于是，我于 2017年初夏着手修订该书。由于年事已高，杂事缠身，工作效率极低，迟迟见不到成果，只好连 2017 年 10 月在阜外医院住院期间，还带着该书原版，在上面做修补工作。直至 2017 年年底赴杭州开会时，我才将修订完的书稿交给浙江教育出版社。

　　感谢我的弟子周宗奎与朱莉两位教授，为该书的研究资料更新做了大量艰苦的工作；感谢我的弟子贾绪计博士，为该书最后参考资料的定稿付出了巨大的努力。

更要感谢浙江教育出版社周俊总编，他极重视该书再版，一次次商议催促，甚至来北京到寒舍探讨该书的再版事宜；感谢责任编辑江雷的积极工作，并不厌其烦地接受我过分的意见。所有这些，使老朽深为感动。

我期待着自己的《发展心理学》第二版与第一版一样受读者欢迎。

著　者

2018 年 4 月于北京师范大学发展心理研究院

第一版前言

────

素有"东海明珠"之称的浙东沿海重镇——石浦镇，是一个近年来台湾渔民在大陆的主要避风港。那里有我刻骨难忘的童年嬉戏的伙伴、年近八旬的慈母及养育我的富沃土地和浩瀚大海。

作为母亲的骨肉，是母亲给予我厚道的心性、勤奋的品质；作为大海的儿子，是大海赋予我博大的胸怀、坚毅的性格；作为中华儿女的一员，是中华民族的乳汁哺育我成长，教育我成人，培养我成为1949年后中国第一个"教育科学博士"。对此，我心怀感激并扪心自问：作为一介书生、一个渔家的后代，我能贡献给大地和母亲什么呢？窃以为，我从事的职业是最好的回答！

我从事的职业——教师，是世上"最伟大而神圣的事业"，是"春蚕到死丝方尽"的奉献。教书育人之余，我倾一己之精力研究个体一生心理发展的特点和规律，穷30多年教学与科研之生涯，探索个体从受精卵开始到出生、成熟、衰老的生命全程中心理发生、发展的特点和规律，乐在其中！我犹如乘一艘快艇在人类生命长河中急驶，有时顺水而下，有时逆水而上；有时晴空万里、一帆风顺，有时浊浪滔天、雷电交加；穿梭往返其中，孜孜不倦地寻觅着生命全程心理变化的奥秘。

我曾投入对嗷嗷待哺的婴儿的研究，为优生、优育、优教唱过赞歌。

我曾走到幼儿园小天使中间，为电视剧《早期智力开发哆来咪》创作脚本。

我喜欢背起书包上学去的儿童，为发展小学生心理能力做过系统的研究。

我与中学生交过10多年的朋友，为青少年的智力发展和品德培养提出己见。

我和青年朋友朝夕相处，曾为他们的成长付出了艰辛的劳动，业已培养了15名发展心理学博士、43名发展心理学硕士，其中大部分已晋升为教授、副教授。

我本人属于中年人，从自己的切身体验中，我经常为减轻中年人沉重的负担而摇旗呐喊。

我尊重、体贴老年人，并为自己即将步入老年期而感到骄傲，也为自己面临老化衰退而心生惋惜。

一言以蔽之，揭示个体毕生心理发展的特点和规律，目的在于为提高中华民族乃至全人类的人口素质贡献自己的一分力量。此乐何极！

从 20 世纪 60 年代开始，我师承发展心理学泰斗朱智贤教授(1908—1991)，如愿以偿成为他忠诚的及门弟子。朱智贤教授对我影响极深。我非常赞同恩师将发展心理学的研究对象概括为"研究人类心理发展的规律和人类各年龄阶段的心理特征"的观点。这里所说的"规律"，实际上就是对人类发展原理的探讨，而"各年龄阶段的心理特征"则主要是对心理发展各时期特点的揭示。在本书的写作过程中，我把全书 10 章分为 2 个部分，前 2 章研究发展原理，并评价诸多心理学派关于心理发展规律的理论；后 8 章则系统地论述个体心理各个发展时期的特征。当然，在发展心理学中研究心理发展的规律和研究各年龄阶段的心理特征是相互交叉的，在本书中，这种思想亦一以贯之。例如，前 2 章也涉及各年龄阶段心理特征的问题，后 8 章在讨论每个年龄阶段心理发展的特征时，也做了一定的理论阐述。这样的体例安排，在国际发展心理学界是常见的，而对我来说却是刻意安排，因为这体现了朱智贤教授和我的学术思想。

在发展心理学研究中，我主张将基础研究和应用研究结合，理论和实践结合。在我自己的发展心理学研究生涯中，一方面，我从事基础理论研究，建立了多媒体认知发展实验室，主持 10 余项各种基础的重大课题，并将研究的成果撰写成论著，如与朱智贤教授合著的《思维发展心理学》(1986)一书，在国内外学术界获得了一定的声誉；另一方面，我重视中小学教育的应用研究，将自己的思维发展理论应用在提高教育质量上，并在全国 26 个省份建立了实验点，在国内外教育界颇有影响，拙著《学习与发展》(1992)正是这方面成果的结晶。发展心理学的基础研究和应用研究并重，二者缺一不可。

校阅案头的《发展心理学》书稿清样，我感慨良多：一介书生无扭转乾坤之功，一个渔家后代无丰衣足食之力，一位学者却有唤起民众良知、提高民族素质之责任，展示最佳发展道路之设计。衷心希望拙作在这方面尽力、尽责、尽忠，这也是我的写作初衷之一。

此外，我能在东华书局和浙江教育出版社出版《发展心理学》，论述自己对人类心理毕生发展的看法，应该感谢我的良师益友——台湾师范大学张春兴教授。张先生长我 14 岁，按国际心理学界的惯例，10～20 年算一代人，张先生则是我的师长辈。然而，他出于对我的信任，于 1992 年 8 月与师母周慧强教授前来大陆，亲自向我约稿，使我十分感动，从此我们建立了深厚的忘年交情。多年来，我亲眼看到张先生为"世纪心理学丛书"所付出的心血与艰辛。"世纪心理学丛书"的出版对未来中国心理科学的发展来说，意义是十分重大的。我不敢对自己参与写作的"世纪心理学丛书"做评价，但我敢说，在中国心理学界，20 世纪之内要再出版一套达到这一质量水平的心理学丛书不太容易。我想，成果是对张先生最好的回报。台湾东华书局负责人卓鑫淼先生是中国出版界德高望重的老前辈，张春兴教授向我介绍道，卓先生出生于浙江宁波，长于上海。作为晚辈，我也是在上海长大的宁波人，这算缘分吧。我为卓先生鼎力资助以繁体字、简体字在海峡两岸发行"世纪心理学丛书"一事而感激不已，他在海峡两岸文化学术交流方面所做的贡献，我想海峡两岸学界的同人都不会忘记。东华书局和浙江教育出版社编辑们的学识令人深深地敬佩，特别是对书稿质量精益求精的做法，使我难以忘怀。我将永远记住这些未见过面的、甘为无名英雄的朋友。同时，我在成书的 3 年多时间里，曾碰到种种困难，而家庭的支持是克服困难的最大力量。内子曹承慧副教授是与我相濡以沫的贤内助，我的每一次成功，都有她过半的功劳。小儿林众、儿媳瑞琴也为书稿的打字校对付出了艰辛劳动。在我写作过程中，我的贤棣们为我提供了大量的材料，特别是董奇、申继亮、俞国良、白学军和辛涛 5 位博士，令我倍感为师之乐。谨此一并敬表谢意。

著 者

1998 年 4 月于北京师范大学

目录 | CONTENTS

第一章

绪　论

　　所谓发展（development），有多种含义。一般人们将之理解为某种事物的增长、变化和进步。在此含义上，它与生长（growth）为同一语。但严格意义上，发展尤指一种持续的系列变化，特别是有机体在整个生命周期的持续变化，这种变化可能是由于遗传（heredity）因素，也可能是环境或学习的结果；这种变化既可以是量变，也可以是质变。而生长通常用于生理方面，对人类来说，生长是从卵子受精开始，直至个体或组织衰亡的持续过程。发展与生长两个术语既有联系又有区别。成熟（maturation）比前两者更为复杂，它有两层含义：其一为生理的成熟，即身体上各种器官的形态、结构和机能达到完备状态，生长即告停止；其二为心理成熟，包括智能的成熟、情绪（emotion）的成熟和社会性（sociality）的成熟 3 个方面。简言之，成熟是指随年龄的增长自然而然出现的个体身心的成长与变化。成熟排除了练习和经验。一般来说，成熟不但确定个体发展的最大限度，而且决定个体学习的效果和速度。但生理成熟和心理成熟并不完全一致，这就形成了个体发展的复杂性和多样性。

　　人的发展指的是人类身心的生长和变化，如同一条蜿蜒的长河，时而会激起奔腾的波涛，时而会静静地流淌；人的发展也有起有伏，有激流勇进，也有平静流淌，循环往复，循规变化。人出生后，随着年龄的增长，心理和生理由简单到复杂，由低级到高级，由旧质到新质，不断地变化。不同年龄阶段有不同的生理和心理特点。生理发展是心理发展的物质基础，在一定程度上制约着心理发展，但生理发展不是心理发展的唯一决定性因素。个体的发展除了依靠生理结构机能，更重要的是受到社会生活条件的制约。人的心理发展作为人发展的一个重要部分，从种系心理的演变，到个体心理的变化过程，构成了发展心理学（developmental psychology）的研究领域。

本章主要探讨的是发展心理学的几个基本理论问题。

①发展心理学的概念及其研究内容。

②种系心理发展（species mental development）与个体心理发展的特点，两者的联系与区别。

③从儿童心理学（child psychology）到发展心理学的演变历史。

④发展心理学的中国化问题。

⑤发展心理学的方法学和具体研究方法。

⑥发展心理学的进展与今后的展望。

第一节

发展心理学的界说

"发展心理学"一词是在儿童心理学的基础上产生的。虽然心理学家对儿童心理学和发展心理学的看法不尽相同，但有一点是共同的，即不论是儿童心理学还是发展心理学，都是研究人的发展的。

一、心理学与发展心理学

心理学（psychology）不仅是一门认识（knowing）世界的科学，也是一门了解、预测和调节人的心理活动与行为（behavior）表现的科学，对改造客观世界和主观世界具有重大意义。随着社会和科学的发展，心理学研究与应用的范围日益扩展，形成了诸多分支学科。发展心理学就是心理学的一个分支，在心理学大家庭中发挥着重要作用。

（一）心理学

心理学是研究心理活动和行为表现的科学。在英文中，心理学一词源自希腊文，意思是关于灵魂（soul）的科学。随着科学的发展，心理学的研究对象由灵魂变为心灵（mind）；心理学是对心灵的研究，亦可被称为心灵哲学（philosophy of mind）。19世纪初，德国哲学家、教育学家约翰·弗里德里希·赫尔巴特（Johann Friedrich Herbart，1776—1841）首次提出心理学是一门独立的科学。1879年，德国心理学家威廉·冯特（Wilhelm Wundt，1832—1920）在莱比锡创立了世界上第一个心理学实验室，宣告心理学脱离哲学而成为独立的实验科学，并培养和建立了一支国际心理学专业队伍。因此，在心理学发展史上，冯特被确认为近代科学心理学的创始人。

人在实践活动和生活活动中，与周围环境发生交互作用，必然会产生种种主观活动和行为表现，这就是人的心理活动，或被称为心理。具体地讲，外界事物或体内的变化作用于人的机体或感官，经过神经系统（nervous system）和大脑的信息加工（information processing），引起人对周围事物的感觉（sensation）和知觉（perception），并使人注意环境变化，记忆发生过的事件，思考各类不同的问题，想象未来的情景。这种感觉、知觉、注意、记忆、思维（思考）和想象的心理活动，就是人的认知（cognition）或认识过程。人们对周围环境的体验有喜、怒、哀、乐、爱、恶、惧等，这是人的情感过程。人们根据既定目的，做出努力，克服困难，并通过行为去处理和改变客观的现实，这是人的意志过程。这三个过程，简称为知、情、意，是人的心理过程。同时，对待某个事件，不同的人会表现出不同的能力、气质（temperament）、性格、兴趣（interest）、动机和价值观（view of value）等，这种差异既与各人的先天素质有关，也与后天的经验和学习有关，这就是人格（个性）（personality）。人的心理现象，就是针对人的心理过程和人格而言的。

与物理现象不同，心理现象不具形体，不能被直接观察，这就构成了心理科学的特殊性，正如台湾师范大学心理学教授张春兴提出的："心理学是超科学的科学。"(张春兴，1994)因此，在进行心理学研究时，人们首先把注意力集中于人的外表行为活动上。心理活动不仅源自客观现实，源自实践活动，还能通过其外部行为活动，主要是动作(act)和言语表现出来。第一，人的行为活动很明显地受到心理活动的支配和调节，外部行为是人的心理活动的直接表现，而认知、情感、意志等心理过程及整个人格对行为也有很大的影响。第二，人是有意识(consciousness)的高等动物，人的心理非常复杂，人们可以有意识地掩饰自己的某些心理活动，甚至表现出一些与内心不符的外部假象，说出一些与心理事实不符的话语，因此，在根据直接观察到的行为去分析人的某种心理活动时，研究者必须非常谨慎。第三，人的心理的复杂性与外表行为的多变性，并不能使心理活动成为神秘莫测、不可捉摸、无法研究的东西。心理现象由外界事物和体内变化引起，总会在行为活动上有所表现，而且也是有规律可循的，即使直接表现受到掩盖，它也会间接地在其他方面有所流露。因此，通过较长时间、全面系统的观察，或者借助于仪器分析，仍然可以对一个人的心理有所了解。

(二)发展心理学

心理现象的复杂性使心理学领域众说纷纭，因而形成了许多派别。因为争议的结果趋于求同存异，各家的合理思想得到保留，所以心理学在100余年里获得了迅速发展。

心理现象的复杂性使心理学家们从不同的方面展开跨学科和多学科的探讨。心理学既与生物科学、技术科学结合，又与社会科学、人文科学结合，这种特点使心理学成为兼具自然科学和社会科学两种属性的边缘科学、中间科学、模糊科学，即超科学的科学。心理现象的复杂性又使大多数心理学家从一个侧面进行深入研究，这使得心理学研究范围广阔、分支众多。

尽管心理学分支繁杂，但仍可从两个角度予以分析：一是从其性质上分门别类；二是从其应用上分门别类。如果把心理活动分成不同层次，在不同水平上加以分类，心理学则有实验心理学、生理心理学、发展心理学、认知心理学、人格心理学、社会心理学、理论心理学等。如果把心理学按其应用范围加以分类，心理学则有教育心理学、临床心理学、工业心理学、商业心理学、医学心理学、法律心理学、军事心理学等。普通心理学则是概论性的基础理论的心理学。由此可见，发展心理学是心理学的一个分支。

发展心理学是研究个体在从受精卵(zygote)开始到出生、成熟、衰老(senility)的生命全程(life-span)中心理发生、发展的特点和规律；简言之，就是研究个体毕生心理发展的特点和规律。人的身心在生命进程中表现出量和质两方面的变化，且与年龄有密切的联系；既表现出发展的连续性，又表现出发展的阶段性，因而形成年龄特征(age characteristics)。发展心理学研究的正是各种心理活动的年龄特征。具体地说，研究心理发展的年龄特征，应当包括 2 个主要部分和 4 个有关方面。

研究 2 个主要部分：一是人的认知发展的年龄特征，包括感觉、知觉、记忆、思维、想象等，其中对思维的年龄特征的研究是最主要的一环；二是社会性发展(social development)的年龄特征，包括兴趣、动机、情感、人格、价值观、自我意识(self-consciousness)、能力、性格等，而对人格的年龄特征的研究是最主要的一环。

为了研究生命全程或个体毕生心理发展年龄特征的这 2 个主要部分，还必须结合研究 4 个有关方面：一是心理发展的社会生活条件和教育条件；二是生理因素的发展；三是动作和活动的发展；四是语言的发展。

人的个体发展离不开种系发展。所谓种系心理发展，指的是从动物到人类的心理演变过程。这个过程也包括两个部分，一个是动物心理的进化过程，另一个是人类心理的进化过程。前者研究的是动物心理学(animal psychology)的内容，即研究动物心理和行为的变化规律，从而进一步揭示人的心理和行为的实质。后者研究的是民族心理学(folk psychology)(主要是原始人类心理学)和个体发展心理学(psychology of individual development)的内容，意指随着人类社会的演进，人类生活和文化水平的不断提高，人的心理水平也不断发展。现代儿童的心理发展水平是原始社会的成人远不能比拟的，这说明社会条件对人类心理发展有重要作用。因此，从广义来说，发展心理学是研究种系和个体心理发生与发展的科学。狭义的发展心理学就是个体发展心理学。以下分别叙述种系心理发展和个体心理发展。

二、种系心理发展与个体心理发展

种系心理发展和个体心理发展既有联系，又有区别。种系心理发展指从动物到人类心理的演变过程；个体心理发展指人类个体在从受精卵到出生、成熟、衰老的整个生命中心理发生和发展的过程。两者构成了从动物到人类心理发展的整体面貌。

（一）种系心理发展

1. 动物心理的进化过程

心理现象主要为人类所有，但它是在动物界长期进化的基础上产生的。在动物进化过程中逐渐出现的一些心理现象，为人类心理的发生和发展提供了前提条件。

对动物心理进化进行研究是动物心理学或比较心理学（comparative psychology）的主要课题。从历史上说，最早可追溯到古希腊时期。亚里士多德（Aristotle，公元前384—前322）在其著作《动物历史》中提出的自然等级表，谈的就是动物种系心理的进化顺序。1864年，法国生理学家马里·让·皮埃尔·弗洛伦斯（Marie Jean Pierre Flourens，1794—1867）出版了《比较心理学》，这是动物行为进化阶段研究有意义的尝试。在动物心理进化研究中，查尔斯·达尔文（Charles Darwin，1809—1882）做出了杰出贡献。他于1872年出版的《人类和动物的表情》一书就是运用进化观点对动物行为进行比较研究的。科学心理学诞生之后，许多心理学家开始动物智力进化方面的实验研究，如迷津学习、问题解决等课题。爱德华·李·桑代克（Edward Lee Thorndike，1874—1949）的尝试错误学习（trial and error learning）、伊万·彼得罗维奇·巴甫洛夫（Ivan Petrovich Pavlov，1849—1936）的条件反射学说（conditional reflection theory）等，都建立在动物行为实验研究的基础上。20世纪中期是动物心理学迅速发展的时期，"发展"的观念受到了极大的重视，于是对于动物心理进化问题有较多研究。例如，哈利·F. 哈洛（Harry F. Harlow，1905—1981）等人对恒河猴的研究阐明了剥夺社会经验对后来社会化（socialization）的影响；沃尔夫冈·柯勒（Wolfgang

Köhler, 1887—1967）对猩猩（类人猿）学习和问题解决的研究不仅提出了顿悟学说（insight theory），而且阐述了动物在行为改变和行为塑造方面所具有的较大潜力。对动物行为发生和发展的研究，重点是考察行为进化和发展的因素，探讨遗传与经验即先天和后天在动物心理发展中的作用。

动物进化的标志之一是结构的分化，其中最主要的是神经系统的出现，这对于种系心理发展具有非常重要的意义。具体来说，动物神经系统的发展经历了4个阶段，在此基础上，逐渐产生了原始的心理。

一是刺激感应性阶段。原生动物是动物进化阶梯中最低等的一种，如变形虫等单细胞动物，它们具有刺激感应性的各种特点，即能在一定范围内按照环境中的变化因素与自身生存的关系来调整自己的动作。

动物界的进化是由单细胞动物发展为多细胞动物，如刺胞动物中的水螅。这时多细胞动物产生了一种散漫的、无意向的、无中枢的网状神经系统，尽管这时的反应形式仍属于刺激感应性阶段，但它们产生的感觉细胞能专门承担反应的传导职能。

二是感觉阶段。网状神经系统进一步发展，进化到梯形神经系统。属环节动物的蚯蚓就是代表。它们不但产生了头神经节，而且出现了彼此独立的原生质的神经元（neuron）。神经元之间的联结叫突触（synapse），突触式的联系使神经系统形成了新的功能，于是动物进入了心理发展最初形式的感觉阶段。这时，动物能够回应那些起信息作用并能指导动物行为的个别刺激物或物体的个别属性的作用。

在无脊椎动物的发展中，节肢动物——如昆虫——是进入较高级发展水平的动物。昆虫的节状神经系统有较庞大的脑神经节，并形成了相当发达且专门的受纳器官，不仅使感官越来越发达，而且形成各种本能。例如，蚂蚁有觅食和存食的本能，蜜蜂有交际的本能。

三是知觉阶段。动物进化为脊椎动物，其神经系统有了很大的发展，各类脊椎动物的神经系统都是空心管状的。管的后端是脊髓（spinal cord）；管的前端有膨大部分，叫作脑泡（brain bladder）。在发展过程中，最初的3个脑泡变为5个脑泡，即前脑、间脑、中脑、后脑和末脑。

　　低等脊椎动物从鱼类开始，发展到两栖类，再到爬行类及鸟类，其神经系统特别是脑的变化是比较大的。例如，爬行类在大脑半球的背外侧面出现了一层新的结构——大脑皮质（cerebral cortex）；鱼类则发展了大脑半球的腹内侧面，即纹状体（corpus striatum）。于是，这些脊椎动物产生了较高的分析综合能力，使种系心理发展进入知觉阶段。

　　随着大脑的进化，低等脊椎动物的行为逐渐脱离感觉冲动的直接控制，变为由综合各种感觉冲动的大脑半球新皮层的复杂过程控制，也就是由感觉过程变为知觉过程。动物发展到了知觉阶段，对周围事物的刺激不再只是回应其个别属性，而是在其行为中形成不可缺少的个体经验，对周围事物做出整体的反应。

　　四是思维萌芽阶段。哺乳类属于高等脊椎动物，它们是由爬行类进化而来的。哺乳类的种类极其多样，分布极广，在生态方面的差别也极大，所以它们的心理发展水平也存在很大的差距。在种系心理发展的研究中，最有代表意义的是灵长目的类人猿。类人猿的心理发展进入了思维萌芽阶段。

　　类人猿有发达的大脑和大脑皮质，从外形看与人脑相差不多；类人猿的各种感官也接近人类。动物心理学家通过实验研究，发现猩猩的行为出现新的特点。①利用简单的工具解决问题，如黑猩猩用石头砸开硬壳果等。典型的研究是柯勒的黑猩猩取食物实验：在黑猩猩面前放食物，在其身旁放好一粗一细两根杆子，每根杆子的长度都不足以取到食物，经过摆弄，黑猩猩偶然地把两根杆子接（套）在了一起，于是它接好杆子，动作迅速且准确，杆子也较结实，最终取到了食物。②模仿人的动作，如拿抹布擦地，拿扫帚扫地，用勺子舀水，用茶杯喝水，甚至"学习"人抽烟、缝纫等动作。③学会手势语言，美国的两位研究者（Gardner & Gardner，1969）依据聋哑人用的手势，教会黑猩猩许多手势，并使其应用这些手势和人们进行交际，这些手势包括名词、动词、形容词和副词等；另两位研究者（Premack & Premack，1972）利用符号语言对一只 6 岁的黑猩猩做实验，实验内容有 8 种——字词、句子、是非问题、用语言教语言、类概念（class conception）、连接词、量词和条件关系词，结果这只黑猩猩能用塑料小片与事物建立联系，造句，辨别颜色、大小和形状，并建立类概念（或类属概念）。④在直觉水平上，有理解他人错误信念的能力，《科学》期刊发表了一项研究（Krupenye，2016），研究者利用预期注视测验（该测验原本只用于研究人类婴儿）发现倭黑猩猩、黑猩猩、红毛猩猩能够凭直觉了解他人的想法。

由此可见，哺乳类，尤其是灵长目哺乳类，不仅对周围环境有粗浅的感觉和完整的知觉、产生清晰的表象，而且能对事物与事物之间的联系和综合属性做出完整的反应，初步解决一些问题，证明它们的思维已萌芽。这种初级思维或动作思维为人类思维发展提供了生物学的准备。

2. 人类心理的进化过程

第一，人类的进化。

人类是由动物进化而来的。人类的动物祖先是高度发展而现已灭绝的猿类，它们和现代人猿相似，有高度灵活的运动能力，有高度发展的定向探索反射和初级思维。在远古时，由于地球表面变化，森林减少，人类的动物祖先被迫由树上生活改为地面生活。生活条件和生活方式的改变使人类动物祖先的活动进一步发展。人类的动物祖先演变为人类有 3 个前提条件：一是直立行走、手的发展；二是使用工具和制造工具；三是因交往需要而产生语言。这些条件与人脑发展、经验传递、劳动生产相辅相成，最终使人类的动物祖先进化为原始人。动物的进化受到生物原理或生物规律的支配，而人类的发展受社会原理或社会规律的支配。所谓社会，主要指人类相互交往的产物，是各种社会关系（social relationship）的总和。也就是说，社会无疑是由一群人组成的，人类的群体生活是建立在物质资料生产基础上的，并产生共同的习惯、心理、情操、民俗。随着社会的发展，原始人发展为远古时代的人、古代社会的人、中世纪的人、近代社会的人，直到现代社会的人。

第二，人类心理的特点。

人类心理有一个发展的过程，原始人的思维和现代人的思维有区别，法国社会学家卢西恩·列维-布留尔（Lucien Levy-Bruhl，1857—1939）早在 1910 年的《原始思维》一书中就做了详细的论述。在这里我不深入讨论这种差异，而探讨人类心理的共同特性，并把这种共同特性归纳为如下 3 个特点。

①意识的心理特性。人类心理是有意识的。所谓意识，即能清醒觉察、明了思

考、具备自觉行为等特征的心理状态，它包括意识客体和意识自我两种类型。具体地说，即能够清醒觉察周围事物的本质特点和内在联系；明确思考的过程和方向，使认识活动具有目的性、组织性、计划性和预见性；能调节自身的行为，具备主观见之于客观的自觉能动性。当然，意识虽是人类心理高级的、主要的形式，但不是唯一的形式，因为人类心理存在意识和无意识两种形式并交互作用。

②社会的心理特性。人类心理受社会历史的制约，不同的社会、不同的时代、不同的民族有不同的心理特点。民族心理学就是研究原始人和现代人心理差异的一门科学。社会心理学家研究社会及文化背景下的人类心理和行为表现。例如，研究社会境遇如何影响社会知觉，社会因素如何作用于人类态度和信仰，等等。因此，离开人类社会和人类实践，就谈不上人类的心理。

③语言的心理特性。语言有两个主要作用：概括作用和调节作用。人类借助语言，认识周围事物的内容，使感知、概念和记忆概括化、理性化，使情感、意志更具调节功能。人类借助语言，将世世代代在社会实践中所积累形成的知识一代代地传递下去，促进社会的文明和发展。人的有意识的心理，正是以语言为基础的个体经验和社会经验的总和。

(二) 个体心理发展

1. 个人心理的发展过程

一个人在出生时是否有心理？人的心理是怎样产生的？在人发展的各个年龄阶段(儿童、少年、青年、中年、老年)心理是怎样发展变化的？它是按照什么原理或规律发展变化的？这些发展变化在人的生活、教育和工作中具有怎样的意义？这些都是个体心理的发展过程研究所必须阐明的问题。

个体发育始于妊娠期，也就是说，个体的产生虽然复杂，但也是从单细胞开始的，不过这个单细胞有两个来源：一个是父源，另一个是母源。这与动物的两性生殖是完全一样的。人体细胞都是从一个受精卵(合子)细胞开始，经过一次又一次的分裂而来的。生命正是从这里开始，其过程极为迅速。

十月怀胎，实际上妊娠期从末次月经(menstruation)起算约为 280 天，一朝分娩。新生儿（neonate）出生后仍保持迅速发展的趋势。虽然新生儿的大脑皮质还不能充分发挥功能，但出生时大脑的低级中枢提供了一整套行为反射，并逐步出现各种感觉。

个体生理的发展主要显现在出生后的 12~13 年里，在这一阶段各种器官会发生重大的结构性变化；尤其是进入青春期（puberty）（10 或 11 岁至 17 或 18 岁，见第七章第一节）后，身体外形变化巨大，内脏机能趋于健全，而且性的成熟标志着人体全部器官接近成熟。随着生理的发育，在出生后的 18 年里，人的心理也逐渐发展变化。心理发展可分成两部分：一是认知发展，思维趋向初步成熟；二是人格发展，趋向个性化。人在 18 岁进入成人期（或成年期）（adulthood），经过相当长的成人前期（青年晚期），成人中期（middle adulthood）或中年期（middle age），以及成人晚期（old adult）或老年期（aging period），身心也持续地变化。这种生命全程或毕生发展的身心变化构成了发展心理学各类研究的课题。发展心理学主要研究个体一生心理发展的趋势。

个体心理发展的过程也是一个社会化的过程。社会化是个体掌握和积极再现社会经验、社会联系和社会关系的过程。通过社会化，个体获得在社会中进行正常活动所必需的品质、价值、信念及社会所赞许的行为方式。社会化过程（socialization process）即在一定社会环境中，个体通过在生理和心理两方面的发展而形成适应社会的人格并掌握社会认可的行为方式的过程。社会化过程包括学习、适应、交流等人类个体用来发展自己的社会属性、参与社会生活的一切过程。人类在社会化过程中学会基本生活技能，掌握社会规范、生活目标，形成社会职能，培养社会角色（social role）。其中有些过程在青少年阶段可完成，即儿童与青少年的社会化；有些过程则贯穿于个体的一生，即成年人的继续社会化和再社会化。社会化过程是人类学会共同生活和彼此有效互动的过程，也是个体与社会环境互动的过程。

2. 个体心理发展与种系心理发展的关系

关于个体心理发展与种系心理发展关系的理论，最具代表性的首推 20 世纪初格兰维尔·斯坦利·霍尔（Granville Stanley Hall，1844—1924）的复演论（recapitulation theory）。19 世纪末 20 世纪初，生物进化论的影响很广，当时生物学家发现人类的胚胎发展过程是动物进化过程的复演。霍尔接受了这种进化论和复演说的思想，并将其运用到个体心理发展学说上，他提出应该把个体心理发展看作一系列或多或少复演种系进化过程的理论。

霍尔具体地分析了儿童与青少年复演种系进化的过程。此外，胎儿在母体中的发展复演了动物进化的过程（如胎儿在一个阶段是有鳃裂的，这是复演鱼类的阶段）。儿童期复演了人类的远古时代。人类的远古祖先所处的时代是一个非常长久的、非常迟滞的时代。儿童的知觉力敏锐，对危险及诱惑的感受极少，道德心、宗教心、同情、爱情及美的享受等理性的特质又十分幼稚，这正是远古时代人类的特征。

在少年期，人的感觉敏锐而活泼，对刺激的反应强烈而敏捷；记忆迅速而持久，同时易于接受各种训练和观念。霍尔认为，此时期是学习的黄金时期，并强调这个时期学习的积极性在于激发自然兴趣。因此，这个时期的教育主要是练习、叮嘱和组织，其方法是机械的、反复的、权威的和独断的。从所有这些上都可以看到中世纪乃至古代教育的影子，所以少年期是中世纪的复演。

青年期是新生活的开始，因为从这时候开始有更高级、更完全的人性产生，所有从这个时期开始表现出来的身心特质是新颖的，其发展趋势是急剧的、突飞猛进的。这都说明了人类祖先在某个进化阶段有一个风云变幻的时期，因此，青年期是比较新近祖先的特征的反映。

霍尔主张对儿童与青少年的教育应考虑到个体心理发展复演种系进化的特点。例如，对于他们所带有的一些野蛮性本能，应该在一定范围内让其自由表现。这种原始的经验与行动是人类祖先迫于生存的需要而习得的，所以不要轻易地放过儿童与青少年对于野蛮性行为的热情与渴望，而要采用有效的方法进行教育。这些方法包括阅读各种文学作品、参加各种体育活动等。上述观点正是霍尔的教育思想的体现，其进步意义是非常明显的。

霍尔复演论的提出引起了心理学界很大的争议，有人加以批评，有人加以称赞。本书认为，复演论的主要错误在于把个体发展史和种系发展史完全等同起来，从而引向决定论（或预成论）（determinism）；但是，也不能因此从根本上否认个体心理发展过程在一定程度上重复着动物和人类的心理发展过程，因为个体发展过程和种系发展过程的确存在一定的关系。

三、发展心理学的研究内容

如前所述，发展心理学研究个体一生的心理发展。在这种生命全程的心理发展研究中，主要有两个问题：一是心理发展的基本原理问题，二是生命全程心理发展的年龄特征问题。

(一) 心理发展的基本原理

在人类心理发展的基本原理问题上，各种心理学派别之间的争论可以被归纳为5点：第一，人类的心理和行为是先天的还是后天的；第二，人类对待环境的关系是主动的还是被动的；第三，人类心理发展是分阶段的还是连续的，是量变还是量变和质变的统一；第四，人类心理发展是普遍的还是特殊的，是多样的还是固定的；第五，发展的终点是开放的(发展变化能持续下去的)还是有最终目标的。因为有这些争议，所以发展心理学的理论研究涉及以下3个问题。

第一，遗传和环境在心理发展中的作用问题。

先天遗传给心理发展提供了可能性，后天的环境(包含教育)将这种可能性变为现实性。两者相辅相成，缺一不可。因此，发展心理学要研究人类心理的先天因素，也要研究自然环境、社会环境等文化背景与人类心理发展的交互作用。

第二，心理发展的外因与内因问题。

在人类心理发展的过程中，既要重视外因，又要重视内因。人类身心发展是主动的，所以外因要通过内因才能起作用。既要讲发展，又要强调内外因之间的关系和作用。

第三，心理不断发展和发展阶段的关系问题。

人类的心理一方面是不断发展的，另一方面是阶段性的。应该将心理发展的连续性和发展的阶段性统一起来，将相对主义的开放和理想化的终点统一起来。这样既能科学地解释生命全程的心理持续发展趋势，又能探讨不同年龄阶段的心理发展特征。

有关人类心理发展的理论，涉及前文提到的发展心理学研究的 2 个主要部分和 4 个有关方面的问题；也就是说，往往运用心理发展的理论去探讨人格方面的发展、智力方面的发展等。例如，对于人类的动机形成和人格发展，精神分析学派(Psychoanalytic School)和社会学习理论(social learning theory)提出了两种截然不同的研究途径。精神分析学派假定存在理想的成年人格，并强调发展变化的内部过程。社会学习理论则采取一个相对主义的开放观点来解释成熟及个体差异等概念，并重视行为的外在原因。皮亚杰学派(Piagetian School)，又称日内瓦学派(Geneva School)，和中国的朱智贤团队都强调发展与内外因的统一，智力发展要趋向一个理想化的终点。本书第二章将详细讨论国内外名家的心理发展理论，故这里不再赘述。

(二)生命全程心理发展的年龄特征

发展心理学不仅要研究心理发展的一般原理，而且要研究人生不同发展阶段的特殊原理。这些原理体现在生命全程各个年龄阶段的心理特征，即各个阶段所表现出来的质的特征上。接下来将叙述各个年龄阶段的划分标准及年龄特征的研究。

1. 年龄阶段的划分标准

迄今为止，如何正确且科学地划分心理发展的年龄阶段仍是一个远没有得到适当解决的问题。然而，它也是发展心理学研究的一个重要内容。古代教育家和哲学家曾提出这个问题，现代发展心理学家正在深入研究。根据目前可见到的划分年龄阶段所依据的典型资料，可归纳出如下几类。

一是以生理发展为划分标准。例如，柏曼(Berman，1911)以内分泌腺为划分标准，分成胸腺时期(幼年时期)、松果体时期(童年时期)、性腺时期(青年时期)、内分泌全盛时期(成年时期)和内分泌缺乏时期(老年期)。

二是以智力发展为划分标准。例如，让·保罗·皮亚杰(Jean Paul Piaget，1896—1980)以思维发展为基础，把从出生到成熟的心理发展分为：感知运动阶段(或感觉动作期)(sensorimotor stage)，0~2 岁；前运算思维阶段(或前运思期)(preoperational stage），2~7岁；具体运算思维阶段（或具体运思期）（concrete operational stage），7~12岁；形式运算思维阶段（或形式运思期）（formal operation stage），12~15岁（详见第二章第四节）。

三是以个性发展特征为划分标准。例如，埃里克·洪伯格·埃里克森（Erik Homburger Erikson，1902—1991）以人格发展为基础，将人的心理发展分为：信任对不信任（0~1岁），自主行动对羞怯怀疑（1~3岁），自动自发对退缩愧疚（3~6岁），勤奋进取对自贬自卑（6~12岁），自我统合（self-identity）对角色混乱（12~18岁），友爱亲密对孤僻疏离（18~25岁），精力充沛对颓废迟滞（25~50岁），完美无缺对悲观沮丧（老年期）（详见第二章第一节）。

四是以活动特点为划分标准。例如，丹尼尔·沃里萨维奇·艾里康宁（Dannil Vorisovich Eliconing，1904—1985）和瓦西里·瓦西列维奇·达维多夫（Vasilee Vasilievich Davidoff，1930—1998）将初步成熟前的心理发展分为：直接的情绪性交往活动（0~1岁），操弄实物活动（1~3岁），游戏（play）活动（3~7岁），基本的学习活动（7~11岁），社会有益活动（11~15岁），专业的学习活动（15~18岁）。

五是以生活事件为划分标准。一般以生活事例将成人期（18岁以后）分为：成人初期（18~35岁），选择职业、建立家庭；成人中期（35~60岁），成就事业、养育子女；成人晚期（60岁以后），子女长大成人并离开家庭，自己退休等。在上述3个阶段的基础上，又可划分为下列亚阶段：成人早期转折（脱离家庭，18~22岁），进入成人世界（22~28岁），经历30岁左右的转折（28~33岁），安顿下来（33~40岁），中年危机（crisis in middle age）（40~45岁），走出危机（45~50岁），经历中年期转折（50~55岁），中年期高峰（55~60岁），成人晚期转折（60~65岁），成人晚期（65岁以后）。

本书主张在划分人类心理发展的年龄阶段时，根据身心发展趋势综合地进行阶段的划分，既要看到重点，即心理发展质的特征，又要顾及全面。

第一，人类在生理、智力、个性、教育、生活诸方面的发展各有特点，应以身心发展的各种指标综合地划分各年龄阶段，但同时也要看到其内在的一致性。为什么在上述各种年龄阶段划分中有那么多年龄阶段趋于一致？例如，出生至2或3岁，

2 或 3 岁至 7 岁，7 岁至 12 岁，12 岁至 15 岁，15 岁至 18 岁，18 岁至 25 岁，25 岁至 35 岁，35 岁至 55 或 60 岁，60 岁以上。这不是一种巧合，而是说明了身心发展确实有一些一致性的年龄阶段。

第二，既然心理发展的年龄特征是各个阶段所表现出来的质的特征，那么这个质的特征就会涉及前述 2 个主要部分和 4 个有关方面。也就是说，它表现在主导的生活事件和主导的活动形式上，表现在智力发展水平和人格发展特点上，表现在生理发育水平和语言发展水平上，等等。本书对心理发展的年龄阶段的划分，正是从这个基本观点出发的。

2. 年龄特征的研究

发展心理学的实验研究主要是围绕心理发展的年龄特征展开的。所谓心理发展的年龄特征，指心理发展的各个阶段所表现出来的质的特征。具体来说，表现在以下几个方面。

第一，个体心理的年龄特征是在心理发展各个阶段中所形成的一般特征（带有普遍性）、典型特征（具有代表性）或本质特征（表示有一定的性质）。它是和年龄相关联的，因为年龄是时间的标志，代表一定的时期和阶段。虽然一切发展都是和时间相关联的，但它不完全由时间决定。发展心理学要通过实验研究，从大量的个别的心理特征中概括出某一年龄阶段心理发展的一般趋势、典型趋势或本质趋势，尽管这些趋势不能揭示这一年龄阶段的所有人的个别特点，可它能代表某一年龄阶段心理发展的整体特征。

第二，在一定条件下，心理发展的年龄特征既是相对稳定的，又可以随着社会生活和教育条件等文化背景的改变而有一定程度的改变。这是因为年龄特征是由许多比较稳定的因素支配的。例如，人类脑的结构和功能的发育是有一定过程的，语言的发展和知识的学习也是有一定顺序的，接受教育、求职、取得成就等生活事件和活动形式的变化也有一定的时间性，这就决定了人类心理发展有较稳定的顺序、限度和阶段；但是，个体的文化背景有差异，生理、语言发展有差异，主体活动及人格也有差异，这就造成了年龄特征的可变性，造成了由文化背景的差别引起的群体差异及由主客观因素的差别引起的个性差异。发展心理学要通过实验研究，从大量的个别的心理特征中概括出心理发展的主客观条件，揭示这些条件就能为人类心理健康发展提供科学的依据。

第三，心理现象是复杂的，所以心理发展既指心理整体的综合发展，又指各种特殊心理现象的发展。尽管生理、语言、活动、认知和人格的发展有着内在一致性，但也存在着各自发展的不平衡性。这是因为，一方面，各种心理现象都要在某一个体身上体现出来，而且具有内在的联系；另一方面，各种心理现象又有一定质的区别。发展心理学既要通过实验研究，从大量的个别心理特征中概括出某种心理现象的发展趋势或某种心理现象发展的年龄特征，又要找出各种心理现象的整体特点，分析整体心理的发展趋势或生命全程某一阶段的心理特征。因此，发展心理学一般对以横向联系为主的发展线索加以研究，研究每一个年龄阶段心理发展的特征，但也允许以某一心理现象的发展为线索进行纵向研究，如研究认知、人格的发展等，甚至将认知进一步分为感觉、记忆、思维来做发展的研究等，从纵向上探索某种心理现象在生命全程中的发展趋势。

第二节

发展心理学的发展

发展心理学的研究有一个发展的过程。如前所述，发展心理学研究个体心理发展，而在个体心理发展的研究中，儿童期（包括青少年期）是被研究得较多的部分，这个部分构成了儿童心理学的主要内容。生命全程心理发展的研究则出现得比较晚。从 20 世纪 70 年代开始，西方国家，特别是美国，关于个体从出生到衰老整个发展时期的心理发展的研究报告和著作越来越多，使研究生命全程的发展心理学发展得十分迅速。

一、科学儿童心理学的诞生与演变

在西方，儿童心理学研究可以追溯到文艺复兴后的一些人本主义(humanistic)教育家，如扬·阿姆斯·夸美纽斯(Johann Amos Comenius，1592—1670)、让-雅克·卢梭(Jean-Jacques Rousseall，1712—1778)、约翰·亨里希·裴斯泰洛齐(Johann Heinrich Pestalozzi，1746—1827)、弗里德里希·威廉·奥古斯特·福禄贝尔(Friedrich Wilhelm August Fröebel，1782—1852)等人的工作。他们提出尊重儿童、了解儿童的教育思想，并为儿童心理学的诞生奠定了思想基础。达尔文的进化论思想则直接催化了儿童发展的研究。达尔文根据长期观察自己孩子心理发展的记录，写成了《一个婴儿的传略》(Darwin，1877)一书，这是儿童心理学早期专题研究成果之一，它对促进儿童发展的传记法(或日记法)研究有着重要的影响。

(一)科学儿童心理学的诞生

科学儿童心理学(scientific child psychology)诞生于 19 世纪后半叶。德国生理学家和实验心理学家威廉·蒂里·普莱尔(William Thierry Preyer，1841—1897)是科学儿童心理学真正的创始人。

1.《儿童心理》的出版

普莱尔对自己的孩子从出生到 3 岁每天都进行系统观察，有时也进行一些实验性的观察，然后把这些观察记录整理成一部有名的著作《儿童心理》(Preyer，1882)，这是公认的第一部科学的、系统的儿童心理学著作。《儿童心理》是一部完整的儿童心理学著作，它包括 3 部分：儿童的感知发展，儿童的意志(或动作)发展，儿童的理智(或语言)发展。在《儿童心理》一书中，普莱尔肯定了儿童心理研究的可能性，并系统地研究了儿童心理的发展；他比较正确地阐述了遗传、环境与教育在儿童心理发展中的作用，并旗帜鲜明地反对当时盛行的白板说(theory of tabula rase)(指人类出生时的心理像白板，一无所有)；他运用系统观察和儿童传记的方法开展了比较研究，对比了儿童与动物的异同，对比了儿童的智力与成人特别是有智力缺陷的成人的智力的异同，为比较心理学及发展心理学做出了不可磨灭的贡献。

2. 称普莱尔为科学儿童心理学创始人的理由

为什么说普莱尔是科学儿童心理学的创始人呢？这是由他的《儿童心理》的问世时间、目的和内容、研究方法及影响这4个方面共同决定的，这4个方面缺一不可。

第一，问世时间。从问世时间上看，《儿童心理》一书于1882年发行第一版，1884年发行第二版，是儿童心理研究相关著作中较早出版的。

第二，目的和内容。从写作的目的和内容上看，普莱尔之前的学者不完全以儿童心理发展为科学研究的课题，即使是达尔文那样伟大的科学家，其研究的目的也主要是为进化论提供依据，其内容也主要是从进化论的角度加以论述的。而普莱尔不同，他写书的目的是研究儿童心理的特点，即将儿童的体质发育和心理发展分别加以专门的研究，他也正是从这一角度来展开他的研究内容的。因此，他的《儿童心理》从一开始就作为一个组成儿童心理学的完整体系出现。

第三，研究方法。从研究方法上看，普莱尔对其孩子从出生起到3岁不仅每天都做系统的观察，还进行了心理实验。采用的方法中有霍尔强调的使用反应时间、心理程序和证明感知觉之间关系的内省法（introspection），即科学心理学的实验研究。普莱尔把他的观察、实验记录整理出来，撰写了专著，这主要属于儿童发展心理学的工作。

第四，影响。从影响上看，《儿童心理》一问世，就受到了国际心理学界的重视，被各国心理学家视为儿童心理学最早的经典著作，并被先后译成十几种文字出版，儿童心理学研究也随之蓬勃开展起来，因此其意义是非凡的，其影响是深远的。

3. 普莱尔工作的意义

普莱尔的研究工作对于当前国际心理学界所开展的儿童早期心理研究仍然产生着重大影响。普莱尔的研究对象主要是3岁前的儿童，在他之后发展起来的儿童心理学的研究对象范围逐渐扩大，主要关注的是幼儿（preschool children）或小学儿童，甚至也有年龄稍长者。近百年来，有关儿童心理发展各个阶段的研究文献中，因为婴儿期（infancy）即 0~3 岁的语言能力还较弱，加上研究方法和技术问题，所以这方面的研究材料无论是从数量上说还是从质量上说都相当贫乏。但近年来，由于早期智力、早期经验和早期教育问题的提出，心理或意识起源研究的兴起，再加上研究技术的进步，对婴儿期的研究进展较快，特别是对婴儿认知能力问题（如注视时间、动作表现、物体辨认、心率及其他生理变化等）的研究，进展则更为迅速。从研究内容观之，这些研究又与普莱尔当年所观察的课题极为吻合。由此可见，普莱尔的《儿童心理》一问世，就为科学儿童心理学奠定了基石。

（二）儿童心理学的演变

西方儿童心理学的产生、形成、演变和发展，大致可分为 4 个阶段。

1. 1882 年以前的工作

1882 年以前为准备时期，在近代社会发展、近代自然科学发展、近代教育发展的推动下，经过许多科学家对儿童研究的推进，终于在 1882 年诞生了科学儿童心理学。

2. 从 1882 年至第一次世界大战的研究

这段时期是西方儿童心理学的形成时期，此时在欧洲和美国出现一批心理学家，他们开始用观察和实验的方法来研究儿童心理发展。普莱尔是最杰出的奠基人，继普莱尔后也有一些先驱和开创者，如美国的霍尔、詹姆斯·马克·鲍德温（James Mark Baldwin，1861—1934）、约翰·杜威（John Dewey，1859—1952）、詹姆斯·麦基恩·卡特尔（James McKeen Cattell，1860—1984），法国的阿尔弗雷德·比奈（Alfred Binet，1857—1911），德国的路易斯·威廉·施太伦（Louis William Stern，1871—1938，又译斯腾或斯特恩）等，他们都以各自杰出的成就为这门科学的建立和发展做出了贡献。

3. 两次世界大战之间的研究

这段时期是西方儿童心理学的分化和发展时期。由于整个心理学的发展，儿童心理学的研究工作和著作不论是数量还是质量都有了飞速发展。特别是受各种心理学流派，如精神分析（psychoanalysis）、行为主义（behaviorism）、格式塔心理学（或完形心理学）（gestalt psychology）等的影响，不同观点与风格的儿童心理学著作大量出版，专门的儿童心理学刊物大量发行，大学里儿童心理学的专门课题相继开设，各种儿童心理学研究组织相继建立，各种儿童心理学家纷纷亮相，如瑞士的皮亚杰、美国的阿诺德·格塞尔（Arnold Gesell，1880—1961）、奥地利的卡尔·彪勒和夏洛蒂·彪勒夫妇（Karl Bühler，1879—1963；Charlotte Bühler，1893—1974）、法国的亨利·瓦龙（Henri Wallon，1879—1962）等，说明儿童心理学已进入比较成熟的阶段。

4. 第二次世界大战后的发展

第二次世界大战以后是西方儿童心理学的演变与增新时期，主要表现在两个方面。一是理论观点的演变。原先的学派，有的影响逐渐减小了，如霍尔的复演论、施太伦的人格主义学派及格式塔心理学派等；有的虽然还有影响，但已不是原来的内容，而是以新的姿态出现，如测验研究，尽管争议很多，但在今天的西方仍然非常流行，量表（scale）越来越多，涉及内容的范围也越来越广，智力与遗传因素的探讨越来越深入，测验研究更为完善；有的流派则打着革新的旗号，直到现在还有很大的势力，主要为新精神分析学派和新行为主义（neo-behaviorism）学派。二是在具体研究工作上的演变，特别是20世纪70年代至今，许多儿童心理学的课题有所进展、有所创新，不仅深入开展了早期儿童心理发展的研究，而且广泛地探讨了个体生命全程的发展。

二、从儿童发展到生命全程发展的研究

从儿童心理学到发展心理学有一个演变过程。

（一）霍尔将儿童心理学研究的年龄范围扩大到青春期

霍尔出版了《青春期：青春期心理学以及青春期与生理学、人类学、社会学、性、犯罪、宗教和教育的关系》（简称《青少年心理学》）（Hall，1904），这便扩大了儿童心理学研究的年龄范围，即儿童心理学研究的是儿童从出生到成熟各个阶段心理发展的特征。尽管普莱尔是科学儿童心理学的创始人，但他的《儿童心理》主要研

究的是学龄前儿童，特别是婴儿期的心理特点，对较大年龄儿童或青少年的研究几乎是空白的。霍尔则不同，霍尔先研究儿童，后来发展到研究青少年，他的《青少年心理学》的问世确定了现代儿童心理学研究的年龄范围。

另外，霍尔也是最早正式研究老年心理的心理学家，他于1929年出版了《衰老：人的后半生》一书，但霍尔没有明确提出心理学要研究个体生命全程的发展。

（二）精神分析学派最先研究生命全程的发展

在西方，精神分析学派对个体生命全程的发展率先做了研究。精神分析学派心理学家卡尔·古斯塔夫·荣格（Carl Gustav Jung, 1875—1961）是最早对成人期的心理进行发展理论研究的心理学家。荣格认为，人的发展主要是心灵的发展，观念变化的呆滞意味着人生之惶惑或死亡；重视潜意识（unconsciousness）、发展心灵的平衡力量、重视精神整体是追求人生未来与幸福的金钥匙。荣格对个体生命全程的发展特别是对成人期心理发展的研究始于20世纪20年代，形成一定理论是在20世纪30年代。他的发展观主要涉及3个方面：①提出前半生与后半生分期的观点，他认为在生命周期的前半生和后半生里，人格沿着不同的路线发展，25~40岁是分界的年龄，前半生的人格比后半生要显得更向外展开，致力于外部世界；②重视中年危机，大约40岁时，人的精神开展较多，个人曾经感到永远不变的目标和雄心壮志失去了意义，于是人开始感到压抑、呆滞、产生紧迫感，中年生命以精神转变为标志，开始由掌握外部世界转向关注自己的内心，内心促使人们听从意识，开发还没有被认识的潜力；③论述老年心理，特别是临终前的心理，老年人企图理解面临死亡（death）时生命的性质，认为死后的生命应该是自己生命的继续。

前文提到的埃里克森正是在荣格研究的基础上将精神分析学派创始人西格蒙德·弗洛伊德（Sigmund Freud, 1856—1939）的年龄阶段划分从青春期扩展到老年期。本书将在第二章讨论这些理论问题。

（三）生命全程发展心理学的问世

在前述研究基础上，生命全程发展心理学（life-span developmental psychology）诞

生，并逐渐发展壮大。

1. 最早的两部生命全程发展心理学著作

美国心理学家哈里·利瓦伊·何林渥斯（Harry Levi Hollingworth，1880—1956，又译霍林沃思）最先提出要追求人的心理发展全貌。因不满足于孤立地研究儿童心理，他出版了《发展心理学概论》（Hollingworth，1927）一书，这是世界上第一部生命全程发展心理学著作。

几乎与此同时，另一位美国心理学家弗洛伦斯·劳拉·古迪纳夫（Florence Laura Goodenough，1886—1959）也提出了同样的观点，写出了在科学性与系统性方面超过何林渥斯著作的《发展心理学》，并于 1935 年出版，1945 年再版，此书曾经畅销欧美。

古迪纳夫认为，要了解人的心理，必须全面研究影响心理产生的各种条件和因素，要把心理看作持续不断发展变化的过程；不仅要研究显露于外的行为，还要研究内在的心理状态；不仅研究儿童、青少年，还要研究成人和老年人；不仅要研究正常人的心理发展，还要研究罪犯和智力低下人士的心理发展。所以，古迪纳夫主张对人的心理研究要注意人的整个一生，甚至还要考虑下一代。

2. 系统开展对成人期的研究

从 1957 年起，美国《心理学年鉴》以"发展心理学"为章名，代替了惯用的"儿童心理学"。在此后的数十年里，发展心理学得到了较深入的研究，特别是在成人期心理发展方面开展了有创新意义的研究，表现在以下几方面。

第一，对成人记忆的研究。对记忆终身发展的研究，特别是对中年记忆的研究，是发展心理学研究中最为活跃的课题之一，但是，研究者对此的分歧相当大。近几十年来，研究者从生命全程发展观出发，对老年人的记忆变化开展了全面的研究，研究的内容和范围正在逐步扩展。

第二，对成人思维发展的研究。这方面的研究也很多，代表人物之一是里格，他提出了用辩证运算（dialectical operation）来扩展皮亚杰的认知发展阶段，并强调了矛盾的作用（Riegel，1973）。这个理论的影响很大，许多成人心理学家对后形式运算（post-formal operation）的研究都受到了这个理论的影响。

第三，对成人智力发展趋势的研究。对个体毕生智力发展趋势的研究也是成人心理研究的一个重点。沙依和赫佐格(Schaie & Hertzog，1983)做的西雅图追踪研究提出了一个关于成人智力发展阶段的模式，很有代表性。

第四，对成人道德发展的研究。埃若蒙(Armon，1984)在劳伦斯·科尔伯格(Lawrence Kohlberg，1927—1987)理论的基础上，研究了5~72岁被试的道德认知，提出3种水平7个阶段，具体如下。

①前习俗水平(preconventional level)，指面对道德两难情境进行道德推理判断时带有自我中心倾向，不能考虑行为后果是否符合社会习俗。

阶段1：激进的自我主义(radical egoism)。在这一阶段，个体对善的理解围绕个人愿望的满足与幻想的实现展开，善就是能为个体提供现实的身体体验，"为善"与"产生好的体验"之间没有什么区别。

阶段2：工具性自我主义(instrumental egoism)。在这一阶段，个体理解的善服务于自身的利益，包括情绪、身体、愿望等；与阶段1的区别是，个体受到现实结果的诱惑，个体有强烈的受人赞扬、被人喜欢及得到物质满足的愿望。

②习俗水平(conventional level)，指面对道德两难情境时一般都遵从社会习俗，进行价值判断。

阶段3：情感的相互关系(affective mutuality)。善就是由积极的人际关系(interpersonal relation)产生的愉快的情感体验，善的一个重要功能就是帮助个体在自己与他人之间建立起良好的情感联系，个体根据自己的感觉来判断"好"与"坏"。

阶段4：个体性(individuality)。善是自我选择的利益与价值的表现，善的中心主题是"意义"的问题，即个体做的事必须考虑它对个人的价值与意义。这一阶段尽管强调个体性，但必须与道德或社会规范一致。

③后习俗水平(post-conventional level)，指面对道德两难情境时本着自己的良知及个人价值观进行价值判断，而未必受社会习俗的限制。

阶段5：过渡阶段，主观主义—相对论(subjective-relativism)。个体对善的理解不同于道德或社会规范，善是一个主观—相对的概念，它取决于个体对特定活动、事件、个人等的心理感受。在权利与公正的前提下，善就是个体"感觉到的善"或

"信念中的善"。

阶段6：自律(autonomy)。在这一阶段，个体视自身为一个自主体。善表现在有创造性的、有意义的活动中，这些活动不仅依赖于个体较高的能力水平，还与个体的一般处世哲学一致。善是通过"对自己负责"与"对社会或人类负责"之间的平衡来实现的。

阶段7：普遍神圣论(universal holism)。为自己服务的善与为社会或人类服务的善在一个更大的概念下得以整合，即"人类"或"自然"。个体把为自己服务的善理解为为社会服务的善，因为社会是由许许多多相似的自己组成的。在这一阶段，善与权利的冲突得到解决，因为善必须遵从普遍的道德原则及对人的尊重。

第五，对成人自我概念(self-concept)发展的研究。其中卢文格(Loevinger, 1978)的研究最具代表性。她提出了自我概念发展的6个水平(行动水平、自我保护水平、遵奉者水平、公正或良知水平、自主水平、整合水平)，在发展心理学界影响较大。

3. 当代有代表性的生命全程发展心理学研究

有了前述研究的基础，西方国家的学者们出版了大量的生命全程发展心理学著作。美国弗吉尼亚大学曾在1968—1972年举办过3次毕生发展心理学学术会议，会后出版了P. B. 贝尔特斯(P. B. Baltes)主编的3部论文集：《毕生发展心理学：理论与研究》(1970)、《毕生发展心理学：方法学问题》(1973)、《毕生发展心理学：人格与社会化》(1973)。接着，贝尔特斯于1978年在其编写的《毕生发展与行为》一书中提出了生命全程研究及理论发展的3个原因：一是一些于第二次世界大战前开始的追踪研究的被试已进入成人期；二是对老年心理的研究推动了对成人期心理的研究；三是许多大学开设了生命全程发展心理学的课程，推动了生命全程发展心理学的研究。后来，他于2010年主编了《毕生发展与脑》，2016年又主编了《毕生发展心理学：研究方法》等。

20世纪80年代以来，生命全程发展心理学的著作有3种命名方式：第一种叫"生命全程发展心理学"(或"毕生发展心理学")；第二种叫"人类发展"(human development)；第三种叫"人类毕生发展"(或"个体生命全程发展")(life-span human development)。毕生发展心理学著作大致可分为 13 类：①发展心理学或毕生发展心理学概论；②发展心理学的历史和理论研究；③发展心理学方法论研究；④认知毕生发展的心理学研究；⑤人格、道德或社会性毕生发展的心理学研究；⑥关于干预（interventions）问题的毕生发展心理学；⑦关于心理咨询与治疗问题的毕生发展心理学；⑧关于毕生发展的病理学探讨；⑨人类发展与文化（或社会）；⑩人类发展与终身教育；⑪非常规环境的毕生发展心理学；⑫代与代之间关系的毕生发展心理学；⑬人生各阶段如成人前期、成人中期等的发展心理学。由此可见，近几十年来，发展心理学蓬勃发展。

三、发展心理学研究的中国化

中国的心理学、发展心理学是由西方传入的，但在西方心理学传入中国之前，中国早就有了心理学、发展心理学的思想。

关于先天与后天在心理发展上的作用，我国有孟子（约公元前 372—前 289）的"性善论"；有荀子（约公元前 313—前 238）的"性恶论"；有韩愈（768—824）的"性与情的'三品说'"；有王廷相（1474—1544）在孔子（公元前 551—前 479）"性相近也，习相远也"学说的基础上提出的"天性之知""凡人之性成于习"。

中国关于毕生发展的年龄特征的思想也有不少，最著名的还是孔子的思想："吾十有五而志于学，三十而立，四十而不惑，五十而知天命，六十而耳顺，七十而从心所欲，不逾矩。"（《论语·为政》）这是孔子的生命全程的发展观，初步阐述了人的心理发展趋势。这一划分虽然比较简单，但体现了人类心理发展的一般原理，并一直影响着我国 2000 多年来对人生发展阶段划分的认识。

中国古代的发展心理学思想是丰富的。这些思想虽然是朴素的，有些甚至带有猜测性，但直到现在仍然闪耀着人类智慧的光辉。1879 年，科学心理学诞生，很快被引入中国并逐步发展到今天，已成为现代心理学、现代发展心理学。

现代心理学、现代发展心理学在中国的诞生和发展已有近百年的历史，但当下中国的心理学、发展心理学大都停留在学习与模仿的阶段。不妨做个对比：翻开西方的发展心理学著作，里面几乎全部是他们自己的实验材料；翻开苏联的年龄心理学（即发展心理学）著作，几乎每本书都洋溢着一种强烈的民族自豪感；然而，翻开中国的发展心理学著作，感觉有点惭愧——时而"西方热"，时而"苏联热"，许多研究报告从设计到结果，基本上都是模仿外国的。这说明中国的研究大都还停留在学习阶段，对外国心理学过分依赖，缺乏创新超越的精神。这引起了中国相当多心理学家的担忧：如此下去，哪一天才能建立起中国自己的心理学、发展心理学？于是，1978 年以来，朱智贤教授与我一直提倡：既不能全盘西化，也不能照抄苏联，正确的途径应是摄取、选择、中国化。

（一）心理学与发展心理学的中国化及其阶段

心理学与发展心理学的中国化及其阶段，是海峡两岸心理学家共同关心的问题。

1. 海峡两岸心理学家对心理学中国化分阶段的看法

中国台湾大学杨国枢教授从 4 个层次讨论了心理学研究中国化的方向与尝试：①重新验证国外的研究发现；②研究国人重要与特有的现象；③修改或创立概念与理论；④改变旧方法，设计新方法。他指出：

> 科学的心理学在中国已有半个多世纪的历史，但中国心理学者大都停留在学习与模仿的阶段，而未能在上述四个层次上有所突破。凡我国同仁应当深自觉醒，及早在研究工作上努力中国化，以缔造更有价值的研究成果。（杨国枢，1983）

这段话包含许多意义，使我在感情上有很大的共鸣。严格地说，在心理学中国化上，中国心理学工作者尽管付出了很大努力，但停留在向西方学习、模仿阶段的有之，缺乏中国化的反省与自觉的有之，创新、超越与行动不足的亦有之。然而，对心理学的中国化，中国学者毕竟下了一些功夫，经历了酝酿、孕育、整合和创新4 个阶段。目前，这方面的工作正在进一步深化。特别是 1983—1988 年，朱智贤教授主持了国家重点科研项目"中国儿童心理发展特点与教育"，组织了心理学界 100 多位专家学者，有计划地开展了这项研究，经过艰苦努力，在理论探索和实验研究方面取得了可喜的成果，包括：中国儿童青少年感知觉的发展与教育，注意发展与教育，记忆发展与教育，语言发展与教育，思维发展与教育，数学能力发展与教育，情绪情感发展与教育，意志发展与教育，气质发展与教育，性格发展与教育，个性倾向性发展与教育，自我意识发展与教育，道德认知发展与教育，品德发展与教育，初中生心理发展与教育，各民族儿童青少年心理发展与教育，家庭教育与儿童青少年心理发展，等等。这些成果汇成了近百万字的《中国儿童青少年心理发展与教育》一书，在海峡两岸分别用简体字和繁体字出版，本书后面各章也引用了有关的具体资料。在一定意义上，课题组的工作就是心理学研究中国化的有效尝试。

2. 发展心理学中国化各阶段的工作

对发展心理学研究中国化各阶段的工作可做如下的概括。

第一阶段：酝酿。在这个阶段，中国心理学家所做的工作主要是重新验证国外的研究发现，比较国内外人类心理发展的异同点，揭示中国人心理发展的特点。以中国人为研究对象，重新验证外国心理学的研究结果，是发展心理学研究中国化的第一步，也是最基本的工作，这一步是不可缺少的。研究当然可以发现共同性，但对于中国人而言，外国的研究结果未必具有有效的概括性。这种特殊性的表现正是中国学者必须深入探索的中国人心理发展的重要特点。经过这个酝酿阶段，心理学研究的中国化就有了基础。

第二阶段：孕育。在这个阶段，中国心理学家所做的工作主要是研究中国人心理发展的特有和重要现象，也就是揭示在中国文化、经济和政治背景下人类心理发展的特点。考察中华民族文化背景下中国人心理发展的特点是发展心理学研究中国化中的一个重要方面，也是心理学研究中国化的生长点和立足点。

第三阶段：整合。在这个阶段，中国心理学家所做的工作主要是修改心理学的旧概念与旧理论，创立心理学的新概念与新理论，以适用于中国人特有的心理发展。对于前面提到的发展心理学界诸如先天与后天、主动与被动、持续发展与阶段性、开放与终点等有争论的理论问题，中国心理学界都是很关心的。如何将争议的观点整合起来，如何将宏观研究与微观研究统一起来，如何通过大量实验研究对各种问题提出新见解，这些是很重要的问题。

第四阶段：创新。在这个阶段，中国心理学家所做的工作主要是在研究方法上进行改进和创新，积极寻找适合于中国国情的研究方法。尽管当前的方法没有超出观察、实验、谈话、问卷等一般外国心理学研究方法的范围，但不管在内容上还是在形式上，都做出了改进和创新。大力改进和设计发展心理学的研究方法，使之适合对中国人的研究，是完全必要的。当然，中国心理学家所设计的新方法的适用范围未必只限于中国人，将来也有可能被外国的心理学家采用。因此，对于心理学研究中国化的最终表现，应观其创新的水平，因为创新水平的高低决定心理学研究中国化的成败。

(二) 发展心理学中国化的基本途径

发展心理学乃至整个心理学中国化的途径是什么？这里用 7 个字来概括：摄取、选择、中国化。

1. 摄取

对待外国的发展心理学资料，中国心理学工作者必须重视，应当摄取其中的营养，用以发展自身。要承认，中国发展心理学的研究与外国发展心理学的研究是存在差距的，主要表现在研究课题、研究方法学、具体研究方法以及研究手段和工具 4 个方面。有差距就得学习，就得引进，就得摄取其中的营养。但是，任何一个国家的心理学都带有一种地区性文化特色，都含有特殊的因素。因此，外国的发展心理学资料绝不都是摄取的对象。

2. 选择

在摄取外国的资料时，中国心理学工作者绝对不能全盘照搬，而要适当加以选择。所谓选择，即批评地吸收。在摄取外国发展心理学的资料时应该持分析、批评和选择的态度。中国人与外国人既有共同的心理特点，即存在普遍性；又具有不同的特点，即有特殊性。如果照搬外国儿童和青少年心理发展的年龄特征，势必会失去客观性、真实性，也会影响中国发展心理学的科学性。

3. 中国化

中国的发展心理学有着本民族的特点，这就使得外国发展心理学资料被摄取、选择后，还要经过一个中国化的过程，与中国的特殊性融合。不管是学习美国还是学习苏联，最终目的都是投入中国化的心理学研究，这就要求我们做到扬长避短。也就是说，应当首先从方法论的角度来分析它们各自的特点，以便之后在学习和研究时能取其所长，去其所短。在这个基础上，在研究中国发展心理学的时候应加入中国式想法和看法，把中国的国情不着痕迹地融入自己的研究，并且能在理论和实践上推陈出新、有所突破。这便是发展心理学研究的中国化。

但是，发展心理学研究中国化的目的并非建立"中国发展心理学"。即使有时提出要建设中国特色的发展心理学，也绝不是要开创一种"本土发展心理学"。

心理学或发展心理学是一门科学，科学是没有国界的，中国心理学家所做的一切努力也是在为世界心理科学做贡献。这个观点和发展心理学中国化的设想并不矛盾，因为心理学研究的本土化主要指各国的心理学者在研究工作中做到从研究者本位出发，准确地发现本国人心理活动的特点及规律，也只有这样才能彻底地揭示不同文化背景下人类心理的相同点和不同点，为世界心理学的发展做出贡献。今天，心理学或发展心理学研究的中国化不是太多了，而是太少了，因此要大力提倡中国化。中国心理学家应该对世界心理学做出创新和贡献。

第三节

发展心理学的研究方法

发展心理学的研究主要有 4 个功能。

一是描述。

描述研究对象的特点和状况，这是研究最基本的目的。在进行深入研究之前，正确地描述研究对象的状况是必要的。例如，描述被试的思维水平、在团体中的社交地位及其性格特征等。

二是解释。

解释研究对象的活动过程、特点形成的原因、发展变化及相互关系等。如果说描述是为了解决"是什么"的问题，那么解释就是为了说明"为什么"。例如，为什么随着年龄的增长学习外语越来越困难？智力发展包括哪几个阶段？各阶段的关系及影响因素怎样？等等。

三是预测。

预测是根据研究建立的某一科学理论，通过一系列的逻辑推理，对研究对象以后的发展变化和在特定情景中的反应做出推断的过程。例如，预测儿童某个行为受到奖励后的重复性。

四是控制。

控制是发展心理学的最高目标，它是指根据科学理论，操纵研究对象某一变量的决定条件或创设一定的情境，使研究对象产生理论预期的改变或发展。例如，欲促进中小学被试的智力发展，可以让教师在语文、数学教学中加强思维品质的培养，实现智力的敏捷性、概括性、灵活性、创造性等方面的变化和发展。

上述 4 个功能是层次递进的关系，前一个是后一个的基础，即正确的描述是合理解释变量关系的基础，只有进行合理的解释才能产生正确的预测，根据正确的解释和预测才能进行有效且合乎预测目的的控制。实施心理发展的研究，必须根据实际情况选择合理可行的研究目的。发展心理学研究的 4 项功能，要从研究的特点、原则、设计及具体的基本方法等方面表现出来。

一、发展心理学研究的特点

发展心理学研究的特点集中表现在它专门研究个体心理如何随着年龄递增而发展变化上。也就是说，个体心理与行为的发展是随着年龄变化而变化的各种因素的函数。

（一）年龄是一个特殊的自变量

如前所述，生命全程的心理与行为变化同年龄有密切的联系，并表现出心理与行为的连续性与阶段性，形成年龄特征；发展心理学研究的是各种心理与行为的年龄特征。因此，在发展心理学研究中，年龄通常被视为一个特殊的自变量（或自变项、独立变量）（independent variable）。

这里所说的"特殊"，是指这种自变量有别于一般的自变量，因为年龄是一个不可以进行人为操纵或环境改变的变量，只能通过相关方法间接改变、操纵。正因如此，心理发展研究在得出结论时是不能将因变量（或依变项）（dependent variable）即反应变量的变化完全归于年龄的，其他相关的随年龄变化而变化的各种心理活动的整体是导致因变量变化的直接原因。如对于社会性发展，研究发现不能简单地得出年龄引起儿童态度变化的结论；研究结果表明，随着儿童年龄的增长，其形成对他人的观点与看法的能力迅速提高，这种理解他人感受能力的变化则更可能是其态度变化的直接原因，但因为它是与年龄变量混在一起的，所以研究应从一组变量或不同测验的实验数据中找出在其中潜藏着的起决定作用的包括年龄因素在内的共同基本因素。

即使对年龄变量本身，也要做全面分析，因为发展心理学研究的年龄变量有历法年龄、生理年龄、心理年龄、被试自己或他人知觉的年龄等多种变量。历法年龄（law age）又被称为实际年龄（actual age），它是指以出生后实际生活的年数和月数计算的年龄。在发展心理学研究中，它一般有 3 种表达法：①原原本本地表示出年数和月数，如 5 岁 6 个月；②实足年龄（chronological age，CA），如 5 周岁指 5 足岁生日到 6 足岁生日；③从上个 1.5 岁到这个 1.5 岁，如 5 岁指 4 岁 6 个月到 5 岁 6 个月。生理年龄（physiological age）是以人体的组织、器官、结构系统与生理机能的生长和成熟程度为指标的年龄。发展心理学研究某种生理发育现象，如青春期发育成熟的年龄，不同被试的生理年龄是不同的。心理年龄（mental age）用某年龄大部分被试能完成的心理作业（如智力作业）题来表示。例如，一道智力作业题，大部分 6 岁儿童都能完成，而 5 岁儿童只有少数人能完成，那么这道作业题就代表 6 岁儿童的智力。据此，比奈和西蒙（Binet & Simon，1905）选了 30 个测验题，按年龄分组，组合成一份智力测验，作为儿童智力发展水平的量表，儿童在这一量表上的得分是以年龄为单位的，叫作智力年龄（intelligence age，IA）。与生理年龄一样，不同被试的心理年龄也是不同的。至于被试自己或他人知觉的年龄，完全是一种主观判断。例如，有的被试50岁，可能被人知觉为40岁；有的被试50岁，但被人知觉为超过50岁。因此，在发展心理学研究中，重要的是全面地把握各种年龄变量，并做出合理的安排。

（二）研究对象的年龄跨度大

从新生儿期（neonatal period）到老年期，甚至从受精卵到死亡，发展心理学研究对象的年龄跨度是很大的。因为年龄的跨度大，所以在研究方法学和具体研究方法的选择上应该注意两点：一是应考虑到年龄特征指某阶段的特征，不应该去分析生命全程中每一年的变化特征，心理发展也不可能一年一个样；二是应考虑到研究对象的年龄跨度，在方法的选择上做出合理判断。不妨举例来说明。

对于年幼儿童被试，研究工作可能遇到一些特殊困难，如他们不能理解研究指导语，不能用言语来报告他们的反应和内心感受；他们觉醒状态短，易变，并易受环境影响，心理状态稳定性差，因而常常无法保证实验操作的连续性。甚至以内省法为主的科学心理学创始人冯特，对年幼儿童发展的研究也持反对态度和观点。因此，研究需要借助一些特殊的仪器、技术和方法来实现目的。

对于青少年被试，由于其自我意识、独立性（independence）的发展及心理的敏感性、闭锁性（closure），要让他们在研究中真实作答、密切配合，难度是相当大的，所以也需要采取一些特殊的方法，以便获得客观可靠的研究结果。

对于中老年被试，由于其心理已经成熟，一般测验在发展研究中不可能获得突出的成果，所以即使是皮亚杰这样杰出的发展心理学家，也不曾对中老年思维、智力进行深入的研究。中老年是在儿童、少年、青年的心理基础上产生心理发展和变化的，因此，中老年被试的研究对研究方法，甚至对研究者本身（如研究者的年龄），提出许多独特的要求。

总之，由于研究对象差异很大，研究方法要复杂多样，必须适合不同年龄被试的不同特点。

二、发展心理学研究的原则

发展心理学研究的基本原则，是发展心理学研究工作的指针和研究者所持的态度。以下依次讨论客观性、矛盾性、层次性、教育性、生态化 5 项原则。

(一)客观性原则

任何科学研究，只有符合客观事物的真实面貌，才能达到真理性的认识。因此，坚持客观的标准是一切科学研究的根本原则，违背这个原则就会误入歧途，甚至导致反科学的结论。

既然发展心理学研究的目的在于真实地揭示心理发展的规律，那么坚持客观地研究心理发展时应注意以下问题。

①科学研究绝非论证或说明某一个决策，附和预先的"结论"，而是为决策提供科学的依据，起先行作用。

②科学研究不允许从"期待"出发，而要从实际出发。那种符合自己"期待"的研究结果则采用、不符合自己"期待"的结果则舍去的做法，是和科学职业道德不相符的。

③科学研究的评论要客观，对自己和别人的研究应持同样的评价原则。

总之，坚持客观性原则来研究心理的发生和发展规律，应从科学家的良知及客观实际出发。

此外，确定客观指标是贯彻客观性原则的重要表现，在确立客观指标方面有以下 3 个特点。

①客观指标包括常模、研究范围、课题性质、试题测定的根据、记分或评定成绩的依据及其注意事项等。

②客观指标显示为心理的各种外部表现，如行为、活动、语言、作品等，它能够被研究者测定(包括用仪器测定)和分析。

③客观指标以发展参数为依据，通过这种指标所获得的成绩、数据、等级、水平来表现心理发展的时间、速度、阶段性和稳定性等发展参数。

这些特点，是确定发展心理学研究的客观指标时必须考虑的。

(二)矛盾性原则

矛盾应是普遍性与特殊性的统一，共性与个性的统一。发展心理学主要研究人的心理发展的规律和各年龄阶段的心理特征，心理发展年龄特征的稳定性和可变性都是相对的，而不是绝对的。由于各种条件不同，年龄特征在一定范围或程度内可以发生某些变化，但这些变化又是有限的，而不是无限的。可用图1-1来表示这两者的关系。如图1-1所示，人的心理发展年龄特征的稳定性和可变性的关系是共性和个性的关系，它反映了年龄特征与个别差异的具体年龄关系。可见，在人的心理发展过程中，既有一般性和普遍性，又有特殊性和个别性，并统一成整体，互相依赖、互相制约，这就是人的心理发展规律的突出表现。因此，在心理发展的研究中，研究者必须坚持一般性与个别性结合的法则。

可变年龄
稳定年龄

图1-1 心理发展年龄特征的稳定性与可变性

《矛盾论》指出："差异就是矛盾。"(毛泽东，1937)意指事物发展存在着不平衡。所以，在研究心理发展时，研究者应考虑心理发展的不平衡性，即做到具体问题具体分析。以思维发展为例，这种不平衡性表现为在不同的问题上有不同的思维能力，在不同的活动上有不同的最佳思维水平。这种思维发展的不平衡性产生的原因有3个：一是问题的情境不同，问题情境不同时，问题的性质、数量、种类和难度就不一样，于是解决问题的水平出现不平衡；二是思维的主体不同，个体特点有差异，这会给问题情境及解决水平带来不平衡性；三是活动的差异，这也是造成问题情境及解决水平不平衡性的重要因素。

问题情境的不平衡性使主体有选择地考虑问题，他们的思维表现出一种倾向性：对于在自己活动比较频繁的领域中遇到的问题，对于自己感兴趣的问题，对于在环境和教育中必须解决且无法回避的问题，他们思考得就多些；而对于另一些问题则可能考虑得少些，甚至不考虑。思维发展的不平衡性就成为人的思维和能力发展的重要特征之一。因此，在关于思维和智力发展的研究中，从方案设计到具体方案的实施，都要考虑这种不平衡性。同样，任何心理现象发展的研究都要遵循心理发展的不平衡原则，只有这样，发展心理学的研究设计才能更加完善、更加合理，获得的结果才能更可靠、更富有时代性。

（三）层次性原则

心理发展是分层次的。智力发展是分层次的，将智力的低常、正常和超常分别表现为从低到高的趋势，则可发现属于两个极端的人数较少，属中间的人数较多，形成正态分布的曲线。品德发展也是分层次的，它比智力更复杂，呈现出不同特点、水平和等级，不同人的品德存在很大的差异性或区别性。因此，在心理发展的研究中，研究者要考虑到层次性原则。

从心理发展观来看，人的心理从发生、发展到成熟是一个有次序的、具有多层次的统一体。从历时性结构的角度看，儿童、青少年的思维有直观行动思维、具体形象思维、抽象逻辑思维（abstract-logical thinking）等阶段；儿童、青少年的品德有适应性、两义性、情境性（situationality）、协调性、动荡性（unstability）、成熟性等阶段。不同阶段的思维形态或品德形态具有本质的差别，表现出不同的功能。人的心理就是按诸如此类的顺序由低层次向高层次发展的。但必须看到，这种发展绝不是以高层次逐步取代低层次，低层次的心理形态从此销声匿迹的方式进行的；而是以低层次心理形态作为高层次心理形态发展的基础，高层次心理形态的出现和发展又反过来带动、促进低层次心理形态不断由低水平向高水平的方向发展的。由此可见，每一层次的心理形态都有其发生、发展的过程，它们之间是互相影响、互相促进、互相制约、互相依存的。

从心理发展的层次性原则来看，人的心理应有深层与表层结构之分。因此，既要研究人在思维过程中所遵循的思维法则（深层），又要研究运用这些法则解决各种实际问题的各种表现形式（表层）；既要研究人的道德动机（moral motivation）（深层），又要研究道德行为方式（表层）。

（四）教育性原则

发展心理学特别是儿童心理学的研究任务，首先是以自己的原理为教育服务。

一切发展心理学的研究都必须符合教育的要求。不允许进行损害被试，尤其是损害青少年被试身心健康的研究。不允许向被试呈现与教育目的相违背的任务和信息。

发展心理学史上曾有损害儿童、青少年被试身心健康的例子。典型的是行为主义儿童心理学所进行的关于儿童惧怕的研究。

被试是由医院抚养的阿尔伯特，其接受试验的年龄为 7~11 个月。在第一次试验中，主试突然给被试 1 只白鼠，他没有显示出惧怕反应，他伸出左手去摸白鼠，正当他的手触及这只小动物，钢棒尖锐的敲击声把他吓了一跳，他很快将脸躲在被子里面。当白鼠第二次出现，被试再一次去触及它的时候，钢棒再一次敲击，他又被吓了一跳，并开始哭泣。为了不过分地伤害孩子的健康，试验停止 1 周。1 周后，这只白鼠在没有钢棒敲击声的条件下出现，虽然被试盯着白鼠，但他没有接近它的倾向；当把白鼠放在他的旁边，他缩回了自己的手。可以明显地看出白鼠和钢棒敲击声之间已建立了联系。接着，这样的白鼠和钢棒敲击声的联合刺激又做了几次。在第五次呈现联合刺激后，单独呈现白鼠，被试一看到它就啼哭起来，并急忙从那里爬开。之后，研究人员又进行了一次检查，发现即使呈现以前没有引起惧怕的兔子和白色面具，被试也会反应强烈。

这个研究显然是不利于被试身心健康发展的。因此，我们认为，发展心理学的任何研究方法都要经过筛选，要考虑其是否有利于被试的身心健康、有利于被试的心理发展、有利于教育，甚至研究方法本身可能就是教育的手段。

（五）生态化原则

理论联系实际已成为国际心理学研究发展的一个新趋势。20 世纪 80 年代后，西方心理学界出现了一种生态学运动（ecological movement）。所谓心理学的生态学运动，指的是在发展心理学研究领域中出现的一种强调在自然与社会的生态环境中重视研究被试心理特点的普遍倾向。

人类是在自然与社会生态环境中成长起来的，人类的心理发展不可避免地受到社会环境中各种因素的影响；而这些因素之间又是相互作用、相互影响的，是一个完整的系统。人类心理发展的水平、特色和变化，都是该系统中各种因素相互作用的综合效应。因此，在心理发展研究中，研究者应该将被试放到现实的社会环境中加以考察；只有在他们和社会的相互作用中，在社会环境各因素的相互作用中考察，才能揭示他们心理变化的规律。对此，西方心理学界的研究者已予以高度重视。他们普遍认为，只有走出实验室，到现实生活中，在真实的社会环境、学校环境和家庭环境中研究真实的被试心理发展与变化，才能保证发展心理学的研究结果有较高的价值。例如，在西方，近年来关于动机的研究中有许多是在实际的教育情境中进行的。这实际上是提倡加强自然实验。

对生态化原则的强调丝毫没有反对实验室实验的意思。同时，坚持生态化原则、坚持在生活实验中研究被试的心理发展时，不仅要和实验室实验配合，而且要提倡自然实验研究的科学性，并考虑以下几个问题：第一，强调两种效度，即外部效度（external validity）和内部效度（internal validity）；第二，注意准实验设计；第三，改进观察的手段；第四，重视因素分析。

三、发展心理学研究的设计

发展心理学研究设计的内容涉及的方面很广，广义地说，研究者需要根据研究目的，选择研究对象，经过周密的思考，制订出包括如何分析搜集到的数据的整个研究工作的具体计划和安排，还包括选择研究方法与设计方式，确定研究量与观测指标，选择研究工具与材料，制定研究程序，选择研究环境，考虑数据整理与统计分析的方法，等等。其重点是如何实施研究，并对其做出比较详细的规划，这与心理学各分支的研究有相似之处。发展心理学研究设计的特殊之处主要表现在横断研究（cross-sectional research）、纵向研究（longitudinal research）和系列交叉研究（serial-cross-sectional research）3 种设计上。因为心理发展既是共时性（synchronic）的又是历时性（diachronic）的，所以从研究时间的延续性来看，发展心理学研究可以被区分为横断研究、纵向研究及综合这两者的系列交叉研究。此外，近十几年来兴起的还有微观发生研究的设计、行为遗传学（behavioral genetics）和基因研究的设计。

（一）横断研究的设计

横断研究就是在同一时间对某一年龄或几个年龄被试的心理发展水平进行测查并加以比较（如图 1-2 所示）。例如，我主持的 23 个省份在校青少年思维发展的研究就属于横断研究。该研究在同一时间对 23 个省份不同类型的学校（包括省级重点学校、城市一般学校、农村学校）的七年级、八年级和高中三年级的学生共 17000 多名被试进行形式推理、形式逻辑（formal logic）法则和辩证逻辑（dialectical logic）思维的发展水平测查，并加以比较研究。

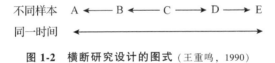

图 1-2　横断研究设计的图式（王重鸣，1990）

目前，大多数发展心理学研究都采用横断研究方法。这种方法的优点是能够在较短的时间内发现同一年龄或不同年龄心理发展的不同水平或特点，并从中分析出发展规律。它的缺点是时间上无系统，比较粗糙，因而不能全面反映问题，难以得出个体心理的连续变化过程和事件间的因果关系，因此不能获得全面、本质的结论。

（二）纵向研究的设计

纵向研究（或纵贯研究）就是在比较长的时间内对人的心理发展进行系统的定期研究，故也叫作追踪研究（tracking research）（如图 1-3 所示）。发展心理学运用纵向研究（即追踪研究），是发展心理学在研究方法上的一个特色。科学儿童心理学的创始人普莱尔是最早运用系统追踪观察法（observational method）纵向研究儿童心理的心理学家，其在关于自己儿子3年的心理发展的报告里，记录了深入细致的观察材料，这就是所谓"儿童传记"。他每天3次、长期全面地观察，在观察里也有实验研究。普莱尔运用纵向研究的系统追踪观察法，完成了儿童心理学的研究工作，并编成《儿童心理》（Preyer，1882）一书。该书成为世界上第一部儿童心理学的经典著作。

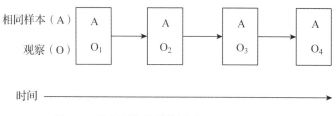

图 1-3　纵向研究设计的图式（王重鸣，1990）

纵向研究要求在所研究的发展时间内反复观察和测量同一组个体，它可以得到关于同一组个体的前后一贯的材料，了解其心理在时间上的实际变化。因此，它的优点是能系统地、详细地了解心理发展的连续过程和量变与质变过程的规律。

但是，过去纵向研究用得不多，原因主要有3点：一是样本的减少，随着研究时间的延续，被试可能由于各种原因而流失；二是反复测查可能影响被试的发展，影响被试的情绪，进而影响某些数据的确切性；三是时间限制的普遍性，即长期追踪要经历时代、社会、环境的变化，因而普遍地造成变量增多。但近年来，纵向研究受到了空前的重视，并成为发展心理学研究方法演变的一个重要方面，其主要原因是随着心理发展研究的深入，人们日益重视心理发展的连续性、系统性研究，重视心理发展过程中因果关系的揭示（如先前经验、经历、环境、水平等对以后发展的影响），重视对心理发展机制的探讨，这些都是横断研究所不能实现的。与此同时，现代统计方法的进展和计算机的应用使研究者对纵向研究结果的分析更加科学，可以揭示出更多的信息，克服纵向研究中的一些不足之处，这是纵向研究得以广泛运用的另一个原因。

（三）系列交叉研究的设计

横断研究与纵向研究各有其优缺点，应灵活运用横断研究和纵向研究，使其互相配合、取长补短，并考虑多种变量，特别是教育因素的影响，这就是"动态"研究方法，这种方法又叫系列交叉研究。我和研究团队对小学儿童数概念与运算能力发展的研究（1984），对少年儿童语文能力发展的研究，都采用了这种"动态"研究方法。

在对小学儿童数概念与运算能力发展的研究中，我和研究团队先采用横断研究方法，分别在低、中、高年级3个教学班进行了一段时间的初步调查、了解和预试，并在此基础上设计出研究指标、材料和措施。然后采用纵向研究方法，对一至三年级450名被试进行观察，实施问卷测量，并以课堂测验或数学竞赛的方式出现，由数学教师担任主试，使用同一指导语，追踪3年，进行多次测定；教师还可以进行培养实验，训练其思维品质。这3年的纵向研究追踪的是3个年级的被试，这样便可利用3年时间完成一至五年级全部的追踪研究任务，以获得小学儿童数概念与运算能力发展的比较详细的结果，这就是系列交叉研究的设计。

图1-4展示了对6~15岁少年儿童开展语文能力发展研究的系列交叉研究设计。

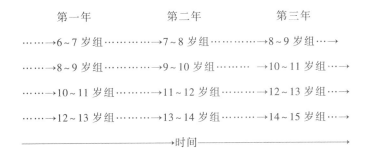

第一年	第二年	第三年
……→6~7岁组…………→7~8岁组…………→8~9岁组…→		
……→8~9岁组…………→9~10岁组 →10~11岁组…→		
……→10~11岁组…………→11~12岁组…………→12~13岁组…→		
……→12~13岁组…………→13~14岁组…………→14~15岁组…→		

————————————————→时间————————————————→

图1-4 系列交叉研究设计的图式

在这个6~15岁被试语文能力发展的研究中，我们通过对4个组的3年纵向研究，探索个体9年心理发展的过程及年龄特征。

这种研究有4个好处。

①克服横断研究与纵向研究各自的不足之处，吸取它们各自的长处。这种方法可发扬纵向研究系统、详尽的长处，克服横断研究粗糙的不足，使研究者能掌握心理发展的连续过程及特点；发扬横断研究较大面积测定的长处，加强统计处理，克服纵向研究样本少、时间限制等不足之处。

②既将心理发展看作特殊的运动形式，又看到其共同之处，从而横向延伸到各个年龄阶段，通过追踪方法研究，以获得心理结构、属性、规律发展的较全面的资料。

③将共时性和历时性统一起来，遵循静态和动态相结合的原则，缩短长期追踪研究的时间。

④充分了解教育与心理发展的关系，通过将有一定实验措施的被试的追踪研究结果与横断研究结果相比较，以其差异性来说明教育在心理发展的年龄特征上的作用。

由于心理发展是一个复杂的过程，如果只靠静止的、一次或几次的横断研究测查心理发展，在科学性上则会出现一定问题。因此，研究者必须把横断研究和纵向研究结合起来，采取系列交叉研究设计的方法，让整个研究处于"动态"，既让两种方法取长补短，又考虑到教育与发展的关系。这样一方面可以分析某心理现象发展的一般趋势，另一方面能挖掘心理发展的潜力和可能性，以提高研究的科学性，并为教育工作提供可靠的依据。

(四)微观发生研究的设计

微观发生法(microgenetic method)是一种对认知变化进行精细研究的方法，在较短的时间内让被试接受重复的实验，研究者通过反复观察测量，推断产生量变和质变的过程(Siegler & Crowley, 1991; 辛自强、林崇德, 2002)。与年龄跨度较大的纵向研究和横断研究相比，微观发生研究能够更精确地考察短暂的认知阶段转换。

20世纪中期，心理学家海因茨·维尔纳(Heinz Werner, 1890—1964)最早提出微观发生这一概念。他给被试重复呈现高度相似的音调，发现这可以提高被试的声位差异知觉能力。著名发展心理学家列夫·维果茨基(Lev Vygotsky, 1896—1934)也赞成采用微观测量来考察发展变化。从 20 世纪末开始，微观发生研究的数量迅速增长。目前，研究者已采用微观发生法考察了心理发展的多个方面，涉及数学、推理、注意策略、记忆、心理理论、抑制控制等。例如，杭州师范大学的研究者连续 10 天考察幼儿园儿童欺骗能力的发展变化（Ding, Heyman, Fu, Zhu & Lee, 2017）。再如，我所在的研究团队采用 40 局扑克牌游戏考察大学生问题解决的惯例表现及其从无到有的过程（张梅、辛自强、林崇德，2013）。

作为推广微观发生法的代表人物之一，罗伯特·西格勒（Robert Siegler, 1949—）提出了微观发生法的 3 个基本原则和 5 个维度。3 个基本原则为：第一，观察必须跨越从变化开始到相对稳定的整个阶段；第二，观察的密度必须与变化率高度一致；第三，为了解发展变化过程，研究者必须对所有观察的行为进行精细的反复试验分析。5 个维度包括变化的路径、速率、宽度、差异和来源。但是，微观发生法的缺点在于反复测量费时费力，需要对大量口头报告进行编码，而且统计方法较为复杂。

（五）行为遗传学和基因研究的设计

传统的行为遗传学采用双生子研究、收养研究、家系研究等方法，考察先天遗传与后天环境对心理发展的影响。在双生子研究中，研究者假设同卵双生子具有几乎相同的基因，而异卵双生子具有一半相同的基因，通过实际测查同卵双生子与异卵双生子在心理特质上的差异，以结构方程模型考察遗传和环境对心理特质的影响。著名行为遗传学家罗伯特·普洛闵（Robert Plomin, 1948—）采用双生子研究方法，考察了多种心理特质的遗传力及其随年龄增长的变化。目前，国际上有多个大型双生子登记中心（Van Dongen, Slagboom, Draisma, Martin, & Boomsma, 2012）。中国科学院心理研究所创建的双生子库是我国最早的行为遗传学样本库。

随着近年来基因分型（genotyping）技术的快速发展，研究者采用全基因关联分析（genome-wide association study）方法，从个体差异的角度考察携带不同基因型个体的心理特质差异。在全基因关联研究设计中，研究者通常采集被试的血样或唾液，在提取脱氧核糖核酸（deoxyribonucleic acid, DNA）后，采用基因芯片，考察个体基因组中上百万个单核苷酸多态性的分子遗传标记，在全基因组水平上进行基因型与心理行为的关联。

基因与行为关联研究的设计对样本量和可重复性有较高要求。例如，有研究者采用 3 个探索样本和 3 个重复样本，考察了总共约 18000 名 6~18 岁儿童的智力与全基因组的关联，发现儿童智力水平由多个基因决定，并且 FNBP1L 基因与儿童智力有关联（Benyamin et al., 2014）。近年来，研究者趋向整合已有的多个全基因关联研究的大样本结果并进行再次统计，即全基因组关联研究的元分析（meta-analysis）。而且，研究者开始关注表观遗传学（epigenetics），考察环境如何影响基因和基因的表达，进而影响人类的心理和行为特质。

四、发展心理学研究的基本方法

发展心理学的研究方法有很多，主要为观察法、谈话法（interview method）、临床法（clinical method）、问卷法（questionnaire method）、心理测验（psychological test）、实验室实验（laboratory experiment）和自然实验（natural experiment），以下分别论述之。

（一）观察法

观察是一种有目的、有意识且长时间的知觉活动。在科学研究中，运用观察可以获得认识事物的事实材料，因此观察成为科学研究的一种方法。观察法是有目的、有计划地对某一事物进行全面、深入、细致的观察，从而揭示这种事物本质和规律的一种方法。

由于观察的目的不同，可以分出不同的观察法。

从观察的时间上，可以分为长期观察和定期观察。长期观察（long observation）是在比较长的时间（一般长到几个星期、几个月或若干年）内连续进行的系统的观察。很多心理学家所写的关于儿童心理发展的日记或传记中的记录和分析，就属于这种观察法。前面提到达尔文的《一个婴儿的传略》、普莱尔的《儿童心理》和我国陈鹤琴的《一个儿童发展的程序》等都属于这类观察研究的结果。定期观察（regular observation)是按一定时期进行的观察。例如，为了研究学前儿童游戏活动的心理特点，可以每周观察儿童1~2小时，如此观察若干次，到一定时期，把记录的资料加以整理分析。至于如何"定期"，那就要根据具体的课题来做具体的安排。

从观察的内容上，可以分为全面观察(overall observation)和重点观察(key observation)。全面观察是观察被试在一定时期全面的心理表现。由于全面观察涉及的项目比较多，观察的时间常常是比较长的。例如，幼儿园教师为对儿童做出正确的人格鉴定而进行的全面观察就属于这一类。重点观察是有重点地观察被试在一定时期某一活动(游戏、学习、劳动等)或某一活动过程中的某一环节(或几个环节)的心理表现。例如，观察不同年龄儿童、青少年上课时的特点，或在集体活动中的心理特点。

作为发展心理学的研究方法，观察是以获得经验事实为目标的，它具有以下主要特点。

①科学观察是一种有目的性的感知活动。

②任何观察过程都包括观察者和被观察者两种角色。

③观察离不开语言的作用。

④在观察过程中须利用观察仪器。

在承认观察法重要作用的同时，还必须指出观察法有一定的局限性。从观察者来看，不仅有前文提过的生理局限(感官功能的局限)和知识、经验或理论方面的局限，而且有来自观察仪器认识功能的局限，因为心理发展的大部分特点无法在观察仪器上显示出来。从被观察者来看，由于被观察者是人，人的主观能动性使外在言行与内部心理活动必然存在差距，而观察所获取的经验事实往往是被观察者外在言行的材料，这势必使观察者无法直接进行内部心理活动的探究。

观察法是一种专门技术。一个完善的观察要求研究者必须注意：明确目的，了解意义；情境自然，客观进行；翔实记录，便于整理；正确理解，由表及里地分析。

(二)谈话法

谈话法(或访谈法)是通过谈话来了解被试心理发展的一种方法，因为语言是人的心理活动及其发展的重要外部表现之一。谈话法在发展心理学中运用得比较普遍。皮亚杰的临床法实际上也属于谈话法的范畴，是一种特殊的谈话法，即谈话加实验法。

谈话法的核心问题是根据主试与被试的交谈，进而收集资料、分析结果、做出结论。因此，这种方法必然涉及以下几个方面的问题：①被试的选择应根据研究的问题来进行；②谈话法是否成功，关键是能否把握谈话的方向，使谈话自始至终都围绕调查的目的进行；③谈话法讲究谈话的艺术，因为谈话应当根据研究的目的展开，谈话的内容必须是被试能够回答且乐于回答的问题，并能从中分析其心理活动，主试在谈话中要机智，能随时提出发现被试心理特点的问题，对谈话结果也需要及时地记录和整理；④谈话法的直接器材是录音机或录像机，现代化的语言实验室是通过对话来进行的，它能对个别进行的谈话法加以扩充。

(三) 临床法

皮亚杰的临床法(或诊断法)的实质是谈话法，是自然主义的观察、测验和精神病学(psychiatry)的临床法的合并运用。皮亚杰对临床法也不断地进行改进：最初只是单纯的口头交谈；随后以口头交谈为主，辅以摆弄或操作实物；最后修订的临床法是以操弄实物为主，以口头问题为辅，把操弄实物、谈话和直接观察结合起来的方法。

临床法主要研究思维发展的课题，其特点如下。

1. 生动有趣的实验

所谓操弄实物的物理小实验，实际上是一整套由浅入深、从易到难的具有实验设备的实验研究。例如，数目对应、液体守恒、面积守恒、容积守恒、三座山测验、看不见的磁力、辨别液体、颜色的组合、投影实验等(见第四章)。

2. 合理灵活的谈话

在皮亚杰的临床法中，谈话占据相当显著的地位。谈话所获材料的丰富性和客观性，很大程度上依赖于研究者的机智和谈话的技巧。皮亚杰在临床法中运用了合理、灵活和恰当的谈话，被试也愿意积极配合。因此，这种临床法也是一种艺术，是一种提问的艺术。

3. 自然性质的观察

皮亚杰认为，要了解儿童的智力或思维机制，必须从结构整体的理论出发，在整体上研究儿童，像病理心理学研究精神病人一样，因此，他特别强调实验的自然性质。他的临床法在一定意义上是一种自然主义的观察。

4. 新颖严密的分析工具

皮亚杰把数理逻辑引入心理学的研究工作，把数理逻辑作为分析儿童思维或智力水平的工具。所谓数理逻辑，就是研究推理过程的形式结构和典范规律的科学。因为数理逻辑大量地借用了近代数学中的方法，并且也是受数学基础问题研究的影响而发展起来的，所以应将它看成数学与逻辑学之间的边缘科学（朱智贤、林崇德，1986）。皮亚杰认为，数理逻辑的语言是一种形式语言，在智力心理学的研究中，可以作为普通语言的补充，在分析思维或智力发展的不同阶段所发现的思维结构（thinking structure）上具有规范性，故对理论和实际都具有价值（Piaget，1950）。这是皮亚杰研究方法的一个独特之处。

（四）问卷法

问卷法在心理学研究中是一种相当古老的研究方法。所谓问卷法，就是把所要研究的主题分为详细的纲目，拟成简明易答的问题，印刷成册，分寄给各地有关人员，请求其尽力据实答复；或与学校的考试、测验、竞赛结合起来，让学生尽力完成；然后根据收回的答案，经过统计处理或文字总结最终解决问题的一种方法。

问卷形式的分类较复杂，一般来说有两种分类：一是按问题形式分类，二是按问卷对象分类。

根据问题形式分类，问卷可以分为开放式和封闭式两种，每一种又有许多种具体的表现形式。开放式包括自由回答式和言语联想式。封闭式则包括正误式、多种选择式、排列顺序式和评分式。

根据问卷对象分类，问卷可以分为个别问卷、团体问卷和邮寄问卷。

在发展心理学的研究中，问卷法占有一定的比重。但在研究中采用问卷法必须谨慎，并应该注意以下几个方面：①心理发展的问卷试题，其量不宜过少，且必须紧紧围绕所研究的主题；②问卷的试题，内容要生动活泼、有情有趣，使被试既愿意积极配合、认真回答，又不能揣测到研究者的意图，无法猜测敷衍。③大规模的问卷必须先进行预试工作；④问卷的问题形式应以封闭式为主，以开放式为辅。

(五) 心理测验

心理测验是对心理现象进行"量"和"度"的重要工具。它孕育于英国，诞生于法国，兴盛于美国，扩展于全世界。

1. 心理测验的性质

心理测验是测量人的智力、能力倾向、人格特征及其个别差异的工具。它由能够引起并测量典型行为的一些题目构成，这些测验题目是测量的准尺，叫作量表；即心理测验只是一个行为样组，要依据这个行为样组来推论个别差异。它和一般的考试不同，它的每一道试题都要符合标准化的要求，具有一定的信度和效度。因此，它是比较客观的。

2. 心理测验的种类

心理测验是多种多样的，可以按不同的标准加以分类，以下是常见的分类方法。

按测验的功能分类，有能力测验、学业成就测验、个性(人格)测验等。

按测验的方式分类，有个别测验和团体测验等。

按测验的材料分类，有文字测验、非文字测验等。

按测验的目的分类，有描述性测验、诊断性测验、预示性测验等。

按测验的要求分类，有最高行为测验、典型行为测验等。

按测验的应用分类，有教育测验、职业测验、临床测验等。

按被试的年龄特征分类，有婴幼儿测验、成人测验和老年人测验等。

3. 心理测验理论和应用的发展

心理测验理论的发展大致可以分为两个阶段：第一阶段是经典测验理论(或称古典测验理论)(classical test theory)阶段(从 19 世纪末到 20 世纪 50 年代)；第二阶

段为多种理论并存阶段（从 20 世纪 50 年代至今），在这一阶段，除经典测验理论外，还有项目反应理论（item response theory）、潜在等级分析理论（latent class analysis theory）、概化理论（或泛化理论）（generalization theory）等。在应用方面，心理测验在心理学理论研究中的应用包括认知相关、认知成分和认知训练。在教学应用方面的进展包括对操作水平进行诊断、对专门技能及其发展过程进行测定和理解及改进学生的学习能力。在董奇和我（2011）主持的科技部"中国儿童青少年心理发育"课题的研究中，认知能力测验包括注意能力测验、记忆能力测验、视知觉—空间能力测验、推理能力测验；学业成就测验包括语文成就测验和数学成就测验；且既有团体施测，又有个体施测。

（六）实验室实验

所谓实验室实验，即在特别创设的条件下进行的实验，有时要利用专门的仪器和设备。在过去和现在，研究感觉、知觉、记忆和思维等心理过程发展特点时所采用的方法常是实验室实验。另外，在社会化发展的研究中，实验室实验方法也越来越受到研究者欢迎。其受欢迎的原因与其特点有关。

1. 实验室实验的主要特点

研究者之所以采用实验室实验方法研究各种心理过程发展的特点及各种心理现象，主要是因为实验室实验能够严密地控制实验条件，使研究者获得所需要的解决问题的答案。这是实验室实验的最大优点，也是它受到研究者青睐的主要原因。这个研究方法具体有以下特点：随机取样和随机安排被试，对实验情境和实验条件进行严密控制；实验结果可量化，记录非常客观、准确；使用大量的实验仪器。

2. 发展心理学实验仪器

实验仪器的使用对发展心理学的研究有极大帮助。随着发展心理学研究的深入，研究者越来越多地借助现代化的实验仪器和技术装备，如录音、录像、电子计算机、现代化儿童与青少年观察室和实验室等。特别是近几十年来，随着认知神经科学与发展心理学的结合，电生理测量方法（脑电图、脑磁图及生理多导仪等），脑功能成像方法（磁共振成像、功能性近红外光谱技术），经颅磁刺激，以及生化指标测量技术进入发展心理学实验室，这对于深入研究人的心理发展是有帮助的。所有这些都使得研究方法处于越来越重要的地位。计算机系统在心理实验中，一是用于操作实验、控制刺激、记录反应，二是用于建立数据系统、存储数据，三是用于对实验获得的数据进行分析、检索和统计处理，有力地促进了发展心理学研究的自动化过程。录影系统主要用于对儿童与青少年活动、行为的观察、记录，以及事后进行深入细致的分析。这些分析工作主要靠电子计算机对图像进行分析和处理，以提取研究者所需要的资料。心理生理方法可对心理发展及脑机制的发育变化进行深入探讨。这些仪器的采用使实验研究现代化，大大提高发展心理学实验研究的水平。但是，并不是只要采用了现代化实验仪器就能有效帮助实验研究，现代化实验仪器的采用要视所进行的研究的实际情况而定。例如，研究思维类仪器包括天平、概率研究仪和投影仪等，研究记忆类仪器包括速示仪等，研究情绪类仪器包括视崖等。这些虽是常规的研究仪器，但在实验研究中也是相当重要的。

(七)自然实验

所谓自然实验，是指在被试日常生活活动(游戏、学习、劳动)的自然情况下，给予或改变影响他的某些条件来研究其心理特征的变化。许多研究，如社会化发展的许多研究都只能在自然的情境中进行，而不能在特别创设的实验室中进行，否则就会使研究的问题失真。

在发展心理学研究中，自然实验一经使用，便受到了研究者的欢迎。特别是近些年来，心理学研究兴起生态学运动，这使自然实验更加受到研究者的重视。发展心理学研究越来越多地采用自然实验方法。如此的原因，自然与此种方法自身的特点有密切的关系。

1. 自然实验的主要特点

自然实验兼具观察和实验室实验的优点。它把实验研究和日常活动密切结合起来，能反映个体心理和行为发展变化的真实情况，能够从不同种类的被试样本中获得资料，从而获得更为广泛、可靠的结论。被试的选择、分配并非随机进行，往往以现成的班级、小组、群体或个体为研究对象；涉及的变量(包括自变量和因变量)

比实验室实验多。

2. 自然实验的种类

一般来讲，自然实验可以分为两种：一为自然实验，二为教育实验（educational experiment）。

一般来说，自然实验从它的基本设计形式来看可分为 3 种：单组实验设计（single-group design）、等组实验设计（equivalent-group design）和轮组实验设计（alternating-group design）。所谓单组实验设计，是指研究者只选择一组被试并让他们只接受一种实验条件（X），然后进行后期测量或观察，并得到某一分数或结果（Y），最后得出 Y 由 X 造成的结论。所谓等组实验设计，是选择实验的几种条件分别对各个等组（每个组的被试变量对实验影响的效果相等）进行实验的程序设计。等组实验设计类型较多，常见的是研究者把被试随机分配到实验组（A 组）与控制组（B 组），然后对实验组给予实验条件（X），而对控制组不给予实验条件，所谓控制组即控制该组不使用实验条件，最后对两个组进行同样的测量，并对比 A 组与 B 组测定的结果，从而分析实验的效果 Y（即 A 组与 B 组的差异）与 X 的关系。为了更好地分析实验条件与实验结果之间的关系，让 A 组与 B 组轮流当实验组与控制组，就是轮组实验设计。对 A 组先给予实验条件（X），对 B 组不给予实验条件，对比两组的结果；然后对 B 组给予实验条件（X），对 A 组则不给予实验条件，再对比两组的结果；最后分析实验条件（X）能否造成实验效果（Y）。自然实验的 3 种实验设计各有优点和缺点，实际使用时可根据实验的不同要求进行选择。

教育实验是自然实验的一种特殊形式。所谓教育实验，就是把对被试心理的研究与一定的教育和教学过程结合起来，从而研究被试在一定教育和教学过程的影响下，某些心理过程或个性品质形成和发展的规律。教育实验所采用的形式一般就是自然实验所采用的形式。教育实验已成为国际发展心理学研究的一个新趋势，越来越受到人们的重视和欢迎。究其原因，主要是教育实验把发展心理学研究和教育实践紧密地结合起来，使其研究结果可以直接为教育实践服务。

第四节

————

发展心理学的进展与展望

回顾发展心理学的发展历程可以发现，从 1882 年普莱尔出版《儿童心理》算起，在 130 多年的历程中，发展心理学有了长足的进步，特别是在近几十年里，发展心理学的进展更为迅速，其特色就是从传统的对儿童与青少年的研究，扩展到对个体生命全程中心理发展规律的探索。可以说，发展心理学是当今心理学领域中最具活力的研究领域之一。对此可以从以下几方面进行简单的梳理。

一、发展心理学研究体制的进展

考察一门学科的发展变化，必须从其总体结构或研究体制着眼，方可辩证地把握学科发展的全局(林崇德，2005)。在考察发展心理学研究体制的进展时可以从横向和纵向两个角度加以分析。

(一)研究体制的横向整体化变化

所谓发展心理学研究体制的横向整体化变化，主要涉及发展心理学研究的广度与范围问题。分析近几十年来发展心理学研究体制的横向整体化变化，主要表现出两个特点：其一，发展心理学领域新的交叉学科不断产生；其二，发展心理学的研究范围向个体生命的两极延伸。

1. 新的交叉学科不断产生

近年来，在发展心理学研究领域中有许多新的交叉学科纷纷产生，这种现象既有深刻的历史原因，也有特定的现实背景。从历史原因上说，人类对世界的把握存在两种形态，一种是整体化的综合性把握，另一种是个别化的分析性把握，这两种形态是相互依赖、辩证统一的。作为人类对世界认识的结晶，当今科学发展表现出在高度分化、高度专门化基础上的高度整体化特征，新兴边缘学科或交叉学科的产生便是这种特征的具体体现。从这个意义上说，发展心理学领域中交叉学科的产生正是由科学发展的大趋势所决定的，是发展心理学研究深化的必然结果。从现实背景上说，实践是推动学科发展、促进学科进步、产生新的学科的内在源泉和根本动力。随着社会经济的发展、人类文明的进步，"认识你自己"逐步成为人类共同的梦想，保持良好的心态、精神愉悦地生活成为现代人共同的需求，这也是发展心理学的研究范围不断扩展、新兴交叉学科不断产生的外在原因。

发展心理语言学（developmental psycholinguistics）就是近年来在发展心理学领域出现的一个新的交叉学科。发展心理语言学这个概念由美国心理学家麦克内尔（McNeill, 1966）首次使用并做了理论阐述。从那时起，经过数十年的发展，这一学科已经逐渐成熟，成为一门基本独立于心理语言学（psycholinguistics）的学科，为个体心理发展研究开辟了一条新的研究思路。这个学科的产生源于艾弗拉姆·诺姆·乔姆斯基（Avram Noam Chomsky, 1928—）的心理语言学，20世纪六七十年代，部分发展心理学家有感于乔姆斯基理论的局限，对其理论在两个方面进行了重大的修改：①将以句法为核心转变为以语意为核心，认为语意是儿童语言的中心成分；②将语言的先天获得性转变为社会制约性，认为儿童的语言发展是受社会背景制约的。由此，发展心理语言学逐渐独立于心理语言学，成为独立的分支学科。也正因如此，发展心理语言学主要研究两个方面的问题：其一，儿童早期言语的内容及其背景；其二，儿童早期言语的社会化问题。这一交叉学科形成了一些颇富新意的理论。

发展心理生物学（developmental psychobiology）是发展心理学与心理生物学的结合，它正式形成的标志是1968年美国一批心理学家创办了《发展心理生物学》杂志。从那时起，发展心理生物学由萌芽状态逐渐发展成形，成为发展心理学领域中的一个独具特色的专门学科。它围绕个体生命全程中的行为和心理形成的基础来开展研究，其研究内容主要包括4个方面：第一，幼儿的能力；第二，智力的遗传性问题；第三，气质的生物学基础；第四，非人类种系的智力水平问题。这类研究有4

个主要特点：①与进化论和遗传学密切相关，这个学科的研究者基本接受了达尔文的进化论思想，有的人还接受了胚胎学家的复演论观点；②深受现代心理生物学对亲子关系研究的影响，这种研究为发展心理生物学带来了独特的观念和方法；③神经科学的一些研究方法促进了发展心理生物学的发展，如对大脑神经系统的理化分析、对未成熟动物的药物学研究和对神经系统发育的解剖学研究等方面的技术，都已运用于发展心理生物学中；④重视对早期经验的研究，这一学科的研究者普遍承认早期经验在个体发展过程中的重要作用，力图探寻早期经验与个体发展之间的因果作用模型。

除上面提到的发展心理语言学和发展心理生物学外，近几十年来，发展心理学领域还出现了一些其他交叉学科，如发展心理学与心理病理学（psychopathology）相结合而产生的发展心理病理学、与社会心理学相结合而产生的发展心理社会学等，这些新的交叉学科的产生使发展心理学的研究呈现出非常繁荣的景象。

2. 研究范围向个体生命的两极延伸

如前所述，20 世纪六七十年代之前，人们习惯称发展心理学为儿童心理学，那时发展心理学的研究重点在儿童期与青少年期。近几十年来，发展心理学家以个体生命全程为研究对象，对个体从胎儿期（fetus period）开始直到衰老、死亡的发展历程进行了深入的研究；而且在研究重点上，研究者强调研究个体早期和中老年期的心理特点。

一方面，研究者重视研究个体早期的心理发展规律。近年来，许多发展心理学家将研究的重点转向个体的早期阶段，他们采用精心设计的现代化方法，致力于研究婴幼儿认知能力的表现与发展、社会性的表现与发展、环境与早期智力发展、早期情绪社会性发展的关系、早期心理发展的关键期等，使得这方面的研究日益繁荣。

另一方面，对个体中老年期研究的重视直接源自发展心理学中生命全程观（lifespan perspective）的影响。生命全程观作为一个术语，尽管出现得较早，但直到近些年，它才逐渐发展并被确立为一种关于人类心理发展的观点和理论，成为发展心理学的主流趋势。之所以如此，是因为 3 个因素：①社会发展的需求，随着社会的进步，人类的生活质量不断提高，老年人的数量剧增，老龄化问题成为全人类面临的一个重大问题，这要求心理学家对此做出自己的贡献；②学科发展的要求，随着发展心理学的发展，其研究范围不断扩展，对中老年的研究就成为必然；③邻近学科，如老年学、社会学、人类学等的发展对此也有很大的促进作用。发展心理学家就中老年期各个方面的问题进行了深入的探讨，并形成了许多极具特色的研究和理论。

其实，可以看出，无论是对个体早期的研究，还是对中老年期的研究，从根本（或哲学）上说，都是人类认识自己、洞察自己的必然结果，是人类存在的必然要求。

(二) 研究体制的纵向整体化变化

所谓发展心理学研究体制的纵向整体化变化，是指发展心理学研究重点的变化。近年来，这种变化直接指向人类的具体实践领域，人们逐渐把关注点转向发展心理学的应用方面，尽力解决实践的问题，并取得了一定成绩，其中以下列方面为代表：①胎儿发育和优生问题的研究；②早期智力、早期经验及早期教育的研究；③儿童社会性发展的研究；④青少年生理变化的心理适应（mental accommodation）问题的研究；⑤中老年智力特征的研究；⑥中老年心理疾病的预防与治疗的研究；⑦个体性别化的实现问题的研究；⑧媒体与儿童发展关系的研究；⑨计算机辅助教学（computer assisted instruction，CAI）对儿童发展影响的研究。当然，上述 9 个方面只是本书的看法，这其中的大部分会在以后的章节中被论及，在此仅介绍最后两个方面。

1. 媒体与儿童发展关系的研究

自 20 世纪 50 年代电视进入人们的日常生活以来，它对儿童的认知、学习行为及社会性发展产生了深远的影响。早期相关的研究（Bandura，1963；Winn，1977；Corteen & Williams，1986）偏重于调查电视对儿童社会行为及学业成就的影响，这些研究表明，电视对儿童的学习和社会性行为的影响有好有坏，不能一概而论；通过考虑电视对儿童发展的潜在影响来精心制作电视节目，对儿童的社会性行为和学习有积极的促进作用。之后，这方面的研究趋于揭示儿童收看电视的认知机制及发展特点(Lorch et al., 1979；Anderson et al., 1976, 1981；Wright et al., 1984；Collins et al., 1982)，其中儿童对电视信息的注意和理解成为研究的中心内容。对于儿童注意和理解电视信息的心理机制，研究者提出了两种理论假设，即被动反应理论(passive reaction theory)和主动加工理论(active process theory)(Anderson & Lorch, 1983)。被动反应理论的研究者(Singer, 1980)认为，儿童对电视的注意主要受电视呈现的知觉特征的影响，儿童对电视的注意实际上是一种习惯化的反应，他们只能产生低水平的被动加工，而不能产生真正意义上的理解。而持主动加工理论的研究者(Lorch, 1979；Smith et al., 1987)则认为，儿童能对节目中可理解的信息进行积极主动的加工和理解，儿童在电视面前并不是一个被动的接受者，决定儿童对电视信息加工的因素是儿童的认知能力、兴趣及电视信息的可理解性，儿童能够运用他们的知识和经验对电视信息进行主动加工，并产生儿童化的理解。近几十年来，研究者对这两种理论进行了整合，并区分了电视节目中存在的两种信息：一种是显性信息，即电视节目直接呈现给人们的感觉信息；另一种是隐性信息，即在电视节目背后，需要经过思维加工的信息。人们对前一种信息的获得是通过被动反应理论解释的，而对后一种信息的获得则可用主动加工理论来解释。据此，研究者得出的结论是：儿童对电视信息的加工既可以是被动的，也可以是主动的，这主要依赖于儿童观看的节目的特点。近年来，随着网络媒体的迅速发展，网络媒体对儿童与青少年的心理发展起到越来越重要的作用，出现了青少年网络成瘾、网络欺凌等问题(马晓辉、雷雳，2010)。

2. 计算机辅助教学对儿童发展影响的研究

将以计算机为基础的信息技术引入教育被认为是教育手段现代化的主要趋势，也是进入信息社会必不可少的条件。教育研究人员、计算机教育专家对将计算机用于教育教学工作，特别是计算机辅助教学对学生学习过程的影响进行了大量的研究。20世纪80年代初，许多研究者乐观地预计，由于计算机技术飞速发展，计算机进入学校，现有的教育体制将发生革命性的改变。然而，时至今日，这种改变仍未见端倪。客观地说，和传统教学手段相比，计算机辅助教学在信息的呈现、个别化教学、即时反馈、人机对话及学生参与教学等方面具有一些潜在的优越性，但是，这种优越性的发挥还有赖于其他条件的完备，技术的发展仅为教学改革和学生认知技能的训练提供了较为先进的物质手段。克拉克（Clark，1994）指出，媒体只是一种传递教学的工具，它本身并不影响学生的成绩，真正影响成绩的是工具所传递的内容。库立克（Kulik，1986，1987）曾对有关计算机辅助教学效果的研究进行元分析（或后设分析），他得出结论：计算机辅助教学的不同效果取决于学生的年级、能力水平和呈现的教学类型。如今，总的来看，计算机辅助教学与传统教学相比各有千秋，这主要受学生的特点、学习内容的性质与难度、软件的特点、软件的类型及教师使用计算机辅助教学的方法等因素的影响。因此，设计出符合学生学习规律、便于教师使用的计算机辅助教学系统，是计算机辅助教学进一步发展的关键所在。

二、发展心理学研究方法的进展

近年来，随着发展心理学研究的不断深入，随着现代科学技术和社会的迅速发展，发展心理学的研究方法也有了较大的进步，这些研究方法上的进展又促进了发展心理学研究的不断深入。可以从以下方面来说明这些研究方法的进展。

（一）系统科学原理成为发展心理学研究的方法论基础

所谓系统科学原理，是系统论（system theory）、控制论（control theory）、信息论（information theory）、协同论（synergetics theory）、突变论（mutation theory）和耗散结构理论（dissipative-structure theory）的基本思想和方法。尽管这些理论产生的时间和关注的问题不同，但它们的许多基本概念、思想和方法是相通的，其实质是各有侧重地探讨系统的结构、功能及其变化发展趋势。具体地说，系统科学方法是按事物本身的系统性，把研究对象作为一个具有一定组成、结构和功能的整体加以考察的方法，即从整体与环境、整体与部分、部分与部分之间的相互联系、相互制约、相互作用的关系中综合地研究特定对象及其发展的方法。这样，由系统科学原理发展起来的系统科学方法就具有了普遍的方法论意义，成为其他学科研究的方法学基础，发展心理学也不例外。

一言以蔽之，我和朱智贤教授认为，系统科学方法对发展心理学的指导作用至少包括 3 个方面(朱智贤、林崇德等，1991)。首先，系统科学原理有助于建立科学的个体心理发展观。系统的方法要求将个体的心理看作一个有机的系统，这个系统一方面是一个更大系统的子系统，另一方面其自身也包含着许多子系统，以及不同层次、不同水平、不同序列的亚系统。高层的系统整合着子系统，但不是子系统特点的机械相加。作为一个开放系统，个体的心理通过信息的组织、转换和自我调节，不断地从无序到有序再到无序，又从无序向更高的有序状态发展，这样就使得个体的心理发展表现出整体性、结构性、层次性和动态性的特点。其次，系统科学原理有助于确立科学的研究思路。从系统科学的角度来看，任何事物都不是孤立存在的，而是在与其他事物的相互作用中存在并确立自己的位置的。在心理学的传统研究中，人们崇尚精确的实验设计、严格控制的实验方法，但这种研究倾向对于作为复杂系统的人类心理结构而言，其弊端是显而易见的。正因如此，近年来，心理学特别是发展心理学领域强调在个体心理发展的真实情境中研究个体心理发展的规律，这可以说是系统科学原理在发展心理学研究中的突出体现。最后，系统科学原理对发展心理学的研究方式和研究方法有重大影响。从研究方式上说，考虑到个体心理系统的从属与包含关系，对发展心理学的研究仅依靠心理学的研究方法是远不够的，必须借用其他学科的研究方法，与其他学科联合，共同探讨个体心理发展的规律。从研究方法上说，单变量的设计、某一种方法的运用显然不足以探讨个体心理发展的规律，采用多变量综合设计、多方法综合运用成为发展心理学研究的共同趋向。

(二)发展心理学研究思路的生态化取向

如前所述，强调研究的生态化是 20 世纪 80 年代末以来西方发展心理学与教育心理学领域出现的一个新趋势。它要求在现实生活中、自然条件下研究个体的心理与行为，研究个体与自然、社会环境中各种因素的相互作用，从而揭示其心理发展与变化的规律。从生态学的观点来看，个体是在真实的自然和社会环境中成长起来的。其心理发展受到多种因素的影响，而这些因素之间又是相互作用、相互影响的，是一个完整的系统。个体心理发展的水平、特点和变化，都是该系统中各因素相互作用的综合结果。实验室实验的情境系人为创设，且变量控制严格，孤立考察某个或某些因素对个体心理发展的影响，因而难以揭示自然条件下个体的真实心理和行为。因此，对个体心理发展的研究被要求离开实验室，走向现实环境，把实验室研究固有的严格性移植到现实环境中，在其中揭示变量之间、现象之间的因果关系。正是在生态化趋势的影响下，发展心理学家一方面十分重视前文提到的纵向研究与系列交叉研究的设计，另一方面又创造了许多先进的研究设计方式和研究方法，其中最典型的当属准实验设计（quasi-experiment design）方法。

准实验设计方法主要是由库克和坎贝尔（Cook & Cambell，1968）发展起来的。所谓准实验设计，是指在现场情境中不能用真实验设计来选择样本、控制实验情境或处理有关变量，但可以用真实验设计的某些方法来计划收集资料。准实验设计在某种程度上满足了对个体发展研究的生态化要求，其适用范围更广，更能反映个体心理发展的实际情况，因此这种设计思想一出现就为广大研究者所重视，被应用于各种研究中。目前，准实验设计已经发展出多种类型，如非等组比较组设计（non-equal compare group design）、间隔时间序列设计（interrupted time-series design）、轮组设计（rotation design）等，而且还在不断发展和完善中。当然，这并不是说这种设计方式已经尽善尽美，这种设计方式本身也存在一些问题，有待人们进一步优化。

（三）研究方式的跨学科与跨文化特点

发展心理学的研究对象是个体的心理发展，其所涉及的个体是纷繁复杂的。因此，对个体发展问题的研究常常不是发展心理学一门学科所能承担和解决的。从多学科的角度研究个体心理发展的规律，探讨发展中的各种现象，解决发展中的各种问题，成为近年来发展心理学研究的一个新特点。分析起来，这种跨学科的方法有两种不同的水平。一是发展心理学研究与心理学领域内的其他有关分支学科的协作，这种心理学多分支协同的研究方式使心理学各分支之间形成相互联系、补充和促进的动态过程，大大促进了发展心理学的发展。二是发展心理学研究与心理学领域之外的有关学科的合作，发展心理学研究涉及的许多课题，除需要与心理学内部各分支学科加强合作外，通常还需要与心理学领域之外的相关学科加强合作研究。例如，近年来，研究者对心理发展的内在机制的研究十分重视，结合发展神经科学（developmental neuroscience），探索大脑两半球的功能、大脑的发育、脑的边缘系统（limbic system）（包括边缘叶与附近皮层）、皮下结构等与心理发展的关系；又如，对老年期智力特征的研究是一个涉及心理学、哲学、老年学、思维科学、病理学、神经解剖学、生理学等诸多学科的综合性课题，仅靠发展心理学一门学科是很难完成的。

随着发展心理学研究的深入发展，研究者们越来越重视不同文化背景对个体心理发展的影响，寻求不同社会文化背景中不同年龄个体行为表现和心理发展的类似性和特殊性，即探讨哪些心理发展规律在特定文化背景中存在，哪些心理发展规律在各文化背景中普遍存在。作为研究方式的一种新趋势，跨文化研究涉及如何根据不同文化类型进行实验设计、被试取样、研究和统计方法的选择及研究结果的推论等一系列特殊的问题，对这些问题的研究已成为发展心理学研究方法的重要内容。有关人类个体发展的跨文化研究极大地丰富了发展心理学研究的成果，对于解释人类心理和行为的起源及发展过程，弄清影响个体心理发展的各种因素及需要程度，探讨个体心理发展的规律及适用范围，建立发展心理学理论等都有重要意义。对于发展心理学研究者来说，跨文化研究也促进了他们之间的交流与合作，这对发展心理学的发展也是大有裨益的。

（四）研究方法的综合化与研究手段的现代化

个体心理发展的复杂性决定了其研究方法的复杂性，近年来，发展心理学研究在方法上出现了综合化的特征，具体表现在以下方面。①强调采用多种方法研究探讨特定的心理发展规律。在发展心理学中，可采用的研究方法很多，每种方法都有其优缺点。过去，人们在研究具体问题时常采用并满足于单一方法，这样就难以得出全面、准确的结论，难以弄清心理发展的真实规律。近年来，研究者逐渐将多种方法综合使用，以提高研究结果的可靠性。②强调和大量使用多变量设计（或多变项分析设计）（multivariate analysis design）。传统的发展心理学研究多采用单变量设计（或单变项分析设计）（univariate analysis design），其弊端是显而易见的，近年来，随着统计方法和手段的进步，越来越多的研究注意采用多变量设计，以揭示个体心理发展各个方面的相互联系、影响个体心理发展的各种因素及其相互作用的机制。③强调采用综合设计方式。在个体发展研究中，纵向研究和横断研究是两种最基本、最常用的研究设计类型，近年来，研究者探索将这两种研究设计类型结合起来，形成系列交叉研究设计，这种设计既可以在较短时间内了解各年龄阶段个体心理特点的总体状况，又可以从纵向发展的角度认识个体心理特征随年龄增长而出现的变化和发展，可以探讨社会历史因素对个体心理发展的影响。④注重将定量分析（quantitative analysis）和定性分析（qualitative analysis）结合起来。近年来，研究者在重视定量分析的同时，也开始注意定性分析的作用。他们首先对个体心理发展的事实、不同年龄个体心理活动的状况进行充分观察和了解，由此对其性质和意义做出定性分析，然后对定性分析的结果按一定维度进行编码，做出量化研究。这样就可加深对个体心理发展的过程、特点和性质的认识，可获得较为全面的数据资料，挖掘出这些数据资料背后的深层含义。

随着科学和技术的迅速发展，发展心理学的研究手段和技术也日益现代化。在目前相关的发展研究中，录音、录像、摄像设备以及各种专门化的研究工具和手段（如视崖装置、眼动仪、读脑仪、脑功能成像等）得到了大量运用，计算机的广泛使用为发展心理学的研究提供了更多途径。研究手段和研究工具的现代化大大地提高了发展心理学研究的精度与科学水平。以计算机为例，它在发展心理学中的应用是极为广泛的，我们可以把计算机在发展心理学中的应用功能概括为4个方面。①控制研究过程，如用来呈现刺激、控制其他仪器、对被试反应进行自动记录等。②处理、分析研究数据。这是最普遍的应用功能，它一般体现为两个方面：一是运用数据库管理系统对研究数据进行管理，如 FoxBase+数据库管理系统等；二是采用统计分析软件对数据进行统计分析，常见的统计分析软件有统计产品与服务解决方案（Statistical Product and Service Solutions，SPSS）、统计分析系统（Statistical Analysis

System，SAS)等。③模拟心理过程。在发展心理学中，研究中运用计算机技术和信息加工理论，对被试的特定心理过程进行模拟，试图对难以进行直接观察的心理活动进行分析，在实际中应用较多的是功能模拟和思维模拟。④作为训练工具。这方面最有代表性的当属计算机辅助教学和计算机辅助学习(computer assisted learning，CAL)。除这4个方面的作用外，在发展心理学研究的其他方面，计算机也发挥着越来越重要的作用——心理测验的计算机化便是一个例证。在心理测验领域，计算机化测验已成为心理测验发展的新趋势，国内外已研制了许多心理测验的计算机软件，使测验的实施过程在计算机上自动实现，并由计算机程序进行计分和分析。

(五) 研究结果的数量化特征

自科学心理学诞生以来，数量化一直是心理学家孜孜以求的，但在过去，由于受各种条件的限制，心理学研究的数量化特征并不明显。随着科学技术特别是应用数学的发展，20世纪70年代以来，发展心理学研究的数量化程度越来越高，成为发展心理学研究的一大特点。我们将这种数量化特征归纳为4个方面。①发展心理学研究大量采用多元统计分析。这是由个体心理结构的复杂性、影响因素的多样性等决定的，是生态化趋势的要求和反映。另外，计算机的出现对于发展心理学研究中的多变量设计和多元统计分析技术的采用起了关键性作用，若没有计算机，仅靠人工是很难完成多元统计分析任务的。②建立模型成为许多发展心理学家的"点金术"。近年来，验证型多元统计技术的出现为人们提供了一种检验理论模型真实性的手段。在发展心理学研究中，建立模型并检验其合理性成为一些研究者惯常的研究方式，翻阅发展心理学的权威杂志，可发现采用路径分析(path analysis)或线性结构模式(linear structural model)技术验证模型的文章数量越来越多。③数学领域的一些先进的方法或思想得到日益广泛的使用，如模糊数学(fuzzy mathematics)方法和拓扑原理(topological principle)在发展心理学中的使用。④用数量化的方法改进定性分析，使定性分析更严谨，更具有可比性，其中典型的例证就是元分析技术的出现与运用。

由此可见，数量化已成为发展心理学研究的一个重要特征，它对发展心理学研究水平的提高，对发展心理学研究的深入确实起了重要的推动作用。当然，也应注意到，心理规律的复杂性决定了完全数量化的不可能性，某些过分追求统计复杂化的倾向应当引起人们的重视。

三、发展心理学研究理论的进展

从国内外研究情况来看，发展心理学理论方面的进展相当显著，西方的发展心理学更是如此。这里仅做一个鸟瞰。

（一）发展心理学更多地强调发展科学

1. 发展科学的导向

《儿童心理学手册》第七版（2015 年）代表着发展心理学的新进展。

从 20 世纪 30 年代起，美国每隔 8~16 年就修订一次《儿童心理学手册》。该手册的第四版出版于 1983 年；第五版出版于 1998 年；第六版出版于 2006 年；第七版出版于 2015 年，共 4 卷——第一卷为"理论和方法"，第二卷为"认知加工"，第三卷为"社会情绪人格发展"，第四卷为"生态环境"。

2. 发展科学的特点

①当前发展科学最大的特点是：强调该学科与心理学的其他分支学科及其他学科的联系，涉及神经心理学、社会心理学、教育心理学、健康心理学、临床心理学、生物学、儿科学、社会学、人类学及其他学科。这既推动了发展心理学的发展，又给发展心理学提供了重要思路。

②了解生物个体与周围环境的互动及其发展。

③强调跨越生命全程的动态发展。

④传统的二分范式被取代，新的范式是相关的发展系统范式。例如，以往先天与后天变量是二分对立的，但目前的发展心理学更强调二者复杂的相互作用对人的影响。

3. 发展科学的变革与影响

①先天与后天之争：基因与环境之间并非简单关系，表观遗传学和基因组研究有助于探索从基因型到行为表现的复杂通路。

②认知发展：除人类大脑对心理加工的控制外，人类利用外部科技（如人工智能）也可以进行认知加工。

③进化与个体发育：个体的发生发展与进化不是脱离的，个体的发生发展是进化的一部分。

④社会文化发展：个体发展与文化不是孤立的，二者之间存在互动。

(二)认知发展的新理论

认知发展的新理论注意到个体的正常和异常发展，包括以下方面。

①感知，运动，注意，符号表征(symbolic representation)，概念，语言，早期读写，非言语交流，执行功能，推理，记忆，数学推理，空间认知。

②游戏，时间认知，科学思维，视觉与音乐艺术。

③媒体影响，社会理解，社会性与信念，性别角色(sex role)，文化环境与认知发展。

(三)社会情绪人格方面的发展

社会情绪人格发展的新理论主要表现在以下方面。

①测查社会情绪行为和发展。

②出生前环境及其对发展的影响。

③压力的精神神经内分泌学。

④气质与人格。

⑤关系，调节，早期发展。

⑥逆境面前的心理弹性。

⑦疾病与障碍对社会情绪的影响。

⑧种族、社会地位、民族的影响。

⑨家庭环境变化与社会情感发展。

⑩儿童与法律。

⑪儿童受虐待。

⑫心理理论的个体差异。

⑬亲社会发展。

⑭成就动机发展。

⑮道德：来源和发展。

⑯自我。

⑰攻击性（aggression）和暴力。

⑱性别与性行为。

⑲同伴、亲密关系。

⑳儿童与青少年信仰的发展。

（四）儿童心理发展及其生态环境和过程的新理论

儿童心理发展及其生态环境和过程的新理论主要表现在以下方面。

①生物生态化背景下儿童的发展。

②儿童与父母、家庭、同伴、邻里。

③儿童的早期教育，儿童的学校，儿童有组织的活动。

④儿童的劳动。

⑤儿童与电子传媒。

⑥儿童与社会经济地位。

⑦儿童的医疗环境。

⑧儿童与法律。

⑨儿童与政府。

⑩遭受战争和灾难的儿童。

四、对发展心理学未来的展望

从研究体制、研究方法和研究理论 3 个方面对发展心理学的进展做了总结后，发展心理学的未来发展方向问题便自然而然地摆在面前，对此问题，以下从两个方面来回答。

（一）对发展心理学前途的看法

要回答这一问题，首先要清楚发展心理学乃至心理学的现状及其存在的价值。从心理学的现状来看，有一部分人认为心理学已经发展到成熟阶段，可以像物理学那样进行严格的实证研究（Simon，1986）。但也有一部分人认为心理学是一门危机学科（Leahey，1980），研究者各自为政，互不沟通，缺乏统一的思想和衡量标准，因此，他们认为心理学应当着手进行理论的整合（Gilgen，1980），或重新回到哲学心理学（Misiak，1973）。本书认为，心理学的现状既不那么乐观，也并不像有些人所说的那么悲观，以客观的态度来看，经过 100 多年的发展，心理学确实有了很大的进展，但现在还不能说心理学已经发展到完全成熟的阶段，这还有待心理学家们共同努力。那么，这种努力的必要性有多大呢？这就要求人们了解心理学及发展心理学存在的价值。本书认为，发展心理学存在的价值至少表现在 3 个方面。首先，从人类存在的角度说，"认识自己"是人类永恒的追求。早在古希腊时代，苏格拉底的墓碑上就刻有"认识你自己"这句话，从哲学的角度来说，认识世界、认识自己是人类存在的根本目的之一。其次，从人类本能的角度说，"发展自己"是人类的根本需求，使自己更好地发展、与社会和谐相处可能是人类共同的需要，如何更好地实现这一需要是发展心理学家的工作重点。最后，大量的现实问题需要发展心理学家去解决，社会的发展一方面提高了人们的物质文明程度，另一方面使个体与环境之间的冲突加剧，心理上的不适应感越来越多，如何进行心理调适，这是社会对发展心理学家提出的问题。由此，可以得出结论：发展心理学的前途是光明的。

虽然发展心理学的前景是令人乐观的，但还必须重视几个不稳定因素：①过分追求数量化和抽象化的倾向，这种倾向的极端化就是所谓数字游戏，本身很简单的东西被装扮得很神秘；②仅凭研究者的个人兴趣，研究的内容过分琐碎；③缺乏理论的整合，只有零散的材料。这些因素如得不到足够注意，就有可能对发展心理学的发展产生不良影响。

(二) 发展心理学的未来走向

这是一个非常富有挑战性的问题，对此，根据长期的理论和实证研究，这里从以下 4 个方面阐述看法。

1. 发展心理学研究中思维方式的变革

如前所述，近年来发展心理学实现了迅猛发展，这一点突出地表现在研究体制和研究方法的进步上，这种进步必然带来发展心理学家思维方式的变革，那些适应静态封闭体制的思维方式必然向反映整体化趋势的新思维方式发展，研究者的思维方式由原来的以还原论和决定论为代表的牛顿—笛卡尔范式向系统论、相对论和辩证法的方向过渡。这种思维方式的变化必会引起发展心理学研究体制和研究思路更大范围的发展，因为思维方式的变革历来与科学体制的突破相呼应，新范式和新理论的出现会给科学带来革命性的发展。

那么，发展心理学研究的思维方式将向何方变化呢？我认为至少包括以下几方面。

第一，从以实体为中心的研究思路过渡到以系统为中心的研究思路。发展心理学以往的研究都是把个体的心理看成一个一成不变的实体或元素，而忽略了其系统性、层次性和动态性，这样的结果是把复杂的问题简单化，把变化的问题静止化，把立体的问题平面化甚至线性化，这可能是过去发展心理学发展缓慢的根本原因。随着科学技术的发展所带来的发展心理学研究体制的变化，系统思想必然成为研究者的主要思维方式。采用系统论的思维方式，研究者们可以对个体的心理实质有更深入、科学的认识，用系统论的原理指导发展心理学的研究可得出更为合理的结论。可以预见，系统论原理将成为发展心理学研究者的指导思想。

第二，从对心理现象的唯一性确证过渡到对多样性和不确定性的接受与宽容。

当心理被当作一个实体，那么它的值就是单一的，即在某种特定的背景下，某心理现象具有唯一性，不存在"既 A 又 B"的状况，其典型的表现就是行为主义的心理观。根据这种观点，一旦了解了一个行为的状况，就探测到了这个行为所代表的心理本质。但这种唯一性并不是人类心理现象存在的真实状况，个体的心理更多地表现为多样性和不确定性。在把系统论原理引入发展心理学的研究后，研究者们逐渐接受了心理现象的系统性、层次性、动态性和不确定性的特征，把发展心理学的研究放在一个更广阔的背景中，认真地考虑不同因素、不同结构之间的交互作用，考虑个体心理的变化与发展的过程。

第三，在考察心理现象的因果关系时，由直接的单一线性联系（linear relation）过渡到多维线性联系（multi-linear relation）甚至非线性联系（nonlinear relation）。因果关系是整个自然科学赖以存在的基石，自然科学研究的根本目的之一便是探讨事物之间的因果关系。传统的发展心理学研究所探讨的因果关系是直接的单一线性关系，最典型的是行为主义心理学的"刺激—反应"公式。随着发展心理学研究的进展，特别是系统论原理被引入发展心理学研究后，人们普遍认识到，心理现象间不存在单一的线性因果关系，任何心理现象都是系统活动的产物，它们之间的因果关系是非线性的，或者是多元线性的。现在在发展心理学研究中流行的多元统计分析就是以多元线性模型为基本假设的，相信在不久的将来，在发展心理学的研究中还会出现非线性的分析方法。

2. 发展心理学研究方法的趋势

本书在"发展心理学研究方法的进展"部分总结了 5 个方面的进展，这 5 个方面将在未来得到进一步发展。其中，要特别强调的是：现场研究会被大量采用，纵向研究与系列交叉研究会越来越多，研究方法的综合程度将进一步提高，研究方法将更加现代化。这里仅对现场研究做一点简单的说明。随着生态化运动的兴起，在发展心理学的研究中，现场研究（包括自然观察和现场实验）又重新受到重视，可以预见，现场研究将会得到进一步的发展。在自然观察方面，由于观察手段不断更新，研究者可以越来越精确地记录观察对象的行为资料，加上观察理论日益成形，观察设计日益精确，自然观察在未来发展心理学研究中仍是主要的研究方法之一；在现场实验方面，它部分地吸收了观察法和实验室实验法的优点，克服了两者的不足，因此在未来会被广泛地使用。当然，现场研究本身并不是完美无缺的，在未来仍需进一步发展。现代化的实验仪器和技术的引入，使研究者能更准确地揭示心理的实质；对心理发展的脑神经机制的深入研究及对行为遗传和基因的积极研究，使发展心理学走上发展科学的新路径。

3. 发展心理学研究内容的趋势

关于未来发展心理学的研究内容，可以用一句话来概括：研究选题的应用性倾向越来越明显，发展心理学家越来越多地参与社会生活。我曾多次提倡：中国心理学想要做到世界一流，当前就应该研究服务于国家需求且有重大行业影响的应用课题。对照国际上应用研究的新进展，中国学者应在具体问题上做好相应研究。如在早期研究中，胎儿发育与优生问题的研究继续得到加强，研究者重视早期智力开发；在对学龄儿童的研究中，儿童社会关系、儿童问题行为的预防与矫正、计算机辅助教学对儿童发展的影响等是发展心理学家需要着力研究的课题；在对青少年期的研究中，影响青少年道德形成的因素及其道德教育、青少年生理变化的心理反应等成为研究的重点内容；对成人期的研究则着重探讨社会生活事件对个体心理发展的作用、成年人心理健康的状况与特点、成年人对紧张事件的应对机制等问题；在对成人晚期即老年期的研究中，发展心理学家则着重研究老年人的生理老化（aging）及其对心理发展的影响、影响老年人心理衰退的各种因素、老年人的孤独问题、老年人的心理保健问题等。

4. 发展心理学研究中更大范围的整体化趋势

有人预言，21世纪将是心理学起主导作用的世纪。这对于心理学家来说确实是极富吸引力的。但有必要认真地思考一下，心理学要成为21世纪的带头学科之一，需要具备什么条件呢？我认为，心理学要成为21世纪的带头学科之一，就必须在更大范围内实现整体化。先来看看这种变化的必要性。从社会发展和人类文明进步的角度说，当物质文明发展到一定水平，必然要求精神文明同步发展。人类发展至今天，物质文明已经达到了很高的水平，但精神文明远远滞后。如何更好地调节个体的心理健康水平，成为全人类共同面临的重大课题。这个课题应由心理学来承担，因此，"21 世纪是心理学的世纪"这句话是有其合理性的。然而，心理学家承担得起这项艰巨的任务吗？就现有的心理学研究水平而言，它和社会对心理学的期望还有很大一段距离。要承担起这项任务，心理学必须进行自我改革，加速发展，实现心理学更大范围的整体化。从可能性上看，实现更大范围的整体化是有可能的。首先，经过 100 多年的发展，心理学的各个研究领域都积累了相当丰富的资料，为更大范围的整合提供了基础。其次，科学技术的发展为心理学的整合提供了方法论上的借鉴和启发以及技术手段上的充实。最后，近年来，心理学特别是发展心理学领域已经出现了整体化的趋势，这为心理学在更大范围内实现整体化进行了有益的预演。因此，发展心理学在更大范围内的整体化发展是既有必然性也有可能性的。

第二章

发展心理学理论

在发展心理学研究中，人们首先必须回答许多基本的理论问题，如个体心理发展过程中先天与后天的关系问题，教育对一个人的发展有什么作用，个体心理发展如何划分，心理发展的内部机制是什么，等等。对此，不同的心理学家、不同的心理学流派有各自不同的看法，形成了不同的关于个体心理发展的理论，像人们很熟悉的关于心理发展的精神分析理论、行为主义理论、发展认识论等，它们便构成了发展心理学的丰富内容，是发展心理学发展历程中历史遗产的总汇。在发展心理学史上，任何一位发展心理学家或对心理发展研究做出贡献的科学家，都具有自己的学术风格和科学特色。他们有自己的哲学观点，不管他们是否意识到或承认这一点。在发展心理学的研究中，他们或在理论研究上提出自己独特的见解，或在某一具体研究领域中做出突破性的贡献，或在实践领域中提出新的课题和建议，或在研究方法上具有创新的特色；所有这些，都使他们在发展心理学史上留下了自己的足迹或印记，值得后人认真学习和研究。总之，继往才能开来，学习与研究发展心理学必须重视学习和研究发展心理学的各派观点和各家理论，借鉴前人的成果，形成自己的看法。

本章着重介绍几种有代表性的发展心理学理论，以期读者对发展心理学的理论演变有一个概要的了解。阅读完本章后，希望读者能了解以下问题。

①弗洛伊德对儿童心理发展理论有何贡献？其理论有何不足之处？

②埃里克森是如何继承和发展精神分析儿童心理学理论的？

③华生的行为主义儿童心理学理论的产生背景及其主要内容为何？

④斯金纳和班杜拉分别是如何发展行为主义儿童心理学理论的？

⑤维果茨基的儿童心理学思想的内容是什么？

⑥皮亚杰的儿童心理学理论及其后续发展为何？

⑦朱智贤对儿童心理发展理论有何贡献？

第一节

————

精神分析的心理发展观

精神分析是西方现代心理学的主要流派之一，其含义是以心因性为机制的一种治疗精神病的方法及其理论和潜意识心理学的理论体系，因为其创始人是弗洛伊德，所以精神分析理论又叫弗洛伊德主义（Freudianism）。它包括古典弗洛伊德主义（或弗洛伊德学说）（classical Freudianism）和新弗洛伊德主义（neo-Freudianism）。其在发展心理学方面的代表性观点是弗洛伊德的理论和埃里克森的理论。

一、弗洛伊德的发展心理学理论

弗洛伊德是奥地利精神病学医生和心理学家，他根据自己对病态人格所进行的研究提出了人格及其发展理论。这种理论的核心思想是：存在于潜意识中的性本能是人的心理的基本动力，是决定个人和社会发展的永恒力量。在这个理论中，弗洛伊德所注意的虽然是精神病的分析和治疗，但它也涉及了许多心理发展的理论。因此，弗洛伊德不仅是一位杰出的精神病学医生、医学心理学家，而且对发展心理学的建设也做出了贡献。

（一）弗洛伊德的人格发展理论

在弗洛伊德的早期著作中，他认为人的心理活动或精神活动主要包含意识和潜意识(或无意识)两部分。意识与感知相联系，而潜意识则主要包括个体的原始冲动、各种本能和欲望(以性欲为主)。这种冲动、本能和欲望与社会道德、风俗习惯、法律规定等是不相容的，因此被排挤到意识阈之下。潜意识中的成分不自觉地积极活动、追求满足，从而构成了人类行为背后的内驱力。

弗洛伊德后来修订了意识与潜意识的二分法，引进了本我、自我和超我的心理结构或人格结构(personality structure)。

为了更明确地分析人格结构中的 3 个"我"，还须从弗洛伊德的快乐原则(pleasure principle)和现实原则(reality principle)说起。弗洛伊德认为，他的心理分析体系的动机是欲力(或力比多)(libido)；欲力是一种身心概念，表示性本能的身、心两个方面。欲力的分量不一，但总要得到发泄，总会有一个又一个的冲动，而这一切冲动的实现都要受到两大原则的制约，即快乐原则和现实原则，人类的一切生活都要以这两个原则为依据。所谓快乐原则(或唯乐原则)，是指人类的原始冲动，以情感、欲望(特别是性欲)为主要冲动，这种冲动永远是为了寻找各种快乐。所谓现实原则，是指人类考虑现实的作用，其作用是使个体能适应实际的需要。快乐原则和现实原则是相互联系又相互对立的。快乐原则是个体的原始本能的原则，但由于伦理、宗教等社会影响，它必须有某些改变以与现实相适应。尽管如此，现实世界中并没有哪种文化的力量能消除快乐原则及其动力，因为它的活动常常不是直接出现的(特别是在潜意识中或间接地在意识中用化装的形式出现)，也就是说，快乐原则若不与现实原则合作，就与现实原则对立。弗洛伊德的人格结构及其发展与这两个原则密切地联系着。

本我(或伊底)(id)类似于弗洛伊德早期理论中的潜意识概念。本我是原始的、本能的，且处于人格中最难接近的部分，同时它又是强有力的部分。它包括人类本能的性的内驱力和被压抑的习惯倾向。弗洛伊德把本我比拟为充满剧烈激情的陷阱。在动机术语中，本我是由快乐原则支配的，目的在于争取最大的快乐和最小的痛苦。弗洛伊德认为，欲力被围困在本我中，并且是通过减少紧张的意向表现出来的。欲力能量的增加导致了紧张程度的增加，而快乐原则使个体的紧张减少到能忍受的程度。如性欲的满足、干渴和饥饿的解除等，都能让紧张状态消减从而使个体产生快乐。在弗洛伊德看来，一个个体是要和现实世界发生交互作用的；即使是攻击、侵略，也是和本我消减紧张状态的基本原则相联系的。

在心理发展中，年龄越小，本我的作用就越重要。婴儿几乎全部处于本我状态，因为他们可担忧的事情不多，所以除身体的舒适外，可以尽量解除一切紧张的状态。但是，由于生活的需要，他们可能产生饥饿、干渴，于是产生了紧张，他们等待吃奶、喝水，此时，本我可能产生幻觉，出现关于目标的想象，而且在幻想之中获得满足。本我也可能闯入梦境，如儿童在梦中吸吮乳头或拿起水杯。这被弗洛伊德称为初级过程思维（或原始历程思维）（primary process thinking）。儿童随着年龄的增加，不断地扩大和外界的交往，以满足自身增加的需要和欲望，并且维持一种令其舒适的紧张水平。在本我需要和现实世界之间不断接通有效且适当的联络时，自我就从儿童的本我中逐渐发展出来。

自我（ego）是意识结构部分。弗洛伊德认为，作为潜意识结构部分的本我不能直接地接触现实世界，为了促进个体和现实世界的交互作用，必须通过自我。儿童随着年龄的增加，逐步学会了不能凭冲动随心所欲。他们逐渐考虑后果，考虑现实的作用，这就是自我。自我是遵循现实原则的，因此它既是从本我中发展出来的，又是本我和外部世界之间的中介。个人在人格结构中能自我支配行动，思考过去的经验，计划未来的行动，这种合理的思维方式被弗洛伊德称为二级过程思维（或次级历程思维）（secondary process thinking），即我们一般知觉和认知的思维。例如，一个儿童学习走路，他要抑制随便行走的冲动，考虑什么地方可以让他避免碰撞，这是他练习自我控制的过程。

弗洛伊德在《自我与本我》一书中把自我和本我的关系比作骑士和马的关系。马提供能量，骑士则指导马的能量朝着他想去游历的方向前进。也就是说，自我不能脱离本我而独立存在；然而，自我由于能联系现实、知觉和操作现实，于是能参考现实来调节本我。这样，自我按照现实原则进行操作，且现实地解除个体的紧张状态以满足其需要。因此，自我并不妨碍本我，而是帮助本我最终获得快乐的满足。

超我（superego）包括两个部分，一个是良心（conscience），一个是自我理想（ego-ideal）。前者是超我的惩罚性、消极性和批判性（criticism）的部分，它告诉个体不能违背良心。例如，它指导人们该怎样活动，人们做了违背良心的事，就会产生犯罪感。后者是由积极的雄心、理想构成的，是抽象的东西，它希望个体为之奋斗。例如，一个儿童希望自己将来成为一个什么样的人，就是由超我中的自我理想部分引起的。

弗洛伊德指出，超我代表着道德标准和人类生活的高级方向。超我和自我都是人格的控制系统。但自我控制的是本我的盲目激情，以保护机体免受损害；而超我又是非标准的，它不仅力图使本我延迟得到满足，而且会使本我完全不能获得满足。超我在人身上发展着，使人逐步地按照文化教育、宗教要求和道德标准来采取行动。因此，弗洛伊德的超我与本我有对立的一面。

按照弗洛伊德的看法，本我、自我和超我是意识的 3 级水平，其人格结构如图 2-1 所示。从图 2-1 中不仅可以看出弗洛伊德的人格结构中 3 个"我"的意识水平，而且可以看出它们之间的关系。这里要指出的是，尽管图 2-1 中的超我居于自我之上，但它仍受潜意识的影响。弗洛伊德不重视超我的作用，他的人格理论，即使到后期，也仅强调本我和自我的重要作用，这一点正是他的理论受到批评的原因。

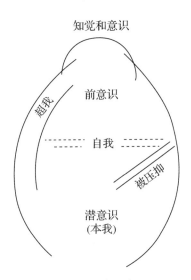

图 2-1 弗洛伊德人格结构示意图（Freud，1923）

(二)弗洛伊德的心理发展阶段说

心理性欲发展阶段的理论是弗洛伊德关于心理发展的主要理论。弗洛伊德既提出了划分心理发展阶段的标准，又具体规定了心理发展阶段的划分。这个理论也是20世纪引起的争论最大同时有巨大影响的学说。

1. 心理发展年龄阶段的划分标准

划分心理发展年龄阶段是心理学界长期以来没有得到适当解决的问题；把什么作为划分的标准，可谓众说纷纭。

弗洛伊德以欲力的发展为划分的标准。他认为，心理发展的各个阶段间的区别是由其性生活的发展造成的，因此，心理学要研究性生活的发展。

弗洛伊德这里所说的性生活的内容，不仅包括两性关系，而且包括使身体产生舒适、快乐的情感。在弗洛伊德看来，对儿童来说，快感是非常普遍和弥漫的，在实际生活中的吮吸、手淫、排泄的快乐等都被包括在内。也就是说，儿童不仅可通过生殖器获得快感，而且能通过身上许多部位来产生类似的快感。弗洛伊德认为，身体上的绝大多数部位都能成为快感带，但在儿童时期，主要的快感带是口腔、肛门和生殖器，这3个区域以特有的阶段次序成为儿童的兴奋中心，于是产生相应的心理发展阶段。

2. 心理发展各年龄阶段的特征

弗洛伊德把欲力的发展分为5个阶段：口唇期(oral stage)出生至1岁；肛门期(anal stage)1岁至3岁；前生殖器期(phallic stage)3岁至6岁；潜伏期(latent stage)6岁至11岁；青春期(genital stage)11或13岁开始。

第一，口唇期(或口腔期)。弗洛伊德认为欲力的发展是从嘴开始的，吮吸本身也能产生快感。婴儿不饿时也有吮吸的现象，吮吸手指就是例子，弗洛伊德将这种吮吸快乐叫作自发性欲(autoerotic)。弗洛伊德指出，在古埃及人的画中，儿童将手指放在嘴里，连在鹰头神的神圣画中也是如此，可见古人对人的性的理解是很深刻的；这也说明原始的口唇的快感在后来的性生活中依旧留存。

弗洛伊德又将口唇期分为2个时期。

第一个时期是从出生到6个月，此时儿童的世界是无对象的，他们还没有现实存在的人和物的概念，仅渴望得到快乐、舒服的感觉，而没有认识到其他人之于他是分离存在的。

第二个时期是6~12个月，儿童开始发展关于他人的概念，特别是母亲作为一个分离而又必需的人，当母亲离开他，他就会感到焦虑(anxiety)和不安。

弗洛伊德认为，每个人都会经历口唇期的阶段，流露出较早阶段的快感和偏见。甚至到成人期，人们有时还会感到吮吸或咬东西(如咬铅笔)的愉快，或抽烟和饮酒等的快乐，这些都是口唇期快感的延续。

第二，肛门期。1~3岁儿童的性兴趣集中在肛门区域，如大便产生肛门区域黏膜上的愉快感觉，或以排泄为快乐，因摸粪或玩弄粪便而感到满足。

弗洛伊德认为，这个时期可称为前生殖的阶段(或性征前时期)(pregenital)，此时占优势的不是生殖器部分的本能，而是肛门的和虐待狂的本能；占重要地位的不是雄性和雌性的区别，而是主动和被动的区别。这个时期的儿童大都有被动的冲动，这与肛门的性觉有关，而生殖器在这个时期仅具有排尿的功能。这个时期的家长往往对儿童的不清洁、不卫生的行为不理解，因而提出强迫性的、有秩序的、干净的要求，反而使儿童以凌乱、肮脏来反抗。

第三，前生殖器期(或性器期)。在3~6岁，儿童进入前生殖器期。这个阶段的特点是什么？弗洛伊德认为，儿童由3岁起，其性生活类同于成人的性生活，所不同的是：①因为生殖器未成熟，所以没有稳固的组织性；②存在倒错现象；③整个冲动较为薄弱。这里，弗洛伊德所说的3岁后的所谓"性生活"主要表现为男孩的恋母情结、女孩的恋父情结。也就是说，到了这个阶段，儿童变得依恋于父母中异性的一方。这一早期的亲子依恋，被弗洛伊德描述为恋母情结(或俄狄浦斯情结)(Oedipus complex)。因此，前生殖器期又叫恋母情结阶段。

对于前生殖器期或恋母情结阶段的特征，弗洛伊德做了如下描述。

> 男孩要独占其母，而深恨其父；见父母拥抱则不安，见其父离开其母则满心愉快。他常坦直地表示其情感，望能娶其母为妻……当儿童公然对于其母做性的窥探，或想在晚上和母亲同睡，或坚持想在室内看母亲更衣，或竟表示出

一种诱奸的行动，这是为人母所常见且引为笑谈的，其对于母亲性爱的意味大概不复可疑了。

女孩常恋其父，要推翻其母，取而代之，有时还仿效成年人的撒娇模样……更加使人心烦意乱，女孩发现她确实没有像男孩那样的阴茎，这成为她责备母亲的理由：是谁把她送到世界上来，而装备如此残缺不全？

儿童之所以能最终克服恋母情结，是因为越来越惧怕他的"情敌"，即同性的父或母的报复。(Freud，1910)

就恋母情结而言，弗洛伊德将这个时期儿童的动机特征解释为：男孩怕被阉割；女孩不怕被阉割，因为她没有阴茎。

第四，潜伏期。发生在约 6 岁至青春期，随着较强的抵御恋母情结情感的建立，儿童进入潜伏期。弗洛伊德认为，儿童进入潜伏期，其性的发展便呈现出一种停滞或退化的现象；可能完全缺乏，也可能不完全缺乏。在这个时期，口唇期、肛门期的感觉及前生殖器期的恋母情结的各种记忆都逐渐被遗忘，被压抑的性的感觉差不多一扫而光，因此，潜伏期是一个相当平静的时期。

由于危险的冲动和幻想被掩埋了，儿童不再因这些而承受过多的烦恼，于是这个时期的儿童可以有意地把其精力放在社会可接受的追求中，如学习、游戏和运动等。于是，在这个时期儿童的动机产生了新的特点，即他们专注于社会情感的发展。

第五，青春期(或性征期、两性期)。经过暂时的潜伏期，青春期的风暴就来到了。从年龄上讲，女孩约在 11 岁、男孩约在 13 岁进入青春期。

青春期有什么特点呢？弗洛伊德曾做过论述。安娜·弗洛伊德(Anna Freud，1895—1982)在其父亲弗洛伊德论述的基础上发表了许多论文，进一步开展对青春期精神分析的研究。在弗洛伊德及其女儿的观点中，后人可以看到他们对青春期特点的看法。

首先，青春期的发展，个体最重要的任务是使自己从父母那里解脱出来。对男孩来说，这意味着放弃对母亲的依赖，并寻找自己的女友。男女青年共同的一点是要和父母逐渐疏离，尝试建立自己的生活方式。这个独立性倾向是青春期的特点。但独立不是轻易做到的事情，从与父母的从属关系中分离出来，在情感上是痛苦的。

其次，到了青春期，青少年容易产生性的冲动，也容易产生类似成人的抵触情绪和冲动。防御的办法有两个：一是采取禁欲的策略，例如，拒绝自己喜欢且有吸引力的舞蹈、音乐及轻薄的事情，并通过艰苦的途径参加体育运动来锻炼身体，以种种方法抵挡所有肉体的快感与诱惑；二是采取理智化（或理性作用）（intellectualization）的方法，例如，青少年试图把性的问题转移到一种抽象的、智力的高度，这样，他们就能隐蔽地把恋母情结尽力提高到纯洁又理智的高度。

二、埃里克森的心理社会发展论

埃里克森是一名精神分析医生，也是美国现代最有名望的精神分析理论家之一。埃里克森祖籍丹麦，他生于法兰克福，师承于弗洛伊德的女儿安娜·弗洛伊德，1933 年起定居于美国。

与弗洛伊德不同，埃里克森的人格发展学说既考虑到生物学的影响，又考虑到文化和社会的因素。他认为，在人格发展中逐渐形成的自我过程，在个人及其周围环境的交互作用中起着主导和整合作用；每个人在生长的过程中，都普遍体验着生物的、生理的、社会的、事件的发展顺序，按一定的成熟程度分阶段地向前发展。埃里克森在《儿童期与社会》（Erikson，1963）这本书里提出了人的 8 个阶段以及每个阶段的发展任务（developmental task），建立了自己的心理社会发展论（psychosocial developmental theory），简称心理社会论（psychosocial theory）。

埃里克森认为，人的一生可以分为既连续又不同的 8 个阶段，每一阶段都有其特定的发展任务。发展任务完成得成功和不成功就是两个极端，靠近成功的一端就形成积极的品质，靠近不成功的一端就形成消极的品质。每一个人的人格品质都处于两个极端之间的某一点上。教育的作用就在于发展积极的品质，避免消极的品质。如果不能形成积极的品质，人就会出现发展的"危机"。这 8 个阶段的对立品质如表 2-1 所示。

表 2-1　8 个阶段的对立品质(Erikson，1963)

阶段	年龄	对立品质
一	0~1 岁	信任对不信任
二	1~3 岁	自主行动对羞怯怀疑
三	3~6 岁	自动自发对退缩愧疚
四	6~12 岁	勤奋进取对自贬自卑
五	12~18 岁	自我统合对角色混乱
六	18~25 岁	友爱亲密对孤僻疏离
七	25~50 岁	精力充沛对颓废迟滞
八	老年期	完美无缺对悲观沮丧

1. 信任对不信任

第一阶段为婴儿期，是从出生到 1 岁。婴儿在此阶段的主要任务是满足生理上的需要，发展信任感，克服不信任感，体验希望的实现。婴儿从生理需要的满足中体验到身体的康宁，感到安全，于是对周围环境产生一个基本的信任感；反之，婴儿便对周围环境产生不信任感，即怀疑感。

这一阶段相当于弗洛伊德的口唇期，但又不同于弗洛伊德的口唇期，埃里克森在具体的解释上有了很大的扩展。埃里克森强调，虽然口唇区域是重要的，但更重要的是与世界交互作用着的口唇方式——一种被动的但同时是急切的接受方式。婴幼儿之所以喜欢把东西放进口中，是因为他想把周围的东西与自己合并，使之成为自己的一部分，埃里克森把这种方式称为口腔合并(oral incorporation)。具体地说，埃里克森认为这种阶段的信任感发展的实质核心是相依性(mutuality)，这种相依性不停留在口唇的周围，而体现在婴儿受母亲照料时，把母亲的爱和她的品质加以内化，同时把自己的感情投射给母亲，这是一种从一开始就带有互相调节的社会性的情绪和态度。如果个人在人生最初阶段建立了信任感，将来在社会上他就会成为易于信赖和满足的人；反之，他就会成为不信任别人和贪得无厌的人。

2. 自主行动对羞怯怀疑

第二阶段为儿童早期，约 1 岁到 3 岁。在这个阶段，儿童主要获得自主感并克服羞怯和疑虑，体验意志的实现。埃里克森认为，这时儿童除了养成适宜的大小便习惯，已不满足于停留在狭窄的空间之内，而渴望探索新的世界。

这一阶段相当于弗洛伊德的肛门期，但在内容上同样有很大的发展。埃里克森对儿童在这一阶段的描述虽借用了弗洛伊德肛门区位的方式（如肛门括约肌的收缩和舒张导致大便的保留和排放），但巧妙地从弗洛伊德指出的肛门区位超脱出来，把肛门活动的特点——保持和排放——引申到此阶段的儿童身上并加以发挥，指出这种特点不限于肛门，也体现在其他各种活动中。此阶段的儿童表现出一种类似肛门活动的特点，例如，儿童抓住物体又抛开；一时缠着成人，一时又离开……这些行为都有着保持与排除、坚持与放弃的特点。儿童一方面在信任感和初步成熟（独立行走和自己进食）的基础上产生了自信，认识到自己的意志，产生一种自主感；另一方面又本能地因依赖过多而感到疑虑。这时成人与儿童之间的相互调节关系受到严峻的考验。父母应注意掌握对儿童的态度的分寸，一方面要利用儿童对自己的信任在某些方面给予有节度的控制，另一方面要在某些方面给予适度的自由，这样才可以形成儿童宽容和自尊（self-esteem）的性格，否则会造成儿童对行为的困惑，引起此阶段的心理社会危机。

这一阶段发展任务的解决，对于个人今后对社会组织和社会理想的态度将产生重要的影响，使其为未来的秩序和法制生活做准备。

3. 自动自发对退缩愧疚

第三阶段为学前期或游戏期（play age），从 3 岁到 6 岁左右。此阶段，儿童的主要发展任务是获得主动感和克服内疚感，体验目的的实现。

这一阶段相当于弗洛伊德的前生殖器期。埃里克森从阴茎的活动方式中巧妙地引申出此阶段的活动特点，并称之为"侵入"。这个词不仅包括了弗洛伊德所强调的前生殖器期以生殖器区的活动为优势活动的看法，而且扩大了这种侵入活动的含义，指出这种活动并不局限在生殖区，还包括利用身体的攻击侵犯别人的身体，使用侵犯性的语言侵入别人的耳朵和心灵，用坚决的位置移动侵入别人的空间，用无限的好奇心侵入未知事物。他认为，和侵入一样，主动性也意味着向前的运动。此阶段儿童已有了更多的自由，能从言语和行动上探索和扩充他的环境。这时社会也向他提出挑战，要求他的行动发挥主动性且具有目的性。在这个情况下，他感到向外扩展并不难于目的的实现，但又感到在闯入别人范围的同时，要与别人特别是与自己以前信赖的人的自主性发生冲突，于是产生一种内疚感。这种主动感和内疚感的冲突构成了此阶段的心理社会危机。

弗洛伊德认为，这个阶段是产生恋母情结的时期。对此，埃里克森的看法不同于弗洛伊德。他认为，男女儿童虽对自己的异性父母产生了罗曼蒂克式的爱慕之情，但能从现实关系中逐渐认识到这种情绪的不现实性，遂产生对同性的自居作用，逐渐从异性同伴中找到代替自己异性父母的对象，使恋母情结在发展中获得最终的解决。

如前所述，此阶段也被称为游戏期（或游戏年龄），游戏执行着自我的功能，在解决各种矛盾中体现出自我治疗和自我教育的作用。埃里克森认为，个人在社会中所能取得的工作、经济上的成就，都与儿童在此阶段主动性的发展程度有关。

4. 勤奋进取对自贬自卑

第四阶段为学龄期，约 6 岁到 12 岁。此阶段的发展任务是获得勤奋感和克服自卑感（sense of inferiority），体验能力的实现。

这一阶段相当于弗洛伊德的潜伏期。弗洛伊德认为，恋母情结的解决使早年产生危机的性驱力和进攻性驱力暂时蛰伏，因此，在这一阶段没有欲力（性）的区位。埃里克森则认为，这一阶段是儿童继续投入精力和欲力，尽自己最大努力来改造自我的过程，并且此阶段也是有关自我生长的决定性阶段。这时儿童已意识到自己进入了社会，他在众多的同伴之中必须占有一席之地，否则就会落后于别人；他一方面积蓄精力、勤奋学习，以求得学业上的成功，同时在追求成功的努力中又有害怕失败的情绪。因此，勤奋感和自卑感构成了这一阶段的主要危机，自卑感的产生有不同的根源，其中之一就是前一阶段的任务没有很好地完成。

随着学龄期儿童的社会活动范围扩大，儿童的依赖重心由家庭转移到学校、教室、少年组织等社会机构方面。埃里克森认为，许多人将来对学习和工作的态度和习惯都可追溯至此阶段的勤奋感。

5. 自我统合对角色混乱

第五阶段为青年期，约 12 岁到 18 岁。这一阶段的发展任务是建立同一感和防止混乱感，体验忠诚的实现。

这一阶段相当于弗洛伊德的青春期。弗洛伊德认为青春期是一个骚动的时期，蛰伏的生殖变化突然迸发，似乎要摧毁自我及其防御。埃里克森承认青年期驱力的增加是破坏性的，但他只把这种破坏性视为问题的一部分。他认为新的社会冲突和要求促使青年变得困扰和混乱，因此，建立自我统合和防止统合危机（identity crisis）是这一阶段的任务。其中自我统合指个人的内部和外部的整合和适应之感；统合危机则指内部和外部之间的不平衡和不稳定之感。埃里克森认为，自我统合必须在 7 个方面取得整合，才能使人格得到健全发展。这 7 个方面是：①时间前景对时间混乱；②自我肯定对冷漠无情；③角色试验对消极认同；④成就预期对工作瘫痪；⑤性别认同对性别混乱；⑥领导的极化对权威混乱；⑦思想的极化对观念混乱。

这一阶段埃里克森提出了延缓期（delayed period）的概念，他认为，这时的青年承续学龄期，自觉没有能力持久地承担义务，感到要做出的决断未免太多太快，因此，在做出最后决断以前要进入一种"暂停"的时期，千方百计地延缓承担的义务，以避免认同提前完结的内心需要。虽然对自我同一性寻求的拖延可能是痛苦的，但它最后能引起个人整合的一种更高级形式，是真正的社会创新。

如果说以上 5 个阶段是针对弗洛伊德的 5 个阶段提出的，那么以下 3 个阶段就是埃里克森独创的。正是由于这 3 个阶段的提出，他的发展理论更加完善。

6. 友爱亲密对孤僻疏离

第六阶段是成人早期，约 18 岁到 25 岁，发展任务是获得亲密感以避免孤独感，体验爱情的实现。埃里克森认为，这时青年男女已具备能力并自愿去分担相互信任、工作调节、生儿育女和文化娱乐等生活，以充分且满意地进入社会。这时，人们需要在自我认同的基础上获得共享的认同，只有这样才能通过美满的婚姻而得到亲密感。但因为寻找配偶包含偶然因素，所以也孕育着担心独身生活的孤独之感。埃里克森认为，发展亲密感对是否能满意地进入社会有重要的作用。

7. 精力充沛对颓废迟滞

第七阶段是成年（中）期，约 25 岁至 50 岁，主要为获得繁殖感而避免停滞感，体验关怀的实现。这时男女建立家庭，他们的兴趣扩展到下一代。这里的繁殖不是单指个人的生殖力，而且指关切和指导下一代成长的需要，因此，有人即使没有自己的孩子，也能获得一种繁殖感。缺乏这种体验的人会倒退到一种假亲密的需要，沉浸于自己的天地之中，一心专注于自己而产生停滞感。

8. 完美无缺对悲观沮丧

第八阶段为老年期（成年后期），直至人死亡，主要为获得完善感（feeling of perfection）、避免失望和厌恶感，体验智慧的实现。这时人生进入最后阶段，如果对自己的一生获得了最充分的前景，则产生一种完善感，这种完善感包括一种长期锻炼出来的智慧感和人生哲学；延伸到自己的生命周期以外，则产生与新一代的生命周期融为一体的感觉。一个人若无法获得这一感觉，就不免会惧怕死亡，觉得人生短促，对人生感到厌倦和失望。

埃里克森的发展渐成说有着不同于别人的特色，他的发展过程观不是一维性的纵向发展观（一个阶段不发展，另一个阶段就不能到来），而是二维性的；每一个阶段实际上都不是发展或不发展的问题，而是发展方向的问题，即发展方向有好有坏，这种发展方向的好坏是在横向维度的两极之间进行的。

对埃里克森心理社会发展论的大致介绍可以展现新弗洛伊德主义与古典弗洛伊德主义的明显差异以及两者的共同之处。作为一种理论，埃里克森的思想和弗洛伊德的思想同样丰富而深邃，不论是为了对人的本质有个人理解，还是为了科学的进步，都值得后人努力去掌握。

第二节

————

行为主义的心理发展观

行为主义是由美国心理学家约翰·布罗德斯·华生（John Broadus Watson，1878—1958）创造的，它的一个突出特点是强调现实或客观研究。

华生所受的思想影响较多，其中有巴甫洛夫的思想。华生的研究方法是巴甫洛夫创造的条件反射法，即巴甫洛夫的条件反射学说促进了行为主义的发展。尽管华生对心理学的贡献很大，但他主要的心理学生涯只持续了 17 年。新行为主义忠于华生的思想，最有影响的人物是伯尔赫斯·弗雷德里克·斯金纳（Burrhus Frederic Skinner，1904—1990），他企图通过行为研究来预测和控制人类的社会行为。阿尔伯特·班杜拉（Albert Bandura，1925—）的社会学习理论基本上也是行为主义，他虽然也重视认知因素，但主要偏重于对人的行为的研究，在行为研究中没有给认知因素应有的地位。

一、巴甫洛夫的条件反射学说及其对行为主义的影响

巴甫洛夫是著名的生理学家、心理学家，西方心理学称他为现代学习理论之父。

(一)巴甫洛夫的条件反射学说

巴甫洛夫学说的核心思想是条件反射学说。他把意识和行为看作反射，即机体对作用于感受器的外界刺激通过中枢神经系统所产生的规律性反应。在他看来，反射分为无条件反射（unconditioned reflex）和条件反射（conditioned reflex）两种。

1. 无条件反射与条件反射

巴甫洛夫用狗做实验。狗吃食物时会引起唾液分泌，这是无条件反射。无条件反射(或非制约反射)是动物生来就有、在种系发育过程中所形成且遗传下来的反射，其神经联系是固定的。如果给狗以铃声，则不会引起狗的唾液分泌。但是，如果给狗以铃声的同时喂它食物，这样的结合进行多次后，每当铃声响起，虽然食物并未出现，狗也会分泌唾液。这时，原来与唾液分泌无关的刺激物——铃声，变成了引起唾液分泌这种无条件反射的无条件刺激物——食物的信号，转化为信号刺激物，进而引起唾液分泌。这种由信号刺激物引起的反射被称为条件反射(或制约反射)。条件反射是动物个体在生活过程中为适应环境变化，在无条件反射的基础上逐渐形成的，其神经联系是暂时的。巴甫洛夫及其学派所研究的这种条件反射，被国际心理学界称为经典性条件作用(或古典制约作用)(classical conditioning)。

2. 两种信号系统

由于信号刺激物引起的是条件反射，因此，信号刺激物也被称为条件刺激物，条件反射实际上是一种信号系统。信号活动是大脑两半球的最根本活动。外界现实的信号多得不可计数，根据它们的本质，可将之分为两类：第一类是外界现实中具体的刺激物，如形状、颜色、气味、声音等，这是直接的、具体的信号；第二类是人类的词、语言的信号，这是一种抽象的信号。第一类叫作第一信号系统(first information system)，这是动物和人类都有的；第二类叫作第二信号系统(second information system)，这是大脑皮层进化到人类阶段才有的产物，是只有人类大脑才能接收的信号。两类信号系统是密切联系的，第一信号系统是第二信号系统的基础；第二信号系统是第一信号系统的抽象化和概念化，它是通过第一信号系统获得意义并起作用的。第二信号系统又是社会的产物，社会生活对人的影响主要通过词、语言，也就是通过第二信号系统起作用。因此，第二信号系统不仅是信号的信号，而且代表着社会的要求，调节第一信号系统的活动，调节人的行为，使人在对客观事物反应时具有目的方向性和自觉能动性。在这两种信号系统协同活动的过程中，第二信号系统起着主导作用，并且是人类行为的最高调节者。这两种信号系统的协同活动，是人类心理活动特有的生理机制。

由此可见，巴甫洛夫的思想不仅涉及发展心理学之比较心理学的研究，而且阐述了人类种系心理发展的机制。

(二)巴甫洛夫学说与行为主义

巴甫洛夫的条件反射学说对行为主义是有影响的。然而，这两种学说又是有区别的。

1. 影响

华生曾用巴甫洛夫的条件反射法排斥主观内省法，并推崇客观观察法的实验技术，后来又把条件反射法视为形成一切习得性行为甚至人格(或个性)的钥匙。斯金纳在巴甫洛夫经典性条件作用的基础上发明了斯金纳箱(Skinner's box)，提出了操作性条件反射(operant conditioning reflex)原则。因此，不少心理学史学者把巴甫洛夫与行为主义看成一体的。

2. 区别

其实，巴甫洛夫学说与行为主义心理学是有区别的。行为主义与巴甫洛夫学说的分歧主要有两点：一是行为主义不同意巴甫洛夫提出的人与动物的高级神经活动虽有联系，但彼此之间有本质的差异的观点；二是行为主义反对心理学研究意识，而巴甫洛夫并不否定意识。不过，巴甫洛夫学说与行为主义都属于环境决定论(environmental determinism)，在先天与后天的关系上都过分强调后天环境的作用。

二、华生的发展心理学理论

华生认为心理的本质是行为，心理、意识被归结为行为，各种心理现象也只是行为的组成因素或方面，而且可以用客观的"刺激—反应"(S—R)来论证，其中包括作为高级心理活动的思维。

华生的发展心理学理论主要表现在机械主义的发展观和对儿童情绪发展的研究两个方面。

（一）机械主义的发展观

华生在心理发展问题上最突出的观点是环境决定论。这种环境决定论主要体现在两个方面。

1. 否认遗传的作用

否认行为的遗传是华生的环境决定论的基本要点之一。华生明确地指出："在心理学中再也不需要本能的概念了。"（Watson，1925）华生否认行为的遗传作用，其理由有 3 个方面。首先，行为发生的公式是"刺激—反应"，通过刺激可预测反应，通过反应可预测刺激；行为的反应是由刺激引起的，刺激来自客观而不取决于遗传，因此行为不可能取决于遗传。其次，生理构造上的遗传作用并不能导致机能上的遗传作用。华生承认机体在构造上的差异来自遗传，但他认为构造上的遗传并不能证明机能上的遗传，由遗传而来的构造的未来形式取决于其所处的环境。最后，华生的心理学将控制行为作为研究的目的，而遗传是不能控制的，遗传的作用越小，控制行为的可能性则越大，因此，华生否认了行为的遗传作用。

当然，华生并不是一开始就反对行为的遗传作用。起先，他并不反对本能，也不反对遗传。他在尝试建立行为主义心理学的两个出发点的声明中还提到遗传与习惯有同等重要的作用。后来，他逐渐否认本能的遗传，只承认一些简单的反射是来自遗传。但于 1925 年撰写《行为主义》一书时，他将人类行为中所有近于本能的行为都看成在社会中形成的条件反射。为了避免提到本能的概念和遗传的作用，他干脆将这些动作或反射叫作"非学习反应（动作）"。在行为的因素中，如智力、才能、气质、人格特征等方面，他拒绝承认有任何种类的遗传作用。在他看来，这些东西都是由学习而获得的，大致是在摇篮时代学得的。

2. 片面夸大环境和教育的作用

华生从"刺激—反应"的公式出发，认为环境和教育是行为发展的唯一条件。

第一，华生提出了一个重要的论断，即构造上的差异和幼年时期训练上的差异足以说明后来行为上的差异。也就是说，儿童一出生，在构造上是有所不同的，但它们仅是一些最简单的反应而已；而较复杂行为的形成完全来自环境，早期训练的不同使人们的行为更加不同。虽然华生否认遗传对心理发展的作用是错误的，但他提出的早期训练还是很有价值的。直到今天，人们越来越体会到儿童早期教育的重要性，这与华生理论的影响不是没有关系的。

第二，华生提出了教育万能论。华生从行为主义控制行为的目的出发，提出了他闻名于世的一个论断。

> 请给我十几个强健且没有缺陷的婴儿，让我放在我自己的特殊世界中教养，那么，我可以担保，在这十几个婴儿中，我随便拿出一个来，都可以训练其成为任何专家——无论他的能力、嗜好、趋向、才能、职业及种族是怎样的，我都能够任意训练他成为一个医生，或一个律师，或一个艺术家，或一个商界首领，也可以训练他成为一个乞丐或窃贼。（Watson，1925）

这是典型的教育万能论。他过分地强调心理发展是由环境和教育机械决定的，夸大了环境与教育在心理发展上的作用。这样，一方面否定了人的主动性、能动性和创造性，另一方面夸大了教育的作用，使人被动地接受教育的目的，忽视了他们心理发展的内部机制。

当然，华生的教育万能论在当时也有其积极作用，即在某种意义上批判反驳了种族歧视和种族优越感。他曾经说，黄皮肤的中国儿童，白皮肤的高加索儿童，还有黑皮肤的非洲儿童，其皮肤的差异、人种的不同，对以后的行为恐怕不会有什么影响，而谁能优异发展，取决于他们后来的环境和接受的教育。这种分析是有其进步意义的。

第三，华生提出了学习理论。按照他的观点，本能或遗传的作用不存在，人的行为发展完全取决于环境和教育。因此，学习在行为主义中占有主要地位。

华生学习理论观点的基础是条件反射。他认为条件反射是整个习惯形成的单位。学习的决定条件是外部刺激，外部刺激是可以控制的，所以不管多么复杂的行为，都可以通过控制外部刺激来形成。这种学习规律完全适合行为主义预测和控制行为的目的，所以华生十分重视学习。华生的学习理论为教育万能论提供了论证。

（二）对儿童情绪发展的研究

华生对心理发展研究的主要兴趣是在情绪发展的课题上。情绪发展的课题又分为两种：一是重点研究儿童在 3 种非习得性（即非学习性）的情绪反应基础上形成的条件反射；二是重视对儿童嫉妒和羞耻的情绪行为的研究。

1. 关于儿童的怕、怒、爱的研究

华生声称：初生婴儿只有 3 种非习得性情绪反应——怕、怒、爱，后来由于环境的作用，经过条件反射，怕、怒、爱的情绪不断发展。这里主要的条件是环境，特别是家庭环境。他指出，儿童的情绪为家庭环境所形成的，父母是这种情绪的种植者、培养者。当儿童到了 3 岁，他全部的情绪生活和倾向便已打好了基础，这时父母已经决定了这些儿童将来是变成一个快活、健康且品质优良的人，一个怨天尤人的精神病患者，一个睚眦必报、作威作福的桀骜者，还是一个畏首畏尾的懦夫。

华生强调情绪是一种"模式反应"。他通过实验研究，分析了怕、怒、爱 3 种情绪的基本模式，这 3 种情绪的基本模式主要是由条件反射和习惯形成的。在华生看来，环境的条件不但影响非习得性反应并诱发这些反应产生多种反应，而且由于对明显的情绪的部分制约又引起新的内外反应。

2. 关于儿童的嫉妒和羞耻的研究

华生曾指出，除了前述的 3 种情绪外，还有 3 种情绪行为是行为主义者最乐于研究的，那就是嫉妒和羞耻。他坚信这 3 种情绪行为都是通过学习而获得的，而不是非习得的。

华生通过自然实验多次研究嫉妒情绪的产生。他认为，嫉妒的产生既不存在弗洛伊德所说的恋母情结，也不是独子（女）对小弟（妹）出生的仇恨；嫉妒是一种行为，引起这种行为的刺激是"爱的刺激受到限制"，从而引起了反应。这种反应属于愤怒的反应，它除了包括原始性内脏的反应，还包括身体习惯的模式，如争斗、拳击、说不满的词语等。

华生对羞耻也有过论述。他认为羞耻与手淫有关。手淫后血压升高，皮肤上的毛细血管扩张，出现面红耳赤的状态。而这种手淫行为在幼儿时就被父母制止，否则幼儿就会受到惩罚。因此，之后无论遇到什么情绪（不论是语言的还是动作的），只要与生殖器有关，就会引起儿童面红耳赤的状态，并产生羞耻情绪。

此外，其他情绪行为，如平常所说的苦恼、悲伤、怨恨、尊敬、敬畏、公正、慈悲等，在华生看来都不是很简单的情绪行为，所以他不做必要的讨论。

华生有关儿童情绪的观点，特别是对儿童怕、怒、爱的分析，主要来自他对情绪发展所进行的一系列实验研究。这些实验研究被誉为心理学史上的经典实验，这也是华生在发展心理学建设上的一个开创性贡献。

三、斯金纳的发展心理学理论

在斯金纳的理论体系中，与华生的"刺激—反应"心理学的不同点在于他区分了反应性行为（respondent behavior）和操作性行为（operant behavior）。华生的"刺激—反应"心理学认为，发生反应时，即使无法指出其刺激，也假定有刺激物的存在；只要实验者想出办法，就能找出这些刺激。斯金纳把能看到刺激的行为反应称为反应性行为，而把在发生时看不到刺激的行为反应称为操作性行为。在反应性的条件反射中，刺激先于反应并自动地诱发行为；而在操作性条件反射中，开始的刺激总是不清楚的，有机体在紧跟着的强化（reinforcement）刺激的控制下径自地做出反应。

（一）儿童行为的强化控制原理

作为环境决定论者，斯金纳虽承认有机体带着先天的机能进入世界，但他最关心的是环境在儿童行为发生和发展中所起的作用。为此，他提出了一系列关于儿童行为的强化控制原理。

1. 关于强化作用

斯金纳曾经精心设计了一个斯金纳箱，这是一种研究生命和环境作用的典型实验装置。这个装置的设计十分简单，箱子的侧壁上有一个杠杆，按压时便有食物出现。实验动物是一只白鼠，它可以在里边自由走动，但它看不见杠杆，当它偶然碰到杠杆时，便有食物滚出，给予强化。对白鼠来说，起初的强化是相对无效的，但经过几次强化后，其反应的速度加快，目的性增强。这是一种最简单的操作性行为模式。斯金纳把这种研究方法应用于对儿童的研究，来分析儿童操作性行为的产生与强化。

2. 条件反射的原则

斯金纳试着把操作性条件反射的原理应用于儿童身上，并强调塑造、强化与消退(extinction)、及时强化(immediate reinforcement)等对儿童发展的作用。

首先，在斯金纳看来，强化作用是塑造儿童行为的基础。他认为，只要了解强化效应，操纵好强化技术，就能控制行为反应，并随意塑造出一种教育者所期望的儿童行为。儿童偶尔做出某种动作而得到教育者的强化，这个动作后来出现的概率就会大于其他动作，强化的次数增多，概率亦随之加大，这便导致儿童操作性行为的建立。

其次，强化在儿童行为发展过程中起着重要作用，行为不被强化就会消退，即得不到强化的行为是容易消退的。依照斯金纳的看法，儿童之所以要做某事，就是因为想得到成人的注意。要使儿童的不良行为(如长时间啼哭、发脾气等)消退，可在这些行为发生时不予理睬，排除对他的注意，结果孩子就不哭不闹了。制止哭闹的做法反而强化了哭闹行为。有机体在操作了一个适当行为后方可得到外部的强化刺激。在儿童的眼中，是否多次得到外部刺激的强化，是他衡量自己的行为是否妥当的唯一标准。练习的次数多少本身不会影响行为反应的速度，练习在儿童行为形成中之所以重要，是因为它为重复强化的出现提供了机会，只练习不强化便不会巩固和发展一种行为。

最后，斯金纳还强调及时强化(或立即强化)。他认为不进行及时强化是不利于人的行为发展的。教育者要及时强化希望在儿童身上看到的行为。比如，父亲在儿子给他拿来拖鞋时立即表示高兴，这个孩子很可能第二天晚上会重复这一行为；可是，如果父亲正埋头想别的事，延迟了强化时间，那么这个孩子的这一行为就得不到巩固；如果在他堆积木时，父亲才表示对儿子取拖鞋的高兴，那么得到强化的不是取拖鞋，而是堆积木。采用及时强化有利于强化反应和刺激的联系，并有利于辨认和统一复杂行为环境中的强化刺激作用。斯金纳等人的研究表明：如果我们想教授一种合意的行为姿态，一开始就采用继续强化通常是最好的，这是巩固初始行为的最有效办法，如果我们也想使这一行为持久，转换为采用间歇强化（或部分强化）（partial reinforcement）即可。

3. 积极强化作用与消极强化作用

强化作用，依照斯金纳的观点，可分为积极强化作用（positive reinforcement）和消极强化作用（negative reinforcement）两类。尽管分类不同，但其作用的效果都是增加反应的概率。所谓积极强化作用（或正强化作用），是由于刺激的加入增加了一个操作反应发生的概率，这种作用是经常的。所谓消极强化作用（或负强化作用），是由于刺激的排除而增加了某一操作反应发生的概率。斯金纳建议以消退（或削弱）取代惩罚的方法，提倡强化的积极作用。

4. 儿童行为的变化

强化作用影响并控制着操作性行为的反应强度，它对操作力量的作用是在动态变化中完成的。那么，强化作用的效果如何？它是怎样影响和控制行为的？如何根据它们之间的规律关系预测行为？

早在1933年，斯金纳就有这方面研究的论文，如《自发活动的测量》等。他强调动态的特性（dynamic properties），主张把对行为静的特征描述和对行为动的规律测量结合起来，把握操作性行为所特有的动态规律，控制和预测儿童行为的发展；主张测量要充分显示行为的发射力量、方向、时间性特点等方面的变化，从而为操纵强化技术提供可靠的依据，为研究强化技术开辟新道路。既然操作性行为不是由已知的刺激引起的，对其反射强度（力量）就不能按照反射的一般规律作为刺激的函数来加以计量。替代的方法是用反应率来计算它的强度。观察（可以是自动的，也可以是人工的）反应频率就可以确定变动的方向是助长性的还是抑制性的。为了控制儿童行为的发展，在研究工作中研究者要具体地考虑4种情况（条件）的变化。

①第一基线：儿童在实验操作以前的状态，如小学一年级新生上课时不安定、离开位子等表现。

②第一实验期间：给予一定刺激，如指示儿童坐好并加以强化，观察儿童行为的变化，如与安静坐好行为的关系。

③第二基线：取消第一实验期间所给予的刺激，以检查第一实验条件的作用，

如不加强化并观察其与儿童安静坐好行为的关系。

④第二实验期间：把第一实验期间给予的刺激再次给予儿童，从而确定第一实验期间所给予的刺激作用。

根据以上实验处理可以画出儿童行为变化的曲线，找出行为变化的规律。斯金纳就用这种方法来研究儿童心理的各个方面，如感知、运动、语言、学习等的发展。

在心理发展中，强化是必要的，也是重要的。在日常教育儿童的过程中，表扬、惩罚都是一种强化。但强化必须和儿童心理发展的内部机制统一起来，这一点正是斯金纳所忽视的。由此可见，斯金纳的研究对象是彻底的"黑箱有机体"，他只专注于刺激与反应的形式，而不在意一个人行为产生的内在过程。因此，斯金纳只强调操作性条件反射和强化原则，而反对任何对意识、情感和动机假设的论断，这与华生的思想是无多大区别的。

（二）儿童行为的实验控制

斯金纳重视将其理论应用于实际。在发展儿童的心理和提高儿童教育的质量方面，他做出了以下贡献。

1. 育婴箱的作用

从白鼠的按压杠杆到儿童的抚养，斯金纳做了不少工作。例如，他的第一个孩子出生时，他决定做一个新的并经过改进的摇篮，这就是斯金纳的育婴箱。在他的育婴箱里"长大"的女儿过得非常快活，很快就成为一名颇有名气的画家。于是，斯金纳把它详细介绍给了美国《妇女家庭》杂志，这是他的研究工作第一次普遍受到大众的注意和赞扬。在题为《育婴箱》的论文中，他做出以下描述：

> 光线可直接透过宽大的玻璃窗照射到箱内，箱内干燥，自动调温，无菌、无毒、隔音；里面活动范围大，除尿布外无多余的衣布，幼儿可以在里面睡觉、游戏；箱壁安全，挂有玩具等刺激物；不必担心着凉和湿疹一类的疾病。（Skinner，1945）

这种照料婴儿的机械装置是斯金纳研究操作性条件反射作用的又一杰作。这种设计的思想是尽可能避免一切外界不良刺激，创造适宜儿童发展的行为环境，养育身心健康的儿童。后来，斯金纳发展了这些思想，写成小说《沃尔登第二》（又译《桃园二村》），由儿童成长的行为环境扩大到几千人组成的理想国。在这里，行为分析家将操作性条件反射的原理应用于儿童的培养与教育并塑造他们，使他们对于将养成的人生价值具有正确的看法。美好生活所必需的物质利益、艺术和科学得到繁荣发展，而且没有猖獗的利己主义和现代技术所附带的一切弊端。心理学家等组成的指导委员会决定哪些行为受强化。侵犯行为、过分的实利主义和贪婪的生活方式，被《沃尔登第二》中描绘的虽有禁欲色彩但在生物学和心理学上是健康的行为取代。

2. 行为矫正

随着斯金纳操作性行为思想体系影响的增强，大量研究工作在行为矫正（behavior modification）领域中发展起来。这种矫正工作并不复杂，如消退原理在儿童攻击性和自伤性行为矫正和控制中的应用——孩子做某件事是想引起同伴或成人的注意，教师面对儿童的挑衅、争吵时，不管何时发生，都应装作不知道；成人对儿童的自伤行为不予理睬，直到他感到疼痛却得不到任何报酬；不论在何时以何种方式，成人都应谨慎，不去强化儿童的不良行为。

3. 教学机器和程序教学

行为塑造（shaping）是根据操作性条件反射理论以连续渐进法（successive approximation method）建立个体新行为的过程，也是儿童教育的重要途径，但使用起来常常使教育者失去耐心，尤其是纠正不良行为及学习这类复杂的行为塑造；在一个班级里，教育者很难照顾到每一个儿童；在实际教育中，师资水平较差的事实也普遍存在。这些问题促使斯金纳深思。在长期的研究中，斯金纳形成了学习和机器相联系的思想，于是，计算机辅助教学诞生了，它弥补了教育中的一些不足。实际上，机器本身远不如机器所包含的程序材料重要。程序教学（或编序教学）（programmed instruction，PI）有一系列原则，如小步阶呈现信息、及时知道结果、学生主动参加学习等，这些教学进程中所需的耐心、促进主动学习的热情和及时反馈的速度，几乎是一般教师所不及的。尽管教学机器和程序教学对教师的主导作用的发挥有一定妨碍，对学生的学习动机(learning motivation)考虑得较少，但斯金纳的工作还是对美国教育产生了深刻的影响。

斯金纳在心理发展的实际控制上做了不少有价值的工作；后来兴起的认知心理学、环境心理学，日益流行的教学辅助机，以及临床收效较大的新行为疗法等，都受到了他的强化控制理论和实践的影响。

四、班杜拉的发展心理学理论

通过班杜拉的代表作《社会学习理论》(Bandura，1977)，后人可以全面概括出其发展心理学的特点。这里着重介绍两个方面。

(一)观察学习及其过程

观察学习(observational learning)是班杜拉社会学习理论的一个基本概念。

1. 观察学习的实质

所谓观察学习，实际上就是通过观察他人即榜样(model)所表现的行为及其结果而进行的学习。它不同于"刺激—反应"学习，"刺激—反应"学习是学习者通过自己的实际行动并直接接受反馈(强化)的学习，即通过学习者的直接反应给予直接强化来完成的学习。而观察学习的学习者则可以不直接地做出反应，也不须亲自体验强化，只要通过观察他人在一定环境中的行为，并观察他人接受一定的强化，就能完成学习。所以，在"刺激—反应"学习中，学习者输入的信息仅是刺激，刺激与反应的结合是以学习者自身为媒介而完成的；而在观察学习中，学习者输入的信息是刺激和与其相对应的榜样的反应，刺激与反应的结合是以榜样(或楷模)为媒介的，并作为信息为学习者所接收。实际上，这种学习是在替代基础上发生的学习，用班杜拉的话说就是无尝试学习(no trial learning)，亦被称为一试学习(one-trial learning)。

班杜拉虽然也承认各种学习方式的存在，包括根据示范的学习、根据反应结果的学习、根据言语教导的学习，但更重视观察学习这种学习方式，更重视观察学习的作用。在他看来，从动作的模拟到语言的掌握，从态度的习得到人格的形成，都可以通过观察学习来完成。也就是说，凡依据直接经验的学习现象，都可以通过对他人的行为及其结果的观察而替代地发生；观察学习不仅可以使习得过程缩短，迅速地掌握大量的整合的行为模式，而且可以避免由直接尝试导致的错误和失败及其可能带来的不良后果。

2. 观察学习的过程

观察学习表现为一定的过程，班杜拉认为这个过程包括：注意过程（或注意阶段）（attentional phase），保持过程（或保持阶段）（retention phase），复现过程（或再生阶段）（reproduction phase），动机过程（或动机阶段）（motivational phase）。

班杜拉认为，强化可以是及时强化（或立即强化），即通过外界因素对学习者的行为直接进行干预。例如，某男孩听到他的邻居使用一些污秽的语言，因而学得一些新词，如果这个男孩因说污秽的话而受到鼓励，他就会学习他的邻居；如果他因说污秽的话而受到惩罚，他在模仿时就会犹豫不决。班杜拉认为，虽然外在结果总给行为以影响，但它不是决定人的行为的唯一因素，人是在观察的结果和自己获得的结果的支配下引导自己的行为的（Bandura，1977）。强化也可以是替代强化（vicarious reinforcement），即学习者如果看到他人成功或受到赞扬的行为，就会增强发生同样行为的倾向；如果看到失败或受罚的行为，就会削弱或抑制发生这种行为的倾向。例如，如果男孩看到邻居因咒骂而受到鼓励，那么这个男孩就会模仿他；如果他看到邻居因咒骂而受惩罚，那么他就会少学或不学他。强化还可以自我强化（self-reinforcement），即行为达到自己设定的标准时，以自己能支配的报酬来增强、维持自己的行为的过程（Bandura，1977）。自我强化依存于自我评价（self-evaluation）的个人标准。这个自我评价的个人标准是儿童依据自己的行为是否比得上他人设定的标准，用自我肯定和自我批判的方法对自己的行为做出反应而确立的。在这个过程中，成人对儿童达到或超过为其提供的标准的行为表示喜悦，而对未达到标准的行为表示失望。这样，儿童就逐渐形成了自我评价的标准，获得了自我评价的能力，从而对榜样示范的行为发挥自我调整作用。儿童就是在这种自我调整作用下形成观念、能力和人格，改变自己的行为的。

（二）社会学习在社会化过程中的作用

班杜拉特别重视社会学习在社会化过程中的作用——社会引导成员用社会认可的方法活动。为此，他专门研究了攻击性、性别角色的获得、自我强化和亲社会行为（prosocial behavior）等方面的所谓社会化"目标"。

1. 攻击性

班杜拉认为，攻击性的社会化也是一种操作条件作用。例如，当儿童用社会容许的方法表现攻击性时（如球赛或打猎），父母和其他成人会奖励儿童；当他们用社会不容许的方法表现攻击性时（如打幼小儿童），成人会惩罚他们。因此，儿童在观察攻击的模式时会注意什么时候的攻击被强化，而对于被强化的攻击模式便照样模仿。

班杜拉曾让4岁儿童个别地观看男性成人（榜样）坐在充气玩偶身上并拳击这个玩偶，每个儿童被指定观看同一攻击行为获得的3种不同结果中的1种：第一种为"攻击—奖励"，即榜样受表扬并受到款待，被称赞为"勇敢的优胜者"，得到巧克力、汽水等；第二种为"攻击—惩罚"，即榜样被视为"大暴徒"，受到殴打并畏缩地逃走；第三种为无结果，榜样既未得到奖赏，也未受到惩罚。看完后，每个儿童即被安置在有充气玩偶和其他玩具的房间里，被观察如何模仿攻击榜样。结果表明，看见榜样被惩罚的组，相比于其他两组几乎没有什么模仿；而看见奖赏和无结果两组之间没有差别，都进行了模仿。之后，主试回到房间告诉儿童，若能再度模仿榜样的反应，则可得到果汁和一张美丽的图片贴纸，此时包括看到榜样被惩罚的儿童在内的所有儿童都模仿了自己看到的榜样行为直至同样的程度。由此可见，替代惩罚仅阻碍新反应的操作，而没有阻碍他们对这一行为的习得。

2. 性别角色的获得

班杜拉认为，男女儿童各自性别品质的发展也较多地通过社会化过程的学习，特别是由模仿而获得的学习。

班杜拉认为，儿童常常通过观察学习两性的行为，而在社会强化下，他们通常所从事的仅是适合自己性别的行为。有时这种社会强化还会影响观察过程本身，也就是说，儿童甚至会停止对异性榜样的细致观察。

3. 自我强化

班杜拉认为，自我强化也是社会学习榜样影响的结果，他曾用实验证明了这一点。他让 7~9 岁的儿童观看滚木球比赛的榜样，当得到高分数，榜样就会用糖果来奖励自己；否则，榜样就会做自我批评。之后，让看过和未看过榜样进行滚木球比赛的儿童分别独自玩滚木球游戏，结果看过榜样比赛的儿童采用的是自我报酬（或自我奖励）（self-reward）的方法，而未看过榜样比赛的儿童对待报酬的方法则为不管在什么时候，只要自己愿意和感到喜欢就行。可见，在儿童自我评价的行为上，即自我强化的社会化方面，榜样表现出了明显的效果。

4. 亲社会行为

班杜拉认为，对于亲社会行为（如分享、帮助、合作和利他主义等），成人可以通过呈现适当的榜样来加以影响。例如，让 7~11 岁的儿童观看成人榜样玩滚木球游戏，榜样将所得奖品捐赠给"贫苦儿童基金会"，然后立即让这些儿童单独玩这种游戏，结果他们比没有观看过成人榜样玩滚木球游戏的儿童所做的捐赠多得多。班杜拉认为，亲社会行为靠训练是没有什么效果的，强制的命令可能会一时奏效，但会有反复，而榜样的影响更有用，且持续时间更长。

班杜拉的社会学习理论从人的社会性角度研究学习问题，并强调观察学习。他认为人的行为的变化既不由个人的内在因素单独决定，也不由外在的环境因素单独决定，而由两者相互作用的结果决定。他认为，人通过其行为创造环境条件并产生经验（个人内在因素），被创造的环境条件和作为个人内在因素的经验又反过来影响以后的行为。这种看法在相当程度上反映了人类学习的特点，揭示了人类学习的过程，是有一定理论和实际价值的。不过，班杜拉的社会学习理论基本上是行为主义的，他虽然也重视认知因素，但并没有对认知因素做充分的探讨；他偏重的是对人的行为的研究，在行为研究中没有给认知因素应有的地位，仅一般化地对认知机理做些简单的论述，因此他的社会学习理论具有不足之处。

第三节

————

维果茨基的心理发展观

在发展心理学史上，维果茨基的思想是独树一帜的，不仅在苏联受到重视，而且为西方心理学界所推崇。在 1992 年 11 月，为纪念他而在莫斯科召开了维果茨基心理学思想国际讨论会。

一、维果茨基与文化—历史学派

维果茨基主要研究儿童心理和教育心理，着重探讨思维与语言、教学与发展的关系问题。

针对行为主义"刺激—反应"公式的问题，维果茨基对人的高级心理机能进行了研究，并在 1925 年发表了论文《意识是行为心理学的问题》，以反对排除对人的意识的研究的观点。1926 年，他又撰写了《心理学危机的含义》一文，分析并批评了传统心理学对待人的高级心理机能的错误观点。1930—1931 年，维果茨基撰写了他的重要著作《高级心理机能的发展》。在这部著作中，他分析了人类心理本质上不同于动物的高级心理机能（思维、注意、逻辑记忆等），并提出了"两种工具"的观点："物质生产的工具"使人类脱离了动物世界；"精神生产的工具"，也就是人类所特有的语言和符号，使人类的心理机能发生了质的变化，上升到高级的阶段，个体心理是在全人类经验的影响下而形成的各种高级心理机能。

维果茨基的观点在当时获得了一批年轻心理学家的拥护，亚历山大·罗曼诺维奇·鲁利亚（Alexander Romanovich Luria, 1902—1977）和列克谢·尼古拉耶维奇·列昂节夫（Alekxei Nikolaevich Leontiev, 1903—1979）在 20 世纪 20 年代就追随维果茨基，并和维果茨基一道研究人的高级心理机能的社会历史发生问题，后来他们提出了心理发展的文化—历史理论（culture-history theory），形成了文化—历史学派（Culture-History School），又称维列鲁学派。维果茨基是这个学派的创始人。这个以维果茨基、鲁利亚和列昂节夫为首的心理学派是苏联最大的心理学派，后来许多著名心理学家都成了这个学派的重要成员，其在美国、西欧国家和日本也有着广泛的影响。

由维果茨基创立的观点体系，尽管后来引起了很大的争议，但还是得到了广泛的研究。1930 年 12 月，斯大林以苏联共产党的名义做出决定，在批判唯心主义思想意识的同时也批判了反射学、反应学和文化—历史理论。然而，鲁利亚和列昂节夫为发展这一学派仍坚持进行大量科学研究，尤其对维果茨基的高级心理机能的发生及发展理论缺乏研究的两个问题——活动和物质本体——进行了深入的探讨，进一步完善了维果茨基的理论，把它提升到新的高度，使文化—历史学派获得发展壮大。1960 年，列昂节夫在于波恩召开的第十八届国际心理学会会议上宣读了自己的论文《人类心理发展研究中的历史观》，公开承认自己是"维果茨基路线"的继承者和发展者；鲁利亚也总结了自己的研究，建立了新的神经心理学。从此，文化—历史学派在苏联乃至国际上得到了承认，成为当代影响力较大的心理学派。20 世纪60 年代，维果茨基的著作得以重新出版。1982 年出版的维果茨基心理学的全集性著作（共六册）使该学派的影响不断扩大。

二、维果茨基的发展心理学理论

维果茨基在心理的种系发展和个体发展上都做了研究，特别是他关于人类心理的社会起源的学说及关于儿童心理发展与教育、教学的依赖关系的学说，引起了人们广泛的注意。

（一）创立文化—历史理论

如前所述，维果茨基创立了文化—历史理论，用以解释人类心理本质上与动物不同的高级心理机能。维果茨基根据恩格斯关于劳动对人类适应自然和在生产过程中借助于工具改造自然的作用的思想，详细地讨论了高级心理机能的社会起源、中介结构，并阐释了他对高级心理机能进行研究的基本原则和途径。

1. 两种工具观

维果茨基认为，工具的使用引起人类新的适应方式，即物质生产的间接的方式，人不再像动物一样以身体的直接方式来适应自然。人的工具生产凝结着人类的间接经验，即社会文化知识经验，这就使人类的心理发展规律不再受生物进化规律的制约，而受社会历史发展规律的制约。

当然，工具本身并不属于心理领域，也不涉及心理的结构，只是这种间接的物质生产的工具(tool for material production)导致在人类的心理上出现了精神生产的工具(tool for mental production)，即人类社会所特有的语言和符号。生产工具和语言符号的相似性在于它们使间接的心理活动得以产生和发展。所不同的是，生产工具指向外部，它引起客体的变化；语言符号指向内部，它不引起客体的变化，而是影响人的行为。控制自然和控制行为是相互联系的，因为人在改造自然时也改变着自身的性质。

2. 两种心理机能

维果茨基指出，必须区分两种心理机能：一种靠生物进化结果的低级的心理机能；另一种靠历史发展结果，即以精神生产工具为中介的高级心理机能。然而，在个体心理发展中，这两种心理机能是融合在一起的。

3. 两种心理机能与儿童心理发展

维果茨基用两种心理机能的理论创建了他的儿童发展心理学。他指出，关于高级和低级心理机能的不正确看法，反映在儿童心理学中则特别有害，因为它们使研究者不研究高级心理机能的发生和发展，而往往分析现成的、已发展的行为形式；不研究发展本身的过程及从一个阶段向另一个阶段的过渡，而是说明它们在发展不同阶段上的单个行为形式。维果茨基进一步指出，各个高级心理过程的产生常被纯外部地规定在某一年龄时期，而研究者并没有说明为什么它恰恰在这一年龄时期才是可能的，某种过程是怎样产生和进一步发展的。维果茨基分析、批评了这种观点，用历史主义的原则，通过两种心理机能的实质去解释、阐述儿童的心理发展及其年龄特点，这就构成了维果茨基的儿童心理学的基本观点和其全部理论的核心。

（二）探讨发展的实质

维果茨基探讨了发展的实质，提出其文化—历史发展观。他认为在心理学家看来，发展是指心理的发展。所谓心理的发展，就是一个人的心理（从出生到成年）在环境与教育的影响下，在低级心理机能的基础上，逐渐向高级心理机能转化的过程。

心理机能由低级向高级发展的标志是什么？维果茨基将之归纳为 4 个方面的表现。

1. 心理活动的随意机能

所谓随意机能（voluntary function），就是指心理活动是主动的、随意的（有意的），是由主体按照预定的目的自觉产生的。心理活动的随意机能有多种表现形式。它既表现在心理过程上，如在无意注意的基础上产生有意注意，在冲动性行为的基础上产生预见性的意志等；又表现在个性特点上，如自我意识能力的发展，根据社会的要求自觉地调节和控制自己的行为等。一个人心理活动的随意机能越强，其心理水平就越高。

2. 心理活动的抽象—概括机能

所谓抽象—概括机能（abstract-generalization function），就是指各种机能由于思维（主要是抽象逻辑思维）的参与而高级化。随着词、语言的发展及知识经验的增长，心理活动的概括性、间接性得到发展，最后形成最高级的意识系统。例如，在具体形象思维的基础上产生概念思维，在再现形象的基础上产生创造性想象，在低级情感的基础上产生理智感、道德感（moral feeling）等。

3. 形成以符号或词为中介的心理结构

例如，3 岁前儿童的意识系统以知觉、直观思维为中心；学龄前期（preschool period）儿童的意识形成了一种新的系统，记忆处于这个系统的中心；在学龄期，各种心理机能重新组合，发展为以逻辑记忆和抽象思维为中心的新质的意识系统。一个人的心理结构越复杂、越间接、越简缩，其心理的水平则越高。

4. 心理活动的个性化

人的意识的发展不仅是个别机能由某一年龄向另一年龄过渡时的增长和发展，而且是其个性的增长和发展、整个意识的增长和发展。个性(人格)的形成是高级心理机能发展的重要标志，个性特点对个别机能发展具有重大意义。

心理机能由低级向高级发展的原因是什么？维果茨基强调了3点：一是起源于社会文化—历史的发展，受社会规律的制约；二是从个体发展来看，儿童在与成人交往的过程中通过掌握高级心理机能的工具——语言和符号，并通过这一中介环节，使自己在低级心理机能的基础上形成了各种新质的心理机能；三是高级心理机能是不断内化的结果。

由此可见，维果茨基的心理发展观与他的文化—历史发展观是密切联系的。他强调，心理发展的高级机能是人类物质生产过程中发生的人与人之间的关系和社会文化—历史发展的产物；他强调心理发展过程是一个质变的过程，并为这个变化过程确定了一系列的指标。

(三)指出教学与发展的关系

维果茨基指出了教学与发展的关系，特别是教学与智力发展的关系。维果茨基的教学概念有广义和狭义之分。广义的教学是人通过活动和交往掌握精神生产的手段，它带有自发的性质；狭义的教学则是有目的、有计划地进行的最系统的实际形式，它"创造着"学生的发展。

1. 教学类型

维果茨基把教学按不同发展阶段分为3种类型：3岁前儿童的教学为自发型教学(spontaneous teaching)，即儿童是按自身的大纲来学习的；学龄前期儿童的教学为自发反应型教学(spontaneous-reactive teaching)，教学对儿童来说变为可能，但其要求必须属于儿童自己的需要，只有这样才可以被儿童接受；学龄期学生的教学则为反应型教学(reactive teaching)，是一种按照社会的要求来进行的教学，以向教师学习为主要形式。

2. 文化—历史理论的教学观

维果茨基分析、批评了关于心理发展与教学关系问题的几种理论，如皮亚杰的"儿童的发展过程不依赖于教学过程"理论、詹姆斯的"教学即发展"理论、考夫卡的二元论发展观。他认为，这些观点都没有正确估计教学在心理发展，特别是智力发展中的作用。他指出，由于人的心理是通过间接掌握社会文化经验而产生和发展起来的。因此，在心理发展上，作为传递社会文化经验的教学就起着主导的作用。这就是说，人类心理的发展不能在社会环境以外进行，同样，心理发展离开了教学也就无法实现。在社会与教学的制约下，人类的心理活动是属于外部的、人与人之间的活动，并随着外部和内部活动相互关系的发展，逐步形成人所有的高级心理机能。

3. 教学与发展的关系

在教学与发展的关系上，维果茨基提出了 3 个方面的重要观点：一是最近发展区（zone of proximal development）思想；二是教学应当走在发展的前面；三是关于学习的最佳时期（learning optimal period）问题。

第一，最近发展区。维果茨基认为，至少要确定两种发展水平：第一种是现有发展水平（existed developmental level），指由一定的已经完成的发展系统的结果形成的心理机能的发展水平；第二种是在有指导的情况下，靠别人的帮助所达到的解决问题的水平（level of problem-solving），也就是通过教学所获得的潜力。这样，在智力活动中，所要解决的问题和原有的独立活动之间可能有一定差异，而通过教学即在别人的帮助下消除这种差异，这就是最近发展区（或可能发展区）。教学创造着最近发展区，第一种发展水平与第二种发展水平之间的动力状态是由教学决定的。

第二，教学应当走在发展的前面。根据上述思想，维果茨基提出教学应当走在发展的前面，这是他关于教学与发展关系问题的最主要的理论。也就是说，教学可以定义人为的发展，教学决定着智力的发展，这种决定作用既表现在智力发展的内容、水平和智力活动的特点上，也表现在智力发展的速度上。

第三，关于学习的最佳时期。对于怎样发挥教学的最大作用这一问题，维果茨基强调了学习的最佳时期。如果脱离了学习某一技能的最佳年龄，从发展的观点来看就是不利的，它会成为儿童智力发展的障碍。因此，要开始某一种教学，必须以成熟和发育为前提；更重要的是，教学必须首先建立在正在开始但尚未形成的心理机能的基础上，走在心理机能形成的前面。

(四)提出内化学说

维果茨基分析智力形成的过程，提出了内化学说(internalization)。在儿童思维发生学的研究中，国际上不少心理学家提出了外部动作内化为智力活动的理论。维果茨基是内化学说的最早提出人之一。他指出，教学的最重要特征便是教学创造最近发展区这一事实，也就是教学激起与推动学生一系列内部的发展过程，从而使儿童通过教学掌握的全人类的经验内化为儿童自身的内部财富。维果茨基的内化学说的基础是他的工具理论(theory of tool)。他认为，人类的精神生产工具或心理工具就是各种符号，符号的运用就使心理活动得到根本改造，这种改造不仅在人类的发展中进行，而且在个体的发展中进行。儿童早年还不能使用语言这个工具来组织自己的心理活动，心理活动是直接的、不随意的、低级的、自然的；只有掌握语言这个工具，才能将心理活动转化为间接的、随意的、高级的、社会历史的。新的高级的社会历史的心理活动形式，首先是作为外部形式的活动而形成的，之后才内化，转化为内部活动，默默地在头脑中进行。

第四节

———

皮亚杰的心理发展观

当代发展心理学最有影响力的理论是皮亚杰的心理发展观，围绕着皮亚杰理论展开的大量新的研究便构成了新皮亚杰学派(Neo-Piagetian School)。

一、皮亚杰的发展心理学理论

皮亚杰心理学的理论核心是发生认识论(genetic epistemology),主要研究人类的认识(认知、智力、思维、心理)的发展和结构。他认为,人类的认识不管多么高深、复杂,都可以追溯到童年时期,甚至可以追溯到胚胎时期。人出生以后,其认识是怎样形成的,智力、思维是怎样发生和发展的,受哪些因素制约,内在结构是什么,各种不同水平的智力、思维结构是如何先后出现的,等等。所有这些,就是皮亚杰研究探索和试图解答的问题。

皮亚杰解答这些问题的主要科学依据是生物学、逻辑学和心理学。他认为,生物学可以解释儿童智力的起源和发展,而逻辑学可以解释思维的起源和发展。生物学、逻辑学和心理学都是皮亚杰的发生认识论和智力(思维)心理学的理论基础。

(一)发展的实质和原因

皮亚杰关于智力发展的理论在他的《智力心理学》(Piaget,1950)一书中有详细的论述。之后针对不同的问题,他又从不同的角度进行了不同的分析,但基本观点是一致的。

1. 皮亚杰的发展观

在心理学特别是发展心理学上,因为有不同的观点,所以有不同的发展理论,皮亚杰在《智力心理学》一书中对此做了详细的论述。他列举了5种重要的发展理论:①只讲外因不讲发展的,如伯特兰·罗素(Bertrand Russell,1872—1970)的早期观点;②只讲内因不讲发展的,如彪勒的早期观点;③讲内因和外因的相互作用而不讲发展的,如格式塔学派(或完形心理学派);④既讲外因又讲发展的,如联想主义心理学派;⑤既讲内因又讲发展的,如桑代克的尝试错误学说。皮亚杰认为,他的理论和这5种发展理论不同,他的理论属于内因和外因相互作用的发展观,即既强调内因和外因的相互作用,又强调在这种相互作用中心理不断产生的量的和质的变化。

2. 心理发展的本质和原因

皮亚杰认为，心理(智力、思维)既不源自先天的成熟，也不源自后天的经验，而源自主体的动作。这种动作的本质是主体对客体的适应(adaptation)。主体通过动作对客体的适应乃心理发展的真正原因。

皮亚杰从生物学的观点出发，对适应做了具体的分析。他认为，个体的每一个心理的反应，不管是指向外部的动作，还是内化了的思维动作，都是一种适应。适应的本质在于取得机体与环境的平衡(equilibrium)。

根据生物学的观点，皮亚杰认为适应是通过两种形式实现的。一个是同化(assimilation)，即把环境因素纳入机体已有的图式(schema)或结构，以加强和丰富主体的动作。皮亚杰反对联想主义和行为主义把刺激与反应之间的关系看作简单的单向的关系，即"刺激—反应"(S—R)公式的观点。他提出"刺激—反应"双向关系的公式，并用同化的观点展开了这个公式，公式如下：

$$T+I \longrightarrow AT+E。$$

其中：T 代表结构；I 代表刺激(环境因素)；AT 代表 I 同化于 T 的结果，对刺激的反应；E 代表刺激中被排除在结构之外的东西。

因此，S—R 变成了 S—AT—R，这就是说，刺激加之于同化的结构而引起反应。

另一个是顺应(或调适)(accommodation)，即改变主体动作以适应客观变化，如从吃奶改为吃饭时就需要改变原来的机体动作，采取新的动作，以适应环境。这样，个体就通过同化和顺应这两种形式达到机体与环境的平衡。如果机体和环境失去平衡，就需要改变行为以重建平衡。这种持续的"平衡—不平衡—平衡"的过程就是适应的过程，也就是心理发展的本质和原因。

(二)发展的因素和发展的结构

1. 儿童心理发展的因素

皮亚杰的著作，如《儿童逻辑的早期形成》(1958 年出版法文版，1964 年出版英文版)、《儿童心理学》(1964 年出版法文版，1969 年出版英文版)等，对制约发展的各种因素进行了分析,他认为支配心理发展的因素有以下4个。

第一,成熟,主要指神经系统的成熟。儿童某些行为模式的出现依赖于一定的躯体结构或神经通路发生的机能。皮亚杰认为,成熟在整个心理成长过程中起着一定的作用,它是心理发展的必要条件,但不是充分条件(即决定条件),因为单靠神经系统的成熟并不能说明计算2+2=4的能力或演绎推理(deductive inference)能力是如何形成的,只有通过机能的练习和习得的经验,才能增强成熟的作用。所以,成熟仅是所有因素之一,当儿童年龄渐长,自然及社会环境影响的重要性会随之增加。

第二,物理环境,即个体对物体做出动作中的练习和习得的经验,它包括物体经验(来自外物)和数理逻辑经验(来自动作)。前者指个体作用于物体,抽象出物体的特性,如大小、重量、形状等。后者则指个体作用于物体,从而理解动作间的协调结果。在数理逻辑经验中,知识源自动作(动作产生组织和协调作用),而非源自物体。这种情况下的经验仅指日后发展成为运算(operation)推理,实际上带有动作性质的方面,它的意义不同于通过外界环境引起的动作所获得的经验,相反,它是主体作用于外界物体而产生的构造性动作。皮亚杰指出,物理因素是重要的,它是一个主要的、必要的因素,但不是儿童心理发展的决定性因素。

第三,社会环境,包括社会生活、文化教育、语言等,这种因素指的是社会上的相互作用和社会传递。皮亚杰指出,社会化就是一个结构化过程,个体对社会所做出的贡献与他从社会化中得到的一样多,从那里便产生了运算(或操作)和协同运动(或合作)(cooperation)的相互依赖和同型性。皮亚杰认为,社会经验同样是心理发展的必要条件,但不是充分条件。不论儿童生活在什么样的社会环境中,即使是没有口头语言的聋哑儿童,到7岁时都会出现具体运算的逻辑思维。因此,环境、教育对心理发展水平并不起决定性作用,它只能促进或延缓心理发展。

第四,平衡。皮亚杰认为平衡或自我调节是心理发展中最重要的因素,即决定的因素。他指出,平衡就是不断成熟的内部组织和外部组织的相互作用。平衡可以调和成熟、个体对物体产生的经验及社会经验3个方面的作用。由于平衡作用,感知—运动结构从最初的节奏逐渐发展成调节作用,再从调节作用逐渐发展成可逆性

(reversibility)的开端。调节作用直接依赖于平衡因素,而所有日后的发展(无论是思维的发展、道德观念的发展,还是协同运算的发展)都是从调节作用引向可逆性和扩展可逆性的连续过程。可逆性是一个完善的补偿系统,也就是达到完全平衡的补偿系统,其中每一变换都通过逆向或互反两种可能性达到平衡。因此,平衡不是静态的力的平衡,也不是热力学上熵的增加,而是动态的平衡,具有自我调节的作用,通过这种动态的平衡,可实现心理结构的不断变化和发展。

2. 儿童心理发展的结构

皮亚杰是一个结构主义的心理学家,他提出心理发展的结构问题。

第一,最初的结构观。皮亚杰最初认为心理结构的发展涉及图式、同化、顺应和平衡。在这4个概念中,皮亚杰把图式作为一个核心概念提出来。如他为马森主编的《儿童心理学手册》(Mussen,1980)的"关于认知发展理论"部分写了《皮亚杰学说》一文,该文把图式这一概念作为最基本的概念。什么是图式?皮亚杰认为,图式(或基模)就是动作的结构或组织,这些动作在相同或类似的环境中由于不断重复而得到迁移或概括。主体之所以会对环境因素的刺激做出不同的反应,是因为每个主体的图式不同,主体以不同的内在因素同化这种刺激,做出不同的反应。图式最初来自先天遗传,之后在适应环境的过程中,图式不断地得到改变,不断地丰富起来,也就是说,低级的动作图式经过同化、顺应、平衡而逐步形成新的图式。同化与顺应是适应的两种形式。同化和顺应既是相互对立的,又是彼此联系的。皮亚杰认为,同化只是量上的变化,因为它只不过是以原有的图式为基础去吸收新经验的过程(张春兴,1992),不能引起图式的改变或创新;而顺应是质的变化,因为它是在原有图式不能直接适用的条件下,个体为环境需要主动地修改图式,进而达到目的的心理过程(张春兴,1994),所以顺应会促进创立新图式或调整原有图式。平衡既是发展中的因素,又是心理结构,指同化作用和顺应作用两种机能的平衡。新的暂时的平衡并不是绝对静止的,也不是一个终结,而是某一水平的平衡成为另一较高水平的平衡运动的开始。不断发展着的平衡状态就是整个心理的发展过程。

第二,后期的结构观。后来,皮亚杰在《结构主义》(Piaget,1968)一书中指出,思维结构有整体性(wholeness)、转换性(transformation)和自调性(self-regulation)3个要素。思维结构的整体性是说结构具有内部的融贯性，各成分在结构中的安排是有机的联系，而不是独立成分的混合，整体与其成分都由一个内在规律决定。思维结构的转换性是指思维结构并不是静止的，而是有一些内在的规律控制着结构的运动发展。思维结构的自调性是指平衡在结构中对图式的调节作用，也就是说，思维结构根据其本身的规律自行调节，并不借助于外在的因素，所以思维结构是自调的、封闭的。

第三，把结构主义与建构主义（constructivism）紧密结合起来。对于建构，皮亚杰并没有给出一个确切的定义，但阐释了一种思想，即关于心理结构的一种特殊的见解。对于所谓建构主义，皮亚杰（Piaget，1968，1970）强调 3 点：其一，任何心理结构都是主体与客体相互作用的结果，建构主义重视的是这个主客体相互作用的过程；其二，建构与结构的共同点是都强调系统内在结构和关系，建构与结构的不同点表现在建构不仅重视共时性，而且重视历时性，即着重研究心理的发生与发展；其三，活动范畴是皮亚杰理论的逻辑起点与中心范畴，即把活动作为考察认识发生和发展的起点与动力。

（三）发展的阶段

皮亚杰的发展观突出地表现在他的阶段理论的要点上，对其理论要点这里列举以下 6 项。

第一，心理发展过程是连续的。

心理发展过程是一个内在结构连续的组织和再组织的过程，过程的进行是连续的；但由于各种发展因素的相互作用，儿童的心理发展具有阶段性。

第二，每个阶段有其独特结构。

各个阶段都有其独特的结构，标志着一定阶段的年龄特征，由于各种因素，如环境、教育、文化及主体的动机等的差异，阶段可以提前或推迟，但阶段的先后次序不变。

第三，各阶段的出现有一定次序。

每一阶段从低到高是有一定次序的，不能逾越，也不能互换。

第四，前一阶段是后一阶段的结构基础。

每一个阶段都是形成下一个阶段的必要条件，前一阶段的结构是后一阶段结构的基础，但前后两个阶段之间有着质的差异。

第五，两个相邻阶段间非截然划分。

在心理发展中，两个相邻阶段之间不是明显可分的，而是有一定交集的。

第六，新水平的构成。

心理发展的一个新水平是许多因素的新融合、新结构，是各种发展因素由没有系统的联系逐步组成整体的结果。这种整体结构又是从哪儿来的呢？皮亚杰认为，在环境教育的影响下，人的动作图式经过不断的同化、顺应、平衡过程，形成了本质上不同的心理结构，也就形成了心理发展的不同阶段。

皮亚杰把儿童心理或思维发展分成若干阶段。虽然他在不同著作里的分类有些差异，但基本上以 4 个阶段为主。

1. 感知运动阶段

感知运动阶段（或感觉动作期），见于出生至 2 岁的儿童，这一阶段主要指语言以前的时期，儿童主要通过感知运作图式和外界取得平衡，处理主客体的关系；儿童思维萌芽于此阶段。皮亚杰根据对自己孩子的追踪观察与研究，对儿童 2 岁以前（即语言以前）智力发生发展的过程做了详细的描述。他把这一阶段划分为 6 个小阶段，这 6 个小阶段根据其主要发展性被命名为：①反射练习时期（出生至 1 个月）；②动作习惯和知觉的形成时期（1 个月至 4.5 个月）；③有目的的动作的形成时期（4.5 个月至 9 个月）；④范型之间的协调、手段和目的之间的协调时期（9 个月至 11 或 12 个月）；⑤感知运动智力时期（11 或 12 个月至 18 个月）；⑥智力的综合时期（18 个月至 2 岁）。

2. 前运算思维阶段

前运算思维阶段（或前运思期），见于 2 岁至 7 岁的儿童，表象或形象思维萌芽于此阶段。在前一阶段的发展基础上，各种感知运动图式开始内化为表象或形象图式，特别是语言的出现和发展，促使儿童日益频繁地用表象符号来代替外界事物，重现外部活动，这就是表象或形象思维。表象或形象性思维的特点有 3 个：一是具体形象性(concrete imagery),指儿童凭借表象来进行思维;二是不可逆性(irreversibility),这时儿童还没有概念的守恒性和可逆性;三是知觉集中倾向(perceptual centration),当注意集中在问题的某一方面,儿童就不能同时把注意力放到其他方面。

3. 具体运算思维阶段

具体运算思维阶段(或具体运思期),见于7岁至12岁的儿童,相当于小学阶段,此时儿童具有初步的逻辑思维。皮亚杰认为,具体运算思维是在前一阶段很多表象图式融合、协调的基础上形成的。这一阶段的主要特点是出现了具体运算图式,其主要特点有2个。一是守恒性,即运算的基本特点是守恒性。所谓守恒性,就是内化的、可逆的动作。通俗地讲,就是只有在头脑中从一个概念的各种具体变化中抓住实质的或本质的东西,才算达到了守恒。守恒是通过两种可逆性实现的,所谓可逆性,指思考问题时既可以从正面想,也可以从反面想;既可以从原因看结果,也可以从结果分析原因。守恒的实现可通过两种可逆性:一个是逆反性(inversion),即否定性,如$+A$是$-A$的逆向或否定;另一个是相互性(或互反性)(reciprocity),如$B<A$是$A>B$的互反。二是群集运算(groupment operation),如$A+A'=B$(鸟+兽=动物)。在具体运算思维阶段的儿童,因为出现了守恒性和可逆性,所以可以进行群集运算,能对这些运算结构进行分析综合,从而正确地掌握逻辑概念的内涵和外延等。

这个阶段之所以叫具体运算思维阶段,是因为两个方面:一是这种运算思维一般还离不开具体事物的支持,儿童若离开具体事物而进行纯粹形式逻辑推理则会感到困难;二是这些运算仍是零散的,还不能组成一个结构的整体、一个完整的系统。

4. 形式运算思维阶段

形式运算思维阶段(或形式运思期)发生于12岁至15岁儿童,具象逻辑思维,即具体运算思维,经过不断地同化、顺应、平衡,在旧的具体运算结构的基础上逐步形成新的运算结构,这就是和成人思维接近的、达到成熟的形式运算思维,亦即命题运算思维(propositional operational thinking)。所谓形式运算或命题运算,就是可以在头脑中将形式和内容分开,可以离开具体事物根据假设进行逻辑推演的思维。

二、新皮亚杰主义简述

皮亚杰的理论产生于 20 世纪 20 年代，到 20 世纪 50 年代已经完全成熟，并风行于全世界。很多儿童心理学工作者对皮亚杰的理论进行了研究，并对他的实验进行了重复性的检验。据估计，仅关于"守恒"一项内容的验证实验就有 3000 项以上。这种情况使皮亚杰理论有了新的进展。

促使皮亚杰理论获得新的进展的主要原因及其表现有 3 个方面，这 3 个方面均可称为新皮亚杰主义(neo-Piagetism)。

(一)修订皮亚杰的研究方法和结果

目前，西方儿童认知发展理论的新趋势就是对皮亚杰儿童发展年龄阶段理论的两种质疑。

1. 修订皮亚杰的年龄阶段论

近年来，在西方认知发展心理学的研究中，有越来越多的人提出儿童认知能力的发展并不是以皮亚杰的年龄阶段论所描述的"全或无"的形式进行的。他们通过实验发现，许多重要的认知能力是随着个体知识和经验的增长一直发展到成年期的。心理学家们提出的这种批评具有两种依据。①皮亚杰年龄阶段论的事实依据不足。传统的皮亚杰理论认为幼儿缺乏某种认知能力，这种结论是依据非常有限的实验结果推导出来的，但如今已有科学研究表明，在比较复杂的课题任务中，各种认知结构的相互作用和动力变化常使某些重要的认知能力时而表现、时而隐蔽。因此，仅通过少量的实验概括儿童的认知能力，根据是不够充分的。②皮亚杰的实验过于困难，不适合年幼儿童做，因而不能表现出幼儿应有的能力。最近的研究结果表明，如果研究者能设计出难度适当的课题任务，或者先引入训练程序再做皮亚杰的实验，年幼儿童就能表现出原来被认为缺乏的认知能力。

2. 提出成人思维的发展模式

佩里等人(Perry et al. , 1968)对皮亚杰的 15 岁为思维成熟期的理论提出质疑。

他们认为，15 岁不一定是思维发展成熟的年龄，形式运思期也不是思维发展的最后阶段。佩里等人把大学生的思维概括为 4 种水平：①二元论水平（dualism level），该水平的大学生总以对和错来看待一件事；②多重性水平（multiplicity level），该水平的大学生认为世界是复杂的，事物是多样化的，看待一件事或解答一个问题应有多种方法；③相对论水平（relativism level），正所谓"一切要视情况而定"，该水平的大学生接受这样的事实——在逻辑判断中需要感知、分析和评价；④约定性水平（commitment level），这一水平的大学生已经认识到世上没有绝对的事情，他们认识到建立正确逻辑的必要性，而且可以对在具体场合中的行动做出选择。第一章提到的里格，他明确地提出辩证运算是思维发展的第五个阶段，此阶段正是成人思维发展的特征。

上述两种质疑的提出者都表示自己是新皮亚杰主义者，但他们在思维发展的模式上和皮亚杰有着不同的看法。

（二）信息加工论与皮亚杰理论

信息加工论（或信息处理论）（information processing theory）者对皮亚杰的理论大体上有两种态度。一种是"非发展理论"，即认为儿童认知能力的发展之所以与成人不同，只是因为知识和经验的贮存不够，如果够了，就与成人的认知能力没有本质的区别。另一种则是"发展论"，这种理论认为应当把皮亚杰理论与信息加工论结合起来，以研究儿童智力的发展。儿童心理与成人心理有本质的不同：①儿童是不成熟的，如儿童的脑结构（神经细胞体积、突触联系、髓鞘化等）尚未发育完整；②儿童没有足够的信息贮存；③儿童的决策能力差，因为决策过程需要复杂的信息分析、综合能力。鉴于儿童这几方面的特点，如果能用信息加工论建立一个不同年龄阶段儿童智力发展的程序模式，就可以为儿童的智力发展设计出比皮亚杰的抽象描述更为确切、更为科学的具体模式。虽然这方面的工作还不成熟，但这是一个良好的开端。持这种主张的人，常常将自己命名为"新皮亚杰学派"，以示对皮亚杰主义的修正和发展。

近年来，皮亚杰理论不仅在理论方面有了新的发展，而且在实践领域，特别在教育实践领域，也获得了日益广泛的应用。在日本和许多西方国家，根据皮亚杰的理论框架和最近的相关研究成果，心理学工作者与教育工作者一起设计出了一些教育程序，并将此应用于婴儿、学前和中小学教育。在婴儿教育方面，他们根据皮亚杰的感知运动智力理论，采用各种方法，指导婴儿摆弄物体、操作智力玩具等，帮助孩子形成对物体特性(如颜色、形状、体积、质地等)的认知；在学前教育方面，他们设计了各种智力玩具和教具(如图片、积木等)，为儿童形成数的概念、空间的概念及时间的概念打下基础；也有人研究如何根据皮亚杰理论培养小学儿童的思维能力；还有人研究青年期形式运算思维的一些具体过程，并将此与教育工作联系起来。

(三) 日内瓦新皮亚杰学派的产生

在瑞士日内瓦大学，即皮亚杰曾长期工作的地方，在皮亚杰晚年及他去世后，他的同事和学生们在研究工作中使他的理论有了新的变革性发展。这种发展在保持皮亚杰理论的基础框架或模式的前提下，调整了研究的方向，扩大了研究的范围和课题；补充、修正了皮亚杰的某些观点，从广度和深度上充实并提高了皮亚杰的理论，为皮亚杰理论加入某些新的成分。他们也打出"新皮亚杰学派"的旗号，但与信息加工论的"新皮亚杰学派"完全不一样。

日内瓦新皮亚杰学派的产生以 20 世纪 60 年代日内瓦大学建立心理与教育科学学院为契机。蒙纳德(Mounoud，1976)发表的《儿童心理学的变革》一文标志着其走向日内瓦新皮亚杰学派的第一步。1985 年，这个学派出版了第一本文集《皮亚杰理论的发展：新皮亚杰学派》，比较系统地阐明了他们的观点和主要研究成果。

日内瓦新皮亚杰学派的主要特点，可以被概括为以下几点。

第一，重视教育研究的传统。

日内瓦新皮亚杰学派和原来的皮亚杰学派的重大差别之一，是日内瓦新皮亚杰学派恢复了日内瓦大学重视教育研究的传统。他们认为，教育不仅是社会发展的需要，而且是个体人格完满发展的需要。因此，他们的研究特别强调社会关系、人际交往、社会文化、社会性发展。他们在关于智力的社会性发展的研究中，虽然使用了皮亚杰的概念，但他们更多是通过社会认知（social cognition）或发生社会心理学的观点来加以阐释的，即同化、顺应、平衡等过程发展的线索是由社会环境（包括教育）提供的。皮亚杰虽然也承认交互作用，但并没有把它作为一个单独变量进行研究。日内瓦新皮亚杰学派在他们关于守恒等的实验研究中，发现儿童的社会交往是一个重要的协调机制，并把这些实验的结果应用于教育。

第二，重视心理学应用的研究。

和上一点相联系的是，日内瓦新皮亚杰学派不仅追求心理学理论研究的科学价值，而且重视应用的研究。在这一点上，日内瓦新皮亚杰学派与皮亚杰后期纯理论的研究方向是相对立的。他们不赞成在心理学中只抽象地研究心和物、心和身、感觉和思维这些对立命题的关系，而主张综合地、全面地研究这些对立命题之间实际的密不可分的联系。

第三，扩大儿童心理学的研究领域。

日内瓦新皮亚杰学派与原来的皮亚杰学派的另一个不同之处是他们不赞成只研究认知的发展，而要求把儿童心理发展当作一个整体来研究。除认知外，还有情绪、自我意识、人格发展等。

第四，研究方法的突破。

在研究方法上，新皮亚杰学派也有他们自己的特点。原来的皮亚杰理论的实验中，大多只有一个变量，并且强调主试的作用；而日内瓦新皮亚杰学派则试图创设几个变量相互作用的情境，提供给儿童分析、抽取、鉴别客体属性的机会，从而强调被试在实验过程中的作用。此外，日内瓦新皮亚杰学派还注意采用现代技术（电子计算机等）对皮亚杰研究中未包括的方向进行新的探索。例如，他们关于婴儿视觉系统感觉运动本质的研究，大大扩展和丰富了皮亚杰的研究。

当然，日内瓦新皮亚杰学派还处于形成发展之中，还没有一个明确的体系。正如他们自己所言："要回答日内瓦新皮亚杰学派提出的种种问题不是容易的，也不是立刻可以办到的。这是一个广阔的且需要雄心壮志的长期研究计划。"（Moundoud，1976）

第五节

———

朱智贤的心理发展观

中国儿童心理学的研究发端于陈鹤琴(1892—1982)在 20 世纪初对其子的追踪研究。从那时至今日,许多心理学家对中国儿童心理学的发展做出了自己的贡献,其中较为著名的有黄冀(1903—1944)、孙国华(1902—1958)、艾伟(1890—1955)、陆志伟(1894—1970)、朱智贤(1908—1992)等。在这些著名的儿童心理学家中,已故北京师范大学教授朱智贤根据自己长期的研究,建立和发展了自己独特且完整的儿童心理学体系,对中国儿童心理学的研究产生了广泛且深远的影响,引起国际心理学界的注目。

一、从陈鹤琴到朱智贤

1923 年,陈鹤琴根据在教学和研究中积累的材料,并参考西方儿童心理学著作,写出《儿童心理之研究》(分上、下两册),由商务印书馆出版。他的贡献可概括为如下 3 个方面。

首先,他的《儿童心理之研究》在中国儿童心理学史上是一部开拓性著作。在书的自序中陈鹤琴写道:

民国八年①由美回国,掌教南高②,担任"儿童心理"一课,从事研究,及浏览 Preyer、Boldwin、Shinn、Moore、Dearborn、Storer 诸氏所著之书,益觉研

① 即 1919 年。
② 即南京高等师范学校。

究儿童心理之有味；次年幸举一子，就实地考察，实地实验，而更觉小孩子之可爱。（陈鹤琴，1923）

此书内容多半取材于个别研究的结果，亦有相当部分系借鉴欧美心理学家所编之儿童心理学著作。

正是因为陈鹤琴的《儿童心理之研究》是通过总结自己的科学研究成果而写成的，至今他的书中的某些理论和材料仍然具有一定的生命力。

其次，自从达尔文、普莱尔对自己的孩子做了追踪研究，很多儿童心理学家也做了同样的研究工作。陈鹤琴对自己孩子的追踪研究则有其独特之处，所以在中国儿童心理学史上，他的研究可以说是一个具有开创性和典范性的研究。

最后，陈鹤琴并不孤立地研究儿童心理，而时时注意联系实际，特别是教育实际，使儿童心理研究为社会实践服务，这种坚持把儿童心理研究和儿童教育实际紧密结合的精神是非常可贵的。

陈鹤琴为了开展儿童心理研究及把这种研究广泛应用于教育实际而做了大量的工作。他在 1923 年创办了南京市私立鼓楼幼稚园（今南京市鼓楼幼儿园），作为他的儿童研究基地。1927 年，他在东南大学任教期间，在南京建立教育实验区，进行和推广小学儿童教育试验。陶行知在南京创办晓庄试验乡村师范学校（今南京晓庄学院）时，陈鹤琴担任该校第二院院长。第二院的任务主要是创办乡村幼儿园，并为推广乡村幼儿园做典型试验。陈鹤琴除了创办各种儿童教育机构，还做了许多有关儿童教育的具体工作。例如，他曾创办儿童玩具厂、教具厂，根据儿童心理的发展程序，制造了多种多样的玩具和教具。他还主编过多种儿童教育刊物，如《儿童教育》《幼稚教育》《小学教师》《活教育》《新儿童教育》等，在这些刊物里，他紧密结合儿童教育来宣传儿童心理学的知识。此外，他还创办和领导了有关儿童教育的学术团体，如中国幼稚教育社、中华儿童教育社等。

总之，陈鹤琴先生的一生是开展儿童心理研究、创办和领导各种儿童教育事业、为中国儿童谋福利的一生。他是中国儿童心理学的开拓者，是一位平凡而伟大的儿童心理学家和儿童教育家。

朱智贤于 1930—1934 年在中央大学(今南京大学)学习时,陈鹤琴是一位对他有影响的老师。朱智贤的一生主要从事儿童与青少年心理学的研究。尽管在陈鹤琴和朱智贤之间还有不少有影响力的儿童心理学家,但系统、全面研究心理发展且形成自己的理论体系者并不多。朱智贤不仅有其心理发展的理论,而且他是主张发展心理学研究中国化的代表人物。1990 年,近百万字的《中国儿童青少年心理发展与教育》一书的出版,正是他主持儿童发展心理学研究中国化的体现。

二、朱智贤的发展心理学理论

朱智贤的发展心理学理论主要表现在以下 4 个方面。

(一)探讨儿童心理发展的理论问题

朱智贤从唯物辩证法出发,提出了儿童心理发展的 4 个基本理论观点,又叫作 4 条基本规律。

1. 先天与后天的关系

人的心理发展是由先天遗传决定的,还是由后天环境、教育决定的?这在心理学界争论已久,在教育界及其他领域的人们心中也有不同的看法。20 世纪 20 年代,这个问题引起了国际心埋学界一场激烈的争论。由于这场论战在不分胜负的情况下不了了之,此后大部分心理学家就按遗传和环境二因素作用的观点来解剖心理发展的问题,这个平静状态大约保持了 25 年。然而,新的争论又由詹森(Jensen,1969)发表的关于种族的智力差异观察、强调遗传决定的文章挑起,使已经保持了约 25 年的休战状态的遗传—环境争论再一次成为发展心理学家考虑的主要课题。朱智贤从 20 世纪 50 年代末开始,一直坚持先天来自后天、后天决定先天的观点。他承认先天因素在心理发展中的作用,不论是遗传素质还是生理成熟,都是儿童与青少年心理发展的生物前提,提供了这种发展的可能性;而环境和教育则将这种可能性变成现实性,决定着儿童心理发展的方向和内容。朱智贤不仅提出这个论点,而且坚持开展这方面的实验研究。我对双生子的智力、性格的心理学研究正是在朱智贤指导下的成果，我的研究材料也完全证实了朱智贤的理论观点（林崇德，1981，1983）。

2. 内因与外因的关系

环境和教育的关系并不像行为主义所说的那样机械地决定心理的发展，而通过心理发展的内部矛盾起作用。朱智贤认为，在儿童主体和客体相互作用的过程中，社会和教育向儿童提出的要求所引起的新的需要和其已有的心理水平之间的矛盾，是儿童心理发展的内部矛盾或内因，也是其心理发展的动力。此理论可以从以下几个方面理解：①活动是心理发展内部矛盾产生的基础；②需要在儿童心理内部矛盾中代表新的一面，它是心理发展的动机系统；③已有心理水平，即原有的完整的心理结构代表着稳定的一面；④新的需要和已有的心理水平的对立统一，构成儿童心理发展的内部矛盾，形成心理发展的动力；⑤在活动中产生的新需要与已有的心理水平的矛盾是儿童心理发展的主要矛盾。有关内部矛盾的具体提法，国内外心理学界众说纷纭，仅国内就有十几种之多，但目前国内大多数心理学家都同意朱智贤的提法。如前所述，在发展理论研究方面，皮亚杰曾列举了心理学史上的各种代表性观点，他既讲内因和外因的作用又讲发展，这无疑是一大进步。在这个问题上，朱智贤不仅持内外因交互作用的发展观，而且提出了心理发展中内因与外因的具体内容，就此层次而言，朱智贤的观点可说是兼具进步性和开拓性的。

3. 教育与发展的关系

心理发展如何？心理向哪儿发展？朱智贤认为，这并不是由外因机械地决定的，也不是由内因孤立地决定的，而是由适合于内因的一定外因决定的；也就是说，心理发展主要是由适合于其心理内因的那些教育条件决定的。从学习到心理发展，人类心理要经过一系列的量变到质变的过程。他还与我提出了一个表达方式，如图2-2所示（朱智贤、林崇德，1986）。

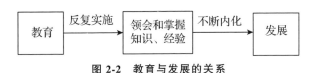

图 2-2　教育与发展的关系

在教育与发展的关系中，如何发挥教育的主导作用？这涉及教育要求的标准问题。朱智贤提出，只有那种高于主体的原有水平，其经过主体努力能达到的要求，才是最适合的要求。如果说以维果茨基为首的文化—历史学派提出的最近发展区是阐述心理发展的潜力的话，那么朱智贤的观点则指明了发掘这种潜力的途径。

4. 年龄特征与个别特征的关系

朱智贤还指出，儿童与青少年心理发展的质的变化表现出年龄特征。按照这个年龄特征，朱智贤将儿童(含青少年)的心理发展分为 6 个阶段，即乳儿期或婴儿前期(0~1 岁)、婴儿期(1~3 岁)、幼儿期或学龄前期(3~6 岁)、童年期或学龄初期(6~12 岁)、少年期或学龄中期(12~15 岁)、青年初期或学龄晚期(15~18 岁)。心理发展的年龄特征不仅有稳定性，而且有可变性。在某一年龄阶段中，既有本质的、一般的、典型的特征，又有人与人之间的差异性，即个别特点。朱智贤对每个年龄阶段的论述，为中国儿童与青少年心理学奠定了理论和实践的基础，今天中国发展心理学对儿童与青少年各阶段心理特征的阐述，基本上都采用的是朱智贤的框架体系。

当然，在中外发展心理学史上有过不少对前述 4 条基本规律的分析和阐述，但像前述这样统一的、系统的、辩证的提法，还是第一次出现。因此，正如《中国现代教育家传》(1986)中所说："它为建立中国科学的儿童心理学奠定了基础。"

(二) 强调用系统的观点研究心理学

朱智贤经常说，认知心理学强调儿童认知发展的研究，精神分析学派强调儿童情绪发展的研究，行为主义强调儿童行为发展的研究，我们则要强调儿童心理整体发展的研究。

早在 20 世纪 60 年代初，朱智贤在《有关儿童心理年龄特征的几个问题》一文中，首次提出要系统地、整体地、全面地研究儿童心理的发展。他反对柏曼单纯地将生理作为年龄特征的划分标准的做法，反对施太伦将种系演化作为年龄特征的划分标准的做法，反对皮亚杰将智力或思维发展作为年龄特征的划分标准的做法，提出在划分儿童心理阶段时，应主要考虑两个方面：一是内部矛盾或特殊矛盾；二是既要看到全面（整体），又要看到重点。这个全面或整体的范围是什么？他认为应包括两个主要部分——认识过程（智力活动）和人格品质；以及4个有关方面——心理发展的社会条件和教育条件、生理的发展、动作和活动的发展、语言的发展。朱智贤的观点在当时为中国心理学研究广泛引用，不少心理学家在此基础上写了论文，加以发挥和阐述。

20世纪70年代后期，朱智贤主张心理学家应学好哲学的"普遍联系"和"不断发展"的观点，以及系统科学理论（包括所谓"三论"——系统论、控制论、信息论，还有"新三论"——耗散结构论、协同论、突变理论）。在论文《心理学的方法论问题》中，他反复阐明整体研究的重要性。其主要观点有3个。

一是将心理视为一个开放的组织系统进行研究。他指出，人及人的心理都是一个开放的系统，是在主体和客体相互作用下的自动控制系统。因此，在研究心理，特别是研究心理发展时，要研究心理与环境（自然的和社会的，尤其是后者）的关系；要研究心理内在的结构即各子系统的特点；要研究心理与行为的关系；要研究心理活动的组织形式。

二是系统地分析各种心理发展的研究类型。在对儿童与青少年心理进行具体研究之前，常常由于研究的时间、被试、研究人员及研究装备等条件的不同，而有不同的研究类型。因此，研究者在研究中应该系统地分析纵向研究和横断研究，个案研究和成组研究，常规研究和与现代科学技术相结合的现代化研究，等等。

三是系统处理结果。心理既有质的规定性，又有量的规定性。心理的质与量是统一的。因此，对心理发展的研究结果，既要进行定性分析，又要进行定量分析，把二者有机结合起来。

朱智贤主要研究思维发展，但他也十分重视非智力因素（nonintellective factors）在思维发展中的地位和作用。在他的指导下，他的不少研究生选择这个课题进行研究，将智力和非智力因素做系统处理。朱智贤所主持的国家重点科研项目"中国儿童心理发展特点与教育"就是一项综合性儿童心理发展的系统研究工程，系统且全面地研究了中国儿童与青少年心理发展的正常值。

（三）教育实践与中国化的发展心理学

朱智贤曾多次提出发展心理学研究的中国化问题。早在1978年他就指出，中国的儿童与青少年及其在教育中的种种心理现象有自己的特点，这些特点表现在教育实践中，需要我们深入研究。

他还指出，坚持在实践中，特别是在教育实践中研究发展心理学，这是我国心理学前进道路的主要方向。他反对脱离实际、为研究而研究的学术风气，主张研究中国人从出生到成熟心理发展的特点及规律。他说，中国儿童和青少年与外国的儿童和青少年有共同的心理特点，即存在普遍性，但也具有其不同的特点，即有特殊性，这是更重要的；我们只有拿出中国儿童和青少年心理发展的特点，才能在国际心理学界有发言权。因此，他致力于领导"中国儿童心理发展特点与教育"课题，克服了许多障碍，填补了多项空白。他主张将心理学的基础理论与应用结合起来研究，也就是说，他不仅提倡在教育实践中研究发展心理学，而且主张在教育实践中培养儿童与青少年的智力和人格。他积极建议从事实验教育与教学。我在他的支持下，从1978年开始，开展了"中小学生能力发展与培养"研究，从1个实验班开始，最后发展到覆盖全国26个省份的3000多个实验点，并3次被列为教育部重点科研项目；因此受益的中小学教师有1万多人，受益的中小学生达30万人。这便使心理学的基础理论研究和应用研究在教育实践中获得了统一。如今在中国心理学界出现了"教育与发展观"，这也缘起于朱智贤的理念。

（四）心理学的科际整合取向

朱智贤赞赏皮亚杰的国际发生认识论研究中心，认为皮亚杰的杰出贡献给予人们一个启示：在当下科学技术突飞猛进的时代，如果要使发展心理学有所突破、有所前进，光靠心理学家本身的工作是不够的，应该组织交叉学科的人才共同研究心理学。但他指出，在目前的条件下，集合各类专家来研究心理学是有一定困难的，但有两个方面是可以做到的。

第一，组织与心理学有关的多学科专家来研究，例如，组织与儿童心理学有关的专家共同探讨儿童身心发展的问题。他在担任中国儿童发展中心（今中国儿童中心)的专家委员时，积极主张儿童心理学家和其他专家共同探索儿童身心健康监测等课题。

第二，心理学专业招收研究生时，应适当招收学习其他学科（如数学、医学、语言、生物、电子计算机和教育等）对心理学感兴趣的本科生。他指出，心理学的研究队伍应该是一个相当复杂的科学家组织，应该是具备文理的知识、既懂理论又会动手的研究集体。把心理学作为一门边缘科学来研究，是实现中国心理学现代化的一项重要措施。

另外，朱智贤认为，融合多学科、交叉研究心理学，并不排斥一个单位或一个学派有统一的学术思想，否则，便很难开展步调一致的研究，更不能形成独立的心理学派。

第三章

胎儿期与新生儿期的发展

个体的生命一般从受精卵产生算起。生命是一个很难下定义的现象。目前学术界有 5 种理解形式。①生理学定义：例如，把生命定义为具有进食、代谢、排泄、呼吸、运动、生长、生殖和反应性等功能的系统。②新陈代谢定义：生命系统具有界面，与外界经常交换物质但不能改变其自身性质。③生物化学定义：生命系统包含储藏遗传信息的核酸和调节代谢的酶蛋白。④遗传学定义：通过基因复制、突变和自然选择而运行的系统。⑤热力学定义：生命是个开放系统，它通过能量流动和物质循环而不断增加内部秩序。

心理现象当然是生命发展的产物。心理从何时发生？这一问题在心理学界争议也很大。这主要取决于所采用的指标。有人把感觉的出现作为心理发生的指标，认为新生儿一出生就具备感受各种内外刺激并做出适当反应的能力。近几十年来，不少学者提出胎儿是否有感觉或心理的问题。也有人提出新生儿最初条件反射的建立标志着心理的发生，条件反射产生的时间，学者大都认为在出生后 2 周左右。

从受精卵（或合子）的产生到出生约为 280 天（以 28 天为 1 个孕月，共 10 个孕月），为胎儿期；胎儿的发展主要受遗传及生物学因素的控制，但胎内外的环境及母亲自身的状况也会对胎儿的发展产生影响。这些影响不仅是生理方面的，也是心理方面的。对心理方面的影响，是由生理方面的变化造成的；这反映在出生以后的各发展阶段。出生后 28 天为新生儿期。新生儿期是个体心理的真正发生期，是个体心理发展历史的第一页。探索个体在出生前后的发展特点，对于认识心理的萌芽与发生是有价值的。

本章所要讨论的是胎儿期和新生儿期的特点，在内容上主要讨论以下问题。

①胎儿在子宫内是如何发展的？为什么会产生畸胎（monster）？

②影响胎儿正常发展的因素是什么？

③新生儿的特点及其完成从寄居生活（parasitic life）到独立生活（independent life）的过程。

第一节

———

胎儿期的发展

胎儿期，指从受孕到出生这段时间。胎儿期是个体发生的时期，为个体心理的发生准备了自然的物质前提。胎内发展（prenatal development）即个体出生前身体结构和机能在母体子宫内的生长是重要的，它的影响也是长期的，出生前的发展甚至对人的一生有着重要的意义。

一、胎儿发展

受精卵要经过约 280 天才能发育为成熟的胎儿，要保护下一代正常的成长，就应从受精卵开始，了解胎儿发育的情况。

（一）胎儿在子宫内生长发育的阶段

胎儿在子宫内生长发育，经历着一系列的变更阶段。

1. 胚种期

卵子受精后的 0~14 天为胚种期（germinal period）。一旦一个精子和一个卵子成功结合，受精卵就开始分裂。头 4 天是在输卵管内进行细胞分裂，第一次分裂在受精卵形成后 36 小时之内开始；到 60 小时的时候，有 12~16 个细胞；到 72 小时的时候，大约有 60 个细胞。受精卵一边不断地分裂，一边沿输卵管向下移动。第 4~5 天进入子宫腔，然后变成一个充满液体的圆球，被称为胚泡(blastocyst)。到第 7 天，这个由细胞团组成的圆球会缓慢地由输卵管移入子宫，一边移动，一边分裂。整个移植过程大约需要 2 周时间，即在受精卵形成后 13 天左右，移植过程全部结束。

这时，胚泡边缘的一些细胞聚集在一边，形成胚盘(blastodisc)。胚泡的细胞群逐渐分为不同的层次：①外胚层，后来发展为表皮、指甲、牙齿、头发、感官和神经系统；②中胚层，后来发展为肌肉、血液和循环系统；③内胚层，后来发展为消化道、肝、腺体和呼吸系统。胚泡的其余部分将发育为滋养和保护胎儿在子宫内生长的器官——胎盘、脐带和羊膜囊。此时受精卵只是内部结构发生巨大变化，细胞进行着分层次的分化，它的体积并不增大。

2. 胚胎期

受精后的 2~8 周为胚胎期(embryo period)。第 2 周末，增殖的细胞群发生分化，形成上面所述的外、中、内三层细胞，形成胚胎。

胚胎期，受精卵黏合在母体上，从母体摄取营养，逐渐生长发育。胚胎期是胎儿发育的关键阶段。在此期间，心脏、眼睛、耳朵会形成；手和脚也会变成其最终的形式。到第 8 周末，胚胎已初具人形，心脏已可跳动。这时如果有害物质进入胚胎，会产生永久性的、不可逆转的损伤。

胚胎期的发育展示了一个从内向外、从头到脚的发展模式。头、血管和心脏等的发育早于胳膊、腿、手和脚的发育。在胚胎期，胚胎内已有了一个小的消化系统和神经系统，已显示出反应能力的开端。

3. 胎儿期

胎儿期有广义与狭义之分。广义的胎儿期泛指新生儿出生前在母体内度过的一段时期，即从受精卵形成到胎儿出生，大约 40 周。狭义的胎儿期指分娩前的 32 周，它是广义胎儿期的第三阶段。此处的胎儿期指的是狭义的胎儿期，而不是广义的胎儿期。

胎儿期始于第 8 周或第 9 周初，终于出生时。在胎儿期，所有的器官和机能变得更像人，所有的系统开始具有整体功能。

9~12周的发育：胎儿的眼睑形成，眼皮可闭合；嘴的上颚开始形成；胎儿的肌肉系统和神经系统之间形成联系，因此能够踢腿、张开脚趾，还能把小拳头握住，能够转头、翻滚等；如果胎儿是男性，其阴茎在此时成形；从这个时候起，胎儿的动作开始出现个体差异。

13~16周的发育：一些无条件反射开始出现，如果刺激其手掌，会出现抓握反射；刺激其脚掌，会出现巴宾斯基反射（或巴氏反射）；但胎儿只有整体的反射活动，很少有局部的独立活动；随着胎儿结构的进一步发展，躯体比例逐渐发生变化，机能不断增长；如果胎儿是女性，她的输卵管、子宫和阴道开始形成。

17~20周的发育：眼、眉和眼睫毛出现，头皮上开始出现软发；汗腺开始形成；生活开始分为睡眠和清醒两部分；开始了细胞的新陈代谢，把失去活性的细胞丢到羊水中。

21~24周的发育：胎儿的皮肤仍然是皱巴巴的，盖满油脂；他们的眼睛开始睁开，还能够上、下、左、右地转；呼吸开始变得有规律；假设这时把胎儿取出，放在保育箱中，加上医护人员的精心照料，胎儿还是有存活希望的，尽管这种存活的概率很小。

25~28周的发育：胎儿的脑在形态上开始具有沟回（sulcus）和皮质的6层结构，于是皮层区域有了特殊的功能，大脑开始指挥视、嗅、发音等器官的活动，大脑、脊髓中的各路神经联系已相当复杂；女性胎儿的卵子开始出现它们最初的形式，男性胎儿的睾丸进入阴囊。如果胎儿在这时早产，其存活率为50%。

29~32周的发育：胎儿的皮下开始长脂肪，他们的皮肤不再是皱巴巴的，脂肪的生长也有助于调节出生后的体温变化；胎儿开始对外界声音敏感，外界的音乐声、泼水声等能引起他们在胎内的活动，母亲的心跳声及走路的节奏律动能使他们变安静；假如此时早产，存活的可能性为85%。

33周至出生前的发育：胎儿继续从母体血液中接受抗体，这些抗体将保护他们免于多种疾病；此时消化系统和呼吸系统不断完善，为出生后"独立"生存奠定良好的基础。

(二)胎儿发育的直观示意

如果要显示胎儿期的主要变化，就必须将一些研究材料以图表的形式直观地呈现。

胎儿发育的趋势如表 3-1、表 3-2 所示。

表 3-1 胎儿发育的趋势(一)(Koch，1983)

年龄/天	长度/毫米	阶段	总体外观	中枢神经系统	眼睛	耳朵	四肢
4			胎囊				
8	1	胚种期	胚胎 滋养层 子宫内胚				
12	2		外胚层 羊水囊 内胚层 卵黄囊				
18	1		头皱裂 体蒂 心脏	前部神经板扩展			
22	2	胚胎期	神经皱襞局部黏合 前肠 尿囊		视囊	耳板	
26	4			神经管关闭 胚菱脑 中脑	眼杯(视神经乳头凹陷)	耳套叠	臂芽
32	7			小脑板 头部 中脑弯	晶状体套叠	耳胞	腿芽
38	11			背侧脑桥弯 基底层 大脑囊 神经垂体	晶状体脱落 视网膜色素层(外层)	内淋巴囊 外耳道 耳咽管及鼓室隐窝	手板间叶出现神经分布

续表

年龄／天	长度／毫米	阶段	总体外观	中枢神经系统	眼睛	耳朵	四肢
43	17			嗅囊 大脑半球	晶状体纤维 视网膜 细胞游移 透明脉管		手指萌出肘
47	23	胚胎期		视神经与脑接通	角膜体 中胚叶 视胞蒂中无腔		手指张开中央性软骨
51	28				眼睑	螺旋性蜗管 耳珠	硬壳管状骨

表 3-2　胎儿发育的趋势（二）（Koch，1983）

年龄／周	长度／厘米		体重／克	总体外观	中枢神经系统	耳、眼	泌尿、生殖系统
	C-R	Tot					
7	2.8				大脑半球 漏斗　氏憩室	晶体接近最终形态	肾胞
8	3.7				原始大脑皮质 嗅觉，硬膜，软膜	眼睑 耳管	缪勒氏导管融合 卵巢可辨
10	6.0				脊髓组织 小脑	虹膜 睫状体 眼睑融合 泪汗腺分开	肾的排泄功能 膀胱囊，鞘膜囊 缪勒氏管人尿生殖窦 前列腺
12	8.8				头，腰部脊髓扩展 马尾形成	视网膜分层 眼轴出现鼓阶	 精囊，生殖管

年龄/周	长度/厘米		体重/克	总体外观	中枢神经系统	耳、眼	泌尿、生殖系统
	C-R	Tot					
16	14.0				四叠体 小脑隆凸 髓鞘化开始	 耳蜗管	肾定型 中肾退化 子宫，阴道
20						内耳管化	
24		32.0	800		脑皮质典型分层马尾在骶骨第一级		
28		38.5	1100		脑沟，脑回	眼睑重张开 视网膜完成分层 看见光线	
32		43.5	1600	脂肪堆积		耳郭软体	
36		47.5	2600				尿溶质度持续降低
38		50.0	3200		脑部髓鞘化 马尾在第三腰椎	泪管畅通	

注：“长度”栏中“C-R”是指顶臀长度，“Tot”是指身体总长度。

从受孕到出生的主要变化如表3-3所示。

表 3-3　从受孕到出生的主要变化（Koch，1983）

年龄/周	身高（结束时）/厘米	体重（结束时）/克	主要发展变化
0~2			细胞分化；胚种附着在子宫壁上
2~8	2.5	14	结构分化；内部器官开始发育；胎盘和脐带形成
12	7.5	28	头及脸部特征发展，头动
21	30	450	反射变得频繁；身体的较低部位发展；母亲感觉胎动
26	36	900	眼睛、嘴唇形成；发展出抓握反射及不规则呼吸
30	40	1400	反射模式已发展完善；在子宫外能够存活
30~37	50	3200	迅速增加体重；皮下脂肪继续增多；心率加快，器官和系统的工作更有效
37~38	52	3500	向着独立的生命发展变化

二、影响胎儿正常发展的因素

探讨影响胎儿正常发展因素的学说首推胎教(prenatal training)思想。目前对胎教与智力发展的关系的研究已在国内外引起极大兴趣。

胎教之说始于中国，西汉贾谊的《新书·胎教》记载了周文王的母亲行胎教的事例。我国古代胎教理论主要遵循"外象内感说"，即外界事物(外象)作用于孕妇，引起孕妇的主体感受和体验(内感)，并以此影响胎儿的发育。我国古代医学则强调孕妇在怀孕期间应"调情志，忌房事，节饮食，适劳逸，慎寒温，戒生冷"，以创造使胎儿发育良好的条件。这类胎教实为母教，探讨母亲与胎儿正常发展的关系。教育者所倡导的主要是怀孕的母亲应有何种环境、受何种教育、保持何种情绪、吸收何种营养等，从而间接地影响胎儿的正常发展。

现代医学、胚胎学、儿科学、儿童与少年卫生学、儿童心理学等学科的发展，证实了胎儿不仅可通过母亲间接地接受外界的刺激和影响，而且可以直接接受外界的刺激和影响。比如，胚胎生理学的研究认为，妊娠中期的胎儿在母亲腹中已能听到外界的声音，并能对声音刺激做出反应。胎儿对母亲的心跳声、血流声尤为敏感。另外，胎儿对外界的动觉刺激(如轻轻拍打母亲腹部)或光刺激(如母亲由弱光区进入强光区)等也能做出反应。这类研究成果表明，有可能对胎儿实行直接的胎教。美国学者已经开始研究并设计胎儿教育和训练的课程。中国学者已研制出版了胎教音乐磁带，以对胎儿进行直接的音乐教育。

如何进行有效的胎教呢？这就要分析影响胎儿正常发展的因素。

(一)母亲的自身条件对胎儿的影响

母亲的自身条件，如年龄、体重、身高、孕史、凝血素等，对胎儿的发展都是有较大影响的。

1. 年龄

一般妇女从18岁开始，持续30年的时间，是生殖功能及内分泌功能的旺盛时期。这个时期是妇女的生育期，或称性成熟期。在这个时期里的所有年龄生孩子是不是都同样好呢？不是的。从医学角度而言，并结合我国的情况，23~29岁生孩子最好。因为23~29岁妇女的体格及生殖器官都已发育成熟，正值生殖旺盛时期，而且夫妻双方的观念比较成熟，学习与工作已取得相当的成就，各方面都具备了做父母的条件，对孩子的抚养教育条件也较理想。

如果超龄，通常指超过35岁，则会增加一些危险性。主要表现在两个方面。一是发生唐氏综合征（或道氏症候群）（Down syndrome）的机会增加。该疾病活产新生儿的发病率一般为1/600~1/500，35岁以下孕妇所产新生儿的发病率小于1/800，35~39岁为1/250，40~44岁为1/100，45岁及以上为1/50。二是35岁以后生第一胎会使分娩时间过长，难产的可能性增加，死胎增多。当然，关键问题还在于母亲的身体是否健康。

如果年龄太小，如18岁以下，特别是15岁以下，这些尚未完成自身发育的人做母亲，他们生产低体重儿、出现死胎或分娩困难等情况的概率均高于正常年龄的产妇。

母亲的年龄往往可以帮助预测胎儿能否生存，母亲年龄与低体重儿及死胎发生率之间的关系如图3-1所示。

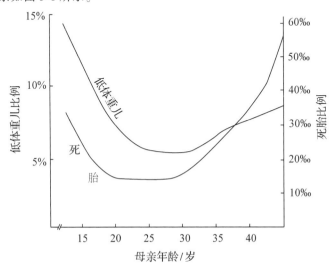

图3-1　母亲年龄与低体重儿及死胎发生率之间的关系（Bee，1985，2012）

从图 3-1 可见，母亲生育子女的年龄过高或过低，都会导致低体重儿和死胎的发生率明显增加。23~29 岁是女性生育的较好时间。

2. 体重

母亲的体重会影响胎儿。如果体重超过正常体重的 25%，母亲患高血压的比例要比一般体重者大得多，而且她们的血压会随着怀孕时长的递增而逐渐升高，最终可能导致母亲无法再承受胎儿，胎儿不得不被提前取出。如果体重低于标准体重的 25%，母亲往往因自身缺乏营养，也没有补充足够的营养物质，在怀孕后很容易出现贫血、肌痉挛和甲状腺肿 3 种疾病，这会影响胎儿的体格与智力的发育。

3. 身高

母亲的身高过矮，即身高为 140 厘米及以下，会影响胎儿的发育。一般而言，过矮的母亲骨骼发育不完全，而这种骨骼发育不完全是全方位的，也就是说，过矮母亲的骨架也会过小，自然骨盆也会过小，过小的骨盆会使子宫发育受到限制，从而限制胎儿的发育。过矮及骨架过小的母亲还会面临生产困难。

4. 孕史

一般认为，如果一个妇女有 4 次以上的孕史，她再怀孕时会有一定的危险性，她的孩子更容易是低体重儿，甚至是死胎。研究表明，非头胎儿，特别是在其之前母亲有过相当密集的孕史，其在出生时血液中激素（hormone）的水平比较低。头胎生的男孩血液中雄性激素的水平比非头胎生的男孩高得多。

5. 凝血素

人类体内存在两种凝血（Rh）因子：Rh 阳性（Rh+）和 Rh 阴性（Rh-）。一个人的红细胞能和 Rh 抗体凝集成块的被称为 Rh 阳性，不能凝集成块的被称为 Rh 阴性。

患有溶血症的胎儿的母亲通常是 Rh 阴性，而孩子的父亲和孩子自己是 Rh 阳性。孩子的 Rh 阳性细胞少量地从胎儿的循环中逸出，进入母体，刺激母亲产生抗体。这些抗体达到一定浓度时，就会进入胎儿体内，使胎儿的红细胞凝集或被破坏，造成胎儿各种严重的异常或死亡。

Rh 阴性妇女所生的第一胎通常是正常的，因为第一次怀孕很少发生致敏作用（或敏感化）（sensitization）。新生儿溶血症往往在第二胎及之后的 Rh 阳性胎儿中产生，患上溶血症的胎儿一般会在出生后不久死亡，或者终生耳聋、大脑性瘫痪等。

(二)孕妇的营养对胎儿的影响

孕妇的营养与胎儿的发育有着极为密切的关系。孕妇的营养需要，不管对孕妇自身还是对胎儿的生长发育，都起着十分重要的作用。整个妊娠期孕妇的体重增加10~12千克，这是人类一生中体重增加最快的阶段，如果营养供应不足，不但孕妇容易得病，而且其所生的婴儿也常常比较瘦小，容易感染疾病，造成先天不足；更何况产后母亲还要以营养丰富的乳汁哺育婴儿，所以母亲的营养还关系到胎儿出生后的发育。

动物实验表明，母体在怀孕期间营养不良会伤害母婴双方，造成小动物未来的生理发育缺陷。对于人类，无法直接做实验去证实母亲营养缺乏对胎儿有怎样的影响，但可以通过调查的事实加以说明。

1. 时代的例证

有人调查过在两次世界大战期间于战区出生的婴儿，他们比正常婴儿小，同时有许多死胎。这些孩子的家庭一般都经历了战争中的严重饥荒及其他压力，孕妇在战争环境中不但食物营养得不到保证，而且她们的情绪也极不稳定。

2. 个体的例证

上述情境中的过瘦母亲更可能经历生产并发症，她们的孩子中早产儿和低体重儿偏多。

3. 死婴的例证

对死于子宫内的胎儿和出生后很快死亡的婴儿所做的研究显示(Bee, 1985, 2012)，他们缺乏正常数量的脂肪组织。正常数量脂肪组织的获得和母亲的营养状况直接相关。图 3-2 所示的是母亲的营养状况和婴儿死亡率的关系。

以上情况指的是母亲严重营养不良时，一般的营养缺乏不会造成太严重的后果。

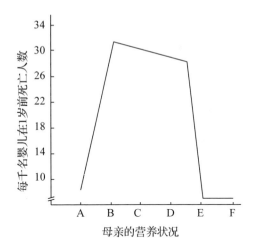

注：A 为饥荒之前怀孕并出生；B 为怀孕最后 3 个月内发生饥荒；
C 为怀孕最后 6 个月内发生饥荒；D 为怀孕前 3 个月内发生饥荒；E
为怀孕前 6 个月内发生饥荒；F 为饥荒之后怀孕并出生。

图 3-2　母亲的营养状况与婴儿死亡率（Bee，1985，2012）

4. 低体重儿的例证

母亲的营养不良会影响胎儿出生时的体重，造成低体重儿。低体重和新生儿死亡率有较高的相关性（Koch，1983）。如表 3-4 所示，低体重儿的死亡率明显高于正常体重儿。

表 3-4　新生儿死亡率与低体重的关系（Koch，1983）

类别	出生体重 / 克	死亡率 / %
低体重儿	1000 及以下	92
	1000 ~ 1500	55
	1500 ~ 2000	21
	2000 ~ 2500	6
正常体重儿	2500 ~ 3000	2
	3000 ~ 4500	1

5. 智力测验的例证

针对 3 个月至 3 岁婴儿进行的智力测验显示，在怀孕期间，若母亲严重营养不良，婴儿的智商则明显低于其他婴儿（Bee，1985，2012），如图 3-3 所示。从图 3-3

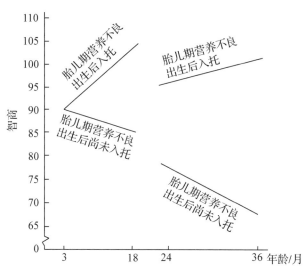

图 3-3 胎儿出生后的智商（Bee，1985，2012）

注：对于智商的测量，3~18 个月采用贝雷婴儿发展量表，24~36 个月采用斯坦福—比奈智力测验。

中胎儿出生后由两种智力测验所得的智商可以看出，孕妇缺乏足够的营养对胎儿乃至其出生后智力的影响是比较严重的。从图 3-3 中亦可发现，胎儿期营养不良但出生后入托(进入托儿所)的儿童，其智商随入托时间的增加而逐渐增长，而未入托儿童的智商则呈持续下降趋势。这说明对于在胎儿期营养不良的儿童来说，得到及时合理的早期教育对于其智力的增长则具有很大的作用。

孕妇讲究营养，主要是补充足够的蛋白质、维生素和无机盐。蛋白质是制造和修补身体组织的主要原料，胎儿发育的过程是脑细胞形成的关键时刻，如果缺乏蛋白质，就会影响脑的发育，日后难以弥补，造成永久性的伤害。所以蛋白质不但要数量充足，而且质量要好。那么，为了增加怀孕期的营养，孕妇应选择哪些食物呢？为补充蛋白质，应挑选含量高、容易吸收的蛋白质类食物，如牛奶、鸡蛋、豆制品、鱼、鸡、牛、羊。猪肉的蛋白质含量较低，而脂肪含量较高。脂肪类食物在饮食中应占 15%~20%，太多的脂肪摄入会影响其他营养物质的代谢，对孕妇及胎儿都不利。糖类的主要来源为谷类食物，如米、面，在食物中可占 55%~65%。为了胎儿的正常发育，孕妇还要摄入充足的无机盐，如钙、铁、锌、碘等，这些无机盐在动物的骨骼、内脏、海产品及绿色蔬菜中含量较高。维生素类营养物质主要存在于新鲜蔬菜及水果中。营养要平衡、全面，孕妇摄取的食物应是多种多样的，千万不要偏食、挑食或忌口。如果孕妇对糖类、脂肪或蛋白质摄入过多，会造成不平衡的膳食，这样就会使孕妇发胖或胎儿过大，从而影响胎儿的正常发育和孕妇的健康。不要盲目地相信补品。提起补品，人们常会联想到人参、银耳、桂圆、湘莲等，其实这些补品的营养价值并不太高。因此，孕妇在选择营养品时，首先要考虑食品的实际营养成分，以满足怀孕期的特殊营养需求。

(三)母亲的情绪状态对胎儿的影响

如果说胎教是母亲在怀孕期间的心理和行为对胎儿的影响，那么情绪状态就是这种心理和行为的主要因素。孕妇豁达乐观、情绪愉快，则有助于胎儿身心健康发育；反之，孕妇忧虑焦躁，夫妇吵架，孕妇有极度情绪变化，则会使胎儿的身心健康受到牵连。有人调查过患有唇裂或腭裂的200多名儿童，其中68%的儿童的母亲在孕期有过情绪波动或紧张焦躁。这些孩子长大后常常表现出神经过敏，孤独感强，难以与人和睦相处；此外，有时产生自卑、多疑心理，甚至发展为偏执性格。孕妇在受到意外的恐吓等情况下，情绪状态会有急剧的变化，此时，孕妇会产生一种叫儿茶酚胺(catecholamine)的激素，这种激素会穿过胎盘，侵入胎儿，使胎儿也产生恐惧(fear)。儿茶酚胺存在于受到惊吓的动物和人的血液中，能刺激自主神经(或植物神经)(autonomic nerve)的传导。孕妇情感情绪状态的急剧变化使得她们体内不断地产生大量的儿茶酚胺，胎儿若长期受这种激素的作用，则会导致精神症状。

不好的情绪状态对胎儿不仅有直接的影响，也有间接的影响。例如，在怀孕期间过度担心和焦虑的妇女常常发生高血压。高血压会使肾功能受阻碍，从而造成孕妇手、脚、关节肿胀。一般来说，这时胎儿并不危险，但如果情况严重，会使孕妇处于危险之中，胎儿也不得不被提前取出，形成早产儿。

母亲与胎儿有各自的大脑及神经系统结构，有各自的血液循环系统。那么，母亲的情绪状态是如何影响胎儿的身心发育的呢？主要是通过以下两种途径。

1. 代谢作用的影响

孕妇的情绪和精神生活影响着母体的代谢作用，而母体的代谢作用又可以影响胎儿的发展。因为胚胎寄生在母体的子宫内，并凭借母亲的循环作用吸取其所需要的营养物质，胎儿的循环系统及神经系统也必然与母亲的循环系统及神经系统发生联系。母亲若保持一种正常、健全的心理状态，则在物质生活方面亦能保持正常、健全的状态，这样，母亲的代谢作用畅行无阻，就可以促进胎儿之正常发展。反之，若母亲情绪状态失常，则往往会导致其物质生活也失常，这会直接影响胎儿的营养，间接影响胎儿的正常心理发展，一个身体孱弱或有缺陷的胎儿，其心理发展当然也会受影响。

2. 通过血液中的化学物质沟通

孕妇在受到突然的恐吓或精神的极度刺激时，这些刺激会首先作用于大脑皮质，同时立刻传递到与大脑皮质直接相连的下丘脑（或下视丘）（hypothalamus），在下丘脑内转化为情绪，同时下丘脑立刻把这种信号传达给内分泌系统和自主神经系统（autonomic nervous system），使孕妇出现脉搏加快、瞳孔扩大、手心出汗、血压升高等，也使神经激素的分泌加剧。释放出的神经激素会首先进入母亲血液，它是一种化学物质。这时不仅母亲血液中神经激素的量骤然升高，胎儿血液中神经激素的量也骤然升高。这种化学物质不仅使母亲体内发生化学变化，也使胎儿体内发生化学变化。这些变化刺激又作用于胎儿的下丘脑，下丘脑再发出指令，指令传到胎儿的自主神经系统和内分泌系统，使胎儿产生与母亲类似的情绪反应。

由此不难看出母亲和胎儿一脉相承的事实。胎动是母亲对胎儿情绪影响的一种指标。胎动指胎儿在母体内的活动，胎动的多少可显示胎儿是正常还是异常的。据观察，母亲情绪激动时，胎动增加，若激动时间延长，胎动也相应增加，有时可达正常胎动的 10 倍，这应被认为是胎儿的窘迫不安状况的表现。此外，胎儿在子宫内也有一定的呼吸运动，这种运动有时甚至可被母亲的叹息中断（Koch，1983），这也是母亲对胎儿情绪影响的一个现象。

(四)环境对胎儿的影响

从前面问题的论述中可以看出，胎儿是一个有情绪感受的小生命，他是小"窃听者"，还会"分担"母亲的忧虑，尽管这种"孝心"是多余且有害的。但是，不难看出，父母应该懂得从孕期开始为自己的孩子创造一个良好的环境。要创造胎儿的良好环境，孕妇必须有一种声音美好和谐、情绪欢快喜悦、安适且能防止严重污染的生活环境，这对胎儿的生长发育是有益的。

李虹(1994)曾做了胎教音乐对胎儿影响的实验研究。获得了以下两个主要的结论。

第一，胎教音乐可使胎动时间延长(如表3-5所示)。因为胎动是胎儿动作的一项指标，所以从胎动时间的延长可以看出胎教音乐对胎儿的影响。

表 3-5 实验组和对照组被试日均胎动持续时间的统计(李虹，1994)

孕周/周	实验组持续时间/分	对照组持续时间/分	t 检验
28	9.14	4.21	1.80
29	13.00	6.90	2.18*
30	15.24	6.62	3.10**
31	15.63	7.18	3.58**
32	14.76	5.81	5.97***
33	11.46	7.01	2.45*
34	10.41	5.85	3.62***
35	8.91	6.58	1.29
36	10.42	7.24	1.88
37	10.59	7.24	2.77**
38	10.95	5.57	2.86**
39	11.70	7.31	1.68

注：* 表示 $p<0.05$；** 表示 $p<0.01$；*** 表示 $p<0.005$。

第二，胎儿出生后能够再认胎教音乐(如表3-6所示)。从表3-6中可看出，实验组(接受音乐胎教的新生儿)在出生5分钟后被观察到的在6个项目上做出反应的人数，尤其在转头、四肢活动这2个项目上做出反应的人数，明显高于对照组，即接受音乐胎教的新生儿再认胎教音乐的能力显著地高于未接受过音乐胎教的新生儿。从这个意义上说，胎儿后期已存在一定的听觉记忆，否则，实验组在出生后再认胎教音乐的能力不会高于对照组。

表 3-6　实验组和对照组出生 5 分钟后对音乐反应的统计（李虹，1994）

反应项目	实验组（N = 31）的反应人数／人	对照组（N = 29）的反应人数／人	χ^2 检验
转头	11	1	9.84***
眨眼	11	5	3.18
四肢活动	12	1	10.94***
吸吮	8	4	3.21
伸舌头	3	0	3.43
哭	8	13	0.60

注：df = 1；$\chi^2_{0.05} = 3.84^*$；$\chi^2_{0.01} = 6.63^{**}$；$\chi^2_{0.005} = 7.88^{***}$；* 表示 $p < 0.05$，** 表示 $p < 0.01$，*** 表示 $p < 0.005$。

孕妇离不开环境。但环境因素中有好的也有不好的。外界不好的环境因素对胎儿的影响，取决于以下几个条件。

第一，环境中不良因素的种类。不同种类的因素，其作用也不同。不良因素主要有以下几种。

生物因素：如病毒、细菌等，孕妇血液的病毒通过胎盘血管的破坏而进入胎儿体内，风疹、巨细胞或单纯疱疹、水痘、腮腺炎等病毒会伤害胎儿，严重的急性感染可杀伤胚胎或胎儿而造成流产、早产。

物理因素：如 X 射线、放射线、镭等电离辐射，可导致胎儿小头畸形、智能低下、骨骼和脊柱裂等畸形。

化学因素：如对苯、甲苯、铅、汞等接触过多，可造成胎儿流产、早产，胎儿畸形，以及低体重儿。

毒素毒物：如化肥和杀虫的农药，接触多了会使孕妇血液里含一定浓度的毒物，不利于胎儿发育，甚至产生畸形儿。

饮食问题：容易引起中毒的食品，如未洗净的蔬菜或未削皮的水果可能有农药污染，以及腐败有菌食物等，这些食品既不利于母亲的身体健康，也有碍胎儿的发育。

药物因素：有些药物对胎儿有明显的损害，如抗癌药可引起胚胎死亡，四环素可使小儿牙齿变黄，磺胺类药物可引起黄疸，激素类药物会诱发畸形，等等；这些药物均属孕妇禁用之列。

机械因素：如过量的劳动、外伤和跌撞等，有时会影响胎儿的发育，有时会引起流产或早产。

第二，不良环境因素的量。例如，属于物理因素的噪声、光、温度等，其强度越大，影响就越明显。

第三，接受不良刺激的胚胎发育时期。在受精后1~2周，不良刺激可造成胚胎死亡而流产；在受精后3~8周的器官形成期，大部分致畸因素都有高度的致畸力。

第四，接受不良刺激的机体状态。孕妇若抵抗力较差，就会因为病原体侵入而发病，进而影响胎儿，因此，在同一环境中，对不同的人环境因素所产生的影响也是不尽相同的。

应该全方位地理解母亲自身条件、营养、情绪状态、环境诸因素之间的关系。各种因素往往不是单独起作用的，尽管有不少因素被列入生物学范畴，但事实上许多问题是由与之有关的心理因素和社会因素引起的。例如，高龄母亲可能先前有过几次孕史，或经受某些压力，或有高龄生育恐惧感；过于年轻的妇女怀孕，常常缺乏丈夫情感和精神上的支持，尤以未婚先孕者为然。许多妇女尽管有相当的危险因素，但若能妥善对待，最终也不会出现问题。所以，这些因素仅意味着出现问题的概率高于正常孕妇，并不意味着一定出现问题。

此外，胎儿从一开始就具备一定的差异。麦克法内尼（Macfarlane，1977）研究了胎儿对噪声的反应。第一种是高反应型，一听到噪声，胎儿的心率马上加快，同时伴有踢腿、伸胳膊等激烈反应；第二种是中反应型，听到噪声后胎儿的心率逐渐加快，同时伴有不如前一种胎儿那样剧烈的蠕动；第三种是低反应型，这类胎儿任由外面天翻地覆，也没有任何动静，心率变化也不明显。十几年后做追踪测定，结果发现：第一种被试仍保持高反应的特点，他们对事物的变化极为敏感，精力旺盛，具有具体丰富的想象力和创造力；第三种被试仍保留当年的低反应特点，他们对事物反应迟钝，缺乏想象力和创造力；第二种被试则居中。李虹(1994)的研究指出，女孩在各项反应中的比例均高于男孩(如表3-7所示)，高反应型胎儿出生后对音乐的反应高于低反应型胎儿(如表3-8所示)，可见性别和神经活动类型是影响胎儿对音乐反应的重要因素。

表 3-7　胎儿出生后对音乐反应的性别差异(李虹，1994)

性别	反应比例／%					
	转头	眨眼	四肢活动	吸吮	伸舌头	哭
男	36	45	45	36	0	27
女	88	75	88	50	38	38

表 3-8　高反应型和低反应型胎儿出生后对音乐的反应(李虹，1994)

反应型	反应比例／%					
	转头	眨眼	四肢活动	吸吮	伸舌头	哭
高反应型	88	100	100	63	36	63
低反应型	36	27	36	27	80	36

三、畸胎的形成

畸胎指明显畸形的胚胎或新生儿。尽管畸胎形成的原因很复杂，但可以归为两类：一类是身体有缺陷或不健全，如唇裂、无肛症、肠道狭窄、心房间隔缺损、动脉导管未闭、愚鲁、无脑儿等；另一类是身体一部分或全部过度生长或生长重复，如多指(趾)、并指(趾)、脑积水、连体双胎等。

研究动植物中先天性畸形的原因、发育、描述、分类的科学叫作畸形学(teratology)。导致畸胎的根源，可能是遗传性疾病，也可能是不良环境因素。

(一)遗传性疾病导致胎儿畸形

遗传是导致亲子间性状(properties)相似的种种生物过程的总称，换句话说，因为遗传物质由上代传给下代，所以产生了上代的性状在下代表现出来的现象。

从受精卵开始，人体细胞要经过一次又一次的分裂，每次分裂出的细胞的细胞核里都有专一的、特异的且具有一定数目、形态、结构的染色体(chromosome)。染色体是生物遗传的物质基础。它的主要成分是脱氧核糖核酸，即每个染色体带有许多组的脱氧核糖核酸分子。这些脱氧核糖核酸分子组称为基因(或遗传单位)，即世代相传的遗传信息的载体。而基因带有遗传信息的密码，即遗传密码(genetic code)。基因并非一直留在自己的染色体里，它有一种交错(基因交换)现象。

这种交错现象如何实现呢？一方面，在受精卵中，无论染色体以哪一种结合而告终，总归是由双亲提供的。它以自己的密码的排列顺序为模板，便保证了它多次细胞分裂的复制成双，这在本质上决定了遗传的保守性。在这个意义上，一个家族里所能产生的个别差异有一定限制。正因如此，有亲族关系的个体间必定比没有亲族关系的个体间要相像得多。另一方面，在复制中偶有偏差和错误，就造成遗传学上的变异(variation)，即亲子间性状相异的现象。现在或过去，在不可计量的人类中，绝对不会有两个人在遗传结构上完全一致。变异意味着个别差异。遗传与变异是遗传学研究的中心课题。

现在已知导致畸形的遗传病发病率很高。由遗传性疾病造成的胎儿畸形和生命缺陷是相当惊人的。遗传病有3000余种，都是常见的，它不仅威胁着数以千万计人口的健康，也将贻害其子孙后代。据调查，很多流产和死胎为遗传缺陷所致；人体几乎各个器官、组织和系统都可能发生遗传性疾病和畸形，仅眼睛就有近3200种遗传病和遗传缺陷。6岁以内的失明儿童中，有40%为遗传病所致；精神分裂症、哮喘有80%可归于遗传问题；先天性心脏病中有35%为遗传所致；全世界主要为遗传所致的唐氏综合征患儿在数百万。严重的遗传病给家庭和社会造成十分棘手的问题。一个唐氏综合征患儿，其双亲痛苦，家庭受牵连，也给社会增加负担。所以预防和及早发现先天性胎儿异常，防止遗传病的延续，是做父母者的希望。

预防和阻断遗传病或畸形的主要办法是产前检查。特别是对有下列情况之一者，更应该进行系统的产前检查。

①夫妇有近亲血缘关系。

②有遗传病家族史。

③夫妇中有先天性缺陷。

④孕妇为不正常染色体携带者。

⑤以前生过畸形的孩子。如果第一胎是畸形儿，可能是有常染色体（autosome）遗传病或X连锁遗传病，或多基因遗传病，因此在第二次怀孕前应做必要的检查。

⑥有习惯性流产、早产史。

通过产前诊断，如果发现胎儿有遗传病或胎儿畸形，则应施行选择性流产，或寻求医学技术的补救之道。

（二）不良环境因素对胎儿的影响

导致畸胎的另一个因素是胎儿环境。基因所决定的只是个体对于特定环境的发育反应模式。一方面，基因与性状并非一一对应，一个基因可能影响几个性状，也可能一个性状由不同基因负责，即受多基因控制；另一方面，很多环境因素也对性状起着重大影响作用。因此，胎儿的每个性状可以说都含有遗传和环境两个成分。

1. 容易致畸的环境因素

如前所述，由环境因素导致的畸形既取决于环境中不良因素的种类和量的大小，又取决于胚胎发育的时间和孕妇机体的状态及情绪。除了前文已有的分析，还要特别强调几个容易接触的致畸因素：①烟毒对胎儿的危害；②酒精对胎儿的危害；③服用药物对胎儿的危害；④环境污染对胎儿的危害。

2. 导致畸形因素的敏感期

不良环境因素所导致的畸形，在胎儿的不同时期，致畸因素的作用是有区别的。怀孕的头3个月，特别是受孕后的15~60天的胎儿发育过程是各器官对导致畸形因素的敏感期。在头2周，致畸因素可能使胚胎死亡而流产；如果损害不甚严重，也可能经过补救挽回胎儿生命，但极可能造成染色体变异。怀孕的第3~8周，胎儿对导致畸形因素很敏感，故此时期是防止畸形的重要时期。至胎儿后期，敏感性则下降，但胎儿的脑和部分泌尿生殖器官仍在发育，因此仍有可能出现畸形。

为了防止胎儿畸形，在怀孕前就要避免接触有害物质，以防止其影响精子或卵子的品质。怀孕的头 3 个月内更要避免接触不良的环境。遗传因素虽给胎儿健康或胎儿产生畸形提供了一定的可能性，但不能完全地决定人体的特征。人体绝大多数正常的和异常的性状都是遗传和环境相互作用的结果。因此，从胎内环境开始就要重视，利用良好的环境因素补救遗传缺陷，并防止胎内不良环境因素造成胎儿的先天缺陷。

第二节

新生儿的发展

从个体出生结扎脐带开始到出生后第 28 天被称为新生儿期，这个时期的儿童被称为新生儿。本节从新生儿的一般特征、学习能力及社会性表现 3 个方面，分别讨论新生儿的心理发展。

一、新生儿的一般特征

20 世纪 60 年代以来，对新生儿的研究逐步深入，探讨新生儿的心理活动，了解个体心理发展的最初水平与状况已逐渐成为可能。因此，一方面，由于研究巨大的理论和实际价值，新生儿所独有的特点引起越来越多心理学家的兴趣；另一方面，经过心理学家多年来的不懈努力，新生儿的许多心理特点已逐步为人们所了解和认识。

(一)由寄居生活过渡至独立生活

新生儿期是实现生理上的寄居生活到独立生活的转变的过渡时期。

1. 开始成为独立的个体

如前所述，胎儿的生活完全是寄居性的，胎儿必须通过脐带与母亲相联系，以实现其营养、呼吸、排泄等新陈代谢机能。出生后，新生儿就成为一个完全独立的个体，且面临着一个新的、完全不同于胎内环境的生活环境。因此，新生儿必须尽快使自己的各种生理器官(如呼吸系统、消化系统等)适应新的环境，迅速发展各种适应环境的基本生存能力。

2. 过渡至独立生活的原因

虽然从胎儿期开始，胎儿的神经系统就已经不断发展，到出生时，其脑结构已初具人脑的规模，但脑的重量、体积，特别是脑的机能发展水平还远远不够。例如，新生儿的大脑皮质上的主要沟回已经形成，但还不够深，神经细胞的体积还较小，神经纤维(nerve fiber)还很短、很少，而且大部分没有髓鞘化，因此就不容易在大脑皮质上形成比较稳定的优势兴奋中心，新生儿的大脑皮质也就难以适应外界刺激的强度。于是，新生儿对外界的各种"超强刺激"采取了保护性抑制，表现为睡眠时间较长。新生儿一天的睡眠时间约为16~18小时，其中大部分时间其处于没有规律的睡眠状态之中，醒着的时间仅为6~8小时。实际上，新生儿的长时睡眠是一种自我保护的行动，与其神经系统的发育紧密相关。随着大脑皮质及整个神经系统的不断成熟，个体的这种保护性睡眠的时间就会明显缩短。与此同时，新生儿的各种心理活动则不断增加且日益复杂化。

3. 新生儿期的特殊性

新生儿期是一个特殊的过渡时期，既不同于完全依赖母体的胎儿期，又不同于已具有一定独立能力的其他发展时期。

(二)个体心理开始发生

新生儿期是个体发展的起点，也是个体心理开始发生的时期。与其他发展时期相比，新生儿是个体经验最少的时期，也是接受环境刺激最少的时期。在独立生存、适应新环境的同时，新生儿不仅被动地接受外界刺激，而且积极地对外界环境做出反应。在此过程中，新生儿的各种感官都在一定程度上积极地活动起来。当然，新生儿的注意范围是有限的，其反应技能和行为变化也是有限的，但在被动和主动地接受刺激的适应过程中，新生儿的认知心理机能开始发展，主要表现为感觉能力的迅速发展和知觉能力的初步发展。与此同时，新生儿的社会性也开始发展，表现为在新生儿末期开始出现的社会性微笑（social smiling）和对社会性刺激的偏爱。新生儿期的发展为其各种心理活动的进一步发展打下了基础。

新生儿期是个体心理现象开始发生的时期，是个体心理发展史的第一页，因此，研究新生儿的心理特点，不仅可以了解人类个体发展的基础，了解人类心理和意识的起源，也可以了解环境对人类心理发展的影响。

（三）具有巨大的发展潜能

尽管新生儿必须依赖他人的精心照料才能生存，但新生儿实际上具有巨大的发展潜能（development latent competence）。

与其他高等动物的幼崽相比，人类的新生儿显得非常孱弱。尽管新生儿已是一个独立的个体，但一旦失去他人的照料就无法生存，其适应环境的能力还很弱。然而，人类新生儿与动物幼崽的本质不同就在于人类新生儿具有巨大的发展潜能，他们已具备了探寻各种刺激的感官条件。在接受刺激和主动反应的过程中，新生儿的各种心理能力以惊人的速度发展着，而且人类新生儿一开始就生活在人类生活环境中，在朝着人类社会成员方向发展的过程中，其社会能力也迅速发展起来。这种早期的心理能力的发展既是新生儿适应环境的条件，又是个体心理进一步成熟的基础。因此，研究新生儿的学习和心理能力（mental capacity），对于早期智力开发的研究具有重要的现实意义。

总之，新生儿期是儿童发展的起点，也是儿童心理发展的一个独特时期。对新生儿心理特点进行探讨和研究既具有重要的理论意义，也具有巨大的实际应用意义。

二、新生儿的学习能力

尽管新生儿还是一个孱弱的生命，但其大脑结构和生理器官的发展使他们开始具备一定的适应生活环境的能力。当然，新生儿的适应能力(adaptive ability)水平还是很有限的。

(一) 无条件反射行为

新生儿主要依靠皮下中枢来实现无条件反射(或非制约反射)，以保证其内部器官和外界条件最初的适应。

新生儿有许多与生俱来的、针对特殊刺激的反射行为。有些是适应性的，具有生物学意义，如在光线强烈时闭上眼睛，扭动身体以避开痛苦，等等；有些反射则是遗传留下的过去生活的痕迹，如拥抱反射等；还有一些反射是神经回路现象，以后成为随意命令下的表现或更有用的行为模式，如行走反射等。这些无条件反射中有很多在出生后数周或数月内消失，这可能是因为神经系统的发展，特别是脑结构的发展，使儿童逐渐学会了控制自己的行为反应。因此，尽管有些反射并不具有生物意义，但常作为新生儿发育的一种指标。如果没有某种反射，或在一定时期内某种反射还未消失，就可能表明婴儿的神经发展不正常。因此，许多无条件反射常作为新生儿神经发育检查的指标。

新生儿的无条件反射有70多种，下面是一些常见的反射。

1. 食物反射

食物反射(food reflex)指当食物或其他物品进入口中，就会有唾液分泌。这是适应环境、维持机体生命的基本反射之一，出生后半小时，从醒着的新生儿身上就能观察到这种反射。

2. 巴宾斯基反射

巴宾斯基反射(Babinski reflex)指用火柴棍或大头针等物的钝端，由脚跟向前轻划新生儿足底外侧缘时，他的拇趾会缓缓地上翘，其余各趾呈扇形张开。这种反射可在 4~6 个月的胎儿身上看到，出生后 6~18 个月逐渐消失。

3. 摩罗反射

摩罗反射（Moro reflex）指新生儿遇到突然刺激时引起的全身性动作。当新生儿忽然失去支持或受到高声、疼痛等刺激时，表现出头朝后扬，背有些弓，经常伴有身体扭动，以及双臂立即向两边伸展，然后慢慢向胸前合拢，像拥抱的姿势，同时发出哭声。此类反射在出生后 4 个月左右消失。

4. 瞳孔反射

瞳孔反射（pupillary reflex）指瞳孔对光的刺激会做出扩大或缩小的反应。当人眼光线增强，瞳孔立即缩小；当光线减弱或在暗处，瞳孔相应地扩大。此外，刺激颈部皮肤、剧烈疼痛或忽然的巨响均可引起瞳孔扩大。瞳孔反射异常或消失则表明视神经或视觉中枢的功能发生障碍。

5. 躯体侧弯反射

躯体侧弯反射（incurvation reflex）指用手托住新生儿胸腹部，轻轻上举，然后在背部沿脊柱向下轻划，或用手掐腰部一侧的皮肤，可引起躯体向刺激侧弯曲，同侧的膝关节会伸直。若 3 个月后仍未消失，则新生儿可能患脊髓弥漫性脑损害。

6. 游泳反射

游泳反射（swimming reflex）指使新生儿俯卧在水里，他就会用四肢做出协调得很好的类似游泳的动作。6 个月后，此反射逐渐消失。

7. 强直性颈部反射

强直性颈部反射（tonic neck reflex）指新生儿仰卧时，使他的头转向一侧，就会看到该侧的手臂和腿伸直，另一边的手臂和腿蜷曲起来，呈现出类似击剑者的姿势。这种不对称的强直性颈部反射在出生后 3 个月左右消失。对称的强直性颈部反射表现为将低着的新生儿的头伸直抬起时，可见到其手臂伸直，双腿蜷曲；而使其低头屈颈时，动作则相反。一般到练习爬行时此反射即消失。

8. 吸吮反射

吸吮反射（sucking reflex）指用乳头或手指碰新生儿的口唇时，会相应地出现口唇及舌的吸吮蠕动。此反射在出生后 3~4 个月自行消失，逐渐被主动的进食动作代替。

9. 行走反射

行走反射（walking reflex）指正常新生儿处于清醒状态时，若用两手托住其腋下使之直立，并使其上半身稍微前倾，脚触及床面，他就会交替地伸腿，做出似乎要向前走的动作，看上去很像动作协调的行走。此反射在新生儿出生后不久即出现，6~10 周时消失。

10. 交叉伸展反射

交叉伸展反射（cross extention reflex）指握住新生儿一条腿的膝部使腿伸直，敲打或按压这条腿的脚底时，另一条腿会立即弯曲，然后又很快伸直。这一反射在出生后 4~5 周即消失。

11. 抓握反射

抓握反射（grasping reflex）指当物体触及新生儿手掌，会立即被新生儿紧紧地抓住不放，如果让新生儿两只小手握紧一根棍子，他甚至可以使整个身体悬挂片刻。这一反射在出生后第 5 周达到最强，3~4 个月时消失。

12. 觅食反射

觅食反射（rooting reflex）指当新生儿的面颊触到母亲乳房或其他部位，即可出现寻觅乳头的动作。用手指抚弄新生儿面颊时，他的头也会转向刺激方向。该反射在出生后 3~4 个月时逐渐消失。

13. 手掌传导反射

手掌传导反射（palmar conductance reflex）指当按压新生儿一只或两只手掌，他会出现转头张口的动作，手掌上的压力减小时，他可能会打哈欠。该反射在 3 岁以后逐渐消失。

虽然新生儿一出生就具有多种本能的反射（instinctive reflex），为他们的生存提供了前提条件，但这种与生俱来的无条件反射往往是不精确的，还常常发生泛化，如不仅刺激新生儿的嘴唇会引起吸吮反射，刺激其脸颊也常常会引起同样的反射；刺痛新生儿的右脚，不仅左脚会避开，右脚或手也都张开。至出生后 20 天左右，新生儿的各种反射行为才趋于精确化。

(二) 新生儿的感觉能力

对客观世界的感知能力（capacity of sensory and perception）是各种心理能力——如学习、思考及社会化等——发展的基础。在胎儿期，胎儿对母体的情绪和活动等都有所反应，对外界刺激也会有所反应，但直到出生后，新生儿才直接面对世界，直接感受声、光、触摸等各种刺激并予以反应。

从发展的角度来看，感觉能力是发展最早且最早趋于完善的一种基本心理能力。大量研究表明，新生儿的各种感觉器官从一出生就处于积极活动的状态，因此，新生儿已具有了一定的感觉能力。

1. 视觉

视觉是人类一种重要的感觉，人类可以获得的外界信息中，大约有80%是通过视觉获得的。新生儿一出生就具有眨眼反射和瞳孔反射，这表明他们已能进行某些视觉活动。有研究者曾对202名出生后8小时到13天的新生儿的视觉区辨能力进行实验研究，结果发现，新生儿已具有对两个图形的视觉区辨能力，并表现出对规则图形的偏爱（冯晓梅，1988）。

新生儿的视觉系统还未达到成熟，其视觉能力还是有限的。一方面，新生儿的视觉调节能力具有一定的局限性，他们的眼睛像定好焦距的照相机，只有处于一定距离的物体才能清晰地落在视网膜上。只有大约相距8英寸（1英寸约合2.54厘米）的物体才会被新生儿看得最清楚。新生儿的视敏度也较差，不能觉察较小的物体和结构。庞丽娟、李辉（1993）的研究发现，新生儿的视敏度为5%～10%。与成人相比，新生儿的边缘视觉也很有限，成人的视觉范围为180°，而新生儿只有60°。

另一方面，新生儿的视觉运动仍是不协调的，在出生后的两三周内，如果在距新生儿9英寸处放两个物体，新生儿则右眼看右边的物体，左眼看左边的物体。有时他们的双眼还会像"斗鸡眼"一样对合在一起。直到新生儿期结束，这种双眼不协调运动才逐渐消失。

到15天左右，新生儿就能较长时间地注视活动的玩具，有研究者甚至发现，出生数小时的新生儿的眼球便能跟着慢慢移动的物体活动。但一般来说，新生儿的这种追视能力还是很差的。新生儿对在视野内出现的移动物体会朝着不同方向移动视线，但研究者根据测查发现，新生儿的视线移动并不是平滑的，而表现为眼球的"飞跃运动"。

海斯(Haith，1980)曾经对出生后 24 小时和 96 小时的新生儿进行了一系列的视觉研究，认为新生儿的视觉活动是根据几个规则所形成的系统进行的。规则一：在清醒、警觉、光线不太强时，会睁开眼睛。规则二：在昏暗情况下，会保持一种有控制的、仔细的搜索。规则三：如果所视对象没有形状，则寻找边缘、拐角等以区分图形与背景。规则四：如果发现一条边，停止搜寻，视线停留在边的附近，沿着边上下移动。可见，新生儿已能较系统地寻求观察事物，但仍有较大的偶然性和无组织性。还有人发现，新生儿能够分辨人脸，就和他们偏好母亲的气味和声音一样，他们会很快地学会喜欢母亲的脸胜于不熟悉女性的脸，虽然他们只对面部的大致轮廓敏感，而不对面部的细小特点敏感(Bartrip，Morton，& de Sehonen，2001)。

2. 听觉

研究和经验表明，所有正常的新生儿都有听觉。许多新生儿在听到摇铃声时，能将头转向铃响的方向。但这个动作不是立即完成的，需要大约 2.5 秒的反应时间(reaction time，RT)(Muir & Field，1979)。廖德爱(1982)对出生后 24 小时的新生儿对声音刺激的反应的研究发现，正常新生儿一出生就能通过空气传导途径产生听觉反应。实验中，通过 1 次刺激就能发生听觉反应的新生儿达 45.24%，通过 2 次刺激发生反应者占 38.10%，两者共占 83.34%；通过 3 次或 3 次以上刺激发生反应的占 16.66%，反应较慢，但仍很明显。

新生儿在出生后 6 天就能听到 30 分贝的低音。研究者让新生儿听 100 分贝的高强度声音和 85 分贝、70 分贝、55 分贝的低强度声音，结果发现声音强度越大，婴儿的心率就越快，表明新生儿已能分辨不同分贝的声音，并对此做出生理反应(Wittrock，1980)。

出生后 3 天的新生儿就能区分不同的声音，并表现出对母亲声音的偏爱(De-Casper & Fifer，1980)。研究者认为，这是由于其在胎内生活时已熟悉了母亲的声音。在另一项研究中，研究者要求孕妇在孕期的最后几周每天朗读一篇故事两次，结果发现，出生后，新生儿更喜欢听这个故事(DeCasper & Spence，1986)。

此外，新生儿已能分辨出不同的语音（speech sound），他们在生理上已准备好去"发现"任何人类语言的声音。新生儿能对很多语音做出细致的区分——"ba"和"ga"，"ma"和"na"，以及短元音"a"和"i"。例如，让新生儿含一个奶嘴，并播放"ba"的声音，新生儿会有力地吮吸起来，并持续一段时间；然后，随着新鲜感的降低，吮吸的速度会逐渐慢下来。这时，将声音变成"ga"，吮吸的速度又会加快。这表明，新生儿发现了这一微小的语音差异。与成人相比，新生儿分辨本族语言中没有的语音的能力更为精确（Atoliridge，Stillman，& Bower，2001）。

3. 味觉

刚出生的新生儿就已具有发达的味觉，这对婴儿具有重要的保护意义。研究者把一些不同味道如甜、酸、苦、咸等的各种溶液滴到新生儿嘴里，观察其反应。结果发现，在尝到特别甜的溶液时，新生儿出现微笑、舔嘴唇和吸吮的反应；而当盐溶液滴到新生儿的嘴里时，许多新生儿有噘嘴、皱鼻、眨眼的反应；而在尝到苦味溶液时，则有伸出舌头、吐唾沫，甚至试图呕吐的表现；如果把蒸馏水滴到舌头上，新生儿吸吮时毫无表情。在进一步的研究中，研究者还发现，随着味道浓度增加，反应强度也增大，新生儿已能区分"甜"与"很甜"、"苦"与"很苦"的不同了（Steiner，1983）。

4. 嗅觉

出生后不到12小时的新生儿即表现出一定的嗅觉，对各种气味就会有明显的反应。在闻到强烈的臭味时，新生儿就会紧闭眼皮，扭歪脸面，身体躁动不安；而闻到黄油、香蕉、巧克力、蜂蜜等的香味时，新生儿就会出现愉快满足的表情。

研究发现，在2~3天内，新生儿就能认识他们闻过的强烈气味。如在第一次闻到茴香油的气味时，新生儿的活动增加，心率和呼吸都会发生变化；如果继续闻这种气味，新生儿就逐渐停止反应；这时如果忽然闻到一种新的气味，如苯基酸的气味，新生儿就又开始增加活动，心率和呼吸也发生变化（MacFarlaine，1977；Varendi & Poriter，2001）。有关实验还显示，新生儿已具有明显的嗅觉偏好。

5. 动觉

动觉刺激对于新生儿的发展来说是必要的。摇动、举高或四处走动都给新生儿提供了基本的动觉刺激,这是和运动、认知、社会性发展相联系的。动觉刺激的作用在于使婴儿保持安静与警觉状态,可以唤醒婴儿或平息其过度的兴奋。在一项研究中(Thomas et al.,1977),只要新生儿处于清醒状态,成人就将其抱起并与之谈话,3天后,与那些只躺在床上听成人谈话的新生儿相比,接受动觉刺激的新生儿对人类声音有更多的反应。

(三)新生儿的学习

1. 条件反射的建立

条件反射(或制约反射)的建立是一种最基本的学习方法。新生儿所建立的条件反射都是与无条件反射相联系的。对新生儿的学习来说,一个首要条件就是及时强化,即在某种习得反应出现时立即给予强化。有关实验研究(Barrera & Maurer,1981)发现,对新生儿的强化奖励不能延迟。如果在 1 秒钟内没有给予强化,如甜水、微笑、声音、触摸等,新生儿就难以进行学习。另一个条件就是刺激物的重复出现。刺激反复地出现能使新生儿对刺激物有一个粗略的记忆。

针对新生儿条件反射开展的研究主要有经典性条件反射(或古典制约反射)(classical conditioning reflex)和操作性条件反射(或操作制约反射)两种。20 世纪 60 年代,利普西特等人(Lipsitt et al.,1963)在实验中,把一根细管插入新生儿口中作为条件刺激,滴入葡萄糖溶液 5 秒钟作为无条件刺激。控制组也接受同样数量的两种刺激,但这种刺激的出现是随机的,而不是配对的。结果发现,把管子插入口中,实验组被试立即加快吸吮频率,而控制组则无此表现。如果给实验组被试插入管子却没有糖液强化,实验组被试的吸吮频率就下降到和控制组相同的水平。如果再次建立条件反射,实验组被试又一次增加吸吮频率。这表明新生儿已建立起条件反射。

新生儿学习操作性条件反射比学习经典性条件反射要快得多。德斯珀等人(Desperet et al.,1980)的实验证明,出生后 3 天的新生儿就能建立操作性条件反射。研究者首先测试新生儿被试自发吸吮的平均间隔,然后将被试分成两组。第一组被试在吸吮间隔大于平均数时就能听到母亲的声音作为奖励;第二组被试在吸吮间隔小于平均数时能听到母亲的声音；否则，这两组被试听到的就不是自己母亲的声音。结果发现，大部分新生儿改变了自己的吸吮间隔，以便更经常地听到母亲的声音。

新生儿条件反射的建立具有几个特点：第一，形成的速度很慢，往往要求条件刺激和无条件刺激多次结合；第二，新生儿形成条件反射以后，稳定性较差，如不继续学习，很容易消失；第三，新生儿的条件反射不易分化，对一些近似的刺激都会产生条件反射。

儿童在新生儿期就表现出学习的差异。例如，在吸吮研究中，那些有医疗并发症的高危险婴儿对方格图案的反应少于许多早产婴儿，而高体重的早产儿则有较多的反应。调查者们（Kelvin & Robert, 1987）还发现，在相同年龄，有的新生儿能够学习较困难的任务，而有的新生儿则不能。对同一个新生儿来说，由于研究方法的不同，或由于学习任务的难易程度不同，新生儿所表现出的学习能力也是不同的。

2. 新生儿的记忆

记忆是儿童心理发展过程中最重要的心理活动之一，也是儿童积累经验和心理发展的重要前提。记忆与儿童的其他心理活动有着密不可分的关系，记忆是在知觉基础上发展起来的，记忆发展的水平又直接影响知觉能力的发展。同时，记忆还直接影响儿童的想象、思维、语言和情绪情感等方面的发展。

对新生儿记忆的研究常采用习惯化法（method of habituation），即对重复刺激的反应逐渐消退。弗里德曼（Friedman, 1975）对一个出生后 4 天的新生儿进行了研究。他让新生儿反复观看一个简单的图形，每次呈现 60 秒，直到新生儿注视该图形的时间连续两次都比最初少了 8 秒，表明新生儿对这个图形有所记忆。这时研究者换为另一个图形，则新生儿的注视时间有显著增加，表明新生儿了解新的刺激不同于记忆中的刺激。研究结果还发现，新生儿看新刺激时间的长短取决于新旧刺激的差异程度的大小。

采用习惯化法的研究表明，新生儿对声音也有所记忆。出生后 3 天的新生儿反复听一个词直到习惯化，不再有转头倾听的反应；之后再呈现新的词，新生儿就会再次把头转向声源。出生后 54 小时的新生儿能记忆他们听到的声音达 6～10 小时

（DeCasper & Spence，1986）；2~4 周的新生儿每天听 60 次语音并持续 13 天，则在 2 天后仍能记住这些语音（Ungerer et al.，1978）。

三、新生儿的社会性表现

长期以来，人们一直忽略新生儿的社会性潜能（social latent competence）。由于新生儿缺乏言语技能，不能理解也不懂得与他人进行交流，因此，许多人把新生儿视为社会联系中的孤独者。然而，从 20 世纪 60 年代开始，研究者们注意到新生儿一开始就具有一种指向人类社会的自然倾向，这种自然倾向首先表现为新生儿对于社会性刺激能够做出积极的反应，如微笑、哭泣及身体动作，以保证自己得到照顾和爱护。新生儿的这种交流信号是一种最原始的、最基本的信号，表现出他在社会关系中的积极参与。显而易见，新生儿与外界社会的这种作用是双向的，不仅社会对新生儿产生影响，新生儿的社会行为同样会影响他人。

1. 新生儿的模仿

重复并模仿他人的表情被称为模仿表情（echomimia）。近些年来，有研究者认为新生儿已具有模仿母亲面部表情（facial expression）的复杂反应。出生后 6 天的新生儿就能模仿母亲伸出舌头、张嘴或舔嘴唇等面部动作及其他姿势，如张开手和握紧手（Meltzoff & Moore，1983；Field et al.，1982）。

对新生儿的这种令人惊奇的模仿行为（imitative behavior），许多研究者认为是一种反射，即一种非常简单的、神经联系的行为，不需要思考和理解（Wyrwicka，1988）。和其他无条件反射一样，新生儿的这种模仿行为在 6 周以后就很少见到了（Abravanel & Sigafoos，1984），而在数月后又会重新显现出来。

2. 新生儿的情绪

早在 20 世纪 30 年代，布里奇（Bridges，1933）就提出了有名的情绪的分化（differentiation of emotion），他认为情绪发展是一个从单一的情绪或唤醒状态分化而成各种情绪的过程，成人所经历的所有情绪都是在新生儿期表现出的未分化的兴奋反应的分化结果。布里奇认为，儿童在出生时只表现出未分化的兴奋，但很快分化出未分化的愉快反应和未分化的不愉快反应，这种未分化的不愉快反应以后进一步分化为狂怒、挫折、恐惧等。但一些心理学家认为，儿童的情绪表现比布里奇所认为的更早。我国心理学家林传鼎曾对出生后 1~10 天的新生儿进行观察，认为新生儿已具有两种可以分清的情绪反应，即愉快的情绪反应（生理需要获得满足）和不愉快的情绪反应（生理需要尚未满足，如饥饿、疼痛、身体受束缚等）。

有的研究者采用布雷泽尔顿新生儿行为评定，发现新生儿一开始就具有 7 种基本的、普遍性的面部表情：愉快、悲哀、惊奇、好奇、厌恶、愤怒、恐惧（Oster & Ekman，1978）。例如，在新生儿的头边摇动一个拨浪鼓时，新生儿会出现好奇的表情；在嗅到有肥皂味的东西时，会出现厌恶的表情；而在进行不舒适的反射测验时，会出现愤怒的表情。

虽然新生儿的情绪表现尚不清晰，但从新生儿突然发出的哭声可以知道他们表达了某种情绪。在新生儿期，新生儿的情绪具有很大的生物学意义，他们的反应主要表现其生理需要得到满足的情况。

3. 新生儿最初的社会性行为

通过一些现代化的研究技术和手段，人们对新生儿的行为进行了卓有成效的研究，发现了许多以前忽略的新生儿行为中的社会性表现。

科恩等人（Cohen et al.，1977）用电影和录像记录了出生后几小时内的新生儿的行为，结果发现，新生儿的一些细微的身体运动，如扭动臂部、抬起手指、皱眉头等，与正常言语的声音节奏有一定的联系。有些新生儿对长达 125 个单词的连续语词保持了同步反应，但对无意义的言语和杂乱的噪声都没有这种特定的反应。这虽不是说新生儿能理解语言，但至少表明他们确实能对人类的语言做出积极的反应。他们只对有意义的言语模式做出特定的反应，能以自己的方式区分有规律的社会信号和散漫的声音，在生命的开始就能简单地参与一种基本的社会交互。

研究者通过对新生儿的视觉行为、面部表情、身体姿势的观察发现，新生儿与母亲的接触也有特殊的行为表现，具有平稳和有节奏的特征。母子之间视线联系的维持和中断是有规律的，新生儿对母亲的注意的发生和减退也是逐渐且缓慢的，新生儿已能以声音和身体姿势转向母亲。

　　研究证明（Brazeltonecat，1976），新生儿一开始就表现出一些具有社会意义的行为：对人类语音较其他声音更敏感和偏爱；对母亲的声音更为注意；喜欢注视真正的"人面"；喜欢奶味胜过糖水味，且喜欢母乳胜过牛奶。这表明儿童在其生命的开始就具有社会性交往（social interaction）的倾向。

　　尽管新生儿确实从一出生就已经是人类社会群体中的一分子，具有成为人类社会成员的一种自然倾向和巨大的社会性潜能，但新生儿的社会能力极其有限；尽管他们能够有选择性地在适当的时间对社会性相互作用做出反应，促使成人来照顾和关心他们，引发他人的社会性反应，但新生儿的这种社会行为具有很大的不随意性，更多的是本能的行为表现。事实上，在新生儿与成人的相互交往中，双方的行为、作用是不对等的，成人往往通过明确的调节行为来影响新生儿的活动。

第四章

婴儿期的心理发展

　　0～3岁，一般称为婴儿期。对于婴儿到底是指哪个年龄范围，各国学者的意见不一。在我国，不同的学科对婴儿或婴儿期的界定是不同的，即使同在心理学界，国外、国内的不同学者对其看法也不相同。总的来说，这些观点可以被概括为3种：0～1岁说、0～2岁说和0～3岁说。20世纪80年代以来，0～2岁说和0～3岁说在发展心理学界均有相当大的影响。这两种观点的分歧在于各自采取了不同的年龄阶段划分标准。认为0～2岁为婴儿期的学者以婴儿一词的拉丁词源 infans 的意义——不会说话——为主要标准，结合动作发展的特点，提出学会行走和说出单词为婴儿期结束的标志（Seifert & Hoffnung，1991；Hoffman，Paris，& Hall，1994；Kaluger & Kaluger，1986）。但是，当注意到个体心理发展的整体性和连续性的原则，就有必要从语言、动作、认知和社会性等各个发展领域出发，全面地考虑个体发展的年龄阶段划分问题。基于全面系统的研究原则，许多发展心理学家倾向于把婴儿期界定为0～3岁。这种认识突出地反映在奥索夫斯基（Osofsky，1987）主编的《婴儿发展手册》、斯滕伯格和贝欧斯基（Sternberg & Belsky，1991）撰写的《婴儿期·儿童期·青少年期》以及马森和凯根等（Mussen & Kagan et aI.，1990）编著的《儿童发展和个性》等著作中。朱智贤教授主编的《心理学大词典》（1989）也提出这种观点，不过将0～1岁称作乳儿期（或婴儿前期）（young infancy），将1～3岁称作婴儿期。

　　本章内容讨论的是人类心理发展特别是智慧和社会性发展的第一个阶段——婴儿期——的特点。在讨论中，希望能回答以下问题。

　　①婴儿神经系统的发展有什么特点？

　　②婴儿的动作发展遵循哪些基本原则？婴儿的行走和手的动作是如何发展的？

对其心理发展有何影响？

③婴儿的语言，特别是口头语言是怎样发展的？对其心理发展有何意义？

④婴儿的认知发展的特点是什么？

⑤婴儿的情绪、社会性发展有何表现？道德萌芽的标志是什么？个体差异的最初表现主要是什么？

第一节

婴儿神经系统的发展

大脑、神经系统或感官的活动是心理活动的物质基础，0~3 岁婴儿神经系统的发展直接影响并制约其心理发生发展的进程。

一、婴儿大脑形态的特点

婴儿大脑形态的发育是大脑机能发展的前提，婴儿大脑形态的发育主要表现在以下 3 个方面。

(一) 脑的重量增加

新生儿脑重量平均为 390 克，约为成人脑重的 28%，而这时体重约为成人的 5%；出生后 1 年内，脑重增加最快，从平均 390 克增加到 660 克，约为成人脑重的 47%；而 2.5~3 岁的时候，则增加到 900~1011 克，相当于成人脑重的 64%~72%。3 岁儿童的脑重，跟成人的脑重比起来，不过相差 400 克左右。

0~3 岁儿童脑重的发展变化在一定程度上反映了其大脑内部结构发育的情况，并且与大脑皮质面积的发展密切相关。研究表明，0~3 岁女孩脑的发展要比男孩快，而 3 岁后男孩的发展明显加快（孙晔等，1982）。

（二）头围的变化

头围指齐眉绕头一周的长度，它是大脑生长和颅骨大小的主要测量指标，也可以用来鉴别婴儿的某些脑部疾病。

新生儿头围约为成人头围的 60%，男婴约为 34.3 厘米，女婴约为 33.7 厘米。第一年末，婴儿头围已达 46~47 厘米；第二年末达到 48~49 厘米；此后增长速度放慢，第三年和第四年共增加 1.5 厘米；此后增长更慢，10 岁时才达 52 厘米。如果婴儿的头围小于正常值且属于头围过小的范围，则其智力的发育就很容易出现障碍。进一步的研究显示，头围过小常是婴儿智力发育低下的先兆，头围大小也是预示婴儿在韦氏儿童智力量表（Wechsler Intelligence Scale for Children，WISC）中得分高低较好的身体指标。

（三）大脑皮质的特点

如前所述，婴儿大脑在胎儿早期就开始发展。新生儿出生时，脑细胞已分化，细胞构筑区和层次分化已基本完成，脑细胞的数量已接近成人；大多数的沟回（或脑沟）都已出现。这些三级沟回主要在出生后 2 年内表现出来，有的可能需要更长的时间。婴儿的皮质细胞迅速发展，层次扩展，神经元密度下降，各类神经元相互分化，树突（dendrite）与轴突（或轴体突触）（axonic synapse）逐渐生长繁殖，突触装置也渐趋复杂化。2 岁时，脑及其各部分的相对大小和比例已基本上类似成人的脑。白质（white matter）已基本髓鞘化，与灰质（gray matter）明显分开。关于婴儿大脑髓鞘化的进程，如图 4-1 所示。由图 4-1 可知，到 3 岁末，大脑多数区域的髓鞘化基本上已完成。

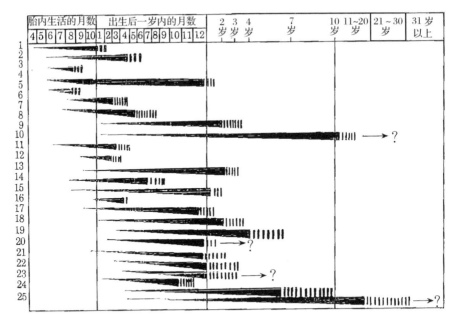

注：图中纵坐标所标数字分别代表大脑的不同区域；图中黑色形状反映了各区域髓鞘化

程度的增长情况。

图4-1 婴儿大脑髓鞘化的过程（孙晔，1982）

二、婴儿大脑机能的发展

人脑的结构和机能是统一的，结构决定机能，机能也影响着结构。近年来，科学家对婴儿大脑机能的发展进行了大量的研究，在脑电图（electroencephalogram，EEG）、网状结构（reticular formation）、皮质中枢和大脑单侧化（lateralization）进程等方面取得了一系列突破性进展，对婴儿大脑的功能有了一些新的认识。

(一)脑电图

脑电图（或脑波图）是仪器记录脑电活动的图形。把电极贴在人的头皮上的不同点，将大脑皮质的某些神经细胞群体自发的或接受刺激时所诱发的微小的电位变化引出，通过放大器在示波器上显示，或用由输出电位控制的墨水笔记录在连续移动的纸上，形成各种节律性的波形。频率（用"周/秒"表示）是脑发育过程的最重要的参数，也是研究儿童脑发育过程的最主要的指标。脑电图的波形很不规则，按频率快慢分为 α 波、β 波、θ 波和 δ 波。前两种为快波，后两种为慢波。皮质上 α 波（8~13 周/秒）越多，神经元之间的信息传递也就越多，相互影响就越大。同步节律波是较大儿童和成人的主要脑电活动形式。

有关研究表明，在觉醒状态下，新生儿缺少这种同步节律波；在向睡眠过渡时，表现出频率为 6 周/秒的节律波群，睡眠时皮质枕叶部位中 6 周/秒的节律波群占优势，这种波被认为是 α 波的原型。

出生后 5 个月是婴儿脑电活动发展的重要阶段，脑电逐渐皮质化，伴随产生皮质下的抑制。在安静状态下，在婴儿皮质枕叶区可以看到频率为 5 周/秒的节律性持续的电活动，其构成已类似于成人的 α 波节律。

出生后 5~12 个月，外部刺激可引起诱发电位的变化。视觉诱发电位构形变得复杂化，潜伏期缩短。这与传导通路的急剧髓鞘化、大脑半球皮质形态机能进一步发育的趋势是一致的。

在 1~3 岁，婴儿大脑两半球皮质持续发展，主要表现为安静觉醒状态下脑电图上主要节律的频率有较大提高，达到 7~8 周/秒；脑电图的性质也复杂化，前中央部位出现高振幅缓慢波，β 波明显增加，觉醒状态下脑电图的个体差异开始增大，这在婴儿早期是不大的。

（二）网状结构

网状结构是位于中枢神经系统，从脊髓到丘脑底部都有神经细胞和神经纤维交织成的网状结构。脑干网状结构有上行和下行投射系统。上行投射系统接受各种特异传入冲动及从躯体和内脏传来的各种传入冲动，之后，经由丘脑的非特异投射系统到达大脑皮质；下行投射系统到达脊髓，对其运动性活动产生易化和抑制两种作用。如果没有网状结构，个体就成了无能为力的、无感觉的、瘫痪的原生物。

新生儿脑皮质尚未发挥作用时，网状激活系统也能使他在一天中有短时的觉醒。在婴儿期，网状激活系统除保持婴儿的清醒状态外，还参与调节婴儿身体的全部运动活动。它有产生肌肉收缩的特殊运动中枢，能变更（加强或抑制）随意型（脑控制的）和反射型（脊髓控制的）肌肉运动。也就是说，网状激活系统像一个交通控制中心，能促进和抑制神经系统信号流，指挥神经系统中的交通。

（三）皮质中枢

大脑皮质是大脑半球表层的灰质，它由神经元的细胞体、神经纤维及神经胶质（neuroglia）构成，是高级神经活动的物质基础。大脑皮质中控制头部及躯干运动的部分先行发展，而后与肢体控制有关的皮质部分才开始发展。

婴儿期大脑皮质中枢的发育有两个特点。一是皮质中枢发展按上述顺序，于是其动作发展总是先移动头部，能够抬头，然后才能坐起、爬行，最后才能直立行走。到了3岁，婴儿的皮质才完全与小脑相连，才能实现对精细动作的控制。二是兴奋过程（excitatory process）比抑制过程（inhibitory process）占优势。比起出生后1年内的婴儿，1~3岁婴儿的抑制过程在发展着，兴奋与抑制越来越趋向平衡。这逐渐变成皮质与皮下的关系，加强了皮质对皮下的控制调节作用，而且由于抑制过程的发展，神经过程日趋集中，这有利于儿童的各种心理过程的发展。当然，就整个婴儿期而言，个体的抑制过程还是很差的，兴奋和抑制还是不平衡的，所以婴儿容易激动，容易疲倦，容易受外界刺激的影响，常有注意力不集中且情绪不稳定等现象。

（四）大脑单侧化

婴儿大脑两半球不仅在解剖上而且在功能上存在差异。近些年脑科学研究结果表明，左右两半球在功能上的高度专门化主要表现在：左半球是处理言语、进行抽象逻辑思维的中枢；右半球是处理表象、进行形象思维的中枢。

婴儿大脑的单侧化（或边利）实际上是在其大脑的一个半球建立一定功能的过程。例如，对于多数右利手婴儿来说，其语言能力逐渐定位于左半球的过程就是一种单侧化进程。婴儿刚出生时，大脑两半球同时对语言进行处理，之后右半球对说话声的控制逐渐减弱，左半球则逐渐显示其语言化的优势；到5岁时才稳固地建立起这种单侧化。很多研究表明，在新生儿阶段就能观察到某种大脑单侧化的倾向。这种倾向表明，两半球在功能上最初可能存在着量的差异，并非质的区别。之后，随着婴儿大脑逐渐发育成熟，这种单侧化倾向逐渐发展，最终导致两半球在功能上出现质的更大的差异。

婴儿优势手（dominant hand）的形成及其原因也是脑发展研究中的一个重要课题。统计显示，人类中有 90% 以上是右利手，其余是左利手。右利手可能是受基因对子中存在的单个同位基因的影响而形成的，而左利手则缺乏相应的同位基因。在婴儿初期就出现了脑发展的性别差异。一般来说，女婴先会说话、走路，男婴的发展慢于女婴。这意味着男婴要花更多时间来完成大脑结构的分化和构造，而这又导致男婴大脑单侧化的高度发展与成熟。

以上是婴儿大脑机能发展的特点。要指出的是，婴儿脑的生长绝不是一个恒定的过程，其生长达到某一特定水平时还会有变化，这是因为后天环境影响着 1～3 岁婴儿脑的发育，使他们的脑具有巨大的可塑性（plasticity）和良好的修复性（repair-ability）（Greenough et al.，1987；Johnson，1998）。因此，婴儿期应尽量加强营养摄入，实施早期教育，刺激他们脑的发育，使其终身受益。

第二节

———

蹒跚学步与动作发展

婴儿动作的发展，主要可分为两大部分：一是行走、跑、跳等全身动作的发展，又被称为大运动的发展（或大肌肉发展）（gross motor development）；二是手的动作的发展，又称为精细动作—适应性的发展（fine motor-adaptation development）。

各国儿童心理学家都重视儿童动作的研究，尤其重视婴儿动作发展的研究。美国的格塞尔在这个领域有很大的贡献。他根据在耶鲁大学儿童发展门诊的数十年研究经验，于 20 世纪初发表了《人生的头 5 年》一书，详细描述了儿童从出生到 5 岁的发育规律；于 1940 年正式公布了格塞尔发展量表，将动作发展列为重要指标之一。与此同时或在这前后，还有许多研究者研发出了婴幼儿智力发展量表。例如，奥地利彪勒的维也纳测验（Vienna Test），美国贝雷（Bayley，1969）的加州 1 岁儿童智力量表，即贝雷婴儿发展量表（Bayley Scales of Infant Development），以及弗兰肯布格等人（Frankenburg et al.，1967—1968）所制定的丹佛发展筛选测验（Denver Developmental Screening Test，DDST）等，他们都注重测定各种动作的发展趋势。苏联心理学家柳布林斯卡娅（Lublingska，1959）和艾里康宁（Eleckoning，1960）等人的著作中，也涉及了儿童动作发展的研究。

在我国，最早研究儿童动作发展的心理学家是陈鹤琴教授。他于 1925 年出版的《儿童心理之研究》中详细地介绍了他对他的孩子长期观察研究所获得的儿童动作发展的顺序和阶段。此后，也有不少心理学家做过片段的研究，而系统研究中国婴儿动作发展则是很多年后的事。在 1978 年前后，天津儿童保健工作者与心理学工作者合作，对 983 名 3 岁前儿童的动作发展做了系统的调查，从而翻开了中国学术界系统地研究儿童动作发展的新一页。从 1979 年 3 月开始，中国科学院心理研究所的心理学工作者对 1000 名左右的 0~6 岁儿童智力的 4 个行为发展领域进行了系统的研究，其中 2 个行为发展领域涉及动作的发展。一个是全身动作，即大运动的发展；另一个是手的动作，即精细动作—适应性的发展。通过研究，心理学工作者制定了 0~6 岁儿童动作发展的常模。这成了中国经典性的科学研究。

动作发展的研究一般不需要精细制作的设备，比较容易实行、容易解释。测查的项目主要是两大项：①全身动作，一般分为 30~40 项；②手的动作，一般分为 20~30 项。研究在保健诊所、医院、托儿所、幼儿园及家长等的配合下进行。做测查前，先与婴儿建立良好的关系，以消除其陌生感，并在婴儿不累、不饿的状态下测查婴儿在某个项目上通过还是不通过，再统计出某个年龄组婴儿通过某项目的比例。如果条件允许，测查时可以配以录像，以便核对记录和结果。

本节从婴儿发育与动作发展的基本原则、婴儿动作发展的意义与进程两个方面进行讨论。

一、婴儿发育与动作发展的基本原则

动作是行为(或行动)的基础。动作的发展和儿童身体的发育及骨骼、肌肉的生长有密切的关系。

(一)身体发育和动作发展方向的三大原则

一是头尾原则(cephalocaudal direction),即生命发育和动作发展都是从头到脚、由上至下的。从新生儿的身体状况来看,新生儿的头部占比是较大的,随着年龄的增长,婴儿的身体比例发生变化。另外,从大小肌肉的发展和协调性来看,身体上部的肌肉,包括颈部、肩部、上肢等的发育先于身体下部肌肉的发育。二是近远原则(proximodistal direction),指婴儿的身体和动作的发展从中部开始,由近及远,由中央到外周,依次进行。也就是说,头和躯干的发展先于臂和腿,臂和腿的发展又先于手指和脚趾。三是大小原则(mass-specific direction),指婴儿身体的大肌肉发展先于小肌肉发展,因此,婴儿的动作发展从大肌肉的、大幅度的粗动作的发展开始,逐步发展小肌肉的精细动作。

(二)所有婴儿的动作发展都具有相似的模式

从发展的角度来看,一个阶段的发展奠定了下一个阶段发展的基础。例如,在动作发展中,婴儿在独立行走之前,必须经过一系列的发展,他们先能够抬头和转头,然后才能够翻身;先能够挪动胳膊和腿,然后才能够抓握物体;先学会爬行,然后才能够学会站立。总之,婴儿动作发展是按照一定方向,有系统、有秩序地进行的。

(三)从普遍到特殊,从弥散性到精确化,从无意到有意

儿童最初的动作是普遍性的、无方向的移动,他们摇动胳膊,踢腿,随后能伸手取物或爬向目标;在抓物体时,他们先用整个手掌抓握物体,进而学会用拇指与

食指拈起东西。

(四)生长发育的速度有个体差异

虽然婴儿的生长发育和发展的模式与过程是相同的，但每个婴儿的发展速度却有所不同。例如，有的婴儿可在 9 个月开始独立行走，而有的婴儿则要到 15 个月才能独立行走。同一个婴儿在不同方面的发展速度也有所不同，如有的婴儿的语言发展可能较好，而动作协调性可能不如同龄的其他婴儿。一般而言，女孩相比于男孩较早达到成熟。

(五)受成熟的模式、学习和环境的影响

成熟的模式(pattern of maturation)是先天决定的，学习是经验的结果，环境可以使其发展阶段提前或推后。身体发育和动作发展的速度主要是遗传的结果，但探索世界的机会可以提供具有丰富的刺激和变化的环境，能加强婴儿的动作技能和认知发展。相反，不良的环境会限制婴儿的发展，如缺乏爬行的锻炼、环境刺激较为局限，就会使爬行动作的发展受阻。应该指出，国外儿童心理学家(Campos，1982，1992，2000)非常重视婴儿爬行动作的发展，认为其不仅有利于儿童行为水平的提高，而且对空间搜寻操作具有功能性影响。

二、婴儿动作发展的意义与进程

在前述基本原则的指导下，婴儿的动作逐步发展起来，在不同年龄时期具有不同的表现特点。半个多世纪以来，国内外心理学家们对婴儿动作发展的一般进程进行了大量多层次、多角度的研究，并取得了丰富的资料。大量研究表明，婴儿动作的发展不仅与其生长发育有关，而且与其心理发展有一定的相互作用。许多研究者从不同角度探索了动作对于婴儿心理发展所具有的重要作用。例如，在感知领域，婴儿自发的动作活动使其发展出精确的大小、形状、深度、方位等空间知觉(space perception)成为可能，动作的发展对其空间知觉的发展具有明显的促进作用；在认

知领域，皮亚杰（Piaget，1960）认为儿童的心理源于主体对于客体的动作；在情感方面，精神分析学家（Mahler et al.，1975）认为动作渠道在婴儿情感发展中起着关键作用，如果能使婴儿对自我功效产生新的认识，则能促进家庭内情感动态系统的不断建构和重组；而在神经心理方面，研究者（Bernstein，1967；Edelman，1987）认为，婴儿早期动作活动的结果必然导致大脑感知运动控制系统的重组，这样能使感知系统和运动系统共同作用，以产生范畴化、记忆和总体适应功能。

婴儿的动作发展主要表现在两个方面，即行走动作的发展和以手运用物体技能的发展。

本节一开始提到的关于我国婴儿动作发展的两项研究（即1978年前后天津的调查和1979年中国科学院心理研究所的系统研究）都以70%的婴儿通过某项目的年龄作为达到该项目动作的标准年龄，且测查的内容也有一致性。因此，下面根据这两项研究的主要数据分析行走动作和手的动作，即全身动作（大运动）和精细动作—适应性的变化，以及对儿童思维发展（萌芽）和形成的作用。

（一）婴儿行走动作发展的意义与进程

在人类发展史上，直立行走是从猿到人转变过程中的重要契机；在个体的发展中，行走动作的出现有一个过程，它是全身动作（大运动）发展的标志，对人的发展具有重要的意义。

1. 行走动作发展的意义

在个体的发展过程中，直立行走对个体心理发展有深刻的影响。

首先，直立行走不仅使婴儿能主动地接触事物，而且有利于各种感觉器官的发展，大大地扩展婴儿的认知范围，拓宽他们的视野。

其次，通过行走，婴儿发展自身的空间知觉，婴儿从二维形体的知觉向三维形体的知觉发展，进一步认识了事物的多方面的关系和联系。

再次，行走动作的发展能使动作有更精细的分工，协调一致，敏捷，灵活。婴儿能在直觉中分析综合并思考眼前的行动问题，即发展直觉行动思维，并孕育着具体形象思维。

最后，独立行走为婴儿有目的的活动——游戏、早期学习和劳动——准备条件，并发展了独立性。这一切对婴儿智力品质的发展都是十分重要的。

2. 行走动作发展的进程

直立行走在人类种族进化史上是经历了数万年的渐近积累才得以达成的重大飞跃。对人类的新生个体而言，仍需 20～30 个月的准备和练习才能熟练掌握行走动作。

李惠桐、李世棣(1978)组织天津儿童保健工作者与心理学工作者对婴儿动作的发展情况进行调查。他们通过坐标法，求出 70% 的婴儿达到某一动作指标标准的年龄，然后将这些年龄按序排列。有关全身动作发展顺序的调查结果见表 4-1。

表 4-1　3 岁前儿童全身动作发展顺序(李惠桐、李世棣，1978)

顺序	动作项目	年龄／月	顺序	动作项目	年龄／月
1	稍微抬头	2.1	21	扶一手走	11.3
2	头转动自如	2.6	22	独站片刻	12.4
3	抬头及肩	3.7	23	独站自如	15.4
4	翻身一半	4.3	24	独走几步	15.6
5	扶坐竖直	4.7	25	蹲坐自如	16.5
6	手肘支床胸离床面	4.8	26	行走自如	16.9
7	仰卧翻身	5.5	27	扶物过障碍棒	19.4
8	独坐前倾	5.8	28	能跑但不稳	20.5
9	扶腋下站	6.1	29	双手扶栏杆上楼	23.0
10	独坐片刻	6.6	30	双手扶栏杆下楼	23.2
11	蠕动打转	7.2	31	扶双手双脚稍微跳起	23.7
12	扶双手站	7.2	32	扶一手双脚稍微跳起	24.2
13	俯卧翻身	7.3	33	独自双脚稍微跳起	25.4
14	独坐自如	7.3	34	能跑	25.7
15	给助力能爬	8.1	35	扶双手举足站不稳	25.8
16	从卧位坐起	9.3	36	一手扶栏杆下楼	25.8
17	独自能爬	9.4	37	独自过障碍棒	26.0
18	扶一手站	10.0	38	一手扶栏杆上楼	26.2
19	扶两手走	10.1	39	扶双手双脚跳起	26.7
20	扶物能蹲	11.2	40	扶一手单足站不稳	26.9

续表

顺序	动作项目	年龄/月	顺序	动作项目	年龄/月
41	扶一手双脚跳起	29.2	45	手臂举起有抛掷姿势的抛掷	30.9
42	扶双手单足站好	29.3	46	扶一手单足站好	32.3
43	独自双脚跳起	30.5	47	独自单足站不稳	34.1
44	扶双手单脚跳稍微跳起	30.6	48	扶一手单脚稍微跳起	34.3

中国科学院心理研究所范存仁、周志芳从1979年开始对0~6岁儿童的动作发展进行系统研究。他们采用心理测验法，计算有25%、50%、70%、90%的儿童通过某项目的年龄，并选用70%儿童通过该项目的年龄为常模年龄。有关儿童大运动动作的发展顺序及常模见表4-2。

表4-2 儿童大运动动作的发展顺序及常模(范存仁、周志芳，1983)

顺序	动作项目	年龄/月	顺序	动作项目	年龄/月
1	俯卧举头	1.5	16	弯腰再站起来	12.0
2	俯卧，抬头45°	2.1	17	走得好	13.7
3	坐，头稳定	2.8	18	走，能向后退	15.7
4	俯卧，抬头90°	2.9	19	会上台阶	17.5
5	俯卧抬胸，手臂能支持	2.9	20	举手过肩扔球	18.2
6	拉坐，头不向后	3.6	21	踢球	18.6
7	腿能支持一点重量	3.7	22	双足并跳	23.9
8	翻身	4.5	23	独脚站1秒	28.0
9	不支持地坐	6.4	24	跳远	29.8
10	扶东西站	7.0	25	独脚站5秒	33.3
11	拉物站起	8.6	26	独脚站10秒	38.1
12	能自己坐下	8.7	27	独脚跳	40.2
13	扶家具走	9.4	28	抓住蹦跳的球	46.3
14	能站瞬息	9.9	29	足跟对足尖向前进	47.0
15	独站	11.5	30	足跟对足尖后退	51.9

范存仁、周志芳将前述材料制成图4-2，以形象地表示全身动作(大运动)的发展趋势。

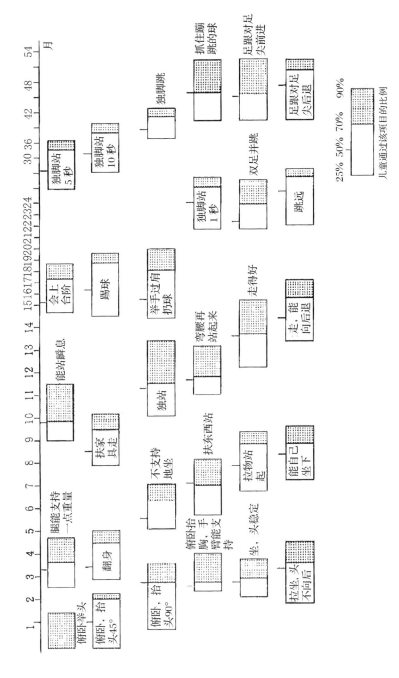

图 4-2 儿童大运动动作发展各项目在不同年龄通过人数的比例（范存仁, 周志芳, 1983）

(二) 婴儿手的动作发展的意义与进程

人类发展的一个重大标志是用手使用与制作工具。在个体发展中，手的动作发展有一个过程，这种发展应被看作个体智慧发展的一个重要组成部分。

1. 手的动作发展的意义

婴儿手的动作的发展在心理发展中同样具有重大的、积极的作用。

首先，手运用物体能力的发展使婴儿逐步掌握成人使用工具的方法和经验。拇指和其余四指对立的抓握动作出现，也就是人类操作物体的典型方式的开始，随着这种操作方式的发展，手才有可能从自然的工具(跟动物的肢端一样，五指不分)逐步变成使用或制造工具的工具。这是人的认知发展的重要基础。

其次，随着手的动作的发展，婴儿开始把手作为认识的器官来感觉外界事物的某些属性。手的自由使用使婴儿动作的随意性不断发展，随着动作的随意性的增强，婴儿活动的目的性也日益增强，并与语言发展相协调，从而为人类智力发展提供良好的条件。

最后，手的动作发展，进而引起手与眼即动觉和视觉联合的协调运动，这就发展了婴儿对隐藏在物体当中的复杂属性和关系进行分析综合的能力，于是就产生了直觉(视觉为主)行动(动觉)思维，即婴儿对眼前直觉的物体、运动着的物体的思考。这是人类思维的发生或第一步。随着手的动作的发展，特别是双手合作动作的发展，婴儿进一步认识事物的各种关系和联系，他们知觉的概括性也随之提高，这为发展表象即具体形象思维及产生概念准备了条件。

2. 手的动作发展的进程

李惠桐、李世椿(1978)调查的结果如表 4-3 所示；范存仁、周志芳(1983)研究的结果如表 4-4 所示。

表 4-3　3 岁前儿童手的动作的发展顺序（李惠桐、李世棣，1978）

顺序	动作项目	年龄／月	顺序	动作项目	年龄／月
1	抓着不放	4.7	11	堆积木 6~10 块	23
2	能抓住面前的玩具	6.1	12	用匙稍外溢	24.1
3	能用拇指、食指拿	6.4	13	脱鞋袜	26.2
4	能松手	7.5	14	穿球鞋	27.8
5	传递(倒手)	7.6	15	折纸长方形近似	29.2
6	能拿起面前的玩具	7.9	16	独自用匙自如	29.3
7	从瓶中倒出小球	10.1	17	画横线近似	29.5
8	堆积木 2~5 块	15.4	18	一手端碗	30.1
9	用匙外溢	18.6	19	折纸正方形近似	31.5
10	用双手端碗	21.6	20	画圆形近似	32.1

表 4-4　儿童精细动作—适应性的发展顺序（范存仁、周志芳，1983）

顺序	动作项目	年龄／月	顺序	动作项目	年龄／月
1	眼至中线	1.0	16	搭 2 层塔	13.9
2	眼过中线	1.5	17	自发地乱画	14.6
3	眼 180°	2.2	18	自发地从瓶中倒小丸	17.7
4	抓住拨浪鼓	2.7	19	搭 4 层塔	17.8
5	两手握在一起	3.2	20	搭 8 层塔	23.5
6	注意葡萄干	3.8	21	模仿画直线	26.9
7	伸手够东西	5.6	22	模仿搭桥	28.9
8	将积木在手中传递	5.6	23	会挑出较长的线段	33.9
9	坐着拿 2 块积木	5.8	24	模仿画"○"形	35.4
10	摆弄小丸	6.3	25	模仿画"+"形	38.7
11	坐着找绒球	6.4	26	画人画 3 处	46.2
12	拇指与其余指抓握	7.9	27	模仿画"□"形	46.4
13	将手中拿的方积木对敲	8.6	28	照样画"□"形	49.7
14	拇指与食指抓握	10.5	29	画人画 6 处	50.4
15	按示范从瓶中倒小丸	13.7			

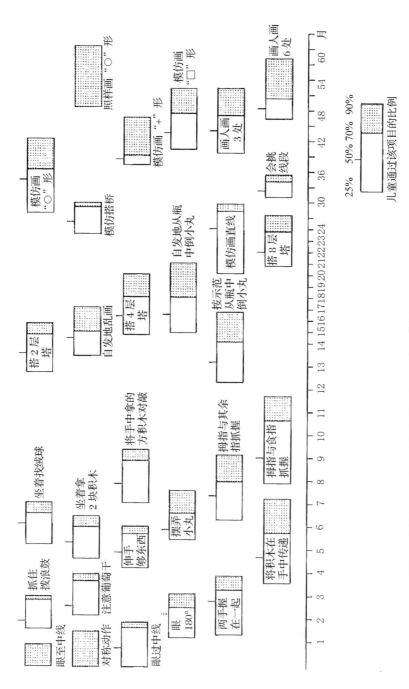

图 4-3　儿童精细动作—适应性发展各项目在不同年龄通过人数的比例（范存仁，周志芳，1983）

177

由表 4-3 和表 4-4 可以看出，婴儿手的动作的发展有一定顺序和规律，但在发展过程中并不是等速前进的，而是有明显阶段性的。儿童在出生第一年和第三年，手的动作发展比较快，而第二年比较慢。第二年的"慢"不是消极的，它巩固了前一年拇指和食指的联合动作，为第三年发展穿脱鞋袜、穿脱衣服、堆积木、折纸、手绘、串珠等动作做好了准备。

范存仁、周志芳(1983)将表 4-4 中的材料制成图 4-3，以概观地表示精细动作—适应性的发展趋势。

第三节

婴儿语言的发展

语言是婴儿心理发展过程中最重要的内容之一。这不仅因为语言是重要的交际工具，而且因为它在认知与社会性发展中也有很大的作用。语言和思维并列为婴儿认知发展的两个核心内容。

瑞士语言学家弗迪南·德·索绪尔(Ferdinand de Saussure, 1857—1913)提出，应区分语言和言语，即区分社会性语言(social language)和个别性语言(individual language)。心理学所说的个体语言发展，严格地说应该是言语发展，但目前西方学者，特别是美国心理学者，将之统称为语言，这里也就袭用了。

个体语言过程主要包括语言感知、语言理解和语言表达 3 个方面，以听觉系统、发音器官及大脑神经中枢的发展与成熟为重要的生理基础和必要前提。

婴儿语言的发展可分为两个阶段：第一阶段指生命的头 1 年，这是婴儿的口头语言开始发生和发展的时期，被称为言语的准备时期(或言语前期)(prespeech period)；第二阶段指 1~3 岁，在该阶段中，婴儿语言发展主要表现在词汇的发展和表达能力的发展(包括语法的获得)两个方面。

一、婴儿语言发展的第一阶段

这一阶段婴儿的口头语言发生并开始发展。婴儿到了半岁时便开始牙牙学语，为语言的发生准备了条件。半岁后婴儿开始听懂人们说出的词，词的声音成为物体或动作的信号。经反复强化，词便成为语言的信号。婴儿开始利用语言进行交际活动。

(一) 掌握语音

语音指语言的声音，是语言的一种物质外壳，也是语言的基本物质单位。掌握语音是学会说话的先决条件。

1. 语音反射的形成与发展

语音反射包括一般发音反射和语音定向反射(phonetic orienting reflex)。

在一般发音反射的形成与发展方面，婴儿一出生就大声啼哭，这是婴儿开始独立呼吸的标志，也是婴儿的口头语言因素的萌芽。婴儿的哭叫无意地练习了正在生长的语音器官。

我国学者张仁俊、朱曼殊(1987)对中国儿童掌握汉语过程中的语音发展情况的研究发现，根据周岁儿的发音特点，可把语音发展分为 3 个阶段。

阶段一为从出生至 4 个月。头 2 个月发的都是单音节，而且都是元音，如[ɑː][ɒ][ʌ]和复合元音[əu][au]。到第 3~4 个月，除元音外，还发出辅音，且能将辅音和元音结合在一起发出，如[hɑ][kou]。此外，还出现了少量双音节。

阶段二为第 4~10 个月。这个阶段增加了[u][i]等单元音和[uei][əei]等复合元音，而元音和辅音结合在一起的量也增加了，还单独出现了[v][m]等辅音及多音节的音，如[ɑ]—[pu]、[ɑ]—[tia]等。在这一阶段，婴儿开始出现交往的愿望，并能发出大量多音节的音，其中有些类似于成人语言中的音节，也开始出现模仿语音。

阶段三为第 12~13 个月。婴儿能正确模仿成人的发音，如[mie]—[mie]（"妹妹"的地方音)，还能保持好模仿的结果，并用来称呼周围的人或物，表明这时的语音已经和意义结合在一起了。

在语音定向反射方面，婴儿对语音刺激的定向是一个从复合刺激物中分化的过程，是一个积极交往的过程，是一个从音调的感知逐步到词义的感知的过程。

研究表明(朱曼殊、缪小春，1990)，语音定向反射的出现和形成也要经过3个阶段：一是对包括语音在内的某种活跃、生动的情景发生定向活动；二是对亲切之情的积极定向反应；三是对单独的语音刺激做出积极定向。于是，到了10~11个月，婴儿开始"懂得"词义，这是与成人交际的开始，但此时词的水平仍是很低的：第一，词是有限的；第二，语音与词义还未达到有机的统一，音调往往还处于优势。

2. 语音模仿

模仿成人的语音是一种比较复杂的过程，婴儿通过视觉、语言听觉和语言动觉的协同活动来进行。

6~12个月时，一方面婴儿通过模仿发出越来越多的语音，即随着生长，语音在扩充；另一方面，在出生后的头1年，婴儿的语音包含丰富的本族与非本族语音，由于生长与模仿，大约从9个月起，婴儿就逐渐放弃了非本族语音，把声音集中到即将出现的词的音节上。

(二) 丰富词汇

众所周知，词汇是语言的建筑材料。因此，词汇的掌握为婴儿语言发生和发展的标志之一。

婴儿语言的发生表现在两个方面：先理解词，后说出词。前者是语言理解的开始，后者是符号交际的开始。

1. 语言理解的开始

在七八个月，婴儿开始能听懂成人的一些话，并做出相应的动作反应。例如，对婴儿说"再见"，他就会摇摆小手。这种用动作表示回答的反应，最初并不是对词本身的反应，而是对包含词的整个情景的反应。之后，通过积极定向，词才逐渐从复合情景中分化出来。一般到 10 个月后，词才能作为信号，引起婴儿相应的反应。到 12 个月左右时，婴儿对词语的理解和表达能力开始相互联系起来，并促进了语言的发生。

2. 符号交际的开始

只有把词的发音与其代表的对象联系起来，才表明"说出词"进行符号交际开始。实际上，真正的符号交际要到 1 岁左右才能出现。在出生后的头 1 年里，婴儿的符号交际即说话的积极性是不高的，词汇量仅在 20 个左右，词的概括功能和调节功能也只是刚开始。即便如此，这也说明婴儿的语言已经产生了，他们逐步地将词与物体联系起来，这为其直观行动思维提供了工具和手段。

二、婴儿语言发展的第二阶段

在该阶段（1~3 岁）中，婴儿的语言迅速发展起来，主要成就表现在下列几个方面。

（一）词汇的发展

词汇的主要功能在于其概括性与调节性，因而成为概念的基础。词汇的发展不仅是儿童语言发展的重要内容，而且是其思维发展的指标之一。

1. 词汇量的增加

关于 1~3 岁婴儿的词汇量是如何增加的这个问题，国内外的材料并不统一。国际上关于婴儿语言发展中各年龄的词汇量的研究结果并不完全一致。其原因除研究方法外，还有可产生直接影响的婴儿的生活条件与教育条件。一般来说，婴儿最早可以在 9 个月时说出第一批有特定意义的词语，最晚则可能到 16 个月时才说出。第一批词已具备了交流的意义，它们具有明显的表达性和祈使性功能。在婴儿能说出的第一批词中，有一些已具备了初步的概括性意义。1~3 岁婴儿的词在第一批词的基础上，经过 2 年的发展逐步增多。

有没有一个发展趋势呢？从我国的研究结果来看，一般认为 1 岁左右出现 20 个左右的词；2 岁末出现 300~500 个词；3 岁末接近 1000 个词（另有研究指出，2.5~3 岁的词汇量为 800~1065 个）（吴天敏、许政援，1979）。每年的发展与增长速度并不相同。

2. 词类范围的扩大

根据我国心理学工作者对 3 岁前儿童掌握各种词类的比例的研究，可以看出词类范围的扩大情况。

丁碧英、毛仙珠（1979）采用横断研究设计，获得了表 4-5 的数据。吴天敏、许政援（1979）采用纵向研究设计，获得了表 4-6 的数据。

表 4-5　各词类的词数及比例统计表（丁碧英、毛仙珠，1979）

词类	2 岁		2.5 岁		3 岁	
	词数／个	百分比／%	词数／个	百分比／%	词数／个	百分比／%
动词	35	26.7	52	29.4	44	30.3
名词	68	51.9	78	44.1	73	50.3
副词	5	3.8	12	6.8	7	4.8
代词	8	6.1	14	7.9	5	3.5
形容词	4	3.1	9	5.1	6	4.1
助词	2	1.5	4	2.3	4	2.8
介词	2	1.5	1	0.5	2	1.4
连词	0	0	1	0.5	0	0
数量词	3	2.3	3	1.7	3	2.1
叹词	4	3.1	3	1.7	1	0.7
总计	131	100.0	177	100.0	145	100.0

表 4-6　各词类的词数及比例统计表（吴天敏、许政援，1979）

词类	1.5~2 岁		2~2.5 岁		2.5~3 岁	
	词数／个	百分比／%	词数／个	百分比／%	词数／个	百分比／%
名词	366	38.5	287	26.9	208	24.2
动词	299	31.5	354	33.2	237	27.6
形容词	62	6.5	55	5.2	62	7.2
副词	88	9.3	102	9.6	96	11.1
代词	41	4.3	145	13.7	151	17.6

续表

词类	1.5~2 岁		2~2.5 岁		2.5~3 岁	
	词数/个	百分比/%	词数/个	百分比/%	词数/个	百分比/%
连词	6	0.6	7	0.6	12	1.4
数词	11	1.2	14	1.3	5	0.6
象声词	9	1.0	4	0.4	4	0.5
语词	6	0.6	27	2.5	33	3.8
尾词	62	6.5	70	6.6	52	6.0
总计	950	100.0	1065	100.0	860	100.0

上述两个研究的统计数字尽管存在一定的差异，但可看出一个共同的趋势，即自 1.5 岁后，婴儿在口语中，除名词、动词外，其他各类词，如形容词、副词、代词、连词等，是随着年龄增长而提高其比例的。这一点，纵向研究的结果比横断研究更明显。但对于各种关系词，如副词和连词等，婴儿的口语还是非常贫乏、初级的。

3. 词语（概念）的获得与运用

到 15 个月时，婴儿一般能说出 20 个以上的词语。婴儿词语的获得过程有 3 个方面的内容：①在第一批词的基础上，继续掌握在某些场合限定性很强的词；②已掌握的词语开始摆脱场合限定性，获得了初步的概括意义；③开始直接掌握一些具有概括性和指代性功能的名词性和非名词性词语。这 3 个方面交织在一起，构成了婴儿掌握词语和概念的独特过程。接着，婴儿对确立的范围进行分析，找出并确定其基本特征。此后，对那些包含这些基本特征中的一条或多条的事物，婴儿都会用该词语来称呼。

（二）语言表达能力的发展

0~3 岁婴儿语言表达能力的发展大致经过两个阶段：一是理解语言阶段（1~1.5 岁）；二是掌握合乎语法规则的语句，开始积极语言活动阶段（1.5~3 岁）。

1. 理解语言阶段

这个阶段可以说是正式学语的阶段。这一阶段婴儿对成人所说的语言的理解不断发展，但婴儿本身积极的语言交际能力还发展得较慢。这个阶段开始时，婴儿主要还是说一些无意义的连续音节和少数模仿发音，后来开始说出一定意义的词。能说出词是婴儿语言发展中的一个重要质变，也是这个阶段的一个主要特点。到1.5岁时，语言发展较早的婴儿能说出少量的简单句子。这一阶段的主要发展情况是：连续音节增多，近似词的音节也增多；随着近似词音节增多或说出一些单词，无意义的连续音节逐渐减少。

这一阶段出现了"以词代句"的现象。这个阶段记录到的词除爸爸、妈妈、爷爷等经常接近的人的称呼外，还有弟弟、妹妹、叔叔、阿姨、牛奶、蛋蛋、袜子、笔、鼓、鸭、鸡、羊、再见等，主要是生活中常接触的人与事物的名称，还有少量的动作名称。这时一个词，如"妈妈"，常代表各种含义，有时是要妈妈抱，有时是要妈妈帮他捡一个东西，有时是叫妈妈给他一点吃的。所以一个词代表了一个句子的意思，这就是"以词代句"。由于说出词及词代表句子是这个阶段语言发展的特点，因此可以称这个阶段为单词句阶段或"以词代句"阶段。但到近1.5岁时，语言发展较快的婴儿就能说出些简单的短句了，如"妈妈再见""妈妈走了""爸爸好""姐姐乖""哥哥排排"（"哥哥坐"的意思）等。

在这个阶段，婴儿对成人语言的理解发展得较快，理解词比说出词发展得早。被问话时点头或摇头就是生动的例子。"要吃奶吗？"点点头。"和爸爸睡好吗？"摇摇头。婴儿懂得成人的某些话，成人的语言这时也能支配婴儿的某些行为了。

应利用这个阶段的特点，提高婴儿理解语言的能力，但这不是非让婴儿早回答问题或早对话不可。如果教育得法，近1.5岁的婴儿就已经能看图画或听成人讲简单的故事了。如"狼与小羊"的故事可使婴儿很感兴趣，他们能对图画上的狼伸手去打，对羊用嘴去亲。同时这也说明，只要教育措施跟上去，成人对事物的评价和道德观念也能对婴儿产生影响，并能从婴儿的情感态度中反映出来。

2. 积极语言活动阶段

此阶段是婴儿开始积极的语言活动发展的阶段，是婴儿语言发展过程中飞跃的阶段。在这个阶段，随着婴儿理解语言能力的发展，婴儿的积极语言表达能力也很快发展起来，语言结构更加复杂。这就为婴儿心理的发展，特别是思维的发展，提供了重要的条件。

从表 4-7 至表 4-11 的数据中，我们可以看到 1.5~3 岁婴儿语言发展的情况。首先，出现了多词句。1.5 岁前的婴儿多是"以词代句"，即单（独）词句。1.5 岁以后，由于婴儿掌握的词的数量增加，逐渐地出现多词句。其次，能够使用各种基本类型的句子，有各种简单句，也出现复合句。到 2~3 岁，婴儿对语言活动，如说、听等，有高度的积极性，喜欢交际（说话），喜欢听童话、故事、诗歌并记住这些内容，成人有可能将语言作为向婴儿传授知识经验的工具。最后，2~3 岁婴儿使用句子的字数也在增加，表 4-10 与表 4-11 虽有差异，但可以看出，在这个阶段不仅句子的类型在发展，而且句子的字数也随着婴儿年龄的增长而增加。

表 4-7　1.5~3 岁婴儿各类句子的比例（吴天敏、许政援，1979）

句型		1.5~2 岁		2~2.5 岁		2.5~3 岁	
		句数 / 个	比例 / %	句数 / 个	比例 / %	句数 / 个	比例 / %
单词（句）		129	37.7	17	8.1	6	4.9
简单句	主谓句	52	15.2	40	19.1	12	9.8
	宾谓句	56	16.4	15	7.1	4	3.2
	主宾谓句	68	19.9	53	25.2	29	23.6
	复杂谓语句	12	3.5	21	10.0	20	16.2
	合计	188	55.0	129	61.4	65	52.8
复合句		25	7.3	64	30.5	52	42.3
总计		342	100.0	210	100.0	123	100.0

表 4-8　2~3 岁婴儿各类句子发展比较（吴鸿业、朱霁青，1980）

句型			2 岁组		2.5 岁组		3 岁组	
			句数 / 个	比例 / %	句数 / 个	比例 / %	句数 / 个	比例 / %
单句	不完全句	独词句	45.989	70.165	23.500	29.012	19.429	17.966
		无主句	0.222	0.339	0.875	1.080	1.429	1.321
		省略句	14.444	22.037	32.625	40.278	45.571	42.140
		小计	60.655	92.541	57.000	70.370	66.429	61.427
	主谓句		4.889	7.459	24.000	29.630	41.714	38.573
	复谓句		0	0	0	0	0	0
	合计		65.544	100.000	81.000	100.000	108.143	100.000

续表

句型		2 岁组		2.5 岁组		3 岁组	
		句数／个	比例／%	句数／个	比例／%	句数／个	比例／%
复句	联合句	0	0	0	0	0	0
	主从句	0	0	0	0	0	0
	合计	0	0	0	0	0	0
总计		65.544	100.000	81.000	100.000	108.143	100.000

表 4-9　2~3 岁婴儿句子结构分析(丁碧英、毛仙珠，1979)

句子结构	2 岁组		2.5 岁组		3 岁组	
	句数／个	比例／%	句数／个	比例／%	句数／个	比例／%
陈述句(简单句)	170	97.70	131	89.12	138	97.20
复合句	0	0.00	5	3.4	0	0
错句	2	1.15	10	6.80	4	2.80
疑问句	2	1.15	0	0	0	0
否定句	0	0	1	0.68	0	
总计	174	100.00	147	100.00	142	100.00

表 4-10　1.5~3 岁婴儿不同字数句子比较(丁碧英、毛仙珠，1979)

句子字数	1.5~2 岁组		2~2.5 岁组		2.5~3 岁组	
	句数/个	比例／%	句数／个	比例／%	句数／个	比例／%
5 字及以下	290	84.8	78	37.2	27	21.9
6~10 字	48	14.0	112	53.3	59	48.0
11~15 字	4	1.2	16	7.6	29	23.6
16 字及以上	0	0	4	1.9	8	6.5
总计	342	100.0	210	100.0	123	100.0

表 4-11 2~3岁婴儿句子长度发展比较(吴鸿业、朱霁青，1980)

句子字数	2 岁组		2.5 岁组		3 岁组	
	句数/个	比例/%	句数/个	比例/%	句数/个	比例/%
1 字	45.889	70.119	30.750	37.963	22.427	20.738
2 字	13.333	20.373	13.125	16.204	19.000	17.569
3 字	5.444	8.319	17.500	21.605	23.286	21.533
4 字	0.444	0.679	10.750	13.272	16.715	15.457
5 字	0.223	0.340	6.000	7.407	7.143	6.605
6~10 字	0.111	0.170	2.875	3.549	19.571	18.098
11~15 字	0	0	0	0	0	0
合计	65.444	100.000	81.000	100.000	108.142	100.000

句子字数的增加反映了语言表达内容的发展。2岁前婴儿的语言内容只涉及当前存在的事物或当前的需要，2岁之后婴儿在语言中开始表达当前不存在的或过去的一些事情；2岁前婴儿在反映人与物的相互关系上较困难，2岁后婴儿则可以表达一些人与物的相互关系。例如，一个2岁的婴儿，听到她的表姐误叫她的爸爸为"爸爸"，她马上纠正道："我的爸爸，你不可以叫爸爸。"2岁前婴儿表达不了时间观念，2岁之后婴儿开始表达一些时间观念，如"今天""明天"，甚至"昨天""后天"。

在语言功能作用的发展方面，1.5岁之后，婴儿语言的概括作用和行动调节作用都明显地发展起来（词和语言本身有概括与调节作用）。从这个阶段起，婴儿有可能在只有成人词的刺激而没有直接刺激物的情况下，按照成人词的指示来调节自己的行动。例如，成人使用"好""对""可以"做肯定（阳性）的强化，用"不好""不对""不可以"做否定（阴性）的强化。从这个阶段起，婴儿不但可以根据成人所说的词来调节自己的行为，而且可以根据自己大声说出的词来调节自己的行为，如"宝宝（自己的名字）要"或"我自己来"等。这是人有目的、有意识活动的最初表现，也是人各种有意识的或随意的心理过程的最初根据，人类的思维正是从这个时期起，在语言的概括作用和行为调节作用的条件下发生和发展的，直观行动思维向具体形象思维的转化，也是从这个阶段开始的。由于语言与思维的发展，婴儿产生独立行动的倾向。

这里需要指出的是，婴儿语言表达能力的发展顺序与阶段性虽然是一样的，但有着明显的个体差异。这种差异的存在主要来自教养，因此要重视这个阶段婴儿的语言表达能力的培养。成人要多给这个阶段的婴儿以语言交际的机会；要在已有词汇与经验的基础上，不断扩大与丰富婴儿的语言；要利用语言交际，不断丰富婴儿的知识；对婴儿语言中的缺点与错误，要正确地示范，不要嘲笑而导致"负强化"；要多鼓励婴儿说话，积极且机智地回应婴儿的发问。

就语法的获得方面，国外一般把语法分为词法（morphology）和句法（syntax）两类。词法是关于词语使用和转换规则的规定性内容，包括词的时态、人称和单复数变化，词的生成、联结和转化等方面内容。句法则是关于句子的内在结构，简单句、复杂句间的生成与转换，以及句子使用规则等方面的规定性内容。研究表明，20~30个月是婴儿基本掌握词法和句法的关键期。3岁末，儿童已基本掌握了母语的语法规则关系，成为一个颇具表达能力的"谈话者"（Brown，1973；庞丽娟，1993）。

第四节

感知运动的智慧

3岁前是思维、认知、智力的萌芽、产生阶段。皮亚杰将思维、认知和智力（或智慧）看作同义语。3岁前儿童主要的智慧特点是感知运动协调性。也就是说，3岁前，儿童依靠感知到的信息对外在世界做出反应，协调感知和动作来解决问题，在动作的进行中思考。这时，婴儿只能考虑自己动作所接触的事物，只能在动作中思考，而不能在动作之外进行思考，更不能考虑自己的动作、计划自己的动作及预计动作的后果。

一、皮亚杰的感知运动阶段理论

皮亚杰在《儿童智慧的起源》(1936)、《儿童心理学》(1969)等著作中详细地介绍了有关感知运动阶段(或感觉动作期)的观察研究，并将这一阶段分成以下 6 个时期。

1. 原始感觉动作图式的练习(反射练习时期，出生至 1 个月)

像吸吮、定向注意等动作都是遗传的反射练习过程。皮亚杰认为，从严格意义上讲，不能把吸吮这种变化过程称为习得行为(learned behavior)，因为同化的练习还没有超出固有的遗传装置的范围。但是，同化在发展这种动作中完成了一种基本的作用。同时，环境因素也在其中起一定的作用，按一定方式协调它们。因此，不能把反射视为纯粹的自动化作用，而且这也可被用来说明之后反射图式的扩展，即解释为感知—运动的同化作用的扩展，以及最初习惯的形成。也就是说，这种反射仅应被看作一种习得行为。这种习得行为并非偶然的事，它被引入早已形成的一个反射图式，并通过原先与这个图式(或基模)无关的感知运动因素的整合作用来扩展这个图式，使智慧进入第二个时期。

2. 初级循环反应(动作习惯和知觉的形成时期，1 个月至 4.5 个月)

初级循环反应(primary circular reaction)时期形成了最初的习得性适应，如吸吮指头、视线随运动物体移动、寻找声音来源等。行为的模式表明，这个时期是从机体到智慧的过渡。皮亚杰采用"习惯"这个名词(他认为尚无较好的名词)来指明习得行为的形成及这种习得行为形成后变为自动化的动作。但"习惯"仍然与智慧不同，一个基本的"习惯"是以一般的感知运动图式为基础的，而且从婴儿主体方面来看，在这个图式中，方法和目的之间还没有分化(区别)。这种目的的达到仅是引向目的的一系列动作的必要连续。因此，婴儿无法区别在动作开始时所追求的目的与从各种可能的图式中所选择的方法。而智慧活动则不然，它在动作开始时就已确定了目的，并寻找适当方法以达到此目的。这些方法是由婴儿已知的图式(或"习惯"

的图式)提供的，但这些方法也可被用来达到另一个目的，而这个目的源自其他不同的图式。当然，动作"习惯"不是纯机体的，因为主体的经验已经为简单的反射加上了同化和顺应的因素。例如，吃奶包括听到声音、抱的姿势、看到妈妈等。正是因为有同化作用和顺应作用，各个图式之间能协调地起作用。

3. 第二级循环反应(有目的的动作的形成时期，4.5 个月至 9 个月)

在第二级循环反应(secondary circular reaction)时期，婴儿能重复他刚才偶然做出的动作。例如，用腿偶然碰到挂在摇篮上的玩具的拉线，使玩具发出声响，这引起了婴儿反复地用腿碰拉线的动作。这具有比前一时期进一步的性质，即在主体活动和客观事物之间有一定的目的联系。皮亚杰认为，这就是鲍德温所说的循环反应(circular reaction)，或称之为初生状态的新习惯，这里所得到的结果还没有和所用的方法产生分化。往后，成人只需在摇篮上挂一个新玩具，激起婴儿寻找引起响声的拉线的兴趣，就可以使目的和方法二者之间开始分化。最后，成人从离摇篮约 2 米远的一根竹竿上摇动一个物体，并偷偷地发出意外的机械声，当这些情景和声音消失，婴儿又会寻找并拉动原先那根魔术似的线。基于后面的情况，这个时期的婴儿在并无任何物质联系的因果关系方面，他们的动作虽然似乎反映出一种幻术性的想法，但当婴儿采用同样的方法试图达到不同的效果，则表明婴儿已处在智慧的萌芽状态。但此时期仍是过渡时期，因为婴儿的发现是偶然的，是偶然的发现(玩具会响)引起了需要(兴趣)，而不是需要引起了新的发现。而且，这里所说的需要也只是单纯的重复动作的需要。在这个时期，手段和目的之间还没有完全分化。皮亚杰认为，直到这一时期结束，婴儿还没有获得客体永久性(或物体恒存性)(object permanence)图式。

4. 第二级图式协调(范型之间的协调、手段和目的之间的协调时期，9 个月至 11 或 12 个月)

在第二级图式协调(coordination of secondary schema)时期可以看到婴儿有比较完备的实际智慧动作。此时婴儿开始不依赖原有的方法，而能达到一定的效果。例如，取得伸手拿不到的物体，或者取得被一块布或一个坐垫遮盖了的物体。工具性的动作虽然出现得稍晚，但这种动作从刚开始时就明显表现出它是作为方法之用的。例如，婴儿抓住成人的手，向不能取得的物体方向拉动，或者要成人的手揭开被遮盖的物体。在这个时期的进程中，目的和方法之间的协调是新生的，而且在无法预见的情况下，每次的创造性都是有所不同的，但所用的方法只是从已知的同化图式中产生的。因此，这一时期的婴儿能将已知的方法应用于新的情景。行动首次合乎智慧的要求，即"对新的环境适应"。为了达到这一目的，则要实现手段和目的之间的协调。

皮亚杰的研究指出，婴儿在这一阶段才真正开始发展客体永久性图式。皮亚杰在对他的 3 个孩子做实验时，发现他们都是在快满 1 周岁的时候，或者说在这一阶段，才会寻找被藏起来的东西。在 9~10 个月的时候，如果他们看到有人把一样东西藏到屏幕后，他们就会到屏幕后找这个东西；但如果当着他们的面把东西从一个藏的地方放到另一个地方，他们仍会好奇地到第一个藏的地方寻找。直到下一个时期，婴儿才懂得物体是独立存在的，与自己的活动或感觉无关；如果东西消失了，他们就要寻找，而且要到他们最后看到这一东西的地方找。

5. 第三级循环反应（感知运动智力时期，11 或 12 个月至 18 个月）

到了第三级循环反应（tertiary circular reaction）时期，一个新成分渗入前述行为：由于分化作用，从已知的图式中寻找新的方法。这是使用工具行为模式的动作，也是感性智慧的顶点。这种事例即所谓"支持物的行为模式"。皮亚杰举了一个观察例子：枕头上放一块手表，孩子想直接取手表，但够不到；可在抓取的过程中，他抓动了枕头，同时带动了手表，并把手表抓住了；为了实验目的，成人把第一个枕头斜放在第二个枕头下，手表放在第二个枕头上，孩子则先拖第一个枕头，看见手表不动，再看一下，就把第二个枕头拖过来，拿到了手表。

6. 通过心理组合发明新的手段（智力的综合时期，18 个月至 2 岁）

在这一时期中，婴儿能够寻找新方法，使用外部的或身体的摸索，而且使用内部的联合，达到突然的理解或顿悟。例如，婴儿面对一个稍微开口的火柴盒，内有一只顶针，他首先使用身体摸索，试图打开这个火柴盒（这是第五个时期的动作），但最终失败了。继之以一个完全新的反应：他停止动作，细心地观察情况，在这个过程中，他把自己的小嘴巴缓慢地一张一合了几次，或者如另一个婴儿所做的，他的手好像在模仿要得到的结果，即把火柴盒的口张大；然后他突然把手指插进盒口，成功地打开了火柴盒，拿到了顶针。这个时期标志着感知运动阶段的终结和向下一阶段的过渡。

以上 6 个时期贯穿着行为图式的变化，最初是遗传性的反射图式，之后在环境的影响下，图式逐步发展分化而成多图式的协同活动。每个图式在发展过程中因受到同化作用和调节作用而发生变化。

皮亚杰认为，感知运动图式以 3 种显著且连续的形式表现出来，后继的形式不出现，先行的形式就不消失。最初的形式是节奏—结构（rhythm-structure）。例如，在婴儿自发的和整体的运动中，其反射无疑就是此类运动逐步分化。因此，个别反射的本身仍然依赖于一种节奏性的结构，这不仅存在于反射的复杂运动（如吸吮、转动）中，而且也存在于这些反射所包含的重复性的运动中。之后出现各种调节（regulation），即按照各种图式使最初的节奏开始分化。这些调节的共同形式便是探索和控制最初的习惯的形成及探索和控制最初的智慧动作。这些调节含有回路系统，或称之为反馈（feedback），通过逐渐纠正的逆向效果，达到半可逆性或近似可逆性。最后，开始出现可逆性，它就是日后运算的起源。但是，早在感知运动阶段这种实际位移群形成时，可逆性就已发挥作用了。可逆性结构的最初成果便是守恒或不变群（invariant group）概念的形成。在感知运动水平时，位移的可逆性会产生一种类似的不变性，即以客体永久性的形式出现。但是，很显然，在感知运动水平时，无论是动作的可逆性还是这种守恒，都是不完整的，因为它们还缺乏内部的心理表征。在这里，有两点应当被着重指出。

第一，皮亚杰把客体永久性和表象完全割裂开来，认为在 1 岁前后产生的客体永久性还不是表象，而表象是一种内化的信号性或象征性功能，婴儿只有到两三岁时才有。我认为这是不确切的。事实上，客体永久性是婴儿头脑中已形成的反应痕迹的恢复，这已经是表象。不过，这种表象是初级的表象、个别表象。只有到婴儿两三岁时，随着语言的发展，才出现具有信号性或象征性功能的表象，即高级的概括性表象。无论是个别表象还是概括性表象，都是表象，不能将它们割裂开来。而且皮亚杰自己也说过，在婴儿出生后第二年的发展过程中（从第六个时期开始）出现某些行为模式，这些行为模式包含着引起当时不存在的某个事物的表象。

第二，皮亚杰强调动作活动是思维形成的根据，是运算思维的起源，而贬低感知觉在思维形成中的作用。思维过程中的分析、综合、抽象、概括是与动作相互联系的，而作为思维内容的感知觉、表象则是思维借以进行的直接基础。没有感知觉、表象这种感性的来源，就不可能有抽象的概括思维产生。皮亚杰把思维过程和内容割裂开来了。

当然，皮亚杰的感知运动阶段的思想，有创见地提出了 0~2 岁婴儿思维萌芽或产生的过程，不仅为思维发展心理学提供了科学资料，而且为思维发展心理学的研究提出了一系列值得探索的问题。皮亚杰对感知运动思维（sensorimotor thinking）萌芽的分析，是以他的图式、同化、顺应和平衡等智力结构作为理论基础的，尽管许多问题还有待深化，但对心理学、发生认识论（或发生知识论）无疑都是有贡献的，是值得后人借鉴的。

二、婴儿感知觉、记忆及思维的发展

感知运动的智慧首先表现在感觉、知觉的发展上，同时也表现在记忆的发展上，并出现思维的萌芽，即感知运动思维。

（一）婴儿感知觉的发展

感觉是个体对事物个别特性的直接反映；知觉则是个体对事物整体的直接反映。但是，对于人类来说，感觉与知觉往往是在一起发生的，故被称作感知觉或感知。感知觉的发展对婴儿心理发展具有重大意义，婴儿必须借助感知觉来认识客观世界并认识自我。良好的感知觉可使婴儿在与周围环境的相互作用过程中，细致地观察周围事物，积累丰富的感性经验，在此基础上形成概念，进行思考，深入理解、观察世界。另外，感知觉不断提供信息，使个体能和环境维持平衡，在变化的环境中，个体可借助感知觉提供的信息正确定向，调节行为。因此，感知觉的发展为婴儿心理的发展完善和个性形成提供了基础。

感知觉是发展最早的一种心理能力，在生命的头 3 年里，以很快的速度不断发展着。

1. 感觉能力进一步成熟和完善

如前所述，新生儿的感觉能力已有了很大的发展，在此后的几个月里，婴儿的感觉能力进一步成熟，辨别能力更加精细。如从视觉的发展来看，到 6 个月左右，婴儿的视敏度已和成人相似。从追视能力来看，2 个月的婴儿能明显地追视水平方向运动的物体；3 个月的婴儿能追视做圆周运动的物体；在 4.5 个月时，婴儿的追视准确度已达 75%。

婴儿的视觉能力进一步发展的一个重要方面即颜色视觉的发展。加拿大的心理学家莫瑞德等人（Maurer et al.，1988）采用习惯化法研究婴儿的色视觉，结果发现，新生儿已能区分黄色、橙色、红色、绿色、青绿色与灰色的不同，但不能区分蓝色、紫色或黄绿色与灰色的不同。婴儿色视觉的改善很快，1 个月时就能区分蓝色、紫色、黄绿色与灰色的不同，2 个月时能区分黄色与红色，3~4 个月的婴儿的色视觉已和成人相似。

婴儿不仅能看到颜色，而且能和成人一样区分它们，如红色、蓝色、黄色或绿色的浓淡，但他们不喜欢中间色。和成人相似，4 个月的婴儿喜欢清晰、鲜明的基本色，尤其是红色与蓝色（Teller & Bornstein，1987）。

2. 视知觉的发展

近年来的研究表明，新生儿期知觉就已经出现。例如，有人证明出生 10 天的新生儿就已具有三度空间知觉，假如把东西移向新生儿的脸，他会做出非常确切的、协调的防御动作。知觉的进一步发展使婴儿对周围现实的认识更为完整。

出生不久的婴儿对事物的外形差异已能有所知觉和反应。从婴儿的注视方式可以看出，他们对复杂图形的注视多于对简单图形的，他们特别表现出对人面图形的显著兴趣。2~3 周的婴儿已能够认识人脸的基本形状，即使是非常粗略的图形，他们也偏爱与人脸相似的图形（Dannemiller & Stephens，1988）。

由于婴儿的视调节功能较差，脑机能发展得还不够，直到大约 4 个月时，婴儿才能出现双眼视觉（Aslin & Smith，1988）。双眼视觉出现，控制手的动作的能力便增强，这使 4 个月大的婴儿能较准确地抓住挂在他们上方的玩具，并通过这种行动觉察玩具的距离。在一个实验（Granrud et al.，1984）中，让 5 个月的婴儿抓两个物体，一个色彩鲜艳的物体放在其伸手可及的距离，另一个相似的但较大的物体则在较远的位置，大小和距离的安排使两个物体在婴儿的视网膜上的成像是完全一样的，如果婴儿总是抓较近的物体，则表明他们已能区分物体的距离。一些婴儿被蒙住一只眼，结果发现，用单眼观看的婴儿伸手拿较近物体的趋势很弱，但 89% 的双眼观看的婴儿都伸手拿近物，这表明 5 个月大的婴儿已能用双眼视觉来区分距离了。

在婴儿感知觉的发展中，空间知觉的发生和发展是一项重要指标。所谓空间知觉，主要指个体对物体空间特性的反应，包括对大小、形态、距离、立体、方位的知觉。空间知觉主要是凭借视觉、听觉、动觉、平衡觉等的协同活动并辅以习得的经验而形成的，视觉在空间知觉中占有主导地位。测量婴儿距离（深度）知觉最常用的工具是吉布森和沃克（Gibeson & Wolk，1960）首创的视觉悬崖（visual cliff），简称视崖，如图 4-4 所示。该实验装置的中央有一个能容纳会爬儿童的平台，平台两边覆盖着厚玻璃。平台与两边厚玻璃上铺着黑白相间的格子布料，一边布料与玻璃紧贴，形成"浅滩"；而另一边的布料与玻璃相隔数尺的距离，造成深度，形成"悬崖"。实验时，让婴儿的母亲先后站在"悬崖""浅滩"两侧招呼孩子，诱导其爬到母亲身边。沃克和吉布森（Wolk & Gibson，1961）对 36 名 6.5~14 个月会爬的婴儿进行了视崖测试，结果表明：有足够大的视崖深度（大约 90 厘米或更大）时，只有不到 10%（3 名）的婴儿会越过悬崖爬向母亲，而有 27 名婴儿从中间爬向浅滩；深侧的方格图案距离玻璃板越来越近时，就有越来越多的婴儿爬过深滩；当视崖深度是 26 厘米，则有 38% 的婴儿爬过深滩；而视崖深度是 1 米时，则爬过深滩的婴儿只有 8%（主要是年龄较大的婴儿）。沃克（Walk，1979）通过进一步研究发现，当视崖深度为 26 厘米时，68% 的 7~9 个月的婴儿爬过深滩，而 10~13 个月的婴儿的这一比例则只有 23%。其结论如下：①婴儿很早就有了深度知觉；②婴儿深度知觉的能力随着年龄增加而不断发展；③9 个月以前婴儿的深度知觉阈限为 26 厘米。关于婴儿视崖的研究还发现，婴儿存在着深度恐惧。

图 4-4　视觉悬崖图

沃克等人（Walk et al.，1966）认为，对深度的恐惧来自婴儿早期的跌落经验。这种特殊经历的后天积累（学习）导致了对深度的恐惧。但弗里德曼等人（Freedman et al.，1974）认为，对深度的恐惧是一种生物适应的结果，是一个"先天预设的结构"。

凯波斯（Campos，1984，1992）则提出自己的见解：对深度的恐惧主要来自早期运动的经验，它既不是先天预设的本能，也不是后天特殊经验（跌落）的积累，而是早期运动经验（爬行）使婴儿产生了深度知觉。由此可见，婴儿的空间知觉的发展是与其经验的获得直接联系的。结果发现，婴儿愿意爬过"浅滩"去母亲那里，但通常拒绝爬过"悬崖"，有些婴儿坐下哭泣，或爬向相反的方向。一些研究者认为，害怕高度的婴儿一定有深度知觉，但有深度知觉的婴儿并不一定会害怕，因为婴儿在学会爬行以前已有了深度知觉，但通常在他们开始爬后才对深度感到害怕（Kermoian & Campos，1988）。

针对婴儿的知觉常性（或知觉恒常性）（perceptual constancy）的一些研究发现，婴儿已表现出较好的知觉常性，如 2 个月大的婴儿已能对不同距离的相同长度的刺激物做出适当的反应；同样，他们也能对不同距离的相同形状的刺激物做出反应，这都表明 2 个月大的婴儿已具有一定的大小常性和形状常性。婴儿在 2 个月后开始注意到图形元素之间的简单关系，进而能注意整个形状，开始有能力组织一个视觉完形，进一步改善整体性知觉。在 7 个月时，婴儿就能够在只呈现图形的轮廓时知觉整个图形。

3. 婴儿感知觉发展的一般顺序

我国研究者考察我国婴幼儿的智能发展时，探索了感知能力的发生发展，或者制定了某些感知觉项目的常模年龄。

在李惠桐（1984）对 899 名婴儿的研究包括视觉、听觉、味觉、触摸觉、空间知觉、颜色感知等各发展项目，其结果如表 4-12 所示。在茅于燕（1986）对 29 名婴儿从出生到 36 个月的追踪研究中，有关感知觉发展的项目及常模年龄如表 4-13 所示。

表 4-12　婴儿感知觉发展的常模年龄及成熟早期、中期、晚期年龄（李惠桐，1984）

项目	常模年龄（70% 达到的年龄）/ 月	成熟早期（10% 达到的年龄）/ 月	成熟中期（50% 达到的年龄）/ 月	成熟晚期（90% 达到的年龄）/ 月
能辨别味道	1.0	—	—	1.0
随物视线转 90°	1.6	—	—	2.5
随物视线转 180°	3.2	1.3	2.6	3.8
听见声音找声源	3.2	1.0	2.4	4.2
手中玩具掉了，两眼跟着找	4.9	3.6	4.6	6.0
手眼动作协调	9.3	6.3	8.1	10.5
比多少	28.7	22.1	26.8	30.8
比大小	31.0	23.6	27.7	34.6
知道"上"	25.5	21.2	23.3	32.0
知道"下"	28.8	21.2	26.2	31.3

表 4-13　婴儿感知觉发展的项目及常模年龄（茅于燕，1986）

项目	常模年龄（85%达到的年龄）/月
眼睛跟踪物体 180°	2.6
立刻注意到玩具	3.2
找声源	5.7
可以取到近处玩具	5.7
注意看大花朵	5.9
玩具掉落时会用眼睛找	6.7
有意听人讲故事，但并不懂内容	18.6
认识图形大小	24.4
除红色外认识 1～2 种颜色	30.3
知道长短、前后	33.7
认识圆、方、三角形	34.4

由表 4-12 和表 4-13 可以看出，在婴儿的认知能力中，感知觉是最先发展且发展速度最快的一个领域，并在婴儿认知活动中一直占主导地位，它集中体现了婴儿期感知运动的智慧特征。

（二）婴儿记忆的发展

人类个体记忆的发展是与其内在编码系统的发展紧密联系的。从言语前期（0～1 岁）进入言语发展期（1～3 岁）（有关内容参见本章第三节），婴儿的记忆发生着巨大的变化。

1.0～1 岁婴儿记忆的发展特点

研究表明，1 岁以内的婴儿已有短时记忆（或短期记忆）（short-term memory），即信息某次呈现后保持在 1 分钟以内的记忆；甚至也有了长时记忆（或长期记忆）（long-term memory），即信息多次呈现后长久保持在头脑中的记忆。如前所述，新生儿也能记住所呈现的事物。1～2 个月的婴儿经过反复训练，可以因积累而形成长时记忆（Weizmann，Cohen et al.，1971）。3 个月的婴儿能记住某个玩具汽车达 1 周的时间。每当玩具汽车接近他的腿，他就会踢它（Rovee-Collier et al.，1980）。在 5 个月时，婴儿能记住抽象的模式和照片达 14 天（Fagan，1971，1973）。有关研究还发现，视觉再认记忆与以后的认知机能有关。头几个月进行的视觉再认记忆测验的分数与 4~7 岁时进行的语言测验分数有显著的相关（Fagan & MoGrath，1981；Fagan，1982）。

还有研究表明，1 岁以内婴儿的记忆可以持续 2 年（Myers et al.，1987）。在 1~10 个月时婴儿数次参加听知觉的研究，2 年后他们重返实验室，行为测试表明这些 2 岁的婴儿记住了曾听过的声音及曾看过和摸过的物体。研究者认为，实验环境和过程的独特性使婴儿产生了较长时间的记忆。

2. 1~3 岁婴儿记忆的发展特点

婴儿语言的发展给 1~3 岁婴儿的认知带来许多重要的变化，如符号表征能力的产生，再现和模仿能力的迅速发展，延缓模仿（delay imitation）能力的产生，等等。符号表象（symbolic image）的出现使婴儿语词逻辑记忆能力的产生成为可能，而延缓模仿的产生则标志着婴儿表象记忆（image memory）及再现能力的初步成熟。

表象和表征两者是有区别的。表象是指人的心理活动过程中产生的各种形象，包括记忆表象（或记忆意象）（memory image）和想象表象（imaginative image）；也可以划分为形象表象（iconic image）与符号表象两种，前者以形象为基础，后者以语言或其他符号为基础。而表征则是指这种形象形成的过程。

1 岁以后，由于语言的获得，婴儿得以用符号进行表征，从而产生了符号表象和回忆（recall）。皮亚杰常用的表征其实是符号表征，他认为这种能力发生在 1 岁末至 2 岁，而曼德勒（Mandler，1983）认为可能发生在 12 个月左右。庞丽娟（1993）认为 1 岁以后已有可能产生最早的符号表征能力，其主要标志就是婴儿用信号物对事物进行表征。从此，婴儿的记忆表象中增添了符号表象的内容，并能和具象表象（concrete figure image）进行互相转换和激活。例如，"苹果"一词的符号表象，或一个黄色的象征苹果的圆圈，在大脑中即可激活关于苹果的具象表象，反之亦然。

1~3 岁婴儿记忆的再现或回忆能力有很大的发展。婴儿开始用行动表现出初步的回忆能力，并喜欢做藏东西的游戏，也常常能帮助成人找东西。阿希德曼和帕尔马特（Ashmend & Parlmutter，1980）通过大量研究发现，1 岁以前的婴儿已有了初步回忆能力。许多家长报告，他们的孩子已能寻找藏在已知地点的物体，其中有的地点他们仅看见过1次（庞丽娟，1993）。

1~3岁出现的延缓模仿是婴儿回忆能力逐步走向成熟的表现。皮亚杰认为这一能力出现在16~24个月。在此之前，婴儿只能根据直接出现在面前的原型（如母亲对着婴儿吐舌）做出某种模仿姿势或动作。从16个月开始，婴儿在原型消失之后还能继续模仿，这种模仿就叫延缓模仿（或延迟模仿）。这种模仿能力表明婴儿头脑中开始形成最初表象。他们的心理发展由感知运动阶段开始向前运算阶段过渡。麦考尔等人（McCall et al.，1977）对12~36个月的婴儿进行的模仿能力发展研究证实，24个月的婴儿已获得了稳定的延缓模仿能力，而12个月的婴儿尚不具备这种能力。

总之，1~3岁是记忆发展的第一个高峰期。婴儿的机械记忆（rote memory）能力比较发达，且具有相当大的潜能；他们的再认能力发展得较早，再现能力也有很大发展；他们的具象表征能力出现得较早，并在语言产生之后获得了符号表征能力。延缓模仿能力的出现是1~3岁婴儿记忆能力逐渐走向成熟的一个标志。

(三) 婴儿思维的发展

通常将3岁前看作人思维的发生或萌芽的阶段。一般来说，1岁前的婴儿只有对事物的感知，基本还没有思维；人的思维是从1岁后开始产生的。在婴儿的活动过程中，在婴儿的表象和言语发展的基础上，由于经验的不断积累，婴儿开始出现一定的概括性的思维活动。这是人的思维的初级形式。婴儿思维的产生和初步发展是直接与婴儿以表象为基础和以词为中介的概括能力的形成相联系的。

在婴儿认知能力的研究领域中，皮亚杰在关于儿童早期的思维萌芽和发展的研究中对婴儿思维的探索一直产生着很大的影响，但近些年来，许多研究者采用现代化技术手段，通过研究，提出了一些新的观点。例如，关于客体永久性（或物体恒存性）的问题，皮亚杰认为，婴儿之所以不再寻找隐藏起来的物体，是因为他们认为物体不存在了。而鲍尔（Bower，1979）则认为这是由于婴儿缺乏成熟的空间知觉，他提出，如果婴儿认为客体不在眼前就不存在，那么他们就不会对遮掩物被移去后客体不再出现感到惊奇；反之，如果婴儿出现了惊奇的表现，则表明他们已保留了客体的心理表象，鲍尔发现 5 月龄的婴儿就会有这种反应。贝拉根（Baillargeon，1987）通过实验进一步指出，4 月龄的婴儿在客体短暂消失时会期望着客体继续存在。对婴儿早期的认知能力的许多研究表明，在第一年里，婴儿逐渐能同时保持行动、客体或观念的联系，并且以越来越复杂的方式将它们联结在一起。婴儿最初只能注意一件事情，进而能注意到两件事情之间的联系，进一步则能比较或联系二者的关系并能进行分类（Mandler，1998）。

婴儿概括能力发展的 4 阶段理论在婴儿思维发展研究领域中亦有一定影响。美国心理学家柯蒂（Curti，1954）通过观察指出，3 岁前儿童概括能力发展可分为 4 个阶段。

第一，前符号阶段（pre-symbol stage）。1 岁前儿童以独特的方式对待特殊对象或做出反应，如咕咕叫、笑，甚至叫出"名称"，但只限于那个对象在他眼前时。

第二，前言语符号行为阶段（pre-linguistic behavior stage）。此阶段的婴儿有了一种观念，但不是一种概念。他可以直接将他的行为指向一个抽象的对象，如对已经在门口出现的母亲喊出"妈妈"，但不能概括。

第三，内隐概括观念阶段（implicit generalization stage）。在此阶段抽象思维开始出现，但概括不明显，没有逻辑组织；儿童可以为相同等级的成分起个名字，但这个名字可能是错误的；这种等级观念是内隐的（implicit）。婴儿此时尚不能理解诸如反应或思考的项目，在回答问题上他可能是无意识的。

第四，明显概括阶段（explicit generalization stage）。到了明显概括阶段（或外显类化阶段），婴儿就有了用词阐述意思的能力，但最初的概括是不具体、不完整的，或多或少是自我中心的。3 岁前的概括绝不能形成"完整的概念"，仍然是"不完全的组合"。

近些年来，在对儿童形成数概括的特点的研究中看到，从出生到 3 岁婴儿的数概括能力可以分为 3 级水平。

Ⅰ级水平：直观—行动概括（intuitive-behavioral generalization）。婴儿看到物品时能有分辨大小和多少的反应。例如，婴儿要数量多的糖块，要大的苹果，给了他就高兴，不给他就哭闹。

Ⅱ级水平：直观—表象笼统概括(intuitive-imaginary generalization)。在研究中，研究者摆好不同数量的实物堆，询问是多还是少，婴儿可以用手指、点头或回答。这一级水平的婴儿产生了数概念的萌芽，但它跟具体事物是分不开的。他们开始懂得"一个苹果""两块糖"，也能说出"好多糖"这类词，但这些词所代表的内容很笼统，即对物体数量的计数还未从对物体集合的感知中分化出来。

Ⅲ级水平：直观—言语概括(intuitive-linguistic generalization)。属于这一级水平的婴儿，如在结果分析中看到的，他们的计数能力迅速发展起来。这一级水平的婴儿对数的概念有4个显著的特点：一是必须以直观的物体为支柱，在运算中若离开直观支柱则往往中断；二是数词后面往往带量词；三是数字语言所代表的实际意义不能超过婴儿眼前的生活，否则往往是无意义的声音或顺口溜的次序；四是不能产生最简单数群(分解组合)的表象。

将研究中的被试达到的各级水平的比例列于表4-14，可显示3岁前婴儿思维活动产生的过程。从表4-14可以看出：婴儿思维的萌芽、产生是存在着显著的年龄特征的；婴儿处于形成和发展数概括能力的过程中，8个月至1岁、2岁至3岁(特别是2.5岁至3岁)是这个年龄阶段婴儿思维活动水平发展的两个转折时期；在数概括发展中表现出来的思维活动水平存在着个体差异，即个体之间的思维差异，在3岁前婴儿身上就获得体现。

表 4-14　3 岁前婴儿达到各级数概括水平的比例(林崇德，1980)

年龄	Ⅰ级水平	Ⅱ级水平	Ⅲ级水平	年龄组之间差异的检验
56 天至 0.5 岁	0	0	0	
0.5 至 1 岁	52.3%	0	0	
1 至 1.5 岁	52.3%	0	0	$p>0.1$
1.5 至 2 岁	54.2%	39.0%	6.8%	$p<0.05$
2 至 2.5 岁	0	74.0%	26.0%	
2.5 至 3 岁	0	50.0%	50.0%	

基于上述研究材料的分析及对国内心理学工作者研究成果的汇总，可以认为：首先，3岁前婴儿的思维基本上属于直观行动思维的范畴，整个3岁前思维的特点

主要是直观行动性，也就是皮亚杰强调的感知与动作的协调性；其次，关于3岁前婴儿思维的发展到底可以分为几个时期，皮亚杰说2岁前可以分为6个，而我通过研究认为，从总体来说，3岁前婴儿的思维可以分为4个时期。

第一，条件反射建立时期（condition reflex setting period）。在出生后的头1个月，这是新生儿期。

第二，知觉常性产生时期（emergence of perceptual constancy period）。从1个月至5或6个月是婴儿感觉迅速发展的时期。皮肤觉、嗅觉、味觉、视觉、听觉相继发展起来，5或6个月至8或9个月是知觉和知觉常性发展的阶段。8或9个月至1岁，婴儿开始认识客体的永久性，从此，知觉常性和客体永久性迅速发展起来。

第三，直观行动性思维时期（intuitive action thinking period）。1~2岁是婴儿动作和语言开始迅速发展的阶段。如前所述，在动作发展的过程中，由于语言功能的出现，此时婴儿的直观行动概括能力逐步发展起来，这是人的思维的初级形式。国内外心理学家编制的智能测验量表对3岁前的主要测查内容是动作（包括手的动作和全身大运动）发展、语言发展和概括能力发展（如分类、模仿等）几个项目。当然，2岁前后婴儿的概括一般只限于事物的外表属性，而不是本质属性。

第四，词语调节型直观行动性思维时期（word regulation of intuitive action thinking period）。2~3岁是词的概括、概念即语言思维产生的阶段。但这个阶段思维仍然带有极大的情境性和直观行动性。一般来说，2~2.5岁和2.5~3岁的婴儿的思维水平是有区别的，前者更依赖于直观和动作，后者有较明显的词的调节。

关于2.5~3岁婴儿思维的研究材料表明，2.5岁以后的婴儿在完成任务时有3个不同层次的、由低级到高级的水平：一是不知有错误，不会改正错误；二是在直观对比后，发现有错误（感知水平），能加以改正；三是在头脑里进行思维，不待直观对比就能调整自己的思维活动。可见，在2.5岁以后，婴儿就有了思维运算的萌芽（张增慧、林仲贤、茅于燕，1984）。

这个研究表明，2~3岁婴儿的思维主要是直观行动思维。虽然2.5~3岁婴儿思维的变化有3个不同的层次，"在头脑里进行思维"是这3个层次中最高的一层，但这也仅是这3个层次中的一种水平，并非所有2.5~3岁的婴儿都达到这个水平。因此，我们可以得出这样的结论：2.5~3岁是婴儿从直观行动思维向具体形象思维转化的关键年龄。

3岁前婴儿思维的产生和发展的意义是巨大的，它不仅意味着智慧活动即智力的真正开始，心理的随意性(或自主性)，如有意记忆(intentional memory)、有意注意、观察、理解、推理、想象等都由此开始，而且意味着人的意识的萌芽。直观行动思维虽然仍是感知和外部行动占优势，但这已是人类以词为中介进行思维的开端。人的意识跟人的语言是分不开的。由于婴儿初步掌握了词的思维，因此也就有可能初步地意识到外部事物的存在和自己本身的存在，从而出现最初的意识和自我意识，也就是产生人类(个体)的意识。

第五节

婴儿情绪与社会发展

婴儿的情绪和社会性的发展也很迅速，为其适应社会环境、成为社会成员打下了良好的基础。在与照顾者的相互交往过程中，婴儿不但表现出自己的情绪，作为基本的交往信号，而且学会辨别他人的情绪和表情。与此同时，婴儿开始建立与亲密照顾者之间爱的联系，即形成了依恋(attachment)。婴儿开始区分不同的人，并做出不同的反应，在探索环境、认识他人的过程中，婴儿也逐渐开始了解自我，其社会性行为亦开始发展，道德行为(moral behavior)与观念萌芽。另外，值得注意的是，从婴儿期开始，个体间的差异已经展现出来。

一、婴儿的情绪发展

婴儿的情绪发展表现在：从主要决定于生理需要满足情况和身体健康的情况，

发展到有了一些较复杂的情绪体验（emotional experience），即在情绪的基础上产生的对人、对物的关系的体验。

（一）情绪发展的特点

1~3 个月，婴儿开始注意外部世界，开始对他人的情绪非常敏感，并做出一定的反应。用以表达其积极情感的社会性微笑在这个时期开始出现，这促进了婴儿的社会性交往。从出生后第 5 周开始，人的声音和人脸特别容易引起婴儿的微笑，但这时婴儿还不会区分哪些是对他有特殊意义的个体，其表现为无选择地微笑；到第 8 周时，婴儿就会对一张不移动的脸发出较持久的微笑，当成人面孔趋近，他们会主动报以兴奋的微笑和全身活跃的反应，这就是有选择的社会性微笑的开始。这时，婴儿对熟人、陌生人及假面具都会发出微笑，只是对熟人的微笑更多一些。

3~6 个月，婴儿情绪的发展以积极情绪体验为主要特征。通过与母亲和其他成人的进一步交往和接触，4 个月的婴儿即能逐渐区分不同的个体，对不同的人开始报以不同的微笑，他们对主要抚养者（通常是母亲）笑得最多、最频繁，其次是对其他家庭成员和熟人，对陌生人笑得最少。积极的情绪交往加强了父母与婴儿之间的情感联系。

6~9 个月是社会性继续表现的时期，婴儿开始参与社会性游戏（social play），主动进行与他人的交流。在面临新异刺激时，婴儿会出现犹豫的神色，在面对陌生人时也会表现出恐惧和焦虑，这是陌生人焦虑（stranger anxiety）的开始。这时婴儿在不熟悉的环境中可能会感到不安。在这个时期，婴儿开始产生分离焦虑（dissociation anxiety），即害怕与父母或其他照顾者分离。

9~12 个月，是依恋（或依附）阶段。婴儿在这个时期仍然表现出高度积极的情绪，但对主要照顾者表现出更强烈的感情，而对陌生人则更加警惕。

（二）面部表情及其识别

在社会性交往中，面部表情起着重要的交流作用，理解他人面部表情中的情绪意义是社会能力发展的一个重要因素。

婴儿出生后不久就有了愉快、惊奇、厌恶、悲哀等情绪表现，在新生儿期即已开始表现出不同的情绪表情；在2~4个月时，这种表情就更显而易见了。研究发现，母亲已能很容易地区分婴儿在不同情景（如与母亲玩耍、陌生人接近等）下的各种面部表情（Izard et al. , 1980；Ellsworth, Muir, & Hains, 1993）。

对他人的表情和情绪状态的识别是婴儿与他人进行主动交往的一个重要条件。婴儿很早就能区别不同的情绪。研究者曾用幻灯片研究了婴儿对面部表情的识别。向4~6个月的婴儿呈现一个成人在高兴、发怒或自然状态下的面部表情，结果发现，他们注意高兴表情的时间比注意愤怒和中性表情的时间要长，这表明婴儿识别高兴表情的能力早于识别愤怒表情的能力；直到6个月，婴儿还不能对发怒表情做出相应的恐惧反应，这与婴儿自身的情绪发展，即积极情绪的发展先于消极情绪的发展，是一致的。

婴儿很早就能对照顾者的不同情绪做出不同的反应。在一项研究中，让2.5个月的婴儿的母亲表现3种不同的情绪——愉快、悲伤、愤怒，并伴随不同的声音，如用愉快的声调说"你真让我高兴"，用悲伤或愤怒的声调说"你真让我生气"。婴儿的反应表现出他们已能区分这些情绪：对母亲的愉快情绪报以快乐的表情；母亲出现悲伤表情时，婴儿则停止微笑，转过视线，咬嘴唇或舌头以自我安慰；在母亲愤怒时，婴儿把头转向一边并停止动作，有些开始哭泣。这个年龄的婴儿尚不能单独依靠视觉来分辨情绪，然而，到6个月时，他们就能仅根据母亲的面部表情识别情绪了（Haviland & Lelwica, 1987）。

克林勒特等人（Klinnert et al. , 1983）指出，儿童运用面部表情和分辨他人的情绪表情的能力是逐步递进发展的，并区分出4个发展水平。

①无面部知觉（出生至2个月）：由于新生儿对面孔各部分位置及面孔轮廓的整合能力还未形成，他们的自发表情和成人对他们发出的表情之间还没有什么联系。

②不具备情绪理解的面部知觉（2~5个月）：2个月的婴儿已能知觉到成人的面部表情，并能对成人的面部表情报以一定的情绪反应，但他们还不能理解成人面部表情的意义，对其情绪反应不具备有意义的相应性，3~4个月的婴儿对成人的忧愁或微笑一律报以欢快反应。

③对表情意义的情绪反应(5 个月至 7 或 8 个月):0.5 岁左右的婴儿对成人不同的面部表情可做出不同的反应,他们更精细地知觉和注意面容的细节变化,对面部表情的认知更精确,并具有一致性的理解和情绪反应。

④在因果关系参照中运用表情信号(7 或 8 个月至 10 个月):此时婴儿不仅能分辨他人的情绪表情,而且善于运用这些情绪表情作为自己行动的参照,来调节、指导自己的行为反应。

对情绪的识别提高了婴儿在社会生活环境中的适应性,如对高兴表情的识别可以为婴儿提供奖励和自我肯定的经验,加强母婴联系,促进双方的相互交流。同时,对情绪的识别使婴儿的行为有了参照物,每当婴儿遇到不能确定的情境,他们则需要从母亲的面孔上寻找信息,以理解、评价情境,并确定自己的反应。例如,有研究证明,母亲对陌生人的情绪态度影响婴儿对陌生人产生焦虑的强度(Campos et al.,1983,1992,2000):当母亲表现出积极、友好的情绪态度时,婴儿很少表现出对陌生人的焦虑,其惧怕、哭泣反应很弱;而当母亲表现出消极、害怕的情绪反应时,婴儿对陌生人常产生焦虑、哭泣、恐惧等强烈的反应。

情绪发展的另一个技能是对下面部和声音联系的识别,面部图形与声音相结合比单独出现面部图形或声音刺激更能吸引婴儿的注意,婴儿追视一个谈话者的面部形象强于追视或追听单一的面部图形或声音的刺激。当母亲的声音与其面部形象不一致时,婴儿就会出现困惑的反应(Aronson & Rosenbloom,1971)。

二、依恋

在出生后的第一年里,社会性和情绪发展的一个重要事件就是婴儿与其最亲密的联系人之间的情感发展。在人类与动物中,依恋(或依附)都是社会性发展的最初表现。近几十年,心理学家们对依恋发展课题(如随时间的变化性,与父母交往的类型,以及其对认知、情绪、人格发展的重要性,等等)的研究兴趣不断增加。

研究者们发现,许多动物的幼崽一出生就与母亲的形象形成了密切的情绪联系,如刚出壳的小鸡总跟随一切可以移动的物体,把它们作为母亲的形象。与动物幼崽相比，人类婴儿与照顾者之间亲密关系的建立要缓慢得多，到六七个月时，婴儿才开始对母亲或照顾者的离去感到不安并产生悲伤，对陌生人的出现也会感到紧张和焦虑。这就表明婴儿与某一特定对象(母亲或其他照顾者)之间建立了亲密的情绪联系，也就是依恋的关系。

发展心理学家认为，依恋是一种积极的、充满热情的相互关系，儿童与照顾者之间的相互作用不断强化这种情感上的联结。母亲对孩子的一般态度、自己的生活经历、目前的境遇及自己的个性都会影响其母爱的产生；而儿童最初的行为也在母爱形式中起着重要作用。如在母亲抱起婴儿时婴儿就停止啼哭，并对母亲发出更多的微笑，对母亲咿咿呀呀等，这些都会强化母亲对婴儿的情感。

在母亲或照顾者满足婴儿的生理需要和社会性交往的过程中，婴儿对照顾者产生了强烈的依恋，表现为婴儿寻求并试图保持与照顾者亲密联系的倾向。婴儿的依恋行为主要是寻求身体接触，视觉跟踪，接近成人，追随，叫喊，啼哭，等等。

依恋是成人与婴儿之间特殊的亲密关系，亦是早期情绪发展和社会性发展的重要内容，可以建立正常的依恋关系对于婴儿的发展有着极其重要的意义。

(一) 依恋的发展

依恋关系是人在出生后逐渐发展起来的。谢弗和埃莫森(Schaffel & Emerson, 1964)曾对 60 名英国婴儿进行追踪研究，在一系列与父母分离的情境中测试婴儿的依恋。结果认为，依恋的发展有 3 个阶段：第一阶段是非社会阶段，表现于 6 周以前，婴儿从所有环境部分中寻求兴奋；第二阶段是亲社会阶段，到 6~7 个月时，婴儿能区分出特殊的个体；第三阶段为社会性阶段，从 8 个月开始，婴儿对特殊的个体形成依恋。

鲍尔贝(Bowlby, 1969)进一步把婴儿依恋的发展分为 4 个时期，并详细地描述了婴儿依恋的发展过程。

1. 无差别的社会反应时期

无差别的社会反应时期(indiscriminate responsiveness to humans)为出生至 3 个月。这一阶段以婴儿所发出的各种信号的发展为标志。婴儿从出生开始使用哭泣这种有效的信号来发动与他人的联系；从 2 个月开始，他们又用微笑来进行这种联系。由于这个时候的婴儿还缺乏辨别不同个体的能力，还没有表现出对任何人的偏爱，只是在物体和人中表现出更喜欢人，并表现出特有的兴奋。

2. 选择性的社会反应时期

选择性的社会反应时期(focusing on familiar people)为 3 个月至 6 个月。婴儿形成分辨与他们接触的成人的能力。他们更频繁地对熟悉的面孔微笑、发声，而对陌生人的微笑则相对减少，甚至消失。

婴儿开始能辨认并偏爱所熟悉的人，他们喜欢与熟悉的人进行接触。婴儿所熟悉的人也往往更容易安慰婴儿，能更迅速、更广泛、更频繁地引出婴儿的微笑和发声。这个时期的婴儿并不拒绝熟悉的人离开。

3. 特定依恋期

特定依恋期(active proximity seeking)为 6 个月至 2 或 3 岁。由于婴儿获得新的运动技能，他们开始到处爬动。这使他们有了更强的探索外部环境的能力，并开始主动地接触父母，表现出有意识的社会行为。

婴儿对不同对象的反应出现巨大的差别，对依恋对象的存在极为注意。当所依恋的对象离去，婴儿开始通过哭泣表示抗议。这时，依恋对象成为婴儿探索的安全基地。他们对陌生人表现出更为明显的警惕、戒备和退缩。这个时期的婴儿开始出现陌生人焦虑和分离焦虑。

4. 目标调整的参与期

目标调整的参与期(partnership behavior)为 2 或 3 岁以后。婴儿的有目的的行动、语言交往和进行适宜反应等能力越来越成熟。随着婴儿年龄的增长和社交能力的不断提高，他们越来越主动地进行各种接触，开始理解依恋对象的目的、情感和特点，并据以调整自己的行为，表现出较多的灵活性。他们也能容忍与依恋对象之间的距离逐渐加大，并且逐渐善于与同伴和不熟悉的人进行交往。

(二)依恋的类型

艾恩斯沃斯等人(Ainsworth et al. , 1978)采用陌生人情境程序(stranger situation procedure）的技术调查婴儿的依恋。陌生人情境程序是将婴儿与其母和一位陌生人安置在实验室里，通过母亲离去、母亲返回及陌生人出现等一系列特定程序，考察婴儿与母亲在一起、与陌生人在一起、与母亲和陌生人在一起、独自一人、母亲离开和回来、陌生人出现和离开时的情绪和行为。

1. 类型

根据研究结果，艾恩斯沃斯认为，受父母行为的影响，婴儿可能形成 3 种形式的依恋：安全依恋（securely attached）、矛盾依恋（resistant attached）和躲避依恋（avoidant attached）。

①安全依恋：大约 70% 的婴儿属于这一类，在与母亲独自相处时，他们积极地探索环境；而与母亲分离后，明显地产生不安；当母亲返回时，就立马寻找母亲，很快地与其接触，以结束这种分离的忧伤。

②矛盾依恋：大约 10% 的婴儿属于这一类，即使母亲在场，他们也非常焦虑，不愿意进行探索活动；与母亲分离时，则表现出非常忧伤；母亲返回时，他们表现出矛盾心理，对母亲曾经离开感到非常不满，试图留在母亲身边，但对母亲的接触又表示抵抗。

③躲避依恋：大约 20% 的婴儿属于这一类，他们与母亲在一起时似乎对探索不感兴趣，与母亲分离后也没有太多忧伤，母亲重新返回时常常避免与母亲接触；他们对陌生人也没有特别警惕，但常采用回避和忽视的态度。

2. 原因

艾恩斯沃斯提出，婴儿的依恋性质在很大程度上取决于父母与婴儿的交往方式。例如，安全依恋儿的母亲对孩子的信号、情绪的表达非常敏感，鼓励他们进行探索，而且她们喜欢与孩子有紧密的接触。艾恩斯沃斯认为，婴儿从与其主要照顾者交往的早期经验中学到从其他人那里能期望什么。当照顾者对婴儿的需要是敏感的，而且容易受影响，婴儿就会从与他们的交往中得到安慰和快乐，从而建立安全的依恋。

矛盾依恋儿的母亲也对孩子很感兴趣，并愿意进行亲密的身体接触。然而，她们常误解孩子的信号，在与孩子重逢后也往往不能建立相配合的同步关系。当然，有时候这要归结于婴儿的困难气质，但许多有困难气质的婴儿也与其照顾者建立了安全的依恋。艾恩斯沃斯(Ainsworth, 1979)发现，矛盾依恋儿的母亲的照顾行为是不一致的——有时对孩子过于热情，对他们的反应更多地依赖于自己当时的心境，而不是孩子的行为。因此，当婴儿了解到不能完全依靠母亲来得到情感上的支持与安慰，就会变得焦虑且心存不满。

躲避依恋儿的母亲对孩子非常缺乏耐心，当孩子打乱其计划和活动，常表示愤怒和不满，对孩子的信号也非常不负责任，常表示消极情绪。在对孩子积极反应时，也倾向于克制自己的感情表达。艾恩斯沃斯认为，这类母亲是严厉的、自我中心的，常对孩子采取拒绝的态度。

贝欧斯基等人(Belsky et al., 1984)也对美国中产阶级的婴儿进行了研究，发现母亲提供的刺激量对于确定依恋的类型可能具有重要的意义。在研究中，形成躲避依恋的婴儿与其母亲相互作用的水平最高，而形成矛盾依恋的婴儿与其母亲相互作用的水平最低。因此，贝欧斯基等人推测，过度的刺激会导致躲避依恋，刺激过少则会导致矛盾依恋，只有最适宜的刺激量才会引起安全依恋。

3. 依恋的性质是可以变化的

婴儿依恋的性质并非一成不变。在 12 个月时是躲避依恋或矛盾依恋的婴儿，到 18 个月时有可能建立了安全依恋，反之亦然。研究发现，多数婴儿都改变了其最初依恋关系的性质。例如，汤普森等人(Thompson et al., 1982)的研究发现，在一个中产阶级团体中，47% 的儿童在 7 个月里出现了依恋性质的变化；伊基兰德和法勃(Egeland & Farber, 1984)对贫苦家庭的婴儿进行了研究，发现在 6 个月中，40% 的婴儿改变了依恋的性质，从非安全依恋向安全依恋变化的较多。

从这两个研究中亦可认识到家庭环境可影响婴儿的依恋性质。当母亲面临着生活的重压，诸如健康问题、婚姻问题、经济困难等，往往忽略对婴儿的照顾；而当生活压力有所减轻，婴儿就会从非安全依恋转变成安全依恋。然而，如果照顾者的生活发生了变化，使他们对婴儿减少了责任心，也有可能使婴儿从安全依恋转变成非安全依恋。父母的关系也会影响婴儿的依恋。一项研究发现，安全依恋的婴儿，其父母都非常满足于自己的婚姻；反之，非安全依恋的婴儿，其父母往往对自己的婚姻表现出极为不满的态度。

（三）依恋对婴儿发展的影响

依恋对婴儿的发展存在着较长时间的影响。缺乏正常的依恋关系会影响婴儿健康的发展，只有正常的依恋关系，才能促进婴儿良好的发展。

1. 缺乏正常依恋关系的后果

鲍尔贝（Bowlby，1951）早就提出抚养者与婴儿正常依恋关系的缺乏可能会导致婴儿严重的心理障碍的观点。如果早期缺乏社会性刺激，缺乏关心、爱抚，婴儿就难以建立对任何人的依恋，这种早期情绪生活的缺乏将对其日后的生活产生重要的影响。在这个方面，研究者们进行了大量的动物社会性剥夺研究，取得了非常一致的结果：在头3个月或更长时间里被隔离喂养的猴子表现出极其异常的行为模式，它们往往表现出不安的情绪状态，躲避其他猴子，并表现出一系列的异常行为，如抓咬自己、不停地摇摆、不停地撕扯自己的毛发、蜷缩成一团、用胳膊遮住自己的头。

对人类进行研究是比较困难的。然而，研究者们发现孤儿院、育婴堂里婴儿的生活环境近似于受到社会剥夺。这些婴儿除在洗澡、换尿布或喂奶时与照顾者有短暂的接触外，很少受到社会或感觉刺激。他们表现出明显的发展迟钝，很少哭和发声，身体姿势僵硬，语言发展明显缓慢，表现出孤独，对照顾者没有兴趣，或因情感不能得到满足而表现出情感饥渴。

戈德法布（Goldfarb，1943，1947）比较了两组儿童的发展情况，第一组儿童在1岁前离开孤儿院被家庭收养（收养儿童），第二组是在孤儿院里待了3年的儿童（设施儿童）。这两组儿童在年龄、性别及其亲生父母的社会背景等方面的情况都相似。研究者根据调查和观察，并给予一系列测验来了解儿童的情况，在3.5岁、6.5岁、8.5岁和12岁这4个年龄时期分别进行调查。结果发现，设施儿童几乎在所有测试中都不如收养儿童。设施儿童在所有智力测验上的得分都较低，尤其是在强调概念、技能和抽象推理的测验上。与收养儿童相比，设施儿童的社会性不够成熟，过分依赖成人，语言和言语问题也较多。他们比收养儿童更多地发脾气，活动过度

（hyperkinesis），攻击性强，有欺骗及破坏行为。研究者的报告显示，这些设施儿童似乎都不能形成亲密的人际依恋。

当然，人早期所受到的情绪创伤在日后也是可以被修复的。如关于设施儿童和收养儿童的对比研究发现，那些很早被收养，生活在完整家庭中的儿童，重新得到母爱和关心，因而其情绪、社会性和认知能力都能得到正常发展。

2. 依恋性质对婴儿心理发展的影响

这种影响是多方面的，下面介绍一些研究结果。

第一，影响认知与社会性的发展。婴儿早期对父母所形成的依恋性质对其以后的认知发展和社会适应有一定的影响。马塔斯等人（Matas，Arend & Soufe，1978）提出的证据证实，在 12 或 18 个月是安全依恋的婴儿，到 2 岁时与那些在 12 或 18 个月是非安全依恋的婴儿相比以更高的热情和更大的兴趣解决提供给他们的问题。当婴儿遇到不能解决的问题时，安全依恋的婴儿很少发脾气，更多地接受母亲的帮助。在 2 岁的婴儿面临困难问题时，母亲的态度和行为差异也是显著的。在这种情况下，安全依恋儿的母亲一般只提供一定的暗示，让婴儿感到是自己解决了问题。与此相反，非安全依恋儿的母亲则大多在提供帮助前让婴儿遭受挫折，然后自己解决问题。

第二，影响同伴关系的发展。早期依恋的性质对同伴关系也具有重要意义。斯鲁夫（Sroufe，1983）对 40 名 12 个月至 5 岁半的儿童进行了追踪研究，发现在 12 个月时被评定为安全依恋和非安全依恋的儿童，会形成截然不同的社会和情绪模式。安全依恋的儿童比较自重，热情高，积极性情感较多，而消极性情感较少，他们较少发牢骚，攻击性也较弱。教师们认为安全依恋儿童的社会能力较强。此外，安全依恋的儿童比非安全依恋的儿童更受欢迎。许多研究发现，早期的依恋能预测在稳定环境中儿童以后的行为问题，如对男孩来说，1 岁的非安全依恋与 6 岁的行为问题或适应不良有关；但对女孩来说，依恋的类型却不能预测其以后的行为。

三、婴儿的社会交往发展

作为人类社会中的一个独立个体，婴儿一开始就生存在复杂的社会环境中，并积极地进行着各种社会交往活动（social interaction activity）。正是在社会交往中，婴儿的各种社会交往的信号和技能开始形成并发展起来。

（一）1岁以内的社会交往

社会交往的基本信号是注视和交谈。然而，对婴儿而言，尤其是1岁以内的婴儿，他们的言语技能相对缺乏，因此他们主要借助非言语信号来交往。这种非言语交往信号主要是视觉行为、面部表情和身体姿势。在出生后头几个月里，视觉行为——注视、转移视线、闭眼、转头等——是其主要的交往信号。

1. 出生后几周的交往方式

在出生后的头几周，婴儿的交往模式主要与基本的生存需要有关，他们通过哭泣、踢打、烦躁不安等来向父母或照顾者传达自己的需要。随后，婴儿便学会区别母亲、父亲和其他人，学会识别他人的面部表情和情绪状态，其反应性也迅速增加。

2. 1岁以内社会交往方式的变化

1岁以内婴儿的交往信号主要是注视、伸手够物、模仿面部表情、视觉和动觉追踪成人；同时，婴儿的社会性反应、微笑、发声等进一步增加，促使他人注意他们，与之游戏和娱乐。在大约在5个月时，婴儿对其他婴儿的兴趣增加。6~8个月时，婴儿喜欢玩躲猫猫游戏。

3. 对不同交往对象的相应行为

婴儿能识别不同的交往对象，并采取相应的行为。一项实验比较了婴儿与母亲、父亲、同胞及同龄伙伴的交往情况，发现不仅每一个交往对象各有其不同的行为表现，婴儿面对不同的交往对象时也表现出明显不同的交往行为（Field，1981）。在与不同的人处于面对面的情景时，4周大的婴儿已能表现出不同的行为（Fogel，1980）。在同伴出现时，婴儿会产生凝视、急速转头等行为；在与母亲相对时，则出现较多的眉毛和身体的动作。4个月的婴儿已能区分自己和他人的反应，他们较多地注视自己的镜像，但对他人（包括同卵双生子同胞）有较多的微笑、发声和伸手的动作。他们会较多地注视与其大小相似、能发声、会点头的洋娃娃，对母亲则有较多的社会性行为。婴儿还能清楚地区分父母的面孔和声音，他们对父亲笑得较多，对母亲注视的时间较长。不同人的面孔和声音在很多方面是不相同的，婴儿的反应表明他们已能区分非常复杂的刺激。他们甚至能够区分同一个人面孔和声音上的细微差别，当母亲在自发的交往中表现出不同的表情（如沉默、冷淡、愉快或悲哀），或当母亲一直注视着婴儿但声音变换，婴儿的行为也随之发生变化（Ellsworth et al.，1993）。

4. 影响 1 岁以内婴儿交往的因素

影响交往的因素是多方面的。研究发现，婴儿的年龄、性别、出生次序、状态（正常或异常）、交往对象的年龄和收入、文化团体等因素都会影响婴儿交往行为的类型和数量。跨文化的比较研究也发现，许多交往行为是具有普遍性的，如面部表情、母婴游戏、咿呀发声等，而有些交往行为（如面对面交谈、视线接触等）则可能是某些文化团体所特有的。

（二）0~3 岁婴儿与父母交往的特点

对 0~3 岁婴儿来说，最经常、最主要的接触者是父母。因此，他们与父母交往的功能、价值和特点是值得注意的。下面分别探讨婴儿与母亲、父亲交往的特点。

1. 与母亲的交往

如前所述，母亲是婴儿的主要抚养者，因此她是婴儿生存、发展的第一重要人物。母亲也是婴儿社会性行为和社会性发展的重要基础。在母亲的要求、指导下，婴儿学会了参与和进入交往，主动发起和邀请交往，以及维持交往、解决交往中的矛盾和冲突，使交往顺利进行，习得了最初的社交技能（social skill），积累了初步的交往经验（Power & Chapieski，1986；Maccoby，1982；庞丽娟，1985）。许多研究表明，婴儿与母亲的关系是以后诸多社会关系形成的基础，母婴关系在很大程度上影响婴儿以后整个人际关系的形成（Main & Weston，1981；Parke & Tinsley，1987）。与前文相对应，对母亲依恋的发展可以分为 4 个阶段：①无差别的社会反应阶段（出生至 3 个月）；②有差别的社会反应阶段（3 至 6 个月）；③特殊的情感联结阶段（6 个月至 2 或 3 岁）；④目标调整的伙伴关系阶段（2 或 3 岁以后）。从 6 或 7 个月起，婴儿进一步对母亲的存在特别关切，特别愿与母亲在一起。他们的情绪因是否与母亲在一起而高低变化，也就是说，婴儿出现了明显的依恋，形成了专门对母亲的情感联结。同时，婴儿表现出对陌生人胆怯的情绪，这是特殊的情感联结阶段，所以叫作指定依恋期（prescriptive attachment period）。2岁以后，婴儿能认识并理解母亲的情感，知道交往时应考虑母亲的需要和兴趣，并据此调整自己的情绪和行为反应。这时婴儿把母亲作为一个交往的伙伴，能认识到她有自己的需要，交往时双方都应考虑对方的需要，并适当调整自己的目标。例如，当母亲忙于别的事情，需要离开自己一段时间，婴儿则会表现出理解，因为他相信母亲肯定会回来。

2. 与父亲的交往

父婴交往对婴儿心理发展具有母婴交往不可替代的特殊作用。父亲是婴儿重要的游戏伙伴，是婴儿积极情感满足、社会性发展、人格发展、性别角色正常发展及社交技能提高的重要源泉。

当然，父婴交往也有其特点，一般来说，父亲与婴儿的接触、交往时间要明显少于母亲，即父亲在直接照料、接触孩子上花的时间比母亲少。尽管如此，父亲与母亲是一样敏感、关心和有责任心的，有能力且有效地承担婴儿的日常照料和进行有效的相互作用，并表现出如下特点。

第一，在交往内容上，父亲比母亲更多地与婴儿游戏。根据研究，父亲有37.5%的时间陪婴儿游戏；母亲与婴儿游戏的时间少于父亲，只占25.8%，更多的时间是照顾婴儿（Kotelchuch et al.，1976）。

第二，在交往方式上，母亲更多通过语言交流和身体接触，而父亲则更多通过身体运动的方式（Greenbaum & Landau，1979）。

第三，在游戏性质上，兰姆等人（Lamb et al.，1977）曾分别在婴儿7~8、12~13、15、18、21和24个月时，对父亲和母亲与婴儿的交往进行长期观察，结果发现：父亲比母亲进行更多大动作、激烈、刺激的身体游戏和新异、不寻常的游戏活动。克拉克-斯特瓦特（Clarke-Stewart，1980，1981）对15~30个月的婴儿和其父母交往的进一步研究也发现，父亲与婴儿的游戏更多的是身体性游戏，带有刺激性，而不像母亲的游戏更多的是语言、教育性或带有玩具的游戏。

四、婴儿社会行为的表现

国外关于婴儿早期社会性发展的研究所涉及的方面是很广的，包括了亲社会行为（或利社会行为）和反社会行为（antisocial behavior），后者主要是侵略性和攻击性行为两大方面。前期的研究工作多侧重于婴儿的攻击性行为和侵略性行为，而近年的研究，正如格鲁赛克等人（Grusec et al.，1978）所指出的，侧重于亲社会行为，因为这更有利于促进婴儿亲社会行为的发展，从而培养婴儿积极、良好的道德品质。

（一）亲社会行为

亲社会行为指对他人、对社会有利的社会性行为，通常也叫积极性的社会行为或利他主义行为（altruism behavior）。它包括帮助、安慰、援助、分享、支持、合作和谦让等。

1. 亲社会行为的表现

施太伦（Stern，1924）在对婴儿观察的基础上指出：即使是 2 岁婴儿，也已经有了感受他人悲伤的能力，他不仅因他人的情绪影响而伤心、焦虑，由他人的眼泪引起哭泣，而且在更高级的意义上置身于他人情境，接受他人的悲伤、痛苦和恐惧，并力图安慰和帮助他人，甚至为他去报复。皮亚杰（Piaget，1932）指出，1 岁末的婴儿已经出现了利他倾向和分享的反应，一个 12 个月的婴儿会把他的玩具递给另一个婴儿。沙利文（Sullivan，1953）也认为，早期婴儿对他人的需要表现出很大的敏感性和同情心（sympathy），一个 2 岁的婴儿若看见同伴在哭，他会说："他哭了，他想要糖。"并摆手叫他不要哭。

莱因戈德（Rhecngold，1976）与其合作者将实验室布置成家庭的样子，然后请 15～18 个月的婴儿和父母在里面活动，以研究婴儿的分享行为。结果发现，几乎所有婴儿都表现出了一次或多次的分享，他们不仅能把自己的玩具拿给别人看，或者拿出玩具参加他人的活动，而且能够将自己的玩具送给别人，让别人玩，并且不管是对自己的父母还是对不太熟悉的人，都表现出这些分享行为。1979 年，莱因戈德采用同样的方法进一步研究婴儿的援助行为：在家庭中留有一些未完成的任务，且让成人不要请婴儿帮助，在短短的 25 分钟里，参与实验的 20 个婴儿中有 18 个帮助了他们的母亲，同时还帮助了他们不熟悉的成年妇女。

2. 亲社会行为的发展

韦克勒和耶罗（Waxier & Yarrow，1982）就婴儿对处于困境的他人的反应进行了 9 个月的追踪研究。观察对象为 10、15、20 个月的 3 个年龄组的婴儿。他们训练母亲们详细观察记录婴儿平常的行为，模拟设置一些情绪困境并观察婴儿的反应。结果表明，10~12 个月的婴儿对他人的困境还不能产生明显的情绪和动作反应，只有 1/3 的情况引起他们简单的注意，有时伤心、哭泣，有时用眼睛搜寻看护人等。15、16 个月的婴儿对处于困境的他人开始有积极的反应，即能主动地接触、轻拍、抚慰他人。18~24 个月的婴儿的这类反应越来越明显、频繁和多样化。2 岁婴儿能够主动帮助陷入困境的人，拿出自己的物品给对方，并提出应该怎么办的建议，用语言和行动对其处境表示同情，力图引起处于困境者的情绪变化，有时还请别人帮助他，或者用替代性活动来转移、安慰处于困境者等。但是，婴儿并不总能对他人痛苦的表情线索做出积极反应。这些线索有时引起躲开、回避或攻击，但与积极性反应相比，这类反应发生的频率很低。邓恩等人（Dunn et al.，1979）的研究发现，14 个月的婴儿就能对他的兄姐表示关心，并知道如何使他们高兴、使他们喜欢自己，并以自己特有的方式向他们提供注意、同情、关心、分享和帮助。

（二）移情行为

在众多的关于婴儿的亲社会行为的研究中，霍夫曼（Hoffman，1976，1984）关于同情心或移情（transference）和利他主义行为的研究占有重要地位。霍夫曼认为，移情是一种无意识的、有时十分强烈的对别人情绪状态的体验。它是推动人做出有利于他人利益的行为，甚至不惜牺牲自己利益的力量。

1. 移情行为的发展

婴儿已有移情行为的表现，他们能感受到别人正在感受的东西。一个 18 个月大的婴儿，当他看到另一个婴儿跌倒后哭了，他也会跟着哭起来，或者吸吮自己的手指，看上去焦虑不安，非常痛苦难过，这是最初的移情反应的表现。它发生于婴儿出生后的 1~2 年，这时的反应还不能说明婴儿真正理解别人的情绪状态。这种反应产生的原因一般用经典的条件反射理论给予解释，就像婴儿条件性害怕的习得。一个 1 周岁的婴儿，已在各种场合起码哭了上百次，这种哭声反复地跟婴儿自己的苦恼或痛苦连接在一起。这样，通过这种简单的结合，别的婴儿的哭声就可能唤起他的痛苦的体验，或对先前痛苦的回忆，因此他甚至会流眼泪。如果婴儿能想象出一个办法使其他婴儿停止哭泣，他自己或许也会感觉好一点儿。

2. 婴儿移情行为的特点

艾伦弗里德（Aronfreed，1970）在霍夫曼研究的基础上研究了婴儿做出一些牺牲而减轻别人痛苦的条件。他发现：①婴儿需要有多次与父母或他人同时产生共同的痛苦之类的体验的经验；②婴儿同伴的痛苦要有明显的外部表现，如痛苦的哭声。但是，仅知道同伴有痛苦是不够的，艾伦弗里德还发现，共同的愉快感受和展现愉快的情绪表现也能刺激婴儿做出一些牺牲，以给同伴带来更大的快乐。艾伦弗里德的研究工作强调亲眼看见他人痛苦及把自己的感情和别人的感情联结起来，这就是利他主义行为产生的基础。

（三）社会行为产生与发展的原因

海（Hay，1979）探讨了早期社会行为，特别是亲社会行为产生、发展的内部过程及其原因。他认为，婴儿与成人的交往、成人给婴儿行为提供的榜样和强化是非常重要的。在日常生活中，婴儿随时看到和亲身经历成人如何满足他的需要，给他以安慰、援助等。这个过程包含了大量的学习亲社会行为的机会。之后，当婴儿碰到类似的情景，一旦表现出类似的亲社会行为，成人便鼓励他以强化。因此，婴儿的良好社会行为逐渐得以巩固并养成习惯。

五、婴儿道德发展的特点

我（林崇德，1989）在研究中发现，3 岁前是道德萌芽的时期，是以"好"（或

"乖""对""好人"）与"坏"（或"不乖""错""坏人"）两义性为标准的道德动机，并依此引出合乎"好"与"坏"的道德需求的行动。此时，婴儿不可能掌握抽象的道德原则，其道德行为是很不稳定的。这个阶段的主要任务是理解"好""坏"两类简单的规范，并做出一些合乎成人要求的道德行为。

（一）婴儿的道德观念与道德判断及其行为表现

婴儿的道德观念、道德行为是在成人的强化和要求下逐渐形成的。当婴儿在日常生活中做出良好的行为，成人就表现出愉快的表情，并用"好""乖"等词给以阳性强化（或正强化）；当婴儿做出不良的行为，成人就表现出不愉快的表情，并用"不好""不乖"等词给以阴性强化（或负强化）。在这样的过程中，婴儿就能不断地做出合乎道德要求的行为，并形成各种道德习惯（moral habit）。以后再遇到相似场合，婴儿就毫不迟疑地做出合乎道德要求的行为，而对于不合乎道德要求的行为，则采用否定的态度或加以克制。例如，当2~3岁的婴儿看到别的婴儿手里有新奇、好玩的玩具，就想拿过来玩，但又觉得抢别人的东西是不对的，因此努力克制自己的愿望而不去抢玩具。

婴儿的道德判断（moral judgement）也是在与成人的积极交往中逐渐学会的，先学会评价他人的行为，进而学会评价自己的行为。在评价自己的行为时，先模仿成人对自己行为的评价，例如，成人说"好""乖"，婴儿也认为是"好""乖"；成人认为"不好""不乖"，婴儿也认为"不好""不乖"。之后，婴儿逐渐学会自己评价自己的行为。

但是，由于婴儿的生活范围狭窄，生活经验缺乏，同时由于认识或意识水平的限制，他们的道德行为都只有一些萌芽表现。比如，婴儿在一起玩时，知道应该互相友好，大家一起好好地玩，但仍常推人或抢别人的玩具；如果别的婴儿也推他一下，或者说"不给"，他还会动手打人，甚至去告诉成人"他不给我"。而且婴儿的行为是极其不稳定的，常常受到情绪和周围环境的影响，并不总能服从于一定的道德标准。例如，同一个婴儿，刚刚帮另一个婴儿捡起球并得到了成人的表扬，但过一会儿他又会把这个婴儿的球打掉，两人吵起来了；刚刚看到另一个婴儿在摘花，一本正经地告诉他"好孩子不能摘花"，可过一会儿，他自己又忍不住去摘花。反过来也一样，一个婴儿刚刚把另一个婴儿搭建的汽车推倒，并把那个搭汽车的婴儿弄哭了，但不消几分钟，两人又和好了，不仅把玩具给对方玩，还和那个婴儿一起搭建房子。因此，2~3岁婴儿的道德观念、道德行为还只有一些最初步的表现，对此不可做过高的估计，也不能提出过高的要求。对婴儿的行为、品质不可轻下论断，要经常地给以提醒、鼓励和要求。

（二）婴儿的道德感及其行为表现

如前所述，婴儿在掌握道德观念的基础上已经产生了初步的道德感，如同情心、责任感、互助感等。1.5~2岁的婴儿已能关心他人的情绪，关心他人的处境，因他人高兴而高兴，因他人难受而难受，并且力图安慰、帮助他人。之后，随着自我意识的进一步发展及成人的不断教育，婴儿对自己和他人的行为是否符合社会道德准则（moral code）产生了最初的体验。当自己或别人的言行因符合他所掌握的社会准则而受到表扬，婴儿便产生高兴、满足、自豪的情感体验；当自己或别人的言行因不符合他所掌握的社会规范而受到批评或斥责，他便会产生羞怯、难受、内疚和气愤等情感体验。例如，当看到别的婴儿手里有巧克力，想夺过来吃，成人生气地制止这一行动，并告诉他"好孩子不抢别人的东西吃"，这时婴儿会有羞愧的体验；当把自己喜欢吃的雪糕分给别的婴儿吃，妈妈笑眯眯地称赞他"真乖，真是好孩子"，婴儿会产生高兴、兴奋的情绪体验。

在成人的教育下，2~3岁的婴儿也表现出了最初的爱和憎。在看到故事书上的大灰狼、大狐狸时，婴儿会用拳头去打，用手指去戳；而在看到小兔子战胜了大灰狼、小鸭子把大狐狸拖下水时，便高兴得拍手大叫。

当然，这时婴儿产生的道德情绪体验还是非常肤浅的。因为他们的这些行为或是出于成人的要求、评价和强化，或是出于完全的模仿；而且，他们之所以产生这样的情感体验，也是因为受成人相应的评价和情绪表现的影响。进一步看，这种情绪体验在婴儿那里是十分短暂的，有时也不明显。只有在婴儿对自己的行为意义有了一定的理解或养成了一定的习惯后，他们才会有自觉的、主动的情感体验。因此，婴儿的道德感只能说是开始萌芽，各种道德行为也只是刚刚产生，并且逐渐出现最初的一些道德习惯。

六、个体差异的最初表现

前面集中探讨了婴儿情绪、社会性与道德发展的基本规律和总体特点。事实上，就每一个社会个体而言，由于其知识经验、认知能力、个性特征及文化背景等方面的不同，其情绪、社会性与品德等心理特征也表现出千姿百态的特点，在心理发展的开始时期就已经表现出明显的个体差异。目前，对个体差异的研究正受到发展心理学家的普遍重视。

(一)早期的气质表现

刚出生的新生儿已表现出明显的差异，在啼哭、安静、动作等各个方面都表现出自己的特点，这就是气质(temperament)，即个体对环境的一种行动方式，是儿童人格发展的基础。

研究者们认为，婴儿的气质主要表现在3个方面。第一，活动性(activity)。有些婴儿的活动性较强，他们频繁地挥动胳膊和腿，对敲打、摇动玩具表现出极大的兴趣；而有些婴儿则较为安静，活动较少，动作也较缓慢。这种早期的活动性水平会进一步影响婴儿伸手、张嘴、取物、爬行、站立等活动的强度和频率。有人认为，新生儿的高活动水平与诸如勇敢、竞争性、自作主张、大方、不遵守命令等人格特征有一定的联系(Buss & Block，1980)。第二，激动性(irritability)。高度激动的婴儿经常处于烦躁状态，常常哭叫，情绪不稳定，不易平静，这种婴儿往往容易与母亲产生冲突(Lee & Bates，1985)。第三，反应性(reactivity)。有些婴儿对细微的刺激都会产生反应，喜欢得到拥抱和亲吻，而有的婴儿只对一定强度的刺激产生反应。

(二)早期的个体差异

美国心理学家托马斯等人(Thomas et al.，1977)进行了长期的追踪研究，认为儿童早期确实存在着相对稳定的个体差异，表现在以下 9 个方面：①活动性；②生理机能（饥饿、睡眠、排泄等）的规律性；③对新环境或人的接受的准备性；④适应变化的能力；⑤对声、光及其他感觉刺激的敏感性；⑥心境；⑦反应强度；⑧注意力的分散；⑨注意的广度和持久性。根据儿童的这 9 种特征的表现，托马斯等人将儿童的气质划分为 4 种类型：①"容易"婴儿，他们往往是安静的，生理机能具有一定的规律性，对所有人都很友好；②"困难"婴儿，其生活缺乏规律性，睡眠和进食都较少，常大声地哭或笑，会突然发脾气，细微的环境变化也能引起较强的反应，在接触陌生人或面临新事物时常表现出退缩；③"逐渐热情"婴儿，他们的反应是温和的，既有积极的，也有消极的，他们不很喜欢新的情境，但能以自己的速度产生兴趣并进入新的情境，面对新事物时也有退缩行为，但其退缩反应并不强烈；④还有一部分婴儿可被归为"平均"类型，他们的各项反应都属于中等水平。

气质特征不仅是婴儿个体差异的主要表现形式，而且是影响个体发展的一项重要因素。许多研究都发现，婴儿的气质倾向对日后的发展可产生影响。

第五章

学龄前儿童的心理发展

学龄前期(或学前期)是指儿童从 3 岁至 6 岁或 7 岁这一阶段,这是儿童正式进入学校以前的一个时期。因为这是儿童进入幼儿园的时期,所以又被称为幼儿(或学前儿童)时期。

幼儿在环境和教育的影响下,在以游戏为主的各种活动中,其身心各方面都有很大的发展,与婴儿期相比产生了许多质的飞跃。幼儿生理机能不断发展,身体各部分的比例逐渐接近成人,神经系统,尤其是大脑皮质的结构和机能不断成熟和完善,这些都为幼儿的心理发展提供了物质基础。

幼儿的心理发展过渡到新的、更高的发展阶段的过程主要是在活动中完成的。幼儿期的主导活动(dominant activity)是游戏。游戏不但是幼儿认识世界的手杖、观察生活的窗口、积累知识和经验的源泉,而且是通过实际活动积极探索周围世界的重要方式。同时,由于游戏更多表现为一种交互作用,幼儿的社会性在游戏中也得到了最充分的体现和发展。

同婴儿期比较而言,语言的发展到幼儿期也是个质的飞跃。他们在掌握正确的语音、丰富的词汇和复杂的语法结构等基础上,言语表达能力迅速发展起来。

正是随着幼儿活动范围的扩大、幼儿感性经验的增加及语言的丰富,幼儿的认知和社会性也不断地由低级向高级发展,并出现了许多新的特点。从毕生发展心理学的观点来考察,越来越多的研究者开始意识到幼儿期是心理发展的关键期,他们的感觉、知觉、记忆、思维、语言、动作及人格发展在这一阶段都出现了质的飞跃。因此,早期教育和早期智力开发已成为摆在研究者面前的现实课题。

本章围绕学龄前期儿童的心理发展,着重探讨以下问题。

①学龄前期儿童身心发展的一般特点有哪些？

②为什么说游戏是学龄前期儿童的主导活动？游戏有哪些种类？学龄前期儿童的游戏又是怎样发展的？

③学龄前期儿童的语言有哪些表现？其词汇和言语表达能力是如何发展的？

④学龄前期儿童的认知发展有哪些特点？有哪些方面的表现？

⑤学龄前期儿童的社会性发展有哪些表现？具体特点是什么？

第一节

———

幼儿园的小天使

幼儿园是教养幼儿的机构。这种集体的学前儿童的教养机构首先在欧洲出现。最早创办学前儿童教养机构的是法国教师奥贝尔林，他于 1767 年在其教区建立了一个托儿所（原名"salle daside"，字义为"hall of refuge"，即稚童所，后在英文中亦称"infant school"），聘请青年妇女照顾父母在田间劳动的小孩，教小孩游戏、收集植物标本等。后来，英国的欧文于 1816 年在纽兰纳克创办了幼儿学校（preschool），主要招收 2~5 岁的儿童。1837 年，福禄贝尔始创幼儿园，这一名称在国际上沿用至今。19 世纪后半期，欧美国家相继设立幼儿园，出现了像玛利亚·蒙台梭利（Maria Montessori，1870—1952）这样著名的幼儿教育家。

在中国，1903 年《奏定学堂章程》规定设立蒙养院，收 3~7 岁幼儿，最先设立的有武昌模范小学蒙养院和京师第一蒙养院。1912 年改为蒙养园，1922 年定名为幼稚园。

在幼儿园里，幼儿天真无邪的面容、稚趣活泼的举止，就像小天使一样可爱。在他们的生活和活动中，小天使处处表现出自己独有的特点。

一、渴望社会生活

儿童出生以后，在一定的社会生活和教育条件下，经过 3 年的时间，已逐渐发展为能够独立行走，广泛操纵物体，进行初步的语言交际，具有直观行动思维，并且能从事一些最初步的游戏活动的个体。就在这些发展的基础上，儿童进入了学前期，或幼儿时期。

在幼儿时期，儿童表现最明显的特征是渴望参与社会生活。幼儿自身的发展促使他们需要参与社会生活，并且成为一名积极的实践者。由于游戏活动是幼儿时期的主导活动，因此游戏也是幼儿参与社会活动的主要形式。

(一) 幼儿需参与社会生活

任何人在任何时候都生活在特定的社会关系之中，也许幼儿时期的社会关系相对来说不太复杂，但他所接触的环境无处不带有社会文化色彩。社会因素通过直接与幼儿接触的抚养者、居住环境、玩具用品，特别是幼儿园的教养内容与形式，以一种强烈而深刻渗透的方式影响着幼儿身体、智能和社会性的发展。

考虑到幼儿独立生活能力的增长，成人对他们提出了比以前更高的要求，开始要求他们独立地承担某些简单的职责，如自己穿衣、吃饭、收拾玩具等。特别是当他们进入幼儿园，幼儿园虽然以游戏为主要活动，但开始逐步进行有组织的作业，如道德、语言、认识环境、图画、手工、音乐、户外活动等教学，并且开始注重养成良好的生活习惯，使他们的身心在入小学前就获得健全的发展。所有这一切都需要幼儿从事一些力所能及的社会生活活动，于是促进了幼儿初步地产生参加社会生活的愿望。这个过程是实现社会化的过程。

(二) 游戏是幼儿参与社会生活的主要活动形式

在学前期，一方面，在和成人的交往中，幼儿渴望参加社会生活，向往着成人的学习和工作等种种社会活动；另一方面，幼儿的能力还是非常有限的，他们还不能很好地掌握自己的行动，他们的知识经验还非常缺乏，且不能很好地控制自己，使自己的行为服从于比较远大的目的，这就产生了渴望成人的社会活动与其身心发展的局限性之间的矛盾。游戏活动就是解决这一矛盾的主要活动形式。这是因为幼儿在游戏中可反映周围现实生活和社会关系，通过游戏，他们能体验成人的社会活动、社会生活和道德面貌，领会人们之间的相互关系，促进自我形象的建立。可见，游戏是幼儿认识世界和促进社会知识发展的一种途径。与此同时，游戏也是促使幼儿身心迅速发展的最好活动形式。在正确组织的阶段活动中，幼儿的认知、情感、意志、人格、道德等能获得较快的发展，而且由于幼儿承担游戏中的某些角色任务，必须努力去完成，他们的动作就更富有目的性和积极性，从而有效地促进其身体运动器官的发育。

(三) 幼儿是社会生活的积极参与者

要想参加社会生活，幼儿就必须接受某些行为标准，即使在游戏中，也要遵循游戏的规则。成人往往须花费相当多的时间和精力向幼儿传递这些标准，并且感到自己对幼儿理解和适应标准的水平负有直接的责任。

成人为实施其社会化影响，可以使用各种手段，他们向幼儿讲解行为规范，设置奖励和惩罚，还可以限制幼儿生活的环境，以身作则，树立榜样。最重要的是，尽管如此，幼儿并非总能按照成人的愿望来参加社会生活和游戏。对于成人的指导，他们有时不能理解，有时加以反对，甚至对已经接受的游戏规则也不能执行。由此可见，幼儿渴望参加社会生活，也要遵循社会规则地行动，但幼儿绝不是社会灌输的被动接受者，相反地，从向往社会生活到参加游戏、参与生活，幼儿自己是一种主动积极的动因，他们能激发和创造一些影响自身发展的社会性经验，如完成创造性游戏(creative play)或其他游戏中的创造性行动；他们不仅参与决定自己的社会关系的性质，而且对来自成人的社会影响会用自己的方式再加工，从而积极参与社会生活。

二、神经系统的发展

随着年龄的增长及生活条件和教育条件的不断变化，3 岁以后，幼儿的神经系统进一步发展，突出表现在大脑结构的不断完善、机能的进一步成熟、单侧化现象的形成等方面。幼儿大脑的进一步发展为幼儿的心理发展提供了直接的生理基础。

（一）大脑结构的发展

3 岁至 6 或 7 岁幼儿脑结构的发展主要表现在 3 个方面。

1. 脑重的增加

新生儿的脑重约为 390 克，占成人脑重的 28% 左右。在此以后，脑重随着年龄而不断增长，到 3 岁时达到 900~1011 克，相当于成人脑重的 64% ~72%。到了六七岁时，脑重约为 1280 克，基本接近成人水平。之后脑重增长得相当缓慢，到 13 岁时达到成人脑重的平均数（1400 克），到 20 岁左右停止增长。由此可见，个体脑重的增长到幼儿时期基本完成。值得指出的是，这一结果并非由神经细胞大量增殖所致，而主要是由神经细胞结构的复杂化和神经纤维的不断增长造成的。

2. 神经纤维的增长及髓鞘化的基本完成

2 岁以后，脑神经纤维继续增长，并在以前多呈水平方向的基础上出现了向竖直或斜线方向延伸的分支。此后，神经纤维分支进一步增多、加长，开始形成更为复杂的神经联系。与此同时，幼儿神经纤维的髓鞘化也逐渐完成，使神经兴奋沿着一定道路迅速传导，并且更加精确。在新生儿期，脑的低级部位（如脊髓、脑干）已经开始髓鞘化，之后是与感觉运动有关及与运动系统有关的部位，最后与智力活动相关的大脑额叶区、顶叶区也相继髓鞘化。到 6 岁末，几乎所有的皮层传导道路都已髓鞘化。神经纤维的增长及髓鞘化的基本完成，使大脑皮质结构日益复杂化。

3. 整个大脑皮质达到相当成熟的程度

大脑皮质的成熟具有一定的程序性。我国心理学工作者关于幼儿脑发展的年龄特征的研究（刘世熠，1962，1964；沃建中等，2000）有以下发现。

第一，通过脑电波（如图 5-1 所示）频率考察脑的发展，发现 4~20 岁个体脑电发展的总趋势是 α 波的频率逐渐增加，其间有两个 α 波显著加速的"飞跃"期，其中 5~6 岁即幼儿末期是第一个显著加速期，此时 α 波和 θ 波的对抗最为激烈，对抗的结果是 α 波开始明显超过 θ 波。而 α 波是人脑活动的最基本节律，频率为 8~13 周／秒，它在成人期呈现相当稳定的状态。一般认为 10±0.5 周／秒的 α 波节律是人脑与外界保持最佳平衡的节律，而 θ 波的频率多为 4~7 周／秒，不利于幼儿与外界保持最佳平衡。因此，幼儿末期脑电波中 α 波增多而 θ 波明显减少，表明脑结构趋向成熟。

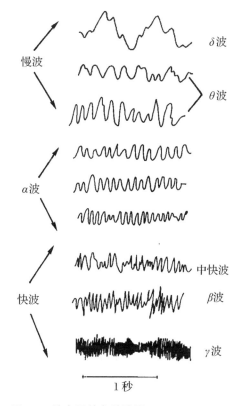

图 5-1　脑电图的各种波形（沃建中等，2000）

第二，关于大脑皮质区成熟度的研究表明，个体大脑各区成熟的路线为"O—T—P—F"，即枕叶（O）—颞叶（T）—顶叶（P）—额叶（F）。到幼儿末期，大脑皮质各区都接近成人的水平，7 岁时连发育最晚的额叶的结构也基本成熟。这就为幼儿智力活动的迅速发展和接受教育提供了可能。

(二) 大脑机能的成熟

随着幼儿大脑结构的发展，大脑的机能也发展起来。

1. 兴奋和抑制的神经过程不断增强，且二者日趋平衡

兴奋过程的加强明显表现在幼儿每日的睡眠时间相对减少，由新生儿时的每日平均 22 小时睡眠到 3 岁时平均 14 小时左右，而 7 岁时则只需要 11 小时左右。

抑制过程在婴儿期就开始发展，但一般在 3 岁以前内抑制 (internal inhibition) 发展得很慢，大约从 4 岁起，由于神经系统结构的完善、语言的掌握和周围环境的作用，内抑制有了较快的发展。突出表现在幼儿可以逐渐学会控制、调节自己的行为，而减少冲动性；与此同时，幼儿的睡眠时间逐渐减少，清醒时间相对延长 (Iglowstein et al. , 2003)。

但是，总的来说，在这一时期，兴奋过程仍强于抑制过程，兴奋过程和抑制过程还是不太平衡的。幼儿过久控制自己的行动易诱导皮下兴奋。

2. 条件反射易建立，而且较巩固

学前初期的儿童还具有婴儿期条件反射形成慢、缺乏强化则易消退 (或削弱) 等特点。但是，随着幼儿期神经系统结构的发展，到学前晚期，条件反射的形成和巩固就比以前明显加快。这非常明显地体现在幼儿学习新知识的速度较快、学会后也不易遗忘等现象中。比如，五六岁的孩子学一首新儿歌比 3 岁左右的孩子既快得多，次数也少得多，他们往往学几遍就可以记住了；而 3 岁的孩子可能要教七八遍，甚至十几遍，而且如果不及时复习，过几天就忘了。

(三) 大脑单侧化现象的形成

第四章曾谈到婴儿大脑单侧化的问题。近些年，关于幼儿大脑发展的研究中，对于大脑左右两半球机能侧向化的研究也是非常突出的一个方面。虽然大脑左右两半球在结构上几乎完全一样，但在功能上有所不同。一般来说，左半球是处理语言、进行抽象逻辑思维的中枢，右半球是处理表象、进行形象思维的中枢，形成两半球在功能上的高度专门化或左右脑半球优势（即人体上相对称之器官中较占优势者）。诸多角度的研究共同表明，儿童左右脑功能明显的侧向化发生在幼儿期。

1. 左右脑半球优势的形成

现代生理学的研究表明，大脑单侧化现象自婴儿期开始显现，而在幼儿期明显形成。郭可教（1981）通过对一个右脑半球严重病变、损及颞叶后部的 5 岁幼儿进行研究，发现其具有明显的左侧空间不识症，如在视野测定中，左侧视野不能见物。一个突出的表现是，在医院的花圃里，当其姑姑在其近处左侧视野里，他竟看不见，大声呼喊"姑姑，姑姑"并向前走。但是，该幼儿的语言能力完全正常，日常会话和对答都没有任何问题。这一事实表明，幼儿在 5 岁时大脑两半球机能已经单侧化，左右脑半球优势已经明显形成。

2. 优势手的形成

优势手就是使用较多的手，这种现象的出现是个体大脑优势半球的外部标志之一。我国关于优势手的研究取得了基本相同的结果。李鸣杲、金魁和（1987）曾用儿童抓物的方式研究不同年龄儿童优势手的形成，结果表明，1 岁的儿童使用左右手的次数接近 1：1，随着年龄增长，儿童使用右手的次数逐渐增多，至 5 岁以后基本趋于固定值。具体结果如表 5-1 所示。

表 5-1 儿童优势手的形成过程（李鸣杲、金魁和，1987）

优势手	人数／人						
	1 岁	2 岁	3 岁	4 岁	5 岁	6 岁	7 岁
右手	670	942	1103	1129	1165	1153	1192
左手	592	316	267	270	233	247	208
双手	138	142	30	1	2	0	0

钟其翔（1988）对广西幼儿园幼儿的调查指出，小班幼儿左利手占 27%～30%，中班幼儿中就只占约 9%，而大班幼儿中只占 4%～9%。

从上述研究材料可见，幼儿大脑优势半球在 5 岁左右已经形成，左右脑已有明确的功能分工。

三、具体形象性占优势

幼儿的各种心理过程带有明显的具体形象性和不随意性，抽象概括性和随意性仅刚刚开始发展。这里先对此做一个总体的描述，在第四节再做详细讨论。

(一)皮亚杰的前运算思维阶段

前运算思维阶段是皮亚杰认知发展阶段论中儿童认知发展的第二个阶段(2~7岁)。在此阶段，儿童的各种感觉运动图式开始内化为表象或形象图式，特别是由于语言的出现和发展，促使儿童日益频繁地用表象符号来代替外界事物，重现外部活动，这主要是表象性思维(representative thinking)，又称具体思维(concrete thinking)，即个体利用头脑中的具体形象来解决问题的思维。

这一阶段儿童认知的特点，可以归结为4个方面。

1. 相对具体性

相对具体性(relative concrete)指儿童发展运用符号的能力，开始依赖表象进行认知，是一种表象性认知，但还不能进行运算认知。

2. 不可逆性

如果你问一个3岁的女孩："你有姐妹吗?"她说："有。""她叫什么名字?"她说："琪恩。""琪恩有姐妹吗?"她答："没有。"这时，幼儿对关系的认识是单向的、不可逆的，不能进行可逆运算。这一阶段的儿童还没有守恒结构。例如，给儿童看两个同样大小的用泥捏成的圆球，她说两个一样大，所用的泥一样多;但在继续看着的情况下，如果把一个泥球拉成香肠的形状，再问她，她就会说香肠形状的这个比另一个用的泥多。

3. 自我中心性

自我中心性(egocentricity)指儿童站在自己的经验中心，只有参照自己才能理解他人，他认识不到他人的认知过程，缺乏一般性，并认为他所知道的东西别人也会知道，他的谈话多半以自我为中心。

4. 刻板性

刻板性（stereotype）指当注意集中在问题的某一方面时，就不能同时把注意力转移到另一方面，像液体守恒中，儿童只能注意到杯子的高度，或者注意到杯子的宽度。

由这 4 个方面的特点可知，这个阶段的儿童没有逻辑概念（只能有日常概念或名称概念）。

（二）具体形象性与不随意性的表现

幼儿知识经验贫乏且语言系统的发展还不够成熟，因此主要以具体形象的形式来认识外界事物，这就是具体形象性。幼儿所进行的是初步逻辑思维。他们一般不能给事物下抽象的定义，而只能下功能性定义，例如，花是好看的，果实是好吃的，椅子是可以坐的东西，等等。幼儿也能掌握数的概念和进行计算，但同样需要直观形象的不断支持和强化，否则就会有很大的困难（朱智贤，1979）。

当然，幼儿也在不断形成一般表象和初级概念，他们已能对各种信息进行加工，从而进行初步的逻辑思维。这也是第二章所阐述的国际心理学界对皮亚杰阶段理论质疑的焦点之一。但同时也应该看到，皮亚杰的前运算思维观点是非常有道理的。

此外，正由于幼儿知识经验的贫乏和语言系统的发展不够成熟，儿童还不能经常有意地控制和调节自己的行动，一般心理过程还带有很大的不随意性，即心理过程往往是不能意识到的、不由自主的，于是幼儿的心理活动也带有很大的不稳定性。因此，在很大程度上，幼儿还是由外界印象的调节支配的，他们很容易受外界新颖事物的吸引而改变自己的心理活动，其有目的、有系统的独立思考能力是很差的。当然，在整个学前期内，在教育的影响下，这种特点逐渐发生改变。一般来说，5 岁以后，儿童的各种心理过程的随意性和稳定性都在不断增强。学前儿童心理过程的随意性和稳定性的不断增强，为其进入学校学习准备了重要条件。

四、情境性与模仿性

幼儿社会性和道德的发展，其突出的一点是情境性，即他们在社会性的过程中，大多活动由情境或情景左右。于是模仿性——由仿效别人的言行举止引起的与之相类似的行为活动——必然成为幼儿时期的一种明显的特点。这里先对此进行概述，本章第五节再进行详尽的探讨。

(一)幼儿的情境性

3岁至6或7岁主要是情境性的社会性和道德发展时期。这时社会性和道德行为的动机往往受当前刺激(即情境)的制约，特定的情境产生与此相对应的社会行为。同时，幼儿的社会性认知和道德认识(moral cognition)带有很大的具体性、情境性和受情境的暗示性。这个阶段社会性发展的主要任务是开始接受系统而具体的社会性教育和道德品质教育。

(二)幼儿的模仿性

模仿性是幼儿的显著特点之一。幼儿经常学父母、老师或同伴的样子，说和别人相似的话，或者再现别人做过的行为、动作。一个3岁的幼儿在看电视时总爱拍一下腿，然后说："太棒了!"其神态、语言和动作与其父母如出一辙。时常可以听到有人这样说："这孩子的行为与幼儿园老师的极其相像。"除模仿身边熟悉的人外，幼儿还经常仿效电影或电视中的角色，几个幼儿凑在一起，常能重演影视中的一些画面。

1. 模仿是获得新行为的有效途径

模仿是对他人所显示的行为及其特点进行有选择的重复(再现)，它是人类和动物学习新行为的有效方式。模仿是一种普遍的成熟现象，是一种人类内在的能力。事实上，幼儿的模仿就像鱼会游、鸟会飞一样，代表了在发展早期出现的一种基本能力。因此，几乎所有儿童都会模仿，而且在出生后七八个月时就已经发生，并在之后的几年中变得更经常和更复杂。但是，虽然模仿带有一种本能的特征，它并不是指向幼儿所接触的所有对象的。幼儿的模仿是有选择的，他们对某些人的模仿多于对另一些人的模仿，对某些行为的模仿多于对另一些行为的模仿，他们常在观察了大量的行为后重现其中部分的行为和细节。

2. 影响幼儿模仿的因素

影响幼儿模仿谁、模仿什么的因素是多方面的，主要有 3 种。

第一，被模仿者所具有的特点，如有较高的社会地位、社会影响力，或有能力唤起幼儿的某种强烈的情绪体验（高兴、愉悦等）。他们会给幼儿留下突出的情绪和感知印象，因而经常被模仿。如幼儿园里的老师，特别是玩法多样、关怀幼儿、受幼儿喜欢的老师，经常受到老师关注的同伴，以及父母等，常成为幼儿模仿的对象。

第二，模仿行为的后果。模仿行为的后果可能是奖励、惩罚或达到一定的目标。当幼儿感到模仿是一种获得愉快、力量、表扬或实现其他目标的途径，他们就会积极地模仿有关的行为。比如，当一个 3 岁幼儿看到另一个幼儿用"武力"成功地从别的幼儿手中抢走了自己想要的玩具，他就会模仿这种欺侮人的行为，抢走另一名幼儿的玩具。同样，幼儿也可能由于班上的一个女孩子因经常帮老师收玩具而受奖励，就去模仿她的行为。

第三，不确定性的影响。幼儿最经常模仿的是自己正在学习掌握的行为，而最不可能去模仿的是那些已完全掌握，或者非常复杂以至于难以尝试的行为。

3. 幼儿模仿的形式

幼儿模仿主要有两种形式。

第一，即时模仿（immediate imitation）：在观察到被模仿者的某种行为之后立即模仿。例如，一个男孩在看到另一个男孩拖着一块大长方形空心积木当马骑并满屋跑后，他立即拉过来一块大积木满屋跑；当看见一个幼儿在盥洗室拿抹布团作为手榴弹扔着玩，另外几个幼儿马上加入。

第二，延缓模仿（或延迟模仿）：在观察到被模仿者的某种行为之后，经过一段时间的间隔才重复出现该行为。如下面这位妈妈的报告：2 周前她打扫房间时曾趴在地上(地面上铺了层报纸)打扫床底下的灰尘,2 周后,当她女儿的球滚进床底下,她女儿也拿来张报纸铺在地上,然后迅速地钻进床底下。在日常生活中常听到幼儿说出或做出父母一段时间前说过的话语或做过的行为。研究表明,延缓模仿虽然在婴儿时期已经出现,但在幼儿期才获得进一步的发展。延缓模仿是一种智力的模仿,比即时模仿要求更高的心理智力参与,亦较之困难和复杂得多,是一种较高级的模仿。幼儿时期认知能力尤其是心理表征能力的发展,使延缓模仿的大量运用和发展成为可能。

4. 模仿与认知的关系

幼儿的模仿性非常突出,既与幼儿心理和行为的认知发展水平有关,也与幼儿心理和行为的有意性水平有关。幼儿心理和行为具有很大的不随意性与情绪性,有意识地调节和控制自己的心理活动与行为的能力较差,他们很容易受外界其他人或事物的影响,经常因为外界其他人的言语、行为而改变自己的言语或正在进行的活动。比如,三四岁的幼儿经常看见别人做什么他也要做什么,听说别人要玩什么他也要玩什么。在小班,给幼儿的玩具的种类不必很多,但同一种玩具必须具有一定的量(常用的玩具如布娃娃、汽车等,最好有 5 个以上),原因就在于此。

幼儿的模仿性和思维发展的局限性与是非判断能力较差密切相关。幼儿思维的最突出特点是具体形象性,思维受直接感知的影响极大,这使幼儿的行为在很大程度上受到直接感知到的周围人的行为的影响。幼儿是非判断能力较差,常不分是非,只图当时的好玩、热闹而跟从、模仿。例如,听到一个幼儿喊"稀巴烂,炒鸡蛋"且觉得很好玩,班上许多幼儿都跟着喊"稀巴烂,炒鸡蛋";若看到一个幼儿骑在另一个幼儿身上,压得对方喊"饶命",他觉得挺好玩,也凑趣往上压,另一个看见了再凑趣往上压,而不管是非、对错、是否应该去做。幼儿在许多场合的模仿,尤其是对一些消极的、不恰当的行为的模仿,与其是非判断能力较差、是非观念不明确有直接的关系。

5. 模仿对幼儿发展的作用

幼儿模仿性对幼儿的心理与行为发展,特别是社会化的过程影响极大。诸多研究共同表明,模仿是幼儿习得行为、社交技能、活动方式(activity style)和操作经验

（operation experience）等的重要学习途径。有关幼儿亲社会性和攻击性的实验研究指出，模仿既可以提高亲社会性行为的发生频率，也可以增加幼儿攻击性行为发生的可能性；而且这种影响对儿童社会性行为的发展具有较长期的效应。孤独儿童（lonely child）的干预研究（intervention research）指出，让比较孤独的幼儿观看成组幼儿一起友好交往的录像片（或录影带），可使他们模仿片中幼儿的社交行为，并逐渐增加其实际生活中的社交技能与社交主动性，进而改变其原来的孤立状况。有关幼儿亲子交往和同伴交往的研究表明，模仿是幼儿获得大量生活经验、认知操作经验和解决问题能力的重要途径。幼儿通常是在与父母及同伴的交往中，通过观察、模仿他们的行为和操作而逐渐掌握许多生活技能、操作技能和解决问题的方式的。因此，模仿对幼儿的心理与行为发展具有很大的意义。同时，它既具有积极、有利的一面，也具有消极、不利的一面。

第二节

在游戏的王国里

诚如前述，幼儿喜欢游戏，游戏是幼儿的主要活动形式；幼儿的心理在游戏的王国中获得发展，游戏是幼儿身心发展的源泉。因此，有效地组织幼儿的游戏活动成为学前教育的主要方式和手段。

一、游戏的理论

在儿童游戏实质的研究中，不同学派持不同的学术观点和解释方式，从而形成和发展了不同的游戏理论。

(一)经典的游戏理论

19 世纪下半叶到 20 世纪 30 年代是儿童游戏研究的初始阶段。在这一阶段，研究者从各自的哲学观点和理论思维出发，提出了最早的一系列游戏理论，即经典游戏理论。下面择其要者简述之。

英国心理学家赫伯特·斯宾塞(Herbert Spencer, 1820—1903)提出了精力过剩论(energy theory)，他认为游戏是由于机体内剩余的精力需要发泄而产生的。对于过剩精力，必须寻找方法去消耗它，游戏是一种消耗精力的最好形式。剩余精力越多，游戏就越多。

美国心理学家霍尔的复演论认为，游戏是远古时代人类祖先生活的特征在儿童身上的重演。不同年龄的儿童以不同的形式重演祖先的本能活动。例如，女孩玩洋娃娃是重演母性的本能时期，男孩 6~9 岁时是狩猎本能的复演期。

此外，德国的莫里茨·拉扎鲁斯(Moritz Lazarus, 1824—1903)提出了娱乐论(或松弛论)(recreation and relaxation theory)，彪勒提出机能快乐论(functional pleasure theory)。他们都认为游戏是与工作、劳动相对的，游戏来自有机体放松的需要或快乐的满足；游戏更多的不是精力过剩而是精力不足造成的，游戏更像一种积极方式的休息和恢复。

(二)精神分析学派的游戏理论

弗洛伊德从精神分析理论的观点提出了游戏的补偿说(compensation theory)，又称发泄论(catharsis theory)。他认为，儿童有许多冲动和愿望在现实中得不到实现，于是通过游戏加以补偿。儿童在游戏中受快乐原则(或唯乐原则)自动调节，快乐原则体现在儿童游戏中，表现为游戏能满足儿童的愿望，使其逃避现实的强制和约束，并为发泄受压抑的、不能为社会所允许和接受的冲动提供一个安全的场所。

埃里克森则在弗洛伊德学说的基础上提出了掌握论(theory of mastery)。他认为，游戏可以帮助自我对生物因素和社会因素进行协调和整合。因为游戏创造了一种典型的情境，在游戏中，过去可复活，现在可表征与更新，未来可预期，所以游戏是自我的一种机能，它能使身体发育和社会性发展两种过程同步进行。游戏的形式往往随年龄的增长和人格的发展而变化。游戏产生在婴儿期，而在幼儿时期起着重要的作用，它帮助幼儿在一定范围内定向，辨认想象与现实之间的最初界限，辨认在文化环境中什么是有意义的、什么是被允许的。在幼儿时期，幼儿通过在游戏中扮演角色来表现内心的冲突和焦虑，并解决问题。

（三）皮亚杰的游戏理论

皮亚杰从智力或认知结构出发，认为游戏是智力或认知活动的一个方面，游戏也是同化超过顺应的表现。因为同化与顺应之间的平衡是认知或适应活动的特征，如果顺应大于同化，主体则往往出现重复的动作，如模仿动作；如果同化大于顺应，主体则完全不考虑现实的客观特征，而只是为了实现某种愿望去活动，去改变现实，这就是游戏。游戏的发展水平与儿童认知的发展水平相适应，在认知发展的不同阶段，游戏的类型也不一样。在感知运动阶段，出现了最初形式的游戏，它是为了取得机能性快乐（或功能性乐趣）（functional pleasure）而重复所习得的活动。到了前运算思维阶段，象征性游戏（symbolic play）成为儿童的典型游戏。这时，游戏超出了当前的范围，而扩展到时空适应的领域，即它唤起了直接知觉与动作场之外的东西。象征性游戏的发展又分为两个阶段：2~4 岁是前概念思维的游戏；4~7 岁是直观思维的游戏。皮亚杰认为，儿童需要游戏，尤其是象征性游戏，这是因为儿童难以适应周围现实世界，他不得不经常使自己适应于一个不断从外部影响他的、由年长者的兴趣和习惯组成的世界，同时又不得不经常使自己适应于一个对他来说理解得很肤浅的物质世界。所以，游戏是认知兴趣和情感兴趣之间的一个缓冲地区，其主要功能就是通过同化作用来改变现实，以满足自我在情感方面的需要。

（四）游戏的觉醒—寻求理论

游戏的觉醒—寻求理论（arousal-seeking theory）出现于 20 世纪六七十年代，它以探讨游戏发生的生理机制与环境的影响为特色，丹尼尔·E. 伯莱恩（Daniel E. Ber-lyne）、科琳·哈特（Corinne Hutt）与艾伯特·埃利斯（Albert Ellis）是代表人物。这一理论以人类有社会性内驱力，需要不断参与信息加工活动为前提，并认为个体的中枢神经系统总通过控制环境刺激的输入量来维持和追求最佳觉醒水平。此外，缺乏刺激导致的不适使机体从内外两方面寻求刺激；刺激过剩使机体减少注意来拒斥一些刺激。游戏正是儿童用来调节环境刺激量以达成最佳觉醒状态的工具。在觉醒水平与游戏的关系上，伯莱恩和哈特有不同的意见。伯莱恩认为，游戏是缺乏刺激时所产生的多样性探究，所谓探究，就是了解"这是什么"的意思，目的在于寻求刺激，因而与由新异性刺激引发的"特殊性探究"不同。而哈特认为，只有中等水平的刺激才会引起游戏，游戏包括认知性行为与嬉戏性行为，探究从属于游戏。不过总的来看，该理论对儿童通过游戏调整刺激输入和激活环境的机制做出了解释，提示人们注意在人与环境的交互作用中存在环境刺激适宜性问题。教育者在布置教育环境、安排教育内容及投入活动材料时均需注意这些问题，因为过多、过少的环境刺激均不利于儿童的游戏行为与心理发展。

(五)游戏的元交际理论

贝特森(Batson，1952)曾经提出游戏的元交际理论(或后设交际理论)(meta-communication theory)，他认为游戏是一种元交际过程，在人类文化演进与个体社会化中有重要意义。元交际(或后设交际)(meta-communication)指交际活动中交际的双方识别、理解对方交际表现中隐含意义的活动。人类社会是一个表征世界，人类的交际活动也带有丰富的深层含义，交际双方只有理解了交际活动背后的深层含义，才能达到真正的沟通，所以元交际在人类交往中相当重要。游戏正是一种元交际的机会。游戏以"玩""假装"为背景来表现种种现实生活中的行为，只有理解了这些行为背后的含义，参与者才能真正进入游戏情景。游戏实际上是将人类的表层活动与活动的深层含义联系起来，也体现了活动及其含义之间的差异与统一，能引导游戏者在联系中增进认识。无疑地，包含元交际活动的游戏对于儿童理解和建构表征世界具有先导作用。儿童游戏的价值不在于教会儿童某种认知技能或让儿童承担某种角色，而在于向儿童传递特定文化下的行为框架，并教儿童如何联系所处的情景来看待行为，以及如何在联系中评价事物。该理论从人类活动的元交际特性出发，指出了游戏本身的价值，为重新认识儿童游戏的地位提供了新思路。

从前述介绍可见，游戏理论不仅很丰富，而且分析的角度也极不一致。尽管如此，它们也是有共同点的。根据前面对游戏理论的探讨，结合各派的游戏学说，可以获得如下 3 点认识。

第一，游戏是儿童在社会生活中满足自身身心发展需要而反映现实生活的活动，它是儿童的生物性与社会性发展的统一。

第二，游戏是一种具有多种心理成分的综合性活动，具有虚构性、兴趣性、愉悦性和具体性。

第三，游戏是儿童的主要活动形式，它的功能是促进儿童认知、情感、行为和人格的积极发展，使主体较好地适应现实，有目的地认识世界，能创造性地反映生活。

二、游戏的种类

游戏的种类（或游戏类型）（types of play）有很多，究竟如何分类，在学前心理学界和学前教育界并不统一，不同国家的分类也不相同。这里将儿童的各种游戏活动从不同角度和发展方面分成许多类型。

（一）依儿童行为表现分类

从儿童的行为表现上分类，游戏可分为语言游戏（language play）、运动游戏（motor play）、想象游戏（imaginative play）和交往游戏（intercourse play）。表演游戏（dramatic play）则可以被看作以上这些游戏的综合形式。

1. 语言游戏

语言游戏指以语音、语词、字形、词义、语调、语法等语言要素为内容和目的的游戏。语言游戏不像其他游戏仅以语言为交流信息的中介，而是探索、操纵语言符号本身，并使游戏者从中获得娱乐。因此，语言游戏能帮助儿童掌握语言，提高儿童学习语言的兴趣，并能促进儿童元语言意识（或后设语言意识）（meta-linguistic awareness）的发展。语言游戏的分类有多种，可按目的性分为自发和人为两种，也可以分为纯语言游戏和伴随直观材料的游戏，还可以按内容分为语言游戏、语调游戏等。语言游戏的发展存在内容不断加深拓宽的趋势：1 岁前语言游戏以成人和婴儿间的语音游戏为主要形式；5 岁时已扩展到语音、语调、词义、字形等数种形式；5 岁以后，随着对语言规则、意义的理解加深，儿童开始有意运用多义、谐音等技巧娱乐；10 岁左右，元语言意识出现，可以有意制造双关、悖论等现象并从中取乐。年龄小的儿童喜欢以语音、节奏的变化和组合为主的语言游戏，如绕口令、接龙、拍手歌谣等；而儿童中期至青年期主要的语言游戏是采用多义、同音、双关和悖论等手法进行的语词游戏(speech play)，这是以一定水平的语言元认知为前提的，既是娱乐的游戏，也是元语言活动。

2. 运动游戏

运动游戏是通过手脚和身体其他部位的运动而获得快乐的游戏活动。这类游戏在婴儿期就出现，学前期继续发展。随着年龄的增长，运动游戏的内容日益复杂，婴儿主要是踢腿、爬行、迈步。到学前期后，则有荡秋千、滑滑梯、骑三轮车及相互追逐等。在运动游戏中，儿童的运动技能得到充分的发展。

3. 想象游戏

想象游戏是儿童在假想的情境里按照自己的意愿扮演各种角色，体验各种角色的思想情感的游戏活动。想象游戏在 1.5 岁左右出现，通常有单独的想象游戏，如给布娃娃喂饭、穿衣；3 岁时开始出现合作的想象游戏，它常以怪诞、夸张的形式出现。想象游戏的高峰期(peak period)大约在 6 岁，此时儿童的想象力很丰富，能协调、迅速地从一种角色转换到另一种角色，从一种情境转移到另一种情境。儿童入学后，这类游戏逐渐减少。想象游戏在儿童社会能力的发展中起着重要作用。

4. 交往游戏

交往游戏指两个及以上的儿童以遵循某些共同规则为前提而开展的社会性游戏。该类游戏的特点是参与者互相呼应，而在使用游戏材料方面则采用协商分配或轮换的形式。交往游戏按交往的性质可分为合作游戏和竞争游戏；按交往对象则可分为与成人的交往游戏和与同伴的交往游戏。6 个月的婴儿即可参与经常性的表情、声音的对答式交往游戏中；8 个月后，客体(如玩具)介入交往游戏；21 个月后，游戏的象征性成分增加；3 岁后，游戏中轮换等规则建立起来；5 或 6 岁后，交往游戏逐步成熟，儿童明确了特定交往游戏的规则、要求及自己应有的行为。交往游戏对儿童学会与他人相处有很大价值。在游戏中，儿童遇到大量自己与他人的需要或情感冲突的局面，因而可以发展其观点采择能力，发展处理人际关系的言语及非言语技能，还可培养负责、耐心、分享、合作等品质。

5. 表演游戏

表演游戏是以故事或童话情节为表演内容的一种游戏形式。在表演游戏中，儿童扮演故事或童话中的各种人物，并以故事中人物的语言、动作和表情进行活动。这类游戏是以儿童语言、动作和情感发展为基础的。一般认为，进入幼儿中期的儿童才能较好地从事这类游戏。随着幼儿语言、动作和情感的不断发展，表演游戏的水平也不断提高。儿童通过这类游戏不仅可以增长知识，而且可以提高表演才能和语言表达能力。

(二) 依儿童认知特点分类

以前文提到的皮亚杰的认知发展游戏理论为根据，可以将游戏分为练习性游戏（practice play）、象征性游戏、结构游戏（constructive play）和规则游戏（game-with-rules）。在一定程度上，这种分类方法以一定的游戏理论假设为前提，属于以理论假设为指导的分类。

1. 练习性游戏

练习性游戏，又称机械性游戏（mechanical play）、感知运动游戏（sensorimotor play），是儿童发展中最早出现的一种游戏形式，其动因来自感官所获得的快感，由简单的重复运动组成。它包括徒手游戏、操作物体的游戏（如摇晃拨浪鼓）。研究表明，这种游戏随儿童年龄的增长逐渐减少，这类游戏往往以独自游戏或平行游戏的形式发生。

2. 象征性游戏

这是皮亚杰提出的一种游戏形式，处于前运算思维阶段的儿童(2~7岁)常进行这类游戏。这是把知觉到的事物用它的替代物来象征的一种游戏形式。当婴儿开始把环境与自身区别开来，就具有了进行象征性游戏的可能性。随着儿童象征功能的出现，儿童将一个物体作为一种信号物来代替现实的客体，这就是象征性游戏的开始。随着儿童年龄的增长和知识经验的不断丰富，儿童的象征功能也不断发展，他们能在自己的世界中再现并反映种种社会事件、地点、人物，使象征性游戏的内容和形式越来越丰富。象征性游戏反映了儿童符号机能（symbolic function）的出现和发展，以及对环境的同化倾向性，它是一种适应现实、按照自己的愿望和需要来塑造现实的游戏形式。这里所说的符号机能，根据皮亚杰（Piaget，1936）的研究，指儿童在感知运动阶段末期出现的种种心理功能，即儿童开始具有将已被分化了的并能在其头脑中引起反应的表象作为符号代替事物的能力。同时，象征性游戏发挥着必要的感情外泄的作用，对儿童的情绪稳定来说也是必不可少的。

3. 结构游戏

结构游戏亦称造型游戏（mold-making play）或工作性游戏（working play）。它指儿童运用积木、积塑、金属材料、泥、沙、雪等各种材料进行建筑或构造（如用积木搭高楼），从而创造性地反映现实生活的游戏。该类游戏要求儿童手脑并用，不断调控注意力和动作，并且积极回忆、重组、加工头脑中已有的表象，因此可以促进儿童的手部动作，对物体的数、形、空间特征的精细观察与理解，以及想象力和创造力等方面的发展。这类游戏有 3 个基本特点：①以造型（搭、拼、捏等）为基本活动；②活动成果是具体造型物（高楼等）；③与角色游戏存在着相互转化的密切关系。一般认为，结构游戏的发展呈如下顺序：1.5 岁左右，儿童开始简单堆叠物体；2~3 岁时，儿童活动具有先动手后思考，主题不明，成果简单、粗略、轮廓化的特点；3~4 岁儿童逐渐能预设主题，成果的结构相对复杂，细节相对精细；5 岁以后儿童游戏中的计划性增强，并可以多人合作建造大型物体；在 5~8 岁，结构游戏占儿童全部活动的 51% 以上。

4. 规则游戏

规则游戏是儿童按一定的规则从事的游戏。规则一般是由成人事先制定的，也可以是故事情节要求的，还可以是儿童按他们假设的情节自己规定的。规则有具体的和概括的。从内容上分，规则可以包括儿童日常生活中的规范、成人从事社会活动的准则及科学规律。这类游戏可以发展儿童的逻辑思维能力，培养儿童遵守集体和社会道德规范的良好习惯。研究表明，幼儿中期的儿童能按一定规则进行游戏，但他们常常出现因外部刺激或自己的兴趣而忘记乃至破坏规则的现象；幼儿晚期的儿童不仅能较好地从事这类游戏，而且能较好理解并坚持游戏的规则，同时还能运用规则约束参加游戏的所有成员。

（三）依儿童社会性特点分类

游戏按社会性特点分类的依据是参与游戏的儿童之间的相互关系，这种分类包括独自游戏（solitary play）、平行游戏（或并行游戏）（parallel play）、联合游戏（或分享游戏）（associative play）、合作游戏（cooperative play）和旁观游戏（onlooker play）。

1. 独自游戏

独自游戏主要指儿童个人玩耍。独自游戏往往与客体游戏（object play）联系在一起。所谓客体游戏，就是在出生后头2年内儿童运用物体进行的游戏。在客体游戏中，儿童的行为可能反映客体的功能及社会用途，也可能使客体的外形、位置及性质等发生变化。儿童在最初的客体游戏中主要满足于玩弄客体的动作本身，很少关心客体本身的特征。客体游戏反映儿童的认知发展，随着儿童的年龄增长，客体游戏的内容和形式越来越复杂，儿童不仅关心引起客体变化的行为，而且对客体本身也产生兴趣。儿童在客体游戏活动中既发展了动作的灵巧性与精确性，也逐步区分客体与自我，意识到自身的力量，产生好奇心和探究行为。

2. 平行游戏（或并行游戏）

平行游戏指儿童独自进行相似的游戏，而不和其他儿童一起游戏。在平行游戏中，儿童玩的玩具与周围儿童的玩具相仿，但无意影响或改变其他儿童的活动，各按各的方式玩，既没有合作的行为，也没有共同的目的。随着儿童年龄的增长，平行游戏越来越少，但在特定情景下的较大幼儿中也可以观察到平行游戏的现象。

3. 联合游戏（或分享游戏）

在联合游戏中，多个儿童一起进行同样的或类似的游戏，没有分工，也没有按照任何具体目标或结果组织的活动。儿童并不使自己个人的兴趣服从小组的兴趣，而是根据自己的愿望进行游戏。在这类游戏中，儿童相互作用，但他们的兴趣在于合作的行为,而不在于游戏的内容。

4. 合作游戏

合作游戏是幼儿晚期出现的较高级的游戏形式,其特征是有明确的规则,参加者都有一定的任务,并且往往带有竞争性。根据游戏的组织程度,合作游戏可分为高级、初级两种。初级合作游戏多为戏剧性游戏或团体对抗游戏,如跳绳、玩球等,成员不一定固定,也不一定有首领。高级合作游戏一般到中学时才出现,具有较高的组织性。合作游戏是儿童社会化的手段之一,儿童在游戏中常模仿成人社会中的关系。

5. 旁观游戏

旁观游戏指以旁观者的态度,只看别人游戏,但不参与活动(张春兴,1992)。

(四)依儿童创造性特点分类

创造性游戏(creative play)是儿童游戏中高级的表现形式,有明显的主题、目的、角色分配,有游戏规则,内容丰富,情节曲折多样。在游戏中,儿童相互了解对方的游戏构思,并将个人的构思吸收到游戏内容中,每次游戏都变换方式、增加情节。儿童在游戏中需要处理好相互的关系。这种游戏反映了儿童的实际生活,也较充分地表现儿童的情感、愿望和知识水平,体现了儿童思维和创造想象发展的水平,是教育性较强的游戏形式。

当然,任何一种游戏都有一定程度的创造性。从前述创造性游戏的特定含义可以看出,各类游戏有着不同程度的创造性,与创造性有关的游戏有累积型游戏(accumulative play)、幻想游戏(fantastic play)或假装游戏(make-believe play)等。

1. 累积型游戏

累积型游戏是一种把不同内容的片断性游戏活动连接起来的游戏类型。如把看画册、随意画线、要点心吃、看电视等活动连接起来,每种活动都能持续10分钟左右,但上一个动作与下一个动作并没有必然联系,在1小时内大约能表现出4种以上的活动。这种类型的游戏一般在2~3岁时比较多见,在6岁儿童中也为数不少。

2. 幻想游戏

幻想游戏又叫虚构游戏（fictive play）。在幻想游戏中，儿童为行动赋予某种意义，即代表某些东西。儿童在这类游戏中独立进行探索，以反映社会生活，解决各种实际生活中无法解决的问题。儿童在游戏中表现出渴望交际的心情，假装成人并模仿他们的举止行为。为满足社会行为的需要，幻想游戏使儿童有可能在想象中虚构同伴。3~4岁时幻想游戏占优势。在早期的幻想游戏中主要是简单的模仿性幻想，随着经验的增加和想象力的发展，儿童幻想游戏的内容日趋复杂，并具有一定的创造性。据研究，儿童的幻想游戏存在着性别差异。男孩的幻想游戏主要反映各类活动及攻击行为，多与客体相联系；女孩的幻想游戏更为细致和被动，多与人际关系相联系。在幼儿晚期，这种性别差异明显地表现出来。

3. 假装游戏

假装游戏是既与现实相似又夸张的游戏活动。这种活动从婴儿期就已开始，在整个学龄前期继续发展，从简单到复杂，从自我中心到社会化，直到小学初期才逐渐消失。假装游戏随儿童认知的发展而发展。据研究，大约12或13个月的婴儿就开始出现简单的假装游戏形式，以玩具代替现实物体，即采用替代物。这种早期的假装游戏来自直接情景，并依赖于客观实体。在儿童生活的头2年中，游戏的性质发生了巨大的变化，从动作性游戏转向了表现现实生活的模仿性游戏。到3~4岁，儿童可以将活动作为转换时间和空间的工具，可以不再依赖于实体。随着年龄的增长，儿童游戏中的替代物越来越简单。假装游戏是儿童游戏中的一个重要内容，可以促进儿童的自信和自控，保持适宜的兴奋水平，帮助儿童获得控制环境的感觉，并帮助儿童正确区分幻想和现实。这种游戏活动对于儿童的思维创造性和流畅性的发展起着重要作用。假装游戏的发展也体现了儿童社会性的发展，游戏的内容从关心自我到关心玩偶，最后到关心他人；游戏的形式从独自游戏到平行游戏，最后到联合游戏、合作游戏。

（五）依儿童教育分类

根据儿童教育，特别是幼儿园的特点，游戏可以分为儿童的自发游戏（spontaneous play）和教学游戏（teaching play）。

1. 自发游戏

自发游戏是儿童自己想出来的、能充分发挥他们自主性的游戏。具体种类可采用上述的认知特点和社会性特点来划分。它们反映儿童的发展水平和兴趣爱好。

2. 教学游戏

教学游戏是通过有计划地对儿童进行教育，从而达到丰富知识、发展智力目的的一种游戏。教学游戏不但能够有计划地增长儿童的知识，而且还能发展他们的语言表达能力，提高他们的观察、记忆、注意和独立思考能力，从而更好地发展儿童的学习潜力。例如，让儿童用众多的三角形硬纸板拼出方形、大三角形，再拼出较为复杂的几何图形，最后要求他们拼出独特的图案。通过这些由简单到复杂的教学游戏，儿童在游戏中接受了图形的概念，并通过思考和比较，初步懂得了一些几何图形之间的关系，并对想象和创造产生兴趣。又如，儿童自己当学生，让比他大的同伴当老师，同伴模仿老师上课的样子教他识字、数数。这样，在游戏过程中，儿童为了完成"老师"提出的要求，就需要有意注意、有意记忆，需要进行独立思考，从而使他的心理活动处于积极状态，既学到了知识，又发展了智力。

这类教学游戏又可以分为智力游戏（intelligence play）、体育游戏（sport play）、音乐游戏（musical play）和竞争游戏（competition play）。前 3 种游戏的含义从字面上即可理解。而竞争游戏，目前在幼儿园里也较普遍。所谓竞争游戏，就是儿童自发或由教师组织的有竞赛规则、指标及时间限制的游戏形式，既有智力性的，也有体育性的。

教学游戏一般包括 4 部分，即游戏的目的、玩法、规则和结果。游戏的目的是完成某教学任务或发展儿童某方面的能力。游戏的玩法指在游戏中对儿童动作的要求，玩法要紧密围绕和服从游戏的目的，同时要有趣味性，能够吸引儿童。游戏的规则是关于动作的顺序及在游戏中被允许和被禁止的动作的规定。游戏的结果是儿童在游戏中努力达到的目标，也是教学任务完成情况的检查。

幼儿正是在上述形形色色的游戏中获得身心发展的。各类游戏在幼儿的身体、认知、情感和社会性的发展中均起着各种各样、相同或不同的作用，并发挥着各自的价值。

三、游戏的发展

我国学者认为，游戏的各种特点，如游戏的内容、形式、创造成分、时间和参加的成员等，都是随着儿童年龄的递增而发生变化的。

国外也有类似的结论，并指出游戏的发展反映了儿童认知发展趋势的连续性与阶段性，以及量变与质变的统一（Casby，2003）。

（一）从游戏的内容看

婴儿末期、幼儿初期的儿童往往从动作开始游戏，但已不满足于单纯动作的重复，而力图赋予这些动作以一定的意义，如他们不但用汤匙喂布娃娃，而且还做出妈妈的样子，力图反映母子关系。幼儿中期的儿童，游戏的情节就显得较为丰富，经常反映成人的生产劳动、社会工作等活动和人们之间的一般社会关系，如这时的喂布娃娃动作已发展成买菜、做饭、吃饭、洗碗、睡觉等一整套反映父母的劳动和家庭生活的"过家家"游戏。幼儿晚期，游戏的内容就更为丰富、更为复杂，他们总力求反映和揭示成人活动的社会意义，同样的"过家家"游戏，已出现正面人物与反面人物，以及人际关系的关怀、爱护、帮助等特点。

（二）从游戏的形式看

婴儿末期、幼儿初期的儿童虽然还受物体或玩具的支配，并处于对成人生活活动过程的无系统的模仿阶段，但已经有了明显的主题和角色，比如，用汤匙喂布娃娃吃饭并装着妈妈的样子疼爱布娃娃就说明了这个问题。幼儿中期的儿童在游戏中已有了初步的计划性，而且力图进一步理解和表现自己扮演的角色的意义和任务，如前述"过家家"游戏，买菜、做饭、吃饭、洗碗、睡觉等能较好地按一定的次序进行，有一定的计划性，根据在游戏中自己扮演的角色，能自觉地完成相应的任务。幼儿晚期的儿童不但能事先计划游戏的步骤，商量着分配游戏的角色，而且能更好地理解和坚持游戏的规则。在游戏中如果发生了争执，大龄幼儿则能用游戏规则来解决问题。

(三) 从游戏的创造性看

最初儿童的游戏几乎完全是模仿或再现成人的动作。他们的独立性很差，往往要求助于成人，所以很愿意与父母、教师一起玩。在幼儿中期，儿童逐渐能够重新组织或改造以往的经验，创造性地开展游戏。他们已能构思、组织游戏，但有了纠纷还要依靠成人来处理。在幼儿晚期的结构游戏、角色游戏和表演游戏这类的创造性游戏中，儿童更乐意与同龄伙伴一起玩，出现了问题能自己商量着解决，只有在万不得已时，才让成人来决断。至此，我们可以发现儿童的创造力在不断发展。

(四) 从游戏的种类看

随着年龄的递增，游戏的种类越来越齐全。当然，不同游戏有不同的发展阶段，但有两点是共同的：第一，儿童游戏的发展是一个经历不同阶段的过程，游戏从一个阶段向另一个阶段演化时，先前的游戏形式不是被抛弃了，而是被包括了，即前一阶段孕育、准备了后一阶段，而后一阶段中又有前一阶段的成分；第二，儿童游戏的发展与儿童生理、心理的发展是同步的，两者相辅相成、互相促进，即儿童心理从不成熟到逐渐成熟、从具体到抽象、从无意到有意的发展趋势，促进了儿童游戏的发展；反过来，儿童游戏水平的不断提高，也促进儿童的儿心理水平不断由初级水平向高级水平发展。

(五) 从游戏的时间看

婴儿末期、幼儿初期的儿童由于受外界影响，兴趣很不稳定，因而对同一游戏往往只能坚持较短的时间；幼儿中期的儿童则坚持的时间较长，往往能坚持 1 小时或更长的时间；幼儿晚期的儿童坚持的时间就更长，往往该吃饭了还不停止游戏。

(六) 从参加游戏的成员看

婴儿末期、幼儿初期的儿童往往喜欢个人游戏，如独自摆弄某一物体，即使与别的儿童一起玩，人数也不多，一般只有两三人；幼儿中期的儿童已经比较喜欢与别的儿童在一起游戏；幼儿晚期的儿童，游戏时参加的人数就更多了，而且往往是群体性的游戏。

第三节

学龄前儿童言语的发展

幼儿在实践活动(游戏、学习、自我劳动)进一步复杂化的基础上，在跟成人交际的范围日益扩大的情况下，言语能力也进一步发展起来。

幼儿言语的发展，主要表现在 4 个方面。

第一，在语音方面，声母、韵母的发音随着年龄的增长逐步提高，学前期是儿童学习语音的最佳时期。

第二，词汇的数量不断增加，词汇的内容不断丰富，词类范围不断扩大，积极词汇(主动词汇)不断增加。

第三，从语言实践中逐步掌握语法结构，语言表达能力有进一步发展。

第四，从外部语言(有声语言)逐步向内部语言(无声语言)过渡，并有可能初步掌握书面语言。

幼儿言语的迅速发展为这个阶段的思维发展提供了基本前提，促进幼儿的思维不断地发展。学前期的言语发展还是口头语言或外部语言占显著地位的，这正是决定这个时期思维的具体形象性特点的因素之一。因此，在了解幼儿思维、认知的发展特点之前，有必要先对幼儿言语发展的状况进行分析，本节的内容集中在幼儿词汇的发展和言语表达能力的发展这两部分。

一、词汇的发展

幼儿词汇的发展可以从词量、词类和词义 3 个方面的变化来分析，其中对前两个方面可以做深入的定量分析研究。

湖南师范大学彭祖智（1984）采用 3 年（6 个学期）纵向追踪的研究方法，获得了如表 5-2 所示的结果。由表 5-2 可知，在 3.5~6 岁幼儿的词汇发展中，各词性的词汇数量在词汇总量中所占的比例表现出不同的发展趋势。总的来说，随着年龄的增加，名词在词汇总量中所占的比例呈现上升趋势，而其余各类词在词汇总量中所占的比例均表现出总体上的下降趋势。

表 5-2　3.5~6 岁幼儿各种词类比例的发展变化（彭祖智，1984）

词类	3.5 岁		4 岁		4.5 岁		5 岁		5.5 岁		6 岁	
	词数/个	比例/%	词数/个	比例/%	词数/个	比例/%	词数/个	比例/%	词数/个	比例/%	词数/个	比例/%
名词	830	36.6	805	51.4	765	54.3	879	61.2	596	58.2	781	62.3
动词	641	28.3	419	26.7	361	25.6	287	20.0	275	26.9	293	23.4
形容词	162	7.1	126	8.0	78	5.6	93	6.5	52	5.0	85	6.8
代词	188	83	28	1.8	20	1.4	5	0.3	9	0.9	1	0.1
数量词	110	4.9	63	4.0	80	5.7	78	5.4	44	4.3	37	3.0
副词	142	6.3	57	3.6	46	3.3	41	2.8	31	3.0	31	2.5
介词	50	2.2	20	1.3	13	0.9	10	0.7	6	0.6	10	0.8
连词	21	0.9	7	0.5	11	0.8	6	0.4	4	0.4	5	0.4
助词	82	3.6	18	1.2	10	0.7	8	0.6	2	0.2	4	0.3
象声词	40	1.8	24	1.5	24	1.7	30	2.1	5	0.5	5	0.4
总计	2266	100.0	1567	100.0	1408	100.0	1437	100.0	1024	100.0	1252	100.0

注：各年龄阶段词数总计不计算重复词数。

华东师范大学朱曼殊等（1986）采用了横断研究法来研究幼儿词汇的发展，结果如表 5-3 所示。由表 5-3 可以看出，从总体上看，随着年龄的增加，名词、动词、语气词、象声词和叹词在总词汇中占的比例越来越小，而形容词、副词、代词和其他虚词在总词汇中所占的比例却有增加。图 5-2 是名词和动词之和在总词汇中占的比例，其中曲线的走势也表明了这一点。

表 5-3　2~6 岁幼儿各种词类比例的变化（朱曼殊等，1986）

词类	比例 / %						
	2 岁	2.5 岁	3 岁	3.5 岁	4 岁	5 岁	6 岁
名词	32.81	29.56	26.00	22.38	22.90	22.49	22.32
动词	29.84	27.27	29.46	27.35	26.17	25.17	24.36
语气词	12.78	9.76	8.55	7.90	7.66	7.16	6.57
副词	6.43	6.97	7.05	8.50	8.30	9.65	11.03
代词	5.69	13.63	13.68	14.77	15.55	14.10	12.84
形容词	4.29	5.09	4.22	5.55	5.82	4.82	3.68
象声词	2.64	0.25	0.38	0.15	0.15	0.10	0.10
助词	2.22	2.57	3.20	2.97	2.56	3.10	3.50
助动词	0.99	1.69	2.26	2.27	2.35	2.20	1.02
叹词	0.82	0.25	0.72	0	0.28	0.03	0.69
量词	0.66	1.24	1.88	3.90	3.33	4.90	5.92
数词	0.58	1.03	1.29	2.07	2.69	4.09	4.56
介词	0.25	1.19	1.12	2.02	2.09	1.86	2.76
连词	0	0	0.19	0.17	0.15	0.33	0.65
总计	100.00	100.00	100.00	100.00	100.00	100.00	100.00

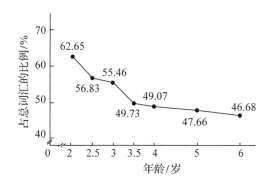

图 5-2　名词和动词之和在幼儿总词汇中的比例

尽管上述两个研究的数据资料所显示的结果并不完全一致。但仔细分析后仍可以获得一些共同的结论。

1. 词汇数量的增加

从彭祖智(1984)的研究数据来看，在词类的总计(各年龄阶段词数总计概不计算重复词数)方面，在3岁前词汇发展的基础上，3~6岁是词数增加较快的一个时期，6岁较3岁时增加了近3倍。

2. 词类范围的扩大

幼儿掌握的词类范围不断地扩大。词分实词、虚词。实词包括名词、动词、形容词、代词和数量词等。虚词包括副词、介词、连词、助词和象声词等。如前所述，对这些词儿童早在3岁前即已初步掌握。按上述两个研究数据(表5-2、表5-3)，3~6岁时，这些词在进一步扩大，并仍以名词和动词为最多，但名词和动词在各类词汇总数中所占的比例随着年龄增长而递减。这说明其他种类词的比例在日渐增加。当然，从总体上看，数量词在实词中被掌握得比较晚，虚词在3~6岁幼儿的词汇中所占的比例和3岁以前一样，仍不很大。

3. 积极词汇的增长

在儿童语言发展的过程中，儿童语言既有很多积极词汇(或主动词汇)，即能理解且能使用的词；也有一些消极词汇(或被动词汇)，即对词义不十分理解，或者虽然有些理解但不能正确使用的词。

华东师范大学朱曼殊等(1986)的研究提到，能积极应用的时间词汇占该年龄阶段时间词汇的总和的比例，2岁为0.33%，2.5岁为5.94%，3岁为9.90%，3.5岁为10.56%，4岁为16.17%，5岁为19.14%，6岁为37.95%。可见，幼儿的积极词汇随年龄的增加而不断增加，并使消极词汇不断转化为积极词汇。

积极词汇的掌握有赖于两个条件。第一，对词义能正确理解。而这又跟儿童关于词的直接或间接经验有关。如果这是一个很抽象的词，跟儿童的经验没有任何关系，那么纵然儿童能"鹦鹉学舌"地说出来，它仍是一个消极词汇。第二，在不同的场合正确地使用该词。有许多词儿童能听懂，但不会使用，或者不能正确地使用，那么这些词仍然只作为消极词汇。为了把消极词汇变成积极词汇，需要创造条件使儿童在不同的场合来使用。从中能够看出，作为思维的细胞——概念——的物质外壳的词的理解和应用，本身也体现了思维发生和发展的水平。因此，发展幼儿的积极词汇成为加速他们思维发展的一个重大措施。

二、言语表达能力的发展

在幼儿掌握比较丰富的词汇和基本语法结构的同时，他们的言语表达能力也很快地发展起来。研究者一般可以通过考察幼儿言语发展中句型的变化及句子长短的变化等，来了解幼儿掌握语法的水平和言语表达能力的发展。

1. 各类句子的变化

这主要表现在简单句和复合句两者比例的变化上。

华东师范大学朱曼殊、武进之、缪小清（1979）的研究表明，幼儿掌握的复合句在总句数中的比例，2 岁组为 3.54%，2.5 岁组为 10.00%，3 岁组为 17.34%，3.5 岁组为 21.55%，4 岁组为 23.40%，5 岁组为 40.05%，6 岁组为 37.13%。其中，5 岁组略高于 6 岁组，经卡方检验，证实这两个组来自同一区域，即两组的差别无显著意义，即幼儿掌握的复合句所占的比例随年龄增加表现出明显的增长趋势。

另外，中国科学院心理研究所范存仁、王宪钿（1963）的研究也得出相似的结果，即幼儿的复合句在总句数中所占的比例，4 岁组为 29%，5 岁组为 34%，6 岁组为 51%，7 岁组为 50%。

湖南师范大学彭祖智（1984）的追踪研究结果如表 5-4 所示，随着年龄的增加，简单句和复合句的比例由 3.5 岁时简单句是复合句的 3 倍多（即 76.0% 和 24.0%），到 6 岁时下降为简单句已不到复合句的 2 倍（即 63.7% 和 36.3%）。这显然是一个较大的进步。

表 5-4　3.5~6 岁幼儿简单句和复合句的发展比例(彭祖智，1984)

句型	3.5 岁		4 岁		4.5 岁		5 岁		5.5 岁		6 岁	
	句数/个	比例/%	句数/个	比例/%	句数/个	比例/%	句数/个	比例/%	句数/个	比例/%	句数/个	比例/%
简单句	886	76.0	1251	73.0	1580	74.0	1407	71.0	1359	64.6	1563	63.7
复合句	280	24.0	465	27.0	548	26.0	563	29.0	746	35.4	891	36.3
总计	1166	100.0	1716	100.0	2128	100.0	1970	100.0	2105	100.0	2454	100.0

以上几组数据之间虽然有一些细微的出入，但都说明不管是简单句还是复合句，在学前期均有所增加。其中，简单句所占的比例随着年龄增加而逐渐下降，而复合句所占的比例随着年龄增加而逐渐上升。当然，从总体上考察，整个学前期，简单句所占的比例还是比复合句高。

2. 句子字数的进一步增加

史慧中等人(1990)采用看图讲述和观察后讲述 2 种手段，对我国 10 地 3~6 岁幼儿的句子含词量进行了调查，发现 3~4 岁以含 4~6 个词的句子为多数；4~5 岁以含 7~10 个词的句子为多数；5~6 岁时多数句子含有 7~10 个词，同时出现了 11~16 个词甚至更多词的句子。整个学前期，在有明确目的的讲述中，含有 3 个以下和 16 个以上词的句子均很少出现。可见，幼儿句子的含词量是以与年龄成正相关的趋势发展的，各年龄间的差异是显著的。

湖南师范大学彭祖智(1984)从句子的含字量来研究句子的字数，亦得出类似的结果(如表 5-5 所示)，即幼儿句子的含字量呈逐年递增的趋势。

表 5-5　3~6 岁幼儿句子含字量的比例(彭祖智，1984)

字数	3 岁		4 岁		4.5 岁		5 岁		5.5 岁		6 岁	
	句数/个	比例/%	句数/个	比例/%	句数/个	比例/%	句数/个	比例/%	句数/个	比例/%	句数/个	比例/%
5 字及以下	298	24.4	256	15.4	444	21.0	365	18.7	273	13.8	265	11.4
6~10 字	670	54.9	973	58.5	1154	54.5	1117	57.3	1110	56.1	1177	50.7
11~15 字	205	16.8	344	20.7	420	19.8	382	19.7	440	22.2	655	28.3
16~20 字	30	2.5	57	3.4	65	3.1	63	3.2	93	4.7	158	6.8
21 字及以上	17	1.4	33	2.0	36	1.6	22	1.1	64	3.2	66	2.9
总计	1220	100.0	1663	100.0	2119	100.0	1949	100.0	1980	100.0	2321	100.0

华东师范大学朱曼殊等(1979)从句子的平均长度来研究句子的字数，结果如表5-6所示。由此可见，随着年龄的增加，幼儿句子的平均长度从2岁时的每句2.905个字增加到6岁时的每句8.386个字，同样表现出显著的增长趋势。

表5-6 2~6岁儿童的句子长度变化表(朱曼殊等，1979)

2 岁	2.5 岁	3 岁	3.5 岁	4 岁	5 岁	6 岁
2.905 字	3.756 字	4.613 字	5.219 字	5.768 字	7.868 字	8.386 字

以上材料不仅说明幼儿时期句子的长度随着年龄的增加而增加，而且与3岁前比较，有了很大的变化。这些材料虽然是从不同的角度进行统计的，但都反映出5岁前后是幼儿句子长度(字数)变化显著的时期。

3. 口头表达能力的顺序性、完整性和逻辑性的发展

西南大学的心理学工作者(陈志君等，1978)利用"看图说话""复述故事"来研究儿童口头表达的顺序性(sequence)①、完整性(completeness)②和逻辑性(logicality)③，结果如表5-7所示。

表5-7 3~6岁幼儿口语表达能力发展的情况(陈志君等，1978)

口语表达能力	3 岁	4 岁	5 岁	6 岁
顺序性	1.10	2.03	2.76	2.43
完整性	0.14	0.83	1.56	1.80
逻辑性	0.13	0.50	0.80	1.33

注：表中数字是各年龄组儿童得分的平均数，最高为3。

由表5-7可知，从总的发展趋势看，3~6岁幼儿的口语表达能力，不管是顺序性、完整性还是逻辑性，其发展都是随年龄的增长而趋于完善的。但口语表达能力的3个特点的发展是有差距的，顺序性发展得最好，逻辑性较差，这显然与其抽象逻辑思维能力的发展状况密切相关。

---

① 顺序性指幼儿按事件发生的顺序来描述。
② 完整性指幼儿描述事件发生的整个过程。
③ 逻辑性指幼儿描述时的结构、层次清晰严密，有条理，有中心。

4. 连贯性的表达能力的发展

婴儿期言语表达能力的主要特点是情境性，这种特点是由婴儿的言语交际水平决定的。这时婴儿跟成人之间的言语交际还只限于向成人提出问题或要求，或者对成人所提问题进行简单回答，总之，这个时期主要属于对话言语，还很少有表达式的独白言语。

在幼儿时期，随着实际活动的发展及集体生活的展开，幼儿的独立性大大增强。这就要求幼儿能把自己看过的、听过的事情，把自己的体验和意图，连贯地告诉别人，从而促使幼儿的连贯性言语逐渐发展起来。

但是，从整体来看，幼儿言语表达能力仍带有很大的情境性，并不理想；从发展来看，幼儿处于从情境性言语到连贯性言语的过渡中。这个过渡并不是立刻、全面地实现的，要看具体的情况：如果儿童所叙述的材料使儿童感到激动，而且事先未加以考虑，这时言语的情境性成分就多一些；如果儿童复述的是一个比较熟悉的事件或故事，或事先由成人加以组织（如事先看图片或提出问题），这时言语的连贯性成分就多一些。

儿童言语连贯性的发展是其言语能力和逻辑思维能力发展的重要环节。随着幼儿言语的发展，连贯性叙述，即为听者设想的有头有尾的叙述，就逐渐替代情境性的叙述。一般来说，到了幼儿晚期，在正确教育条件下，连贯性言语才逐渐取得支配地位。

第四节

前运算思维阶段幼儿的认知发展

幼儿的认知属于前运算思维阶段。关于皮亚杰的前运算思维阶段的含义，第一节已经做过解释，这里不再赘述。下面对此阶段幼儿的认知发展展开进一步的讨论与说明。

前运算思维阶段幼儿的认知主要表现在幼儿思维的基本特点上。因此,本节的内容主要阐述前运算思维阶段幼儿思维发展的基本特点,同时也简单介绍一下幼儿认知的其他方面的特征。

幼儿的思维是在婴儿期思维水平的基础上,在新的生活条件的影响下,在其自身言语发展的前提下逐渐发展起来的。幼儿思维的主要特点或基本特点是它的具体形象性及进行初步抽象概括的可能性。所谓具体形象性的思维,就是指幼儿的思维主要是凭借事物的具体形象或表象,即凭借具体形象的联想来进行的,而不是凭借对事物的内在本质和关系的理解,即凭借概念、判断、推理来进行的。

一、具体形象性思维

幼儿认知的材料主要是具体形象或表象,而不是理性的概念材料。

我(林崇德,1980,2008)曾对学龄前儿童数概括能力和运算能力的发展做了系统的研究,在研究中发现,幼儿在形成数概念和发展运算能力中所表现出的认知活动水平可以分为 4 个等级(如表 5-8 所示)。

表 5-8 幼儿年龄与 4 级认知活动水平的关系(林崇德,1980)

认知活动水平	3~4 岁	4~5 岁	5~6 岁	6~7 岁
Ⅰ 级水平	0	0	0	0
Ⅱ 级水平	34.6%	0	0	0
Ⅲ 级水平	66.0%	89.0%	40.0%	16.4%
Ⅳ 级水平	0	11.0%	60.0%	88.6%

Ⅰ 级水平:直观—行动概括,即幼儿看到物品时能有分辨大小和多少的能力,知道"大的"和"多的"。

Ⅱ 级水平:直观—表象笼统概括,即幼儿产生了数概念的萌芽,但必须跟具体实物联系在一起,知道"1 个""2 个"。

Ⅲ 级水平:直观—言语概括,即幼儿的计数能力得到迅速发展,形成了初步的数概念，但对数的实际意义的理解有很大的局限性，不能进行数的分解和组合。

Ⅳ级水平：表象—言语概括，从Ⅳ级水平起，幼儿开始逐步理解数的实际意义、数的顺序和大小、数的分解和组成，但这一级水平的幼儿在运算中仍离不开具体形象及生活经验。

由表5-8可见，幼儿的认知发展有一个过程，在幼儿时期，认知从直观行动向具体形象再向抽象逻辑发展。在幼儿时期直观行动思维还占有一定地位，但幼儿的直观行动性与3岁以前婴儿的特点相比，已发生了质的变化。其突出的特点是概括性的提高，直观—言语性的概括，正在替代直观—行动性和直观—表象笼统性的概括。这样，幼儿解决直观问题的复杂性和自觉性就比婴儿高得多，产生这个质的变化的原因是言语对直观行动思维的作用逐渐增加，即随着幼儿言语的发展，其对思维的调节作用不断增强。因此，幼儿继续发展的直观行动思维不同于3岁前的思维，这个阶段新发展起来的直观行动思维，向操作性思维或实践性思维靠近了一步。与此同时，幼儿也有了抽象逻辑思维，但仅是个开始，还有待发展。

二、思维的抽象逻辑性萌芽

幼儿在知识经验所及范围内，已开始最初步的抽象逻辑思维。从幼儿语言发展的过程、掌握复杂句子关系的趋势也可以看出幼儿思维正把握着事物本质属性和规律性的联系，这反映出他们进行初步抽象概括和逻辑思维的可能性。

（一）关于幼儿有无逻辑思维的争议

欧美的心理学家和教育学家，如莫伊曼（Meumann，1914），对幼儿有逻辑思维的观点持反对意见，他认为真正的逻辑思维要到12~14岁时才能做到。皮亚杰也认为儿童7岁以前的思维是自我中心思维，而不是社会化的思维，思维中的各种观念常常是互不联系、前后矛盾的；只有到7岁以后，儿童才开始有社会化的思维，即具有真正逻辑性的因果思维或反省思维。他们这种把具体形象思维和抽象逻辑思维绝对地对立起来，认为幼儿处于所谓"前逻辑思维"或"无逻辑思维"时期的论断，是不符合客观实际的。

目前，新皮亚杰学派对皮亚杰的这种观点做出了有力的抨击。例如，韦尔达尔和伯勃卡（Wheldall & Poborca，1979）曾设计了非语言性的有关液体守恒的测验，来证明幼儿已经具备了抽象逻辑思维的基础，可以进行比较简单的推理活动。在实验中，主试训练儿童：按某一个按钮时，两个瓶子的水面向上升的高度一样；按另一个按钮时，两个瓶子的水量就不一样了。一旦儿童能辨别这两种不同情况，主试就询问儿童：将已知的两瓶等量的水中的一瓶注入另一个不同形状的瓶中，水量是否相等？结果发现，儿童在此实验中反应的正确率高于传统的皮亚杰实验中反应的正确率。可见，皮亚杰以前的结论显然受到了语言对实验结果的影响。幼儿由于不能很好地理解实验的语言，从而影响了其推理能力的表现。国内外的研究表明，用减少语言提问的方式进行测试，学前儿童就能理解一些比较复杂的推理问题，从而脱离事物具体形象的影响进行最简单的逻辑思维。

（二）我国学者对幼儿逻辑思维萌芽的实验

我国学者对幼儿抽象逻辑思维萌芽的事实做过不少研究（朱智贤、林崇德，1986）。其中杨玉英（1983）的研究极具价值。

1. 关于幼儿的推理过程

杨玉英（1983）采用玩具得奖游戏的方法，通过被试的具体操作，要求被试完成以下 4 步实验：归纳游戏的规则；分析形成规则的原因；运用规则认识具体的事物和现象；运用规则解决实际问题。实验的结果表明：虽然在上述 4 步实验中幼儿进行不同内容和形式的推理活动，但表现出如图 5-3 所示的共同趋势。

从图 5-3 中可以看出，3~7 岁幼儿在 4 步实验中所表现出来的推理过程的发展趋势基本上是一致的。随着年龄的增长，能进行推理活动的幼儿的比例也有规律地增加。3 岁组基本上不能进行推理活动；4 岁组幼儿的推理能力开始发生，除第一步外，其他 3 步实验的完成比例均在 50% 以下（25%~40%）；5 岁组幼儿中大部分可以进行推理活动（完成比例平均为 75%）；6 岁和 7 岁组儿童几乎全部可以进行推理活动。

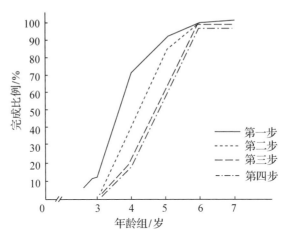

图 5-3　幼儿年龄与推理过程的发展（杨玉英，1983）

2. 关于幼儿的推理方式

在那些能进行推理活动的幼儿中，表现出由低到高的 3 种水平：Ⅰ级水平的幼儿只能根据较熟悉的非本质特征进行简单的推理活动；Ⅱ级水平的幼儿可以在有提示的条件下，运用展开的方式，逐步发现事物间的本质联系，最后做出正确的结论；Ⅲ级水平的幼儿可以独立而迅速地运用简约的方式进行正确的推理活动。图 5-4 是对能进行推理的幼儿在各步实验中推理水平的比较。

图 5-4 表现出幼儿推理过程发展的趋势：推理内容的正确性、推理的独立性，推理过程的概括性及期待方式的简约性等几个方面在逐步提高。

在 4 步实验中，幼儿推理过程的方式在发展，并表现出一定的发展趋势。每步实验中的Ⅰ级、Ⅱ级水平幼儿的推理活动主要在有提示的条件下以展开的方式进行，他们的推理是一步步进行的，而且可以通过外部的言语和动作表现出来，这用"展开式"代表；Ⅲ级水平幼儿的推理活动是独立而迅速地在头脑中进行的，这用"简约式"代表。图 5-4 显示了在 4 步实验中推理过程的 2 种方式的发展趋势。

由图 5-4 可知，幼儿推理过程的方式也随着年龄的增长而发展，5 岁以前主要运用展开式，5 岁以后简约式开始占优势，5~6 岁是 2 种方式迅速转化的时期。这说明幼儿的推理能力随着年龄递增逐渐提高，而推理作为抽象逻辑思维的一个方面，反映了幼儿思维的抽象逻辑萌芽，为其进一步的发展奠定了基础。

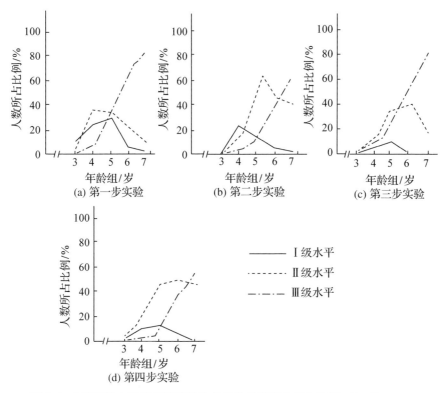

图 5-4 4 步实验中能进行推理活动的幼儿的推理水平之比较 (杨玉英，1983)

三、言语在幼儿思维发展中的作用

朱曼殊等人（1979）研究了幼儿简单陈述句句法结构的发展，从中揭示了言语在幼儿思维发展中的作用的变化。他们从 70 名被试的自发言语中共得到简单陈述句 3458 句。陈述句结构成分的代号是：主语（S），谓语（P），动词（V），宾语（O），补语（C），修饰语（M）。结构类型共分 9 种：①不完整句；②无 M 的简单句；③有简单 M 的句子；④有复杂 M 的句子；⑤有联动结构的句子；⑥有传递结构的句子；⑦句子中的 S 或 O 包含了 S—P 的结构；⑧联合结构的句子；⑨复杂结构的句子。研究结果如表 5-9 所示。

表 5-9　简单陈述句结构类型在各年龄组的比例（朱曼殊等，1979）

结构类型		2 岁		2.5 岁		3 岁		3.5 岁		4 岁		5 岁		6 岁	
		句数/个	比例/%	句数/个	比例/%	句数/个	比例/%	句数/个	比例/%	句数/个	比例/%	句数/个	比例/%	句数/个	比例/%
①		138	36.22	214	35.08	28	7.04	29	5.73	35	6.76	23	5.28	10	1.64
②		174	45.67	198	32.46	159	39.95	176	34.78	110	21.24	42	9.63	43	7.06
③		42	11.02	116	19.02	104	26.13	138	27.27	185	35.71	164	37.61	208	34.16
④		1	0.26	27	4.43	31	7.79	71	14.03	80	15.44	76	17.43	105	17.24
⑤*	a	22	5.78	31	5.08	35	8.79	42	8.30	34	6.56	19	4.36	33	5.42
	b	4	1.05	11	1.80	30	7.54	18	3.56	33	6.37	36	8.25	57	9.36
⑥		0	0	10	1.64	9	2.26	17	3.36	23	4.44	30	6.88	25	4.11
⑦**	a	0	0	0	0	0	0	0	0	0	0	2	0.46	1	0.16
	b (a)	0	0	1	0.16	1	0.25	6	1.19	9	1.74	23	5.28	36	5.91
	(b)	0	0	0	0	0	0	2	0.40	0	0	2	0.46	16	2.63
⑧		0	0	2	0.33	1	0.25	7	1.38	9	1.74	19	4.36	74	12.15
⑨		0	0	0	0	0	0	0	0	0	0	0	0	1	0.16
总计		381	100.00	610	100.00	398	100.00	506	100.00	518	100.00	436	100.00	609	100.00

注：1. a 指简单联动结构的句子；b 指复杂联动结构的句子。

　　2. a 指 S 中有 S—P 结构；b 指 O 中有 S—P 结构；(a) 指简单的；(b) 指复杂的。

由此可见，幼儿句法结构发展的总趋势是：从混沌一体到逐步分化，从松散到逐步严谨，从压缩、呆板到逐步扩展、灵活。句法结构的这些变化促使幼儿思维的概括性、逻辑性和完整性不断增强。例如，研究材料所示，幼儿的复合句各类型中联合复合句占大部分，复杂结构句仅刚刚开始，这正反映了幼儿对现实的理解能力及揭示事物间关系的思维能力水平不高的事实；幼儿复合句中因果连接词少或使用不当，这正说明了他们揭示事物因果性联系的思维能力不强的事实。所以幼儿思维概括能力的水平与他们言语发展的水平是分不开的。幼儿概括能力的发展正说明言语发展及其对思维发展的作用。幼儿思维的发展也改变思维中言语跟行动的关系。实验证明，小班幼儿的动作主要是由视觉映象或表象调节的，言语还起不了很大的作用，只有在他们做完了这个动作后，才能在言语中把它反映出来。中班幼儿往往一边动作、一边言语，言语的计划作用还很差。大班幼儿就不同了，他们能在行动以前就用言语表达要做什么、如何做等。这样，幼儿的行动就带上了明显的目的性和计划性。

思维的抽象概括性和对行动的自觉调节作用，是人的意识的两个基本特点。从幼儿的言语发展特点便得以观之。

四、幼儿的感知与记忆的特点

随着幼儿思维的发展，他们的感知与记忆也表现出新的特点，即体现出前运算思维阶段认知的特点。

(一)幼儿感觉的发展

幼儿通过游戏、学习、劳动、与成人积极交往，各种感觉更加完善。其中，视觉和听觉在各种感觉的发展中越来越占有主导地位。第一，幼儿已具有精确辨别细微物体或远距离物体的能力。例如，幼儿不仅能辨别红、橙、黄、绿、青、蓝、紫7 种颜色，而且还有按颜色名称选择颜色的能力。幼儿末期的感觉能力比初期提高1 倍。第二，幼儿视觉的随意性也随着年龄的增长而发展。3 岁幼儿在观看图形时，眼动轨迹是杂乱的，眼球追踪整个图形运动的次数较少，观察图形的错误率约为50%。四五岁的儿童在观看图形时，眼球积极运动的次数增加，眼动轨迹几乎完全符合图形的轮廓，4 岁幼儿的错误率降低到33%，5 岁幼儿已能正确认识图形。6 岁幼儿的眼动轨迹几乎完全符合图形的轮廓。除以上两个方面外，幼儿的听觉感受性在音乐、语言作业和游戏活动中进一步发展起来；幼儿运动觉的细致性和准确性也有所增强；触摸觉和视觉的联系也不断加强，起初触摸觉与视觉一起进行，到后来触摸觉就为视觉所控制，最后具有了从属的性质。

(二)幼儿知觉的发展

幼儿期知觉的发展主要表现在空间知觉、时间知觉(time perception)及观察力

(observational ability)的发展上。幼儿空间知觉的发展表现为对物体的空间特性能进一步感知。幼儿辨别形状的能力逐年发展，但还不善于对形状的细微差别进行区分，如不能区分直角三角形和等腰三角形等。幼儿逐渐能区分方位，能分清熟悉的物体或场所的相对远近，但对较远的空间距离尚不能正确认识。幼儿已具有初步的时间观念，但常需要和具体的生活活动联系。国内外有关的实验证明，此时时间知觉的发展水平是较低的，既不准确，也不稳定。幼儿观察力的发展与感觉器官动作的变化有关。这时观察力的发展表现在观察有意性日益增强，观察时间逐渐持久，观察的系统性、逻辑性及概括性也增强。

(三)幼儿记忆的发展

由于言语的发展和神经系统的逐渐成熟，幼儿的记忆容量增加，记忆能力也开始全面发展。黄硕(2011)对3~6岁幼儿记忆容量的研究发现，幼儿短时记忆的容量为3±2。而幼儿的记忆能力的特点有4点。第一，以不随意的形象记忆(imaginal memory)为主，有意识记忆初步发展。幼儿的记忆还很难服从于有目的的活动，记忆内容和效果依赖于对象的外部特点和他们的兴趣。凡是直观的、形象的、具体的、鲜明的事物，都容易引起幼儿的无意记忆(unintentional memory)；而抽象的、词的材料较难被幼儿记住。凡是为幼儿所熟悉的、理解的、有兴趣的、能激起强烈情绪体验的事物，都易被幼儿记住，并能长时保持。在6~7岁时，幼儿有意识记忆的能力得到初步发展。第二，以机械性记忆(mechanical memory)为主，意义记忆逐步发展。幼儿习惯于采用简单重复的机械记忆方法，记忆事物表面特征的外部联系。幼儿记忆理解材料时，机械记忆的成分逐渐减少，意义记忆的成分逐渐增加。意义记忆的效果是优于机械记忆的效果的。第三，易记易忘。由于幼儿的神经系统易于兴奋，形成的神经联系极不稳定，幼儿能很快记住新材料，尤其是他们喜欢的、有强烈情绪色彩的东西，但也忘得快，在对材料不熟悉的情况下甚至会把主要的东西遗忘。第四，记忆不精确。幼儿记忆的完整性很差，经常出现脱节、漏洞和颠倒顺序的现象。记忆和再现的内容往往是偶然感兴趣的个别对象或个别情节，而不顾本质的东西。幼儿易歪曲事实且易受暗示。

上述幼儿的感知与记忆特点，正体现了前运算思维阶段幼儿的认知的特点，也就是说，幼儿的感知与记忆不仅为幼儿的思维奠定了基础，而且也渗透着幼儿思维的特点，这样幼儿的感知、记忆和思维发展的过程就构成了幼儿认知发展的一致趋势。

第五节

学龄前儿童的社会性发展

在婴儿期社会化过程的基础上，幼儿开始掌握被社会认可的一些行为方式。3岁至6或7岁的幼儿初步学习基本的生活技能，掌握最初级的社会规范，认同一定的社会角色，产生情境性的道德品质。于是，在他们的自我意识、道德、性别认同和社会性交往的发展中，都体现出明显的年龄特征。

一、自我意识的发展

3岁至6或7岁幼儿的自我意识，是从对自我尊重的意识开始的，即欲摆脱成人的保护，寻求独立做一些事情，进而产生自尊和自爱。幼儿在这个阶段逐步知道了"我的"这个词的意义，不仅认识到自己的身体是属于自己的，而且知道"我的爸爸妈妈""我的玩具""我的小动物"……于是自我意识扩展了，形成自我意象，就是形成"良心"或超我，也就是产生了"好的我"和"坏的我"的参照系。这正是卡伦·霍妮(Karen Horney，1885—1952)所说的，幼儿这时具有一个真实自我(real self)和理想自我(ideal self)。幼儿从这个阶段开始对未来有所打算，确立自己未来的目标。

我国心理学家韩进之(1990)从自我评价、自我体验(self-experience)和自我控制(self-control)3个方面，对幼儿的自我意识的发展进行了研究，结果表明，幼儿自我意识的发展是具有规律的。

(一)幼儿自我意识的发展趋势

幼儿自我意识的发展趋势如表 5-10 及图 5-5 所示。

表 5-10　幼儿自我意识的发展趋势(韩进之, 1990)

年龄组	人数／人	平均数	标准差	F
3~3.5 岁	190	1.44	0.30	
4~4.5 岁	190	1.74	0.37	395.17**
5~5.5 岁	190	2.26	0.29	
6~6.5 岁	190	2.45	0.32	

注:** 表示 $p < 0.01$。

由表 5-10 可知，随着幼儿年龄的递增，其自我意识的发展水平逐步提高，且在 $p < 0.01$ 水平上存在着显著差异。

由图 5-5 可知，幼儿自我意识的发展几乎是呈直线上升的，其中 4~5 岁发展的速度最快。

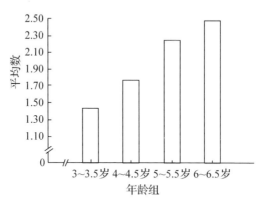

图 5-5　幼儿自我意识发展趋势 (韩进之, 1990)

(二)幼儿自我意识各因素的发生时间

幼儿的自我意识主要包括自我评价、自我体验和自我控制 3 个因素。3 个因素的发生时间直接影响着幼儿自我意识的发生时间。

研究表明，幼儿自我意识各因素的发生时间比较接近，但基本上是不同步的（如表 5-11、表 5-12 和表 5-13 所示）。

表 **5-11** 幼儿有无自我评价的比例（韩进之，1990）

年龄组	人数／人	有自我评价／%	无自我评价／%	χ^2
3～3.5 岁	120	22.50	77.50	
4～4.5 岁	120	70.00	30.00	
5～5.5 岁	120	90.00	10.00	188.40[**]
6～6.5 岁	120	95.83	4.17	

注：[**] 表示 $p < 0.01$。

表 **5-12** 幼儿有无自我体验的比例（韩进之，1990）

年龄组	人数／人	有自我体验／%	无自我体验／%	χ^2
3～3.5 岁	120	23.33	76.67	
4～4.5 岁	120	48.33	51.67	
5～5.5 岁	120	75.00	25.00	109.25[**]
6～6.5 岁	120	83.33	16.67	

注：[**] 表示 $p < 0.01$。

表 **5-13** 幼儿有无自我控制的比例（韩进之，1990）

年龄组	人数／人	有自我控制／%	无自我控制／%	χ^2
3～3.5 岁	120	16.67	83.33	
4～4.5 岁	120	33.33	66.67	
5～5.5 岁	120	83.33	16.67	184.54[**]
6～6.5 岁	120	90.33	9.67	

注：[**] 表示 $p < 0.01$。

表 5-11、表 5-12、表 5-13 说明，幼儿的自我评价、自我体验和自我控制的发展水平，随着年龄的递增（3～6.5 岁）而提高；而无自我评价、自我体验和自我控制的状况，则随年龄的递增而减少，各年龄组在有无自我评价、自我体验和自我控制方面存在显著差异（$p < 0.01$）。

从统计学意义上看，如果以第 3 个 4 分点（75% 左右）为自我意识发生的标志，那么自我评价开始发生的年龄转变期为 3.5～4 岁，自我体验发生的年龄转变期为 4

岁左右，自我控制发生的年龄转变期为 4~5 岁。

上述研究数据表明：幼儿自我意识各因素也是随着年龄的增长而发展的，各个因素的发生时间比较接近，但基本上是不同步的。

(三)幼儿自我意识各因素的发展

幼儿自我意识的 3 个因素互相促进、互相制约，它们的发展构成了幼儿自我意识的整体水平上的发展。在不同年龄组，幼儿自我意识诸因素的发展趋势如表 5-14、图 5-6 所示。

表 5-14　幼儿自我意识各因素的发展趋势(韩进之，1990)

年龄组	人数/人	自我评价			自我体验			自我控制		
		$\overline{X}$	S	χ^2	$\overline{X}$	S	χ^2	$\overline{X}$	S	χ^2
3~3.5 岁	190	1.67	0.41		1.44	0.43		1.19	0.37	
4~4.5 岁	190	2.09	0.39	235.82**	1.72	0.55	99.76**	1.52	0.65	303.04**
5~5.5 岁	190	2.42	0.32		2.01	0.51		2.38	0.56	
6~6.5 岁	190	2.58	0.31		2.28	0.56		2.57	0.48	

注：** 表示 $p < 0.01$。

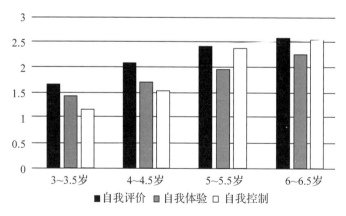

图 5-6　幼儿自我意识各因素的发展趋势 (韩进之，1990)

从表 5-14 可以发现，幼儿自我意识各因素的发展水平随着年龄递增(3~6.5 岁)表现出明显的上升趋势，且均在 $p < 0.01$ 水平上差异显著。

由图 5-6 可知，从总体上考察，幼儿自我意识各因素的发展水平随年龄递增而提高，其中自我评价的发展水平 3~5 岁上升幅度较大；自我体验的发展水平始终呈上升趋势，但无明显的质变时期；自我控制的发展水平在 4~5 岁提高幅度较大。上述发展趋势基本反映了幼儿自我意识及发展水平的年龄特点。

通过仔细分析，幼儿自我意识各因素发展的具体特点可以被归纳出来。

1. 自我评价的发展特点

幼儿自我评价的发展特点为：幼儿的自我评价首先是依从性的评价，然后发展到对自己的个别方面进行评价，进而发展到对多方面进行评价；幼儿自我评价的发展明显地停留在对别人或对自己外部行为的评价上，但同时表现出他们的自我评价有从外部行为向内心品质转化的倾向，如表 5-15 所示。

表 5-15　幼儿自我评价发展的依从性、个别性及多面性发展（韩进之，1990）

年龄组	能进行的比例／%		
	依从性	个别性	多面性
3~3.5 岁	80.00	20.00	0
4~4.5 岁	36.67	63.33	0
5~5.5 岁	3.33	80.00	16.67
6~6.5 岁	0	43.33	56.67

由表 5-15 可以看出，3~3.5 岁组的幼儿即使能自我评价，也有 80.00% 的幼儿还处在依从性的评价阶段；在 4~4.5 岁组，已有 63.33% 的幼儿可以进行个别性的自我评价；直到幼儿晚期才开始出现多面的独立性评价，并特别表现为当成人的评价与幼儿自我评价不一致时，幼儿会提出申辩，表示反感和不信任。

幼儿已具备一定的道德性评价能力。4~4.5 岁组幼儿能够初步运用一定的道德行为准则来评价别人和自己行为的好坏，同时也发展出尊敬长者的行为，但其评价带有一定的情绪性。只有到 5~6 岁，幼儿才能自觉模仿成人，从社会意义上来评价道德行为的好坏，但对某些道德概念的理解是很肤浅的，没有分化，比较笼统，幼儿还不能很好地理解道德概念的内涵。

幼儿从对自己外部行为的评价，逐步向对内心品质的评价发展，但在整个幼儿时期，基本上都是对自己的外部行为进行自我评价；从主观情绪性评价逐步过渡到客观的评价，但在一般情况下，幼儿总倾向于过高评价自己。

幼儿自我评价的发展水平无性别上的差异。

2. 自我体验的发展特点

幼儿的自我体验从初级向高级发展，从生理性体验向社会性体验发展（高月梅等，1993）。幼儿的愉快和愤怒往往是生理需要的表现，而委屈、自尊和羞怯则反映了他们的社会性体验。幼儿自我体验中各个因素的发生和发展不是同步的，愉快和愤怒体验发展得较早，而委屈、自尊和羞怯感则发生得较晚。5~6 岁的幼儿能对自己的错误行为感到羞愧。韩进之、杨丽珠（1986）的研究还表明，在幼儿阶段，各年龄组由愉快到羞愧的比例呈现一种递减的趋势（如表 5-16 所示），这就反映出幼儿自我体验由初级向高级发展的趋势。此外，幼儿的自我体验还表现出易变性、易受暗示性。

表 5-16　幼儿各年龄组各种情绪自我体验获得的比例（韩进之、杨丽珠，1986）

情绪	比例 / %				χ^2
	3~3.5 岁	4~4.5 岁	5~5.5 岁	6~6.5 岁	
愉快	23.33	56.67	100.00	96.67	55.76[**]
愤怒	20.00	66.67	100.00	100.00	63.51[**]
委屈	10.00	60.00	86.67	93.33	52.33[**]
自尊	10.00	63.33	83.33	93.33	57.98[**]
羞愧	3.33	43.33	90.00	96.67	70.64[**]

注：[**] 表示 $p<0.001$。

3. 自我控制的发展特点

幼儿有一定的自我控制能力，但 3~4 岁儿童的坚持性、自制力很差，只有到了 5~6 岁才有一定的独立性、坚持性和自制力。在自我控制的发展水平方面有性别上的差别，5 岁组和 6 岁组女孩的发展水平高，即这两个年龄组女孩的自我控制力较强。总的来说，幼儿的自我控制能力还是较弱的。

在培养幼儿的自我意识的过程中，成人对幼儿的评价在幼儿自我意识的发展中起着重大的作用。因此，成人必须善于对幼儿做适当的评价，对幼儿行为做过高或过低的评价对幼儿都是有害的，同时，要善于引导幼儿初步地评价他人或自己的内心品质，以及评价他人或自己的道德行为，这对提高幼儿的自我意识水平和道德评价（moral evaluation）能力是有帮助的。但引导时成人必须注意形象性、情绪性和可接受性，注意为幼儿的自我评价、自我体验、自我控制的形成和发展创设良好的情境，避免空洞的说教。

二、道德的发展

一般而言，幼儿道德发展具有两个特点。

一是从他性（altruistic）。从他性（或利他性）道德占主导地位，幼儿认为道德原则与道德规范是绝对的，来自外在的权威，不能不服从；判断是非的标准也来自成人；同时只注意行为的外部结果，而不考虑行为的内在动机。幼儿晚期的道德开始向自律（self-discipline）转化，一些自律道德开始萌芽，即主要按外在行为的原则和要求来调节自己的行为，内在自觉的调节才刚刚开始。

二是情境性。幼儿道德发展的基本特点是情境性，3 岁至 6 或 7 岁是情境性道德发展的主要时期。幼儿的道德认识、道德情感（sense of morality）还带有很大的具体性、表面性，并易受情境暗示，它总和一定的、直接的道德经验、情境及成人的评价相联系。幼儿的道德动机非常具体、直接、外在，往往受当前具体刺激（即情境）的制约，道德行为缺乏独立性和自觉性，因而也缺乏稳定性。

下面从幼儿的道德认识、道德情感和道德行为的特点来进一步分析幼儿道德的特点。

（一）幼儿道德认识的特点

幼儿的道德认识主要指幼儿对社会道德规范、行为准则、是非观念的认识，包括幼儿对道德概念的掌握和幼儿道德判断能力的发展。

前面介绍了婴儿已能初步理解什么是"好"、什么是"坏"，并能做出一些合乎成人要求的道德判断。进入学前期后，幼儿对道德概念的理解和他们的道德判断能力有了进一步的发展。

但是，由于幼儿心理发展一般水平的限制和生活经验的局限，他们对道德概念的掌握及他们的道德判断、道德评价还带有明显的具体形象性和随之而来的其他局限性。

1. 幼儿对道德概念的掌握

对于幼儿道德概念的发展，国内许多学者进行了研究。陈帼眉（1979）研究了幼儿对"好孩子"的理解，发现幼儿初期对"好孩子"的认识是非常笼统、表面化的，只会简单地说出个别的具体现象；之后，幼儿对"好孩子"的认识逐渐分化和完整，能从多方面及一些比较抽象的品质来考虑；较大的幼儿对"好孩子"的理解还有一定的概括性。

庞丽娟（1985）研究了幼儿对诚实、有礼貌、友好、谦让、助人为乐、遵守纪律、勇敢等道德概念的理解，发现幼儿对道德概念的掌握多从感性的道德经验开始，与具体、直接的自身道德经验密切联系；同时，从小班到大班，在正确教育的影响下，随着幼儿道德经验的丰富和思维发展水平的提高，幼儿掌握道德概念的内容逐渐从比较贫乏、片面、单调，发展到比较广泛、全面、丰富；从只涉及自己身边的、直接的事，发展到更广范围的、稍为间接的事；从非常具体、表面，发展到比较概括且带有一定的抽象性。

由此可见，从总体上来看，幼儿掌握道德概念具有 3 个特点。

①具体形象性：总和具体的事物或行为、情境联系在一起，并依据这些具体直接的事物理解与掌握概念，如"好孩子"就是"不打人"。

②表面性：对道德概念的理解局限于表面水平，而缺乏概括性和深刻性，如"好孩子"就是"听话"。

③片面性、笼统化和简单化：往往只涉及个别的具体行为或方面，而不能从多方面细致、全面地理解道德概念，缺乏分化性、复杂性和全面性，如"助人为乐"就是"帮妈妈洗小手帕"。

幼儿掌握道德概念的这些特点和幼儿思维的具体形象性、生活经验的局限性是密切相关的。

2. 幼儿的道德判断

吴筱珍(1989)在关于幼儿中的独生子女和非独生子女对于分辨是非善恶、哪一种行为较不好的道德判断的比较研究中，用6组对偶故事测试被试。6组对偶故事将财物损坏形式(公物或私物)和行为的意向性(有意或无意)组成3种不同的结构：一是意向性不变，财物损坏形式改变；二是财物损坏形式不变，意向性改变；三是意向性和财物损坏形式同时改变。实验结果表明：①幼儿前期的独生子女和非独生子女的公有观正在形成，但这种公有观很不成熟，表现出极明显的形象性、表面性和片面性。②幼儿中的独生子女与非独生子女已出现根据行为的意向性做出判断的能力，两类幼儿都能在财物损坏形式不变的情况下根据行为的意向性做出判断，他们都认为有意损坏财物比无意损坏财物更坏，这一研究结果与美国钱德勒、格特金等人(Chandler，1973；Gutkin et al.，1972)的研究结论可相互印证——当财物损坏的程度保持不变时，即使年幼儿童(5~6岁)也能根据行为的意向性做出判断；③两类幼儿在道德判断中充当故事中被损坏个人财物的角色时，出现了逆转现象，换句话说，在不充当角色时，他们认为损坏公物比损坏私物的行为更不好，而在充当角色时，就转而认为损坏私物的行为更不好。

3. 幼儿的道德评价

20世纪80年代的研究者曾对4~6岁幼儿的道德评价能力及特点进行了研究，认为幼儿对他人行为的评价有这样一个过程：从以成人意志转移、对事物只能进行简单的判断，到开始能够依据一定的准则来进行独立的、比较深刻的评价。具体来说，幼儿对"在公交车上为妈妈抢座位对不对"这个问题，4~6岁的幼儿有76.7%能独立、正确地做出评价。

如"自我意识的发展"部分所述，在整个学前期，幼儿对自我的评价能力还很差，成人对他们的态度和评价会对他们的自我评价乃至整个人格发展产生重大的影响。因此，成人对幼儿的评价必须适当，过高的评价使幼儿看不到自己的缺点，不能正确地认识自己及行为，甚至不能形成正确的道德观念和是非观念；反之，过低的评价则会使幼儿认为自己是毫无希望的，因而失去获得肯定性、积极性评价的信心。

(二)幼儿道德情感的特点

1. 幼儿道德情感的形成

婴儿期已具有道德感的萌芽,如同情心、责任心和羞耻感等。幼儿在幼儿园的集体生活中,随着对各种行为规则的掌握,他们的道德感进一步发展起来。起先,这种道德感主要指向个别行为,而且往往直接由成人的评价产生。到了中班,由于比较明显地掌握了一些概括化的道德标准,幼儿的道德感便开始与这些道德准则、认识相联系。中班幼儿不仅关心自己的行为是否符合道德标准,而且很关心别人的行为是否符合道德标准,并产生相应的情感。这一点可从幼儿的告状行为中充分体现出来。大班幼儿的道德感进一步丰富、分化和复杂化,同时带有一定的深刻性和稳定性。研究表明,幼儿晚期已具有比较明显的和强烈的爱国主义情感(patriotic feeling)、群体情感、义务感(sense of obligation)、责任感、互助感、自尊感和荣誉感,以及对别的儿童、父母、老师的爱,等等。

2. 爱国主义情感的萌芽期

庞丽娟等人(1989)对幼儿爱国主义情感的发展特点进行研究,认为幼儿的爱国主义情感是从日常生活中及幼儿所见所闻中萌芽的。幼儿一开始爱自己的父母,爱自己的兄弟姐妹,爱自己家乡的一草一木,等等;之后,在此基础上,逐渐将这些情感同热爱祖国联系起来,萌发出最初的爱国之情。同时,随着幼儿爱父母、爱家庭、爱老师、爱同伴、爱家乡、爱人民的情感体验日益明显、丰富和加深,幼儿爱祖国的情感也日益深刻。

3. 幼儿义务感的产生

对幼儿义务感的研究表明(陈帼眉等,1979),3岁幼儿在完成成人所指定的任务时,常常出现愉快或满意的情感,但这不是因为幼儿意识到自己的义务并在完成了这一义务后产生义务感,而往往是由幼儿的某种直接需要、愿望得到了满足引起的。因此,这种情感还不能说是义务感。4岁左右,在成人的教育下,幼儿开始因为是否完成某个义务而体验到愉快或不高兴、满意或不安的情感,开始出现和形成义务感。而且,这种情感不仅可以由成人对幼儿道德行为的评价引起,也可以由幼儿对自己行为的意识引起,但这种义务感的范围还是比较狭小的,主要涉及经常同自己接触的人。5～6 岁的幼儿能进一步理解自己的义务及履行义务的意义和必要性，并对自己是否完成义务和完成的情况如何有进一步的体验。体验的种类也不断分化，不仅有愉快、满意或不安，还产生了自豪、尊重或害羞、惭愧等情感。义务感的范围也不断扩大，不仅指向个别自己亲近的人，而且扩展到自己的班集体、幼儿园等。

4. 幼儿道德情感的特点

幼儿道德情感的形成与发展具有以下特点。

第一，幼儿在正确的教育影响下，尤其在集体生活中，在与成人、同伴的交往不断增加和对社会道德行为准则不断掌握的情况下，道德感进一步发展起来，一些新的道德感，如爱国主义情感、义务感、集体感等都在幼儿初期萌芽，并在幼儿时期逐步形成和发展。

第二，幼儿道德感指向的事物或对象不断增多，范围不断扩大，这就使幼儿的道德感不断丰富。

第三，幼儿道德感指向的事物或对象由近及远，由较直接到较间接，由具体、个别的行为或需要的满足到一些比较概括、比较抽象的行为规则和道德准则。

第四，由于幼儿道德感指向的事物的变化，特别是事物性质的变化，幼儿的道德感逐渐由比较肤浅、表面、不稳定，发展到比较深刻、持久和稳定。

第五，幼儿的道德感是与道德需要紧密联系的，并且逐渐成为一种内在品质，能够出现于行动之前，成为从事或克制某种行为的动机。

(三) 幼儿道德行为的特点

20 世纪 80 年代有研究者对幼儿道德行为的情况进行了调查，内容包括团结友爱、帮助同伴、遵守集体规则、礼貌、诚实、爱护公物、勇敢、分辨是非、为集体服务等。采用的方法是跟踪观察幼儿的实际行为表现，如访问、征求教师的意见、请教师评定幼儿的行为。结果发现：在良好的教育影响下，在与同伴、教师的交往中，幼儿大多表现出多种、广泛的良好品德行为，如在同伴有困难时能主动给予帮助，为班集体做好事，等等。

邵渭溟、郭英(1984)关于幼儿文明礼貌行为的调查和上海闸北区(今静安区)幼教科研小组(1984)关于幼儿在幼儿园遵守集体规则的调查反映出了同样的结果。这些结果说明我国幼儿初步养成了文明礼貌行为,因此能较好地遵守各项集体规章制度。

但是,也不能过高估计幼儿道德行为的发展。第一,幼儿道德行为的动机具体、直接且外在,具有明显的情境性。第二,幼儿道德行为的自制力和坚持性还比较差,因此幼儿的道德意志还是比较薄弱的,特别是幼儿初期,他们对自己行为的调节力和控制力更差,其行为主要受周围情境的影响,常需要成人的监督、调节和强化。第三,由于上述道德行为动机和道德意志的特点,幼儿还未形成稳固的道德行为习惯,因此成人不能满足于幼儿出现一两次良好行为,而应着眼于使之经常化和稳定化,成为稳定、自觉的行为习惯。否则,培养幼儿的良好道德品质会成为一句空话。

三、幼儿的性别认同

男女性别差异(sex difference)是社会中普遍存在的一种现象,特定社会对不同性别的人有不同的限制和要求。性别角色就是社会规定的经常与某一性别相对应的一系列态度和行为方式。儿童学习有关性别角色的规定,掌握相应的性别角色行为,是其社会化的重要内容之一,对其现在乃至成年后的行为方式、兴趣爱好、性格特征和职业偏向等均有十分重要的影响(王耘等,1993;Mussen et al.,1990)。

(一)性别认同的发展

幼儿的性别认同有一个发展过程,且表现出一些特点。

1. 性别认同发展的过程

儿童的性别化行为早在2岁时就有表现(王耘等,1993;周宗奎,1999),他们在活动或游戏中表现出一定的性别差异,如男孩喜欢玩柔软的玩具和木偶(Zigler & Finn-Stevenson,1987)。3岁以后,幼儿的性别差异更为明显和稳固,有时甚至表现出对性别角色规定的过分遵从。幼儿行为的性别差异主要表现在两个方面：一是对玩具和游戏等活动方式的选择和偏好；二是对同伴的选择及与之交往的特点（Sallquist et al.，2012）。3 岁至 6 或 7 岁的男孩不仅在游戏和自由活动中经常选择男性化（masculinization）的玩具，如飞机、坦克、刀枪、棍棒等，而且常玩摔跤、打仗、球赛等活动比较剧烈的游戏；而女孩则往往偏好洋娃娃、小锅、小勺、卡片等比较安静的玩具和游戏。在选择玩伴的时候，无论是男孩还是女孩，都倾向于跟与自己性别相同的小朋友一起游戏、玩耍。因此，幼儿园里的幼儿常分化出不同性别的游戏群体。而且幼儿在与同性别玩伴一起游戏时，比与异性玩伴在一起时有更多的社会性游戏，男孩与男孩之间、女孩与女孩之间往往产生更多的社会性交往反应（Maccoby & Jacklin，1980）。

2. 幼儿性别化的特点

幼儿性别化发展的一个突出特点是性别角色刻板化（或性别角色刻板印象）（stereotype of sex role）（Mussen et al.，1990）。特别是 5 岁左右的幼儿，除了自己严格按照某一性别角色的规定去行动，还常以性别角色标准为依据去评价和要求同伴的行为。他们对于同伴或他人不符合性别化规定的行为常表现出拒绝和轻视的态度（Damon，1977，1983；Mussen et al.，1990）。在幼儿园中，玩男性化玩具的男孩和举止女性化（feminization）的女孩都比较容易找到玩伴，也较容易从同伴那里得到肯定的反应；而玩娃娃家游戏或举止、服饰女性化的男孩，则可能遭到同伴的取笑，或者受到忽视。

幼儿过分刻板的性别化行为与其对性别差异的认知和理解水平有着密切的关系（Kohlberg，1966；Conner & Sewrbin，1977）。尽管儿童在 2.5 岁左右时就能准确地说出自己是男孩还是女孩（Lam & Leman，2003；Ruble et al.，2007），但他们对于性别的完整理解要到学龄早期才能实现（Damon，1977，1985；周宗奎，1992）。

3. 性别恒常性及其后果

按照科尔伯格的发展阶段，性别认同的发展依序为：①性别同一性（或性别认定）（gender identity），即了解自己是男孩或女孩；②性别稳定性（或性别固定）（gender stability），即懂得是男人就总是男人，女孩不可能成长为父亲；③性别恒常性

（或性别恒定性）（gender constancy），即知道发型、服饰、活动表现等表面变化不能改变人的性别。幼儿时期是在理解性别同一性的基础上，逐渐获得对性别稳定性和恒常性理解的时期。周宗奎（1992）的研究表明，幼儿要到5岁左右才初步懂得性别稳定性和性别恒常性，这时他们已知道某些兴趣、态度、行为方式只与某一性别对应，他们将这种对应的联系视为不可更改的、必须做到的。因此，幼儿对于性别多依赖于人物的服饰和活动特点来判断。他们常认为，如果一个男孩穿上裙子、戴上项链或玩娃娃家游戏，他就不再是一个男孩，而成为一个女孩；而如果一个女孩剪去长发，去玩大炮、坦克，则她也就成为一个男孩了。

对性别稳定性和恒常性的理解水平不仅限制幼儿性别化行为的灵活性，而且在一定程度上决定了他们对同伴的选择。斯密特纳等人（Smetana et al.，1984）的研究表明，已经获得性别稳定性的女孩比只懂得性别同一性的女孩更多地选择女孩为游戏伙伴，但当性别恒常性理解完成后，女孩选择玩伴的性别差异则不那么严格了。也正是由于理解了性别差异不跟随表面特征的改变而消失，幼儿才能摆脱性别差异的严格界限，提高行为选择的灵活性，从而增加社会性选择的自由。还有研究表明，对性别稳定性的理解水平与男孩对其他男性的模仿行为有一定的相关性，理解水平越高，模仿男性榜样的行为越多（Slaby & Frey，1975）。对女孩的研究也取得了类似的结果，证明对性别稳定性的理解水平会影响幼儿对同性榜样的模仿（Rubble，Balaban，& Cooper，1979）。

（二）性别认同的影响因素

幼儿的性别化发展受多种因素的影响。生物因素、认知因素和社会性因素3个方面互相作用，共同制约着幼儿性别角色的获取和性别差异的形成。

1. 生物因素

生物因素对性别差异的作用表现在两方面：一是激素，尤其是雄性激素的作用；二是大脑两侧功能分化的水平差异。

2. 认知因素

认知因素的作用除前述性别理解的影响外，信息加工观点还指出幼儿对性别角色的看法与其正在形成的自我概念有关，影响着他们看待事物的方式（周宗奎，1992）。五六岁的幼儿在回忆 1 周前看过的图片时，倾向于改变图片中从事不符合性别要求活动的孩子的性别，他们更容易记住"玩女孩玩具"的女孩和"做男孩游戏"的男孩；女孩更容易记住女性化的玩具和物品，对男性化的玩具和物品则记得较差，而男孩正好与此相反。幼儿对性别的理解还受其认知能力水平的制约，并以认知能力的发展为基础，如性别恒常性的理解就是在幼儿物体守恒的基础上逐步形成的，并随后者的发展而逐渐稳定（王耘等，1993；周宗奎，1992）。

3. 社会性因素

性别角色获取是社会性发展的重要内容，它是在儿童与他人的社会性交往中逐渐形成并巩固的。父母、家庭、同伴、教师、大众传播媒体等社会因素，从儿童出生后便对其由生物因素引起的性别差异产生着重要影响。父母往往为儿子或女儿选择不同的生活用品与玩具，并对不同性别的孩子抱有不同的期望，在日常生活中对幼儿同样的行为也会因其主体的性别差异而采取不同的反应方式。此外，父母之间的性别差异为幼儿模仿、观察同性别角色的行为提供了最为直接的范型（Zigler & Finn-Stevenson，1987）。家庭的影响加上幼儿园里教师、同伴的强化，使幼儿的性别化行为得以巩固。大众传播媒介，如电视、电影、图书等，往往按照一定的社会对性别角色的规定来呈现人们的生活和行为，这就为幼儿学习掌握性别角色的有关规则提供了更为丰富的观察材料，对其性别化行为的习得和性别理解的发展起着推动、促进的作用。

四、社会性交往的发展

学前期随着幼儿活动能力和认知、语言能力的进一步发展，幼儿生活范围不断扩展，交往范围日益扩大，他们越来越多地与父母及家庭以外的社会环境因素发生相互作用。在整个学前期，父母仍然是幼儿主要的交往对象，也是幼儿心理发展的最主要的"重要他人"，但同时，生活范围的扩大也使同伴、教师逐渐成为幼儿生活中重要的交往对象。

(一)与父母的交往

父母是子女最早的交往者，尽管不同家庭的父母有着不同的养育方式，但他们与子女交往的意义都是重大的。

1. 父母与子女交往的意义

父母是影响幼儿社会化的核心因素，父母通过他们的教育期望，代表一定的社会群体和观念文化，在与子女的交往中传递着有关的社会性知识，影响幼儿的信仰、价值观和行为准则。在学前期，幼儿与父母的交往内容和方式对其情绪、态度、行为乃至成年以后的兴趣、信仰、行为方式、自我概念等，均有较大的影响。如果缺乏与父母的直接交往，幼儿的心理发展会出现一些不利的结果。

父母对幼儿行为、态度的影响主要通过彼此的交往来实现。在交往过程中，一方面，父母以其自身行为、言语、态度等的特征为幼儿提供观察和模仿的范型；另一方面，父母通过对幼儿行为的不同反应方式，对幼儿的行为做出积极的或消极的强化，以此改变或巩固幼儿的某些具体行为。此外，父母还常根据一定的社会准则、规范向幼儿直接传授有关的知识和技能，以促进其认知和社会性的发展(周宗奎，1992)。

2. 不同养育方式下子女不同的交往特点

父母通过上述多种方式和途径影响着子女的社会化，并且这些方式和途径又因父母自身特点及各个家庭的不同背景而存在许多差异，即教养方式千差万别(俞国良，1994)。鲍姆琳德(Baumrind，1967，1973，1977)经过一系列研究指出，父母教养方式与幼儿心理发展具有密切关系，父母教养方式的差异直接使幼儿心理发展产生不同的结果。麦考比和马丁(Maccoby & Martin，1983)在鲍姆琳德研究结果的基础上进一步提出了父母养育方式存在的4种主要类型，并对每种方式的具体特点及其相应的幼儿特征做了比较详细的描述。这4种养育方式如下。

一是权威型(authoritative)。父母对幼儿的态度是积极肯定和接纳的，同时向幼儿提出明确的要求，并经常与幼儿讨论、解释有关行为规则的含义和意义。在这种养育方式下成长的幼儿多数有较强的独立性，且对人友好，善于与人交往，有较强的自尊和自信。

二是专断型（authoritarian）。父母对幼儿常常采取拒绝的态度和训斥、惩罚等消极反应，他们要求幼儿无条件地严格遵守有关规则，很少听取幼儿的意见和要求。在这种教养方式下的幼儿往往缺乏主动性和积极性，不善于交际，容易抑郁、胆怯和自卑。

三是放纵型（permissive）。父母非常疼爱自己的孩子，表现出过分的接纳和肯定，但缺乏控制，因而这种教养方式下的幼儿往往容易冲动，缺乏责任心，专横，攻击性较强。

四是忽视型（indifferently uninvolved）。父母对幼儿关注得较少，对其行为缺乏要求和控制。父母与幼儿间的交流很少，因而使幼儿往往具有较强的攻击性和冲动性，不顺从，易发怒，而且自尊心水平较低，很少为他人考虑（Edward & James，1986；俞国良，1994）。

3. 幼儿自身特点对亲子交往关系的作用

当然，父母并不是影响幼儿社会性发展的唯一因素，他们也受到来自幼儿一方的诸多因素的影响，幼儿的年龄、性别、气质特征及行为方式等都会在不同程度上影响父母对待幼儿的态度和行为，并进一步影响幼儿的心理发展（Simpson & Stevenson-Hinde，1985；Edward & James，1986；王耘等，1993）。

（二）与同伴的交往

幼儿之间的交往是促进其社会性交往发展的有利因素，而入园进班是幼儿同伴关系及其交往的开始。

1. 幼儿同伴交往的特点

除父母与幼儿的交往外，在学前期，随着幼儿入园进班，幼儿与幼儿之间的同伴交往也日益增多，同伴间的社会性联系日渐成为幼儿社会生活的重要内容。幼儿在与同伴的交往活动中，练习着有关社交技能，逐渐学会与他人以平等的方式合作、协商。同伴对幼儿行为的不同反应，对幼儿的社会行为也会产生积极的或消极的强化，使其亲社会行为增多，侵犯性行为得到控制、减少。此外，同伴对幼儿的各种评价也为幼儿提供了社会性比较和形成自我意识的依据。在整个幼儿时期，同伴间相互作用的数量日益增多。在交往中，幼儿积极主动地选择自己的玩伴，他们倾向于与自己年龄相仿、能力相近的同伴一起游戏。

2. 游戏对幼儿交往的意义

游戏是幼儿与同伴交往的最主要方式。游戏在幼儿时期获得了进一步发展，幼儿的社会性水平也不断得到提高。这明显体现在幼儿于游戏活动中越来越多地与其他幼儿进行着实际的交往，交往的目的也从获取玩具、物品转向引起他人的注意、合作和交流行为(王争艳、王京生、陈会昌，2000)。

3. 幼儿同伴交往的类型

在同伴交往中，幼儿的行为方式是各不相同的，同伴对其的反应也各不相同，或欢迎，或拒绝，或忽视，因而形成不同的同伴交往类型，即不同的同伴社交地位。庞丽娟(1991)运用现场同伴提名法进行研究，指出幼儿的同伴交往存在 4 种主要类型。①受欢迎型：这类幼儿喜欢与同伴交往，在交往中行为积极友好，因而普遍受到同伴的喜爱、接纳，在同伴中的地位、影响较高。②被拒绝型：这类幼儿同受欢迎型一样也喜欢交往，但在交往中行为不友好，多有消极、攻击性行为，因而为多数幼儿所排斥、拒绝。③被忽视型：这类幼儿不同于上述两类幼儿，他们不喜欢交往，在交往中畏缩、退缩，不积极主动，他们既少有积极友好行为，也少有消极、不友好行为，因而在同伴心目中没有地位，易被大多数同伴忽视与冷落。④一般型：这些幼儿在交往中行为表现一般，既非特别友好，也非特别不友好，因而既有同伴喜欢他们，也有同伴不喜欢他们，因此他们在同伴中的地位一般。

(三) 与教师的交往

入园以后，幼儿园教师逐渐成为幼儿交往的重要对象。

1. 与教师交往的意义

随着幼儿入园进班，幼儿与教师的接触日益增多，与教师的交往成为幼儿社会生活的一项重要内容。教师通过直接教导、言行榜样等与幼儿互动，使幼儿学习一定的社会道德规范、行为规范、集体生活要求、文化知识，以及与他人交往的基本准则、规范等；同时，在与教师的交往中，幼儿有机会演练多种社会行为与社会技能，并依据教师的奖惩、强化调整自己的行为。幼儿的整体心理水平较低，易受暗示、引导，加上教师在幼儿心目中的"权威"地位，使得教师对幼儿的发展起着极为重要的作用。

2. 教师早期影响的重要性

庞丽娟（1992）的研究表明，教师期望对幼儿心理发展有直接、深远的影响，尤其在发展早期，年龄越小的幼儿，受教师期望的影响越大，即教师期望对幼儿发展的直接、定向作用较为显著。教师对幼儿的不同期望会直接造成不同的幼儿发展状况，并出现明显差异。幼儿很容易成为教师期望的那一类孩子。幼儿还很容易受教师情绪状态的影响，他们不仅会因教师高兴而高兴，因教师烦恼而惊恐，因教师不悦而老实，而且会因教师的热情或冷漠的不同态度而取得截然不同的学习效果（Mussen et al.，1990）。同时，教师对幼儿的评价、表扬与批评、奖励与惩罚对幼儿也有至关重要的影响，直接对幼儿的社会行为和学习发展产生促进、调整或改变的作用。相较于家长，幼儿似乎更重视教师的评价。在许多场合，教师的评价、表扬或批评更能发挥改变幼儿行为的作用。

第六章

小学儿童的心理发展

小学儿童一般为 6 或 7 岁至 10 或 11 岁，这个时期是上小学的阶段，这个阶段又称为学龄儿童期（或儿童期）（school childhood）。小学儿童心理的发展，顾名思义，主要指小学生心理活动的规律和特点。

小学生进入学校后，学习便成为他们的主导活动，促进他们的心理过程和社会的全面发展，并呈现 4 个特点：①小学生的心理发展是迅速的，尤其是智力和思维能力；②小学生的心理发展是协调的，特别是在道德方面，这是人一生中道德品质发展最为协调的阶段；③小学生的心理发展是开放的，他们的经历有限，内心世界不太复杂，所以显得纯真、直率，能将内心活动表露出来；④小学生的心理发展是可塑的，其发展变化具有较大的可塑性。

从幼儿到小学生，儿童的角色发生了巨大的改变，要适应这个新的角色，他们必须在生理、心理上做好入学的准备。生理上的准备主要是由他们自然的生理发展提供的；而心理上的准备则包括学习态度（learning attitude）、学习习惯、学习方法、学习能力、社会性能力等方面的准备。小学生的学习与幼儿的学习有着本质的区别。有的小学儿童因发育迟滞、习惯不良等而不能顺利地完成学习活动，成为有学习障碍（learning disabilities）的儿童。小学阶段的认知一般属于皮亚杰的具体运算思维阶段。小学儿童的思维已具备可逆性，并逐步过渡到以抽象逻辑思维为主，但思维仍带有很大的具体性。此外，小学儿童的感知觉、观察力、记忆也都有相应的发展。在小学阶段，儿童的道德从习俗水平向原则水平过渡，从依附性向自觉性过渡，逐步形成自觉运用道德规则的能力。这个阶段的道德发展比较平衡，显示出以协调性为主的基本特点。儿童进入学校学习后，他们的社会交往更为广泛。同伴关系、师生关系(teacher-student relationship)、亲子关系构成了小学儿童社会关系的主要内容。

本章讨论小学儿童心理发展的趋势，重点讨论以下几个问题。

①小学儿童入学前应有哪些准备，特别是心理上需要做些什么准备？

②小学儿童的学习有哪些特点？如何克服他们的学习障碍？

③小学儿童的认知是怎样发展的？有什么样的特点？

④小学儿童的道德是怎样发展的？有什么样的特点？

⑤小学儿童的社会关系有哪些表现？他们的社会交往特点是什么？

第一节

背起书包上学去

儿童到了6或7岁，心理的发展已经具备了上学的条件，加上环境、家庭等影响，他们开始羡慕小学生的生活，羡慕新书本、新书包、新文具。简言之，此时儿童在主观上具备了入学的需要和愿望。

一、入学前的准备

儿童入学前的准备包括生理与心理两个方面。充分的入学准备，能为儿童入学后的发展提供良好的起点；入学准备不足，可能给儿童带来一定的学习障碍。

(一) 从幼儿到小学儿童

小学阶段是儿童心理发展的重要阶段，小学儿童的学习活动，与幼儿的学习有着本质上的区别，因此，从幼儿到小学儿童，心理发展也进入了一个崭新的阶段。

1. 狭义的学习与广义的学习

广义的学习（learning）是指经验的获得及行为变化的过程。人出生后不久就能建立条件反射，改变个别行为。人在一生的整个生活过程和实践过程中，不断地积累知识经验，这种获得、积累经验的过程就是广义的学习。

学生在学校里进行的学习主要是指狭义的学习（study），它是学生在教育环境中掌握系统科学文化知识和社会经验的活动，也是一种有目的、有计划、有系统地掌握知识技能和行为规范的活动，更是一种社会的义务。这种狭义的学习具有其本身的特点，学生的学习内容主要是以语言、文字或其他形式构成的间接经验，学习过程是直接而简短的。学生学习是在教师的指导下，按一定的教材有计划、有目的地进行的。在学习活动中，要求学生积极、主动地掌握和应用一定的学习策略（learning strategies）。

总之，广义的学习从儿童出生开始并持续一生，而狭义的学习则是学龄儿童特有的学习形式。

2. 幼儿的学习与小学生的学习

幼儿的学习主要属于广义的学习，他们的主要学习活动是游戏。幼儿的学习主要是在游戏中进行的，他们通过游戏来模仿成人的活动，接受人类社会已有的知识经验。学前阶段的后期（4~6岁），在幼儿园的幼儿开始学习参与课堂，教师开始讲一些最简单的数学、语言、自然等方面的知识。这种学习与小学生的学习相接近，但幼儿的这种学习是以游戏的形式进行的，教师对他们的这种学习没有严格要求，也没有把它当作一种社会义务。

进入学校后，学习活动立刻成为小学生的主导活动。所谓主导活动，主要是指在人类各个发展阶段中，影响和支配其他活动并决定其心理发展的活动。不同发展阶段的主导活动虽有一定的连续性，但相互之间有着质的区别。虽然低年级学生的学习过程还包含游戏的成分，但这主要是为了学习，而且随着年级的升高，这种游戏成分也逐渐减少。就小学生而言，学习已经成为他们必须完成的一种社会义务，他们必须遵守课堂纪律，认真听讲，完成作业，复习功课，并参加考试以获得对其学习效果的评价。他们不仅要学习自己感兴趣的内容，也必须学习自己不太感兴趣的内容，这种学习带有一定的强迫性。

(二)入学的生理准备

学前期的生长发育为儿童进入学校做好了生理上的准备；入学后，儿童的生理发展仍平稳且持续地进行，尤其是以大脑为核心的神经系统的发展，为其顺利地完成在各个年级的学习、生活奠定了生理的基础。

身高和体重是衡量儿童生理发展状况的重要指标，标志内部器官和相应系统如呼吸、运动系统的发育。从出生到成熟，身高与体重的增长会出现两次高峰期，一次在出生后的第一、第二年，另一次为青春期。小学阶段正好在这两个高峰之间，小学儿童身高每年增长 4~5 厘米，体重每年增加 1.5~2.5 千克，是相对平稳的过渡期(李丹，1987)。

在生理发展中，神经系统的发展与心理的发展有着最为密切的联系。小学儿童大脑的发展状况是这一阶段神经系统发展的集中体现。下面分别说明大脑结构和大脑机能的发展。

1. 大脑结构的发展

刚出生的新生儿，大脑皮质表面较平滑，沟回表浅、稀疏，构造简单，重量仅有 390 克，约为成人脑重的 28%。之后，大脑神经细胞的胞体膨大，神经细胞的突触数量和长度增加，神经纤维深入皮层各层，将各层紧密地联系起来。随着神经细胞结构的复杂化和神经纤维的伸长，儿童的脑重逐渐增加，到六七岁时达到 1280 克，约为成人脑重的 91%；9 岁时约为 1350 克；13 岁时约为 1400 克，达到了成人的脑平均重量。

小学阶段，儿童大脑的大部分都在不断地增大，其中体积增大最为明显的皮层部位是额叶。现代生理心理学的大量研究表明，额叶与人类的记忆、抑制、思维等高级心理过程有着密切的联系。从人类的种系发展过程来看，额叶增大是现代人类和类人猿在脑解剖结构上的重大区别之一。我国心理学工作者对儿童脑发展的研究(刘世熠，1962)也表明：额叶是脑皮层中最晚成熟的部位。因此，在小学阶段，儿童额叶的显著增大在其高级神经活动上有重大的意义。

2. 大脑机能的发展

小学儿童所有皮层传导通路的神经纤维在 6 岁末时几乎都已髓鞘化。这时的神经纤维具有良好的"绝缘性"，可以按一定的道路迅速传导神经兴奋，极大地提高了神经传导的准确性。在小学阶段，神经纤维还从不同方向越来越多地深入皮层各层，在长度上也有较大增长。除了神经纤维的发展，小学儿童脑皮层神经细胞的体积也增大，突触的数量日益增多，它们的发展共同决定了小学儿童大脑机能的逐步完善。

第一，兴奋和抑制机能的发展。兴奋过程和抑制过程是高级神经活动的基本机能，小学儿童的这 2 种机能都进一步增强。大脑兴奋机能的增强可以从小学儿童醒着的时间较长这一事实看出来。新生儿每日需要的睡眠时间平均为 22 小时，3 岁儿童每日平均为 14 小时，7 岁儿童降为每日平均 11 小时，到 12 岁时每日只需 9～10 小时就足够了。在皮层抑制方面，儿童约从 4 岁开始，其抑制蓬勃发展起来。小学儿童所面对的生活条件的要求，特别是言语的不断发展，促进了内抑制机能的进一步发展，从而能更细致地分析综合外界事物，并且更善于调节控制自己的行为（焦小燕、盖笑松、郭璇，2017）。

当然，与青少年或成人相比，小学儿童大脑兴奋与抑制的平衡性较差，兴奋强于抑制，要求小学儿童过分地兴奋或抑制都会产生不良后果。过分兴奋容易诱发疲劳，例如，学习负担过重，作业量太大，小学儿童长时间地用脑，致使大脑超负荷地兴奋，长此以往，会使兴奋与抑制过程、第一与第二信号系统间的正常关系遭到破坏（波加琴科，1956）。同样，过分抑制会引发不必要的兴奋，也让小学儿童难以忍受。例如，要求小学低年级儿童学习他们既不能理解又毫无兴趣的内容，他们则坚持不了多久，必然会变得烦躁不安，乱动起来。

第二，条件反射的发展。皮层抑制机能是大脑机能发展的重要标志之一，抑制性条件反射（或抑制性制约反射）(inhibitory conditional reflect) 系因条件刺激的出现而使个体反应减弱的现象，对儿童来说有很大意义。抑制性条件反射加强了儿童心理的稳定性，提高了儿童对外界环境的适应能力。小学儿童由于神经系统结构的发展及第二信号系统的发展，再加上学校生活有一定要求（要求小学儿童上课坐好，安静听讲，守纪律，不乱动，等等），他们能更快地形成各种抑制性的条件反射，而且一旦形成就很稳定，从而使小学儿童能够更好地对刺激物（如学习内容）加以精确地分析，并能更好地支配自己的行为。

（三）入学的心理准备

儿童入学前对学习的准备，除物质准备（如准备学习用具、学习空间等）和生理准备（如行走动作、手的动作能力等）外，还有心理上的准备，主要包括以下几个方面。

1. 学习态度的准备

一般来说，成为小学生，背着书包上学，坐在教室里学习，是令儿童感到兴奋、自豪和向往的。

因此，开学的时候，他们早早地起来，背上书包，来到学校，在课堂上认真听讲，力求更好地完成教师的要求，但这并不表明儿童已形成对待学习的正确态度。

事实上，初入学儿童对学习的态度是各种各样的，他们易受学校外表形象的吸引，如学校的校舍、桌椅，有很多同学在一起，等等；有的儿童还把学习与游戏混为一谈，认为喜欢学习就学习，不喜欢就不学习，等等。

为了使儿童入学后能热爱学习，对学习有严肃、认真、负责的态度，在入学前就要培养儿童热爱学校生活、尊敬教师的态度，端正儿童的学习动机，培养学习兴趣（learning interest）。在入学时，要尽可能让儿童了解和熟悉学校生活，帮助、指导他们处理和解决各种可能出现的问题和困难，尽量缓解儿童进入新环境时产生的心理紧张。入学后，教师应采取积极的办法，有系统地进行教育工作，用生动的事例鼓励儿童学习，激发他们的学习兴趣，引导儿童参加班集体生活，帮助他们将学习和游戏区分开来，认真对待学习，形成对学习负责的态度。

当然，正确的学习态度的形成是整个学龄儿童期的任务，需要儿童在长期的学习实践中逐渐提高和发展。

2. 学习习惯的准备

培养儿童良好的学习习惯可以使儿童很快很好地适应学校生活。入学前，首先，成人要帮助儿童养成有规律的生活习惯，使儿童能在入学后较快地适应学校的作息制度。学校生活与幼儿园生活不同，学校的上下课时间要求严格，不能随便迟到或早退，当天的作业必须当天完成。因此，对儿童必须培养其良好的生活习惯，按时起床，按时上学，按时完成作业，这样就不会使儿童对学校生活感到为难。其次，必须培养儿童爱护物品、做事有条理的习惯，让儿童学会自己收拾、整理用具。最后，要培养儿童守纪律、爱整洁的习惯。

从进入学校的第一天起，教师就要着手培养儿童良好的学习习惯。因为儿童刚进入新环境，对教师充满信任和尊敬，愿意按教师的指示行动。同时，儿童往往还没建立学习的雏形，所以小学低年级是培养儿童学习习惯的重要时期。第一，要教会儿童如何听课，上课时怎样使用眼、耳、口、手等器官；第二，要求儿童遵守学校中的学习规则和组织纪律，如听到铃声必须进教室，上课时不许随便说话、有小动作等；第三，帮助儿童形成良好的学习习惯，如严格训练儿童握笔的方式、坐的姿势、书写的笔顺等，要求儿童说话清楚、完整、有条理；第四，教给学生如何预习、复习、阅读、心算等，培养儿童认真学习、积极思考等优良的学习品质；第五，要耐心训练指导，对初入学儿童提出具体要求，长期坚持，逐步提高要求，使学生逐步养成良好的学习习惯。

3. 学习方法的准备

刚入学的儿童往往缺乏良好的学习方法，他们习惯于直接的记忆、背诵，理解概念非常具体，缺乏抽象概括的能力。例如，在学习计算时，习惯于手指计算、逐一计算，而不会口算或心算；学习语文时，习惯于顺序背诵，还不善于归纳复述，不善于独立思考。这主要是因为刚入学的儿童还保留着学前儿童的许多特点，因此需要教师在这方面特别加强指导。首先，引导儿童不但注意学习结果的好坏，而且注意学习方法、学习过程是否正确；其次，教导儿童针对不同的学习活动采取相应的学习方法，如训练儿童听课、书写、做作业的技能，传授心算、识字、阅读和记忆的方法等；最后，启发、鼓励儿童积极思考、克服困难。

4. 学习能力的准备

在幼儿晚期，儿童的认知能力已经得到较大的发展，积极培养和促进儿童认知能力的发展，是帮助儿童顺利过渡到学龄期的一个重要条件。小学儿童认知能力的发展应该达到在教师和家长的帮助下，能逐步完成学校的各项学习任务的水平。为此，在儿童入学前应该注意训练儿童的认知能力，包含 4 方面：①培养儿童的语言能力，训练儿童基本的口头语言交际能力，使他们的语言表达能力有较好的发展，为小学的语言学习打下良好的基础；②发展感知能力，提高观察水平，以适应学校教学的要求；③训练儿童注意、记忆的随意性和稳定性，为学校学习准备必要的条件；④充分发展儿童的具体形象思维，促进抽象逻辑思维能力的初步发展，培养儿童的想象力与创造性，为入学后各科知识的学习打下心理基础。

5. 社会性能力的准备

社会性能力的发展也是儿童顺利完成学校中的各种活动的一个基本条件。社会性能力包括与他人、与周围环境发生交互作用所需要的各种心理条件（张静、田录梅、张文新，2012）。

儿童一出生就处在社会生活环境中，不断接受各种社会化刺激，他们的社会性能力也逐步发展起来。

为了能较好地适应学校生活，儿童在入学时应具有一定的社会性能力：①儿童应具备一定的自主能力，包括生活上的自理能力和独立完成活动的能力；②儿童应具备一定的情绪情感表现力，成人应帮助儿童发展情绪的控制调节能力，为儿童入学后服从集体的需要、发展更加稳定高级的情感打下基础；③儿童应发展一定的意志力，成人应促使儿童的各种意志品质逐渐形成，如自觉性、坚持性、自我控制能力等，这为儿童遵守学校的各种规则、完成学习任务、形成良好道德品质提供新的条件；④儿童应具备一定的交往能力，为儿童参加学校群体生活做好准备。

（四）初入学儿童的心理障碍

如前所述，进入学校学习是儿童生活的一个重大转折。新的环境、新的要求、新的活动都可能引起一定的紧张，使儿童出现一些心理上的问题，特别是当儿童没有做好入学的心理准备，则更可能引起他们的焦虑和不良反应。初入学儿童常见的心理问题一般表现在对待学校的态度、学习以及其与同学、教师和家长的交往上。

1. 对待学校的消极态度

大多数儿童在上学以前都会对学校生活产生向往与好奇心，但有些儿童会很快表现出对学校的消极态度（negative attitude），如不愿去学校，甚至以身体不适为由来达到逃学的目的。

造成这种消极态度的原因是多方面的。首先，可能是由理想中的学校与现实中的学校不符引起的。如果在入学前向儿童不实际、不客观地介绍学校生活，儿童进入学校后就会感到这种学校生活不如想象的好，从而对现实的学校产生厌烦的态度。其次，与家人的分离焦虑可能是引起儿童对学校采取消极态度的另一个原因，特别是那些在家庭中过分受宠，有强烈依赖性的儿童，或者是那些家庭不和睦的儿童，他们更有可能因此而害怕上学。最后，入学后不能立即适应学校生活，在学习生活中遭受挫折，体验过多失败感，这样的儿童也往往不愿意去学校。

2. 学习障碍

有相当一部分儿童在入学后表现出或多或少的学习困难现象，这种学习困难可能是由于缺乏良好的学习习惯、学习方式，缺乏学习的积极性；也可能是由语言、算术等方面存在的学习障碍导致的。

关于学习障碍，后文会做专门论述。

3. 交往障碍

交往障碍（intercourse disabilities）主要指儿童在与教师、同学、家长的关系上产生的问题，或者在集体中的适应不良等问题。

儿童入学后的交往障碍，一方面表现为儿童不善于与同学进行正常的交往，他们有的蛮横不讲道理，有的孤僻冷漠，在集体中往往受到同伴的拒绝或排挤；另一方面则表现为儿童不能适应集体生活，缺乏责任感，不能控制个人欲望，经常扰乱集体秩序，他们常因此受到集体舆论的谴责。

儿童产生这些不良交往的问题，主要原因在于家庭的影响。俞国良（1994）通过研究发现，家长对儿童的娇惯、庇护、粗暴、过分干涉等不良教养方式都可能是造成儿童行为问题的主要原因。

一般来说，初入学儿童在成人的正确引导和帮助下，可以迅速地适应学校学习生活，上述的种种心理问题大多可以在短期内消除。

二、小学儿童的学习特点

儿童入学后，正规的学习成为他们的主要生活，这对他们的心理发展产生很大的促进作用。小学儿童的学习是在有计划、有目的、有组织的指导下进行的，不同于幼儿随心所欲的学习，其带有一定的强制性，新的学习要求促使小学儿童在学习动机、学习态度和学习能力上都体现出新的特色。

(一)学习是小学儿童的主导活动

从儿童入学开始，学习成为其主导活动，就像游戏是幼儿的主导活动、工作是成人的主导活动一样。

1. 学习的社会性要求

学习是一种社会活动。社会对学生的要求是通过学校的各项要求得以贯彻落实的。在学习过程中，学生必须系统地掌握知识技能，养成符合社会需求的人格品质；而群体的舆论控制、监督和调节每一个群体成员的行为；学生不仅要学习自己感兴趣的东西，而且要学习自己虽不感兴趣但必须学习的东西。也就是说，学习不但具有社会性、目的性和系统性，而且从某种意义上讲还带有强制性。总之，小学儿童进入学校进行正规、有系统的学习，学习逐步成为他们的主导活动，从而使小学阶段成为儿童心理发展的一个重大转折时期。

2. 教学的要求

小学教学的内容主要是基本知识和常识的教学。它的特点是引导小学儿童逐步掌握书面语言，由具体形象思维向抽象逻辑思维过渡。语文和数学两个科目是小学教学中的最主要科目，下面以这两个科目为例说明小学教学的要求。

小学语文教学在帮助学生逐步掌握书面语言，促进他们抽象逻辑思维的发展方面产生特别重要的作用。语言是思维的工具。从小学开始，语言，特别是书面语言，成为学生学习的专门对象。小学儿童通过识字、阅读、作文掌握书面语言，扩大知识范围，从而为他们进一步掌握人类知识经验开辟宽广的道路，也为他们发展抽象逻辑思维提供物质基础。

小学数学教学在发展书面语言和智力中发挥重要的作用。数学是智力，尤其是思维能力的"体操"。小学儿童对数学进行系统学习，逐步掌握运算规则，他们不但要去思考、解决各种问题，特别是应用题，而且要逐步学会如何思考、如何发现事物的本质联系。他们不但要记住那些公式、定理，而且要逐步学会如何识记和熟记，从而记得更好。这就促使小学儿童在掌握数学概念与运算能力的过程中发展各种心理过程的有意性和自觉性，如有意知觉(观察)、有意注意、有意记忆和有意想象；发展各种智慧能力，如概括能力、空间思维能力、命题(判断)能力和推理证明能力；发展各种思维品质，如敏捷性、灵活性、深刻性和独创性等。

除语文、数学两个科目外，自然常识、历史、地理、音乐、体育、美术、道德等科目的教学，对小学儿童逐步掌握书面语言和向抽象思维过渡都有很大影响。尽管小学儿童逻辑思维的发展是初步的，但这为以后乃至终身掌握一定体系的科学知识奠定基础。

3. 学校群体生活的要求

小学儿童入学后的学习是在学校群体生活中进行的。小学儿童有意识地参加群体生活，这对其人格、社会性和道德的发展有重大作用。

人格、社会性和道德的发展往往会因群体的不同而存在差异。这里的群体(或团体)有广义和狭义之分。广义的群体是指整个社会文化背景；而狭义的群体主要指各种团体。

学校群体(或学校团体)(school group)是一种正规的群体，它与人们偶然的集合不同，具有以下几个特征：第一，有明确的共同目的及由此产生的共同行动，每一个集体成员都为共同的任务采取行动，互相关心、互相督促；第二，有统一的领导；第三，有共同的纪律，每一个成员都使自己的意志服从于集体的意志，使自己的利益服从于集体的利益；第四，有共同的舆论，舆论是群体形成的重要标志。

从儿童入学的那一刻起，就要使他们意识到自己和群体的关系，也要使他们意识到自己的义务和权利。"小学生"的称号，意味着他们成为参加社会集体活动的成员，这进一步改变他们在家庭和社会中的地位，改变他们和周围人的关系。

进入学校后，学生与其周围的人形成了新的关系，在这种新关系及集体生活和集体意识不断发展的基础上，形成和发展新的人格品质，发展意志和性格，发展友谊（friendship）和同学关系，发展良好的道德品质。

当然，群体形成的水平取决于学校教育，也取决于教师的工作。

（二）小学儿童的学习动机

学习活动一般是由学习动机引起的。学习动机在学习中发挥着两种功能，一是唤醒功能（或激发功能）（arousing function），二是指向功能（或方向功能）（directing function），使其成为激发行为、维持学习活动以达到学习目标的动因和力量（莫闲，2008）。学习兴趣是学习动机中最活跃的因素。学生的学习动机是复杂的，它是一种多层次的系统。学生的学习活动是由于这个系统内部进行着一系列的动机斗争（心理内在冲突），且其中一种动机起主导作用而产生的。如果说学习动机控制和调节着学生的学习活动，那么这种主导的学习动机往往决定或支配着一定时期学生的学习活动。

小学儿童学习动机的特点主要表现在主导的学习动机和学习兴趣两方面。

1. 小学儿童的主导学习动机的特点

我和研究团队（林崇德等，1983，2008）曾调查中小学生的学习动机，其从主导学习动机上大致可以分为 3 种。

第一种：为了得到好分数，不落人后，或为了得到家长和教师的表扬，为了得到奖励而努力学习。这一种学习动机是直接与学习活动本身相联系的动机。

第二种：为了履行学校群体交给自己的任务，或为学校群体争光而学习。

第三种：为了个人的前途、理想，为了升学，甚至为了自己的未来幸福而奋发读书。

相较于第一种主导学习动机，后两种主导学习动机是与社会意义相联系的，因而成为远大的学习动机。这 3 种不同的主导学习动机也随着不同的年龄阶段和教育的不同程度而发生变化。调查发现，整个小学阶段，主导学习动机多是第一种和第二种。低年级以第一种主导学习动机居多。由此可见，小学生一般还不善于把学习与社会需要联系起来，也缺乏远大的学习动机，他们的学习动机往往与学习活动直接联系起来。

2. 小学儿童学习兴趣的特点

兴趣是一种力求探究某种事物并带有强烈情绪色彩的心理倾向。兴趣推动人们去探究新的知识，发展新的能力。学习兴趣是在学习活动中产生的，是学习动机中最现实和最活跃的因素，它使学习活动变得积极、主动并富有成效。

学习兴趣可分为直接兴趣(direct interest)和间接兴趣(indirect interest)。直接兴趣是由客观事物或学习活动本身引起的，如喜欢做算术题、喜欢写字、喜欢画画等；间接兴趣则是对活动结果感兴趣，如父母的奖赏、教师的表扬、掌握知识、发展能力等。对小学儿童来说，相对强烈、对比鲜明、连续或富有新异性的刺激往往引起他们的直接兴趣，而对活动的目的、对任务或活动结果的意义与价值的理解则往往能够激发他们的间接兴趣。

激发小学儿童的学习兴趣是促使小学儿童积极地进行学习的重要手段。只有让小学儿童对学习活动产生浓厚的兴趣，学习才不会成为他们的沉重负担，才能使他们愉快地、主动地投入学习活动。

随着教师教育的影响，知识经验的不断发展，学生在学习活动的实践过程中，学习兴趣也不断发展变化。表现出以下基本特点。

第一，学习兴趣的深化发生在整个小学时期内。最初，小学儿童对学习的过程和学习的外部活动更感兴趣。之后，他们逐渐对学习的内容或需要独立思考的学习作业更感兴趣，如背书包去上学，在课堂上一会儿念书，一会儿写字，一会儿做算术题。这时他们往往还不太会考虑为什么要学、学习的内容和结果如何，因此，教师往往可以利用低年级学生对学习形式的变化感兴趣这一特点，巧妙地围绕教学内容变化学习过程，以激发他们的学习兴趣。在正确的教育影响下，小学儿童逐渐掌握一些基本学习技能，开始重视学习结果和学习内容。从三年级起，小学儿童开始喜欢比较新颖的、需要动脑筋、独立思考的学习内容。因此，在这个时期，教师应特别重视向学生解释学习内容，恰如其分地评价他们的学习结果，鼓励他们在学习活动中发挥独立性和创造性。

第二，学习兴趣的分化。小学儿童的学习兴趣从不分化到逐渐对不同学科内容产生初步的分化性兴趣。刚入学的儿童通常还没有表现出明显的学科兴趣。调查表明，小学儿童学科兴趣的分化一般从三年级开始。但小学儿童的对学科的选择性兴趣还很不稳定，极易产生变化。引起小学生学科兴趣分化的原因是多方面的，客观原因主要是教师的教学水平，主观原因则主要是学生觉得该学科是否有用和是否需要动脑子。

第三，学习兴趣的抽象化。在整个小学时期，小学儿童对有关具体的事实和经验较有兴趣，对有关抽象的因果关系的兴趣也初步发展。小学儿童最感兴趣的是具体的事实和实际活动。例如，阅读故事、小说之类的材料，进行体育活动，等等。从中年级开始，小学儿童才逐渐对反映事物间的因果关系的较抽象的知识产生初步的兴趣。例如，简单的自然现象和社会现象的因果关系，初步的运算规律，文艺作品的意义及其中人物的内心体验，等等。

第四，学习兴趣的专门化。低年级儿童对通过游戏的方式进行学习的活动感兴趣；中年级以后，游戏因素在小学儿童兴趣上的作用逐渐降低，并且小学儿童开始对学习这种专门的活动感兴趣。这反映了儿童从学前期的学习向学龄期的学习转化的特点。

第五，学习兴趣的广泛化。小学儿童生的学习兴趣日益丰富，下面以其对阅读的兴趣、在社会生活方面的兴趣为例。小学儿童阅读的兴趣一般从课内阅读发展到课外阅读，从童话故事、文艺作品发展到科幻读物。在阅读过程中，小学生对读物中的人物有强烈的模仿倾向。小学儿童在社会生活方向的兴趣则随年龄增长而逐步扩大和加深。

(三) 小学儿童的学习态度

心理学家认为，小学时期是学习态度初步形成的时期。

所谓态度，是指个体对某一对象所持的评价和行为倾向，是由认知、情感与意志3因素构成的比较持久稳定的个体内在结构，也是调节外部刺激与个体反应之间关系的中介因素。态度可以是肯定的或否定的，积极的或消极的，正确的或错误的。一个人持什么样的学习态度，往往与其立场、需求直接相关。

在小学儿童的学习态度中，与其学习活动密切相关且对学习效果有重要影响的有以下4种。

1. 对教师的态度

低年级学生无条件地信任和服从教师，他们对教师怀有一种特殊的尊敬和依恋之情，教师具有绝对权威。因此，在此时期，教师对待学生的态度是影响学生学习态度的主要因素。

从中年级开始，小学儿童逐渐以选择、批评的态度来对待教师。只有那些思想作风好、教学水平高、对儿童耐心、公平的教师，才能赢得儿童的尊敬和信任，儿童也更愿意接受这些教师的教育。

总之，教师亲切且机智地关怀学生，与学生建立相互信任的良好关系，获得学生的信任与尊敬，这对于培养小学儿童良好的学习态度是十分有益的。

2. 对班集体的态度

小学时期是儿童开始形成同伴群体(或同侪团体)(peer group)的时期，小学儿童开始产生交往与归属的需要。因此，这是培养小学儿童正确的集体观念和形成良好的集体关系的重要时期。

班集体的形成是小学儿童形成对学习的自觉负责态度的重要条件。刚入学的儿童还没有形成真正的群体关系，这时候的班集体只是一个松散的编凑在一起的群体，儿童之间也还没有形成稳定的关系。在教学的影响和教师的组织与帮助下，同学之间建立相互关心、相互帮助的关系，在此基础上才逐渐发展成具有明确的统一目标和形成一定舆论的最初的班集体。从小学中年级起，小学儿童初步开始比较有组织的自觉班集体生活，初步形成班集体的观念，明确意识到自己是班集体中的一员，逐步把班集体的要求当作自己的要求，把班集体的荣誉当作自己的荣誉，服从班集体的要求，完成集体所交给的任务。与此同时，群体舆论开始发挥作用，小学儿童开始意识到要以优良的成绩和行为取得班集体的肯定评价。

3. 对作业的态度

小学童学习态度发展的一个重要方面就是形成对作业认真负责的态度。刚入学的儿童还没有把作业看成学习的重要组成部分，有时能按时完成作业，有时可能因贪玩而没完成作业。随着教师的教育和引导，小学儿童对作业的态度进一步发展起来，他们逐渐学会安排一定时间来完成作业，能够自觉停止其他活动，准备功课；同时，他们开始按一定顺序来完成作业，如先写生字，再做算术题，而不是东摸一把、西摸一下；另外，他们也逐渐学会按教师的要求集中精力、细心地完成作业。

4. 对评分的态度

进入小学后，儿童就要经常接受各种分数评定，这些评分对小学儿童的心理发展起着重要作用，这种作用是要通过小学儿童对评分的态度来发挥的。

一般而言，评分被视为反映学生学习成绩的一个客观指标。低年级儿童逐渐理解分数的客观意义，但他们常把分数的意义绝对化。例如，他们认为只有获得高分才是好学生，得到高分就能获得教师和父母的奖励。从中年级起，小学儿童逐渐理解分数的客观意义，并树立对分数的正确态度，开始了解分数代表学习的结果及完成学习任务的情况，同时把优良的分数理解为学生对自身职责具有忠诚态度并高质量地完成自身职责的客观表现。

学生对分数的态度，在很大程度上受父母和教师对分数态度的影响。因此，教育者首先要正确认识评分的意义，对学生获得的分数持积极的态度，切不可以挖苦、讽刺、打击等消极态度对待得低分的学生，也不应对得高分的学生给予不切实际的称赞和表扬。对待分数的不客观、不正确的态度可能会影响学生的学习积极性，导致其错误学习态度的形成。

(四) 小学儿童的学习能力

决定小学儿童在学校中成功地进行学习的因素主要包括两个方面：一个是小学儿童学习的积极性，包括学习动机、学习兴趣、学习态度等；另一个则是小学儿童学习的能力。这两个因素是相互依赖、不可分割的。

1. 学习能力的来由

小学儿童的学习能力是在教学的影响下逐渐发展起来的。初入学的儿童一般还不善于进行真正的学习活动，他们仍然把学习与游戏或实际活动混在一起，教师必须耐心地、循序渐进地帮助他们学会把学习作为一种有目的、有系统的独立活动来对待。为此，教师在教学活动中必须着重发展儿童心理的有意性和自觉性，培养儿童独立思考和独立工作的能力，并帮助儿童逐步学会有关的学习方法，逐步形成有关的学习能力。

2. 小学儿童在学习中智力活动的变化

小学儿童学习能力发展的关键是学会进行智力活动。研究（朱智贤，1962）指出，在教学中儿童智力活动的一般形成过程包括 5 个阶段：①了解当前活动的阶段，如听教师讲解或演示来获得一般表象和初步了解；②运用各种实物来完成活动的阶段，如用石头或小棍子完成计算活动；③有外部言语参加的、依靠表象来完成活动的阶段，如儿童一面说一面在脑子里进行计算（口算）；④只靠内部语言参加而在脑子里完成活动的阶段，如进行心算；⑤智力活动过程的简约化阶段，多次进行某一智力活动后，这一智力活动的各个阶段就逐渐简约化，省去某些阶段，以高速度进行。这样，这一智力活动的能力便初步形成了。

3. 学习落后的原因

有些小学儿童在学习上的落后常由于其在智力活动过程中缺少某一阶段，或某一阶段的活动进行得不够充分。例如，在教儿童演算时，如果从实物演算直接过渡到心算，则会使有些儿童的学习产生困难；而当补充了被省略的中间阶段，即让儿童在实物演算之后，让儿童不看实物，只凭脑子里所留下的实物表象来进行演算，同时伴随大声言语，这些儿童学习落后的状况很快就改变了。为了顺利地进行智力活动，学生需要有多方面能力，如观察力、注意力、记忆力、理解力、创造力、想象力、意志力等的组合。只有努力促进各种能力的发展，并综合地利用它们，才能提高小学儿童的学习能力。

三、小学儿童的学习障碍

在儿童刚进入学校学习时，儿童本人、他的教师与家长都希望他能够顺利地适应学校生活，在学习活动中取得优良的成绩，但这美好的愿望并不都能实现，有些小学儿童不能适应学校的生活，出现学习困难，这就是所谓学习障碍儿童。究竟什么是儿童学习障碍，至今尚无确切的定义。实际上，人们常使用许多与之相混淆的术语，如学习困难、学习缺陷、学习不良等。另外，针对学习障碍所描述的大量情况也很难确切地予以定义，如活动过度、学习无能、脑功能失调、轻度脑损伤、知觉缺陷、朗读困难。

美国特殊教育专家柯克(Kirk, 1963)提出了学习障碍的概念，认为其指那些能听且无显著的智力缺陷，但在行为与心理上表现出相当的偏差，以至于无法良好地适应家庭生活，且在学校中不能靠通常的教育方法有效学习的儿童。

美国联邦教育署全国障碍儿童专家委员会于1981年给学习障碍下的定义是：

> 儿童在理解或应用语言的基础心理过程上，表现出一种或多种的异常状态，以致在听讲、思考、说话、阅读、书写或计算时显得能力不足，这些异常就像有知觉障碍、脑伤、大脑功能轻微失调、阅读缺陷、失语症的情况一样，但此障碍不包括因视觉、听觉或运动障碍，智力不足，情绪困扰，以及文化、经济或教学环境的不利因素而具有学习障碍的儿童在内。(Kirk et al., 1981)

这一定义虽然已被美国许多州稍加修改后接受，但并不是所有的专业学会都对此定义满意。美国几个关于儿童学习障碍的学会共同拟定的定义是：

> 学习障碍系在求知、听讲、说话、阅读、写字、推理和算术能力上出现重大困难的一群不同性质学习困难者的通称，其困难一般被认为是中枢神经系统的功能异常，即由一个人的内在因素所导致的。虽然某种学习缺陷也可以与其

他障碍（如感官损伤、智能不足或情绪困扰）同时存在，或是由于环境（如文化差异、教育方法问题、处境不良）的影响，它却不是由此状况或影响直接促成的。（王耘等，1993；Cortiella & Horowitz，2014）

迄今为止，关于学习障碍的定义还有许多分歧，但许多人都同意学习障碍具有4个特征。一是差异性，学习障碍儿童的实际行为与所期望的行为之间有显著的差异。二是缺陷性，学习障碍儿童有特殊的行动障碍。三是集中性，学习障碍儿童的缺陷往往集中在包括语言和算术的基本心理过程上，因此常在学习、思考、说话、阅读、写作、拼写或算术等方面出现障碍。四是排除性，学习障碍的问题不是由听力、视力或普通的心理发育迟滞缓问题引起的，也不是由情绪问题或缺乏学习机会引起的。在美国，40%以上的接受特殊教育的学生被认为有学习障碍，约占所有学校儿童总数的4%。小学二三年级为发病的高峰期，一般男孩多于女孩。

从上述资料可知，学习障碍在小学儿童中有较高的发生率，所以对有学习障碍的儿童即时诊断、矫治及预防都具有极大的现实意义。为此，有必要对学习障碍的症状、鉴别与评定、预防和矫治加以了解。

（一）小学儿童学习障碍的症状

医学界把学习障碍看作一组症状，表现出各种疾患。一是儿童多动症（children hyperkinetic syndrome），其特征为注意涣散、难以集中，在不适当的场合过多活动，冲动任性，伴有学习困难，其智力正常或接近正常。二是特殊能力发育迟缓（special ability developmental lag），其智力正常或接近正常，但阅读能力和运算能力明显低下，凡涉及这两方面能力的学习，其成绩显著低于实际水平。三是发育迟缓（developmental lag），由于某种疾病而处于衰弱状态，学习易疲劳，不能专心于功课，记忆力下降；或为发育动作型，即从学龄前期过渡到学龄儿童期比正常儿童费时要长，其活动仍以玩为主，学习易疲劳，学习成绩普遍低下，而非某一单学困难；四是品行障碍（conduct disorder），在家里或学校经常说谎，有偷窃行为，经常逃学，到处游逛，和父母不能建立正常的感情，有强烈的逆反心理（psychological inversion），有明显的学习困难。

尽管学习障碍有各种各样的症状表现，但从心理学角度来说，大致表现为 3 个方面。

1. 感知、思维和语言

学习障碍儿童在感知、思维和语言方面存在明显的障碍。①视觉记忆受损：回忆形状或字词有困难，例如，这种儿童常把"41"写成"14"，把"b"写成"p"，把"天"写成"夫"；不能分清大与小、早与晚、各种颜色、各类名称等。②有空间定向障碍：这些儿童在分辨上下、左右、高低、里外、进出、分聚等方面有困难，做数字运算时有各种错误，有时能做加减运算而不能做乘除运算，能心算而不能笔算，等等；他们不能在某些背景上识别字或图形，也不能鉴别一个字是否反转或倒转。③听觉辨别能力很差：如不能区别"兵"与"拼"，不能区别近似的声母或韵母，对多于 5 或 6 个词的句子不能重复，在声音的混合、声音的记忆和声音的分辨等方面有障碍；④信息加工过程有障碍。他们有时能理解所听到的事，但不能抓住他们所听到的全部内容，不能很快地进行信息加工，有时只知道局部，不了解整体。⑤缺乏应变能力：不善于迁移，不能以新的方式从事新的活动。

语言障碍（language disorder）往往是学习障碍的一个重要症状，关于学习障碍的各种定义都明确指出了这一点。对学习障碍儿童的实验和临床研究也发现，学习障碍儿童有各种语言和言语加工障碍，如在发声和发音系统、语法或句法、词汇或语义、会话交流等方面有各种障碍。学前期最常见的学习障碍就是语言失调。有语言障碍的儿童不会说话，或者不能对口头陈述、指令做出适当的反应。学习障碍往往是学前期的语言和言语障碍的延续。

思维障碍与语言障碍有密切关系，有研究发现，被安排到口头语言障碍班级的儿童尽管表达能力和运动能力均相对正常，但其听觉接受能力和语言表达能力不足，尤其是听觉联想、语法完整性和内部语言方面。

有学习障碍的儿童往往难以用语言表达思想，其社会交往能力较差，常常对人际关系产生错误的理解，对社会交往采取回避、不介入的态度。

2. 行为、情绪和社会性

行为、情绪和社会性障碍也是学习障碍儿童的主要症状。一些调查指出,有学习障碍的儿童通常有这样一些问题:注意力缺损,活动过度,问题行为,违法犯罪,忧郁,焦虑,控制点不适应,自我概念较差,自我评价较低,受同伴的欢迎程度较低,社会技能缺损,人际关系不良,等等。

有关研究(杨志伟、李雪荣,1991)还发现,学习障碍儿童均有一定的焦虑情绪和社会退缩等内向性(interiority)行为问题。这些问题的存在会导致学习动机受损和学习情境适应不良,影响智力。

具体而言,学习障碍儿童在行为、情绪和社会性方面的症状主要表现为以下5类。

第一,注意涣散,活动过度。这是学习障碍儿童的一个主要特点。有的心理学家(杨志伟等,1991;Lefrancois et al.,1991)认为,正是由于使用和维护有选择的注意能力发展迟缓,儿童可能在注意方面出现障碍,不能专心致志,不能维持长时注意学习,也不能有目的地定向注意。

上海市精神卫生中心的忻仁娥等人的调查(1989)发现,在 1576 名学习困难儿童中,学习无能者(朗读与计算困难、特殊的感知障碍)有 8 例(0.5%),注意缺失紊乱(或注意缺失)(attention-deficit disorder,ADD)且活动过度有 83 例(5.3%),低能者有 101 例(6.4%),有 2 项以上精神卫生问题者有 1384 例(87.8%)。在学习障碍儿童中,注意力缺陷多动症或注意缺陷障碍症是两个主要症状。

第二,行动不灵活。大多数有学习障碍的儿童在跑步、踢球、写字等活动方面有困难,显得手脚不灵活、行动笨拙、书写困难,表现出视觉运动性感知障碍。然而,有些学习障碍儿童的运动技能是很好的。

第三,情绪不稳定,具有冲动性。有学习障碍的儿童有明显的情绪问题,表现为两个极端,如易冲动、好攻击、不合群、孤僻等。他们往往表现出忧郁或焦虑的情绪反应,一般认为这是儿童对失败压力的反应。此外,他们经常将成功与失败归因为外部因素而不是内部因素。

第四,自我概念较差,自我评价较低。学习障碍儿童在学业上屡遭失败,在人际交往中常遭受挫折，这必然影响其自我意识的发展。研究（俞国良，1995）表明，学习障碍儿童的自我概念发展水平低于同龄一般儿童。

第五，人际关系较差。学习障碍儿童在社会交往和受同伴欢迎方面有显著的问题（佟月华，2004）。社会测量研究发现，同伴、教师甚至陌生人对学习障碍儿童的社会期望都较低。学习障碍儿童往往不受同伴欢迎，一方面可能是因为他们缺乏社会交往技能，如不能以适当的方式倾听他人的谈话，缺乏礼貌，不善于说服他人，等等；另一方面可能是因为他们具有一些行为和情绪上的问题，如具有较强的攻击性和破坏性，常表现出令人不愉快的情绪等。

3. 其他问题，如发育迟缓

有些研究者曾通过 X 光片来比较儿童的骨骼年龄，发现与同龄正常儿童相比，有学习障碍的儿童中有 60% 表现为骨龄较小。他们开始走路、说话的年龄也较晚，从学前期过渡到学龄儿童期的时间较正常儿童要长。

（二）学习障碍的鉴别与评定

鉴别与评定是矫正的第一步。

学龄儿童学习障碍的发病率高达 5%～15%，是儿童与青少年期常见的神经发育障碍（Butterworth & Kovas，2013）。随着研究的不断深入，学习障碍鉴别与评定的思路和模式发生了巨大变化。在过去几十年广泛流行的"能力—成就差异模型"因缺乏效度而被摒弃。低学业成就和"干预—应答"（response to intervention，RTI）等新的模式得到推荐（DSM-V，2013）。其中低学业成就模式主要基于学生在标准化成就测验上的表现，低于年级平均分 1 个标准差即可被筛选为学习障碍高风险者。"干预—应答"模式则强调进一步区分低学业成就群体，通过提供整群、小组、个别等不同层级的强化教育，进一步区分出不同亚组。在接受有效的干预后，若学生的学业成就回归正常范围，则定义其为"对干预有应答者"；若学生的学业成就水平仍然低下，则定义其为"对干预无应答者"，需要给予长期、系统的特别教育训练（Fuchs，Mock，Morgan，& Young，2003；刘云英、陶沙，2007）。基于近 20 年的研究证据，"干预—应答"模式鉴别学习障碍具有良好信效度。"干预—应答"模式的基本框架主要包括 3 个阶段：首先，实施基线学业成就评估；其次，提供整群(整个班级、整个年级或整个学校等)、小组或个别等不同层级的教育干预、技能训练(skill train-ing)等，并给予过程监测；最后，对学业成就再评估。回归正常成就水平的学生(对干预有应答者)不再接受更高强度的干预，持续存在低成就的学生(对干预无应答者)进入更高强度、更具针对性的干预阶段。在"干预—应答"模式中，区分对干预有应答和无应答亚群体时，可考虑使用多重指标测量成就水平。在标准化测试中，采用一个标准差作切分点；在非标准化测试中，将参照组百分位数 25% 作为切分点(王翠翠、徐琴芳、陶沙，2016)。

具体的鉴别与评定方法和工具是多种多样的，主要有以下几种。

1. 智力测验及成绩评定

通过智力测验判断儿童的智力水平，排除由单纯智能不足造成的学习障碍。首先，必须排除导致学习障碍的外因性感知觉或运动方面的缺陷，如瘫痪、失聪、失明等。然后，确定儿童无其他精神疾病，如儿童精神分裂症等，并将智力水平与其学业评定水平相比较，了解两者是否相差太远。由于根据智力测验的得分只可初步判定儿童哪些方面的能力偏低，造成学习障碍，进一步则需要选取专门化测验来加以评定，以确定其学习障碍的症结所在。目前，常用的工具是韦氏儿童智力量表。

2. 语言能力检查

这主要是为了了解儿童是否有失语及发音困难的症状。较常使用的一些标准测验包括：丹佛发音甄别测验(Denver Articulation Screening Test)、皮博迪图画词汇测验(Peabody Picture Vocabulary Test)、伊利诺伊心理语言能力测验(Illinois Test of Psycholinguistic Abilities)。

3. 感知觉、运动检查

此类检查以间接方式推测儿童大脑半球功能有无障碍，如哈里斯大脑优势测验(Harris Test of Cerebral Dominance)、班达视觉动作完形测验(Bender Vistual Motor Ge-stalt Test)、本顿视觉认知测验(Benton Visual Cognitive Test)。

4. 教育诊断

教育诊断用以确定儿童的学习困难所在。学习障碍鉴别需要使用标准化学业成就测验筛选出低成就者。我国学者在科技部科技重点专项"中国儿童青少年心理发育特征调查"的支持下，研制了中国儿童青少年学业成就测验。该测验包括语文和数学两个系列，分别依据《全日制义务教育语文课程标准（实验稿）》《全日制义务教育数学课程标准（实验稿）》编制，适用于我国基础教育阶段一至九年级儿童青少年。其中，语文学业成就测验的测试内容包括语文积累和阅读两个方面；数学学业成就测验分为内容与能力两个维度，内容维度包括数与代数、空间与图形、统计与概率3个方面，能力维度包括知道事实、应用规则、数学推理、非常规问题解决4个方面。测验题目有合适的难度和区分度，信度和效度良好，并向研究者开放申请、免费使用（董奇、林崇德，2011）。

对儿童学习障碍的鉴别与评定，还可使用校对测验、注意广度测验、记忆广度测验等。

（三）学习障碍的预防和矫治

要保证儿童的正常学习和发展，就必须积极预防和矫治儿童的学习障碍。在美国，预防和矫治学习障碍的一种普遍的方法便是诊断—习得模式（diagnostic prescriptive model）。从影响学习障碍的因素来看，预防措施可以从以下几个方面着手。

第一，避免可能造成损伤的因素。在胎儿期应保证母亲的营养和健康，使胎儿大脑健康发育；出生时应注意避免损伤；从婴儿期开始，应注意营养，预防疾病，防止脑部外伤。

第二，注意儿童的心理健康，培养健康人格。训练儿童的坚强意志，帮助儿童应对处理各种挫折，发展儿童的积极情绪，避免其过度体验消极情绪，培养儿童的良好性格，使之开朗、热情，避免其过度忧郁，保护儿童的自尊心与自信心。

第三，对学习困难学生进行帮助。关心他们的学习，及早提供对学习困难学生的帮助，使他们能跟上班级的学习进度。

如果发现儿童已有学习障碍的症状，就应积极配合进行咨询与治疗。具体而言，可以从以下两个方面入手。

一是提供特殊教育。对有学习障碍的儿童不要歧视，也不要失去信心。实际上，接受特殊教育，经过矫治，不少儿童可获得改善。

二是进行行为矫正。行为矫正有两个途径：其一，应用操作条件反射技术，直接改进儿童的学习技能；其二，运用操作条件反射技术，改善学习障碍儿童有效学习的行为方式。其基本原理是强化，即对儿童的良好行为方式予以正强化，如表扬、鼓励、奖励；而对儿童的不良行为则予以负强化，如批评、忽视、惩罚等。通过这种强化手段，使儿童形成良好的行为习惯，改正不利于学习的坏习惯。

柯克（Kirk，1989）提出行为矫正的 3 种策略：①任务训练（task training），即在教学中改变学习任务的类别，把学习任务变得易懂，并把课程分解为许多较小的成分，先让儿童掌握各种基本要素，再将其综合成整个任务所要求的较复杂的水平，但这种方法对有严重发育性学习障碍的儿童来说可能是不适用的；②能力训练（ability training），即需要正确辨认出儿童在发育方面的特殊障碍，教学重点在于消除那些可能阻碍儿童进步的具体障碍上，这种训练致力于发展或改善儿童的注意、语言、辨别力、思维、记忆等方面的能力；③能力—任务训练（ability-task training），即教儿童运用某种特殊的能力去完成期望他完成的任务，这一策略是将前两种策略合而为一。

柯克认为，究竟使用何种矫正策略，应视不同情况而定。在适当的环境下使用时，每一种策略都是有用的。直接的任务训练能够满足副科学习问题和许多矫正问题的需要。能力训练策略适合能力本身的训练，对学前儿童较为适宜。能力—任务训练则更适于那些具有特殊发育障碍和学业障碍双重问题的儿童。

此外，应注意的是，对学习障碍本身是无药物可治疗的，但对与其有关的一些疾病，则可在医生的指导下慎用药物。

第二节

———

具体运算思维阶段的小学生认知

儿童在进入小学后，学习及日益复杂的各种各样的实践活动向他们提出了多种多样的新问题，构成了认知和智力活动发展的良好基础，使其认知和智力获得迅速发展。

一般而言，小学生的认知属于皮亚杰的具体运算思维阶段。

一、思维的发展

对于小学生思维的发展，各国心理学家都做了大量研究，获得了丰富的成果，形成富有特色的理论。近几十年来，我国心理学家对小学生思维的发展也做了系统的研究，其研究成果能够反映我国小学生思维发展的概况。

(一)皮亚杰的具体运算思维阶段

皮亚杰认为，处于具体运算思维阶段的儿童有了思维的易变性，思维具有可逆性，能解决守恒问题，能认识和采取别人的观点，初步掌握逻辑思维，出现对具体事物进行群集运算的能力。群集运算包括 5 个特点(或 5 个指标)，通过对儿童思维运算进行分析，判断其是否具有以下 5 个特点，即可确定他们的思维是否达到群集运算的水平。

①组合性(combination)：群中的 2 个运算可以组合而产生同一群的新运算。例如：$A+A'=B$，$B+B'=C$；男人+女人=人类；植物+动物=生物。

②可逆性：每一运算都有一个与它相反的运算。例如：$A+B=C$，$C-B=A$；男

人+女人＝全部人，全部人-女人＝男人。

③结合性（composition）：可以用不同的方法组合几个运算获得相同的结果。例如：$(A+B)+C=A+(B+C)$；脊椎动物+无脊椎动物＝人类+人类以外的动物。

④同一性（identity）：任何运算都有一逆运算能与之组合而产生"零运算"。例如：$+A-A=0$；人类除去了人即没有东西；向东走 5 千米，再沿原路向西走 5 千米即在原地不动。

⑤重复性：质的重复，性质不变。例如：$A+A=A$；人类+人类＝人类。

具体运算思维阶段的儿童能对这些群集运算结构进行分析综合，从而能够正确地掌握逻辑概念的内涵和外延。所以，具体运算思维是一种逻辑思维。

这个阶段之所以叫具体运算思维阶段，是因为以下两点。

其一，这种运算思维一般离不开具体事物的支持，若离开具体事物而进行纯粹形式逻辑推理则会感到困难。有些问题在具体事物帮助下可顺利解决，但在纯粹口头叙述上就感到困难。例如，一种传递关系问题：A 比 B 高，A 比 C 矮，则谁最高？有的小学儿童对此就不能顺利地思考解决。

其二，这种运算还是零散的，仍不能组成一个结构的整体、一个完整的系统。如两种可逆性（逆反性和相互性）是互相孤立的，儿童不能把它们之间的复杂关系在一个系统内综合起来，这只有在形式运算思维或命题运算思维阶段才能做到。

（二）小学儿童思维发展的特点

小学儿童的思维在学前期思维发展的基础上及新的生活条件下，开始有进一步的发展。

早在 20 世纪 60 年代初，朱智贤在《儿童心理学》(1962) 一书中就指出，小学儿童思维的基本特点是：从以具体形象性思维为主要形式，逐步过渡到以抽象逻辑思维为主要形式，但这种抽象逻辑思维在很大程度上仍然是直接与感性经验相联系的，仍然具有很大成分的具体形象性。这个论断与皮亚杰的具体运算思维观点具有一致性。以下分别从儿童心理学家对小学儿童思维的具体性、发展的转折期与不平衡性所做的研究，来理解这个基本特点。

1. 小学儿童思维的具体性

整个小学时期内，儿童思维逐步过渡为以抽象逻辑思维为主要形式，但小学儿童的思维仍然带有很大的具体性。

我国许多有关小学儿童思维发展的实验研究证明了这个特点。以下以儿童图画认识能力发展的研究为例来略加分析。丁祖荫(1964)应用了3张图。一是"追逐"：猎人在雪地里追捕猎物，图画的内容远离被试(南方儿童)的生活，图中客体之间的相互关系并不十分明显。二是"拉曳"：拉桌布使洋娃娃掉下来，图画内容接近被试的生活，容易为被试所理解，图中客体之间的相互关系比较明显。三是"看望"：隔窗相望并想呼唤做功课的小朋友去玩耍，图画内容是被试生活中十分熟悉的事情，图中客体之间的相互关系十分明确。研究的结果如表6-1所示。

表 6-1　小学各年级儿童对 3 张图的认识能力(丁祖荫，1964)

认识阶段		追逐			拉曳			看望		
		低年级	中年级	高年级	低年级	中年级	高年级	低年级	中年级	高年级
个别对象	错误	8.3	0	0	8.3	0	0	0	0	0
	正确	16.7	8.3	16.7	16.7	16.7	16.7	0	0	0
	总计	25.0	8.3	16.7	25.0	16.7	16.7	0	0	0
空间联系	错误	8.3	0	0	16.7	0	8.3	0	0	0
	正确	25.0	25.0	0	0	25.0	16.7	25.0	8.3	8.3
	总计	33.3	25.0	0	16.7	25.0	25.0	25.0	8.3	8.3
因果联系	错误	8.3	25.0	0	0	0	0	0	0	0
	正确	16.7	25.0	25.0	58.3	33.3	0	33.3	50	50
	总计	25.0	50	25.0	58.3	33.3	0	33.3	50	50
对象总体	错误	0	0	0	0	0	0	0	0	0
	正确	16.7	16.7	58.3	0	25.0	58.3	41.7	41.7	41.7
	总计	16.7	16.7	58.3	0	25.0	58.3	41.7	41.7	41.7

研究者认为，儿童图画认识能力的发展可分为4个阶段：①认识个别对象阶段，儿童只看到图中各个对象或各个对象的片面，看不到对象之间的相互关系；

②认识空间联系阶段，儿童依据各个对象之间可以直接感知到的空间关系，认识图画内容；③认识因果联系阶段，儿童依据各个对象之间不能直接感知到的因果联系来理解图画内容；④认识对象总体阶段，儿童依据图画中所有事物之间的全部联系，完整地把握对象总体，理解图画主题。从表 6-1 中可以看出，小学低年级儿童大多属于认识空间联系和因果联系阶段；中年级儿童大多属于认识因果联系阶段。很明显地，在认识空间联系阶段，具体形象思维起着主要作用；而在认识因果联系阶段，思维的抽象概括性起着主要作用。由此可见，小学儿童的思维同时具有具体形象的成分和抽象概括的成分，它们之间的相互关系因年级升高及不同性质的智力活动而发展变化。

如何分析这个变化过程或过渡性(transition)思维的实质呢？

儿童在入学后，教学及各种日益复杂的新的实践活动向他们提出了多种多样新的要求，促使他们逐渐运用抽象概念进行思维，并促使他们的思维水平开始从以具体形象思维为主要形式向以抽象逻辑思维为主要形式过渡。

小学儿童思维的这种过渡是思维发展过程中的质变。它是通过新质素的逐渐积累和旧质素的逐渐"衰亡"与改造来实现的。这种显著的质变，是在思维发展的条件作用下，在内部矛盾中实现的。因此，小学儿童的思维过渡到以抽象思维为主要形式，但这并不意味着他们入学后具体形象思维立即全部"消亡"，不再发挥作用。在整个小学阶段，儿童的思维由具体形象思维向抽象逻辑思维发展要经历很长的过程。低年级儿童所掌握的概念大部分是具体的，是可以直接感知的，若要求低年级儿童指出概念中最主要的本质的东西，则往往是比较困难的。他们的思维活动在很大程度上还是与面前的具体事物或其生动的表象联系的。当然，说低年级儿童的思维具有明显的形象性，也并不是说他们的思维没有任何抽象性或任何抽象概括的成分，事实上，小学儿童的思维同时具有具体形象的成分和抽象概括的成分，它们的相互关系因年级的高低及不同性质的智力活动而变化。正因为如此，在中高年级，儿童才逐步学会区分出概念中本质的东西和非本质的东西、主要的东西和次要的东西，掌握初步的科学定义，独立进行逻辑论证。同时，要达到这样的思维活动水平，也离不开小学儿童直接的和感性的经验，思维仍然具有很大的具体形象性。

2. 小学儿童思维发展的转折期

小学儿童由具体形象思维到抽象逻辑思维的发展过程，是思维发展过程中的飞跃或质变。在这个过渡中存在着一个转折期，这个转折期就是小学儿童思维发展的关键年龄(critical age)。

对于这个关键年龄在什么时候(哪个年级或年龄)出现的问题，我国心理学工作者做了不少研究。一般认为，这个关键年龄在四年级(约 10~11 岁)出现；也有人认为在高年级；还有教育实验研究报告指出，如果有适当的教育条件，这个关键年龄可以提前到三年级。

早在 20 世纪 60 年代初，李丹等人(1962)就提出了这个问题。从理解比喻词和寓言比较调查得到的材料中似乎可以看到这样一种趋势：小学低、中、高年级的思维发展得很快，特别是中年级与高年级相差很大，但小学高年级与初中第一年的距离就不太明显。初中第一年只是在思维结果的正确性方面较强于小学高年级。这样看来，小学高年级在思维的发展上似乎是一个质变时期。

朱智贤(1989)研究了小学儿童掌握让步连接词的年龄特征，并认为让步关系是复杂化的因果关系。

各年龄理解让步关系的错误率，二年级(8~9 岁)为 26.5%，三年级(9~10 岁)为 19.5%，四年级(10~11 岁)为 12.5%，五年级(11~12 岁)下降到 4.5%。可见，四、五年级是小学阶段掌握复杂化因果关系的一个转折时期。

刘静和等人(1963)对中小学生道德概念特点的研究说明，儿童对道德概念(只是概念)的掌握是从具体事物的描述发展到概括的解释的。四年级与五年级的差距很大，概括解释的比例由 44.2% 上升到 82.0%，说明这是一个有显著提高的阶段。

我(林崇德，1964)在从事小学儿童社会性概念发展研究时，发现四年级(第二学期)与三年级的差异十分显著，但四年级与五、六年级的差距不太明显，当时提出，四年级(特别是四年级第二学期)在掌握社会性概念上是一个转折时期或质变时期。

朱智贤等(1982)在关于小学儿童字词概念发展的研究中，发现四年级上学期是小学儿童字词概念发展的一个重大转折时期。从这个时期起，小学儿童能明确地认识字词概念的初步本质特征；在他们所掌握的字词概念中，从具体形象成分占优势发展转变为逻辑抽象成分占优势。

由此可见，在小学阶段，儿童思维发展过程中是存在一个关键年龄的，但这个年龄在什么时期，观点还不太统一，大致在四年级，或者说，应在三年级至五年级之间。

到底应如何正确地理解小学儿童思维发展的转折期？我所在的研究团队通过深入小学教学第一线，运用横断研究法与纵向研究法相结合的方法来研究小学儿童数学概括与运算能力的发展。在研究中我们发现：在一般教育条件下，四年级儿童（10~11岁）在数学概括能力发展中有显著的变化，这是小学儿童在掌握概念过程中，从以具体形象概括为主要形式过渡到以抽象逻辑概括为主要形式的一个转折点。这是一个质的飞跃期。强调这个关键年龄，就是要求教育者适应儿童心理发展的飞跃期来进行适当的教育。这个结果和我们过去的研究及国内一些小学儿童思维发展研究的结果是一致的。但如何看待这个关键年龄呢？我们在研究中发现，这个关键年龄在何时出现的问题主要取决于教育的效果。我们纵向研究的被试，由于注重对其思维的智力品质的训练，到三年级下学期，在多次思维测定中，平均有86.7%的小学生已经达到小学数学运算思维的最高级水平；也就是说，这些被试在三年级便实现了数学概括能力的飞跃。然而，有一个控制组由于教师教学不甚得法，到了五年级才有75%的被试达到这个最高级水平；也就是说，这个控制组的被试在五年级才实现数学概括能力的飞跃。可见，这个发展的关键年龄有一定的伸缩性，是可以变化的。只要教学得法，小学儿童思维发展的关键年龄就可以提前到三年级。小学儿童在思维发展方面存在着很大的潜力，假如适当地挖掘，这个潜力可变为小学儿童巨大的能力因素。

3. 小学儿童思维的不平衡性

小学儿童的思维，在从具体形象思维向抽象逻辑思维的发展过程中，存在着不平衡性。

在整个小学时期，儿童的抽象逻辑思维水平不断提高，儿童思维中的具体形象成分和抽象成分的关系也不断发生变化，这是其发展的一般趋势。但具体到不同思维对象、不同学科、不同教材的时候，这个一般发展趋势又常会表现出很大的不平衡性。这在小学各科教学中和儿童心理学的实验研究中都获得了证明。

在小学各科教学中可以看到这种不平衡性。例如，在算术教材的学习中，儿童已经达到了较高的抽象水平，可以离开具体事物进行抽象的思考；但在历史教材的学习中，儿童仍旧停留在比较具体的水平上，对历史发展规律的理解还感到很困难。又如，儿童已经掌握整数的概念和运算的方法，不需要具体事物的支持，可是，当他们开始学习分数概念和分数运算时，如果没有具体事物的支持，就会感到很困难。

在小学儿童思维的研究中，也可以看到这种不平衡性。例如，把我所在的研究团队和与我们工作有关的共 4 个实验研究（朱智贤等，1982；朱智贤等，1982；林崇德，1981；李虹，1986）的数据绘制成不同的发展曲线图，各研究规定的等级相同或相似，即 I 级水平为不会解释或做错误的定义；II 级水平为做重复概念的定义；III 级水平为做功用性的定义或做具体形象的描述；IV 级水平为做接近本质的定义或做具体的解释；V 级水平为做本质的定义。其中有 3 个实验研究的被试相同，测定的时间也接近，而思维的发展趋势却各不一致。图 6-1 至图 6-4 这 4 幅思维发展的曲线图可以比较说明。

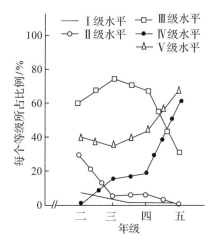

图 6-1　小学儿童定义字词概念的发展曲线（朱智贤等，1982）

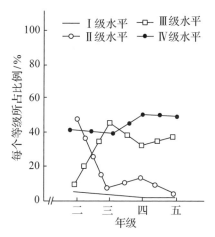

图 6-2　小学儿童综合分类能力的发展曲线（朱智贤等，1982）

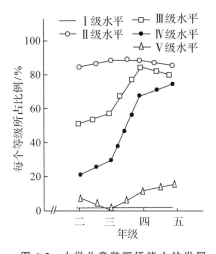

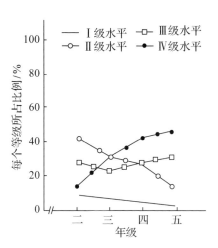

图 6-3　小学儿童数概括能力的发展
曲线（林崇德，1981）

图 6-4　小学儿童对漫画认知的发
展曲线（李虹，1984）

从这 4 幅图中可以看出，在各个实验研究中，小学儿童思维的对象是不同的，但各实验的定级标准的依据都是直观—表象—抽象这样一个发展过程，4 个实验的最低级（I 级）和最高级（IV 级或 V 级）水平的标准是相同的。从最低级和最高级发展的曲线来看，它们的趋势是一致的，最高级的发展曲线都是随年级递增而提高。这说明了小学儿童的思维在从具体形象思维向抽象逻辑思维过渡；或到四年级后，他们的抽象逻辑思维逐步占优势。然而，每一级曲线发展的速度又不尽相同，特别是最高级的曲线，到了五年级，数学概括能力上升为 86.5%，掌握字词的能力达66%，但对漫画的认知能力和综合分类能力刚过 50%。这就反映出一般趋势的一致性和不同具体对象中思维过程的不平衡性的特点。

二、感知觉的发展

感知觉是人类认知活动的开端，是思维活动的基础；然而，人的感知觉中又渗透着思维的成分，受思维水平的影响。小学儿童的感知觉也体现出具体运算思维的特点，这主要表现在两个方面，一个是感知觉的发展，另一个是观察力的发展。

（一）小学儿童感知觉的发展

1. 小学儿童感觉的发展

小学儿童在教学活动的影响下，感觉有了新的发展，随意性、感受性随着年龄的增长而不断发展，特别是差别感受性的增长，它比绝对感受性的增长快得多。如果将一年级儿童对颜色的差别感受性假定为100%，那么三年级儿童的颜色差别感受性平均提高45%，而五年级儿童则平均提高60%。一年级学生平均能辨别红色的3种色度和黄色的2种色度。小学儿童视力的调节能力增强，10岁儿童的这种能力发展得最快。小学儿童在音乐学习和训练的影响下，辨别音调的能力有显著的提高。同样，通过学习活动，小学生的言语听觉和言语运动觉的发展也很快。小学儿童的言语听觉敏度，如语音听觉的细微性和正确性，比幼儿高得多，已逐步接近成年人的水平。在书写、绘画、制作等教学活动中，小学儿童手部的肌肉、关节、力量都有了显著的发展，手动作的精确性和灵活性也日益增强。

2. 小学儿童知觉的发展

儿童入学后，学习算术、地理、自然、图画等课程，且参加各种课外活动，这有力地促进了知觉的发展。

空间知觉的发展：①形状知觉（form perception），初入学的儿童常忽略客体形状的特性，而重视客观的其他特征，所以常在写字时有左右、上下颠倒的错误，之后其辨别形状的正确率逐渐提高；②方位知觉（position perception），据调查，刚上学的儿童有30%会把左右转弯搞混，7~9岁的儿童已能初步掌握左右方位的相对性，9~11岁的儿童已能在抽象概括水平上掌握左右概念的相对性；③距离知觉（distance perception），小学儿童可以确定空间环境中对象间较近的距离，对较远的空间距离则往往混淆不清。

时间知觉的发展：小学儿童对时间单位的理解和他们的生活经验有直接的联系，实验结果表明，小学儿童对时间单位理解最早且最正确的是1小时的时间长度，其后是"1星期""1天"，之后可以理解更长或更短的时间单位。

（二）小学儿童观察力的发展

1. 小学儿童观察的特点

李文馥（1987）研究了8～13岁儿童观察的特点。实验采用皮亚杰的"三座山"模型，以器具、玩具为观察对象，要求儿童设想自己坐在右侧、左侧及对面的位置上观察这些对象时看到的形象，并从4张照片中选出表明这种形象的那张，且要求儿童说明理由。实验有以下发现。

第一，儿童设想在不同位置上所观察到的形象时，对熟悉的、特征鲜明的形象容易判断正确；对不熟悉、特征不明显的形象判断起来则比较困难。这表明知觉因素和生活经验在空间表象活动中的作用。

第二，儿童空间知觉能力逐年发展，各年龄组的错误率为15%～50%，其中9～12岁各组的错误率为25%左右；各年龄组的错误除5%是出于其他原因外，其余都是因为受试者从自身所在方位而不从其他方位观察，这表明儿童观察的自我中心主义（egocentrism）倾向。

第三，8岁组儿童由于自我中心主义倾向，造成的错误最多，约占40%；9～12岁组约占20%；13岁时下降到10%。这表明儿童观察中的自我中心主义倾向随着年龄的增长而减弱，但它仍是小学各年级学生观察错误的集中点。

第四，错误的原因在于儿童不善于在头脑中对三维空间和二维空间关系进行转换。

2. 小学儿童观察品质的发展

王唯等人（1985）对小学一、三、五年级学生的观察品质进行了实验研究，有以下发现。

第一，精确性方面。一年级学生水平很低，不能全面细致地感知客体的细节，只能说出客体的个别部分或颜色等个别属性；三年级学生明显提高；五年级学生略优于三年级学生。

第二，目的性方面。一年级学生的随意性较强，排除干扰的能力较差，集中注意使观察服从于规定的任务要求的时间较短，观察的错误较多；三年级和五年级学生有所改善，但无显著差异。

第三，顺序性方面。低年级学生没有经过训练，观察事物零乱、缺乏系统，看到哪里就是哪里；中高年级学生观察的顺序性有较大发展，一般能从头到尾，边看边说，而且在观察表述前往往先想一想，但从总体上看，三年级和五年级的差异不显著，这表明五年级学生还不能系统化地观察。

第四，判断力方面。一年级学生对所观察事物做出整体概括的能力很差，表述事物特征时缺乏系统，分不清主次，往往注意了各种无意义的特征而忽略了有意义的特征；三年级学生的判断力有较大提高；五年级又有显著发展，观察的分辨力、判断力和系统化能力明显提高。

3. 小学儿童观察力的发展阶段概述

小学儿童观察能力的发展表现出一定的阶段性。丁祖荫（1964）的研究表明，儿童观察力的发展可分为下列 4 个阶段。

①认识个别对象阶段：儿童只看到各个对象，或各个对象之间的一个方面。

②认识空间联系阶段：儿童可以看到各个对象之间能直接感知的空间联系。

③认识因果联系阶段：儿童可以认识到对象之间不能直接感知的因果联系。

④认识对象总体阶段：儿童能从意义上完整地把握对象总体，理解主题。

幼儿的观察力大部分属于认识个别对象及空间联系阶段；小学低年级学生大部分属于认识空间联系和因果联系阶段；中年级学生大部分属于认识因果联系阶段；高年级学生大部分属于认识对象总体阶段。

李林慧等人（2011）对 90 名 4~6 岁儿童自主阅读图画书后的故事复述语料进行了分析，研究发现，汉语学前儿童对图画故事书中图画形象、事件行动和角色状态的理解水平随年龄增长而显著提高；儿童对图画故事书的理解遵循由图画形象到事件行动再到角色状态的发展顺序。

小学儿童对于图画的观察的阶段性，很大程度上受图画内容的影响。若图画内容涉及儿童生活经验，能为他们所理解，他们便表现出较高的观察水平；儿童对于不甚熟悉的内容只能列举或描述，而且往往出现错误答案。另外，观察的结果在一定程度上也受指导语的影响，当要求儿童说出图中"有些什么"时，观察多偏向列举；要求说出"在做什么"时，观察多属于描述及解释；要求说出"画的是什么事情"时，儿童容易注意整个图画内容，属于解释。

三、记忆的发展

记忆是认知活动的仓库，也是思维的材料，然而，记忆水平又取决于思维的特点。小学儿童的记忆也能体现出其具体运算思维的特点。

(一)小学儿童的记忆特点

在学习活动的要求下，小学儿童记忆的有意性、意义性和抽象性都不断地发展。

1. 小学儿童的有意记忆与无意记忆

小学儿童的有意记忆是随着年龄的增长而不断发展的。随着学习动机的激发、学习兴趣的发展、学习目的的明确，有意记忆的主导地位则越发显著。一般情况下，这个主导地位的显著表现是从三年级开始的。北京师范大学心理系(今北京师范大学心理学部)儿童心理组和天津师范大学教育科学所(今天津师范大学教育科学学院)儿童心理组的协作研究(1983)表明，小学二年级无意记忆组正确回忆率为42.8%，有意记忆组正确回忆率为43.0%；小学四年级无意记忆组正确回忆率为43.8%，有意记忆组正确回忆率为51.5%。

由此可见，小学儿童的记忆已从学前期的无意记忆占主导地位发展到有意记忆占主导地位，但是，小学儿童仍大量地依靠无意记忆来积累知识。

2. 小学儿童的机械记忆和理解记忆

从机械记忆占主导地位转向理解记忆(或意义记忆)(comprehensive memory)占主导地位的发展，是小学儿童记忆发展的又一个特点。由于理解意义与逻辑思维的理解能力有密切关系，因此这个主导地位转化的关键年龄往往与理解力发展的关键年龄一致，大致在三四年级。根据沈德立等(1985)、陈辉(1988)、丁祖荫(1964)的研究，在小学阶段，两种记忆效果都随年龄的增长而提高。表6-2显示了一般小学儿童对无联系的单词材料和有意义联系的单词材料记忆保持的比例。可见，小学儿童在立时再生和各次延缓再生的条件下，对两种单词材料的记忆效果都随年级增长而逐步提高。

表 6-2 小学儿童对单词材料记忆保持的比例(丁祖荫,1964)

年级	无联系材料 / %				有联系材料 / %			
	立时	第一次延缓	第二次延缓	第三次延缓	立时	第一次延缓	第二次延缓	第三次延缓
一	16.25	5.00	4.50	7.00	30.75	13.00	16.50	17.75
二	27.75	5.50	5.75	9.25	69.75	49.00	51.00	53.25
三	36.25	17.25	17.25	19.75	79.75	64.50	72.00	75.50
四	50.75	19.50	23.75	27.75	82.50	65.50	72.00	76.25
五	68.75	38.00	42.25	48.25	99.00	80.50	86.50	92.25
六	60.50	21.75	28.75	36.75	96.00	81.00	83.75	90.75
平均	43.38	17.83	20.38	24.79	76.29	58.92	63.63	67.63

小学低年级学生运用机械记忆的方法较多,这是因为他们心理的各个方面还没有充分地发展起来,抽象逻辑思维尚未发展,知识经验比较贫乏,面对学习材料不易理解,还不善于对记忆的材料进行思维加工或逻辑加工。随着年龄的增长和年级的升高,知识经验日益丰富,言语、思维日益发展,学生在学习过程中逐步掌握学习方法和技巧,学生的理解记忆一天天增强,而机械记忆则相对减少。当然,在学习过程中,由于学习材料性质不同,学习过程的各个阶段的要求不同,学生既需要理解记忆,也需要机械记忆。小学儿童的机械记忆能力很强,对此需要充分地利用。

3. 小学儿童的形象记忆和抽象记忆

小学低年级学生的知识经验还不丰富,记忆和具体形象的联系容易建立,与直接联系形象的词(实词)的联系也较易建立;因此,低年级学生往往表现为形象记忆。比较一、三、五年级学生对具体形象、具体词、抽象词3种材料的记忆效果(重现的比例),结果如表6-3所示。显然,各年龄组儿童对具体形象的记忆效果优于具体词,对具体词的记忆效果又优于抽象词。在整个小学时期,儿童明显表现出善于对具体形象进行记忆。

表 6-3　3 种不同性质材料重现的比例（许政援等，1984）

年级	即时重现 / %			延缓重现 / %		
	具体形象	具体词	抽象词	具体形象	具体词	抽象词
一	51.9	41.7	26.4	45.4	17.0	6.4
三	72.6	68.2	52.6	67.3	64.6	34.4
五	82.6	70.0	64.6	81.3	71.0	65.4

随着教学的影响、知识的丰富和智力的发展，小学儿童的抽象记忆（abstract memory）能力不断发展，并逐渐占据优势。当然，具体形象记忆和词的抽象记忆是相辅相成的，在教学中，两者都具有重要的作用。

(二) 小学儿童记忆策略的发展

能否采用最为有效的记忆策略（strategies of memory）往往也是个体记忆发展水平高低的一个重要标志。什么是记忆策略？在个体有意控制之下的，可以用来提高记忆效果的认知活动或行为活动即记忆策略；换言之，记忆策略即能提高记忆有效性的活动。美国心理学家弗拉维尔等人（Flavell et al.，1966）提出个体的记忆策略是不断发展的，可分为 3 个阶段：①没有策略；②不能主动应用策略，但经诱导后可以使用；③能主动而自觉地采用策略。

小学儿童的记忆水平高于学前儿童的一个原因就在于小学儿童更善于采用记忆策略。他们能采用哪些记忆策略呢？

1. 复述

复述是记忆材料的一种简单且有效的方法，是不断重复地记材料直至记住的过程。

儿童采用复述策略的能力是逐渐发展的，严格来讲，年幼的儿童是不会采用这种记忆策略的。直到上小学，儿童才逐渐有效地采用这种方法。7 岁左右是儿童由不进行复述向自发地进行复述的过渡期。在弗拉维尔等人（Keeney et al.，1967）的研究中，把 5 岁、7 岁和 10 岁儿童作为被试，将 7 张一般儿童都认识的物体的图片展现在儿童面前，依次指出 3 张图片，并且要求儿童记住，15 秒后，要求儿童依次指出这 3 张图片。在间隔时间中，研究者把儿童所戴帽子的帽舌拉下，使儿童既看不到图片也看不到主试，并根据儿童的唇动情况来判定其是否在进行复述。结果发现，只有 10% 的 5 岁儿童有复述表现，而 60% 的 7 岁儿童和 85% 的 10 岁儿童都有复述表现。

小学儿童进行复述的技能随着年龄的增长而日趋熟练。奥恩斯坦等人（Ornstein et al.，1985）的研究发现，要求 8 岁儿童以复述的方式记忆一系列单词时，他们还不能很有效地使用这种方法，只能单独地重复每一个单词。如果让他们有更多的时间来记忆，并有机会查看曾经呈现过的单词，他们则能较好地复述，并能回忆更多的单词。因为这些儿童已经意识到复述的重要性，但还不能像较大儿童那样善于回忆复述的一系列单词。到 12 岁时，儿童已能追记单词并累积性地复述整个单词系列。这表明小学高年级儿童的复述技能日趋熟练。此外，有关研究还发现，小学各年龄组儿童复述的总体数量是接近的，年龄差异主要表现在复述的内容上，年幼儿童往往只重复所呈现的那个字，而年长儿童则能同时复述好几个字。

儿童的复述技能在一定年龄阶段是可以训练的。从记忆效果来看，能自发地进行复述的儿童，其记忆效果好于不进行复述的儿童，因此训练儿童的复述技能可以提高儿童的记忆效果。

左梦兰等人（1990）的研究也证实训练对儿童的分类复述有促进作用。他们发现，未经训练时，5.5 岁的儿童只有 2.85% 能自觉分类，7.5 岁和 9.5 岁自觉分类的儿童也不超过 10%，11.5 岁达到 28.5%。这表明，分类复述在小学阶段出现并得到发展，但直到小学毕业仍未达到熟练水平。对不会分类的儿童进行启发性分类训练，结果发现，对 5.5 岁儿童的训练无效；对 7.5 岁儿童的训练在同类性质的课题分类上有效但不显著；对 9.5 岁儿童训练的效果不仅表现在相同性质问题的解决上，而且迁移到抽象词汇的分类上，可以认为此时儿童进入训练的最佳时期。

儿童复述的灵活性是随年龄的增长而不断发展的。在整个小学时期，这种灵活性水平还很低。一项研究让被试记住 20 个字，并把它们回忆出来，这 20 个字可以归为 4 类，且按随机顺序呈现。记忆这类材料的有效办法是把同一类的 5 个字放在一起进行复述。结果发现，8 岁儿童从不采用这种策略，10 岁儿童也很少采用这种策略，但 13 岁儿童能始终如一地使用这种策略。

2. 组织

组织也是一种非常重要的记忆策略，通常指识记者找出要记忆的材料所包含的项目间的意义联系，并依据这些联系进行记忆的过程。

一些研究（Miller，1956；杨治良，1994）表明，大部分人只能记住 7 个独立的信息组块，但如果将几个相关的项目组成一个信息组块，记忆的信息量就大大增加。

学前儿童识记有意义联系的材料较强于识记无意义联系的材料。如记"大和高"较容易，而记"大和悲哀"则相对较难。他们能根据韵律或相似的发音来组织材料，能按照物体的功能来进行记忆。小学儿童则开始形成信息组块来进行记忆，根据词汇的意义来加以组织，进行归类。斯迈利和布朗（Smiley & Brown，1979）在一项研究中，要求幼儿、小学儿童、成人指出 3 张图片中哪 2 张是相似的，结果发现，幼儿是按功能来组合图片的（如马与马鞍，针与线），小学儿童和成人则是按类别来组合图片的（如马与牛，针与别针）。

采用归类的方法进行记忆可以帮助小学儿童记忆更多的内容，这种记忆策略需要一定的理解能力作为基础。有研究者（Moely et al.，1969）在研究中为被试（5～11岁）提供一组图片，图片可分为 4 类：动物、家具、交通工具、衣服。主试要求被试学习这些图片，过一会儿要把图片的名字说给主试听，主试告诉被试可进行任何有助于记忆这些图片的活动，包括移动这些图片；最后评定被试对这些图片的归类结果，评定指标是被试将同类的 2 张图片摆在一起的次数与不同类的 2 张图片挨着摆在一起的可能的次数之比，0 代表没有分组归类，1 代表完整的分组归类，结果如图 6-5 所示。

由图 6-5 可知，10～11 岁儿童基本上能自发地应用对刺激物的归类来提高记忆效果，其他年龄的儿童则不能。但经过短暂的归类训练，低年龄组儿童也可以达到这种自发水平。

另一种改善记忆的组织是形成故事线索。儿童记忆有意义的、有逻辑的和有条理的故事时，记忆效果较好。在巴斯等人（Buss et al.，1983）的研究中，二年级和六年级儿童听一个关于一条名叫阿尔伯特（Albert）的鱼的故事。部分儿童直接看这

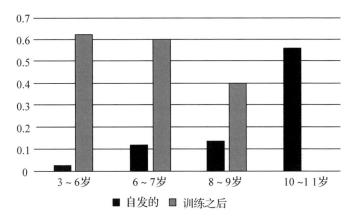

图 6-5　儿童使用归类策略能力的发展（Flavell et al.，1969）

个故事，另一部分儿童看的是把句子顺序打乱了的材料。后者对故事的回忆少于前者。然后主试训练儿童将被打乱了的句子次序重新排列起来，并以正确的顺序回忆这个故事，儿童的回忆成绩则明显提高。

儿童在提取有关信息时，同样可采用组织归类策略。在卡巴西格瓦（Kobasiga-wa，1974）的一项实验中，实验对象为 6、8、11 岁的儿童，刺激物为 24 张图片，每 3 张为一类，共 8 类。研究者首先设计一个程序来确定儿童知道每张图片属于什么类别，并使不同年龄组最初记忆贮存的信息降低到最低水平；同类的图片（如猴子、骆驼、熊）与 1 张大图片放在一起呈现，这张大图片与这一类别的标志有关（如动物园中有 3 个空笼子）；在呈现图片的过程中，主试强调小图片是伴随着大图片的，但被试只需记住小图片；最后给儿童呈现出一些大图片，要求他们回忆小图片。研究结果发现：①随着年龄增长，自发地使用大图片进行回忆的人数逐渐增加，到 8 岁时儿童基本上能运用类别搜寻策略；②随着年龄增长，儿童使用策略的有效性越来越高；③这些年龄差异主要体现在 6 岁和 8 岁儿童运用 1 个线索（1 张大图片）回忆出 1 张小图片就停止了，11 岁儿童则能充分利用每个线索，尽可能多地回忆有关信息，平均每类能回忆 2.5 张小图片。

毕有余和张向葵（2008）采用微观发生法，以 33 名小学二年级学生为被试，以记忆书面语词的分类材料为任务，对儿童记忆过程中"记"和"忆"策略的不同发展规律进行了 5 个时间段的测查。结果发现，分类记忆策略的发展既有突变过程也有渐变过程：分类"记"策略有生成缺陷，表现为训练后的突然变化；分类"忆"策略则是一个可以自发形成的渐变过程，如果加以适当的训练，也会发生突然的增长；在材料熟悉度较低的情况下，少量儿童会产生分类"记""忆"策略使用缺陷现象。

左梦兰、傅金芝(1990)的研究也指出，由于课题性质不同，儿童运用的策略也会不相同，各种策略发展并不平衡，在很大程度上依赖于儿童的知识经验。5.5 岁的儿童已能将画片组合成故事情节来记忆，7.5 岁的儿童很少用组合策略记住几何图形，9.5 岁的儿童有半数可以运用组合策略。而对数目的组合，11.5 岁的儿童多数仍感困难，能进行组合记忆的人数达不到一半。

总而言之，记忆的策略是多样的，以上所述只是有代表性的记忆策略。儿童使用记忆策略的能力是随年龄的增长而不断发展的，学前儿童基本不会自发地使用某种策略来帮助记忆，8 岁左右的儿童处于过渡期，10 岁以上的儿童基本能自发地运用一定的记忆策略来帮助记忆。训练可以有效地提高儿童运用策略的能力。儿童的各种记忆策略的发展是不平衡的，在很大程度上依赖于儿童自身的知识经验。

(三)小学儿童的元记忆

关于元记忆(或后设记忆)(metamemory)的发展是近十几年才兴起的一个重要课题。美国心理学家弗拉维尔(Flavell，1976)认为，元记忆就是关于记忆的知识或认知活动，即人们对自己的记忆过程的理解和认识，可以进一步细分为关于记忆的元认知知识(knowledge of metacognition)、记忆的元认知体验(metacognitive experience)与记忆监控(memory monitor)。

1. 小学儿童关于记忆的元认知知识

关于记忆的元认知知识(或后设认知知识)就是有关记忆的知识，即对什么因素影响人的记忆活动的过程与结果、这些因素是如何起作用的、它们之间又是怎样相互作用的等种种问题的认识。弗拉维尔认为，关于记忆的元认知知识主要包括以下3 个方面。

一是有关记忆主体方面的知识。这主要是指主体对记忆的认识与了解，如记忆不同于知觉、思维，不同年龄及同年龄的人在记忆能力方面是有差异的。弗拉维尔等人（Flavell et al., 1970, 1977）将印有图画的卡片作为实验材料，各卡片上的图画数量不同。实验任务是要求被试预言自己能够回忆出几张图画，最后测定被试的实际瞬时记忆广度。其结果如图6-6所示。

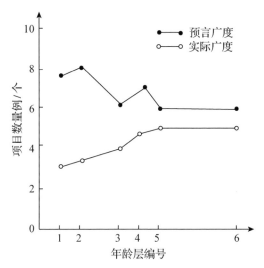

注：横坐标上的年龄层编号，1代表托儿所儿童，2代表幼儿园儿童，3代表小学二年级学生，4代表小学三年级学生，5代表小学四年级学生，6代表大学生。

图6-6 不同年龄被试的预言与实际瞬时记忆广度（Flavell et al., 1977）

由此可见，学前儿童对自己的瞬时记忆广度的估计与真实情况有较大差距，而学龄儿童的估计较接近实际，四年级学生基本上达到了成人的水平。

二是有关记忆材料与任务的知识。这包括两个方面的内容，一是个体对材料的性质、相互关系能影响记忆难度的认识；二是个体对不同记忆反应（如再认、回忆）难度差异的认识。

实际上，学前儿童已认识到识记材料的熟悉性和数量都是影响记忆的重要因素，但他们的元记忆知识还是很有限的。学龄儿童进一步认识到材料之间的关系、材料与时间之间的关系也影响记忆效果。

弗拉维尔等人首先让被试学习将词表中的词两两配对，如小汽车—衬衫、船—

苹果等。练习之后，向被试呈现两个词表并要求他们预言哪个词表更易学易记，其中一个词表的词对是名字与动作，如玛丽—散步、安妮—坐；另一个词表的词对是高度相关的反义词，如哭—笑、黑—白。结果发现，6 岁和 7 岁儿童认为两种词表在难度上没有什么差别，而 9 岁和 11 岁儿童则确信由反义词构成的词表更易学易记。在被试认为更易学易记的词表上再增加一些新的词对使词表加长，要求被试对自己的决定重新评价。结果发现，几乎所有 6 岁和 7 岁儿童都改变了主意，认为现在较短的词表(原来被认为较难的词表)更易学易记。而 9 岁和 11 岁儿童更加确信最初的选择，仍然认为反义词构成的词表更易学易记。这表明年幼儿童没有认识到语义联系在记忆活动中的作用，而年龄较大的儿童已认识到了语义对记忆的促进作用。

儿童对不同记忆反应难度差异的认识也是随年龄增长而不断发展的。如一半以上的幼儿认为再认与回忆一样困难；在小学一年级儿童中，有 56.25% 的儿童认为再认容易，6.25% 的认为两者同样困难，37.50% 的不能确定，所有被试中没有人认为回忆更容易。认为再认较容易的小学儿童都能证明其答案的合理性，而幼儿中则只有一半能证明。

材料从呈现到测量的时间间隔越长，再认与回忆就越困难。研究发现，8 岁儿童已能认识到这一点，因此能根据预期的保持时间间距来调整看图片的时间，而 4 岁和 6 岁儿童在各种情况下均花同样的时间看图片。

三是有关记忆策略的知识。这方面涉及的内容很多，如进行记忆活动时有哪些策略，其优点和不足是什么，应用条件和情境如何，等等。

小学儿童已逐渐掌握了一些改善记忆的方法，如读笔记、听录音带、向他人请教等。克鲁泽等人(Kreutzer et al.，1975)询问儿童如何记住一个电话号码，几乎所有三年级和五年级的儿童及 40% 的幼儿认为应该立即打电话；许多年龄较大的儿童和 60% 的幼儿认为应该把电话号码写下来并复述，或用其他帮助记忆的策略。干森和利维(Yussen & Levy，1977)在询问三年级和六年级儿童如何回忆遗忘的内容时，年幼儿童只能提出一两个建议，年长儿童则能提出许多可行的建议。贾斯蒂斯(Justice，1985)也发现，二年级儿童已知道复述和分类是记忆的有效策略，但只有六年级儿童知道分类策略比复述更有效，他们更经常使用分类策略。

2. 记忆的元认知体验

元认知体验（或后设认知体验）伴随着认知活动的认知体验或情感体验，既包括知的体验，也包括不知的体验，在内容上可简单可复杂，经历的时间也可长可短，可能发生在一个认知活动进行时，也可能发生在一个认知活动之前或之后。这种体验通常与一个人在认知活动中所处的位置有关，与一个人正在取得或可能取得什么样的进展有关。

许多关于记忆的元认知体验是由关于记忆材料难易的判断或情感体验组成的。元认知体验与元认知知识是密切相关的，只有具备了一定的元认知知识，才可能产生有关自身、任务、目的的各种各样的元认知体验。因此，随着个体的元认知知识逐渐形成，关于记忆的元认知体验也逐渐产生和发展起来。

3. 记忆监控

记忆监控是元记忆的重要成分之一，是指主体在进行记忆活动的全过程中，将自己正在进行的记忆活动作为意识对象，不断地对其进行积极自觉的监视、控制和调节。

儿童的记忆监控能力是逐渐发展的。马瑟等人（Masur et al., 1973）对小学一年级、三年级学生和大学生进行了一项实验，要求被试记一组图画，图画的数量是被试记忆广度的 1.5 倍，每次学习 45 秒，然后进行自由回忆测验；测验完毕后，请被试从刚才学习过的图画中挑选一半再学习 45 秒，然后再次进行自由回忆测验；按此程序重复进行几次。结果发现，小学三年级学生和大学生在选择重新记忆的图画时，所挑选的图画多为上次自由回忆时未能回忆出来的；而在小学一年级学生挑选出来的图画中，能回忆出来的和未能回忆出来的几乎各占一半，这说明小学一年级学生还不能对自己的记忆活动进行有效监控。姜英杰和严燕（2013）将不同难度的图对作为记忆任务，考察了 4~6 岁儿童学习难易判断、学习判断和提取自信心判断的发展特点。结果表明：3 种元记忆监测水平随年龄的增长均不断提高，任务难度不同，3 种元记忆监测的发展水平也不同，对低难度任务的元记忆监测显著好于对高难度任务的；3 种元记忆监测在低难度任务下没有发展速度差异，在高难度任务下，

4～5 岁时回溯性监测发展较快，5～6 岁时前瞻性监测发展加速；有效元记忆监测存在任务难度差异和年龄差异。

由此可见，元记忆在小学阶段的发展很快，但水平是有限的，小学儿童还不能普遍且灵活地对记忆本身的知识和技能加以掌握，而且元记忆水平取决于儿童一般知识经验的丰富程度。显然地，元记忆之所以在小学时期得到迅速发展，是因为学校教育发挥了重要作用。因此，在教学活动中有意识地培养小学儿童的元记忆，教授他们记忆的知识技能，启发小学儿童的求知欲和好奇心，进而扩大小学儿童的知识面，必将有效地促进小学儿童记忆能力的发展。

第三节

小学儿童的社会性发展

在学前期社会性发展的基础上，小学儿童由于入学的条件，其社会性的发展获得了新生，并体现出协调性、开放性和可塑性的特点，以下分别从道德、自我意识、社会关系的发展来讨论。

一、道德的发展

在西方，皮亚杰对儿童道德观念的形成和判断做了大量的研究。皮亚杰（Piaget，1932）认为，通常 7～12 岁儿童的自律性道德，即服从自己的规定的道德获得了发展，并且以人与人之间关系的水平表现出来。科尔伯格（Kohlherg，1980）的研究指出，儿童从 7 岁起便倾向以常规道德评价道德行为，并维持习俗的秩序和符合他人的愿望。

在我国心理学界对小学生道德发展的研究中，关于小学生道德特点的研究在数量上占很大的比例。总结我国学者在小学生道德特点方面的研究，并且结合我自己的研究，我(林崇德，1989)认为，从出生到成熟的整个时期，小学生的道德发展所显示出来的基本特点就是协调性。

(一)形成自觉运用道德规范的能力

小学时期，小学生逐步形成系统的道德认识及相应的道德行为习惯。但是，这种系统的道德认识带有很大的依附性，缺乏原则性。这里以一项研究为例略加分析。

李怀美(1986)从道德概念、道德评价和道德判断3个方面来了解小学生道德认识的发展水平。研究以"对他人""对自己"和"对社会"3个侧面各4个道德概念为材料，并由此确定3级水平：一级水平是对道德概念片面或肤浅地理解，停留在现象上(1×4＝4分)；二级水平是能够正确理解道德概念，但不深(3×4＝12分)；三级水平是较深刻地理解道德概念的本质(5×4＝20分)。3个年级被试的平均得分如表6-4所示。

表 6-4　小学生道德概念的发展水平(李怀美，1986)

道德认识发展水平	一年级	三年级	五年级
对他人	7.49	9.07	10.26
对自己	7.28	11.38	13.92
对社会	8.34	10.03	12.57
平均数	7.70	10.16	12.25

研究者还从"义务""荣誉""良心""幸福"4个道德范畴了解学生道德评价的发展情况。研究者设计了4组对偶故事，每组的结构均按照动机正确但效果不好、动机不正确但效果好这两种情况安排，让被试判断是非与好坏，并且说明理由。该研究将学生道德评价的发展分为3级水平：一级水平为重效果(1分)，二级水平为重动机(3分)，三级水平为效果与动机相统一(5分)。研究结果如表6-5所示。

表 6-5　小学生道德评价的发展水平（李怀美，1986）

道德范畴	一年级	三年级	五年级
义务	3.10	3.97	3.94
荣誉	2.49	3.57	3.98
良心	2.96	3.74	3.94
幸福	1.95	3.13	3.15
平均数	2.63	3.61	3.75

表 6-5 说明，从总体上考察小学一年级、三年级、五年级学生，小学生道德评价能力随着年龄递增而提高。一年级学生尚未达到二级水平，而三年级、五年级学生均已超过二级水平，并开始向三级水平发展。可见，小学生的道德评价是逐步发展和提高的。

根据上述 4 个道德范畴，研究者还设计了两难问题（dilemma），以了解小学生道德判断能力的发展水平。道德判断分为 3 级水平：一级水平是围绕个人利害得失进行道德判断（1 分）；二级水平是简单地运用道德规范进行道德判断（3 分）；三级水平是理解道德原则并以此进行道德判断（5 分）。结果如表 6-6 所示。

表 6-6　小学生道德判断的发展水平（李怀美，1986）

道德范畴	一年级	二年级	五年级
义务	2.14	2.15	2.06
荣誉	3.06	2.80	3.07
良心	2.92	3.01	2.99
幸福	2.38	2.69	2.94
平均数	2.62	2.66	2.77

表 6-6 指出，小学生的道德判断能力是逐步提高的，但随年龄递增而提高的幅度较小。小学生的道德判断尚未达到二级水平，即他们还不能简单地运用道德规范进行道德判断。

从这项研究可以看到，小学生的道德认识表现出从具体形象性向逻辑抽象性发展的趋势。在道德认识的理解上，小学生从比较肤浅的、表面的理解逐步过渡到比较精确的、本质的理解，但是，这种认识仍有较多的具体成分，概括水平较差。在道德品质的判断上，小学生从只注意行为的效果，开始逐步转变为比较全面地考虑动机和效果的统一关系，但是，这种判断常有很大的片面性和主观性。在道德原则的掌握上，小学生的道德判断从简单依附于社会的、他人的原则，逐步转变为受自身道德原则的制约，但是，在很多情况下，他们在判断道德行为时还不能以道德原则为依据，因缺乏道德信念而往往受到外部的、具体情境的影响。小学生已初步掌握了道德范畴，不过，对不同范畴的理解有不同的水平；比较"对他人""对自己""对社会"3个方面的道德认识，"对自己"方面的道德概念的发展水平较高，"对社会"方面的道德概念的发展水平次之，最低的是"对他人"的道德概念的发展水平，显示出不平衡性。

总之，小学生的道德知识已初步系统化，初步掌握了社会道德范畴的内容，开始向道德原则的水平发展。

（二）从协调步向分化

在整个小学阶段，小学生在道德发展上，认识与行为、言与行基本上是协调的。年龄越小，言行越一致；随着年龄的增长，逐步出现了言行不一致的现象。

年龄较小的学生，行为比较简单且外露，道德的组成形式也比较简单。就道德定向系统而言，他们还不能意识到一定道德的作用，往往按照教师和家长的指令来定向。就道德操作系统而言，他们缺乏道德经验和道德活动的策略，动机比较简单，不善于掩饰自己的行为；他们自我调节的技能较低，较难按原则规定的行为去行动。就道德反馈系统而言，他们的行为主要受教师和家长的强化，还难以进行自我反馈。因此，在小学低年级，小学生的道德认识、言行往往直接反映教师和家长的要求。因此，从表面上看，他们的言行是一致的，但实际上这种一致性的水平是较低的。

小学高年级的学生的行为比较复杂。相应地，其在道德定向系统中有一定的原则性，在道德的操作系统中产生了一定的策略和自我设想。因此，高年级的小学生开始逐渐学会掩饰自己的行为。其在道德反馈系统中开始对他人的评价进行一定分析，他们的行为与教师和家长的指令会出现一定的差异。

当然，一般来说，小学生表现出的言行不一致现象是初步的，即使是高年级的学生，还是协调性占优势。他们的道德言行不一定来自内在的道德动机，而是受制于道德组织形式及道德结构的发展水平。正如朱智贤（1962，1979）所分析的：①模仿的倾向性，模仿是小学生的特点，当他们看到所模仿的动作很有意思，以致明知被模仿的动作是不正确的、不好的，他们仍然会照样做；②出于无意，有些小学生口头上背熟了道德原则，但在行为中做出了与之违背的事，他们往往会为之后悔、惋惜；③小学生会在某些人面前表现出言行一致，而在另一些人面前却表现出言行不一致，造成这种情况的原因很复杂，或因教师和家长的教育不一致，或因儿童以感情代替理智，会在较亲近的人面前显得"听话"一些；④只会说而不会做，道德行为做起来要克服困难，需要意志努力，因此小学生尽管知道道德原则，按照这些原则去行事也会显得困难。

由此可知，小学生的道德结构尚未完善，将社会道德规范内化为道德定向系统需要一个过程。

（三）自觉纪律的形成

在小学生道德发展中，自觉纪律（self-awareness principle）的形成和发展占有很显著的地位，它是小学生的道德知识系统化及相应的行为习惯形成的表现形式，也是小学生表现出外部和内部动机相协调的标志。

所谓自觉纪律，就是一种出自内心要求的纪律。它是在学生对纪律的认识和自觉要求的基础上形成的，而不能依靠外力的强制。自觉纪律的形成是一个纪律行为从外部的教育要求转变为学生的内心需要的过程。这个形成过程一般要经过 3 个阶段：第一阶段仍依靠外部的教育要求，依靠教师制定的具体规定和教师的及时检查；第二阶段是过渡阶段，学生还未形成自觉纪律，但已能体会到纪律要求，一般能够遵守纪律；第三阶段是把纪律原则变成自觉行动。这 3 个阶段体现了小学生道德结构的发展：在道德定向系统方面，他们正经历着一个内化和社会化的过程，不断掌握社会经验和道德规范，形成与学校教育相协调的个体特征，并将自己纳入学校群体关系系统中；在道德操作系统方面，逐步明确纪律要求，确认遵守纪律的途径，做出纪律决策，实施纪律计划；在道德反馈系统方面，在执行纪律中对环境进行加工，产生正负反馈，从而加强或减弱行为动机，形成和发展道德结构。

研究发现，在教师的认真指导下，低年级的学生完全可以形成自觉纪律。当然，小学生违反纪律或缺乏自觉纪律的现象也是存在的。值得强调的是，必须对违反纪律的现象做心理学分析。这既存在着年龄差异，也存在着个体差异。一般来说，年龄较小的儿童出现违反纪律行为，常是由于不理解纪律的内容要求，或由于对某一种行为的好奇心而分散了注意力，再或由于疲劳而不能维持纪律。对年龄较大的小学儿童来说，其原因比较复杂。这表现为：①不理解或不能正确理解纪律要求，或者对纪律要求的正确理解尚未转化为指导他们行为的自觉原则；②对个别教师持有对立情绪，可以经常看到不少小学高年级学生在遵守课堂纪律上表现出因教师而异；③意志、气质上的缺陷；④没有养成纪律行为所必需的习惯；⑤特殊爱好未得到满足，或者旺盛的精力无处发泄。因此，只有全面细致地了解儿童的人格特点，加上得力的教育措施，才能促使小学生自觉纪律的形成和发展。

总之，小学生的道德从习俗水平向原则水平过渡，从依附性向自觉性过渡。从这个意义上说，小学阶段的道德是过渡性道德，这个时期的道德发展比较平衡，显示出以协调性为主的基本特点，冲突性和动荡性较少。

（四）道德发展的关键年龄

小学阶段的道德的另一特点是道德发展过程中出现"飞跃"或"质变"现象。小学阶段是儿童道德发展的关键年龄。这个关键年龄具体在什么时候（哪个年级或年龄）出现，尚有待深入探讨。这个关键年龄或转折期大致在三年级下学期前后，由于不同方式的学校教育的影响，出现的时间可能会提前或延后。

当然，这里所指的关键年龄是就小学生道德的整体发展而言的。至于具体的道德动机和道德的心理特征，其发展是不平衡的。例如，小学生的道德认识的关键年龄与道德行为发展的关键年龄并不一致。

二、自我意识的发展

自我意识的发展过程是个体不断社会化的过程，也是人格形成的过程。自我意识的成熟往往标志着人格的基本形成。

(一)小学儿童自我意识发展的趋势

有的心理学家认为，儿童自我意识的发展经过 3 个时期：①自我中心期(egocentric period)，8 个月至 3 岁，是自我意识的最原始状态，被称为生理自我；②客观化时期(objective period)，3 岁至青春期，是获得社会自我的时期，在这一时期，个体显著地受社会文化影响，是学习角色的最重要时期，角色意识的建立标志着社会自我观念趋于形成；③主观自我时期(subjective period)，青春期至成人期，自我意识趋于成熟，进入心理自我时期。

韩进之、魏华忠(1985)通过问卷调查，认为小学生自我意识的发展趋势是随年龄的增长从低水平向高水平发展的，但发展不是直线的、匀速的，而是既有上升的时期，又有平衡发展的时期。研究结果如表 6-7 所示。

表 6-7　小学生自我意识的发展(韩进之、魏华忠，1985)

项目		一年级	二年级	三年级	四年级	五年级	六年级	F 检验
城市	N	450	350	900	350	900	350	52.00**
	$\overline{X}$	194	222	214	221	220	225	
	S	0.46	0.49	0.42	0.35	0.30	0.35	
农村	N	450	350	900	350	900	350	65.43**
	$\overline{X}$	197	210	216	217	222	230	
	S	0.46	0.40	0.36	0.38	0.36	0.38	
男生	N	450	350	900	350	900	350	59.43**
	$\overline{X}$	195	212	212	218	218	225	
	S	0.47	0.40	0.38	0.36	0.34	0.36	

续表

项目		一年级	二年级	三年级	四年级	五年级	六年级	F 检验
女生	N	450	350	900	350	900	350	55.78**
	$\overline{X}$	198	216	217	229	224	231	
	S	0.48	0.42	0.41	0.39	0.36	0.34	
总计	N	900	700	1800	700	1800	700	107.03**
	$\overline{X}$	196	214	219	219	221	228	
	S	0.47	0.41	0.41	0.36	0.35	0.34	

注：N 表示各组被试数；$\overline{X}$ 表示自我意识发展水平的平均分；S 表示各组标准差；** 表示 $p<0.01$。

由表 6-7 可知以下 3 点。

其一，小学一年级到三年级自我意识的发展处于上升时期，小学一年级到二年级的上升幅度最大，是上升期中的主要发展时期。小学二年级到三年级的差异也达到显著水平，在上升期中处次要地位。这是因为学校的学习活动进一步加强了儿童对自己的认识，如考试成绩的好坏、教师对自己的评定、同伴对自己的接纳性等，都使儿童从不同的角度对自己有了新的认识，而学习活动对儿童的自我监督、自我调节和自我控制等能力有了进一步的要求，从而促使儿童的自我意识有很大的发展。

其二，小学三年级到五年级处于平衡发展时期，年级间无显著差异。

其三，小学五年级到六年级处于第二个上升期。在小学中年级，儿童的抽象逻辑思维逐渐发展起来，其辩证思维（dialectic thinking）也初步发展起来，这就促使儿童的自我意识更加深刻。他们不仅摆脱对外部控制的依赖，逐渐发展起内化的行为准则来监督、调节、控制自己的行为，而且开始从对自己的表面行为的认识、评价转向对自己内部品质的更深入的评价，这就使小学生的自我意识的发展达到一个新的水平。

该研究还对城乡学生、男女学生间的自我意识发展水平的得分进行了差异检验，结果无显著差别。

(二)自我意识各因素的发展

自我意识包含了自我概念、自我评价与自我体验等几方面。因为自我体验是在前两者的基础上形成的对自我的情绪感受,所以下面从自我概念与自我评价两方面来讨论小学儿童自我意识的发展。

1. 自我概念

自我概念(或自我观念)是指个人心目中对自己的印象,包括对自己存在的认识及对个人身体能力、性格、态度、思想等方面的认识。它是由一系列态度、信念和价值标准组成的有组织的认知结构,把各种特殊习惯、能力、观念、思想和情感联结在一起,贯穿于心理和行为的一切方面。对自我概念的研究通常是借助自我描述(self-description)来进行的。

从小学生的自我描述来看,有这样两个特点。

其一,小学生的自我描述是从比较具体的外部特征的描述向比较抽象的心理术语的描述发展的。如在回答"我是谁"这个问题时,小学低年级学生往往提到姓名、年龄、性别、家庭住址、身体特征、活动特征等方面;而到小学高年级,儿童则开始试图根据品质、人际关系及动机等特点来描述自己。例如,一个9岁儿童对这个问题的回答是:"我的名字是×××,我有褐色的眼睛和褐色的头发,我喜爱运动,我家里有7个成员,我的视力很好,我有很多朋友,我住在×××,我的一个叔叔约1.75米高,我的老师是×××,我喜欢学校。"而一个12岁女孩则说:"我的名字是B,我是一个女孩,一个诚实的人,我不漂亮,我的学习一般,但我是一个很好的大提琴手,相对于我的年龄来说,我的个头较高,我喜欢几个男孩子,我希望去帮助别人,我不知道男孩是否喜欢我。"(Montemayor & Eisen,1977)

其二,虽然小学高年级学生开始用心理词汇来描述自己,但也是以具体的形式来看待自己的,把自己这些特征视为绝对的和不可变更的。例如,8~11岁的孩子说自己是善良的,因为自己把东西分给了同伴或帮助了其他人,所以自己是善良的,但他们还不太理解自己的人格特征在不同场合可能会有所不同。

自我概念是在经验积累的基础上发展起来的。最初它是对个人的和才能的简单抽象认识,随年龄增长而逐渐复杂化,并逐渐形成社会的自我、学术的自我、身体的自我等不同的层次。

杨国枢(1974)对小学高年级儿童的自我概念发展在量和质两方面进行了分析。在量的方面，主要考察了自我接受度(self-acceptance)与自我和谐度(ego integrity)的发展特点。自我接受度(或自我接纳度)指个人觉得自己有价值的程度或好坏程度，这是一种主观经验或感觉，自我和谐度指真实自我与理想自我的相似程度。在研究中，自我接受度有两个指标：一是自我接受度(甲)，是根据受试者在描述自己时从142个特征形容词中所选用的各形容词求得的；二是自我接受度(乙)，是根据在53种个人特点中受试者认为自己"已有"与"没有"的各特点求得的。其研究结果如表6-8所示。

表 6-8　小学高年级儿童的自我概念发展(杨国枢，1974)

年级与性别		自我接受度（甲）		自我接受度（乙）		自我和谐度	
		$\overline{X}$	S	$\overline{X}$	S	$\overline{X}$	S
四年级	男（55 人）	96.93	21.78	42.49	7.00	46.31	6.22
	女（74 人）	99.27	15.76	48.01	5.99	45.61	5.40
五年级	男（102 人）	92.77	19.43	40.53	7.51	42.14	6.55
	女（73 人）	95.62	17.69	41.86	7.23	44.68	7.83
六年级	男（72 人）	83.57	20.75	43.76	5.91	45.96	6.28
	女（115 人）	84.94	20.53	38.81	8.27	41.37	8.27

由表6-8可见，小学生自我概念的发展趋势视性别而定。男生的自我接受度与自我和谐度并未表现出随年龄增加而递增或递减的趋势，而女生的自我接受度和自我和谐度表现为随年龄的增加而渐减：年龄越大，自我接受度越低，真实自我符合理想自我的程度也越低。也就是说，女生年龄越大，对自己的印象越差。

杨国枢(1974)认为，这种性别差异的产生主要是由于社会对男女性别有不同的评价和待遇。"重男轻女"是传统的观念之一，对小学高年级儿童来说，社会忽略或轻视女性的情形表现得更为具体与明显，从而使小学高年级女生更易感到自己是不受注意与重视的，这导致她们的自尊心与价值感下降。对男生来说，一方面，他们受到重视；另一方面，他们也因受到重视而承受较大的压力，这会逐渐降低其自信心与价值感。两者相抵消，他们的自我接受度与自我和谐度没有随年级增高而显出多少变化的趋势来。

研究者还发现，自我概念的内容因年级不同而有所不同。小学高年级学生选用较多的形容词是一般人认为好的形容词，选用较少的形容词则是一般人认为坏的形容词，这表明小学高年级学生的社会化已有了很大的发展。同时，他们的自我概念内容受社会称许性的影响。例如，他们自认为最多具有的 10 种特质是爱国的、欢乐的、快乐的、友善的、正常的、整洁的、守法的、讲理的、孝顺的、合作的；最少具有的 10 种特质是丑恶的、下流的、狠心的、笨拙的、残忍的、可恶的、呆板的、无耻的、讨厌的、可怜的。

哈特尔（Harter，1982）曾提出一个有 28 个项目的自我概念量表，要求儿童在 4 个方面评价自己的能力。①认知能力：学习成绩好，聪明，遵守纪律，理解力强。②社会能力：有许多朋友，善于交往，在同伴中的地位较高，受人欢迎。③运动能力：体育较好，常被选拔参加比赛，游戏中表现较好，喜欢参与。④普遍的自我价值：相信自己是好人、是愉快的，希望保持现状。每一个题目都要求儿童从两个描述中选择一个"更像我"的，并指出这一描述是"部分符合我"，还是"完全符合我"的情况。下面是一个例子。

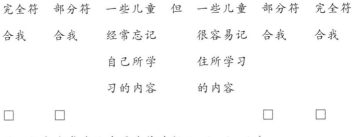

注：记分方式为从左至右依次记 1、2、3、4 分。

哈特尔（Harter，1982）对 2097 名三至九年级儿童进行测试，并要求教师在相似的项目量表上对每个儿童做出评价。结果发现：第一，小学三年级儿童已能在喜欢或不喜欢的项目上认识自己，例如，三到六年级儿童同伴接纳（peer acceptance）知觉的准确性越来越高（游志麒、周然、周宗奎，2013），这表明儿童的自我情感在小学时期已很好地建立起来；第二，儿童对其不同领域的能力做出重要区别，因此他们的自我评价依赖于情境，例如，一个学生可能认为自己的运动能力较差，但学习能力较强；第三，儿童对自我的评价与教师的评价、同伴的评价一致，这表明随着年龄增长，儿童逐渐能较客观地评价自己了。

国内有研究采用哈特尔的自我概念量表（Harter，1982），对小学三年级、四年级儿童的社会能力（社交自我知觉）进行了为期 3 年的追踪研究（赵冬梅、周宗奎，2016）。结果发现，整体上儿童的社交自我知觉具有显著的增长趋势，但这种趋势存在着异质性的分组，即儿童社交自我知觉的发展变化轨迹可以分为 3 种类型。一是"高—慢"增长组，是指儿童初始测量时的社交自我知觉水平较高，3 年里有显著的增长趋势，但增长速率较为缓慢。这种类型的儿童占绝大多数（约有 88.9%）。二是"高—快"降低组，是指儿童初始测量时具有较高的社交自我知觉水平，3 年里有显著的下降趋势，并且下降速度较快。这种类型的儿童占 6.8%。三是"低—快"增长组，其初始测量时的社交自我知觉水平较低，3 年里的增长速度较快。这种类型的儿童占 4.3%（游志麒，2018）。这说明，随着儿童年龄的增长，他们的社会交往能力在增强，但不同的儿童之间存在着差异。

2. 自我评价

自我评价能力是自我意识发展的主要成分和主要标志。自我评价是否恰当，可能激发或压抑人的积极性。如不符合实际的、过低的自我评价会降低人的社会要求水平，产生对自己潜力的怀疑，引起严重的情感损伤和内心冲突；而过高的自我评价又必然与别人对自己的评价产生矛盾，遭到同伴的反对，引起与同伴交往的冲突，也会导致严重的情感损伤或不良行为。

研究（韩进之、杨丽珠，1986）证明，这种自我评价能力在学前期就已经产生。进入小学后，小学生能进行评价的对象、内容和范围都进一步扩大，这也使小学生的自我评价能力进一步发展起来，主要表现在 4 个方面。

第一，从顺从别人的评价发展到有一定独立见解的评价。韩进之等人（1983，1985）的研究对小学生提出了一些问题：你的爸爸妈妈说的话都对吗？同学们对你的批评都对吗？你认为班主任、各科老师对你的看法都对吗？你常和同学争论问题吗？你做事拿不定主意吗？你对自己班级的看法跟大家一样吗？等等。小学生在这些问题上反映出的独立性水平明显随年级的升高而升高，这表明小学生逐步减少了对他人评价的依赖性，独立地进行自我评价的能力不断发展。

第二，从比较笼统的评价发展到对自己个别方面或多方面行为的优缺点的评价，并表现出对内心品质进行评价的初步倾向。韩进之等人(1983)的研究对小学生提出了两个问题：你认为怎样才算一个好学生？你认为怎样才算一个坏学生？根据学生的回答评定其自我评价的具体与抽象，以及对外部行为与内心世界的评价，结果如表 6-9 所示。

表 6-9　小学生自我评价的特点(韩进之等，1983)

单位：人

年级	具体	具体与抽象之间	抽象	外部行为	外部行为与内心世界之间	内心世界
一年级	91	8	1	97	3	0
三年级	62	35	3	70	27	3
五年级	30	54	16	46	39	15

由此可见，小学低年级儿童的自我评价还具有很大的具体性，如"我认为上课认真听讲、不讲话，不骂人、不打架，才能算一个好孩子"。此外，他们更多针对其外部行为进行评价(如不打人、不骂人、完成作业等)。整个小学阶段处于由具体向抽象，由外部行为向内心世界发展的过程之中，这两个方面的发展进程是相似的，这表明小学生的抽象概括性评价和对内心世界的评价能力都在迅速发展。但直到小学高年级，进行抽象评价(如"我认为一个好学生应该能分清真善美与假恶丑")和对内心世界的评价(表里一致、谦虚、热情、诚实等)仍然不多。

第三，自我评价的稳定性逐渐加强。让被试儿童间隔 1 周后对相同的 5 个问题做第二次选择，并计算答案的一致性，研究结果如表 6-10 所示。

表 6-10 小学儿童对同一问题的两次选择的一致性指数系数（韩进之等，1983）

一年级	三年级	五年级
0.37	0.51	0.61

可见，小学低年级学生的自我评价能力水平还比较低，前后两次评价的一致性很差；到小学高年级，随着自我评价能力的逐步发展，前后两次评价的一致性提高。这表明小学生的自我评价的稳定性随自我评价能力的增强而增强。

家庭教育风格（style of family education）常会影响儿童的自我评价。如权威型父母（或威信型父母）（authoritative parents）的教育往往是民主而严格的，他们喜爱并接受儿童，对孩子的学业和行为有较高的要求。他们善于倾听并尊重儿童的意见，信任和鼓励他们，较多地采取鼓励、奖励良好行为的方式，而不是斥责、惩罚不良行为的方式。这种家庭的儿童往往了解父母所建立的明确且一致的行为规则，了解父母对自己的期望，因此，他们往往对自己充满自信。实际上，父母的教育风格与儿童的自我评价是相互作用的，父母的积极行为使儿童感到自己是有能力的，同样，有较高自我评价的儿童也促使父母更加民主。

自我评价与儿童的交往也有相关关系。库珀史密斯（Coopersmith，1987）的研究发现，高自我评价的男孩更加受人欢迎，学习成绩也较好，而低自我评价的男孩往往比较孤独，有不良行为习惯，学习成绩不好。发展良好的自我评价对儿童的发展是极其重要的，可能在其一生中都会产生重大影响。有良好形象的人往往是成功的和愉快的。如果对自己的能力很自信，对自己所做的事就会很有把握，常常对父母、教师和其他权威人士发出挑战，相信自己能独立处理问题，能以创新的方式去解决问题，相信自己能够实现预定的目标。他们不会过度怀疑自己，能尊重和热爱他人，同样也会得到他人的欣赏和喜爱。

相反地，如果一个人缺乏自信，则总认为自己的行动要失败，不愿意付出努力，这又会导致失败。因此可以说，缺乏自信心、缺乏成功经验和引起退缩行为是相互循环的。由于自我怀疑，他们在交友方面也有问题，他们的意见往往不被他人重视，这种人往往成为团体中被忽略的对象。

第四，小学儿童已具有一定的道德评价能力。对某一种道德现象采用好、坏、善、恶、正义、非正义等词语做出分析、判断和鉴别的过程就是道德评价过程。道德评价能力的高低，往往是表示人的道德认识、道德情感发展水平高低的重要指标。

儿童对行为后果的道德判断从行为的直接后果(把好事等同于直接使人满意的事)向行为的长久后果(倾向于期待以后的奖赏)过渡；从行为的个人后果(自己受到称赞的行为即"好"的，受到惩罚的行为即"坏"的)向行为的社会后果(考虑到同伴对自己行为的评价)过渡。在一项研究(李伯黍，1981)中，研究者设计了一个道德判断测验，其中包括两个具有同样重要任务的道德行为情境。情境一里的主人公最初不愿意承担分配给他的任务，但在提供了客观条件的情况下完成了任务；情境二里的主人公勇于承担分配给他的任务，但在客观条件的限制下未能完成任务。让儿童对两个情境里的主人公的行为做出比较判断，并要求他们把自己认为正确的看法和理由写出来。研究结果表明，从小学三年级起，绝大多数学生已能根据行为原因或从行为的因果关系上做出自己的判断，已有半数以上的儿童能把行为的原因和后果联系起来进行比较。

对儿童行为责任的道德判断的研究指出，关于行为意向性与行为后果的道德判断，学前儿童所根据的大多是财物损坏程度的高低；小学低年级儿童对行为的意向性判断已有了明显的发展，超过了对财物损坏的判断；小学中高年级儿童的意向性判断已占显著优势。在对成人惩罚公正性的判断上，学前儿童和小学低年级儿童对成人不公正的惩罚大部分持肯定态度，表明他们的道德判断尚不能摆脱成人惩罚的影响，只能根据成人的惩罚去判断行为的是非。9岁儿童已明显地开始摆脱成人惩罚的影响，绝大多数10岁儿童已能摆脱成人惩罚的影响，表明大部分小学中高年级儿童已能对成人的不公正惩罚持否定态度，把惩罚同行为的性质分离开来，根据行为本身的好坏来做分析判断。

三、社会关系的发展

儿童进入学校学习，他们的社会交往范围变得更为广阔。他们知识与经验的丰富也促使其更有意识地与周围的人进行交往。对他们而言，一方面，与父母的交往仍然是其社会关系中的重要内容；另一方面，与同伴及教师的交往对其生活、发展也有极其重要的影响。以下分别从同伴的交往、父母与儿童的关系、师生关系来讨论小学儿童社会关系的发展。

(一)同伴的交往

对小学儿童同伴交往的研究主要集中于友谊和同伴群体(或同侪团体)两个研究领域。同伴群体对小学儿童心理发展所产生的各种影响中，为广大研究者所关注的是同伴接纳性。

1. 小学儿童的友谊

友谊是和亲近的同伴、同学等建立起来的特殊亲密关系，对儿童的发展有重要影响。它提供了儿童相互学习社会技能、交往、合作、自我控制以及体验情绪和进行认识活动的机会，为以后的人际关系奠定了基础。小学儿童已很重视与同伴建立友谊的关系，当朋友在场，其学习和活动会更加快乐。

什么样的人可以成为朋友？对此问题的认识水平与儿童的社会认知水平相联系。对学前儿童来说，"住在隔壁""和我一起玩儿"的人可以成为朋友，幼儿与一些外部特征(如年龄、性别、种族等)和自己相似的同伴可以建立相对短时的友谊。在此基础上，幼儿开始认识到同伴有与自己不同的动机和情感，这时他们认为朋友就是对自己好、不伤害自己的人。到8~10岁时，儿童开始理解友谊是一种相互的关系，双方相互尊重友好、充满情谊。

儿童对友谊的认识是逐渐发展的。对"什么是朋友？""别人如何向你表示他是你的朋友？"这样的问题，6~7岁的儿童认为朋友就是一起玩耍的伙伴；9~11岁的儿童强调相互同情和相互帮助，认为忠诚是朋友的重要特征，朋友关系应该是比较稳定的。儿童选择朋友的理由包括他们的积极人格特点(如勇敢、善良或忠诚)及彼此志趣相投。儿童先认识同伴与自己的相似性，大约4岁后的儿童都能非常准确地说出自己与同伴之间的相似性，认为同伴与自己有相异之处则要在9岁以后才能实现。

友谊的发展表现在亲密性、稳定性和选择性等方面。随着人从童年向少年、青年过渡，友谊的这些特性也都不断发展变化。塞尔曼(Selman，1981)曾提出儿童友谊发展的 5 个彼此间有重叠的阶段，如表 6-11 所示。

表 6-11 儿童友谊的发展阶段(Selman，1981)

阶段	名称	时间	特征
1	游戏同伴关系阶段	3~7 岁	没有形成友谊的概念；朋友往往与实利的物质属性及其邻近性相联系；友谊建立的途径通常是"一起玩"；如要求儿童描述一个朋友，其往往描述具体活动，如"他和我一起玩""他不打我"等。
2	单向帮助阶段	4~9 岁	要求朋友能够顺从自己的愿望和要求，能顺从自己就是朋友，否则便不是，如"他不再是我的朋友，因为他不肯跟我走"。
3	双向帮助阶段	6~12 岁	朋友能互相帮助，但不能共患难；儿童对友谊的交互性有了一定的了解，但仍具有明显的功利性特点。
4	亲密的共享阶段	9~15 岁	发展了朋友的概念，认为朋友间可以相互分享，友谊是随时间推移而逐渐发展起来的；朋友之间应保持信任和忠诚，甘苦与共；开始从品质方面来描述朋友，如"他理解人""他很忠诚"，认为共同的兴趣也是友谊的基础，儿童的友谊开始具有一定的稳定性；但此阶段的友谊具有强烈的排他性和独占性。
5	稳定的友谊关系阶段	12 岁开始	对朋友的选择性逐渐加强，择友更加严格，所建立的友谊关系能持续较长时间。

阶段 1(3~7 岁)：游戏同伴关系阶段。朋友只是一个玩伴，友谊就是一起玩，在这个时期，儿童还没有形成友谊的概念。儿童间的关系还不能被称为友谊，而只是短暂的游戏同伴关系。对这个阶段的儿童来说，朋友往往与实利的物质属性及其邻近性相联系。如果询问他们友谊是如何建立起来的，他们的回答通常是"一起玩"。如果要求他们描述一个朋友，他们往往描述具体活动，如"他和我一起玩""他不打我"等。

阶段 2(4~9 岁)：单向帮助阶段。这个时期的儿童要求朋友能够服从自己的愿望和要求。如果顺从自己就是朋友，否则就不是朋友，如"他不再是我的朋友，因为他不肯跟我走"。

阶段3（6~12岁）：双向帮助阶段。这是互相帮助但不能共患难的合作阶段。儿童对友谊的交互性有了一定的了解，但仍具有明显的功利性特点。

阶段4（9~15岁）：亲密的共享阶段。儿童发展了朋友的概念，认为朋友之间可以相互分享，友谊是随时间推移而逐渐形成和发展起来的，朋友相互保持信任和忠诚，甘苦与共。他们开始从品质方面来描述朋友，如"他理解人""他很忠诚"，并认为自己与朋友的共同兴趣也是友谊的基础，像"我们喜欢一些相同的东西"。儿童的友谊关系开始具有一定的稳定性。儿童出于共享双方利益而与他人建立友谊。在这种友谊关系中，朋友之间可以倾诉秘密，讨论、制订计划，互相帮助以解决问题。但此阶段的友谊有强烈的排他性和独占性。

阶段5（12岁开始）：稳定的友谊关系阶段。随着年龄的增长，儿童对朋友的选择性逐渐加强，由于择友更加严格，年长儿童建立的友谊关系能持续较长时间。

国内的追踪研究也考察了儿童友谊的发展变化特点（赵冬梅、周宗奎，2016）。从友谊质量来看，在3年追踪期间，三、四年级儿童友谊质量中的肯定与关心、帮助与指导、矛盾解决、亲密袒露与交流都有显著的上升趋势，但友谊质量中的冲突与背叛也显著增加。从友谊数量来看，三、四年级儿童的互选朋友数在3年期间也有显著的增加趋势。并且，儿童的同性互选友谊数显著多于异性互选友谊数，表明儿童期性别疏离（sex segregation）的存在。

在交往活动中，有的儿童更善于结交朋友。心理学家认为，这可能与其社会认知发展水平较高有关。与同伴交往的经验可发展儿童的角色转换技能，而较高水平的角色转换技能又有助于儿童建立良好的交往关系。有关研究发现，角色转换技能较好的儿童比角色转换得分较低的同龄伙伴的社会化程度更高，更受同伴欢迎，更善于与他人建立亲密的友谊。

同伴交往，尤其是更为亲密的友谊关系的建立，使儿童之间的相互影响日益增强，这种影响是通过同伴的强化和同伴的榜样的作用来实现的。

当多数儿童都赞赏某一个儿童的行为，这个儿童重复这一行为的可能性就会大大增加。在大多数情况下，受到同伴的赞扬和喜爱都能强化儿童的行为。研究者认为，一个儿童主动进行社会接触的方式能确定其得到的强化。当儿童以友好的方式接近同伴，面带微笑、高兴地提议一项活动，其他儿童多数会接纳。但如果一个儿童采取命令的口吻或强迫的手段，则同伴顺从的数量就会急剧下降。

同伴的行为往往是儿童的榜样，他们模仿、学习榜样的行为。班杜拉（Bandura，1972）认为，至少有3种不同的原因使榜样能够影响他人的行为：一是通过观察他人的行动方式，从而学会这种行为方式；二是通过榜样了解采取某种行为方式可能产生的后果；三是榜样可为儿童提示在陌生环境中能采取的行为方式。

2. 小学儿童的同伴群体

儿童在同伴群体中与同伴交往的需要是逐渐建立的，儿童与同伴的交往随年龄的增长而增加。埃利斯等人（Ellis et al.，1987）观察436名2~12岁儿童在家中及在家附近的游戏活动，以了解儿童与成人的交往、与同龄伙伴的交往及与其他年龄儿童的交往情况。结果发现，从婴儿期到青少年前期，儿童与其他儿童的交往稳步增加，而与成人的接触则相对减少（如图6-7所示）。此外，儿童更多与同性别伙伴玩耍的趋势随年龄的增加而加强。例如，研究表明，童年中期的男孩和女孩得到的来自同性别同伴的积极提名、朋友提名，均显著高于来自异性同伴的提名数（吴姝欣、周宗李、魏华等，2013）。

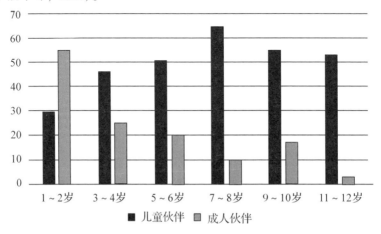

图 6-7 儿童与成人和伙伴关系的变化（Ellis et al.，1987）

　　小学时期是开始建立同伴群体的时期，因而也被称为帮团时期（或帮派时期）（gang period）。同伴群体的影响是通过同伴交往实现的。社会心理学家认为同伴群体有几个特点：①在一定规则的基础上进行相互交往；②限制其成员的归属感；③具有明确或暗含的行为标准；④发展出使成员为完成共同目标而一起工作的组织。儿童的同伴群体的形式是多样的，可能结构松散，也可能有组织、结构严谨。一般可分为两大类，即有组织的集体和自发团体（spontaneous group）。

　　有组织的集体一般是在学校或其他组织的帮助下形成的。小学生的集体就是班集体。集体具有下列4个特点：第一，集体具有明确的共同目标及由此产生的共同行为，每个集体成员都是为共同目标而行动的，因而相互关心、相互督促；第二，集体有统一的领导；第三，集体有共同的纪律，每个成员都要使自己的意志服从集体的意志，使自己的利益服从集体的利益；第四，集体具有共同的舆论，舆论是集体形成的重要标志，监督每一个集体成员按集体的预定目标行动。

　　刚入学的儿童还没有形成真正的集体关系和集体生活，也就是还没有形成集体的意识（collective consciousness）。班集体还只是人为编凑的、松散的集合。在教师的正确指导下，到一年级下学期时，儿童初步形成集体关系和集体意识。二年级的小学生已能明确意识到自己是班集体中的一名成员，能逐步把班集体的要求转变为自己的要求，把班集体的荣誉当作自己的荣誉，服从班集体的要求，完成班集体交给的任务。在这个时期，班集体内部成员也逐渐分化，一部分各方面能力较强的儿童崭露头角，成为班上各项活动的积极分子，逐步成为班集体的重要支柱和教师的得力助手；另一部分儿童则成为班里的基本群众。这就使小学生的班集体在组织和纪律上得到巩固和加强，形成真正的集体。随着中高年级小学生的集体活动范围日益扩大，他们的集体意识日益提高，初步懂得集体利益与个人利益的关系，并能自觉服从集体，维护集体利益。李伯黍等人（1985）在对小学生集体观念发展的研究中，通过对偶故事中的行为后果（肯定—受表扬、否定—受批评）与行为动机（为集体、为个人）的变化来探索小学生的集体意识。结果发现，小学生从一年级开始产生为集体的道德意识，在行为后果不变的条件下，已能分辨出为集体和为个人的行为动机，而且都没有把个人的行为动机看得高于集体的行为动机；随着年龄的增长，小学生选择为集体的行为动机的人数比例逐年增加。这说明小学生在教育的影响下已形成较强的集体意识。

自发团体的组织结构通常是松散的，形式是多样的，自发团体随时随地都可能存在。但由于其倾向性不同，自发团体可能是有组织的集体的补充，也可能是集体的对立面。按社会倾向性不同，自发团体可分为以下几类：①亲社会团体，社会上予以肯定的，如学习兴趣小组、社会公益服务小组等，有利于培养儿童良好的道德品质；②非社会团体，置身于基本的社会问题之外，建立在共同的娱乐活动基础上，如各种兴趣小组；③反社会团体，社会上予以否定的、以危害社会为目的的团体，如偷窃集团等。

同伴群体之所以会产生，是因为人的社会性。人是社会动物，是社会群体的一分子，具有交往与归属的需要。当人离群索居或置身于陌生人群中，则会产生孤独、焦虑。作为社会个体的人，他的一切活动都需要与他人相互联系。儿童的同伴群体能满足其交往与归属的需要，在促进儿童社会化过程中产生重大影响。

虽然从学前期开始，儿童就已初步具有了一定的同伴交往经验，但这种同伴关系还是很不稳定的，是很容易发生变化的。因此，同伴对儿童的影响还不是很明显。进入小学以后，随着儿童独立性的逐渐增强和社会性的不断增加，他们开始建立比较稳定的同伴关系，寻求较为长久的友谊关系。在此基础上，就开始形成同伴群体。儿童在同伴群体中的地位、儿童被同伴群体接纳的程度等就开始对儿童的心理发展产生一定影响。

一般来说，同伴群体的形成是有一个过程的，在学前期基本上还没有形成同伴群体。日本心理学家广田君美研究了小学儿童同伴群体的形成和发展过程，把整个过程分为 5 个时期。

孤立期（isolate period）：儿童之间还没有形成一定的团体，各自探索与谁交朋友（一年级上半学期）。

水平分化期（horizontal differentiation period）：由于空间的接近，如座位邻近、上学同路等自然因素，儿童之间建立一定的联系（一至二年级）。

垂直分化期（vertical differentiation period）：凭借儿童学习水平的高低和身体的

强弱，分化为居统治地位的和居被统治地位的儿童(二至三年级)。

部分团体形成期(partial group founded period)：儿童之间分化并形成若干个小集体，出现统帅小集体或班级的领袖人物，团体成员的团体意识加强，并出现制约成员行为的规范(三至五年级)。

集体合并期(collective combine period)：各个小集体之间出现了联合，形成大团体，并出现了统率全年级的领袖人物，团体成员的团体意识加强，并出现了制约成员的行为规范。

无论是有组织的集体还是自发团体，都对儿童的人格品质产生重要影响。这种影响主要是通过集体的舆论来实现的，如果儿童能遵守团体的规则，其行为符合团体的标准，则往往得到同伴的好评和尊重；相反，则受到团体的谴责与批评。特别需要指出的是，同伴群体会强化符合特定文化的性别角色行为，惩罚或阻止跨性别的行为，如男生表现出退缩行为，女生具有外部攻击行为(赵冬梅、周宗奎，2016)。因此，儿童为了获得团体中的地位，就必须遵守一定的准则。与此同时，自己在团体中的地位、团体成员对自己的评价等对其自我概念的形成也起着很大的作用。

3. 小学儿童的同伴接纳性

在同伴群体中，有些儿童是受大家欢迎的，其他孩子都喜欢和他们一起玩，大家都尊重他们；有些儿童则通常是大家所不喜欢的，没有人愿意和他们在一起；还有一些儿童在同伴中不惹人注意，大家对他们既说不上喜欢，也没有什么讨厌之感，对他们是否介入同伴活动，大家并不在意。

上述第一类儿童通常被描述为平和的、开朗的、合作的并有忍耐性的，第二类儿童则被描述为破坏性的、夸张的、势利的、脾气不好的、攻击性强的，第三类儿童则往往被认为是退缩的、安静的。

评定儿童的同伴接纳性的一个方法是社会测量法。使用社会测量程序时，要求儿童回答最喜欢的同学和最不喜欢的同学，或要求儿童对自己所选择的伙伴进行评定。科伊等人(Coie et al.，1984)发现，通过这种社会测量法可将儿童分成社会地位不同的4个范畴：受欢迎的(被较多人喜欢和较少人不喜欢)；被拒绝的(很少被人喜欢，经常被人不喜欢）；受忽视的（既不被人喜欢，也不使人讨厌，或不被人重视）；有争论的（既被很多人喜欢，也被很多人不喜欢）。

影响同伴接纳的因素是多样的。道奇等的调查发现，友好、亲社会、有反应和积极交往能使儿童易于被同伴接纳。相反的反应和反社会行为则可能引起同伴的拒绝。道奇等人（Dodge et al.，1983）在实验中让不熟悉的二年级男孩组成游戏团体，在新团体中，受人欢迎的儿童一开始就表现出对他人的积极反应，他们在进入新团体时是比较稳重的，对情境进行机敏的观察，并逐渐增加交往，很少表现出攻击性行为。而那些在新团体中不受欢迎的男孩缺乏适当的社会性行为，他们表现出较多的攻击性；在进入新团体的早期阶段就过于频繁地接近他人，但常受到拒绝或冷淡；他们缺乏接近他人的技能，表现出交往的笨拙，如用无关谈话去打断其他儿童正在进行的交往，较多地表现与他人的不一致，这种行为反应反而使他遭到拒绝。受忽视的儿童通常把进入新团体视为一个机会，虽然他们仍较少活动，但比在原来团体中有更多的社会性交往；然而，由于缺乏社会交往技能和一些行为习惯，他们在新团体中的地位往往与原来的班级相似。由此可见，儿童能否顺利地进入同伴群体并在其中占据一定的地位，与儿童的交往技能有密切关系。除攻击性儿童外，受欺负儿童和退缩儿童也被认为缺乏社会交往技能，这影响了他们被同伴接纳的水平。例如，小学三到六年级的儿童中，不同类型的攻击/受欺负组别在同伴积极提名方面差异显著——没有卷入攻击/受欺负行为的未参与组最高，其余依次为单纯攻击组、单纯受欺负组和攻击/受欺负组（周宗奎、蔡春凤、赵冬梅，2006）。而安静退缩行为则能显著负向预测儿童交到的男生互选朋友数及来自男生的同伴接纳水平（赵冬梅、周宗奎，2016）。除此之外，儿童的智力、学业甚至外貌等往往也会影响儿童被同伴接纳。相貌漂亮、身体强健的儿童更易被同伴接纳。在小学高年级，成熟性也是影响同伴接纳的一个因素，早熟的男孩受到较多的赞扬，自我评价较高，他们比晚熟的儿童更受欢迎、更有社会性。

一些研究（Dodge，1983；Waas，1985）指出，一个儿童能否和其他儿童友好相处，外部因素（相貌、姓名等）固然是一种影响因素，但更为主要的是儿童的内在因素，即儿童的社会能力。善于交往、恰当地使用交往策略的儿童往往容易得到同伴的认可，受到同伴的欢迎；相反，则易遭到同伴的拒绝。研究发现，受欢迎的儿童知道如何对一个新来者提出问题、提供信息并发出邀请；在与同学接触时，他们很少有攻击性，他们提出好的建议，赞同合作游戏，有礼貌并遵守团体标准；使用亲社会策略，如轮换、和解，而不是用打骂来解决问题；活动积极，有幽默感。

受拒绝的儿童通常缺乏社会交往能力，他们的行为（如站在食堂的桌子上）不受人欢迎。他们可能注意分散，活动过度，有攻击性，不善于解决冲突。例如，问他们会如何对付一个拿走他的玩具的孩子时，他们通常说"要揍他"。他们可能打断别人的活动，不能合作游戏，不能坚持与其他儿童玩；他们可能喋喋不休地惹人心烦，也可能是退缩的，自己独自玩耍。

对不受欢迎儿童的行为，成人可以试图改变，以使他们得到同伴的尊重和友谊。奥登和阿瑟（Oden & Ashel，1977）曾教导三年级和四年级的社会孤立儿童如何与他人玩耍、注意、合作、轮流、分享、交往、支持和鼓励同伴。在完成 6 次教导后的几天，询问所有三年级、四年级儿童他们是否喜欢与参加教导的某个同伴玩。结果发现，这些被试儿童的受欢迎程度显著提高，在 1 年后，其行为的改善仍很明显。拉迪（Ladd，1981）在另一项训练计划中教导儿童使用积极的和支持的陈述，对同伴提出有益的建议，也评价自己的行为。一些儿童最初没有认识到自己的行为影响了同伴对自己的喜爱程度，一旦他们认识到自己的行为影响了同伴对自己的喜爱程度，就会在同伴接纳性、受欢迎性等方面表现出很大进步。

总之，一方面，要鼓励小学生进行广泛的同伴交往，指导、培养和锻炼他们的交往技能，帮助他们掌握各种交往策略，使小学生在同伴群体和同伴交往中学习社会技能，发展社会性。另一方面，正是由于同伴群体对儿童可能产生巨大影响，教育者需要密切注意儿童同伴交往的对象和范围，避免儿童与不良儿童交往，指导儿童建立良好的同伴群体，使儿童能从同伴交往中受到积极的影响。

（二）父母与儿童的关系

虽然小学生的人际交往逐渐丰富起来，与同伴的交往也明显增多，但与父母仍保持着亲密的关系，父母、家庭仍是他们的"避风港"，小学生对父母怀有深厚感情。因此，小学生与父母的关系在其发展上仍起着重要作用。

在家庭生活中，父母通过几种社会化心理机制对儿童施加影响。第一，教导。父母通过言传身教，直接向儿童传授各种社会经验和行为准则。第二，强化。父母采用奖惩的方式强化儿童的行为准则，并巩固这些行为准则的地位。第三，榜样。父母往往是儿童最早模仿的对象，儿童仿效父母，学习父母的行为方式。第四，慰藉。儿童对父母形成的依恋感使他们易于向父母倾诉不安和烦恼，以得到父母的安慰和帮助。除此之外，父母对儿童的态度、家庭教育气氛等，也对儿童的人格产生着影响。

许多研究结果都表明可以用"接受—拒绝"和"限制—允许"两个维度来说明儿童与父母的行为。图 6-8 描述了在这两个维度上以不同方式结合的几种教育模式。例如，父母既是接受的又是限制的，可以称之为保护的和溺爱的；父母是拒绝的且是限制的，可以称之为有要求的和对抗的；父母是容许的而又是拒绝的，可以被看作冷淡的；父母是容许的且是接受的，可以被看作民主的。图 6-8 中的五角星表示父母在"接受—拒绝"和"限制—容许"两个维度上可能所处的位置，如对儿童限制很高且有稍许拒绝的父母，则被描述为专制独裁的。一般来说，给予爱和温暖的接受型的父母可以较有成效地把自己的价值观和目标传递给儿童，而充满敌意的拒绝型父母的态度更易引起儿童的问题行为。

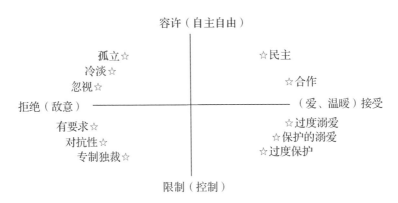

图 6-8　教养儿童类型描述（Baumrind，1983）

鲍姆琳德（Baumrind，1966，1971，1983）采用多种方法从 4 个方面来评定父母的行为：①行为控制，即努力影响儿童指向目标的活动，减少依赖性、侵犯性和顽皮行为,以促进对父母标准的内化;②成熟的要求,即迫使儿童在智力、社会或情绪上以高水平行动;③父母与儿童交流的清晰性,如用说理的方式使儿童顺从,询问儿童的意见和感觉;④父母的培育,既是温暖的(爱、照料、同情),又是关心的(表扬儿童的成就并感到高兴)。据此,可将父母分为3组。

第一,权威型父母(或威信型父母)。他们在上述4个方面的得分较高。他们是温暖慈祥的、支持儿童的、诚恳的,与儿童交流良好,同时对儿童有一定的控制,要求儿童有成熟的行为,尽管他们尊重儿童的独立性,但通常坚持自己的观点,对儿童的命令是清晰的、毫不含糊的,父母的控制、引导性的训练与积极鼓励儿童自主和独立奋斗相结合。这类父母的孩子在独立性、成熟、主动性、自我信赖、自我控制、探索性、友谊及成就指向等方面的评价较高。

第二,专制型父母(authoritarian parents)。他们在使用理性的行为控制方面得分较低,主要靠权力和强制性的训练,较少温暖、同情、培养孩子。他们高度控制儿童,随便使用权势,不鼓励儿童对父母的决定和规则有异议。这类父母的孩子有中等程度的自我信赖,但不满、退缩、怀疑。

第三,放纵型父母(laissez-faire parents)。他们对孩子不加控制,没有要求,有时给予孩子温暖。在家务方面组织不好或效果不佳,使用奖惩比较随便,无统一规则,对成熟的行为要求极少,很少注意儿童独立性和自我信赖的训练。这类父母的孩子的自我信赖、探索性及自我控制力较差。

并不是所有的父母都可以被归为这3类,有些父母的教育属于另两种类型:一是和谐的父母,他们似乎有控制能力,很少支持,这些儿童仅仅做父母希望他们做的事情,而不需要明显的压力;二是不遵奉规则的父母,他们对儿童的容许是以有原则地让儿童自由发展为基础的。

可见,父母对儿童的态度不同、教育方式不同,对儿童的发展也会有不同的影响。

(三)师生关系

师生关系是指小学生与教师的关系,也是其人际关系中的一种重要关系。与幼儿园教师相比，小学教师更为严格，既引导儿童学习，掌握各种科学知识与社会技能，又监督和评价学生的学业、品行。与中学教师相比，小学教师的关心帮助更加具体且细致，也更具有权威性。由于小学师生关系的特殊性，小学教师对儿童的影响是重大且深远的。

人际交往通常都是双向的，师生交往同样如此。教师的教学水平、人格等影响着学生，而学生的学业成绩、活动表现、外貌等对教师做出的评价也起着作用。同时，学生也利用种种指标来评价教师。

师生关系是一种双向互动的人际关系，对其进行研究可以从学生和教师两个角度着手。就学生而言，学生对教师的态度是师生关系的一个重要成分；就教师而言，教师的期望是师生交往中颇为重要的因素。因此，在分析小学的师生关系时，可从小学生对教师的态度和教师的期望对小学生的影响这两个角度来讨论。

1. 小学生对教师的态度

几乎每一个学生在刚跨进小学校门时都对教师充满了崇拜与敬畏，教师的要求甚至比家长的更有权威。有关调查(余强基，1985)发现，84%的小学生(低年级小学生为100%)认为要听教师的话。这与皮亚杰所认为的6~8岁儿童的道德认知发展处在权威阶段相符。对小学生而言，教师的话是无可置疑的。低年级学生的这种绝对服从心理有助于他们很快学习和掌握学校生活的基本要求。然而，随着年龄增长，小学生的独立性和评价能力也在增长。从三年级开始，小学生的道德判断进入可逆的阶段，他们不再无条件地服从、信任教师，"不一定都听教师的话"的要求随年级增高而逐步增加。他们对教师的态度开始变化，开始对教师做出评价，对不同的教师也表现出不同的喜好态度。调查还发现，小学生最喜欢的教师往往是讲课有趣、喜欢体育运动、严格、耐心、公正、知识丰富、能为学生着想的教师。对教师的评价影响小学生对教师的反应，他们对自己喜欢的教师报以积极反应，极为重视所喜欢的教师的评价，而对自己不喜欢的教师往往予以消极反应，对其做出的评价也可能做出相反的反应。例如，同样是批评，如果来自自己喜欢的教师，小学生则会感到内疚、羞愧；而如果批评来自自己不喜欢的教师，就可能引起小学生的反感和不满。由此可见，小学生对教师的态度中情感成分比较重，教师努力保持与学生的良好关系有助于其教育思想的有效实施。

2. 教师的期望对小学生的影响

在古希腊神话中，有这样一个故事：一个名叫皮格马利翁（Pygmalion）的国王，在塑造一座少女雕像时竟钟情于这位少女，自此国王日夜心恋雕像，最后竟使这座少女雕像变为活生生的人，且与他结为伴侣。

心理学家罗森塔尔（Rosenthal，1966，1968）曾进行过一个著名的实验。他对小学一至六年级学生进行智力测验，从中随机选取 20% 的学生，告诉这些学生的教师这些学生是非常有发展潜力的，将来可能表现出不同寻常的智力水平。8 个月后，再次进行智力测验，结果发现，那些随机抽取的所谓有发展前途的学生都表现了出乎意料的进步，一、二年级更为明显。研究者认为，这是因为教师听信了实验者的预言，对学生产生了期望效果。尽管罗森塔尔的研究受到很多批评，但许多研究结果都证实，教师的期望可能至少会影响一年级和二年级学生的学习。小学低年级学生比高年级学生的改善更为明显，有几个可能的原因：第一，低年级学生关于学业的自我表象较为肤浅，对教师的不同对待方式更为敏感；第二，对低年级学生，教师没有累积的背景信息，因而教师更相信测验的结果。

有关研究（俞国良，1994）指出教师期望的广泛影响，如学习能力很差的学生，若教师以积极的态度来教他们，他们就可以比接受教师以消极态度进行教学的学生学得更好。一个学生受到教师对其智商分数的过高评价，则该学生的阅读能力显著高于那些被教师评价为智商过低的学生。甚至学生的身体表现也会受教师期望的影响。实验结果表明，教师的期望对学生的行为产生了显著影响，这种现象被称为皮格马利翁效应（或毕马龙效应）（Pygmalion effect），也被称为罗森塔尔效应（Rosenthal effect）。

研究（韩进之、黄白，1992；林崇德，1992，1993；纪秩尚等，1987）表明，教师是根据学生的性别、身体特征、社会经济地位、家庭成员、兴趣爱好等信息形成对某个学生的期望的。

当教师对学生有高期望时，他们就表现得更和蔼、更愉快；教师会更经常露出微笑，表现出友好的行为，点头，注视学生；谈话更多，提问更多，并提供较多的有挑战性的材料，提供更多的线索；经常重复问题，给予密切关注，等待学生回答的时间也更长，更经常赞扬学生。在情绪、身体语言、口头语言教学材料中，在赞扬与批评的不同水平上，教师都表现出他们的期望。大量观察研究表明，教师对待期望高能力的学生和期望低能力的学生的方式有所不同，通过上述的种种传递方式，教师实际上传递着这样一种思想：期望高能力学生的失败是由于没有好好努力，而期望低能力学生的失败是由于缺乏能力。

教师的期望和他们与学生的关系受许多因素的影响：教师自己的态度，学生的外表、种族、社会阶段、能力、兴趣，教师和学生的人格，学生的学业和家庭等。此外，对学生的控制程度也影响教师的期望。如果学生的表现是可预见的，他们回答教师的问题、交作业、参加考试、阅读课外书等，则会给教师留下好印象，并提高教师的期望。

因此，在教育过程中，教师应善于向学生表现自己良好的期望，尤其在对待后进学生时，更应满腔热忱，更多地采取积极鼓励的方式激励学生努力学习。

第七章

青少年期的心理发展

青少年期(或青年期)一般指 11 或 12 岁至 17 或 18 岁，相当于中学阶段的中学生。初中阶段为青少年期(11 或 12 岁至 14 或 15 岁)，高中阶段为青年初期(14 或 15 岁至 17 或 18 岁)。这个阶段，人正处于青春发育的时期，所以又被称为青春发育期(adolescence puberty)。

青春是美好的，青春期是人的一生中最宝贵且有特色的时期。中学阶段是人生中的黄金时期之一。青少年最突出的表现是朝气蓬勃、风华正茂、富有理想、热情奔放，发挥着聪明才智，身心都在迅速成长。青春期的特点主要有：过渡性、闭锁性、社会性、动荡性。

青少年期是一个过渡时期。青少年希望受到人们的重视，把他们看成"大人"，被当成社会的一员；他们思想单纯，很少有保守思想，敢想敢说，敢作敢为。但在他们的心目中，什么是正确的幸福观(outlook about happiness)、友谊观、英雄观、自由观和价值观，还都是个谜。他们的自尊心和自信心增强，对于别人的评价十分敏感，好斗好胜，但思维的片面性很大，容易偏激，容易摇摆。他们很热情，也重感情，但有极大的波动性，激情常常占有相当地位。他们的意志特征也在发展，但在克服困难时毅力还不够，往往把坚定与执拗、勇敢与蛮干冒险混合起来。他们精力充沛，能力也在发展，但性格未最后定型，尚未找到正确的活动途径。总之，这个年龄阶段的心理面貌很不稳定，且可塑性大，这是心理成熟前动荡不定的时期。因此，处于青少年阶段的中学生的教育和培养工作，在整个国民教育中起着关键性的作用。

本章内容从青少年的各种心理发展中，选择讨论以下问题。

①青春期生理有哪些变化？对青少年心理发展产生什么作用？

②中学生的智力发展有哪些特点？国内外的心理学家们是如何研究青少年的认知的？

③中学生的情绪情感有什么特点？心理学家对之有何理论？

④青少年社会化有哪些表现？如何理解儿童青少年社会化的成熟？

第一节

青春期生理的剧变

青春发育期这个阶段，既不同于儿童，也不同于成人。它的最大特点是生理上蓬勃的成长、急剧的变化。

人体从出生到成熟，生理发育有快有慢。有两个阶段处于增长速度的高峰期，一个是出生后的第一年，另一个就是青春发育期，它们在科学上被称为"人生的两次生长高峰"（如图7-1所示）。除此之外，生理发育的速度都比较缓慢。

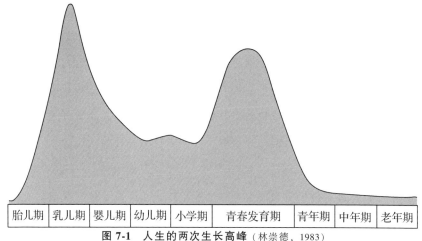

| 胎儿期 | 乳儿期 | 婴儿期 | 幼儿期 | 小学期 | 青春发育期 | 青年期 | 中年期 | 老年期 |

图7-1 人生的两次生长高峰 (林崇德，1983)

青春发育期生理上的变化是多种多样的，又十分显著。在形态方面，身高、体重、胸围、头围、肩宽、骨盆等都加速增长；在机能方面，神经系统、肌肉力量、肺活量、血压、脉搏、血红蛋白、红细胞等均有加强；在身体素质方面，速度、耐力、感受性、灵活性等变化很大；在内分泌方面，各种激素相继增量；生殖器官及性功能也迅速成熟；等等。上述生理机能的变化虽然涉及的方面很多，但归结起来，主要有三类，总称为"三大变化"：第一大变化是身体外形改变了；第二大变化是内脏的机能健全了；第三大变化是性的成熟，这是人体内部发育最晚的部分，它的发育成熟，标志着人体全部器官接近成熟（Dorn & Biro，2011）。

心理的发展必须有生理作为基础。青春发育期生理上的显著变化，为青少年心理的急剧发展创造了重要的条件。

一、身体外形剧变

身体外形剧变是青春发育期最明显的特点，也是青春期生理发育的外部表现，既包括身高、体重的变化，又包括第二性征（secondary sex characteristics）的出现。

从 1983 年我撰写《中学生心理学》，到 1995 年著本书第一版的青少年期心理发展部分，再到 2013 年修订《中学生心理学》，又到如今修订本书的青少年期心理发展部分，身体外形，尤其是身高的数据，我更换了 4 次，这说明青少年身高随时代发展而变高。

（一）身体长高

几乎各国的青少年心理学都做过如下的表述：身体迅速地长高是青春发育期身体外形变化量最明显的特征，称之为青春期生长陡增（puberty growth spurt），或简称生长陡增（growth spurt）。在青春发育期之前，人平均每年长高 3~5 厘米，但在青春发育期，人每年长高少则 6~8 厘米，多则 10~11 厘米。

男女青少年在身体长高的变化上是不一样的。童年期男女的身高是差不多的，男孩稍高于女孩。但到青春发育期的前期就发生了明显变化。女孩从 9 岁开始，进入生长发育的突增阶段，11~12 岁时则达到突增高峰。而男孩的这一过程却比女孩晚将近两年，从 11、12 岁起才急起直追，终于在 14 岁前后身高又超过了女孩。身高到一定的年龄就不再上长了。女性一般长到 19 岁，至多长到 23 岁；男性一般长到 23、24 岁，有的甚至长到 26 岁，具体数据如表 7-1、表 7-2 所示。可见，男性和女性既有发育的一般趋势，又有早晚之分。对于发育较晚的青少年，教师和家长不必担心他们会成为矮子。有关长期观察的资料表明：发育较晚的青少年的身高往往高于发育较早的青少年。

表 7-1　中国汉族男生身高

年龄 /岁	城市男生			乡村男生			城乡男生合并		
	样本数 /人	平均数 /cm	标准差	样本数 /人	平均数 /cm	标准差	样本数 /人	平均数 /cm	标准差
7	4464	127.84	5.62	4486	125.41	5.71	8950	126.62	5.79
8	4489	133.19	5.87	4446	130.75	6.03	8935	131.97	6.07
9	4478	138.78	6.13	4488	135.59	6.39	8966	137.18	6.46
10	4485	143.58	6.76	4492	140.60	6.72	8977	142.09	6.90
11	4487	149.80	7.77	4497	146.37	7.63	8984	148.08	7.89
12	4479	155.88	8.46	4476	153.20	8.90	8955	154.54	8.79
13	4487	162.73	8.35	4485	160.07	8.68	8972	161.40	8.62
14	4487	167.87	7.20	4487	165.08	7.80	8974	166.48	7.64
15	4482	170.85	6.56	4495	168.73	6.85	8977	169.79	6.79
16	4481	172.16	6.26	4486	170.53	6.27	8967	171.35	6.32
17	4494	172.71	6.25	4484	171.40	6.26	8978	172.05	6.29
18	4289	172.60	6.19	4292	171.39	6.29	8581	172.00	6.27
19	2973	173.13	6.14	2980	171.67	6.17	5953	172.40	6.20
20	2970	173.39	6.21	2982	171.45	5.96	5952	172.42	6.16
21	2989	173.12	6.23	2987	171.48	6.10	5976	172.30	6.22
22	2865	172.62	6.27	2982	171.49	6.14	5847	172.04	6.23
19~22	11797	173.07	6.22	11931	171.52	6.09	23728	172.29	6.20

表 7-2　中国汉族女生身高

年龄 /岁	城市女生			乡村女生			城乡女生合并		
	样本数 /人	平均数 /cm	标准差	样本数 /人	平均数 /cm	标准差	样本数 /人	平均数 /cm	标准差
7	4480	126.12	5.42	4462	124.13	5.68	8942	125.13	5.64
8	4487	131.63	5.73	4442	129.32	6.16	8929	130.48	6.06
9	4490	137.56	6.34	4490	135.05	6.60	8980	136.30	6.59
10	4488	143.98	7.04	4479	141.30	7.24	8967	142.64	7.26
11	4474	150.87	7.20	4463	147.81	7.54	8937	149.34	7.53
12	4477	154.79	6.65	4474	152.70	7.04	8951	153.74	6.93
13	4495	158.04	5.93	4487	156.04	6.18	8982	157.04	6.14
14	4485	159.57	5.80	4484	157.73	5.73	8969	158.65	5.84
15	4489	160.10	5.66	4498	158.66	5.73	8987	159.38	5.74
16	4493	160.58	5.72	4474	158.94	5.78	8967	159.76	5.81
17	4490	160.53	5.74	4490	159.13	5.71	8980	159.83	5.77
18	4289	159.87	5.81	4258	158.92	5.77	8547	159.40	5.81
19	2997	160.99	5.72	2996	159.40	5.56	5993	160.19	5.70
20	2988	160.99	5.63	2996	159.75	5.61	5984	160.37	5.65
21	2987	160.78	5.65	3000	159.28	5.60	5987	160.03	5.67
22	2881	160.46	5.56	2987	159.29	5.61	5868	159.87	5.62
19~22	11853	160.81	5.65	11979	159.43	5.60	23832	160.12	5.66

　　身体高矮取决于什么呢？取决于人的骨头。一个人身上的骨头共有 206 块，对身高有作用的主要是几块脊椎骨（spine）和下肢骨（bone of lower limbs）。从整个人体发育过程来看，身体的高度往往是健康的标志之一。

（二）体重增加

　　青春发育期，青少年的体重也迅速地增加。在这之前，儿童每年体重增加不超过 5 千克。到了青春发育期，体重增加十分明显，每年可增加 5~6 千克，突出的可增加 8~10 千克。

男女青少年体重的增加也有差异。10 岁之前，男女生体重相仿。10 岁之后，女生率先发育，体重增加。一般情况下，两年之后，男生赶上女生。

体重的增加，反映了内脏、肌肉和骨骼的发育情况，它也是一个人发育情况的标志之一。

(三) 第二性征的出现

第二性征(或次性征)是指性发育的外部表现。一般来说，有下面的表现。

1. 男性的第二性征

第一，喉结突起，声音变粗。喉结与变声的关系极为密切，喉结增大的同时，声带增宽，因而发音频率降低，于是声调就变得粗而低沉。据科学调查，男孩一般于 13 岁时进入变声期，最早者 8 岁，15 岁时几乎已全部进入变声期，并已有 50% 的人声音变粗。19 岁以后，所有男性的喉结突起且声音变粗。变声期长短不一，短者四五个月，长者可达 1 年。

第二，上唇出现密实绒毛，或唇部有须，额两鬓向后移。男生常为此感到"自豪"，他们认为这样才像个男子汉。之后，胡须依次扩展到上唇中部及下唇中部，最后扩展到下颌，完成胡须发育的全部过程。

第三，阴毛、腋毛先后出现。男孩的阴毛大多于 14 或 15 岁出现，腋毛比阴毛发育晚 1 年。

2. 女性的第二性征

第一，声音变尖。青春发育期女孩的喉结虽然没有明显的外观变化，但喉结内部有显著变化，即声带增长变窄，因而发音频率变高，声调也随之变高。

第二，乳房发育。女孩进入青春发育期的第一个信息是乳房的变化。由于种族、地区和营养条件的不同，乳房发育的早晚差别较大。根据北京地区的调查，女孩的乳房最早从 8 岁开始发育，约半数在 10 岁开始发育，有少数到 13 岁才开始发育。

第三，骨盆逐渐长得宽大，臀部变大。

第四，阴毛和腋毛先后出现。阴毛和腋毛的发育迟于乳房。女孩的阴毛大都于13 岁开始发育，最早见于 10 岁；腋毛大都于 15 岁开始发育，最早见于 11 岁。但偶尔也有腋毛发育早于阴毛的。

青春发育期身体外形的变化，对青少年心理发展的作用很大。他们认识到"自己已经长大了"，意识到自己开始不再是"小孩子"，增强了自我意识的一些新体验，产生了成人感(feeling of being an adult)，人格的发展速度加快了。但由于生理发展迅速，心理发展往往跟不上相应的变化，所以在青春发育初期，即初中生或少年，其行为举止往往显得笨拙。

身体外形剧变的时期需要消耗大量的营养物质，所以，在这时给青少年加强营养是非常必要的，还要引导他们加强体育锻炼，以促进他们的发育。要安排适度的劳动，注意饮食起居的卫生。抽烟喝酒对生理发育是极有害的，应该严加禁止。2018 年一篇发表在《自然神经科学综述》上的论文总结了饮酒对青少年大脑发育和行为的影响(Spear，2018)。研究表明，青少年饮酒影响大脑白质和灰质容量的发育，并影响青少年的注意力、语言学习、视觉空间加工和记忆力。

身体外形的变化也造成某些中学生心理上一些不正常的变化。需要注意他们的心理卫生(mental health)，特别是美感的卫生。有的女孩因发胖而发愁；有的男孩为自己的胡须茂密而顾虑重重；有的女孩因胸部丰满、感到难为情而束胸、穿紧身衣，这会影响肺部、乳房的发育；有的男孩为显得利落而紧腰，爱把腰带勒得紧紧的，这会影响内脏(如胃、肝、脾等)的发育；等等。为此，成人要合理地引导，告诫正在发育的青少年注意心理卫生，让身体各部分都能得到充分的发育。

二、生理机能的变化

体内的器官和组织各有各的机能。到青春发育期，体内各种生理机能迅速地增强，并逐步趋向成熟。

(一)心脏的成长

有人(郎景和，1979)做过一个统计，假定新生儿的心脏大小为 1，那么可以列表展现随着年龄增加心脏成长的趋势(如表 7-3 所示)。

表 7-3　心脏成长的趋势(郎景和，1979)

新生儿	近 1 个月	12 岁	35~40 岁
1	3	10(接近成人)	心脏恒定

从表 7-3 可知，出生后近 1 个月时，心脏的大小可增大到新生儿心脏的 3 倍；进入青春期，心脏生长迅速，在 12 岁时达到出生时心脏大小的 10 倍，接近成人水平；到 35~40 岁时，心脏的大小恒定下来。

心脏所产生的压力称为血压，医学上叫它动脉血压(arterial pressure)。血压说明整个人循环系统的工作情况。成人正常的血压高压为 120 毫米汞柱，低压为 80 毫米汞柱。12 岁时，男孩一般血压为 105/63 毫米汞柱，脉搏为 84 次/分钟；女孩一般血压为 102/63 毫米汞柱，脉搏为 85 次/分钟。18 岁时，男孩一般血压为 113/70 毫米汞柱，脉搏为 79 次/分钟；女孩一般血压为 105/66 毫米汞柱，脉搏为 81 次/分钟。

人的脉搏在刚出生时为 140 次/分钟，11、12 岁为 80 次/分钟，20 岁左右为 62 次/分钟。为什么年龄小时心脏会跳得快呢？一是由于脑的兴奋性大；二是由于排出血量少，供血不足，要满足生理机能对血液的需要，心脏就要加快跳动。

心脏的发育从心脏形体、恒定性、血压、脉搏等指标变化来看，大致在 20 岁以后趋向稳定。男女发育有所差异，一般而言，女孩约比男孩早两年。注意青春发育期心脏的保健和锻炼，可奠定血液循环系统发育的重要基础。

(二)肺的发育

肺的结构在 7 岁时就已发育完成。肺重量的增长经过两次"飞跃"，第一次在出生后 3 个月，第二次在 12 岁前后。12 岁时肺的重量(390~500 克)是出生时的 9 倍。12 岁前后，肺发育得又快又好。肺活量的增长是肺发育的重要指标。

此外，男女中学生的肺活量的差距是很明显的。男生到十七八岁、女生到十六七岁时，就可以达到或接近成人的肺活量(男性约 4217.68±690.89 毫升，女性约

3105. 79±452. 74 毫升）。

（三）肌肉力量的变化

肌肉力量是身体素质的一个方面，它是人体在运动、活动和劳动中所表现出的机能力量。

体重的增加，表明肌肉和骨骼发生了变化。尤其是肌肉，在青春期发育得特别快。肌肉发达了，力量也增大了。以手的握力为代表，可以看出青少年在 14 岁以前男性握力略高；14 岁以后，男女之间握力的差距就越来越明显了。

肌肉力量的增长为青少年体力的增强提供了可能性。中学生意识到这一点对于他们的心理发展具有很大意义，因为他们体会到"有力量"，会加速他们的"成人感"，促进他们意志行为的发展。但是，青少年的肌肉力量比起成人要疲劳得快些，还不能适应长期的紧张状态。这一点在参加体育活动和体力劳动的时候是必须被考虑的。另外，运动器官的改造伴随着运动的不协调，表现为不善于控制自己的身体。例如，运动过多，动作不协调、不灵活，动作生硬等，可能会使他们产生消极情绪或失去信心。

在青春发育期，肌肉力量的发展水平，男孩要高于女孩，尤其在 13~17 岁，这种差距迅速扩大。例如，女孩臂肌静止耐力只有男孩的 1/3，腰腹肌力量为男孩的 2/3，下肢爆发力为男孩的 3/4，速度和速度耐力相当于男孩的 4/5。因而在体育活动时，男女应该分开，锻炼的内容和要求的标准也要有所不同。

（四）脑和神经的发育

心理是脑的机能，也是高级神经活动的机能。脑的发育及整个神经系统的发育，是心理发展的直接前提和物质基础。脑和神经系统是怎样发育的？青春期脑和神经系统的发育又有什么特点呢？随着科学技术的进步，描述青春期脑和整个神经系统的发育特点成为可能（Casey，Jones，& Somerville，2011；Lenrot & Giedd，2011）。

1. 脑重量的发展

如前所述，人脑的平均重量，新生儿为 390 克；8、9 个月的乳儿为 660 克；2.5~3 岁的幼儿为 900~1011 克；6、7 岁的儿童为 1280 克；9 岁的儿童为 1350 克；13 岁的少年达到 1400 克，成人的脑重量平均为 1400 克。可见，到青春发育前期，脑的平均重量已经和成人的差不多了。

2. 脑容积的变化

研究表明，人脑的平均容积也有一个发展的过程。新生儿占成人的 63%，1 周岁儿童占成人的 82%，10 岁儿童占成人的 95%，12 岁接近成人的容积。可见，到青春发育前期，脑的平均容积就几乎达到成人水平。

3. 脑电波的发展

研究发现(刘世熠，1962，1964)，4~20 岁被试脑的脑电波总趋势是 α 波(频率 8~13 周/秒)的频率逐渐增加。脑的发展主要是通过 α 波与 θ 波(频率 4~8 周/秒)之间的对抗来进行的，对抗的结局是 θ 波逐渐让位给 α 波。4~20 岁被试脑的发展有两个显著加速的时期，或称两个"飞跃"。5~6 岁是第一个显著加速的时期，它标志着枕叶 α 波与 θ 波之间最激烈的斗争。13~14 岁是第二个显著加速时期，它标志着除额叶外，几乎整个大脑皮质的 α 波与 θ 波之间的对抗基本结束。

从脑电波的发展来看，13~14 岁时脑已基本成熟。这个成熟过程的顺序是：枕叶—颞叶—顶叶—额叶。儿童的枕叶到 9 岁基本成熟；颞叶到 11 岁基本成熟；而顶叶、额叶的成熟则更晚，至 13、14 岁。

4. 神经系统的结构和机能的发育

到青春发育初期，神经系统的结构基本上和成人没有什么差异了。此时，大脑发育成熟，大脑皮质的沟回组织已经完善、分明。神经元也完善化和复杂化，传递信息的神经纤维的髓鞘化已经完成。髓鞘化好像在裸体导线外边包上一层绝缘体，保证信息传递畅通，不互相干扰。

青少年是大脑结构和功能发育的一个敏感期。青少年的脑发育与其高级认知能力的发展和心理健康有着十分密切的关系。随着核磁共振脑成像技术的快速发展，近几十年来，国内外研究者考察了青少年脑结构和脑功能的发育与其认知和心理健康的关系。

第一，青少年的脑结构发育与智力发展密切相关。2006 年，在《自然》期刊上，美国和加拿大的研究者发表的一篇论文表明：青少年的智力发展与其大脑皮质的厚度相关（Shaw et al.，2006）。该研究考察了青少年的脑结构与智商的关系，发现大脑额叶发育与智力发展密切相关。2011 年，在《自然》期刊上，英国研究者发表的论文表明：青少年的语言智力发展与语言激活脑区的灰质密度变化相关，而非言语智力发展与手指运动激活脑区的灰质密度变化相关（Ramsden et al.，2011）。

第二，青春期是精神疾病开始显现的高峰期，研究者发现，青春期脑发育的个体差异与其心理健康密切相关。2017 年，在《自然神经科学》期刊上，挪威研究者发表的论文表明：青春期脑功能连接发育迟缓与精神疾病相关（Kanfrmann et al.，2017）。这些研究者使用了美国费城脑发育项目公开数据库中 700 多名 8～22 岁个体的脑功能成像数据。这些青少年完成了工作记忆、情绪认知、静息态的脑扫描。每个人的大脑网络连接就像指纹一样，具有独特性。该研究发现，大脑功能连接的独特性随年龄增长而增加；男性青少年脑功能连接的独特性低于同龄女性；患有精神疾病的青少年脑功能连接的独特性低于同龄健康青少年。

第三，青少年的脑结构与外界的环境也具有关联。2015 年，在《自然神经科学》期刊上，美国研究者发表了一项贫穷与青少年脑结构的关联研究（Noble et al.，2015）。该研究分析了美国 10 个地区、拥有不同家庭社会经济背景的 1099 名儿童与青少年的大脑结构，发现家庭收入、父母的教育水平与儿童青少年的大脑皮质面积相关，而且在低收入家庭中，该效应更大。

第四，近年来，各国开始建设大样本的青少年脑发育数据库。例如，2015 年，美国青少年脑认知发育 ABCD 计划启动，该项目计划考察约 1 万名美国青少年的脑发育与心理发展。我国各高校和研究机构采用核磁共振脑成像技术、脑电、近红外等多种技术手段，在全国各地开展了中国青少年的脑发育研究工作。

由此可见，脑和整个神经系统的基本成熟，为青少年心理的基本成熟提供了可能性，但青少年毕竟处于从不成熟到成熟的过渡阶段，脑和整个神经系统都需要进一步加强锻炼，因此，妥善引导中学生合理安排作息时间，兼顾学习与娱乐，注意劳逸结合，对他们身心健康成长与成熟是非常必要的。

三、性器官与性功能的成熟

生殖器官在青春发育期以前几乎没有什么发展，因此很少引起人们的关注。但随着青春发育期的到来，由于性激素的作用，沉静已久的生殖器官开始迅速发育，并完成了性器官与性功能的成熟。对于男女青少年，性器官和性功能的成熟虽体现着各自不同的特点，但都给其身心的发展变化带来一系列具有深远意义的影响。

(一)女性生殖器官与机能的成熟

女性生殖器官的发育从 11 或 12 岁开始，先是外生殖器的改变，继而阴道深度增加。

月经初潮(或初经)(menarche)是指女孩第一次来月经，标志着性发育即将成熟，是女性青春期来临的信号。在月经初潮的前后，还伴随着相当大的全身变化。女孩清楚记得自己的初潮日子，月经初潮也有一定的心理影响。

月经初潮的出现，多半是在身高增长速度开始下降后的 0.5~1 年；体重的增长晚于身高的增长，在月经初潮之后，体重增长的速度显著加快，女孩可以在一两年内长胖很多。月经初潮之时，卵巢还未达到成熟时重量的 30%，因此，在初潮之后的 0.5~1 年内，月经还不能按照规律每月来潮。

月经初潮开始的年龄，国内外和各地区并不相同，一般在 10~16 岁。在发达国家，初潮年龄逐渐往前挪，如图 7-2 所示。目前，这些国家的女孩月经初潮的平均年龄在 12~13 岁。据统计，有些国家平均每 10 年提前 3 个月，也就是每 40 年，月经初潮可提前 1 年。我国女孩相对较晚。北京市女性初潮的平均年龄，1963—1964年平均为 14.5 岁(最早 9 岁，晚的甚至到 20 岁)；20 世纪 80 年代再次调查，发现有所提前(13~13.5 岁)。根据 2005 年全国学生体质健康调研数据，我国 9~18 岁汉族女生月经初潮年龄，城市女生(约 12.6 岁)早于乡村女生(约 12.9 岁)，西北地区最晚(约 13.1 岁)。

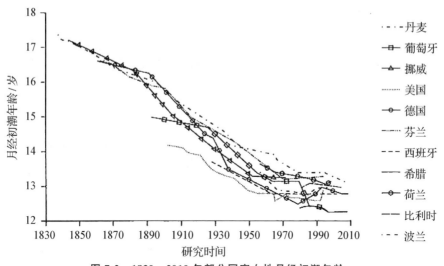

图7-2 1830—2010年部分国家女性月经初潮年龄

(Sorensen et al., 2012；宋逸，马军，胡佩瑾，& 张冰，2011)

(二)男性生殖器官与机能的成熟

男性生殖器官的成熟比女性要晚。10岁以前，睾丸只是缓慢地发育；到13岁，它才开始活跃；到15岁，睾丸的重量接近成人。

男性到15或16岁，随着生殖器官和第二性征的发育，出现了遗精(seminal emission)。医学上把非性交活动状况下的射精叫作遗精。我国健康男性15岁左右出现首次遗精。由于地区及个体发育的差异，早熟的男性可能提前一两年。首次遗精意味着男性生殖腺开始走向成熟，性机能成熟，能够产生精子。80%以上的男性都有遗精现象。

(三)性成熟与心理变化

性成熟(sexual maturity)在中学生心理形成与发展上起很大的作用，青少年开始意识到自己向成熟过渡，同时这给他们带来对于性机能的好奇心与新鲜感。例如，对于女孩来说，尽管事先具有性的知识，但对于月经初潮的突然出现还是会感到强烈的不安和恐惧，一般来说会感到害羞，有的甚至会陷入孤独或产生自卑感。又如，对于男孩来说，他们在女孩面前好表现自己，不愿教师或家长在女孩面前批评指责自己；情感上愿意接近女孩，但在行动上又故意疏远，处于一种矛盾的心理状态。不管是男性还是女性，都已开始意识到两性的关系，促使他们对异性的"兴趣"发展，使他们产生新的情绪和情感体验。例如，开始"爱美"，注意自己的外表仪容，有的出现爱照镜子、追求打扮的现象。

要了解性成熟给中学生心理带来的变化，要对他们进行必要的性知识教育，不应该过于强调生理学因素，而应该更多地启发他们人生观(outlook of life)的修养，自然地引导男女学生之间建立团结友爱的群体关系，组织丰富多彩的文体活动，尽量避免不良刺激的影响，把中学生的主要精力引导到学习活动中，以培养健康的心理和良好的道德品质。

至此介绍了青春发育期的三大变化，即身体外形的变化、生理机能的生长发育及性的成熟。有人会问，为什么会有这些变化呢？现代生理学研究认为，促使全身变化的总根源就是激素。在我们身体内部，有一些机构专门制造一些化学物质，虽然量不多，但起着左右身体机能的作用。这种化学物质就是激素。产生激素的机构中，最主要的就是脑垂体(或脑垂腺、脑下垂体)(hypophysis)。它倒持在脑底面，约1克重，比豌豆稍大。脑垂体的作用很大，它产生的激素有10多种。其中除关系发育生长的激素外，还有作用于肾上腺、泌乳、催产、排尿等的激素，范围相当广。

到青春发育期，丘脑的多肽(polypeptide)释放激素，催动脑垂体，于是脑垂体分泌与发育有关的几种激素，特别是号称"三把钥匙"的激素：第一把打开甲状腺的大门，增进人体新陈代谢；第二把打开长骨生长的门户(生长素)，使人体增高变重；第三把使性腺的大门开启。

青春发育期的飞速变化形成了人的一生中迅猛发育的"第二高峰"。处于这一时期的青少年的形态、生理和心理都发生急剧变化。特别是性成熟这一突变，往往给青少年带来不少暂时的困扰。但由于这一时期患病率、死亡率较低，保健和教育工作往往被人们忽视。这是一个矛盾，这个矛盾给教师、家长和社会提出了一个新的课题。成人应当顾及这个年龄阶段的生理变化和心理变化，切实地、有针对性地做好教育工作，以使青少年顺利地度过这一生理上的特殊时期。

第二节

形式运算思维阶段中学生的认知发展

在青少年期，中学生的身心发展日趋成熟，社会接触面及社会交往日益丰富、频繁，学习的内容和要求也更为复杂、深刻，这种主客观条件的变化不仅为青少年的认知发展创造了更有利的条件，也对其认知的发展提出了更高的要求。于是，在青少年期，中学生体现出独特的认知发展的特点。这里主要从中学生逻辑思维的发展、思维品质的矛盾表现及青少年智力发展的性别差异 3 个方面，来探讨中学生的认知发展。

一、逻辑思维的发展

对于青少年思维发展的研究，首推皮亚杰的形式运算思维的思想。我和研究团队也在从事这方面的研究，借此机会，对皮亚杰的形式运算思维及青少年思维发展的特点做一概述。

（一）皮亚杰的形式运算思维阶段

皮亚杰认为，到了 11~15 岁，青少年的思维能力超出了只感知具体事物的阶段，表现为能进行抽象的形式推理，这就进入了形式运算思维阶段（或形式运思期）。

1. 形式运算思维即命题运算思维

形式运算思维是在具体运算思维的基础上发展起来的。这是和成人思维接近的、达到成熟的思维形式，亦即命题运算思维。

所谓形式运算思维或命题运算思维，就是可以在头脑中把形式和内容分开，可以离开具体事物，根据假设来进行逻辑推理的思维。关于形式运算图式，皮亚杰引用现代代数中四变换群（INRC group）和格（lattice）的逻辑结构来加以刻画。四变换群和格的结构不同于群集结构，是一个逻辑结构的整体或系统，此时青少年可以根据假设和条件进行复杂且完整的推理活动。

所谓四变换群，即一种具有可逆性的整体结构形式。前面提到过，可逆性包括逆反性（即否定性，用 N 表示）和相互性（用 R 表示），在群集运算阶段这两者还未形成一个系统。到形式运算思维阶段，则逐步构成一个四变换群系统。一个命题或一个事物的关系，可以有 4 个基本变换：正面或肯定（identity，用 I 表示）；反面或否定（negation，用 N 表示）；相互（reciprocity，用 R 表示）；相关（correlation，用 C 表示）。每一正面运算，从分类上必有一逆反（否定）运算，从关系上必有一相互运算，而相互的逆反则是相关。I、N、R、C 的这种组合关系就构成四变换群，它可以穷尽命题的各种关系。例如，"p 蕴含着 q"，它的否定是"p 而不是 q"，它的相反就是"q 蕴含着 p"，还可以得到互反的否定"q 而不是 p"，等等。所谓格，就是在四变换群的基础上，通过集合论（set theory）的并集（A 并 B）和交集（A 或 B）而组合起来的命题组合系统，实际上，它是在解决这一类问题时提炼、概括而成的比较固定的命题运算模式。到了 11~15 岁，青少年尽管尚未意识到这些变换组合系统的存在，但他们已能运用这些形式运算结构来解决所面临的逻辑课题，如组合、包含、比例、排除、概率、因素分析等，此时已经达到逻辑思维的高级阶段，即成人的逻辑思维水平。

2. 形式运算思维与具体运算思维的差异

斯坦福大学的弗拉维尔（Flavell，1977）通过研究，在皮亚杰的基础上把具体运算思维者和形式运算思维者的差异归纳为 7 个方面，以此来比较童年中期与青少年—成人认知的差异。

第一，现实与可能。具体运算思维者在解决问题时通常从实际出发，再消极地向可能性方面进展。相反地，形式运算思维者通常从可能性开始，然后着手于实际。对前者来说，抽象可能性领域被看作不确定、现实、安全可靠领域的偶然延伸；而对后者来说，现实则是可能性更广泛的领域中的一个特殊组成部分。对前者而言，可能性从属于现实，后者则是现实从属于可能性。

第二，经验—归纳与假设—演绎。形式运算思维者审查问题的细节，假定这种或那种理论或解释可能是正确的，再从假设中演绎出从逻辑上讲这样或那样的经验现象实际上应该出现或不出现，然后检验自己的理论，看这些预见的现象是否确实出现。这就是所谓假设—演绎推理（hypothetic-deductive reasoning）。而具体运算思维者的经验—归纳推理（experience-induction reasoning）与此形成鲜明对照，它是非理论的、玄想的。

第三，命题内的与命题间的。具体运算思维者处理命题时，只是单个地、彼此孤立地考虑与经验的真实性的关系，所证明的或否定的只是看到的对外部世界的单个命题，故皮亚杰称之为命题内的（intrapropositional）认知。形式运算思维者则看到命题与现实间的关系，他要推论两个或多个命题间的逻辑关系，故皮亚杰称之为命题间的（interpropositional）认知。

第四，组合与排列。具体运算思维过程出现组合性特点，但不能进行系统组合分析。形式运算思维者则能把组合素（变量、命题等）进行系统化的组合分析，例如，对 A、B、C、D 的组合，他会用有效方法系统地把 A 开头的组合排列出来（AB、AC、AD），然后把 B 开头的、C 开头的与 D 开头的组合排列出来。

第五，逆向性（inversion）与补偿作用（compensation）。在天平的一边加一点重量，天平就会失去平衡，怎样使天平重新平衡呢？有两种办法，一是把所加的重量拿走（逆向性的可逆思维）；二是移动天平加重的盘子使它靠近支点，即使其力臂缩短，这是补偿或互反的可逆思维。具体运算思维者只能采用第一种方法，而形式运算思维者则能采用两种方法来解决问题，说明他了解天平的动力结构，具有逆向性和补偿作用两种思维能力。

第六，信息加工的策略。在对付范围较广且多变的问题（作业）时，组织和应付信息方面的计划性、策略性和有效性既存在随问题的差异而产生的差异，又存在年龄的差异。这里有一个重要的趋向，形式运算思维者比起具体运算思维者，在调动其注意、组织作业的材料方面都更灵活、更有适应性，更善于采取很有效的提问策略，在抽象、迂回、有明确的计划性方面都更有策略性。

第七，巩固与稳定。思维发展中，存在着一个巩固与稳定的问题。以重量守恒和可传递性为例，这种概念最早在童年中期就形成了，进入青春期就变得更加巩固。这就是说，形式运算思维比起具体运算思维，在整个知识、技能和思维发展上更为巩固和稳定，显示为一个主体的智力品质。

这7个方面的差异，说明了形式运算思维是一种提出假设、讲究策略、可逆性强的命题运算思维。进入形式运算思维阶段就意味着个体思维发展趋向稳定。

(二)青少年思维发展的特点

青少年的思维在小学期思维发展的基础上，因新的教学条件和社会生活条件的影响而出现新的特点。

中学期青少年思维的基本特点是：整个中学阶段，青少年的思维能力迅速地发展，他们的抽象逻辑思维处于优势地位。但少年期(主要是初中生)和青年初期(主要是高中生)的思维是不同的。在少年期的思维中，抽象逻辑思维虽然开始占优势，但在很大程度上还属于经验型(experience type)，他们的逻辑思维需要感性经验的直接支持。而青年初期的抽象逻辑思维则属于理论型(theoretical type)，他们已经能够用理论做指导，来分析综合各种事实材料，从而不断扩大自己的知识领域。同时，通过研究可以认为，从少年期开始，个体已有可能初步了解辩证思维规律，到青年初期则基本上可以掌握辩证思维。

以下从3个方面来讨论青少年思维——抽象逻辑思维发展的特点。

1. 抽象逻辑思维是一种通过假设的、形式的、反省的思维

这种思维具有5方面的特征。

一是通过假设进行思维。思维的目的在于解决问题，问题解决要依靠假设。从青少年期开始便是撇开具体事物运用概念进行抽象逻辑思维的时期。通过假设进行思维，使思维者按照"提出问题—明确问题—提出假设—检验假设"的路径，经过一系列的抽象逻辑过程以实现课题的目的。

二是思维具有预计性(prediction)。思维的假设性必然使主体在复杂活动前已有了如打算、计谋、计划、方案和策略等预计因素。古人说："凡事预则立，不预则废。"这个"预"就是思维的预计性。从青少年期开始，思维活动就表现出这种预计性。通过思维的预计性，在解决问题之前，思维者已采取了一定的活动方式和手段。

三是思维的形式化（formalization）。从青少年期开始，在教育条件的影响下，思维的成分逐步由具体运算思维占优势发展到由形式运算思维占优势，此乃思维的形式化。

四是思维活动中自我意识或监控能力的明显化。自我调节思维活动的进程是思维顺利开展的重要条件。从青少年期开始，反省性（或内省性）（introspection）、监控性（monitoring）的思维特点就越来越明显。一般条件下，青少年意识到自己智力活动的过程并控制它们，使思路更加清晰、判断更加正确。当然，青少年期反省思维的发展并不排斥这个时期出现的直觉思维（intuition thinking），培养直觉思维仍是这个阶段教育和教学的一项重要内容。

五是思维能跳出旧框框。任何思维方式都可以导致新的假设、理解和结论，其中都可以包含新的因素。从青少年期开始，由于发展了通过假设的、形式的、反省的抽象逻辑思维，思维必然能有新意，即跳出旧框框。于是从这个时期起，创造性思维（creative thinking）或思维的独创性获得迅速发展，并成为青少年思维的一个重要特点。研究发现（杨小洋、李歆瑶、周晖，2012），初中学生创造性思维和个人认识论存在显著正相关关系。在思维过程中，青少年追求新颖独特的因素、个人的色彩以及系统性和结构性。

2. 抽象逻辑思维处于优势地位，是经验型向理论型过渡的阶段

少年期思维发展的一个主要特点是：抽象逻辑思维日益占据主导地位，但思维中的具体形象成分仍然起着重要作用。

少年期的思维和小学儿童的思维不同，小学儿童的思维正处在从具体形象思维向抽象逻辑思维过渡的阶段，而在少年期的思维中，抽象逻辑成分已经在一定程度上占有相对的优势。不过，有了这个优势，并不是说到了少年期就只有抽象思维，而是说在思维的具体成分和抽象成分不可分的统一关系中，抽象成分日益占有重要

•
地位。而且，由于抽象成分的发展，具体思维也不断得到充实和改造，少年期的具体思维是在和抽象思维的密切联系中进行的。

青年初期的思维发展具有更高的抽象概括性，并且开始形成辩证思维。具体地说，它表现在两个方面。

一是抽象与具体获得较高的统一。青年初期的思维是在少年期的思维基础上发展起来的，但它又不同于少年期。少年期思维的抽象概括性已经有了很大的发展，但由于需要具体形象的支持，其思维主要属于经验型，理论思维还不是很成熟。到了青年初期，由于经常要掌握事物发展的规律和重要的科学理论，理论型的抽象逻辑思维就开始发展起来。在此思维过程中，它既包括从特殊到一般的归纳过程，也包括从一般到特殊的演绎过程；也就是从具体提升到理论，又用理论指导去获得知识的过程。这个过程表明青年初期的思维由经验型向理论型转化，抽象与具体获得了较高的统一，以及抽象逻辑思维高度发展。

二是辩证思维获得明显的发展。青年初期理论性思维的发展必然导致辩证思维的迅速发展。他们在实践与学习中逐步认识到一般与特殊、归纳与演绎、理论与实践的对立统一关系，并逐步发展从全面的、运动变化的、统一的角度来认识、分析和解决问题的辩证思维。

由此可见，青少年思维的发展趋势，是要达到那种从一般的原理、原则出发，或在理论上进行推理，做出判断、论证的思维。

3. 抽象逻辑思维的发展存在着关键期和成熟期

我及研究团队对中学生运算能力发展的研究（林崇德等，1983，1996，2008）发现，八年级是中学阶段思维发展的关键期。从八年级开始，他们的抽象逻辑思维即由经验型水平向理论型水平转化，到了高中二年级，这种转化初步完成。这意味着他们的思维趋向成熟。我们的研究对象共 500 名，从七年级到高中二年级每个年级各 100 名，分别测定其数学概括能力，空间想象能力，确定正命题、否命题、逆命题和逆反命题的能力，以及逻辑推理能力。从这 4 项指标来看，八年级是抽象逻辑思维的新的"起步"，是中学阶段运算思维的质变时期，是这个阶段思维发展的关键时期。

高中一年级到高中二年级（15~17岁）是抽象逻辑思维的发展趋于初步定型或成熟的时期。所谓思维成熟，我们认为主要表现在3个方面。

一是各种思维成分基本上趋于稳定状态，基本上达到理论型抽象逻辑思维的水平。

二是个体差异水平，包括思维类型（形象型、抽象型和中间型），基本上趋于定型。

三是成熟前思维发展变化的可塑性大，成熟后则可塑性小，与其成年期的思维水平基本上保持一致，尽管也有一些进步。

以上3个方面，不仅被我们的研究证实，而且被北京市几所中学的调查证实。他们调查的结果是：高中一年级学生的智力表现和学习成绩变化还是较大的，而高中二年级、高中三年级的学生则比较稳定；几所大学学生的能力基础基本上和高中二、三年级的学生保持一致，这说明其基础是高中阶段成熟期奠定的，例如，高中二、三年级数学成绩平常的学生，到大学几乎也成不了数学专业的高才生。当然，文科方面的能力成熟得比较晚，也可能出现大器晚成，但是，成熟期毕竟是存在的。可见，抓住成熟前的各种思维能力与智力的培养是何等重要。

二、思维品质的矛盾表现

思维的发生和发展，既服从于一般的、普通的规律，又表现出个性差异。这种差异表现为个体思维活动中的智力特征，这就是思维特质（thinking traits），又叫作思维智力特质（intelligence traits of thinking）。思维特质的成分及其表现形式有很多，如独立性、广阔性、灵活性、深刻性、创造性、批判性、敏捷性等。在不同的年龄阶段，思维特质的各成分及表现形式体现着不同的发展水平，这就构成了思维的年龄特征。在青少年期，其思维特质的最突出特点是矛盾表现。

在中学阶段，由于独立思考的要求，青少年思维特质的发展出现新的特点，最为突出的是独立性和批判性的显著发展。但他们在对问题的看法上还往往只顾部分而忽视整体，只顾现象而忽视本质，即容易片面化和表面化。这里常会发现和提出两个问题：中学生为什么有时要"顶撞"成人？中学生看问题为何容易带片面性和表面性？这是思维品质矛盾交错发展呈现出的问题。

从中学阶段开始，青少年思维的独立性和批判性有了显著的发展。青少年由于逐步掌握了系统知识，开始理解自然现象和社会现象中的一些复杂的因果关系；同时由于自我意识的自觉性有了进一步的发展，他们往往不满足于教师、父母或书本中关于事物现象的解释，喜欢独立地寻求或与人争论各种事物、现象的原因和规律。这样，独立思考的能力就达到了一个新的、前所未有的水平。有人说，从少年期开始，个体进入一个喜欢怀疑、辩论的时期，不再轻信成人，如教师、家长及书本上的"权威"意见，而且经常要独立地、批判地对待一切。这确实是中学阶段的重要特点之一。青少年不但能够批判地对待别人和书本上的意见，而且能够比较自觉地对待自己的思维活动，能够有意识地调节、支配、检查和论证自己的思维过程，这就使青少年在学习上和生活上有了更大的独立性与自觉性。教师和父母应该珍视他们这种思维发展上的新的品质。独立思考能力是一种极为可贵的心理品质，教师和父母绝不能因为青少年经常提出不同的或怀疑的意见，就认为他们在故意反抗自己而斥责他们，甚至压制他们。当然，这并不是说允许青少年随便顶撞长辈或师长，而是说教师和父母要正确对待这个年龄阶段的青少年心理发展的特点。成人要启发青少年在积极主动思考问题的同时，还要尊重别人，懂得文明礼貌，学会以商量的态度办事；对那些确实无理顶撞的言行，也要适当给予批评。

青少年看问题容易片面化和表面化，这是这个年龄阶段的一个特点，是正常的现象。尽管青少年开始逐步地比较自觉地对待自己的思维活动，开始有意识地调节、支配、检查和论证自己的思维过程，使他们在学习上和生活上有更大的独立性和自觉性，但青少年思维的独立性与批判性还是不够成熟的，容易产生片面性和表面性。青少年思维的片面性与表面性的表现是各种各样的，有时表现为毫无根据的争论，他们怀疑一切，坚持己见，但又往往论据不足；有时表现为孤立、偏执地看问题，例如，把谦虚理解为拘谨，把勇敢理解为粗暴或冒险；有时明于责人而不善于责己；有时走极端，往往肯定一切或否定一切。在学习上也有同样的情况，他们往往把已经掌握的规则或原理不恰当地运用到新的条件中，以致产生公式主义和死守教条的毛病。青少年在独立思考能力发展上的这些缺点是与他们的知识、经验不足以及辩证思维尚未发展相联系的。教师和父母，一方面要大力发展青少年的独立思考能力，随时加以引导、启发；另一方面要对青少年在独立思考中出现的缺点给予耐心的、积极的说服教育。对他们的缺点，采取嘲笑或斥责的态度是不可取的，采取放任不管或持有年龄大一点儿自然会好起来的想法也是不正确的。

三、青少年智力发展的性别差异

男女青少年在智力特别是思维能力的发展上究竟有无差异，这是心理学需要研究的一个课题，也是教育理论和教育实践中亟待解决的问题。

目前，国际心理学界、教育学界对此有越来越多的研究。近几年，我国心理学和教育学工作者也开始了一些研究。研究的结论，国内外大致相同：男女青少年在智力、思维能力发展上是有差异的，这个差异主要表现在智力、思维能力优异发展的各自特色上。它不仅反映了男女青少年思维发展上各自的年龄特征，而且反映了男女青少年的智力因素，特别是思维能力发展特色上的不平衡性。那种研究男女青少年思维能力差异或智力差异就必须回答男女青少年哪个更聪明的说法，实际上是把问题看得过于简单和绝对化的结果。

20 世纪 20 年代，桑代克曾以实验证明，女性在语言表达、短时记忆方面优于男性；而男性在空间知觉、分析综合能力、实验的观察和推理及历史知识的掌握等方面则优于女性。麦考比和杰克林（Maccoby & Jacklin，1982）在阅读了关于这个问题的 1700 多篇主要心理学论文后，获得了类似的结论：女性的语言表达能力优于男性；男性的空间能力、数学能力优于女性。一项以 2600 名 5~17 岁的美国儿童、青少年为被试的研究（Keith，Reyholds，Roberts，Winter，& Austin，2011）发现，与男生相比，女生在加工速度上表现出优势，并且一些年龄段的女生在自由回忆上以及年龄较小的女生在短时记忆上表现出优势，而男生在视觉空间能力上表现出与发展水平相关的优势，但在潜在的知识理解因子上不存在显著的性别差异。我国上海等地的研究也获得类似的结果。

根据心理学研究，特别是根据我国心理学工作者近几年的研究，这里将男女两性思维差异的特点概括为以下两个方面。

(一) 两性思维差异发展的年龄特征

男女两性思维差异的发展存在着年龄特征，这是国内外心理学研究（牛岛义友等，1983；傅安球，1988）所获得的结论。

1. 两性思维差异的发展

国外对此问题研究的方法主要是智力测验。但因为智力测验量表和测验方法不尽相同，所以结论常不一致。例如，同是在日本，牛岛义友（1983）的研究表明，男女两性思维在婴幼儿期没有什么差异；到了学龄初期，男性较好；到了少年期，由于女性思维迅速发展，男女两性暂时没有什么差异；到了青年初期，男性再次领先；但到 18 岁后（青年晚期），男女两性思维便不再有差异。而坂本一郎（1966）的研究则证明，女性智商一般比男性低，进入少年期前女性一般超过男性，在成人期则男性较高。其他国家心理学家的研究也得出了各不相同的结论，但各国学者在男女两性思维差异与年龄有关这一点上，观点基本是一致的。例如，有研究以 14853 名英国双生子为被试，在其 2~16 岁期间共进行了 9 次智力测验（Stumm & Plomin，2015），结果发现这些儿童在智力测验的初始得分和认知发展的增长曲线上均存在显著的性别差异，具体表现为：在 2~4 岁时，女性的智力表现优于男性；而在童年晚期和青春期，认知增长的性别差异逐渐减小；在 16 岁时，这种差异变得不显著了。还有研究者对以一般人群为样本，以瑞文推理测验为工具测量智力的 57 项研究进行了元分析，结果发现，6~14 岁，男性和女性在智力测验上的得分不存在显著差异，但在 15 岁及以后，男性在智力测验上的得分显著高于女性（Lynn & Lrwing，2004）。一项关于瑞文推理测验的性别差异的文献综述进一步提出，在青春期以前，男性在智力测验上的得分略高于女性，而从青春期开始，女性的智力测验得分开始高于男性，而在 15 岁之后，男性在智力测验上的优势开始出现并随着年龄而稳定增长（李春花、罗献明、王腾飞等，2011）。

朱智贤教授与我的研究（朱智贤、林崇德，1986）表明，男女两性思维差异的发展变化与年龄的递增是有密切关系的。其发展变化的趋势有以下3点。

一是学龄前男女思维差异不明显，特别是婴儿期，几乎没有什么差异。幼儿期虽然已经显示出差异，其表现是女孩的思维发展略优于男孩，但不显著。

二是从小学到七年级，男女两性思维差异逐步明显。

三是八年级以后，青少年出现明显的具有两性特色的思维优异发展的差异，具体表现见下文的研究。

2. 两性思维差异的表现

我与沈德立带领的青少年心理研究协作组对男女中学生在逻辑推理能力、掌握逻辑法则及辩证逻辑能力上的差异做了研究。我们按形式逻辑的分类，编制了测定中学生归纳推理（inductive inference）和演绎推理的测试题，测试结果分别如表7-4、表7-5所示。我们按逻辑基本法则（fundamental laws of logic）的分类，编制了测定中学生矛盾律（law of contradiction），即表述为 A 不是非 A，或 A 不能既是 B 又不是 B；排中律（law of excluded middle），即表述为 A 是 B 或不是 B；以及同一律（law of identity），即表述为 A，共3方面的测试题，测试结果如表7-6所示。我们按照辩证逻辑（研究人类辩证思维的形式、法则和方法的科学，它把概念的辩证变化以及如何通过概念反映现实矛盾的问题作为自己的主要研究对象）的形式分类，编制测定中学生辩证的概念、判断和推理的测试题，测试结果如表7-7所示。

表 7-4　男女中学生归纳推理发展水平的比较（林崇德、沈德立等，1990）

项目	男生（8839人）	女生（8259人）
总分数	62654	58381
平均分数	7.008	7.069
标准差	2.105	1.662

注：均数差异考验显示，均方差 $D\overline{X} = 0.019$，标准差 $SE_{d\bar{x}} = 0.0289$，$Z = 0.657$，$p>0.05$。

表 7-5　男女中学生演绎推理发展水平的比较(林崇德、沈德立等，1990)

项目	男生(8839人)	女生(8259人)
总分数	47600	42097
平均分数	5.39	5.10
标准差	2.02	1.98

注：均数差异考验显示，均方差 $D\overline{X}=0.29$，标准差 $SE_{dx}=0.03$，$Z=9.35$，$p<0.01$。

表 7-6　男女中学生逻辑基本法则发展水平的比较(林崇德、沈德立等，1990)

性别	矛盾律		排中律		同一律	
	平均数	标准差	平均数	标准差	平均数	标准差
男生(6698人)	13.27	3.27	10.43	2.78	12.24	2.56
女生(6975人)	13.42	2.59	10.46	2.68	12.47	2.56

注：均数差异考验显示，矛盾律和同一律 $p<0.01$，排中律 $p>0.05$。

表 7-7　男女中学生辩证逻辑的 3 种形式发展水平的比较(林崇德、沈德立等，1990)

性别	概念		判断		推理	
	平均分	正确率/%	平均分	正确率/%	平均分	正确率/%
男生(6766人)	7.94	56.71	8.18	54.53	6.70	31.90
女生(6261人)	7.70	55.00	8.49	56.60	6.82	32.48

注：均数差异考验显示，3 种形式均无显著差异($p>0.05$)。

从表 7-4 中可以看出，男女中学生在归纳推理的发展水平上并没有表现出显著的性别差异。

从表 7-5 中可以看出，男女中学生在演绎推理的发展水平上存在显著的性别差异，即男生演绎推理的发展水平明显优于女生。

从表 7-6 中可以看出，男女中学生在逻辑法则排中律的发展水平上不存在显著性别差异；而对于逻辑法则中的矛盾律和同一律来说，男女中学生在这两个逻辑法则的发展水平上存在显著的性别差异，而且都是女生的发展水平优于男生。

从表 7-7 中可以看出，男女中学生在辩证逻辑的 3 种形式的发展水平上并没有性别差异。

综合表 7-4 至表 7-7 可以得出，青少年学生思维发展具有如下 3 个性别特点。

第一，形式逻辑思维发展水平相较于辩证逻辑思维发展水平的性别差异明显。在形式逻辑思维内部的推理能力上，演绎推理较归纳推理明显；在逻辑法则的运用上，同一律和矛盾律较排中律明显。而辩证逻辑思维 3 种形式的发展水平则是同步的。

第二，性别差异并不表明思维发展上的男优女劣或女优男劣，而是各有其发展特色。在推理能力的发展上男生优于女生，而在逻辑法则的运用能力上则女生优于男生。

第三，在形式逻辑思维的推理能力上，男生得分的离散性大于女生，表明其思维发展呈两极型；女生的思维发展则较均衡。

（二）男女青少年思维发展的特点

男女青少年思维的发展在总体上的平衡性和发展特色上的不平衡性是统一的。

男女青少年思维发展总体上的平衡性，是从思维的综合平衡的意义上说的。但是，男女青少年的思维毕竟是有差异的，这种差异主要表现在男女思维发展的优异发展上。具体的表现有 3 个方面。

第一，表现在思维能力诸因素上。时蓉华（1982）的实验研究表明：事物比较能力，男性（正确率为 91.3%）高于女性（正确率为 79.4%）；电子计算能力，女性高于男性；方块分析能力，男性高于女性；图形分析能力，女性高于男性。

第二，表现在思维类型上。国内外的研究有比较一致的看法，就是女性偏于形象思维或思维的艺术型；男性则偏于抽象思维或思维的抽象型。

第三，表现在思维发展的速度上。如前所述，在不同年龄阶段，男女两性思维发展的速度及水平都是有差异的。

第三节

———

中学生情绪的特征

20世纪初霍尔的《青少年心理学》一书问世至今，已经过了110多年。在此期间，青少年心理学的研究提出了不少理论，如疾风怒涛期（storm and stress period）、心理性断乳（psychological weaning）理论、反抗期（period of resistance）、第二次诞生观点等，它们大都是针对青少年情绪情感变化多端的特征而提出来的。

一、情绪情感的两极性

青少年情绪情感最突出的特点是两极性的表现，例如，取得好成绩时非常高兴，表现为唯我独尊；一旦失败，又陷入极端苦恼的情感状态。又如，他们往往具有为真理献身的热情，盼望实现惊人的业绩；但也常常由于盲目的狂热而做蠢事或坏事。所以，霍尔把青春期说成疾风怒涛期（或狂飙期）。

（一）情感两极性的表现

人的情感是十分复杂的，它具有两极性。情感两极性（bipolarity of affection）有多种表现。第一，表现为情感的肯定及否定，如满意和不满意、愉快和悲伤、爱和憎等。第二，表现为积极的、增力的或消极的、减力的，如愉快的情感驱使人积极地行动，悲伤的情感引起的郁闷会削弱人的活动能力。第三，表现为紧张及轻松的状态，如考试或比赛前的紧张情感，活动过去后出现的紧张解除和轻松的体验。第四，表现为激动和平静，如激愤、狂喜、绝望及意志控制情感处于稳定状态。第五，表现为程度不同，这反映在从弱到强的两极状态，如从愉快到狂喜，从微愠到暴怒，从担心到恐惧等；或反映在深刻程度上，如同样的情感却有不同的由来，有不同的质量和水平。情感的两极性反映了情感的内容、强度、稳定性、概括性和深刻性等，反映了情感的发展水平和复杂程度。

(二)中学生情感的两极性

中学生很容易动感情，也就是说，他们的情绪情感比较强烈，带有明显的两极性，表现出如下特征。

1. 外部情绪的两极性

第一，强烈、狂暴性与温和、细腻性共存。少年的情绪表现有时是强烈而狂暴的，是暴风雨式的；但有时，他们又表现出温和、细腻的特点。所谓温和性，是指人们的某些情绪在加工之后，以一种较为缓和的形式表现出来。所谓细腻性，主要是指情绪体验上的细致和精确的特点。

第二，可变性与固执性共存。情绪的可变性是指情绪体验不够稳定，常从一种情绪转为另一种情绪的特点，这种情况常出现在情绪体验不够深刻的情况下。对青少年来说，一种情绪较容易被另一种情绪代替，而且常以一种积极的情绪取代一种消极的情绪。情绪的固执性是指情绪体验上的一种顽固性，青少年由于思维灵活性尚未成熟，在对客观事物的认识上还存在着偏执性的特点，且给情绪带来固执性。

第三，内向性和表现性共存。内向性是指情绪表现形式上的一种隐蔽性，从儿童期进入青春期，青少年逐渐失去了单纯和率直，在情绪表露上出现了隐蔽性，将喜怒哀乐各种情绪都尽可能地隐藏于心中，尤其对于一些消极性情绪，隐藏得更是严密；但青少年有时为了从众(conformity)或由于其他一些想法，常给某种原本的情绪加上一种表演的色彩，夸大某种情绪，或削弱某种情绪，这种情绪表露的过程自觉或不自觉地带上了表演的痕迹，这就是情绪的表现性。

2. 内心表现的两极性

日本的依田新(1972)指出了青少年写日记的心理特征，以及日记中表现出的坦白性和秘密性、真实性和虚伪性等矛盾状态。铃木康平(1987)也指出青少年在日记中表现出自我批判和自我安慰的矛盾两极性。

3. 意志的两极性

在中学阶段，青少年的意志始终存在着积极性和消极性、认真和马虎、努力和懒惰、守纪和散漫、果断和犹豫等矛盾的两极性(张日昇，1993)。

4. 人际关系的两极性

这主要表现为对双亲的正反两面的矛盾情感，如孝顺和顶嘴等；朋友关系中的友情和孤独、亲切和冷漠、参与和旁观等矛盾的两极性(张日昇，1993)。

5. 容易移情

移情(或同理心)即当一个人感知到对方的某种情绪时，他自己也能体验到相应的情绪。青少年时期更能在情绪上引起共鸣、感染和同情，从而识别并体验别人的情绪，影响自己的情绪，并产生迅速的变化。

(三)中学生情感两极性产生的原因

为什么中学生情绪情感的两极性如此明显呢？主要有两个原因。

其一，他们处于身心各方面迅速发展的时期。在社会各种关系和因素的作用下，他们的心理出现多种矛盾，表现在情绪和情感上，主要是各式各样的需要日益增长，而他们对这些需要合理性的认识水平的主观状态与社会客观现实之间有矛盾。中学生的需要有合理的和不合理的成分，而社会现实也有合理的和不合理的因素，它们经常处于矛盾状态。例如，有时候青少年的需要和观点是合理的，像他们要求良好的学习环境、正当的职业、正确的领导和一个更加完善的社会风气等，但现实社会还有缺点或弊病，不能使他们的合理需求得到满足或实现。如果他们求告无门，又找不到适当的方法，就会产生苦恼、愤懑、讥讽或灰心绝望等情绪情感。有时候青少年的需要是合理的，但又是不切实际的。如果他们得不到成人社会的正确指导，认识不到社会发展的客观规律性，也同样会产生急躁、不满或消极的思想、情绪和情感。这种不断增长的个体需要时而得到社会认可或得到满足，时而受到社会的否定或难以实现，这就成为他们产生复杂的、摇摆不定的强烈情绪情感的主要来源和根据。

其二，由于青春发育期性腺功能显现，性激素的分泌会通过反馈增强下丘脑部位的兴奋性，使下丘脑神经过程总的趋势表现出兴奋性的亢进，就与大脑皮质原有的调节控制能力发生一时矛盾，使大脑皮质与皮下中枢暂时失去平衡，这种状态可能是青春发育期的中学生情绪情感两极性明显的生理原因。

二、心理性断乳与反抗行为

在青少年期个体经常表现出的反抗行为，除前文涉及的思维品质的矛盾表现外，还有情绪情感上的特征。这种反抗情绪，应该被看作青少年过渡期的一种必然表现形式。

（一）心理性断乳和反抗期理论

在发展心理学史上，心理性断乳和反抗期理论就是针对反抗情绪的表现形式提出来的。

1. 何林渥斯的心理性断乳理论

在青少年心理学著作中，经常出现"心理性断乳"一词。最先使用此术语的是何林渥斯（Hollingworth，1928）。

何林渥斯认为青少年期是由儿童期到成人期的过渡时期，对这一过渡时期的实质如果认识错误，就会引起生理疾病或心理不适应。

青少年期所直接面临的问题，在一些部族里广泛举行的青春期的公众仪式（public ceremonies），亦称成年礼（puberty rite）中，表现得非常清楚：第一，从家庭的羁绊里解放出来，并成为部族独立的一员；第二，青少年自身的食粮必须通过自身努力去获得，即面临着职业的选择问题；第三，青少年已达到性成熟并已具备了生殖能力这一事实获得确实的认定；第四，作为成熟的人，青少年必须具备世界观。何林渥斯对以上各问题逐一进行了详尽的论述和讨论，特别是对第一个问题——心理性断乳——做了较具体的说明。

一般认为，青春期的公众仪式最重要的机能之一是从家庭的羁绊中解放出来。12~20 岁，一般来说，人会有"若能摆脱家庭成为自由而独立的人就好了"这样的想法。何林渥斯将青少年从家庭中独立出来的过程称为心理性断乳。这是一个与婴儿期因断奶而改变营养摄取方法的生理性断乳(physiological weaning)相对照的概念。无论是哪一种断乳,都有一个特点:断乳前所形成的适当且必要的习惯,已与新的需要、冲动、行动不相适应并发生矛盾。改变这一习惯及原有的心理水平已成为必然,这就使得母子之间形成的习惯必须改变,也造成了在青少年期的心理适应上所反映出来的心理性断乳的复杂性。

何林渥斯又出版了《发展心理学概论》(Hollingworth,1927),其中一章专门介绍了青少年期心理,包括:公众仪式,身体变化中所包括的心理适应,个别差异,父母的习惯与需要,社会化的过程,怀疑及知识的渴望,青少年的智力教育及职业,青少年的情绪与情操,情绪的稳定,等等。

2. 彪勒的反抗期理论

彪勒(Bühler,1920)将青年期分为两个时期:第一个时期是以否定倾向为主的青年前期,称之为青春早期(或青春前期)(prepuberty phase);第二个时期是以肯定倾向为主的青年后期,称之为青春晚期(或青春后期)(postpuberty phase)。

彪勒认为否定期在青春期前即已产生。伴随着身体的急速成熟,青少年往往产生如不愉快、心神不定、不安、郁闷、感情易于激动和兴奋等现象,态度变得粗野,并产生一些反抗、胡闹、攻击、破坏性行为。因此,这一时期又被称为反抗期。

伴随着生理机能的成熟,机体内部组织日趋稳定,青年的社会文化成熟也进入新阶段。这时候,青年第一次有意识地产生了真实而自然的体验,感到从未有过的幸福的喜悦。青年开始发现面前所展现出来的新的价值世界,并且青年的人格向积极的、肯定的方面转变,同时也产生了与人接触的需要,明确意识到异性之爱。

但是,这里并不是说前期毫无光明的一面,或后期绝无黑暗之处;而只是强调,作为基本特征,青春早期以否定的态度倾向为主,青春晚期则以肯定的态度倾向为主。

(二)反抗情绪的表现

青少年的反抗情绪有着各种各样的表现,这里将其概括为以下3个方面。

1. 青少年反抗情绪的表现时机

在什么情况下青少年容易出现强烈的反抗情绪呢？据我与研究团队的观察记录，青少年一般在下列具体情况下产生反抗情绪。

一是心理性断乳受到阻碍。青少年极力要求独立，但成人（父母或教师）没有这种思想准备，仍以过分关切的态度对待他们。

二是青少年的自主性被忽视，感受到妨碍。成人不听他们的主张，将他们一味地置于支配之下。

三是青少年的人格展示受到阻碍。通常情况下，成人只顾青少年的学业成绩，而对于他们寓于人格的活动加以限制或禁止，这会引起青少年的反感。

四是当成人强逼其接受某些观点时，他们拒绝盲目接受。

2. 反抗情绪与代沟

在社会上，人们常常把青少年的反抗情绪与代沟（generation gap）等同起来。其实，两者尽管有联系，但也有区别。

代沟系 20 世纪 60 年代末美国人类学家玛格丽特·米德（Margaret Mead，1901—1978）提出的概念。它是指两代人之间存在的某些心理距离或隔阂。因历史时代、环境影响和生活经历的不同，两代人对现实和未来的看法与态度相异，常会引起矛盾与冲突。在个体的发展中，代沟现象明显地出现在青少年期。两代人之间发生的人际关系被称为代际关系（relations between generations）。在儿童期，儿童无条件地依恋教师，他们遵从着听话的道德。到青少年期，成人感、自主性或独立意向的发展，使青少年开始改变与成人的关系，要求成人重视他们的意见，并希望获得更多独立自主的权利。如果成人能重视他们的思想和行为，平等地对待他们，就可以成为他们的朋友和师长，否则就会遭到抗议，这是青少年向成人争取权利、企图改变与成人的关系的一种表现。因此，代沟尽管不是青少年反抗情绪的主要原因，但也是一个重要因素。

青少年产生反抗情绪并与成人发生冲突，很多情况下都是由交往方式引起的。青少年时期这种关系的模式继续发展，可能会变得比较关心和体贴父母。倘若成人能够采取民主教育的方式，如耐心地解释自己的要求，在升学、就业、交友等问题上支持和尊重青少年的合理意见，让他们参与家庭、学校事务的决策等，青少年是能够同成人建立融洽的相互关系的。所以，代际关系能否和谐、合作，能否避免代沟所造成的青少年的反抗情绪，关键在于长者的教育能力的高低。

3. 反抗情绪与逆反心理

逆反心理本身不是心理学的概念，而是个日常用语，主要被用来描述青少年由于自身成熟而产生的独立或自重的要求，以及对上一代的不满、反抗的矛盾情绪。青少年对某一事物或某一结论同成人持对立的情绪，其主客观原因是比较复杂的。

从青少年心理发展的特点来看，有两个方面是容易造成情绪波动且难以控制的因素，即前文所述的腺体发育的生理因素和思维品质矛盾表现的心理因素。青少年产生逆反心理也有客观的原因，有调查表明，青少年的逆反心理往往发生在父母或教师等成人遇事"婆婆嘴"，说话过头，违反了青少年的求知欲、好奇心、交友结伴的特点的时候。因此，只要成人在教育青少年时注意尊重他们，讲究方法，并提倡青少年也要自觉孝敬长者、体谅长者，理解他们的苦衷，加强修养，控制感情，青少年的逆反心理就是可以被克服的。

三、心态的不平衡性

青少年在青春期经历的是一段半幼稚和半成熟、独立性和依赖性错综复杂且充满矛盾的时期。他们的内心充满烦恼，例如，不知道应该以何种姿态出现于公众面前，如何处理与父母的关系中出现的裂痕，如何确立或保持自己在同伴之中应有的地位。于是他们出现许多矛盾性心态（ambivalence），如生理发育与心理发展的矛盾，反抗性与依赖性的矛盾，闭锁性与开放性的矛盾，理智与情感的矛盾，勇敢与怯懦的矛盾，高傲与自卑的矛盾，否定童年与眷恋童年的矛盾，等等。所以说，青春期是个体心理发展充满矛盾的阶段，青少年处于心态的不平衡性时期。经过心理整合（psychological integration）过程，一旦达到身心和谐，就达到了心态平衡（psychological balance）阶段。

（一）心态不平衡性的阐述

如前所述，霍尔在心理发展问题上提出了复演论。他的《青少年心理学》一书从复演论出发，论述了青少年情绪情感的心态不平衡性的表现及根源。

1. 青少年心态不平衡的实质

霍尔认为，青少年期标志着一个崭新的、更完善、更具有人性特征的任务的产生。与幼儿期所表现出来的在人类的进化历史上的古代渔猎时期的特征相对照，青少年期所表现出来的某些特质是在近期研究中被发现的。伴随着身高、体重、性等的急剧发育，身心机能的比重得以改变。同时，青少年向往成人的生活，并对选择职业产生兴趣。有个性的性格得以形成且富于可塑性，青少年变得满腔热情且更加人类化（humanization）、文明化（civilization）。然而，青少年期是动摇起伏的不稳定时期，有着对立的冲动。

2. 青少年心态不平衡的表现

霍尔在他的《青少年心理学》一书中列举了青少年所具有的对立冲动。

第一，热衷于几小时、几天、几周或几个月精神过分旺盛的活动，然后走向反面——很容易疲倦，以至于筋疲力尽而无精打采。

第二，生活于快乐与痛苦的两极摆动之间，从得意扬扬、尽情欢乐到哭泣叹息、忧郁厌世。

第三，自我感增加了，于是出现所有形式的自我肯定（虚荣心、自信、自高自大），同时又怀疑自己的力量，担心自己的前途，害怕自尊心受到伤害。

第四，生活不再是自我中心的，出现了自私与利他之间的轮换更替。

第五，良心已开始扮演主要的角色，出现迫切追求正义与说谎犯罪等好坏行为的更替。

第六，许多社会性本能也有同样的情况：羞怯的、忸怩的、好孤独、沉浸于主观生活，与不甘孤单、想搭伴结伙、崇拜英雄、对新的伟大思想盲目崇拜、对文艺作品过分热情等交替。

第七，与此非常类似的变化是，从强烈的敏感到冷静，以至冷漠、无情或残忍。

第八，对知识的好奇和渴求有时变得过于热切。

第九，在知与行之间摆动：手不释卷、热心读书、想有学问，与自觉或不自觉地走到户外、欣赏大自然、创一番事业的冲动交替。

第十，保守本能与激进本能两者交替。

第十一，感官与智力有明显的相互作用，似乎各有其开始形成的阶段。

第十二，聪明与愚笨并存。

霍尔认为，青少年正是在经历了以上各种内部冲突和更替后，才最终复演成人类文明的一员。他论述了发展的社会基础，强调社会因素特别是教育的作用，并分析了各种不同青少年的心理特征，认为心理的发展是不平衡的，尤其在情感上、心态上不平衡。

(二) 从心态不平衡向心态平衡发展

青少年的情绪情感，由心态不平衡向心态平衡过渡，明显地从两极性向稳定性发展。中学生的情感尽管两极性明显，但也逐渐趋于稳定。主要表现在两个方面。

1. 对感情的自我调节和控制能力逐渐提高

初中生对自己情感的自我调节和控制能力相对要差些，波动性更为明显，往往不善于使自己的情感受时间、地点、场合等条件的支配及克制自己的情感表现。高中生的控制能力则随着知识、智力的发展及意志力和人格部分倾向性的发展而提高，并逐渐地与前途、理想交织在一起，显得比较稳定、持久，且他们善于自我控制与调节。但是，高中生的激情在一定场合仍表现得比较明显。

要培养青少年的挫折忍耐力（或挫折容忍力）（frustration tolerance），让他们学会调节情感的本领。挫折忍耐力就是对挫折情境的预料和对挫折的抵抗能力。情绪情感是能够被意识到的，并受思想意识的调节，但人在遭受挫折的时候容易产生消极的情绪，理智降低，做出不该做的事情。为了避免或减少这种情况，就要引导青少年加强道德意识和乐观主义修养，同时增强挫折耐力，学会对复杂的事情进行全面分析，对挫折的情境做好预见性思想准备；一旦出现挫折，会冷静分析挫折的内外困境，从而采取恰当的行为，并学会在激怒、苦闷的情况下进行情感的自我调节。

2. 逐步带有修饰的、内隐的、曲折的性质

初中生尽管不像儿童那样掩盖不了自己内心的感情，极力使自己的感情不外露，但由于调节、控制能力较差，仍容易出现一时激动的情况。高中生在这方面就带有修饰的、内隐的、曲折的性质了。他们能够根据一定条件支配和控制自己的情感，使外部表情与内心体验出现不一致性。因此，要逐步了解和掌握青少年情感稳定性的变化，不能仅以他们的表情作为判定其思想感情的依据，而应该综合一段时间的全部表现及其人格的特点，经过深入细致的分析再得出结论，这样才比较可靠。

第四节

青少年期的社会性发展

青少年期的生理、认知和情感发展变化的特点也决定着这一时期的社会性发展。青少年社会化的任务主要表现在以下 6 个方面。

第一，追求独立自主。因成人感产生而谋求独立，即从他们的父母及其他成人那里获得独立。

第二，形成自我意识。确定自我，回答"我是谁"这个问题，形成良好的自我意识。

第三，适应性成熟。所谓适应性成熟，即适应那些由性成熟带来的身心的特别是社会化的一系列变化。

第四，认同性别角色。获得真正的性别角色，即根据社会文化对男性、女性的期望而形成相应的动机、态度、价值观和行为，并发展为性格方面的男女特征，即所谓男子气（或男性气质）和女子气（或女性气质），这对幼儿期的性别认同来说是一个质的变化。

第五，社会化的成熟。学习成人，适应成人社会，形成社会适应能力；逐步形成价值观及道德发展成熟是适应成人社会的社会化成熟的重要标志。

第六，定型性格的形成。发展心理学家常把性格形成的复杂过程划分为 3 个阶段，第一阶段是学前儿童所特有的、性格受情境制约的发展阶段；第二阶段是小学儿童和初中少年所特有的、稳定的内外行动形成的阶段；第三阶段是内心制约行为的阶段，在这个阶段里，稳固的态度和行为方式已经形成，因此性格的改变就较困难。

如前文所述，社会化的有些过程在青少年阶段可以完成，这就是儿童青少年社会化的成熟。这个成熟的核心表现在自我意识的发展、价值观的确立和道德发展 3 个方面。

一、自我意识的发展

这里从自我评价、自我体验和自我控制 3 个方面来分析青少年自我意识发展的特点。

(一)青少年自我评价的发展

自我评价是指主体对自己的思想、愿望、行为和人格特点的判断和评价。到了青少年阶段，个体逐渐摆脱成人评价的影响，产生独立评价的倾向。上中学前，个体在道德判断中往往着眼于行为效果，到了中学则转向注重内部动机的判断。在良好的教育条件下，个体从初中开始能做出效果和动机的辩证判断。另外，青少年评价能力发展的一个突出特点就是十分重视同龄人对自己的评价和看法，他们一开始将同龄人的评价和成年人的评价等同对待，慢慢地就表现为更重视同龄人的意见而忽视成人的意见。

1. 自我评价的独立性和依附性

自我评价的独立性是相对于自我评价的依附性而言的。独立的自我评价是青少年有主见的表现，这在人的成长过程中有着非常重要的意义。韩进之等人（1990）围绕一些问题，判断学生自我评价的独立性状况，例如，询问学生：老师、同学对你有什么看法？你认为他们的意见都正确吗？你做事拿不定主意吗？他们发现，独立进行自我评价的能力随学生年级的上升而不断提高，到八年级后就达到较为稳定的水平。学生自我评价能力的发展如表 7-8 所示。

表 7-8 学生自我评价能力的发展（韩进之等，1990）

项目	五年级	七年级	八年级	高中二年级	F 值检验
平均数	2.02	2.21	2.31	2.33	742.04**
标准差	0.41	0.38	0.34	0.34	

注：** 表示 $p<0.01$。

2. 自我评价的具体性和抽象性

自我评价的具体性是指主体注重从外部表现或行为结果来评价自己，而不能从内部动机来剖析自己，还不能上升到理论的高度。具体性评价往往就事论事，具体而琐碎。而抽象性评价是指对具体评价的概括与深化。两者相比，具体性评价的水平较低，体现出主体的自我意识还不够成熟。

韩进之等人（1990）用诸如"你认为怎样才算一个好学生"的问题询问学生，然后将学生的答案分为 3 类：具体、外部的答案；抽象、内部的答案；内容介于两者之间的答案。

在大连地区，他们从小学一年级到高中二年级的几个年级中各抽取了 100 名学生，将其答案进行分析，制成了大连地区学生自我评价的具体性和抽象性发展示意图（如图 7-3 所示）。

从图 7-3 可以看出，进入中学后，抽象性评价的比例大幅度上升，而具体性评价的比例越来越小；到了高中二年级，注重具体的表面现象的评价基本不存在了，这意味着青少年期是自我意识由具体性向抽象性发展的时期。

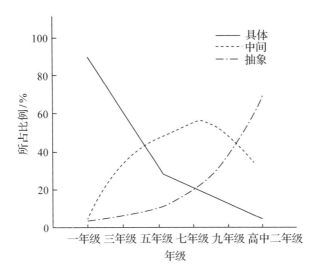

图 7-3　大连地区学生自我评价的具体性和抽象性发展(韩进之等，1990)

3. 自我评价的原则性和批判性

自我评价的原则性一般是指个体以一定的道德观念和社会行为准则为依据而做出的自我评价。自我评价的批判性则是指个体自我评价的全面性和深刻性。二者是联系在一起的，都是指自我评价的客观性和准确性是否符合社会准则及符合程度的问题。另外，二者是在年龄、环境和教育的影响下同步发展起来的。进入中学阶段，由于道德观念和抽象逻辑思维的发展，青少年明显地出现从道德原则出发进行自我评价的现象，并显示出一定的全面性和深刻性。他们能够将自己的行为和行为动机联系起来，从初中开始就能较全面地评价自己的行为，比较深入地分析自己的个性品质，并能初步分析这些个性品质优劣的基本原因。到九年级后，青少年的这种自我评价的深刻性和全面性继续发生质的变化，即自我评价的批评性又得到进一步的发展。

4. 自我评价的稳定性

自我评价的稳定性可以反映出个体在评价中的负责态度以及其所采用的标准的一致性。认识水平低、标准不明确或态度随便，都会使自我评价出现不稳定的结果。稳定性差也是自我意识发展不够成熟的表现。对此可以通过两次或多次有一定时间间隔的自我评价结果进行比较来找到答案。

从表 7-9 中可以看出，随着年级的升高，前后两次测试结果的相关系数也相应增大，学生自我评价的稳定性越来越好。

表 7-9　全国 9 个地区学生自我评价问卷复测相关系数（韩进之等，1990）

一年级	三年级	五年级	七年级	九年级	高中二年级
0.37	0.51	0.61	0.67	0.73	0.78

(二)青少年自我体验的发展

自我意识中的情感体验往往是通过学生的态度反映来进行研究的。青少年在心理上的成人感、自尊感、闭锁性和自卑感对其自我体验的发展是最具有现实意义的。

1. 成人感

所谓成人感，即青少年感到自己已经长大成人，渴望参与成人角色，要求独立和得到尊重的体验和态度。

如前所述，当青少年的成人感出现，他们便产生一系列独立自主的表现：一反以往什么都依赖成人、事事都依附教师和家长的心态，不再事无巨细地请教成人，不再敞开心扉，不再认为什么都可以公开；他们有自己的见解和社会交往，乐于将属于自己的一块"小天地"安排好，并按一定的要求保持好，还渴望得到家长的承认；他们要求和成人建立一种朋友式的新型关系，迫切要求教师和家长尊重和理解自己，如果教师和家长还把他们当作小孩而加以监护、奖惩，无视他们的兴趣、爱好，他们可能以相应的方式表示抱怨，甚至产生抗拒的心理；于是，从初中时期起，他们就产生了强烈的自立愿望，开始疏远父母，更乐于和同龄人交往，寻找志趣相投、谈得来的伙伴。而青少年生理成熟所导致的心理上的成人感与现实中的幼稚并存，这种身心不平衡的状态容易使青少年产生心理冲突（赵景欣、刘霞、申继亮，2008）。

2. 自尊感

自尊感（或自尊、自尊心）（self-esteem）是社会评价与个人的自尊需要之间相互关系的反映。黄煜烽等人（1993）认为，当一个人的生理需要、安全需要和社会需要得到一定程度的满足时，人就产生对荣辱的关心，即自尊需要。它包括自我尊重和受社会尊重两个方面。所谓自我尊重，就是要求独立、自由、自信，对成就和名誉的向往等；所谓受社会尊重，就是希望被人认可、受人尊重，以及对地位、实力、威信方面的考虑等。人生活在社会群体中，不仅要自己尊重自己，而且希望别人也尊重自己，希望自己的才能和工作得到社会的承认，在群体中占有一定的位置、享有一定的声誉，获得良好的社会评价。这是一种普遍的心理现象，青少年当然也不例外。青少年自尊感的体验容易走向极端，如前所述，当社会评价与个人的自尊需要相一致、自尊需要得到肯定与满足时，他们往往会沾沾自喜，甚至会得意忘形；如果社会评价不能满足自尊需要或产生矛盾时，他们就可能妄自菲薄、情绪一落千丈，甚至出现不负责任的自暴自弃。纵向追踪研究表明（潘颖秋，2015），初中生自尊水平和认知自主水平随年龄增长而上升，亲子关系和认知自主对初中生的自尊发展有促进作用，而学业压力对初中生的自尊发展有抑制作用。针对初中生自尊的另一项纵向追踪研究（张国华、戴必兵、雷雳，2013）发现，较高的自尊水平能够预防初中生的病理性互联网使用。

3. 闭锁性和自卑感

如前所述，青少年期在心理发展上表现出较明显的闭锁性，这成了这个阶段自我体验的一个重要表现形式。

随着闭锁性的发展，青少年到了高中时期容易出现自卑感。所谓自卑感，是一种轻视自己、不相信自己、对自己持否定态度的自我体验。儿童很少有自卑感，自卑感萌芽于青少年期，容易产生在青年初期。自卑的人往往有着强烈的防卫心理（defence mentality）。郑和钧等人（1993）的研究指出，防卫心理主要表现在伪装、转嫁、回避和自暴自弃等几个方面。一个人若被自卑感笼罩，其精神活动就会遭到严重的束缚，会变得不肯面对现实，丧失独立向上、自强不息的精神。因此，要使自我意识和人格健康发展，就必须从自卑感中解脱出来。

（三）青少年自我控制的发展

青少年的自我评价和自我体验的发展为其自我控制（或自持）的发展奠定了

基础。

1. 自我控制的基本动因

从行为产生的原理来看，行为控制的基本过程与行为发生的过程大致相同：自我需要产生某种行为的动机，在一定的动机作用下，主体制订行为的计划，并完善计划和选择行为方式，使自我控制行为得以实施。因此，整个自我调控的动因可以被概括为相辅相成的自我需要和自我教育两个部分，其中自我教育是实现自我需要的必然过程。从动因上看，自我教育是自我需要的发展和继续，自我需要又是在自我教育的过程中得到深化、完善直至实现的。

2. 自我控制的年级差异

在教育实践中，中学各年级学生自我控制能力的发展是有差异的。就整体而言，七年级学生年龄尚小，自我控制能力较差，随着年龄增大，学生的生活经验与社会经验不断丰富，心理上的独立性不断增强，自我控制的动力由主要来自外部的力量转变为以内部自我控制力量为主。这个过程集中反映在八年级学生的身上。所以，相对地说，八年级不仅比较难管理，而且学习成绩的高低分化也比较明显。九年级和高中学生相对来说年龄更大些，学习的自觉性有所提高，而八年级的学生往往容易放松自己。此外，高中一年级（16~17岁）面临从初中生转变为高中生的角色转换，相比其他年级更易产生自我控制差的问题，如分心、冲动等（Wang, Fan, Tao, & Gao, 2017）。因此，在中学教育中，必须注意八年级、高中一年级的特点，并做到因势利导。

3. 初中生与高中生自我控制能力的差异

从整体上看，青少年在初中和高中阶段的自我控制能力是有差异的。初中生自我控制能力的发展还是初步的，虽然开始出现以内部动力为主的特点，但其稳定性和持久性还不够理想。一方面，他们的思想方法开始转向以内部归因为主；另一方面，他们又过高地估计自己的力量与形象。

意识到自己并开始较稳定且持久地控制自己，是高中生自我意识的一个重要特点。高中生更多地关心和思考自己的前途、理想，但其主观的我（subjective self）和社会的我（或社会我）（social self）之间，理想自我（或理想我）与真实自我（或真实我）之间，是存在矛盾的。这就促进了高中生的自我调节和控制能力的发展，否则，必然会导致一种较深的挫折感，使自我矛盾激化。高中生认识自己和控制自己的途径有 3 条：一是以他人为镜调节自己；二是以自己活动的结果为镜调节自己；三是通过对自己的内部世界的分析、内省来认识并调节自己，正如古人所云"吾日三省吾身"。只有这样，才能发展自我控制能力，增强社会适应能力，从而更好地完成青少年阶段社会化的任务。

二、价值观的确立

青少年期是价值观确立的时期。在这个时期，青少年的各个方面都表现出极为迅猛的发展变化，这势必会影响青少年价值观的发展与确立。而且随着青少年期发展任务的完成，青少年开始倾向于以一个成人的姿态去迎接新生活的挑战。因此，青少年期是个人价值观确立的重要时期。鉴于价值观在个体心理和行为中发挥着重要作用，这里有必要对青少年的价值观做一详细的探讨。

（一）价值观的本质

关于个人价值观结构的探讨，最初出现在杜威（Dewey，1939）的价值理论中。杜威指出，价值观是个人与他人及其周围世界相互作用的结果。杜威的这一观点基本得到了后来研究者的认可。所以，价值观指的是个人对周围世界中人、事、物的看法，是个人据以评价和区分好坏的标准，它可以推动并指引个人做出决定和采取行动。

1. 价值观的形成

价值观萌芽在幼儿期、儿童期，这期间主要是接受社会既定的价值。这时，社会化代理人（如父母或其他成人）对于儿童行为的要求，以及儿童对于同性父母的认同，形成了儿童的基本价值观念和基本行为规范。随着年龄的增长和身心的日益成熟，尤其是认知能力的发展，青少年开始对周围世界有了新的认识，开始意识到以往价值的逻辑性矛盾和父母价值观念的局限性，并进而对既存价值观进行批评，以重新建立自己的价值观。于是，童年期具体的、重视外在价值的价值观念开始向青少年期抽象的、重视内在价值的价值观念过渡。

价值观是一种习得的人格（或个性），青少年价值观学习的历程可分为 4 个阶段：先有价值感，后有价值观，进而建立价值标准，最后才能做价值判断（张春兴，1993）。价值感是个人主观的感受，它由个人生理上和心理上的需要产生相应的要求，这些需求一旦得以满足，即个人有一种心得，因而产生价值感。比如，一个人在身处危难时求助于朋友，得到朋友的帮助并渡过难关，那么，友情友谊对这个人就有价值感。对个人来说，有价值感的东西会有很多，即个人的价值感是多元取向的，这实际上就给青少年造成了冲突、为难的困境，然而，青少年必须就此做出选择。正是在不可回避、对多元取向价值的定向中，青少年通过了解、思辨、选择、比较、组合、调整等学习历程，最终建立起属于自己的价值观。

2. 价值观的特点

价值观作为个人对周围世界中人、事、物的看法，它具有以下主要特点（黄希庭，1991）。

主观性：个人据以评价和区分好坏的标准是根据个人自己内心的尺度来把握的，它取决于主体自身的需要。

选择性：青少年随着身心的成熟，开始主观地、有意识地选择符合自己的评价标准，形成个人特有的价值观。

稳定性：个人的价值观形成之后具有相当的稳定性，往往不易改变，并在个人的兴趣、理想、信念和行为上表现出来。

社会历史性：处于不同历史时代、不同社会生活环境中的人的价值观是不同的。

3. 价值观的种类

客观世界的纷繁复杂及个人需要的千差万别决定了相应价值观内容的丰富多彩。研究者根据不同的标准对价值观进行了不同的分类。

斯普兰格（Spranger，1928）根据社会文化生活方式把个人价值观区分为 6 种，即理论的、经济的、审美的、社会的、政治的和宗教的。

莫里斯(Moris，1956)提出 3 种精神(酒神精神、普罗米修斯精神、如来精神)作为价值的根本基础，从而设定了 13 种生活道路模式；日本学者见田宗介(1966)把它们定为中庸型、达观型、慈爱型、享乐型、协同型、努力型、彩色型、安适型、容忍型、克己型、冥想型、行动型和奉献型。

另一种为很多哲学家、人类文化学家和心理学家所认同的分类，是由人本主义心理学家罗克奇(Rokeach，1972)提出的。罗克奇根据行为方式或世界的终极状态，把价值观分为工具性的和终极性的。

在罗克奇的基础上，施瓦茨(Schwartz，1987)提出价值观可从 3 个角度进行分类：一是理想的最终状态或行为，与罗克奇理论的工具性和终极性价值观对应；二是利益，对应个人主义价值观、集体主义价值观和个人主义—集体主义兼有的混合价值观；三是动机，对应满足个体生物需要的动机、协调社会互动的动机、使群体得以生存并维护群体利益的动机。该理论自 1987 年初步形成至 2012 年进行理论重构，成为价值观研究领域最为成熟和广泛接受的理论(李玲 & 金盛华，2016)。

此外，雷塞尔(Rescher，1969)还根据"自我—他人"的维度把价值观区分为自我取向的和他人取向的两种。

总之，不同的研究者根据各自不同的研究兴趣、研究背景及个人的思维视野，从不同的角度对价值观进行了类别上的区分。由于各个观点各具其理，它们在为价值观的研究提供了不同思路的同时，也说明价值观的研究是一个十分复杂的课题。

(二)价值观的测量

对于价值观的研究，目前心理学家主要采用问卷法。因为各研究者关于价值观分类的标准不同，所以他们所设计使用的问卷也是不同的。

罗克奇(Rokeach，1973)设计的罗克奇价值观调查表(Rokeach Value Survey)是运用最广泛的量表之一。罗克奇指出，工具性价值观指的是道德感能力，而终极性价值观指的是个人价值和社会价值。因此，罗克奇提出的工具性价值观包括 18 项：有抱负、胸怀宽广、有能力、令人愉快、整洁、勇敢、宽恕、助人、诚实、富于想象、独立、聪明、逻辑性、钟情、服从、有教养、负责任、自我控制；而终极性价值观也包括 18 项：舒适的生活、兴奋的生活、有所作为、世界和平、美的世界、平等、家庭安全、自由、幸福、内心平静、成熟的爱、国家安全、享乐、拯救灵魂、自尊、社会承认、真正的友谊、才智。被试分别针对这两种价值观各自的 18 个项目，按照自己所认为的相对重要性排序，便反映出自己所持的价值观。

与施瓦茨价值观理论配套的两个测量工具——施瓦茨价值观调查表（Schwartz Value Survey，SVS）（1994）、新版肖像价值问卷（The Portrait Values Questionnaire，PVQ）（2012）——已被研究人员广泛使用。施瓦茨（2012）提出 19 种个体基本价值观：思想自主、行动自主、刺激、享乐主义、成就、支配权力、资源权力、面子、个人安全、社会安全、传统、规则遵从、人际遵从、谦逊、友善—关怀、友善—可依赖、博爱—关注、博爱—大自然、博爱—宽容。施瓦茨价值观调查表对价值观是直接测量的，而新版肖像价值问卷是间接测量的。测量结果需用每一项平均数减去所有项平均数，从而得到价值观相对重要性分数（Schwartz，2005）。

奥尔波特等人（Allport，Vernon，& Lindzey，1960）的价值研究量表（Study of Values Scale），也是被广泛运用的一种测验。他们确定了 6 种基本个性动机作为价值的成分，即理论的、经济的、审美的、社会的、政治的和宗教的。这一量表由 45 个项目构成，要求被试反映自己选择的偏好程度。它测的是实际的偏好，而非应该的偏好。

事实上，在奥尔波特等人的量表之前，肖尔（Shorr，1953）就已开发了价值活动测验（Test of Value Activities），这个测验包含 4 个价值观维度，即理论的、社会的、审美的和经济政治的。每一维度涉及 20 个问题，所以这份测验共包括 80 个项目。

值得一提的是，贝利斯和考奇（Bales & Couch，1969）以不同的方法来研究价值观。他们不是主观地确定价值项目，相反地，他们通过小组面谈和问卷获得了 252 个项目，形成了他们的价值素描问卷（Value Profile Questionnaire）。他们的研究产生了 4 个互不相关的因素，即对权威的接受、需要决定的表现对价值决定的约束、平均主义、个人主义。

此外，莫里斯（Moris，1956）编制的生活方式问卷（Life Style Questionnaire）可被用来测量人们对 13 种生活方式的价值观；萨珀（Super，1970）编制的职业价值观量表（Vocational Values Scale）可被用来测量职业威望和喜爱度。

（三）青少年价值观的实际状况

心理学家、社会学家进行的一些实际调查展示了青少年价值观的一些实际面貌。

1. 当代青少年的价值观

1988—1990 年，中国社会科学院社会学研究所青少年研究室主持开展了"10 年来中国青年价值取向演变"研究，进行了两次全国规模的问卷调查，其研究成果的总结提供了当代青少年价值观的生动画面。

在人生价值方面，调查结果表明，多数青少年（63.7%）关于人生目标的价值取向倾向于兼顾个人与后代的幸福。同时，纯自我取向的（20.1%）比纯后代取向的（15.3%）多，这与年龄较大的青年成人（31~35 岁）相反；青少年显示出更强的自我肯定、自我扩张的倾向。

在自我追求方面，过半数的青少年（50.2%）希望成为名人，有 14.1% 对此否认，35.6% 表示不确定；而年龄较大的青年成人相应的比例为 39.5%、32.6%、27.9%。青少年无论是在对成功、成就、出类拔萃和出人头地的向往上，还是在对这种向往的大胆表露上，都显得更具个性、更无所拘泥。

在对挫折和失败的归因方面，更多的青少年（约占 65%~71%）是内部归因，即认为挫折和失败是由于个人能力不够、未尽更大努力等造成的；少数人（约占 27%~32%）归因于命运不好、环境条件差等外部因素，这显示了青少年较为积极主动的人生态度。

在自己目前最大的苦恼方面，青少年最大的苦恼多是才能不足（50.2%）、不能实现抱负（39.0%）、孤独不被理解（31.2%）；而自己最大的幸福是事业成功（48.3%）、有知心朋友（39.0%）、有一个温暖的家（37.1%）。青少年的苦恼和幸福是对应的，对于他们来说，同伴的认可、理解和友情是获得幸福感的非常主要的条件。

在道德价值观方面，关于人最重要的品质，青少年的定位依次为善良、正直、进取、自信、勤劳、勇敢、宽容、谦虚、无私、认真。他们将构成人类社会基础文明的道德价值及自我肯定取向的价值看得很重，而对于过去所崇尚的无私、认真则看得较轻。

在道德评价标准方面，青少年与年龄较大的青年成人相比显得更少走极端，很少有人做出极端性的赞成和斥责，而"说不清"这种中间立场的人却不少，这也反映出青少年正处于价值定向的困境中。

在人我关系的道德原则方面，青少年对"主观为自己，客观为别人"的赞同（39.3%）少于反对（53.7%），这种价值定向与年龄较大的青年成人相反；对"人不为己，天诛地灭"的赞同（21.6%）也少于反对（76.6%），这种取向比年龄较大的青年成人更加突出。

在择业方面，青少年的择业动机依次为：发挥特长（43.9%）、实现抱负（41.0%）、稳定（39.0%）、符合兴趣（37.1%）、收入高（31.0%）；与年龄较大的青年成人相比，他们关于个人成就的需求较强烈，而对生活保障的需求则稍逊。

在政治价值观方面，青少年依次持社会安全（49.8%）、经济实力强（39.0%）、生活水平高（25.8%）为政治价值标准。此外，青少年在如何形成国家决策的问题上有更为明显的激进、自由的情绪特征。他们忧国忧民的参与意识也比较强，比如，赞成"位卑未敢忘忧国"的占77.3%。另外，青少年的诉讼观念和法制观念也较强。

2. 青少年价值观发展的年龄特征

黄希庭等（1989）使用罗克奇价值观调查表对我国的城市青少年学生的价值观进行了调查。结果表明，初中和高中各年级学生价值观总的来看相当一致。在终极性价值观中，有所作为、真正的友谊、自尊、国家安全被列为很重要的价值观，而内心平静、舒适的生活、兴奋的生活、拯救灵魂被列为很不重要的价值观。在工具性价值观中，有抱负、有能力、胸怀宽广被列为很重要的价值观，而整洁、自我控制、服从则被列为很不重要的价值观。这一结果与上述中国社科院的调查结果相似，而且其他研究（王新玲，1987）也得出了相似的结论。

然而，尽管青少年的价值观总体上较一致，但某些价值观对不同年龄的青少年来说有不同的重要性。从黄希庭等（1989）的调查结果中可以看到，从七年级到高中三年级，随着年级的升高，成熟的爱、社会承认、有能力、独立、钟情等在青少年的眼中变得越来越重要。这反映出进入青春发育期的青少年随着身心的成熟，独立意识大大增强，以及他们对社会交往和自己的未来生活追求有更多关注；而且伴随异性同伴关系的发展，青少年男女之间的交往更加成熟，开始具有成人男女交往的性质；然而，世界和平、国家安全等对于青少年的重要性却随年级升高而下降。

不同年龄的青少年在价值观上的这种变化也得到了其他研究(谭欣，1990；陈丽君，2008)的证实。总之，虽然青少年作为整体在价值观上有其特有的相似性和一致性，但对于不同年龄的青少年来说，某些价值却有不同的意义。

3. 青少年价值观的历史变迁

莫里斯(Moris，1956)曾用自己编制的生活方式问卷对美国、挪威、印度、日本和中国的青少年进行了调查，结果发现，当时中国青少年的价值观多属于协同型和奉献型，即他们强调参加集体活动、与他人和谐相处，并采取积极和实际的行动，同时也强调为他人、社会及全世界的未来献身。这种价值观正好反映了当时中国的社会历史要求。

20世纪70年代，日本心理学家(田崎仁等，2004)的两次对中学生劳动观的研究也发现了历史变迁性，其结果如图7-4所示。图7-4表明，在1970年，日本中学生的劳动观取向更多地表现为义务型(45.1%)，即无偿为社会尽义务，只有少数人的取向为金钱型(20.9%)，即为了收入而劳动；但到了1974年，这两种劳动观取向的人数情况却出现了相反的结果，即金钱型的劳动观(54.5%)远远多于义务型的劳动观(10.9%)。这个变化说明，日本中学生的劳动观随着时代的变化体现出历史变迁性。而自我实现型，即为了实现个人专长而劳动的劳动观，在这两次调查中并没有体现出明显的历史变迁性，只有1.3%的比例变化。

赵瑞祥、杨新益于20世纪80年代初的有关调查展示了20世纪80年代初我国青少年的价值观侧影。调查结果表明，大多数中学生的学习动力来自"为'四化'学好本领"(61.40%)，而"为报答父母期望"(14.35%)和"为了个人出路"(14.00%)的属少数。另外，对未来职业的选择和愿望，青少年对于从事脑力劳动的职业(如科学家、工程师、教师、医生)选择得较多，这也反映了当时强调的以"四化"建设

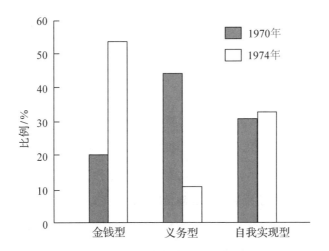

图 7-4　日本现代中学生未来劳动观的调查图(田崎仁，1978)

为中心的时代特色。再者，对"人不为己，天诛地灭"持赞同态度的人数不足3%。

　　而到了20世纪80年代末90年代初，青少年的价值观出现了很多新的特点，其中一个根本变化就是他们的价值观有了很突出的自我取向，不再像20世纪50年代或70年代末80年代初那样重视社会取向，他们更强调自己作为个体存在的价值。比如，此时期青少年中有27.6%的人赞同"人不为己，天诛地灭"，而20世纪80年代初的比例不足3%。当然，他们对外部世界也给予了很大的关注，也准备承担社会及历史赋予他们的责任。

　　总的来说，从改革开放至21世纪初，青少年价值观从集体利益、整体利益、长远利益、精神利益、集体控制取向，转变为个人利益、局部利益、眼前利益、物质利益、自我实现取向；青少年价值观的特点主要为爱国无价、维护民族尊严、笃信自我、崇尚主体选择(薛忠祥，2008)。

三、道德发展

　　在整个中学阶段，青少年的道德迅速发展，他们处于伦理道德形成的时期。在初中学生品德形成的过程中，伦理道德开始出现，但在很大程度上表现出两极分化的特点。高中学生的伦理道德则带有很大程度的成熟性，他们可以比较自觉地运用一定的道德观念、原则、信念来调节自己的行为，随之而来的就是价值观、人生观的初步形成。

(一) 中学生伦理道德发展的特征

中学生个体的伦理道德是一种以自律为形式，遵守道德准则并运用原则、信念来调节行为的品德。这种品德具有 6 个方面的特征。

1. 能独立、自觉地按照道德准则调节自己的行为

伦理是指人与人之间的关系及必须遵守的道德行为准则。伦理是道德关系的概括，伦理道德是道德发展的最高阶段。从中学阶段开始，中学生个体逐渐掌握这种伦理道德，而且还能够独立、自信地遵守道德准则。这里所说的独立性就是自律，即服从自己的人生观、价值标准和道德原则；这里所讲的自觉性也就是目的性，即按照自己的道德动机去行动，以符合某种伦理道德的要求。

2. 道德信念和理想在中学生的道德动机中占据重要地位

中学阶段是中学生道德信念和理想形成，并开始运用它们指导自己行动的时期。这一时期的道德信念和理想在中学生个体的道德动机(moral motivation)中占有重要地位。中学生的道德行为更有原则性、自觉性，更符合伦理道德的要求。这是人的人格发展的新阶段。

3. 中学生道德心理中的自我意识明显化

前文提过的"吾日三省吾身"，意味着任何人做任何事时都需要三思而后行；但从中学生道德发展的角度来看，是提倡自我道德修养的反省性和监控性。这一特点从青少年期开始越来越明显，它既是道德行为自我强化的基础，也是提高道德修养的手段。因此，自我调节道德心理的过程是自觉道德行为的前提。

4. 中学生道德行为习惯逐步巩固

在中学阶段的青少年道德发展中逐渐培养起良好的道德习惯，是进行道德行为训练的重要手段。因此，与道德伦理相适应的道德习惯的形成是道德伦理培养的重要目的。

5. 中学生道德的发展和人生观、价值观的形成是一致的

中学生人生观、价值观的形成与道德品质有着密切联系。一个人人生观、价值观的形成是其人格、道德发展成熟的重要标志。青少年的人生观萌芽和形成不仅受主体道德伦理价值观的制约，而且又赋予其道德伦理以哲学基础，因此，两者是相辅相成的，是一致的。

6. 中学生道德结构的组织形式完善化

中学生一旦进入伦理道德阶段，他的道德动机和道德心理特征在其组织形式或进程中就形成了一个较为完整的动态结构。其表现为3个方面：①中学生的道德行为不仅按照自己的准则规范定向，而且通过逐渐稳定的人格产生道德和不道德的行为方式；②中学生在具体的道德环境中，可以用原有的品德结构定向系统对这个环境做出不同程度的同化，随着年龄的增加，同化程度也增加，他们还能做出道德策略，能否做出比较完整的道德策略是与中学生独立性的心理发展的好坏相关的，他们同时能把道德计划转化为外观的行为特征，并通过行为所产生的效果达到自己的道德目的；③随着中学生反馈信息的扩大，他们能够根据反馈的信息来调节自己的行为，以满足道德的需要。

(二) 中学生道德从动荡迈入成熟

少年期的道德具有动荡性，到了青年初期，才逐渐变为成熟。

1. 少年期道德发展的特点是具有动荡性

从总体上看，少年期的道德虽具备了伦理道德的特征，但仍旧是不成熟、不稳定的，并有较大的动荡性。

少年期中学生道德动荡性的特点的具体表现是：道德动机逐渐理想化、信念化，但又有敏感性、易变性；他们道德观念的原则性和概括性不断增强，但还带有一定程度具体经验的特点；他们的道德情感表现得丰富、强烈，但又好冲动且不拘小节；他们的道德意志虽已形成，但又很脆弱；他们的道德行为有了一定的目的性，渴望独立自主地行动，但愿望与行动又有一定的距离。所以，这个时期既是人生观开始形成的时期，又是容易发生两极分化的时期。品德不良、走歧路、违法犯罪等多发生在这个时期。因此，这个阶段的中学生品德发展的可逆性大，体现出半幼稚和半成熟、独立性和依赖性错综复杂而又充满矛盾的动荡性的特点。

究其原因，有以下 3 点。第一，生理发展剧变，特别是外形、机能的变化和性发育成熟，然而，心理发育跟不上生理发育，这种状况往往使少年期中学生容易冲动。第二，从思维发展方面分析，少年期的思维易产生片面性和表面性，因此，他们好怀疑、反抗、固执己见、走极端。第三，从情感发展上分析，少年期中学生时而情感振奋、奔放、激动，时而动怒、怄气、争吵、打架，有时甚至走向泄气、绝望。总之，他们的自制力还很薄弱，因而易产生动摇。这就是前述的人生发展中的心理性断乳，他们站在人生的十字路口上，也处在人生观、价值观开始形成的阶段。初中教师，特别是八年级的教师，应从各个方面帮助学生树立正确的观点，特别是人生观、价值观和道德观（moral idea），以便他们做出正确的选择。

2. 青年初期是道德趋向成熟的开始

青年初期，这里主要指八年级后直到高中毕业。这个时期结束，即年满 18 岁时，正好取得公民资格，享有公民的权利，履行公民的义务。青年初期品德发展逐步具备前述品德的 6 个特点，进入了以自律为形式，遵守道德准则，运用信念来调节行为的品德成熟阶段。所以，青年初期是走向独立生活的时期。成熟的指标有两个：一是能较自觉地运用一定的道德观点、原则、信念来调节行为；二是人生观、价值观初步形成。这个阶段的任务是形成道德行为的观念体系和规则，并促使其具备进取和开拓精神。

然而，这个时期不是突然到来的。初中时期是中学阶段品德发展的关键时期，继而初中升高中，开始向成熟转化。应该指出，在八年级之后，一些青少年在许多品德特征上可能逐步趋向成熟；而在高中初期，仍然明显地表现出许多少年期动荡性的年龄特征。

3. 青少年道德发展关键期和成熟期的时间

我在对在校中学生道德发展的研究中，以前述品德的 6 个特点为中学生道德发展的指标，追踪调查了北京市 50 个班集体的 2250 名中学生，探究什么时候是中学生道德发展最容易变化的阶段。结果如表 7-10 所示。研究发现，八年级学生所占的比例在上、下两个学期(54%和30%)都明显地高于相邻的两个学期,即七年级下学期(10%)和九年级上学期(6%),这说明,八年级是中学阶段道德最容易变化的阶段——中学生道德发展的关键期或转折期(林崇德,1980)。

表 7-10　中学生道德发展关键期的确定(林崇德,1980)

七年级下学期	八年级上学期	八年级下学期	九年级上学期
10%	54%	30%	6%

在同一个调查研究中,以"自觉运用道德观点、原则和信念来调节道德行为"和"人生观、价值观的初步确立"这两个项目为道德发展成熟的指标,结果如表 7-11 所示。从九年级下学期开始,比例出现突增的趋势,并继而维持相对稳定的水平。因此,可以推测,从九年级下学期到高中一年级是青少年道德发展的初步成熟期。

表 7-11　中学生道德发展成熟期的确定(林崇德,1980)

八年级下学期	九年级上学期	九年级下学期	高一年级上学期	高一年级下学期	高二年级以后
4%	6%	38%	36%	10%	8%

由于道德成熟前后的可塑性是不一样的,应该把握成熟前可塑性大,特别是少年期这一道德易两极分化的有利时机,加强对青少年的道德教育。

青少年自我意识的发展、价值观的确定、道德的稳定或成熟,集中地表现出青少年已经掌握和再现社会经验、社会联系和社会必需的自我监控、价值、信念以及社会所赞许的行为方式;完成了儿童青少年的社会化,以新的角色进入社会,真正成为社会的一员,为发展到成年期做了准备。

第八章

成人前期的心理发展

　　成人，顾名思义，是指已经成熟的人，一般指年满 18 岁的那一部分人的总体。成人的年龄跨度很大，其中既包括青年晚期（post youth），即成人前期或成年前期（early adult），又包括中年期（也称成人中期）和老年期（也称成人晚期）。不同时代、不同国家、不同民族划分成人的年龄标准不尽相同，受到多种因素的制约。

　　成人前期（或成年前期），又称青年晚期，系处于 18～35 岁这个年龄阶段的个体发展期，这是个体从"疾风怒涛"的青年前期逐步走向一个相对平静、相对成熟的发展时期，其间的痛苦与欢乐构成一个人一生中最绚丽多彩的乐章。当个体进入成人前期，就面临着一系列新的发展任务，包括学习深造、就业、择偶、建立家庭、抚育子女和创造事业等，这就需要个体具备适应这些新任务的心理品质。个体对于这一系列的发展任务，一般是分阶段逐步完成的。当然，处于成人前期各个年龄阶段的个体并不是只绝对地顾及一种发展任务，而是在接受多种发展任务的同时，较侧重于其中的某一方面，做出具体安排。因为成人前期中相当一部分成员在读大学本科或研究生，所以大学生心理研究成为这个阶段的一项重要研究课题。

　　在成人前期，毫无疑问的是，如此众多而重大的发展任务对个体的适应性来说是一个严峻的挑战。从这个阶段开始，个体成为一个承担所有社会责任、真正意义上的社会人，个体在实现这一连串的发展任务时，也就对自己进行了社会的定位。从个体的思维发展看，个体在这个阶段进入后形式思维或辩证思维阶段，思维超越了那种严格的逻辑程式，而且考虑到众多因素对事物发展的影响。在其情绪情感方面，这个时候个体的任务在于获得亲密感、避免孤独感，体验爱情的实现。从社会性发展的角度考察，个体在这个阶段最明显的特征是人生观的确立。

本章着重讨论以下问题。

①成人前期的心理发展具有哪些特点？

②成人前期的认知发展有何变化？如何理解思维发展的第五个阶段？

③成人前期创造事业需要具备哪些条件？

④成人前期价值观的特点是什么？

⑤成人前期的社会性发展有什么新特点？个体如何适应丰富多彩的社会生活？

第一节

从志于学到而立之年

孔子曰："吾十有五而志于学，三十而立，四十而不惑，五十而知天命，六十而耳顺，七十而从心所欲，不逾矩。"（《论语·为政》）这是孔子的毕生发展观，阐明了人的心理，特别是成人心理的发展趋势，它体现了人的心理发展的一般规律，并一直影响着我国 2000 多年来对个体发展阶段的认识。

在 18~35 岁的成人前期，诚如孔子所指出的，正处于从"志于学"到"而立"的过程。18 岁是多数国家授予公民公民权的年龄，高中毕业也在 18 岁前后。这个年龄是个体分化或分层的时期，有一部分人去大学深造，另一部分人则就业，若干年后，大学毕业生除一部分人继续深造外，大多数走向工作岗位；再过若干年，都于一定岗位上工作，获得某种职业。30 岁是"而立之年"，"而立"含义虽广，但大致蕴含 3 层意思：一为独立成家，经济自立；二为建立事业，开创事业；三为事业有成，有所作为。简言之，就是成家立业。

从个体心理发展的视野观之，这一时期既符合个体发展的一般特征即普遍性，又具有这个特定年龄阶段的独特性。其最明显的特征表现为以下 3 个方面：一是这个阶段的发展任务较青年期更为繁重、艰苦和复杂；二是其所承担的社会角色发生了很大的改变；三是无论在生理上还是心理上，个体都开始走向人生的顶峰。这里着重从上述 3 方面详细分析成人前期个体发展的特征。

一、成人前期的特征及发展任务

目前发展心理学界在论述成人前期的特征时，往往从青年晚期的特征开始，这是有一定道理的。

青年晚期的年龄规定在国际发展心理学界并不统一，有的定为 18 岁至 21 或 22 岁；有的定为 18 岁至 25 岁；现在的倾向则延伸到 28 岁或 30 岁，甚至到 35 岁。不管如何规定，青年晚期都是成人前期的主要阶段。

(一) 成人前期的基本特征

成人前期的基本特征，大致表现为 5 个方面。

1. 从成长期到稳定期的变化

儿童青少年阶段被称为成长期(grow period)，从本书第五章到第七章，都可以看到这种趋向。青少年期的生理发展达到高峰期，心理也趋向初步成熟，如第七章所述，15~17 岁，无论是思维(认知、智力)，还是品德(社会性)，都达到了一定的成熟水平。进入成年前期，就转入稳定期(period of maintenance level)。这种稳定性体现在这个阶段的绝大多数人的身上，具体表现为：①生理发展趋于稳定；②心理发展，尤其是情感过程趋于成熟，性格已基本定型，若要改变也是非常困难的；③生活方式在 35 岁之前基本趋于固定化和习惯化；④有一个较为稳定的家庭；⑤社会职业稳定，且能忠于职守。

2. 智力发展到达全盛时期

人的认知、智力在 18~35 岁进入全盛时期，如图 8-1 所示。这幅图的制作者是美国心理学家卡特尔等人(Cattell, Horn, 1967, 1970, 1982；Horn & Hoper, 1992)。所谓流体智力(fluid intelligence)是指与遗传和生理发育相联系的智力，随着 13、14 岁脑和整个神经系统的成熟，平均到 16 岁，流体智力达到顶峰，然后慢慢地下滑；而人的智慧主要依靠晶体智力（crystallized intelligence），它以经验、知识为基础，来自教育，来自学习。这两种智力都能被用上是在什么年龄？20~34岁，即成人前期。这个时期，人们以兴趣、理想、情感、态度、价值观等非智力因素为契机，勤奋刻苦地在这两种智力的基础上完成学业，争取成才。否则，就应了古人那句话：少壮不努力，老大徒伤悲。

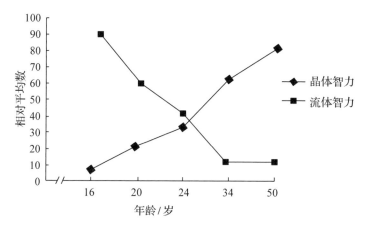

图 8-1 流体智力与晶体智力的发展

3. 从恋爱结婚到为人父母

18~35岁这个阶段是恋爱、结婚、生儿育女的年龄。

我国城市女性在20世纪40年代平均初婚年龄为19.2岁，50年代为20岁，60年代为21.5岁，70年代为23.1岁，到了1980年为24.8岁，1985年又上升到25.4岁。根据2014年的全国调查（梁颖、张志红、高文力等，2018），中国当前城镇男女初婚年龄平均分别为28岁和24岁，农村男女初婚年龄平均分别为26岁和22岁。

恋爱为结婚的定向阶段，自然早于上述年龄，但一般也在18岁之后。这是因为：①大多数青年此时已经就业或进入大学，获得了一定的劳动技能，初步完成了社会化的重要任务；②心理发展成熟，特别是价值观和人生观相对稳定；③生理发育成熟，性意识也趋于成熟（约20岁，其成熟指标为理解两性关系，产生精神上的性需要，形成自觉控制性冲动的意志力）（卢家楣，1989）。人自然地开始考虑终身大事。

虽然结婚之后未必人人都要孩子，但生儿育女毕竟是婚后的一件大事。对绝大多数成人前期的个体来说，为人父母是最重要的生活角色之一。尽管有人在成年中期也继续生育，但多数女性在 40 岁之前生育，再加上目前多数配偶年龄相仿，所以成人前期是进入父母角色的重要阶段。

4. 从创立事业到紧张工作

金兹伯格(Ginzberg，1972)提出，一个人的职业选择要经历 3 个阶段。

一是幻想阶段，10 或 11 岁之前，个体憧憬着各种令人瞩目的职业，而不考虑现实的可能性。

二是尝试阶段，为青少年期，产生选择职业的倾向，但由于年龄不同，这种倾向的侧重点也不一样。11~12 岁，主要从兴趣、爱好出发；13~14 岁，开始注意自己相应的能力条件；15~16 岁，从一些职业的价值进行分析；17~18 岁，综合考虑兴趣、能力、价值观诸方面因素，做出有关职业可能性的选择。

三是现实阶段，始于 18 岁，个体具体选择职业，并在一定领域内实现自己的愿望。

现实阶段正是在成年前期开始的。成年前期有了一定的职业，且这种职业是和兴趣、能力、价值观联系在一起的，于是职业必然成为个体的一个立足点，以此确信自己的存在，并作为实现自我价值的重要手段；顺理成章地，创业也必然成为这个年龄阶段的主要目标。

创业是追求事业的成功。尽管成功要有一定的机遇，但更重要的是利用自己的智慧和潜力为实现既定目标不断奋斗。因此，而立阶段的成年前期肯定要努力地工作。

努力工作对个人来说就是一种压力。如果需求适度，成就辉煌或知足常乐，人往往会越来越有所作为；如果需求太高，成就一般，或事业成就与个人期望相差太大，人则会因为自己成了一名爬不上顶峰的登山者而感到沮丧。可见，紧张的工作也带来了紧张的情感体验，甚至产生焦虑，这常出现在 30~35 岁这个年龄阶段。

5. 从困难重重到适应生活

成年前期是未来生活的实习期，是人生建功立业的准备阶段，欢乐与痛苦构成人生绚丽多彩的乐章。这个阶段的个体面临很多从未遇到过的困难。过去有双亲照顾、教师指导、同学协助，而今在结婚成家、生儿育女、事业成就、社会关系、经济问题面前，一切要自立、自行解决，这必然是一个与过去成长期不一样的多问题时期。因此，良好的生活适应就成了这个时期的主要发展课题。我曾对大学生做演讲，希望他们要适应困难、克服困难，我讲道：

> 面对困难，笑对困难，克服困难；
>
> 容忍寂寞，放弃虚荣，轻装前进；
>
> 调整心态，扬长避短，应对挑战。

如果适应不良，就可能产生心理疾病。霍姆斯等人（Holmes et al.，1974）运用生活图表（life graph，即依据生活事件的重要性排列而做的图表）的观点，调查了5000多人的心理疾病史，列出生活图表。对表内几十项生活事件，按其对心理影响的程度排列，影响程度最大的为100，每项都给予一定的分值。若一个人在一年内累积的分值超过200分，就有50%的概率发生心理障碍；若超过300分，这一概率几乎为100%。

生活事件与成人心理变化的关系是十分密切的，不同生活事件又对成人心理产生不同的影响，因此，对成人期的心理研究应该强调生活事件对成人心理的影响。

（二）成人前期的发展任务

成人前期的发展任务与其基本特征是相辅相成的：一定的发展任务可以表现为一定的发展特征；而一定的发展特征又提供了完成发展任务的条件。

1. 发展任务

早在20世纪30年代，哈维格斯（Havighurst，1956）就提出成人前期的发展任务。他认为，青年男女为了满足心理上的适应，就必须实现两个目标：①从精神上脱离家庭而走向独立；②建立与异性朋友之间的良好关系。之后，许多心理学家从各自的理论观点出发，列举了各种各样的项目，作为成人前期的发展目标或发展任务。

一般来说，成人前期的发展任务有以下 10 种。

①学习或实践与同龄男女之间新的熟练交际方式。

②承担作为男性或女性的社会任务。

③认识自己身体的构造，有效地使用自己的身体。

④从精神上到行为上都独立于父母或其他成人。

⑤具有在经济上自立的自信。

⑥选择职业及就业。

⑦恋爱、结婚及为人父母。

⑧发展作为公民一员所必需的知识和态度。

⑨追求并完成负有社会性责任的行为。

⑩完善价值观和伦理体系。

2. 社会要求决定着发展任务

成人前期的发展任务多取决于社会要求。大多国家的公民年满 18 岁就取得公民权，他们依据自己国家的宪法或法律规定，享有权利并承担义务。青年晚期的任何一个社会成员，如果不能符合特定社会的要求，不能积极地承担社会义务，就不能享受应有的社会权利，也就不能很好地执行各种社会行为准则，其社会适应必定是失败的。因此，成人前期的个体必须逐步适应并自觉按照社会要求来采取行动。于是，社会要求就表现在成人前期的种种发展任务上。这些任务主要表现在如下 5 个方面。

①就业、创业，既为社会创一番事业，又取得经济上的自立。

②择偶、婚配，建立和谐的家庭。

③生儿育女，抚育子女，开始树立家长教育观念。

④作为社会群体的一员，逐步取得群体中的地位和社会地位。

⑤做一个合格公民，承担起公民的基本义务，享受公民的基本权利。

二、社会角色的变化

角色原指戏剧舞台上的人物。20 世纪 20 年代，心理学家将之引入社会心理学理论，称之为社会角色。社会角色是由人们的社会地位决定的，是社会所期望的行为模式，包括 3 层含义：①指一套社会行为模式，每种社会行为都是特定社会角色的体现；②指由人们的社会地位和身份决定，角色行为真实地反映了个体在群体生活和社会关系中所处的位置；③指符合社会期望的，按照社会所规定的行为规范、责任和义务等采取行动。

个体有的角色是生来就有的，如性别角色，个体在不知不觉中开始承担这种角色；但多数角色是变化的，随着年龄的变化，不断地出现各种社会角色。在成人前期，每个人的社会角色都发生很大的变化，因此，成人前期要通过角色学习（role learning）来了解和掌握新角色的行为规范、权利和义务、态度和情感、必要的知识和技能，以实现角色与位置、身份相匹配，即所谓角色适称（role appropriateness），从而使成人前期的个体在现实生活中扮演的角色符合社会对该角色应遵守的行为规范的要求。

成人前期社会角色的变化主要表现在以下几个方面。

（一）从非公民到公民

如前所述，个体进入成人前期，享受公民权，而公民角色是与其所在国家所规定的公民义务和权利联系在一起的。

1. 公民的基本义务

宪法或法律规定公民必须遵守和履行基本义务。这些基本义务包括：拥护政权、制度、政体和国体；维护国家统一和民族利益；遵守法律、法规、公共秩序和各种纪律；爱护和保卫公共财产；遵守社会公德；保守国家机密；保卫祖国，抵抗侵略，依据法律服兵役；等等。这些义务符合公民所在国家绝大多数人的最大利益，体现国家利益和个人利益、权利和义务的统一性。

2. 公民的基本权利

宪法或法律规定公民享有包括政治、经济、文化和社会的各个方面的基本权利。这些基本权利包括：有选举权和被选举权；有言论、出版、集会、结社、游行、示威、宗教信仰的自由；人身自由、人格尊严和住宅不受侵犯；通信自由和通信秘密受法律的保护；对国家机关和公务人员可以提出建议、批评，对其违法失职行为可以申诉、控告或检举；有劳动权、受教育权、休息权，在年老、疾病或丧失劳动能力的情况下有权获取国家和社会的帮助；有进行科学研究、文学艺术创作和其他文化活动的自由；妇女在各方面享有同男子平等的权利；等等。公民在行使权利的时候，不得损害国家、社会、集体的利益和其他公民的合法权利。

（二）从单身到拥有配偶

绝大多数单身男女都是在成人前期结成夫妻、互为配偶的。

1. 恋人角色的确立

恋爱双方的相识一种是自己结识，另一种是经人介绍。结识后，一旦彼此确认对方为恋爱对象，恋人的角色就确立了。恋爱是一种以婚姻为定向，以培养爱情为根本的男女间的交往（卢家楣，1989）。追求爱情是恋人角色的首要任务。

爱情是婚姻的基础，但不是决定婚姻关系的唯一条件。在现实社会中，男女结合除爱情外，还会考虑政治、经济、社会地位等条件，只是随着时代的变迁，对这些条件的侧重也发生了变化。目前，中国青年已把品德、才华、相貌、性格等放在主要位置，而经济条件和社会地位、职业等也是重要因素。

恋人角色的确立尽管有突发式的，即所谓"一见钟情"，但大多数都有一个发展过程，属于"谈－恋—爱"三步曲式情埋交融的恋爱。霍布金斯从恋爱双方的认知角度提出恋爱发展的 3 个阶段。第一阶段为过滤阶段（filtering），男女双方的注意点较多集中在彼此的外貌特征上；第二阶段为收缩阶段（narrowing），虽然这时外貌仍是十分重要的，但男女双方已把注意点转移到彼此的内在特征、社会成熟性以及情感上的交流方面；第三阶段为评价阶段（evaluation），男女双方的注意点进入彼此深层的人格特征，如忠诚、信赖、稳定性等。这是很有见地的，与目前青年的实际情况也基本吻合，这已为我的研究（林崇德，1990）所证实。

2. 恋爱成功者角色的特点

恋爱有成功，也有失败。在成功的恋爱中，双方在角色扮演上的表现有如下 3 个特点。

第一，完善的人格。如前所述，中国青年将品德、才华、相貌、性格放在主要的位置上。这些因素除相貌外，其余均属于人格因素。特别是品德，在品德成分中，首推忠诚因素。英国的一项社会调查表明，恋爱成功的原因，86%归于忠诚；恋爱失败的原因，94%归于不忠诚。

第二，最优契合，即表现为合得来。卢家楣（1989）的研究指出，合得来的恋爱角色有两条爱情心理原则：一是相似性，即男女双方在某些方面，特别是在兴趣、爱好、观念等倾向性方面和性格方面相似或相近，这有助于爱情的发生和发展；二是互补性（或相补性），即男女双方在身体特征、气质和性格等方面的相异或相反而实现互补，这也有助于爱情的发生和发展。

第三，端正恋爱态度。一是尊重恋人，爱护恋人；二是尊重自己，不能自卑；三是自重，不轻浮，不轻率；四是不猜疑，及时解除误会；等等。

3. 扮演配偶的角色

结婚后，建立了家庭，配偶双方要履行夫妻义务，即男性在家庭中扮演一个好丈夫的角色，女性在家庭中扮演一个好妻子的角色。社会期望夫妻角色都能做到：①对配偶的恩爱感情要忠诚专一，坚守节操，讲究婚姻道德；②不能朝三暮四、喜新厌旧，不能不顾及对方的痛苦去寻欢作乐；③在事业上要相互支持，志同道合；④经济上要民主、平等，开支上相互协商、妥善安排；⑤在生活上相依为命，同甘共苦，包括有和谐的性生活；⑥不论碰到何种天灾人祸、痛苦不幸，都应该忠贞如一，尽夫妻之责；⑦尊重双方父母，赡养双方父母；⑧生儿育女，承担起为人父母的职责。

（三）从为人子女到为人父母

结婚之前，个体在家庭里为人子女；成立新家庭之后，一旦生儿育女，就为人父母了。成人前期的绝大多数成员开始逐步担当起为人父母的角色。

子女的成长问题是摆在父母面前的第一个问题。讲究优生和优教（good education），注意子女的保健、卫生和营养，从婴儿呱呱坠地的那一天起，就有意识地对其品德、知识、健康等方面采取良好的教育措施，使他们早日成才，这是做父母特别是青年父母的神圣职责。所以，父母这个角色，既是孩子的养育者，又是孩子的第一任教师。如今，社会上越来越多的父母开始学习抚养和教育子女的道理和方法，肩负起养育下一代的重大责任，这是一种十分可喜的现象。扮演好父母的角色，首要的一条是注意以身作则地教育子女，掌握教育之道，懂得"上梁不正下梁歪"——身教之重要，懂得严格与慈祥、肯定与否定、奖励与惩罚、教育要求一致性等关系，从而成为成功教育子女的父母。

（四）从学生到职业人员

在 18 岁之前，多数青少年是学生，18 岁后逐步就业，因此，成人前期是由学生角色转变为职业人员角色的重要阶段。

职业选择发展是一个动力过程。在这个过程中，个体对职业角色的探索和确立能给正在发展中的自我概念最大的表现机会。萨帕认为，成人前期在进行职业选择的过程中，必须处理好 5 项职业发展任务，其中每一项任务的完成都包含两个主要的发展阶段——探索阶段和确立阶段。第一项任务是结晶化（crystallization），14~18 岁，即将职业观念整合到自我概念中，形成与自我概念相关的职业观念。第二项任务是职业爱好专门化（vocation preference specification），18~20 岁，学习职业训练课程，为择业做适当准备。第三项任务是职业爱好落实（implementation of a vocational preference），20~25 岁，进行广泛的职业训练，或直接从事所爱好的职业。第四项任务是稳定化（stabilization），25~35 岁，落实了具体的某一特定职业，通过尝试使自己适合工作。第五项任务是巩固作用（或凝固作用）（consolidation），在 35 岁以后，在各自职业上获得一定程度的成功和某种稳定的地位。

这些发展任务完整反映成人前期职业人员角色的确立、表现和稳定。

（五）从向往职业到事业的初步成功

成人前期在选择的职业上不断进步，从职业、工作发展到事业。尽管有些人很看重职业，且选择一个职业决定其生涯，但仍有不少成年前期的成员事业心很强，利用稳定的职业、工作开创自己的事业，开始卓有成效地立业、奋斗。这样，必然产生一批成功者或初步成功者，即达到有所作为的程度，这是促使这一阶段成员的社会地位分化、贫富分化、角色分化（role specialization）的重要原因。

这种角色分化的影响因素很复杂，有客观因素，也有主观因素；有机遇，也有内在努力。虽然不能贬低外部条件的作用，但内在主观因素往往显得更为重要。美国维特利（Waitley，1987）写了一本《成功者心理学》，曾先后印刷多次，很受欢迎。他强调成就大业者的10种心理品质：现实的自我觉察、自我尊重、自我控制、自我激励、自我期望、自我意象、自我调节、自我修养、自我规范、自我投射。他还指出，成功就是不断地进取，成功就是慷慨地把自己奉献给别人，成功就是一种毫无保留的爱。

三、走向顶峰时期

成人前期是人生走向顶峰的时期。这主要表现在4个方面。

（一）生理特点

18～35岁的男女，生理发育已达成熟，并呈现稳定状态。其特点为：①个体面部皮肤滋润，头发乌黑浓密，牙齿洁净整齐，体魄健壮，骨骼坚强且较柔韧，肌肉丰满且有弹性，脂肪所占体重比例适中；②个体内部各种机能良好，心脏血液输出量和肺活量均达到最大值，血压正常，有时略偏高，这个时期个体消化机能也很强，因此食欲较好；③个体自身的抵抗力强，而且能自觉地使用各种方法增强体质，预防疾病，所以这时疾病的发生率相对较低，即使患上某些疾病，也能在较短时间内治愈康复；④体力和精力均处于"鼎盛"期，能承担较繁重的脑力劳动和体力劳动，能为社会做出较大贡献。18～35岁是生理最敏捷的阶段，国内外大多数优秀运动员都处于这个时期，运动员获得冠军固然以运动技能技巧为主，但与其体力发展和生理特点也有直接关系。综上所述，这个时期是生育的高峰期。

（二）智力状态

与生理成熟同步，成年前期的智力也发展到"鼎盛"时期。在前文引用的流体智力与晶体智力发展趋势，已展示了成人前期的智力状态。

当然，前文的论述只表明了普通人智力发展的一般趋势，即人类智力一般在35

岁左右达到高峰。但是，不可否认，占相当比例的人，特别是一些科学家、政治家、思想家等，其50岁以后的智力水平高于其年轻时代(这将在后两章展开论述)。无论如何，这里都可以得到这样的结论：从成人前期起，人类的智力进入顶峰。

(三)创造与成就的最佳年龄

发展心理学的研究中，年龄与成就(age and achievement)是一个重大课题，并提出创造与成就的最佳年龄问题。当然，人有早慧现象，但也有大器晚成。自然科学与社会科学的创造与成就年龄有很大的区别，人与人之间也有很大的区别。不过，开始成才的年龄一般在25～40岁，也就是说，创造与成就的最佳年龄一般出现在25～40岁，这是国内外心理学界比较一致的看法。

莱曼(Lehman，1936)从20世纪30年代开始，一直从事人类创造力发展的研究。他曾研究了几千名科学家、艺术家和文学家的年龄与成就，认为25～40岁是成才的最佳年龄。马森(Mussen，1991)所著的《人类心理发展历程》中也有类似的观点。

张笛梅、杨陵康(1998)统计出了从公元600年到1960年完成1911项重大科学创造发明的1243位科学家、发明家；王通讯(2008)根据此项统计得出人才成功的柱状图(如图8-2所示)，结果与前述观点相似。从图8-2中可以看出，无论是做出第一次重大发明的人数，还是做出重大科学创造发明的项数，成人前期都是最佳年龄期。

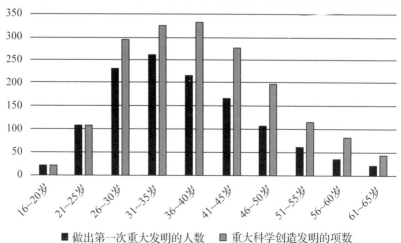

图8-2　人才成功柱状图(王通讯，2008)

叶奕乾等人（1982）根据莱曼的研究，将不同学科的成才平均年龄归纳为表 8-1。从表 8-1 可知，尽管不同学科个体成才的平均年龄不尽相同，但大部分学科的成才年龄基本都集中于成人前期。

表 8-1 不同学科的成才平均年龄（叶奕乾等，1982）

学科	成才平均年龄／岁	学科	成才平均年龄／岁
化学	26～36	声乐	30～34
数学	30～34	歌剧	35～39
物理	30～34	诗歌	25～29
实用发明	30～39	小说	30～34
医学	30～34	哲学	35～39
植物学	30～39	绘画	32～36
心理学	35～39	雕刻	35～39

尽管创造与成就在年龄研究结果上尚有分歧，但由表 8-1 可以看出，成年前期是创造与成就的最佳年龄，至少是成才的开始，为成年中期达到事业的顶峰创造了条件。

（四）社会交往的特点

随着自我同一性的发展，成人前期的个体能按照自己的需要、愿望、能力、爱好同其他人发展关系。他们开始不急于表达自己的观点，而愿意或有兴趣倾听他人的意见。马森（Mussen，1991）指出，此时的人际交往变得更友好、和善和相互尊敬，甚至可能有进行肯定或批评性探讨的更大余地。于是，成人前期的社会交往表现出如罗杰斯（Rogers，1971）所说的健康人际关系的两个特点：一是每个人能对有关系的他人发展无条件积极关注（unconditional positive regard）；二是能准确地感知他人的思想、情感。这样的交往促使个体积极发展社会关系，特别是人际关系，赢得他人的好感与支持，为开创自己的事业奠定社会关系的坚实基础。

第二节

成人前期认知的发展

从"志于学"到"三十而立"，创造与成就的心理基础离不开认知的发展。近年来，西方心理学家对成人期的认知发展进行了深入的探讨，形成了一些颇富新意的理论，这些理论为我们了解成人前期个体认知发展的特点提供了启示。本节结合国外的研究，着重讨论 3 个问题。

一、思维发展的第五阶段

诚如前述，皮亚杰以认识论为理论基础，把个体的思维发展划分为感知运动、前运算思维、具体运算思维、形式运算思维 4 个阶段。后来的研究者发现，皮亚杰的阶段划分并不完整，形式运算并不是个体认知发展的最高阶段。到 20 世纪 80 年代，研究者用后形式运算、反省判断（reflective judgement）、辩证思维、认识论认知（epistemic cognition）等不同概念，来描述个体思维超出皮亚杰形式运算思维阶段后的认知图式，统称为思维发展的第五阶段。这种思维发展的第五阶段就是成人前期的认知特点。

(一) 第五阶段思维特征的论述

第五阶段思维是什么意思？有什么特征？在国外有不少心理学家对这种思维的特征做了论述。

1. 里格的辩证运算

20 世纪 60 年代有两个研究发现。在皮亚杰的空间守恒任务中，个体并未表现出守恒的能力，第一章提到的里格（Riegel，1973）据此提出，形式思维并不能被用来表述成人的思维，皮亚杰的形式运算思维（或形式运思）只在某些特定条件下，如逻辑、纯学术领域中适用。1973 年，他首先提出辩证运算的概念，即强调人思维的具体性与灵活性，对于诸如现实与可能、归纳与演绎、逆向性与补偿作用、命题内与命题间的问题，能做全面的、矛盾的处理。他还认为，辩证运算可以更好地描述成人的思维。与皮亚杰的形式运算思维相对应，辩证运算也有 4 种形式：感知动作、前运算思维、具体运算思维和形式运算思维中出现辩证运算的思维特征。个体可以从形式运算思维的任一水平直接发展为与之相应的辩证运算模式，如图 8-3 所示。

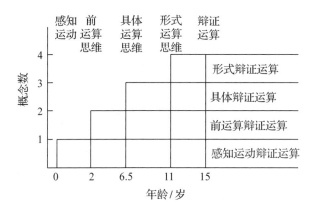

图 8-3　辩证运算模式（Riegel，1973）

里格认为，皮亚杰的理论是一种异化理论（theory of alienation），他以同化与顺应这一辩证基点来描述人的认知发展，认为个体的认知向抽象思维发展，但当个体的思维发展到形式运算思维阶段，这种思维表现为一种形式化了的无矛盾的思维，其发展的基点就不复存在。而在里格看来，矛盾是思维发展的源泉，例如，在感知运动、前运算思维和具体运算思维阶段，会遇到如上与下、前与后、左与右等相对性的或矛盾性的关系概念，在形式运算思维阶段更需要动态的、发展的、变化的辩证观点。所有这些都要以矛盾作为思考问题的基础，于是个体思维的发展是不断地抛弃皮亚杰理论中的结构，越来越接受矛盾，使每个阶段都有辩证运算的成分存在，逐步达到思维的成熟阶段。在不同年龄出现的不同思维阶段中，均包含不同水平的辩证运算成分。

2. 对后形式运算的具体分析

对于皮亚杰来说，形式运算思维阶段是认知发展的最后阶段。皮亚杰把青少年期描述为思想上开始一个新水平的阶段。这个时期，青少年获得了思考自己心理过程、设想某种状况中的多种可能及在心理上产生多个假设的能力。简单地说，青少年期相对于前面各时期，以更符合逻辑、抽象和创造性的途径考虑问题。

许多心理学家推测在形式运算思维阶段之后有第五个本质不同的思维水平（Demetriou，1988；Soldz，1988）。对后形式运算思维的不同观点中有以下3个共同特点：第一，成年人开始认识到知识不是绝对的而是相对的，他们认识到没有单纯简单的事实，认为事实是被构造出来的现实——人们经历过，并且被大脑活动加工过，如在工作中有许多时候人们对一个项目有不同的看法，需要学会合作；第二，成年人开始接受生活中存在的矛盾，以及知识之间的不兼容，这是在由成人扩展的社会空间中形成的理解，在更大的社会空间中，成年人面临着不同的观点、不同的人及不相容的角色，他们不断被要求从多个可能中选择一个行为过程，如人们尊重和按照老人们告诉我们的去做，即便相信那可能不是最好的行为过程；第三，因为成年人认识到生活中存在矛盾，所以必须找到一些相容的整体来组织自己的经历，换句话说，必须综合信息，将每条信息作为整体的一部分进行解释，如有时人们不得不看得更广，认识到自己需要工作来养活自己和家庭，即使自己并不满意工作环境。

这里是后形式运算思维的一个初步模型，需要进一步的研究来确定认知发展模型中第五阶段的正确性。

另外，进一步的研究可能表明皮亚杰模型的局限性。研究皮亚杰学说的人逐渐挑战他理论中的设想。比如，事实证明年轻人和老年人仅在他们的认知能力方面有所不同：年轻人会更多依靠理性和形式思维模型；老年人在推理时会发挥更大的主观性，更多依靠直觉和社会环境（Labouvie-Vief，DeVoce，& Bulka，1989）。另外，更复杂的认知任务对工作记忆有更高的要求，它的毕生发展轨迹呈倒U形曲线，在成年前期和中期（20~50 岁）较为稳定，而在成年晚期呈线性下降趋势，这与额叶和顶叶的脑区活动有密切关系（Eriksson，Vogel，Lansner，Bergström，& Nyberg，2015）。无论如何，如今大多数心理学家承认认知发展贯穿整个生命过程，这个观点在过去 40 年中已经获得了全世界的认可。

(二) 成人前期的思维发展

智力测验表明，个体在 20~25 岁时，思维以比较缓慢的速度发展，之后则渐趋稳定，进入高原期（plateau period），直到 50 岁左右开始缓慢下降。

成人前期个体的思维优势主要表现在理解能力、分析问题能力、推理能力及创造思维能力等方面。这个时期的个体已具有较稳定的知识结构（knowledge structure）和思维结构，并积累了许多经验，掌握了解决某些实际问题的技能，思维品质也趋于稳定。

一般来说，个体从少年期开始掌握辩证思维；青年初期辩证思维获得较快的发展；成人前期的辩证思维达到成熟程度。里格指出这 3 个时期的个体能解决辩证问题的比例分别为 30%、51% 和 62.5%；另外，成人前期在信息加工中不再限于储存与提取，还能提出疑问，能全面把握信息，突破固定的步骤，灵活地检验反思，协调信息加工过程的矛盾，做出较合理的反应。

二、成人前期基本能力的发展

在成人前期，不论是学习（主要是在大学里攻读各种学位或接受成人教育），还是就业、开展工作，都需要以一定能力为基础，这促使人各方面能力获得应有的发展。

(一) 成人前期的一般能力

如前所述，成人前期的一般能力或一般智力达到鼎盛时期。

1. 能力和智力

能力与智力的关系是密不可分的。首先，能力与智力同属于个性或人格的范畴，它们都是在成功地解决某种问题(或完成任务)时所表现出来的良好适应性的个性心理特征。其次，能力与智力有一定区别，一般地说，前者偏于活动，注重解决会与不会的问题，它是保证顺利地进行实际活动的稳固心理特征的综合；后者偏于认识，注重解决知与不知的问题，它是保证有效地认识客观事物的稳固心理特征的综合。再次，活动与认识总是统一的，认识离不开一定的活动基础，活动又必须有认识的参与，因此，能力与智力是一种互相制约、互为前提的交叉关系。最后，能力中有智力，智力中有能力，智力和能力的总称为智能。我国古代不少论著，如《吕氏春秋·审分览》《九州春秋》《论衡·实知篇》等，都将两者结合起来统称为"智能"。但不论是能力还是智力，其核心成分都是思维，如理解、命题、分析、推理、证明等，都是思维的具体表现形式，其基本特征是概括。

2. 成人前期一般能力的发展

一般能力或一般智力是由思维感知、观察、记忆、想象、语言和操作技能组成的。成人前期个体的一般能力从两个方面表现出来，一是认识，二是实际操作。成人前期的认识发展，前文已做较多的分析，这里不再赘述。成人前期的实际操作能力有两层含义。

其一，已表现出来的实际能力和已达到的某种熟练程度，可用成就测验来进行测量。

其二，潜在能力，即尚未表现出来的心理能量，但通过学习或训练则可以发展起来的能力与可能达到的某种熟练程度，可用性向测验(aptitude test)来进行测量。

实际能力与潜在能力是不可分割的整体。潜在能力是一个抽象的概念，它仅指出了各种能力展现的可能性，只有在遗传与成熟的基础上，通过学习或训练才可能变成实际操作能力。潜在能力是实际能力形成的基础和条件，而实际能力是心理潜能的展现，二者不可分割。

能力测验表明，成人前期通过学习和训练可获得相当的知识、学识、技能，并在此基础上使自己的职业、工作达到一定的成功；成人前期是将潜在能力转变成实际能力的时期；成人前期也是在实际工作中表现出成就差异的阶段。

综上所述，成人前期在一般能力发展上，不仅使所有的一般能力都获得齐全而成熟的表现，而且几乎都达到高峰，且出现高原期，直至 50 岁左右才开始缓慢地下降。成人中期在事业上的成就，正是以成人前期的一般能力发展为智力基础的。对大学生的"基因—脑—行为"的研究（Zhu，Chen，Dang，Dong，& Lin，2017；Zhu，Chen，Xue，Lei et al.，2014；Zhu，Chen，Xue，Moyzis et al.，2014）表明，成年前期的智力和大脑特定脑区的体积（如海马脑区和丘脑）及神经递质基因有关。

（二）成人前期的特殊能力

成人前期表现出许多特殊能力，以适应这个阶段发展的角色变化。

1. 职业能力

成年前期的个体就业，成为各种职业人员，需要具备从事各种职业活动的特殊能力。例如，教师的教育能力就是一种特殊能力。韩进之等人（1992）认为，教师应具备的能力包括：全面掌握和善于运用教材的能力，良好的语言表达能力，善于了解学生人格心理特征和学习情况的能力，敏感、迅速且准确的判断能力，组织领导课内外活动的能力，独立思考和创造性地解决教育教学问题的能力，因材施教的能力，教育智慧，等等。

职业能力的测量工具是前述的成就测验和职业性向测验（occupational aptitude test）。前者测定的是个人从事现有职业所表现出来的实际能力，后者测定的是个人的潜在职业能力。现有的职业性向测验多被用于测量个人在音乐、艺术、机械、文学、创造发明等方面的特殊潜在能力。

成人前期的个体为表现其职业角色行为，经过技能训练后进入职业活动领域，职业能力从中获得发展。近 35 岁的时候，从事各种职业的个体大多数能熟练掌握特定职业角色所需要的技能，使其胜任本职、提高功效、创立事业。这也是成年前期成为创造发明、建功立业年龄阶段的原因之一。

2. 处理人际关系的能力

18~35 岁这个年龄阶段是个体建立各种复杂人际关系的最重要时期，人际关系主要表现在恋爱、婚姻、家庭、与他人的友谊及其在工作、学习、娱乐活动中与人形成的各种联系上。文化背景、民族传统、时代背景及个人的人格、品德、性别、受教育程度都会影响其对待恋爱、婚姻、家庭和其他人际关系的态度，以及处理这些关系的方式和方法。成人前期的个体正是在这些错综复杂的关系中，学会适应和协调彼此的需要，解决各种矛盾，发展其处理人际关系的能力的。例如，怎样区分友谊和恋爱的界限？在恋爱过程中怎样相互融合而又不失去独立的自我？怎样从独身或与父母在一起的生活过渡到小家庭生活？怎样处理与配偶的关系和与婚外异性朋友的关系？怎样协调配偶与父母的关系、自己与子女的关系，以及自己与上司、与同事、与职业有关人员的人际关系？等等。所有这些都表现出个体处理人际关系能力的水平。若能处理好这些关系，成人前期的个体就会体会到人与人的亲密感情，而使生命充满活力；否则就会感到孤独，并难以适应成人社会。

3. 管理能力

管理有狭义与广义之分。狭义的管理主要指经济管理或企业管理；广义的管理泛指一切单位或组织有目的、有计划的管理。管理的对象有物与人两个方面。管理的职能有计划、组织、指挥、控制和协调等方面。

到了成人前期，每一个体都要进入一个单位，包括自己的家庭；都要接触物（如工厂的机器、工具、设备等）和人（如企业中的生产组织、学校里的学生等）；都有一个计划、组织、协调的过程，包括在家里，也都有经济管理、生活安排等。如果担任单位的管理人员，就有诸多领导行为和管理系统（management system）。所谓领导职务的高低，在一定意义上就是管理人数的多少。于是，对每个成人前期的个体来说，在一定程度上都有一个发展管理能力（management ability）的要求。例如，教师的教学管理能力，企业人员对技术系统（生产过程）与社会心理系统（社会过程）的管理能力，等等。这种管理能力的高低是决定成年前期个体在事业上是否有所作为的重要因素之一。管理能力在成年前期获得一定发展，到成年中期甚至成年晚期，也都会获得进一步发展。管理能力是选拔人才，特别是选拔领导人才不可或缺的条件。

4. 适应能力

适应原来是一个生物学的概念，心理学用这个概念来说明个体对环境变化做出的反应。皮亚杰认为，智慧的本质从生物学角度来说就是一种适应。人的适应行为

(adaptive behavior)包括诸多内容，如智慧、情感、动机、社会、运动等。与这种适应行为相对应的能力就是适应能力。成人前期的适应能力是个体在事业上有所建树并走向兴旺发达的必要条件，也是其心理适应的前提。第四节会对此展开分析。

三、智力与事业

成人前期是走向"鼎盛"的时期，其突出的表现是在事业上有所作为。成就一番事业，与智力和能力有直接的联系，因为工作成就在很大程度上取决于智力和能力。

马森(Mussen，1991)在谈到成人前期的智能与事业问题时指出，智力与职业选择有多种联系，有些是直接的，有些则是间接的。有些工作需要超常的智力才能做出成绩，因此这类工作需要学校的训练，例如，医生必须是那些能够完成医学学位课程的人。智商分数与经济上的成功有约 0.50 的相关。此外，有些职业还注重一些别的能力，例如，艺术家必须有创造性，组装工作要求良好的运动技能，绘图、建筑、服装设计则要求良好的空间能力，等等。

其实，天生其人必有才，天生其才必有用。每一种智能都能使个体从事一定的事业。成年前期的个体是否能"而立""有为"，关键是能否在人生的坐标上根据自己的智能找到适合的位置。

(一)智力类型与事业

每个人的智力不仅表现为各种不同的才能，而且表现为不同的类型。所谓才能，就是人们认识、理解、创造事物的能力；所谓类型，就是人们如何组合和使用自己的才能。成年前期事业的成功往往凭借不同的智力组合类型。

我与研究团队(林崇德等，1992)曾对学科能力的构成做过一个示意图(如图 8-4 所示)。我们认为，个体的学科能力是一个由学科性质、思维类型和神经机能 3 个维度组成的立体结构。其中，学科性质包含 3 个类型，即文科、理科和交叉学科；思维类型包括思想型、艺术型和中间型 3 类；而神经机能也有 3 类，即偏左脑功能型、偏右脑功能型和功能均衡型。

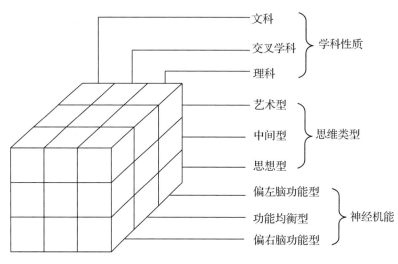

图 8-4 学科能力结构示意图(林崇德等，1992)

上述众多交互作用因素，对成人前期的不同个体而言会造成掌握智力类型的明显差异。虽然不同的青年教师在教育工作中都能获得出色的成绩，但这种成绩很可能是从不同的能力组合中获得的。有的教师也许语言能力占优势，有的则可能逻辑性推理占优势。前者可能利用演讲教育使学生明白教育内容；后者则认真分析教材，实际地将教育内容化成涓涓细流，一点点渗透进学生的心田。同理，同样具有领导才能的人，有的善于统筹全局和制定策略，有的则善于条理归类和处理细节。不了解这一点，就不可能真正地对不同智力类型的成人前期个体进行适性的求职指导。

(二)智力表现范围与事业

智力表现的范围很广，主要表现在学习领域与非学习领域、表演领域与非表演领域、学术领域与非学术领域，并从中显示出智力的个别差异。当然，这些领域是交叉的，往往没有严格的界线。成年前期事业的成功，往往与所从事职业需要的智力范围有密切的关系。

有些人表现出擅长学习领域的智力，进而在成人前期获得学位，争取在事业上有所长进。可是，升学如爬宝塔，底大顶小，不可能人人都爬到宝塔顶。2018 年，我国高校入学率为 50.6%。可见，智力一般在非学习领域的成人前期个体身上获得较多的表现。

有些人表现出杰出的表演才能。例如，运动负荷和运动技术，音乐方面的听力、噪声、节奏和旋律感，美术方面的认知能力、绘画创作能力、工艺制作能力和审美能力，等等，因此到了成年前期，这些人就表现出表演领域的才华横溢。另外一些人则在表演领域没有显示出任何才华。

有些人的智力表现在学术领域。这种智力的核心是独立从事某专门领域的科研工作的能力，此外还包括自由探讨、写作（著书立说）、创造发明等能力。成年前期的年轻学者就是以这种智力为前提的。另外一些人的智力表现在非学术领域，例如，组织管理才能、宣传才能、军事才能、商业才能等。人们在学术领域和非学术领域中表现出明显的个别差异。一个优秀的青年科学家未必是一个好的行政领导，还可能在从事商品买卖时大亏其本；相反，一个杰出的年轻行政领导或宣传家未必能从事学术工作，也未必能做好经商工作。

事业成功绝不限于认识能力、学习能力和分析综合能力，人才的要求也不按一种模式发展，而更需要成人前期智力的多样性和多重性。

（三）非智力因素与事业

非智力因素又称非认知因素（noncognitive factors），它是指除智力与能力外，与智力活动效益发生交互作用的一切心理因素。它包括与智力活动有关的情感因素、意志因素、兴趣、动机、理想、需要的表现形态、气质因素和性格因素。尽管情绪智力的概念一直存在争议，但许多人类脑损伤研究表明，杏仁核与前额叶等脑区与情感能力密切相关，而这些情感能力在个人的生活与工作中起到重要作用（Hogeveen, Salvi, & Grafman, 2016）。

对于成人前期个体的事业来说，非智力因素产生 3 个方面的作用（林崇德，1992）。

1. 动力作用

动力作用（dynamic）指成人前期的需要，特别是职业兴趣，是引起其积极从事活动的内驱力。职业兴趣是最活跃的职业动机，它犹如催化剂，不断地促进人们积极投入职业活动，对某个问题加以深入思考。职业活动不断开辟人们智能发展的道路，其探索不断深化人们对问题的认识，其思考则不断发展人们分析问题和解决问题的能力。心理学早有研究(Alexander，1935)表明兴趣因素在学术成就或技术创造中起举足轻重的作用。例如，在科学成就方面，兴趣因素的荷重是0.74，而一般智能因素的荷重只有0.36；在英语方面，兴趣因素的荷重是0.48，而一般智能因素的荷重是0.43。事实上，任何有成就的人都热衷于自己的事业或专业，甚至达到了废寝忘食的程度。天才的秘密就在于强烈的兴趣和爱好，从而产生无限的热情，这是勤奋的重要动力，也是事业成功的关键。

2. 习惯和定型作用(或定向化)

习惯和定型作用(canalization)即把某种职业认识或职业行为的组织情况越来越固定化。习惯没有高低之分，但有好坏之别。在职业活动与智能的发展中，良好的职业活动与智能的固定化，往往取决于主体原有的意志、气质等非智力因素及各种技能的重复练习程度。意志或意志力直接影响职业训练、职业活动及智能的目的性、自觉性和坚持性，从而影响事业成就的质与量。气质包括强度、速度和灵活程度等因素，直接制约智能的性质、职业活动的效率和特征。这些都在职业活动中起定型或习惯的作用。

3. 补偿作用

非智力因素能够弥补智力与能力的某些缺陷或不足，促进事业的成功。性格在这方面的作用是比较突出的，一个人在事业中的责任感、坚持性、主动性、自信心和果断性等意志特征，以及勤奋、踏实的性格特征，都可以使个体克服智能上基础较差的弱点。"勤能补拙"的事例在事业成功者中是屡见不鲜的，这正反映出非智力因素在事业中发挥着作用。

第三节

———

人生观的成熟

人生在世，每个人都会对人生有一个根本看法，且伴随着相应的态度。人们经常会考虑自身活着的意义、目的以及社会地位、道德标准等问题，并要对群己关系、人己关系和自我修养等问题持一定的观念，这一切都是人生观。

人生观的形成和发展以人的思维和自我意识发展水平及对社会历史任务和其意义的认识为心理条件。如前所述，个体的人生观萌芽于少年期，初步形成于青年初期。人生观的成熟或稳定是在青年晚期或成人前期。青年初期前，个体探索人生的道路和思考人生的意义往往不是自觉、成熟的。进入青年初期，随着社会生活范围的扩大、生活经验的丰富、心理水平的提高，个体开始较为主动和经常地从社会意义与价值来衡量所从事的活动和接触的事件，但这个时期的人生观是从感性体验中得来的，因而还不稳定。到了青年晚期或成人前期，个体所从事的社会任务已基本定向和专业化，从而加深了其对该任务的社会意义与作用的认识，使其不至于因外界环境条件的变化而改变自己对社会生活意义的看法，因此，青年初期初步形成的人生观在此时趋于稳定。

人生观的成熟或稳定，主要表现在价值观、道德观和社会观（social outlook）3 个方面。

一、成人前期的价值观

从青少年期到成人前期，个体的价值观逐步趋于稳定，并且形成了稳定的价值系统。这里从两个方面来分析成人前期的价值观。

(一)价值观的特点

成人前期的价值观表现出以下 4 个方面的特点。

1. 价值观的发展趋势

成人前期的价值观有一个趋于自我成熟的过程。

从图 8-5 可知，个体在发展成熟的过程中，对于任何观念的习得都有一个从外部控制下的服从到自己主动认同和喜爱赞赏的过程。个体从进入青春期开始一直到成人前期(大学生)，自我意识逐渐提高，引发的是对自我各个方面的强烈的认识欲望和突出表现自我的强烈愿望，因此，对需要表达的价值取向和个人发展的价值取向开始认同，并越来越重视。

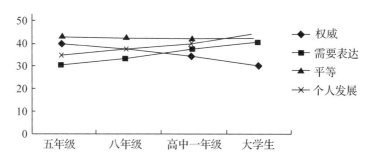

图 8-5 4 种价值取向与年龄发展的关系 (桑特洛克，2013)

2. 价值观趋于稳定

影响成人前期价值观趋于稳定的因素是错综复杂的，既有外部环境因素，又有个体内在生理和心理因素。进入成人前期，随着社会要求的提高和成人前期生活方式的改变，个体对以往的兴趣需要做重新估价。

这就构成了相应的综合观念系统的价值观。成人前期的价值观就是社会意识形态在个体身上的折射。成人前期生理及其功能发育成熟，由此产生一种强烈的指向个人内部的自我意识和评价，开始思考个人的生活追求和自己在社会生活中的地位、作用。成人前期的智力水平也能使其有意识地独立判断、思考人生价值，并结合现实情况做出自己认为合理的选择。由此可见，促进成人前期价值观发展的社会兴趣(social interest)的变化原因，既来自年龄因素，又源于社会文明与环境的改变。

3. 对人生的看法是比较乐观的

杜登汉（Tuddenham，1982）的研究指出：当一个人从暴风雨似的青春期转入宁静的成熟期，其对人生的看法就比较乐观了。图8-6表示了成人乐观态度的增进。从图8-6可知，由于青少年期处于"疾风怒涛"之中，个体常常受到外界的干扰与左右，因而一遇挫折就悲观失望。而在成人前期，随着知识经验的丰富、社会阅历的增加，个体对自己、对社会的认识更加客观、深入，这时他们很少为外物所动，而是坚定地向着自己的目标奋进。在人生态度上，他们表现得更为达观、成熟，很少有悲观绝望的感受。

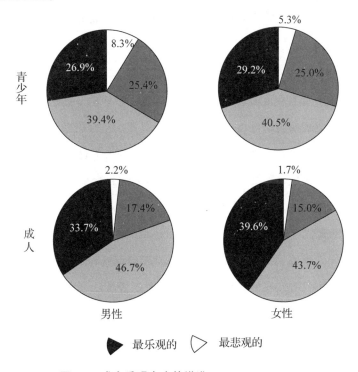

图 8-6 成人乐观态度的增进（Tuddenham，1982）

4. 关注面的扩大

在成人前期，价值观的人文化与关注面不断扩展，这与对他人幸福和人类事务兴趣的日益增强是密切相关的。对他人更感兴趣、更加关心是其成熟的最明显标志之一。几乎每一位人格理论家都努力探讨成年前期这种关注、兴趣的发展。有人论述了成人前期各成员的社会兴趣问题，有人使用趋同性（homonomy）一词来阐述个体与小组中其他成员增强和谐及联合行动的趋向，有人提出了归属和爱的需要，还有人强调感情移入和无条件的积极关注。成人前期对他人关注的增强明显地表现在职业兴趣测验得分的差异上。此外，成人前期对人权、社会福利（social welfare）和信仰自由等的兴趣也在显著地增长，且趋于稳定状态。

（二）价值观成分的变化

综合有关研究资料（Mussen，1991；黄希庭，1992；林崇德，1989；卢家楣，1989），可以将个体的价值观划分为人生目标价值（value of life goal）、人生手段价值（value of life means）和人生评价价值（value of life assessment）3个成分。

1. 人生目标价值

对人生目标的看法是价值观的核心成分，它决定着成人前期价值观的性质和方向，因而成为价值观研究的重点。

陈科文（1985）对北京高校的528名大学生进行了人生目标调查，结果发现，追求社会价值的占大多数（73.2%），表明大学生的人生目标以社会取向为主导，但个人取向也占有一定比例。毛汉斌等人（1985）对639名青年工人进行的调查发现，"富国强民"和"成就事业"成为大多数青年工人的奋斗目标，同时不少青年工人已把远大目标与个人事业、生活美满等具体目标结合起来。黄希庭等人（1989）的研究发现：一方面，可以看到我国青年价值目标上的积极性和进取性；另一方面，也可以发现某些青年身上存在不求上进、胸无大志等消极现象，而且随着年龄的增长，个人价值取向有逐步增强的趋势。当代大学生追求自身完善和发展，男性大学生比女性大学生更追求功利与实用，而女性大学生比男性大学生更追求为社会和集体服务（姚本先、何元庆，2008）。

在西方，目前成人前期大多数个体注重职业社会价值，并确信经过自己的努力会带来成功和财富；在他们中间出现了不热衷于物质利益、不愿意把自己束缚在限制自我表现和自我发展的某一岗位上的个体（孟昭兰，1994）。

综合国内外已有研究成果可以发现，当代成人前期个体的人生目标价值主要呈现如下特点：①多数人在观念上认同社会的人生价值取向；②相当比例的人试图在社会和个人取向之间维持一种现实的平衡；③少数人崇尚个人奋斗的人生目标；④随着年龄增长，个人价值取向有增加的倾向。

2. 人生手段价值

人生手段是实现人生目标的保证。对人生手段的价值观直接关系到个人所选择的人生道路。彭凯平、陈仲庚（1989）调查了690名大学生，发现价值倾向由强至弱的顺序是政治、审美、理论、经济、社会和宗教，且存在着性别差异，主要表现为男性更重理论倾向，女性更重审美倾向。曾建国（1991）用生活方式问卷对1354名青年进行了人生手段价值的调查，青年选择排在前面的是多彩生活、开朗达观、传统美德、友好协作、奉献自我、奋斗拼搏。陈科文（1985）的调查指出，大学生选择的人生手段首先强调个人奋斗、自强不息，而较少考虑他人的帮助和集体的智慧。中国社会科学院社会学研究所青少年研究室的调查表明：面临挫折的青年中有15%愿意采取消极态度，坚决抗争的也是15%，大多数青年愿意通过转移目标或接受现实而采取折中态度。

综合以上调查研究，成人前期在人生手段价值上主要有如下特征：①多数人努力进取、自强不息；②成人前期人生手段价值出现自我取向和多元化趋势，比较重视个人素质的意义；③在重大的挫折面前，多数个体在进取和承认现实之间调和折中，也有少数人消极退缩。

3. 人生评价价值

对人生价值的评价也是价值观的重要方面，它反映了价值观的动力特征。对这个问题虽然研究难度较大，但也有很多探讨。总的来看，成人前期各成员对人生价值的评价主要有如下特征：①大多数成人前期的个体在观念上赞同社会和集体取向的人生价值评价标准；②近半数的个体力求在贡献和名利标准之间求得平衡，对现实人生价值的具体评价则侧重于人生重大问题，如事业、自我发展、婚姻家庭、友谊等；③成人前期在人生价值评价标准的选择上表现出比较大的独立性和稳定性；④少数个体推崇个人取向的人生价值标准，并且随着年龄增长，成人前期赞同个人取向的比例有所增加。

二、成人前期的道德观

道德观的研究，无论是在哲学、伦理学中，还是在心理学中，都是极重要的研究领域。道德观可以被看作个人根据自己的道德需要，对个人行为和社会现象的道德方面所持的基本信念和态度的总和。李伯黍指出：

> 当一个人愿意接受某一事物，他必然对这一事物做出估量，赋予它一定的价值。同样，当一个人愿意接受某一社会道德规范，说明它已赋予这一道德规范以一定的价值，从而使外部的道德规范内化为个体的道德价值观念。（李伯黍，1990）

从心理学的角度来看，道德观是一个多层式、多维度、多侧面的复杂心理组合体。它既包含个人对道德目标、道德认知、道德手段、道德效果的看法，也包含更深层次上的一些道德心理成分，如道德动机、道德信念等，还涉及个人道德价值的取向。

道德观作为一种综合的心理系统，对成人前期道德的发展起着多方面的作用。它指导道德认知和道德行为定向，使个体有选择地确定认知的对象和行动的环境；它是个体衡量道德行为、判断道德行为价值的基础，个人据此对自己或他人的道德行为做出判断；此外，它还承担着发动、维持、调节道德行为的作用。个体行为是以基本道德观为出发点的，道德行为的进程和目的都以道德观为参照标准。

（一）道德观发展的特点

西方关于个体道德判断发展最有代表性的研究，是皮亚杰和科尔伯格等社会认知学派学者的研究。但无论是皮亚杰还是科尔伯格，他们的研究对象都限定在成年人之前的个体范围内。西方心理学也研究了成人的道德观，提出成年人会以自身的经验来解释科尔伯格的道德两难问题。例如，有患癌症经历的人对科尔伯格两难故事中丈夫偷药以挽救垂死妻子的事件表现出更为宽容的趋势，原因是他们自己的亲身经历和对所爱的人患疾病经历的体验与其认知的发展相互作用，使得他们可以从更为复杂的角度来全面认识现实的道德现象；具体来说，他们从现实生活中体验到他人福祉的责任与理想的道德原则构成的价值冲突，这使他们的道德判断更为灵活。所以，就道德判断而言，个人的认知发展并不是唯一原因。西方这些研究结果的科学性如何？我国研究者对此进行了一项验证性研究，得到了与此类似的结果。寇彧等人（2012）在探讨儿童、青少年和成人前期大学生对行贿行为的认知发展时发现，被试对假设情境问卷中行贿行为的道德判断及对行贿行为的认同，都表现出随年龄升高而显著升高的趋势，同时，对行贿行为的道德判断与对行贿行为的认同有显著相关性，即被试越认为行贿行为不道德，就越不认同行贿行为。但是，被试对行贿的道德判断与对行贿行为的认同之间的关系也存在不受被试年龄的调节的情况，这说明个体对行贿行为的道德判断随着年龄上升的趋势并不能解释其对行贿行为的认同随着年龄增大而上升的趋势。那么，是什么导致个体在走向成熟的过程中表现出道德认知发展呢？研究者在实验中通过操纵示范性规范来考察其在不同年龄被试对行贿行为认同中的作用。结果发现，高示范性规范组的被试比低示范性规范组的被试对行贿行为更为认同，并且示范性规范的作用随被试年龄增长而增强。于是，研究者认为，个体对行贿行为的道德判断及行贿行为的示范性规范，对不同年龄个体的行贿行为认知具有不同作用，年幼个体（如小学儿童）主要受到其对行贿行为所做的道德判断的影响；而青少年同时受到其道德判断和示范性规范的独立影响；对于大学生来说，则更受示范性规范的影响，通过道德功利主义调整其道德判断，其便更认同行贿行为。研究者在这项研究中所操纵的示范性规范，是相应情境中多数人遵循的规范。也就是说，个体在进入成年后，其道德判断的灵活性进一步增强，他们虽然对道德现象有着更清楚的认识，知道什么是道德的、什么是不道德的，但不会刻板地单纯依据道德判断来决定自己对某个行为或事件的认同，也不会单纯地依据道德判断来做出自己的行为决策。这说明人进入成年前期后道德观呈现自律的特点。

（二）道德观的表现

成人前期的道德观有多方面的表现，可将其概括为下面两类。

1. 道德目标、道德动机、道德手段的表现

黄希庭等人（1990）对我国沿海和内陆地区的 260 名大学生的调查表明，在道德目标方面，在大学生心中排前 10 位的是：诚实、正直、自信、爱国、自尊、自强、民主、上进心、宽容和坚强。最无价值的道德目标则是：虚伪、阴险、狡诈、毒辣、蛮横、轻浮、怯懦、势利、放荡、无耻。我国传统社会提倡的一些道德价值观已不再受重视，例如，相当多的青年把顾全大局、集体精神、简朴、孝顺看得无足轻重，顺从这一传统道德已被归入无价值的一类。

大学生心目中最有价值的道德动机是：人格高尚、内心平静、证明自己的存在、世界和平。而社会要求、带来荣誉感、异性喜欢等项目则被排在相对不重要的位置。

在道德手段评价方面，最有价值的项目的排列顺序是：勇于负责、言行一致、聪明颖慧、自我克制、宽以待人、洁身自好、乐于助人、见义勇为、大公无私。在最无价值的道德手段中，其排列顺序依次为：吹牛拍马、阴谋诡计、不择手段、以势压人、自我炫耀、谦恭顺从、默默无闻。这与传统的"温良恭俭让"的道德观相比，已经发生了很大的转变。

在黄希庭等人（1992）的另一项研究中，大学生对人格特征形容词的好恶也反映了其道德观的倾向。最受欢迎的人格特征形容词依次是：爱国、博学、纯洁、理智、真挚、自重、体贴、成功、有为、高尚。从中不难看出传统道德观念和理想主义色彩的影响。

陈欣银（1987）的研究发现，大学生对 8 种道德价值观念所排出的重要性顺序为：真诚、平等、利他、尊老、集体、责任、报答、律己。与中小学儿童相比，成人前期个体的集体观念的地位降低了，真诚、平等、利他等观念则被看得很重。

2. 道德观价值取向的表现

成人前期个体随着社会经验的积累和态度的定型，开始形成比较稳定的价值取向。张荆（1990）的问卷调查表明，爱国品质在我国成人前期的道德价值观中占有重要的位置。对"个人的事小，国家的事大"和"位卑未敢忘忧国"持赞成态度的青年在 60% 以上，青年普遍表现出对国家效忠与对国家大事的关心。集体主义在成人前期的道德观中仍然具有较高的价值，"大河无水小河干"得到绝大多数青年的认同。而利他主义在青年的道德价值观中不占优势，个人本位主义有所表现。研究者认为，从进取性道德价值观取向看，青年似乎陷入了一种两难的选择境地，在态度上渴望竞争，在行为上却裹足不前；有较强的进取心，敢于求新、求变。从协调性价值取向看，当代青年也存在困惑。家庭生活、孝顺父母虽仍被看重，但顺从却不如以前重要，青年更重视与长辈的平等关系，特别是在涉及自己的大事上，要求平等、独立。

三、成人前期的社会观

成人前期的认知能力、社会生活技能等方面渐趋成熟，使个体开始对个人生活与社会生活中的一些基本问题形成自己比较稳定的看法。譬如，人际观（interrelation outlook）、自我观（self-outlook）、审美观（aesthetic）、幸福观和宗教观（outlook about religion）诸方面的社会观都有这种发展趋势。

（一）人际观

人际观指在人际交往过程中，交往主体对交往客体及其属性与满足交往主体需要的程度和重要性做出评价的观念系统，它包括对人际交往的动机、目标、手段等的基本态度和看法。

成人前期的生活环境和职业影响人际观的形成。黄希庭等人（1984）的调查表明，大学生选择知心朋友的标准依次是：志同道合、互相帮助、志趣相投、性格相近、真诚相待、互相尊重。人际交往中大多数人看重合作、友好的价值取向。对朋友的品德（主要指正直、诚实、助人、勇敢等品质）最为重视，其次是才能（主要指事业心、有知识、有能力、有主见）。黄希庭等人（1988）的调查结果表明，成人前期大学生的人际观的主要特点是追求共同理想、兴趣相投、交流思想和排难解忧。他们最看重的是志趣相投、性格相近、真诚可靠、乐于助人等因素。青年职工在择友方面的人际价值标准上，最重视爱好相同，其次是有才干，仍然强调志趣和能力（毛汉斌等，1985）。在代际人际关系方面，当代青年在处理与父母的关系时主张说服和顺从并重，即在对待父母时既看重平等，尊重父母，顺从父母、又要求独立（张荆，1990）。

(二) 自我观

自我观是指个人对自己及自己与他人和社会的关系的观念系统。

1. 成人前期自我观的一般特点

成人前期的自我观主要有如下特点：①自我观的内容极大地丰富和分化，这一时期的自我观开始具备复杂的多维度、多层次的心理结构；②独立意识明显发展，成人前期对自己的独立地位有了更明确的认识，已经自主和自立；③关注自己的个性发展，成人前期已经认识到自身整体形象在社会生活中的重要性，开始关心和调整自己个性中的优点和缺点，所以对他人关于自己的评价和看法非常敏感；④自我评价成熟，成人前期开始表现出真正独立的自我评价能力，个体不仅能评价自己的内心品质，而且能评价个人内部心理活动和行为效果的一致程度，还常常对自己的整个心理和行为面貌进行分析、比较、评价；⑤具有强烈的自尊心和道德意识，成人前期的自尊心由于独立人格的形成而更趋强烈，进入社会生活所必需的道德意识也有了极大的发展。

2. 成人前期自我观的表现

成人前期自我观表现的研究，主要集中在自我认识、自我体验、自我控制 3 个方面。

自我认识(或自我知觉)突出地表现为自我评价(朱智贤，1962，1979)。成人前期的自我评价有如下特点：①评价的广泛性，这个时期的个体已能对自身做出较全面的评价，评价的内容涉及生理自我、社会自我和心理自我 3 方面，具体内容相当全面；②评价的独特性，成人前期个体的自我意识在其内容的丰富、细腻、表达风格及对自己个性理解分析的深刻程度等方面具有很大的差异，表现明显的独特性；③评价的独立性，成人前期进一步摆脱对长辈和权威的依赖，也开始克服同伴团体的强烈影响，表现出真正的个体独立性；④评价的概括性与稳定性，成人前期的自我评价开始具备整合、统摄、稳定、一致的特点，个体能脱离具体情境，单纯从理性上进行自我评价，能够辩证地看待自己，并且在不同场合所做的自我评价有相当高的稳定性和一致性；⑤评价的适当性与矛盾性，成人前期大部分个体的自我评价与他人评价之间并无大的差异，说明这一时期的自我评价有较大的适当性，但绝大多数人又都存在着自我评价的矛盾性，主要表现为理想我与现实我、主体我与社会我之间存在矛盾，而这种矛盾性与适当性的并存成为其自我激励、自我教育的原动力。

成人前期的自我体验（或自我情感体验）也具有一些独特的特点：①自我体验的多样化，成人前期出现了一些以前很少体验到的情感，如自怜、自惭等，对内外刺激都有更深刻的内心体验和反应，这一时期的基本情调倾向于热情、憧憬、自信、舒畅、紧张、急躁等；②自我体验的敏感性，随着自尊心和自信心的增加，这个时期的个体对他人的言行和态度极为敏感，涉及自我及相关的名誉、地位、理想、人际关系等问题时尤其容易引起比较激烈的情绪体验；③自我体验的深刻性，成人前期的自我评价逐渐从自我的外层进入自我的内层，这时的自我体验也日益深刻化，与外部生理有关的体验更多地转向道德品质、社会价值、内心思索等方面的深层体验。

成人前期的自我控制也逐渐趋向成熟。这时的自我控制由开始时的被动向主动发展。个体常能为一定的目的自觉地实施自我控制，并且出现一种强烈的自我完善的愿望。个体意识到的自我力量，参照社会规则，自我控制开始向自我教育的方向发展。

（三）审美观

审美观是指人们对客观事物审美价值的把握。包括人们从审美角度做出的判断、评价和态度，是人们分辨美丑时所持的基本观念。审美观的形成受到心理因素、社会因素、审美实践等因素的制约，成人前期的审美观是在个体审美态度和审美能力发展的基础上形成的。

研究审美观难度较大。我国心理学家（刘兆吉，1989；黄希庭，1982，1994；卢家楣，1989）在成人前期的审美趣味、审美判断类型、审美标准等审美观的重要问题上做了一些有益的探索，其特点可归纳如下。

1. 审美趣味多样化，但发展很不平衡

成人前期的审美趣味是丰富多样的，生活中各种事物和活动都可以成为审美的对象。但是，由于存在多种不同的审美形态，如优美、壮美、喜剧美、悲剧美、丑美等，成人前期的审美观发展出现了不平衡现象，如喜剧美似乎比悲剧美在审美上能得到更好的发展。

2. 审美评判自主、独立，但带有盲目性

成人前期力求主动、独立地从自己对事物的审美认识中做出审美价值的判断和选择，这是自我意识在审美价值观中的突出表现。但由于个体缺乏经验，这一时期的审美观存在一定的盲目性，如对流行的偏爱就是一种典型的表现。

3. 追求新奇，但鉴别力不强

探奇寻胜的审美倾向是与成人前期的思维敏捷、强烈好奇相联系的，但他们在对审美对象的深刻性和丰富性的分析和把握上还须锻炼、提高。

4. 反传统意识较强，亦大量接受传统、民族的审美特点

由于社会生活的变迁和个体成长经历的差异，成人前期个体在审美观上与上一代相比发生了很大的变化，一些传统的审美观受到排斥或被忽视。但研究也发现，和谐、快乐、恬静、舒适、告诫、优雅等审美情趣具有相当一致的继承性。

（四）幸福观

幸福和幸福观是哲学、伦理学和心理学研究中的一个很复杂的问题。一般来说，幸福观是人们对幸福目标、幸福动机、幸福手段、幸福标准、幸福效果所持的基本态度的观念系统。

中国社会科学院社会学研究所的一项调查表明，成人前期对幸福的理解，第一是事业成功，第二是健康和金钱。事业成功所带来的幸福感与因才能不足或无法发挥而产生的苦恼是一致的，这表明成就不仅是成人前期个体渴望实现的价值，而且是他们最高的人生价值追求。其他一些研究也得到了与此类似的结果。一言以蔽之，可以说，成人前期的大多数个体普遍认为事业成功、受到理解和尊重、有温暖的家和知心朋友是人生的最大幸福。

（五）宗教观

宗教观是个人对宗教信仰、宗教价值、宗教活动等基本宗教问题的态度和看法。从心理学角度看，个人宗教观的形成受到内外多重因素的影响，其中主要有灌输与宗教教育、遵从和自居作用、归因和认知失调等。成人前期的个体在宗教方面开始具有比较成形的看法。

个体对某宗教信仰或不信仰，要经历一个转变、接受、选择的过程。成人前期对某种宗教价值的选择、皈依主要有以下类型：①危机型，由于个人冲突的急剧解决而突然树立信念；②渐进型，在长期与宗教接触的过程中受到其影响而自觉自愿地选择；③重新整合型，从精神崩溃解体状态到重新进入某种宗教价值的信仰体系；④程式型，在某些团体中，个体达到一定的"责任年龄"后，都要经历某种宗教仪式，接受形式上的皈依。

张日昇、高木秀明(1989)对中日大学生宗教观的研究体现了成人前期的宗教观，其要点如下：①无论是中国大学生还是日本大学生，均有1/5至4/5表示关心宗教信仰，但隶属于某一宗教团体、从事宗教活动或反对宗教的人数都非常少，比西方要少得多；②两国大学生绝大多数持"宗教是人类软弱无能的表现"的宗教观，也不相信世界上有神、佛的存在和保佑，因而对宗教倾向于持否定的态度，相较之下，非大学生对宗教持非否定态度的比大学生多得多；③宗教态度和宗教观之间有极其密切的相关，这说明在成人前期，有什么样的宗教观就会出现什么样的宗教态度。

第四节

———

成人前期的社会性

成人前期的社会性由于其社会角色的变化而形成了新的特点，主要表现在友谊和爱情等社会情感、志向与理想、心理适应等方面。

一、成人前期的友谊和爱情

成人前期的情感不仅表现出发展趋势逐渐稳定，而且表现出社会性情感占主导地位。这个阶段社会情感的重要表现形式是友谊和爱情。

（一）友谊

友谊是人们在交往活动中产生的一种特殊情感，它与交往活动中产生的一般好感是有本质区别的。国内外研究（Hayes，1980；李伯黍，1986；卢家楣，1989）发现，友谊是一种来自双向（或交互）关系的情感，即双方共同凝结的情感，任何单方面的良好都不能被称为友谊。友谊以亲密为核心成分，亲密性也就成为衡量友谊程度的一个重要指标。罗杰斯（Rogers，1972）对这种亲密性做了 3 点概括：①能够向朋友表露自己的思想感情和内心秘密；②对朋友充分信任，确信其自我表白为朋友所尊重，不会被轻易外泄或被用以反对自己；③限于被特殊评价的友谊关系中，即限于少数的密友或知己之间。元分析研究表明，从 1998 年到 2009 年，中国大学生人际信任水平存在下降趋势（辛自强、周正，2012）。

1. 友谊发展的阶段

从青少年期到青年晚期或成人前期，友谊的发展有一个过程。当然，友谊的发展是终生的，一个人毕生都需要友谊。国内外的研究（Douvan & Adelson，1966；卢家楣，1989）将青少年期和成人前期友谊的发展分为3个阶段。

第一阶段是少年期。这个时期突出的心理特点是渴望有很多朋友，到处能受人欢迎。但由于进入青春发育期，身心发展不同步，心理成熟水平落后于生理发育水平，此时个体对友谊的理解并不深刻，友谊关系的维持主要靠共同活动，而不全是情感上的共鸣，因而友谊的稳定性较差。

第二阶段是青年初期。个体一方面力图摆脱社会关系的束缚和依赖，独立地走向社会，另一方面又面临社会出现的种种矛盾和困难，渴望得到知心朋友的帮助和支持，获得某种安全感。因此，他们把友谊视作相互间的忠诚和信赖，这就使友谊关系深化，稳定性提高。由于对友谊有迫切需要，担心得不到友谊或失去友谊的焦虑情绪也在这个阶段达到较高程度。

以上两个阶段属于青少年期，如第七章所述，这是交友数量最多的时期。

第三阶段是17或18岁以后，实际上就是进入成人前期后。个体心理发展逐渐成熟，个性（人格）特点日益稳定、明显，对友谊的理解更深刻，把友谊关系建立在相互间的亲密和情感共鸣的基础上，友谊在这个阶段内化，其稳定性进一步提高。

2. 成人前期友谊的特点

情绪依恋的需要是友谊产生的基础。友谊的本质是一种愿意与他人建立和维持良好关系的情感需要，是成人前期最主要的情感依恋方式与人际关系。友谊的需要是成人前期社会化的标志之一。友谊的行为特征是同情、热情、喜爱与亲密。成人前期友谊的特点可以从以下4个方面归纳。

一是择友的条件。郭占基等人（1988）对2000名初中生、高中生和大学生的调查发现，这3个年龄阶段的择友条件遵循这样的顺序：性格相投、品德、知识、能力、爱好、政治、"够意思"、面貌、获益、同等地位，其中前4个条件占被调查人数的71%。随着年龄的增大，注重品德、能力的择友标准有递增的趋势。

杜芙和阿戴尔森（Douvan & Adelson，1966）、卢家楣（1989）皆明确地指出，17或18岁以后，对朋友的选择更注重个性品质、志向等因素。

实际上，成人前期在择友方面与其他年龄段一样，也是以情趣相投为基础的，只是这个时期的情趣更多地放在工作、社交、志向及价值观念等方面。这些方面的类同和共鸣是成人前期择友的基础。

二是交友的数量。成人前期的交友数量不如青少年期，因为成人前期的已婚男女相依为伴，注重家庭生活，加上生儿育女等家务较重，自然在交友数量上会减少；即使是未婚成年人，由于择友条件的严格，与青少年期相比，其所交朋友的数量也自然减少，但亲密性却提高。

三是知己的程度。在成人前期，一般人都有一些老朋友、挚友或知己。但知己

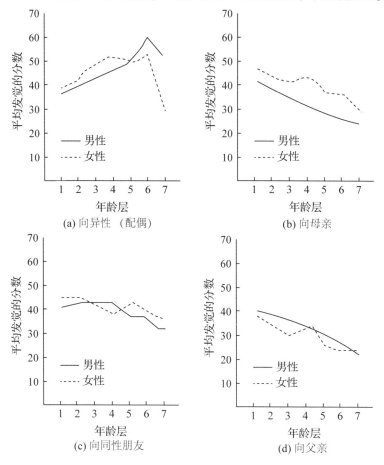

注：各数字所代表的年龄层，1 为 17~18 岁；2 为 19~20 岁；3 为 21~22 岁；4 为 23~24 岁；5 为 25~29 岁；6 为 30~39 岁；7 为 40~55 岁。

图 8-7　各年龄层愿向别人谈私事的情形（Hurlock，1982）

的程度却是不一样的。赫洛克（Hurlock，1982）指出，成年男女知己数量的多少是由其是否能够把自己的兴趣、问题与希望向别人倾诉决定的。很多人不愿意和别人讨论自己的问题，既为给别人留个好印象，又怕对方把他的秘密告诉旁人。图 8-7 说明，随着年龄增大，表达内在感受的情形改变，且在 35 岁以后自我表白的情形越来越少。无论是与父母亲的关系，还是与异性（配偶）、同性朋友的交往，35 岁都是一个关键期，且在平均发觉的分数上都呈下降趋势，这说明此时他们很少愿意进行自我表白，而对自己的兴趣、需要、理想等已有了充分的认识，对自己的能力、才艺、价值也有了充分的信心。

四是朋友的类型。赫洛克（Hurlock，1982）的研究指出，成人前期已婚男女的朋友一般可分为两类：一类是兴趣相投的同性朋友；另一类是家庭朋友（family friends），即配偶双方一起认识的朋友。低社会经济阶层的已婚成人的家庭朋友，通常要少于高社会经济阶层的已婚成人。

（二）爱情

爱情是指男女间一方对另一方所产生的爱慕、恋念的感情。

卢家楣（1989）的研究指出，爱情有 3 种层次和 3 个主要特征。3 种层次为：以性爱为主，以情爱为主，性爱与情爱的和谐统一。层次越高的爱情越牢固，越具有生命力。3 个特征为：排他与守一的统一，冲动与韧性的统一，自私与无私的统一。

一般来说，个体在童年期应该没有爱情；到青少年期才情窦初开，但毕竟是社会不提倡的"早恋"。人类爱情的鼎盛期在成人前期。

1. 爱情发展的过程

成人前期的爱情从无到有、从弱到强、从不成熟到成熟，尽管存在个体差异和年龄差异，但发展速度是较快的。在这个发展过程中，只有不断地解决理想与现实的矛盾、性爱与情爱的矛盾、爱情与事业的矛盾，才能使爱情之花芬芳馥郁、永不凋谢。

2. 爱情与婚姻

爱情不等于婚姻，但天下有情人大多都成了夫妻（有情人终成眷属）。婚姻不仅是爱情的产物，而且使爱情进一步升华与发展。

婚姻会给成人前期的个体带来许多需要适应的新问题，对这些问题适应的过程，正是爱情形成、发展和完善的过程。

一是对配偶生活方式的适应。夫妻双方在以前的独身生活中已形成了自己独特的生活方式，当双方结合在一起，彼此都需要重新调整自己的行为模式以适应对方，促进爱情的健康发展。

二是结婚后家务劳动量显著增加，完成家务要占用双方许多学习、工作和娱乐时间，因此，有的国家或地区的妻子为了爱情和家庭放弃了工作，但更多夫妻为了爱情和家庭，要适应这个现实的新情形。

三是结婚后要面临生育问题，从妻子怀孕到小生命降临，夫妻要再次经受爱情的考验。

四是组成家庭后，经济问题立即进入重要的议事日程。一个家庭若没有最基本的经济保障，则很难和谐、愉快。因此，婚后夫妻双方一方面需要调整自己过去的一些消费习惯，另一方面要以辛勤的劳动获取报酬，以保证家庭有更充裕的经济来源。

五是个体结婚后就与对方的父母及其他成员构成姻亲关系，尽管年轻夫妻不一定与姻亲居住在一起，但也需要对他们的许多方面进行适应，以保证家庭和谐、爱情幸福。

3. 在爱情上的性别差异

男女在爱情上存在着一定的性别差异。卢家楣（1989）、赫洛克（Hurlock，1982）都对这方面进行了研究。

一是男女对爱情的侧重不同。女方更重视为男方所爱，而男方则更偏重他所爱的人。换句话说，女方追求的是爱情，男方则重视所爱的女人本身。

二是男女爱情的憧憬和指向不同。女方较为现实，如想象组织家庭、幻想丈夫的模式和子女的抚养等具体问题；而男方的爱情憧憬往往指向两人之间的爱情生活，更富有浪漫色彩。

三是男女对爱情对象的选择定向不同。在选择对象上，女方更注重才能，男方则更注重外貌和人品；女方更注意对方的事业心，而男方则更注意对方的温柔贤惠。

四是男女性欲强弱随年龄的变化不同。男性性欲的性冲动，在 20 岁左右达到最高峰，到 30 岁左右开始降低；女性性欲最强的时期是将近 30 岁的时候，即一般女性结婚数年之后；如果女性与较年长的男性结婚，男女性欲最强的时期有所差别，这就成为较重要的问题。女性的性欲有周期性的变化，一般在排卵期与月经前夕形成两个高峰；男性的性欲尽管在时间上也有些变化，但远不如女性那么明显。为了爱情，男女双方都要处理好性爱与情爱的关系，使性生活成为不仅不阻碍爱情生活，而且有助于爱情生活的一个和谐部分。

二、成人前期的志向与理想

成人前期的"三十而立"，主要指确立大志、事业有成。这大志、事业心突出地表现在志向与理想上。所谓志向与理想，是与奋斗目标和意志相联系的需要的不同表现形态，是事业成功的心理基础。不过，志向偏重于意向，理想则具有想象的成分。确立大志、树立远大的奋斗目标是成人前期发展的一个重要特征。这种奋斗目标是个体积极追求的对象，作为志向与理想的奋斗目标，应符合事物发展的客观规律，个体对它既有生动的想象内容、明确的意图谋虑，又有喜爱赞扬等积极的情感体验，并表现出力求目标实现的意志行动。

成人前期的志向与理想大致从下面 3 个方面表现出来。

(一)确立志向与理想

成人前期随着自我意识的发展、知识水平的提高、分析问题能力的增强及人生观的稳定，他们的志向与理想渐趋确立。

1. 成人前期志向与理想发展的社会性

有研究者对 4032 名大学生进行了调查，并且把被试的志向与理想分成 4 种类型：第一类，具有大公无私的意图或目标，即以集体、社会、国家或人类的利益为目标；第二类，具有公私兼顾的打算或设计，对个人发展与公众利益均有考虑；第三类，志向与理想模糊不清，缺乏明确的目标；第四类，具有以私为主的欲念或想法。

研究结果表明，属于第二类的个体数量随年龄增长而增加，这说明大学生志向与理想的务实性，他们重视务实，希望为社会工作、做出贡献。

研究者根据对结果的分析，把志向与理想在内容上分为 3 种：社会志向与理想，个人志向与理想，职业志向与理想。

社会志向与理想主要指对群己关系的志向与理想，如对国家、民族、政党、团体和社会等关系的关注。研究者指出，大多数大学生关心国家大事的程度可被归为 4 个水平：一是关心国家命运和前途者，占 85.1%；二是认为自己是无名小卒、不起作用者，占 3.0%；三是认为国家大事管不了而只管自己者，占 7.7%；四是很少过问国家大事者，占 1.3%。

个人志向与理想主要指如何理解人生意义、人生目标和个人追求。研究者指出，大多数大学生对人生的向往可被归为 4 个层次：一是认为活着是为了让别人的生活更美好者，占 16.8%；二是认为活着既为别人也为自己生活得更好者，占 68.3%；三是认为这无法说清楚或未曾思考者，占 5.7%；四是认为活着是为自己的生活更美好者，占 3.2%。

职业志向与理想主要表现在对工作意义的认识及事业心上。

由此可见，成人前期的志向与理想，既有较明显的社会性，又具一定的现实性。

2. 成人前期志向与理想发展的稳定性

自我实现需要(或自我实现需求)(self-actualization need)是高层次社会性成就需要中的一种，它反映了个体要求自我设计、自我完善以充分发挥自己的潜能，实现自我价值的强烈愿望，反映了个体志向与理想的完善和稳定程度。

游季浦、黄克远(1985)对 200 名大学生的调查发现，有"成功与自我实现需要"的人占总数的 93.51%。黄希庭、张进辅、张蜀材(1988)对 478 名大学生的调查发现，"渴望自己有所创造、有所建树，并向社会显示自己的存在的需要"是大学生 3 种主要需要之一(另外两种是求知需要和友情需要)。

一般来说，成人前期的个体多数能够根据自己的志向、理想、兴趣、爱好和特长，选择自己的学习方向、工作职业、生活方式和成才道路，力求在某些方面完善自己、发掘自己、实现自我价值。由此可见，这个阶段的志向与理想渐趋稳定。

(二)追求事业上的成功

追求事业上的成功是成人前期胸怀大志的表现。然而，任何人在事业上的奋斗都会有一番艰辛的历程，这已成为众所周知的事实。马森指出：

> 过去，一个人的头一个职业往往决定其一生。而现在的青年人比以往任何时候都看重事业而非某一特点的工作。他们知道退休前自己可能从事几种不同的工作，他们的目标是为一系列的职业标出某种方向和有组织的性质。他们会考虑"这个工作会导致什么结局"，以及"我在这一岗位上所获得的有价值的经验是什么"。此外，他们还考虑某个特定工作本身所带来的个人满足感及收入等。(Mussen，1991)

1. 事业的选择

选择事业是事业成功的开始，所以选择事业不是一件能轻易完成的事情。正如马森等人(Mussen et al.，1991)所指出的，选择事业，至少在选择第一个重要工作时，在很多方面类似于选择配偶。

选择事业要考虑事业的社会地位等一系列社会因素，同时也决定于个体的职业兴趣及个体的智力与能力等因素。

2. 职业的价值观

成人前期在事业上的成功往往与职业的价值观联系在一起。不同的个体之间，价值观有明显的差别。

在大学生的职业价值观方面，国内外的研究指出，大学生热衷事业者的比例逐年提高(如图8-8所示)；而关心赚钱并以此为衡量工作的重要标准的比例也提高了，从1970年的近1／3增加到1973年的近2／3(Yankelovich，1974；Mussen，1991；黄希庭，1982)。

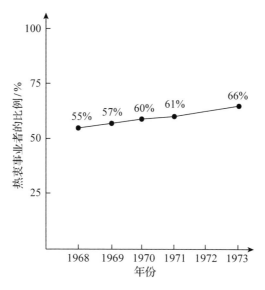

图 8-8　大学生热衷事业者的比例（黄希庭，1982）

在非大学生的职业价值观方面，马森（Mussen，1991）的研究表明，非大学生对自己在工作中同时获得经济保障和自我实现的前景不像大学生那样抱乐观态度，而持怀疑态度。可以观察到，非大学生对自己通过工作能获得一定的收入并不抱怀疑态度，他们的收入甚至远远高于大学毕业生，但其对自我实现的态度却差异很大。

3. 男女职业选择的差异

由于种种原因，不论是国内还是国外，不论是否上大学，不同性别在选择职业上是有区别的。加上女性有生儿育女期，所以女性在事业上要达到同龄男性的成就，就需要付出更大的努力。

（三）向往一定的社会地位

向往一定的社会地位是成人前期胸怀大志的一个重要方面。然而，成人前期中有些人能满足于现有的社会地位，但多数人则不然（Hurlock，1982）。

因为社会地位是一个复杂的概念，既包括经济地位，也包括政治地位、文化地位、社会声誉、舆论看法等。相对而言，经济地位较容易上升，像赫洛克（Hurlock，1982）指出的那样，美国的成年男女到 30 岁以后，一般都已达到他最高的经济地位，但社会地位并不如此。

通过金钱提高社会地位在西方国家并非不可能实现。比如，在美国，短时间内富起来的商人做好事，向有关组织捐赠巨款，能够提高其社会地位，这被称为"以金钱购得象征性地位的符号"。另外，在西方国家，提高社会地位的重要方法是接受高等教育，因为事业的成功与发展是提高社会地位最有效的垫脚石。尽管如此，这也不是绝对的，西方国家的人们提高社会地位还有其他方法，例如，和地位高的人结婚，接受遗产，受到高地位人士的欢迎并与之来往，搬到富有的社区居住，接受并学习高阶层人们的习惯、态度与表示地位的符号，等等。

社会地位的改变也会给成人前期的个体带来各种心理适应问题。例如，地位的提高与原有生活方式、文化素养、姿态习惯等的矛盾，地位变化与人际关系的矛盾，地位上升与地位下降的矛盾，等等。社会地位的变迁在成人前期是经常遇到的事情，过分的紧张与压力对心理健康十分不利。

三、成人前期的心理适应

世界卫生组织(World Health Organization，WHO)在 1955 年把"健康"定义为"不但没有身体缺陷的疾病，还有完整的生理、心理状态和社会适应能力"。心理学中的适应意味着对社会环境变化做出的反应，成人于现实生活中，在思想或行动上做出自我调整，借以保持自身与环境间的和谐关系，此一历程即心理适应(或心理调适)。

成人前期的心理适应范围很广，主要表现在 3 个方面，即对婚姻、对子女和对职业的适应。

(一) 对婚姻的适应

如前所述，"而立"之年的首要任务便是"成家"，缔结婚姻。婚姻由男女双方缔结而成，在缔结的过程之中或之后，双方有是否成功适应婚姻的表现。如果是成功的适应，则是一种美满的或比较美满的婚姻；如果是失败的适应，最后的结局往往是离婚。

1. 婚姻适应成功的表现

婚姻适应是成人前期最重要、最严峻的人生课题，婚姻中的人际关系比其他人际关系更难适应。为了使婚姻适应成功，务必做好6件事，即婚姻适应成功从6个方面表现出来。

第一，相亲相爱，忠贞如一。夫妻双方对夫妻之间的恩爱感情要忠诚专一，并要形成互敬、互爱、互信、互勉、互助、互让、互谅、互慰的平等和睦关系。

第二，性生活和谐。性的适应是一项最难适应的任务，所以夫妻双方要了解一些有关性生活的生理常识和卫生知识；性生活要有节制，不可过于频繁；夫妻双方要相互配合；男方要体贴女方；性生活要讲卫生，不要在经期、妊娠初期和分娩前过性生活。

第三，处理好家庭人际关系。不管是核心家庭(nuclear family)还是大家庭，都要处理好与配偶家人及外人的关系，家庭各成员之间要相互尊重、关心和爱护。

第四，家庭经济生活民主化。要有良好的预算、支出，尽量不欠债，适当储蓄，所有这些都是夫妻协商、经济生活民主化的结果。此外，对财物的渴望和提高社会经济地位的欲望也要立足于实际，不能好高骛远、巧取豪夺或贪得无厌。

第五，共同做好家务劳动。在我国，男主外(经济来源的主要提供者)、女主内(操持家务、生儿育女的主要承担者)的传统夫妻角色日渐改变，因此，夫妻双方分担家务、互相理解和支持是相当必要的。这样就不会出现懒丈夫症候群(lazy-husband syndrome)，因丈夫不管家务而导致夫妻间感情的紧张和摩擦。

第六，扮演好父母角色，出现对子女的适应。

这6个方面是婚姻适应成功的基准，与之相反的就是婚姻不适应。婚姻不适应的结果是夫妻感情的破裂，严重的会导致离婚。这在成人前期还是比较普遍的问题。

2. 离婚

离婚是一个社会问题。美国的离婚率在40%以上。1986年，我国离婚人数达70多万对，离婚率为0.6‰；从1987年起，几乎每年都比前一年有所上升；2018

年，我国的离婚人数占当年结婚人数的 38%。

首先，就离婚的原因而言，离婚是多方面因素引发的，绝不是由单纯的某一因素所致。离婚的原因有很多，比如，早婚而夫妻在婚姻适应所必须具备的心理发展上尚不够成熟；新式的求偶方式使双方不能有睿智的选择；男女双方的文化背景不同，给婚姻适应带来强大的压力；电影等大众传媒使人们太注重浪漫的享受；夫妇单方面或双方均想要发展各自的兴趣与人格；不能适应为人父母的角色；想提高社会地位的压力太大；过分不重视家是一个群体(或团体)。

可见，离婚的原因十分复杂。例如，职业妇女与家庭主妇不一样；同样是职业妇女，知识女性又有其特殊性；男女在离婚申诉上是有差异的；不同社会地位的人群对离婚理由的表述也是不一样的。此外，离婚与夫妻的年龄及结婚年龄也有密切的关系。在我国的离婚者中，30~40 岁的人数最多，约占总数的一半。我国夫妻离婚的主要原因还在于婚姻不适应，直接原因往往有 3 个方面：①夫妻中有一方对爱情不忠诚，造成"第三者"介入；②与家人的关系不和睦，特别是婆媳关系紧张，使夫妻难以相处；③经济地位不平等造成种种矛盾。

其次，就离婚后家庭成员的适应而言，有人认为离婚比死亡具有更强的创伤作用，这是有道理的。离婚对夫妻、家人和孩子都会造成创伤，所以要适应离婚带来的新情况。

对丈夫、妻子来说，要适应离婚本身及感情上的变化，适应夫妻相互的攻击，适应社会上的态度，适应经济上的变化，适应新的居住环境，适应再婚。

离婚给孩子带来的不良影响最大。研究(Guidubaldi，1986；林崇德等，1992)表明，离婚会导致子女的压抑和不安。亲子关系尤其是父子关系对离异家庭子女适应的影响较大(王永丽 & 俞国良，2010)。离婚家庭和完好家庭的子女在情绪—社会性、智力—学业、亲子关系—同伴关系等一系列指标上存在着较显著的差异。父母离婚对男孩的影响比女孩更大，特别是在较大年龄水平上；父母离婚的不良影响首先被男孩体验到，甚至在单亲家庭生活平均 6.39 年后，离婚家庭的男孩仍在一系列指标上表现出比完好家庭男孩的适应性差。离婚所造成的子女适应危机不是一种暂时现象。随着岁月的流逝和生活的演进，特别是父母与子女日后生活关系的变化和社会的关怀爱护，离婚家庭的子女才逐渐开始适应现实的环境。

（二）对子女的适应

成人前期个体多数要为人父母。一对两情相悦的青年夫妇，在婚后第二年或若干年"突然"迎来一个新生命，成为三口之家，接着可能成为多口之家。对青年父母而言，要有一个适应过程。

马森等人（Mussen et al.，1991）提出了"第一个孩子的危机"观点。研究表明，83%的中产阶级夫妻愿意将第一个孩子的来临称为"广泛的"或"严重的"危机，因为为人父母后，社交活动、家务负担、经济开支、住房条件和夫妻交流及感情等方面都会受到不同程度的影响。例如，第一个孩子有可能危及夫妻亲密婚姻关系的发展。62%首次做父亲的人都感到自己被冷落了。又如，从家庭劳动时间来看，会出现如图8-9所示的繁重负担。在没有孩子时，一个人做家务的时间每周为30小时，但有了孩子后，特别是在孩子还很幼小时，一个人每周做家务的时间就大大地增加，这种时间上的增加意味着家务负担的繁重。但"第一个孩子的危机"现象是极少数，绝大多数年轻父母还是持悦纳孩子的观点的。

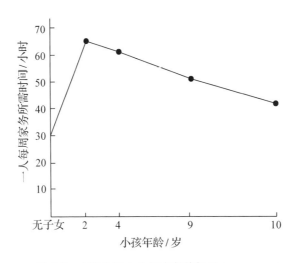

图8-9　小孩年龄大小与家务的轻重（Mussen et al.，1991）

然而，孩子是重要的，多数父母从自己的孩子身上得到了最大的愉悦和满足。

有一项研究将 40 对婚姻美满的夫妻与 40 对婚姻不如意的夫妻做了比较，当问到什么是婚姻的最大满足时，最常见的答案是"孩子"，且两组在这一点上竟无差异。对婚姻不满的夫妻中，有 63% 的人认为孩子是自己婚姻中仅有的满足。中国近年来出现的破镜重圆的复婚现象，也从另一个侧面支持了上述研究结论。根据北京市民政局的数据，2015—2017 年北京市的离婚率上涨了 73%，但复婚率上涨了 131%。复婚的原因多种多样，其中因为孩子的占 50% 以上。可见，孩子是维系婚姻关系的重要纽带。

显而易见，这里存在着一个矛盾。一方面，有了孩子似乎会出现"危机"；另一方面，孩子又是婚姻的重要内容。因此，如何对待孩子，不同的青年夫妻会出现不同的适应风格：第一种是晚育；第二种是根本不要小孩；第三种是重新明确父母的职责，夫妻一起承担家务负担；第四种是留有一定时间，用于夫妻之间的接触，这是一段双亲时间（parents' time），届时将孩子"忽视"片刻；第五种是接受如何担任父母的优育（good caring）和优教措施。在上述几种不同的适应风格中，实行优育、优教是对子女适应、当好父母的重要决策。

优育主要包括孩子出生后身心健康发展所需要的条件，如卫生保健、疾病预防和护理、合理的营养、必备的用具及良好的生活环境等。

优教则要求按照孩子的生理、心理特征，用正确的指导思想和科学的方法进行教育，使他们实现正常的、全面的发展，从而逐步地健康成长（卢乐山、林崇德、王德胜，1995）。

(三) 对职业的适应

个体一般都是在成人前期就业的。就业后，个体对职业有一个适应的过程。这些适应包括：对工作本身的兴趣，投入工作时间的长短，与同事和上司的关系，对工作环境的态度，等等。

1. 影响职业适应的因素

影响职业适应的因素有很多，主要取决于以下几个方面。

性别：男性与女性相比，既表现出有较好的适应性，又表现出较大的不稳定性或流动性。

年龄: 年龄越大, 人改变职业的可能性越小, 如图 8-10 所示; 不同年龄的个体对职业适应的内容有所区别, 成人前期主要是追求工作和成绩, 中年以后主要追求的是薪水和职位。

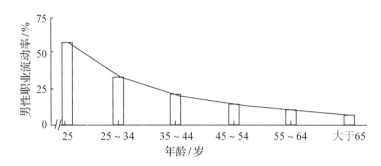

图 8-10　男性职业流动率的变化趋势(程学超, 1991)

工作能否实现个体所希望的角色: 如果答案是肯定的, 个体则会感到满足, 于是全身心投入职业生活, 自然适应性也好; 否则就不感兴趣, 适应性也就差了。例如, 有的人不愿意从事某一职业, 但考试时却偏偏被录取到从事这一职业的专业学习, 其结果是毕业后很长时期激发不起兴趣, 对职业难以适应, 要求变更工作。

职业训练(受教育程度)和职业能力: 某一个体职业训练有素, 功底好、能力强, 则能胜任该项工作, 适应性水平高; 否则就难以胜任工作, 适应性自然就差。然而, 职业能力是一种特殊能力, 对某一项工作, 甲可能适应, 乙可能不太适应, 丙则可能很不适应, 而换成另一项工作, 甲可能不适应, 丙可能很适应; 全才且能适应一切职业者毕竟是极少数。

2. 职业适应的评价

赫洛克(Hurlock, 1982)指出, 有两个标准可以评定年轻人对职业适应的成败: 一是工作的成功与成就; 二是个人与家人对这个工作及社会经济地位所感到的满意程度。

在工作成就方面, "三十而立"意味着年轻人"攀登高峰""有所成就"的追求心理, 于是他们将全部精力放在工作上, 促使自己到 30 岁时事业有成。但影响职业适应的因素是多方面的。中年以前，职业上职务、地位等的分化是十分明显的。只有到了中年后半段，企求成功的愿望不如成人前期那么强烈，随之而来的则是安全感，到那时才会出现职业稳定性比发展性更重要的情形。对职业适应最差的是失业者。

在满意程度方面，影响对职业的满意程度的因素既有内在因素，又有外在因素。前者指工作给予主体自我实现的机会，允许其潜力的发挥，能获得赞许、责任与发展的程度及知足的愿望程度等。后者指上司的为人、公正性和期望，工作的环境、性质和条件，薪水与福利，等等。个体对职业满意的程度取决于内在因素和外在因素的交互作用及诸因素的整体效应。

第九章

成人中期的心理发展

成人中期(或成年中期)，又称中年期，一般指 35 岁至 55 或 60 岁这个时期。成人中期的年龄范围是相对的，不是一成不变的。这是因为随着生活和医疗条件的改善，人类的平均寿命不断延长，所以划分成人前期、成人中期和成人晚期的年龄界限也发生了改变。此外，在具体研究过程中，研究对象之间由于生活的自然条件、地理环境、生活方式、生活水平、个人修养等方面的差异，即使年龄相同，其健康状况和衰老程度也可能相差很大。所以，成人中期究竟是始于 30 岁还是 35 岁，终止于 55 岁还是 60 岁，并不是原则问题。对于不同个体来说，这种划分更是因人而异的。

这里不过分严格规定年龄界限，而是将成人中期作为人生历程中的一个阶段。这个阶段由青年而来，向老年奔去，其间在身心发展上呈现出许多特点。中年人是事业的中坚和骨干，他们执着地追求、艰难地拼搏。"路漫漫其修远兮，吾将上下而求索。"这是中年人的共同心声。另外，因为成人中期的时间相隔很长，有 20 多年，所以研究者往往将 35~50 岁作为中年前期(early middle age)，在这个时期，个体处在生命的全盛时期，体力好，精力旺盛，工作能力强，效率高，知识经验和智力水平都处于高峰期；50~60 岁作为中年后期(post middle age)，在这个时期，个体的体力和心理发展状态虽呈下降趋势，但不是急剧下降，同时因年龄增长，个体的经验越来越丰富，知识更宽广、深厚，故工作能力和效率依然较高。虽然如此，中年前期与后期还有着许多共同点。这里为了论述方便，不一一列举，而是结合成人中期的身心特征，从发展的角度一起加以探讨。

本章主要讨论以下问题。

①成人中期的一般特征是什么？

②成人中期的认知发展有何特点？如何理解个体思维发展的最后阶段？

③成人中期生活方式的特征是什么？在家庭和职业方面又有什么特点？

④怎样看待成人中期社会性发展的稳定状态？怎样对待中年危机？怎样增强心理与社会适应性？

第一节

————

从不惑到知天命

子曰："四十而不惑，五十而知天命。"（《论语·为政》）所谓"不惑"，就是遇事能明辨不疑；所谓"知天命"，就是能认识未知的、难以抗拒的、无法预测的力量。孔子用"不惑"与"知天命"的形象说法，深刻地勾勒出成人中期的整个面貌。同时，社会生活实践也表明，绝大多数中年人，无论是对事实的判断、对价值的判断，还是解决各种问题、掌握客观规律，一般都日臻完善。

人到中年，个体表现出诸多不同于其他年龄段的特点，其中最重要的特点在于：成人中期个体的生理功能开始逐步衰退，且在整个社会中承担着中流砥柱的作用。因此，这个阶段的个体表现出很强的事业心和很高的创造性，成为整个社会前进和发展的主力军。但同时，他们又深感肩上担子的沉重，处于家庭和事业的夹缝中，因而常处于紧张、焦虑和动荡不安的状态。这里，我们从 3 个方面对此加以具体分析。

一、人生旅途的中点

程学超（1991）在其主编的《中年心理学》中指出，人到中年，大致走完人生旅途中的一半。确实，不管人的寿命如何延长，中年期都是漫长人生旅途的中点，这是确定无疑的，也是众多发展心理学家的共识。

(一) 成人中期的特点

处在人生旅途中点的中年人，其心理发展有着特殊的表现，这种心理特点也反映了中年期的整个特点。

1. 生理功能的衰退

成人中期的各种生理功能较前一阶段都有不同程度的改变。特别是中年后期，这种老化的倾向尤其明显。从外表看，毛发逐渐稀少、变白；皮肤日益显得粗糙，出现褶皱；体重有增加趋势，尤其是腰部脂肪明显增加；身高也有所降低。机体组织中钙质增加。感受功能衰退，尤其是视听能力变化明显；视力衰退，容易产生病变，45 岁后老视；听觉按声音频率高低顺序逐渐减弱。进入成人中期后，新陈代谢的速度开始减慢，脑重量减轻，血液对肝、肾上腺、胰腺、性腺的供应减少，内分泌腺功能改变或降低，性欲和性冲动减退。女性 50 岁左右经历更年期（climacterium），男性的更年期则要晚几年。许多人对更年期的变化不能适应，女性尤其明显。当然，这种生理变化都是相对的。生活条件、工作状况、身体素质、心理特点等都对生理变化产生一定影响，从而造成个别差异。

2. 智力有明显的上升或下降

成人中期的智力变化很复杂。那些直接与神经系统状态相联系而较少依赖于后天经验的智力因素有下降趋势，如机械记忆能力、快速反应、注意分配或高度集中能力等。那些较多依赖于教育和实践经验的智力因素，如词汇、推理能力、解决问题的策略等，中年人的成绩要优于年轻人。从整体发展趋势看，在职业、家庭中负有重任的中年人，其智力并没有明显改变；但对于某一个体来说，智力可能有明显的上升或下降，个体间有很大差异，例如，学习的机会和高成就的动机能使中年人的智力有所提高。

智力活动的最高形式是创造力，成人中期是创造的黄金年华。关于这一点，后文会专门展开论述。

3. 紧张的情绪状态

成人中期不仅有上述的生理变化，而且也面临社会角色的变化。中年人在社会生活的各个方面都扮演骨干的角色，他们在承担繁重的社会工作的同时，又要承担沉重的家务劳动。所有这些变化给中年人带来沉重的压力，于是容易产生紧张与焦虑。一般来说，中年人对于生理和社会的变化须经过较长的时间才能适应，随着适应性的提高，紧张与焦虑的状态才逐步消失。其他的情绪特征在 55 岁以前也在不断变化，例如，男性比年轻时表现出更多的柔情和情绪性；女性则比年轻时增加了攻击性，减少了情绪性。一般到 55 岁左右时，个体的角色、兴趣、活动与自己的身心状态均取得良好的协调和平衡。

4. 兴趣爱好的重点转移

成人中期的兴趣范围不如青年晚期那么广泛，但兴趣的重点有所转移。一般表现在 3 个方面。①事业心增强，对社会公务越来越感兴趣。②社会参与心增强，对政治时事比较关心；且这两个方面的兴趣既决定了中年人的社会地位，又反映了中年人扮演社会中坚的角色。③休闲需求增强，休闲方式从剧烈运动型转变为安静型，中年人喜欢的休闲活动主要有阅读、听广播、看电视、钓鱼、散步、下棋、拜访亲友和适当旅游等，随后，中年人兴趣的变化趋于稳定。

5. 面临中年危机的人格

成人中期的人格处于矛盾变化的状态。人到中年，一方面，人格趋于稳定，且更趋于内向，他们关心自己的内心世界，经常反省，男女性格也逐渐趋中；另一方面，几十年的生活会使每个中年人对人、对己、对事的态度均发生改变，随之而来的可能是整个人格的不同程度的变化，这是因为人到中年后，敏锐地感到自己的体力、精力、魅力逐渐不如从前，个体的主观愿望与客观条件、与事业成就的矛盾也逐步加剧，加上子女逐渐长大，有的不再将父母当作权威，有的进入社会不再依靠父母，这些都会给中年人带来某种失落感，于是产生中年危机，即因对诸多新问题、新情况不能适应而出现了一种心理不平衡的现象。多数人能够顺利度过这场危机，他们重新衡量自己的价值，并在健康、生活、工作、成就诸方面确立了新的起点。

(二)成人中期的发展任务

面临"老之将至"的中年人，其发展任务是什么？这是发展心理学研究领域比较关心的课题，不同发展心理学家从不同角度对此做了阐述。

提出成人中期的发展任务的先驱是荣格(Jung，1933，1953，1969，1971)。首先，他提出个体通过平衡或整合人格中的冲突来建立真实的自我。其次，他认为直到40岁，个体才开始关注自我在家庭和社会中的责任，并着力在人格中发展相应的品质，从而实现自己的外部目标。女性强调表现和养育，男性则追求成就。再次，他提出了中年危机的概念，希望将克服中年危机作为中年人的一项任务。最后，他强调中年人开始转向关注内在的精神自我，通过表达自己从前否认的自我，来实现对立统一。

继荣格之后是埃里克森的观点。埃里克森(Erikson，1950，1963)认为，成人中期发展的主要任务是获得创生(generativity)感，避免停滞感，体验关怀的实现。创生是一个含义很广泛的概念，它既包括履行父母职责，如生儿育女；也包括被称为"生产力""创造性"的内容，如积极参与竞争，为社会做出贡献。因此，马森(Mussen，1991)认为埃里克森的创生概念，类似于马斯洛(Maslow，1970)的自我实现概念。而所谓自我实现，是一种尽力成为最完善的人的动机或愿望。当个体进入中年期，他们的事业成果逐步积累，家庭成员增多，他们往往身兼数职，不惜代价地工作。然而，对于长期持续拼搏的中年人来说，往往因为工作超负荷、负担过重，其中的一些人一旦感到自己不能一如既往地参与竞争与进行创造，就逐渐进入停滞状态。根据埃里克森的观点，在中年期，每个人此时或彼时都会有些停滞。因此，解决创生与停滞的矛盾，使个体获得创生、避免停滞，是成人中期的主要任务。如果能圆满地完成这一任务，就有助于中年人表现出与创生相关的优良品质，即关心品质(virtue of care)。具有这一品质的人表现出能关心自己所从事的工作，承担家庭义务和教育子女、赡养老人的责任，而且他们做这一切完全是自觉自愿的。

莱文森和哈威格斯特是荣格和埃里克森的追随者。莱文森(Levinson，1978)认为，成人的发展是由一系列交替出现的稳定期和转折期构成的。他提出了生活结构(structure of life)的概念，就是个人的社会角色的综合体。成人中期的发展任务是巩固自己的兴趣、目标及各种承诺，即处理好现实与可能之间的矛盾，获得智慧、有见识、有同情心、视野开阔等品质。哈威格斯特（Havighurst，1974）认为，成人中期的发展任务主要来源于个人内在的变化、社会的压力以及个体的价值观、性别、态度倾向等方面。他把中年期的发展任务具体地归纳为如下 7 点：①履行成年人的公民责任与社会责任；②建立与维持生活的经济标准；③开展成人中期的业余活动；④帮助未成年的孩子成为有责任心的、幸福的成年人；⑤同配偶保持和谐的关系；⑥承受并适应成人中期生理上的变化；⑦与老年父母相适应。

本书认为，成人中期的发展任务要根据正处于人生历程中点的各种特点而制定，应该包括下面 6 个方面的内容：①接受生理的变化，在保健上进行自我调节；②根据智能的特点，在工作上做好自我更新；③面对巨大的压力，在情绪上加以自我控制；④鉴于兴趣的转移，在活动上学会自我休闲；⑤正视中年危机，在人格上实现自我完善；⑥适应家庭状况，在婚姻上促进自我监督。

二、创造的年华

第八章提到，成人前期是创造与成就最佳年龄的开始，为成人中期达到顶峰创造了条件。

创造是一种行为表现，此种行为表现之结果富有新奇与价值，故创造性人物有能力在其一生中创造出他人望尘莫及的成果。在成人前期获得一定成就以后，中年人则进一步投入创造，使其成就达到登峰造极的地步，这样，成人中期就顺理成章地成为创造的年华（creative age）。对自然科学领域 1901—2011 年 550 名诺贝尔奖获得者相关数据的统计（门伟莉、张志强，2013）发现，自然科学领域科研创造的峰值年龄是 44~47 岁。在这之后，由于体力和精力的缘故，某方面的创造动机和创造成果逐渐减退。当然，也有大器晚成者，如我国古代著名医学家、药物学家李时珍，他在 61 岁时才完成鸿篇巨制《本草纲目》；也有终生进行创造且锐气不减的，如弗洛伊德的早期著作《释梦》普遍被看作他的最重要的著作，但他继续扩展、说明、修订、发展他的精神分析理论，直到 83 岁逝世。但是，这类例子毕竟只是少数，多数人创造的年华是成人中期。

马森等人(Mussen et al.，1991)指出，创造者的全部成果非常均衡地分布于整个一生。他列举了一项研究，738 名被试的年龄都在 79 岁或 79 岁以上。结果发现：历史学家、哲学家、植物学家、发明家 4 类人在 60 多岁时的成就最多；科学家则在 40 多岁、50 多岁、60 多岁时成就卓著；艺术家则在更早些的年龄阶段上，在 30 多岁、40 多岁、50 多岁时就成果迭出。图 9-1 中的 3 幅图展示了这些研究结果。

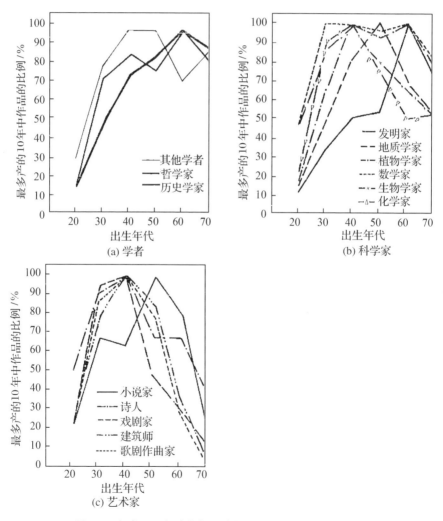

图 9-1　各类职业创造的年华的年龄分布图（Dennis，1966）

图中显示的某些职业的作品比例是由最多产的 10 年中的作品比例来表示的。诗人、建筑师、化学家通常在 40 岁时创造成果最多；发明家、历史学家则是在 60 岁。此处总结的资料只是解说性的，因为被试的知名度不同，成就的计算单位也不同（如一首诗与罗马历史是无法等量齐观的）。

斯金姆伯格（Schiamberg，1985）也引证过类似的研究。被试是 100 名 70～79 岁和 56 名 80～89 岁的科学家，调查他们发表科学论文数量的情况。结果表明，学者们撰写的科学论文，30 岁以下较少，30～59 岁最多，即达到高峰，且近乎高原状态，60～69 岁减少了 20%。图 9-2 展示了这个结果。

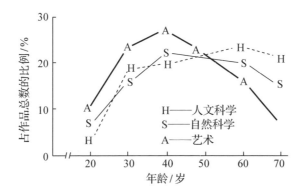

图 9-2 科学家的创造力与年龄的关系（Schiamberg，1985）

2003—2013 年，我先后主持了两项有关拔尖创新人才的教育部重大攻关课题，我和研究团队发现，创造性人才的发展大致经历 5 个基本阶段：自我探索期、才华展露与专业定向期、集中训练期、创造期、创造后期。对 34 位自然科学家、36 位社会科学家和 33 位企业家被试的研究发现：①创造期多半在成人前期，创造后期基本上在成人中期；②社会科学家与自然科学家相比，其成果更多产生在成人中期，即更有"大器晚成"或"宝刀未老"的趋势；③自然科学家被试获院士称号多半在成人中期，而目前我国评定的院士中 70% 以上处于成人中期；④成人中期有丰富的研究或经营经验，尽管精力不如成人前期，但通过调整工作内容，可继续获得创造性成果；⑤创造后期将自己的研究成果转化成实际产品，更能产生社会效益；⑥成人中期的自然或社会科学家把主要精力投入培养学生，成人中期的企业家也特别注意选择接班人，都是为了使创新产业后继有人。

由此可见，从"不惑"到"知天命"的成人中期是创造的黄金时期，是成就最多的年龄阶段。

三、负担繁重与艰苦奋斗的中年人

在人的一生中，哪个阶段负担最重？答案毫无疑问是中年人。在社会上，处于"不惑"和"知天命"之间的中年人备受青睐，成为中坚力量，充当各行各业的骨干；在家庭里，上敬老、下抚小，承上启下，充当一家之主，终日里外应酬。于是有操不完的心、做不完的事，负荷沉重，有如识途的老马，不知张弛地拉套奋进。

（一）金秋季节收获的愿望

愿望是人们希望达到某种目的的想法，是个体有意识的并指向清晰目标的一种需要（或需求）。当人的有效愿望成为活动的动机，就成为个体行为的一种强有力的推动力量。

人到中年，其愿望是千姿百态、丰富多彩的。有关心国家大事的，如国家安定、民富国强的愿望；有凌云壮志的，如雄心勃勃、事业有成的愿望；有生活现实的，如增加工资、提高待遇的愿望；不一而足。但对大多数中年人来说，金秋季节收获的愿望是普遍的主要愿望。

1. 期待金秋收获是一种高层次的愿望

相对青少年期和成人前期来说，成人中期从总体看，其生理、安全、归属和爱等较低层次的需要已基本满足。按照马斯洛的需要层次理论（或需求层次论）（hierarchy of needs theory），低层次的需要获得满足后，高层次的需要就会出现，于是追求地位、拥有金钱、受到尊重和自我实现的愿望十分强烈。在这种强烈的成就动机驱使下，中年人不断进取，努力使自己的才能和学识更趋完善，做出更多的成绩。

库勒（Kuhler，1952）揭示的不同年龄段的人在生活目标上的变化（如图 9-3 所示）也说明了这一点。从图 9-3 中可以看出，西方的已婚女性在成人前期的主要任务是照顾孩子，做一个好的家庭主妇；但到 50 岁左右，子女离家自立后，则希望参加更多的社会工作，拥有一份职业，并取得成就或升迁，这也属于实现金秋季节收获愿望的结果。已婚男性在成人中期，把生活的主要目标放在工作和事业上。为了使金秋季节有所收获，40 岁左右是已婚男性希望改行或变换工作的高峰期，之后改行的愿望就日渐降低了，保持原来职业的愿望日渐加强；但在 45 岁左右则把主要目标放在事业取得成功上，之后这一目标逐渐降低。按照自己的愿望争取收获，必然使成人中期要付出很大的代价，做出很多令人叹为观止的艰苦努力。

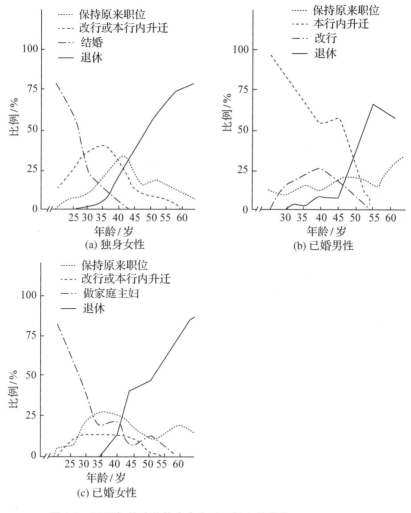

图 9-3　不同年龄阶段的人在生活目标上的变化(Kuhler, 1952)

2. 望子成才是金秋季节收获的替代性满足

无论是做出成绩的中年人，还是平庸地过了大半生的中年人，一般来说，他们对子女的期望都比较高。前者希望自己有良好的继承者，后者希望将子女的成长作为对自己事业无成的一个补偿。所有这些，都是成人中期各种愿望需要满足的方式。

中年男女往往通过对自己孩子的认同，使自己在生活变得迟滞时继续获得发展感。在日常生活中也可以看到，中年夫妇常以子女的成就为骄傲，他们从才华横溢、能力超群的子女那里获得极大的满足。子女的成功似乎比自己的、配偶的成功更重要、更令人满意。

而教育子女成才，获得愿望(需要)的替代性满足，也必然使成人中期付出很大的代价，需要做出很多艰苦的努力。

(二)沉重与紧张的压力

人到中年，应该是一个金秋收获的季节，自然会有许多喜悦和令人振奋的事情，但同时也会遇到许多麻烦和棘手的问题，产生许多紧张的压力，体验烦恼和焦虑等情绪与情感。

如前所述，中年人的紧张，既来自生理上的变化，又来自社会的因素。职业、工作给中年人提出了更高的要求。如果说青年人关心的是如何在工作中站稳脚跟，那么中年人关心的则是职业的发展、声望和成功。此外，家庭负担，特别是子女的教养，也给中年人提出了新的要求。随着子女年龄的增加，父母更加操心费力，然而，他们的权威地位反而日益降低。于是，工作的沉重负担、家庭的繁重负担，加上自己的体力、精力正逐渐减弱，必然使中年人的心理压力也加重。调查表明，中年人中烦恼者占67%，焦虑者占40%。这从一个侧面反映了成人中期的明显心理压力(程学超，1991)。

1. 中年人的紧迫感

紧迫感(或紧张)是紧张压力造成的成人中期情感的一个突出表现。成人中期任务繁重、压力很大，造成情绪上的紧张，使他们体会到时间紧迫。这样一来，中年人变得比以前更加珍惜时间。这有两个原因：一是他们的工作、生活紧张，使他们深深感到时间不够支配；二是他们清晰地意识到，人到中年，此时不搏更待何时，于是他们主动找事做，增加压力。然而，时间是一个常数，这使他们常因为时间太紧而有很多想做的事情做不了，由此感到焦虑、烦躁、不安，进而加剧了紧张，产生了强烈的紧迫感。

2. 中年人的焦虑

中年人焦虑的表现范围广泛，内容复杂且形式多样。有来自家庭特别是来自子女的焦虑，有来自职业、工作的焦虑，也有来自对自己现状的评价的焦虑，或来自健康的焦虑，等等。

赫洛克（Hurlock，1982）指出，焦虑情绪在成人中期各个年龄阶段的表现是有差异的。图 9-4 表明，成人中期的焦虑开始呈渐增趋势，直到接近 50 岁才开始缓慢下降；女性的焦虑比男性更为强烈。

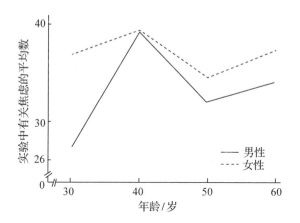

图 9-4 成人中期的焦虑（Hurlock，1982）

程学超（1991）的引证研究说明，严重的焦虑、抑郁可能引起自杀。处于 30~40 岁年龄阶段的个体自杀率明显升高，40~60 岁是自杀高峰期，60 岁以后开始下降。尽管自杀者在同龄人中毕竟是极少数（近期的数字为不到 1/10000），但自杀的发展趋势从另一个侧面说明了成人中期的社会适应、情感适应和承受压力的情况。

3. 中年人的烦恼

人在每个年龄阶段都有烦恼，但中年人烦恼的内容和体验都超过其他年龄阶段。中年人烦恼的原因正是中年人自身所处的环境、地位，所肩负的责任，人际关系的复杂性及由此产生的冲突。程学超、富康(1991)调查了引起中年人烦恼的因素，依次排列为：身体不好、社会分配不公、想做的事做不了。此外，子女成长不称心、工作不理想、个人价值被否定、人际间的内耗(猜忌与摩擦)、真诚不被人理解等，均是引起中年人烦恼的因素。

(三) 面临重重的困难

成人中期在事业上肩负着"挑大梁"的社会重任，在生活上"挑重担"，不论是广度还是深度，其负担是最大的。这种负担是多方面的，其中主要表现为 3 个方面：一是事业上的压力，中年人年富力强，比老一辈有精力，比年轻人有经验，这些优越的条件使他们成为社会的中坚力量，是事业的领导和骨干力量，但也正因为如此，他们在事业上的担子和压力也是最大的；二是生活上的重担，养家糊口是每个中年人义不容辞的责任，在我国中年人尤其不易，他们的薪水普遍不高，家庭中上有老、下有小，需要照顾的人特别多，而且家务劳动繁重；三是人际关系的纷扰，在潘允康(1988)的调查中，35%的中年人认为自己受人际关系不合的困扰。研究表明(江兰、郭菲、章婕等，2010)，中年科技工作者的睡眠质量较差，而且家庭与工作的消极作用会增加其睡眠问题。为了完成承上启下的历史使命，完成时代赋予一代人的重任，成人中期这一金秋收获的季节，成为人生最繁忙的艰苦奋斗阶段。

成人中期的沉重负担和艰苦奋斗，锻炼了中年人的意志，造就了多数中年人按照既定目标、排除困难和干扰的意志品质。富康(1991)采用卡特尔 16 种人格因素测验(Cattell's 16 Personality Factors Questionnaire，16PF)，对 50 名中年教师(年龄为 35~48 岁)和 50 名青年学生(年龄为 19~25 岁)进行了测试，发现中年教师比青年学生更加负责任、敢作敢为、有自控力。信心、决心、恒心是中年人克服困难的意志保证，这种意志保证充分表现在他们通过卓有成效的努力，战胜重重困难和各种艰难险阻，顺利到达彼岸的奋斗过程中。

第二节

————

成人中期的认知发展

人到中年，其认知发展更加错综复杂，因而增加了对此研究的难度。早期研究者倾向于认为成人中期的认知发展随着年龄增长而逐渐下降。近年来的研究者通过更精细的实验设计系统发现，成人中期的认知发展相对稳定，甚至在某些方面有所提高。这说明，随着成人中期心理研究资料的积累，中年人的认知发展特点正日益明朗化。本节结合国内外的材料，从两个方面具体讨论成人中期个体认知发展的特征。

一、智力发展的最后阶段

从智力发展的视野来看，成人中期的智力发展处于最后阶段，从 55 岁或 66 岁起，智力开始转入衰退期（period of decline）。

（一）智力发展模式

所谓智力发展模式（development pattern of intelligence），即智力发展水平随年龄而变化的轨迹。任何一种智力发展模式必须回答两个问题：智力发展是单向的还是多向的，是单维的还是多维的。关于儿童与青少年的智力发展，不管是哪一种智力理论、使用哪一种智力测量工具，所得的结论都是比较一致的，那就是随年龄的增长，智力水平呈单调上升趋势；要么是高一阶段的智力取代低一阶段的智力，如皮亚杰提出的 4 个阶段；要么是智力测量的分数随年龄增长而增加。那么，成人中期的智力是如何变化的呢？众多的成人中期智力发展的研究表明：中年人的智力发展模式是晶体智力继续上升，流体智力缓慢下降；智力技巧保持相对稳定，实用智力不断增长。

1. 晶体智力与流体智力

20世纪早期的一些理论家和研究者都确信，随着年龄增长，中老年生理功能退化，其智力水平也不可避免地出现下降的趋势。然而，这种单调下降的智力理论随着研究的深入不断受到质疑。智力是由不同成分构成的，各种成分的发展变化轨迹又是各不相同的，为了精确描述各种智力成分发展的特点，卡特尔与霍恩依据智力发展与生理、文化教育的关系，把智力区分为两大类，即晶体智力和流体智力。

所谓晶体智力（或固定智力），即通过掌握社会文化经验而获得的智力，如词汇、言语理解、常识等以记忆贮存为基础的能力。所谓流体智力（或流动智力），则是以神经生理为基础，随着神经系统的成熟而提高，相对地不受教育与文化的影响，如知觉速度、机械记忆、识别图形关系等。卡特尔与霍恩及后来学者的研究，收集了大量的数据来揭示这两种智力各自的发展轨迹。黛安娜·帕帕拉等人（2013）指出，这两种智力的发展路径不同。一般来说，流体智力在成年早期达到顶峰，而晶体智力在中年甚至老年都会有所提高（Horn，1982a，1982b；Horn & Donalclson，1980）。但是，由于这些研究大都是横断研究，因此反映的可能仅是代际差异，而不是年龄的变化趋势。纵向研究的结果就与之不同：尽管流体智力确实比晶体智力下降得早，但某些流体智力的衰退直到中年才会出现，如归纳推理和空间定向能力（Willis & Schaie，1999）。

目前对知觉速度这项流体智力比较一致的看法是：在二十几岁会达到高峰。工作记忆在个体二十几岁之后开始下降。但是，这些变化是渐进的，不会必然导致认知功能受损。中年人通过获取一些受学习和经验影响的更高阶的能力来弥补这些基本神经能力的丧失（Lachman，2004；Willis & Schaie，1999）。鉴于大部分中年人的认知功能都很强健且稳定，因此，如果在60岁之前个体表现出显著的认知功能下降，就很可能是因为在神经方面出了问题（Schaie，2005；Wiliis & Shcaie，1999）。

2. 外显智力与内隐智力

根据智力适应理论（theory of intelligence adaptation），各个年龄阶段有各自的智力活动任务；对应不同的智力活动任务，智力的构成成分也不相同。目前，随着对智力结构研究的不断深入，心理学家对智力的构成成分，提出外显智力（explicit intellect）与内隐智力（implicit intellect）的概念。

对智力结构成分的研究，心理学家进行了大量的探索，归纳起来，主要是两种思路：一是心理测量理论，研究者根据自己对智力结构的认识，选取测量智力结构成分的材料，通过外在的测量材料来考察智力结构中各成分的关系及发展；二是信息加工理论（或信息处理论），即把智力活动过程视为信息加工过程。不论是心理测量理论还是信息加工理论，它们都是基于研究者的智力观，通过外在的刺激材料进行测量评定的，所以，它们又被统称为外显智力理论。人们习惯上把研究者所持的智力理论称为外显智力。从发展心理学的角度看，外显智力理论对智力发展的研究多侧重于智力的量变，考察某种智力成分水平的变化，未能从生活实际和社会的角度去分析各年龄阶段智力活动性质的变化。因此，与外显智力理论相对应，以斯滕伯格（Sternberg et al.，1985）为首的几位美国心理学家提出了智力的内隐理论（implicit theory）。

智力的内隐理论是指人们（包括心理学家和普通人）在日常生活和工作背景下形成的，以某种形式保留于个体头脑中的关于人类智力结构及其发展的看法，简称内隐智力。1985年，斯滕伯格等人对成人智力的内隐理论进行了系列研究。首先，他们要求152名17～83岁的被试列出30岁、50岁、70岁中聪明者与愚笨者的行为特征；然后，他们把被试所列的行为特征整理列表，要求22名24～84岁的被试对上述行为特征在确定30岁、50岁、70岁中聪明者与愚笨者方面的重要性进行评定；最后，他们请69名26～85岁的被试对上述行为特征在区分30岁、50岁、70岁中聪明者与普通人方面的作用进行评定。具体情况如表9-1所示。

表 9-1　内隐理论中的智力内涵（Sternberg et al.，1985）

30 岁	50 岁	70 岁
Ⅰ. 解决问题的新颖性：	Ⅰ. 解决问题的新颖性：	Ⅰ. 流体智力与晶体智力的混合物：
i. 对获取知识、了解新事物很感兴趣；	i. 能够以创新和独特的方式分析新问题；	i. 词汇丰富；
ii. 表现出好奇心；	ii. 能够知觉与贮存新信息；	ii. 阅读内容广泛；
iii. 敢于对公众媒介的内容提出质疑；	iii. 能够以各种各样的新概念进行学习和推理；	iii. 能够理解反馈（信息）并做出相应反应；
iv. 能够用各种各样的新概念进行学习和推理；	iv. 敢于对大众媒介的内容提出质疑；	iv. 能从无关信息中筛选出有关的信息；
v. 能够以创新和独特的方式分析新问题。	v. 表现出好奇心。	v. 能从给出的信息中得出结论。
30 岁	**50 岁**	**70 岁**
Ⅱ. 晶体智力：	Ⅱ. 日常生活能力：	Ⅱ. 日常生活能力：
i. 是自己领域内的行家里手；	i. 能根据生活情境调整自己；	i. 思想与行动中都充满智慧；
ii. 能胜任工作；	ii. 对人与事富于觉察力；	ii. 对人与事富于觉察；
iii. 能从给出的信息中得出结论；	iii. 能够适应有挫折的生活情境；	iii. 三思而后行；
iv. 讲话富于智慧；	iv. 能很好地适应环境；	iv. 能够适应有挫折的生活情境；
	v. 知道自己专门知识领域以外的事物。	v. 知道自己周围正在发生的事情。
Ⅲ. 日常生活能力：	Ⅲ. 社会能力：	Ⅲ. 认知投入：
i. 良好的大众意识；	i. 举止得体；	i. 表现出好奇心；
ii. 能根据生活情境调整自己；	ii. 高尚的价值观念；	ii. 胜任工作；
iii. 能够适应有挫折的生活情境；	iii. 对自己的家庭及家庭生活很感兴趣；	iii. 正确评价青年人与老年人；
iv. 对自己的家庭及家庭生活很感兴趣；	iv. 很好的大众意识；	iv. 对自己的家庭及家庭生活感兴趣；
v. 能很好地适应环境。	v. 是自己领域内的行家里手。	

表 9-1 的内容表明，中年人智力活动所表现出的主要方面不同于其他年龄阶段的个体，不仅有与学术有关的能力，而且有与生活、社会有关的能力；同时，在智力活动的深度和广度上都达到了最高的程度。对中年人而言，他们更强调自己解决日常问题能力的重要性，强调中年人根据知识经验和社会阅历主动适应人际环境和社会环境的重要性。而 30 岁的人则不然。显然，这与中年人智力活动的主要任务是一致的。

(二) 智力活动的性质

智力发展模式比较强调智力水平的变化，换言之，它关心的是各种智力成分（如逻辑思维能力、记忆、言语能力等）如何随着年龄变化，考察的是智力水平与年龄这两个变量之间的函数关系。然而，智力发展不仅有量变，也有质变，关于中年人智力活动的性质，也是发展心理学家近年来非常关注的问题。在大量的实验研究和理论分析中，较为一致的观点是：中年人的智力活动性质不同于其他阶段个体的智力活动。

1. 毕生智力发展阶段

皮亚杰认为，智力的本质是适应。越来越多的心理学家认识到，进入成人中期后，智力变化仍具有适应意义。这就是说，中年人智力活动的特点是与其对环境的适应分不开的。环境对个体有什么要求，个体相应的智力功能就得到发展。

美国心理学家沙依（Schaie，1978）根据智力适应理论，即个体的智力从本质上说是一种适应，把人一生的智力发展划分为不同阶段，如图 9-5 所示。

沙依认为，儿童时代和青春期，智力发展的根本特征是获取信息和解决问题的技能。皮亚杰及其他一些心理学家提出的认知发展理论已对这一发展过程做出了很好的解释。然而，这种智力理论的发展观点只适合于儿童期和青少年期，对成年期智力的性质与特征应从新的角度来认识。沙依认为，在成年前期，即青年晚期，青年人开始从事各种职业，建立家庭。此时的主要任务就是为实现自己的理想和奋斗目标而努力工作。这个年龄阶段涉及抽象的认知技能，而且会涉及标准化智力测验没有测量到的能力。同时，在这一过程中，青年人的自我意识得到进一步发展，能

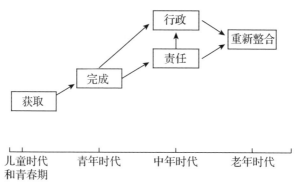

图 9-5 人一生的智力发展的几个阶段（Schaie，1978）

够对自己的活动进行监控，评判当前的活动与设定的目标之间的距离。

青年人在上述各种能力发展的基础上，个人的独立性达到了较高程度，紧接着转入下一发展阶段——责任阶段。从年龄上看，这一阶段正是成人中期。中年人是社会的中峰，与其他年龄阶段的人相比，他们的社会责任最为重大。他们不仅要承担家庭方面的责任，如抚育、教育子女，而且要承担事业方面的责任。因为大部分中年人都是各行各业的专家或骨干，他们的工作质量在一定程度上影响整个社会各项事业的发展。此外，还有一部分中年人从事行政领导工作，由承担一般社会责任到承担行政领导责任的转变取决于多种因素，如个人的才能、成就以及机会。

在 60 或 65 岁以后，人就进入老年时代，这一时期，人们获取知识的需要减弱了，未来对老年人来说是短暂的、无关紧要的。由于退休，老年人需要承担的社会责任逐渐减少。因此，老年期智力活动的主要任务转向自己的内心世界，重新整合自己一生的经验，如一些老年人写自传或回忆录等。

总之，在不同发展时期，智力活动的任务有所不同。简言之，儿童时代和青春期智力发展的主要问题是"我应该知道些什么"；青年和中年时代智力活动的性质是"我应该怎么运用我所知道的东西"；老年时代智力活动的性质是"我为什么要知道"。

2. 成人中期智力的特殊性

发展心理学家试图发现中年人思维的特殊性，而并不努力测量不同年龄阶段相同的认知能力。传统的心理测量学派认为，不断增加的知识改变了流体智力的运作方式；另一些学者坚持认为，成熟的思维代表了认知发展的一个新阶段——智力的特殊形式（Sinnott，1996），这种特殊形式可能会提高个体的人际交往技能和解决实际问题的能力。

在专业知识对中年人智力的作用方面，在国内外关于新手与专家智力比较的研究中可以看到，中年人的思维之所以较为成熟，是因为在他们所从事的领域内解决问题要有专业知识与专业技能。这在一定程度上是对晶体智力的一种解释。对专业知识与专业技能的掌握，就形成专业人员（往往是中年人）在专业领域内解决问题的基础。

在整合性思维方面，第八章曾提到后形式运算思维，这种思维并没有局限在成年期的某个特定阶段，但它似乎更适用于成人中期的复杂任务、多重角色、复杂选择和挑战，如需要综合与平衡工作和生活的要求（Sinnott，1998，2003；帕帕拉等，2013）。后形式运算思维的一个重要特征是它具有整合的本质。成熟的成年人整合逻辑、直觉和情绪，整合相互矛盾的事实和观点，用已知的知识整合新的信息。他们在解释自己所读到的、见到的和听到的事情时总会赋予其意义。与直接接收信息不同，成熟的成年人会用他们的生活经验及以前的知识对所接收的信息进行过滤。

社会认知与伦理认知（ethics cognition）构成了成人中期智力的主要内容，详见下一部分的论述。

二、社会认知与伦理认知

智力活动的任务和智力的主导成分是中年人智力活动性质的外部特征，与之相对应的则是中年人智力活动的内在特征，即智力操作方式（pattern of intellectual operation），或认知加工方式（认知处理方式）（pattern of cognitive processing）。认知加工方式涉及智力活动的内在过程，具体地说，就是个体加工什么样的信息和如何加工信息、组织知识经验。中年人认知加工的主要内容是社会信息，根据诸如自己和别人的行为、社会交往、社会规则和集体组织间的关系等社会信息来开展认知加工活动。因此，社会认知与伦理认知是成人中期智力发展的重要特点。

（一）中年人社会认知与伦理认知的加工方式

因为中年人的认知任务以如何运用知识技能为主，所以虽然抽象的学术认知很重要，但社会认知与伦理认知更加重要。

1. 由抽象到具体

中年人的认知加工方式不再以抽象的逻辑思维为主，而由抽象上升到具体。换言之，就是在解决问题时，不仅考虑问题的逻辑结构，而且考虑问题的背景。例如，美国心理学家拉鲍维—维夫（Loabouvie-Vief，1987）曾做过一个著名的研究，她给9~49岁的被试呈现一系列故事，下面就是其中的一个：

> 约翰是一个有名的酒鬼，尤其是他去参加晚会时，经常喝得大醉，他的妻子玛丽警告他，如果他再喝醉，她就带孩子离开他。一天晚上，约翰又外出参加晚会并喝醉了。（Loabouvie-Vief，1987）

研究者问被试："玛丽会离开约翰吗？你对你的回答有多大把握？"

结果表明，青少年在解决问题时，解决问题的办法是由问题中的形式条件决定的，即被试不仔细考虑问题的内容，也不变换思考解决问题的角度，只是严格按照三段论推理，且对自己的答案十分肯定。而成年人，尤其是中年人，在解决问题时不仅考虑问题的逻辑结构，即三段论推理的过程，还考虑问题的背景、特征，如故事中主人公的动机、情感等主观因素，从而对三段论推理的大前提成立的条件与范围予以考虑，所以对这类道德推理或认知问题进行符合社会情理的解决也成了解决问题过程的必要组成成分。换句话说，中年人在做出重要决定时，往往不单纯地根据逻辑的理由。中年人由于社会认知能力而获益，这种能力就是对社会经验和各种知识进行思考后产生的洞察力（或领悟）（insight）。这是在成功地解决许多个人和社会两难问题后获得的。处理那些各有哲理而又互相对立的观点，对发展中年人的社会认知能力有特殊的重要性。

2. "历史—伦理—道德"的认知成分

中年人的社会认知，相对的一个成分是"历史—伦理—道德"问题，于是，他们在认知中根据自己人生经验中的道德准则、价值观和目标，稳定地认知伦理关系，并付诸道德行为。不同环境条件下道德行为的社会一致性，在相当程度上取决于成人中期的伦理认知，于是可信赖的、稳定的道德行为在成人中期表现得最为明显。

(二) 影响中年人认知活动的主要因素

众所周知，影响智力活动的因素是多样的。对中年人而言，影响智力活动的主要因素是社会因素，这正反映了成人中期社会认知与伦理认知的特点。尽管影响中年人认知活动的也有身体健康水平 (成人中期作为人生生理发展的一个转折期，也是身体健康易出问题的时期，生理的变化对中年人认知活动的影响也是十分重要的)，但起根本作用的还是社会因素，即社会历史因素。中年人与儿童与青少年相比，由于他们的年龄大，自然经历的社会历史事件就多，因此，社会历史问题对中年人来说是主要的影响因素。另一个影响因素是职业因素，中年人各自从事特定的职业活动，这是儿童与青少年所没有的，鉴于此，职业因素对智力活动的影响亦不可忽视。

1. 社会历史因素

中年人的年龄较大，其实际经历的社会历史事件较多，社会历史因素在他们身上产生的烙印也相对更深刻。因此，社会历史因素就成为影响他们认知活动的特定因素。这种因素对认知活动产生的影响效应就是现在许多发展心理学家所说的群伙效应 (或同辈效应) (cohort effects)。群伙是指同一时代的人。

例如，在一次关于"目前中国社会道德是在爬坡还是在滑坡"的讨论中，不少中年学者比较了20世纪50、60、70、80和90年代社会道德的变化，使年轻学者从社会历史因素中了解社会道德的发展变化，同时也可看到中年人的认知活动往往把社会历史因素作为重要的依据。

2. 职业因素

在生活中我们经常会遇到这样的现象：对于同一个东西，从事不同职业的人会有不同的认识结论。如"O",化学家把它看成"氧",会计把它看成"零",英语教师把它看成一个英文字母。这说明职业会对人的认识活动产生一定的影响。究竟职业会对人的认知产生什么样的影响呢?

在前文提到的对自然科学与社会科学学者及企业家的创新或创造性的心理特征研究中,被试都处在成人中期,他们对创造性的心理特征的看法却有很大的差异。自然科学家认为,重要心理特征主要包括内部驱动力的动机形成、面向问题解决的知识构架、自主牵引性格、开放深刻的思维与研究风格、强基础智力5个因素。社会科学家突出表现在人格方面,这些领域不仅包括关注活动过程本身的内在兴趣,而且包括价值内化程度较高的外部动机及与内在兴趣紧密联系的情感体验。而企业家的重要特征包括创造性基础素养、创造技能与品质、人格与品德、创造性驱动4个方面,着眼于利益的最优化。

职业对个体认知的影响不在于职业的种类,而主要在于职业活动的性质。如果所进行的活动需要发挥个人的主动性,需要运用个人的思想,需要个人进行独立的判断等,那么这种事业活动就有利于认知功能的发挥,对认知产生积极的影响,反之,那些简单的、机械的、重复性的职业活动,对认知产生积极影响的可能性就小得多。

第三节

成人中期的家庭生活与职业

中年人是家庭的支柱、社会的中坚。因此,与人生历程中的其他阶段相比,成人中期的家庭生活与职业活动尤为重要,这是他们生活的主旋律。

一、成人中期的家庭生活

中年人的大部分发展任务都是在家庭生活(极少数是单身生活)内得到完成的,家庭是中年人积极开展职业活动的根据地和后勤基地。

(一)成人中期的婚姻

人到中年,绝大多数个体已经成家,但这个阶段的婚姻状况会表现出各种不同的情形。

1. 中年人的婚姻状况

在美国,约有96%的成年人在54岁前结婚,但其中40%以上以离婚而告终。具体地分析,第一次结婚的人中约有37%离婚;第二次结婚的人的离婚率高达59%。

我国中年人的婚姻状况可以用表9-2来说明。

表 9-2　我国 35~59 岁婚姻状况统计表(国家统计局,2017)

年龄／岁	性别	未婚	有配偶	离婚	丧偶
35~39 岁	男	6.51%	89.50%	3.75%	0.23%
	女	2.50%	94.11%	2.78%	0.61%
40~44 岁	男	4.20%	91.55%	3.69%	0.56%
	女	0.95%	94.93%	2.98%	1.14%
45~49 岁	男	3.08%	92.63%	3.21%	1.08%
	女	0.47%	94.80%	2.46%	2.27%
50~54 岁	男	2.25%	93.20%	2.80%	1.77%
	女	0.29%	92.96%	2.25%	4.50%
55~59 岁	男	2.16%	91.86%	2.64%	3.64%
	女	0.22%	90.09%	1.77%	7.92%

通过表 9-2 可以得出以下几个结论：①中年人完整婚姻占大多数，不完整婚姻占少数；②随年龄增长，未婚率、有配偶率先升高后降低，离婚率降低，丧偶率上升；③未婚率、离婚率，男性均高于女性。

2. 婚姻关系的变化

在不同时期，婚姻生活具有不同的特点。社会学家把婚后夫妻关系的变化划分为如下几个时期。

热烈期：这是新婚宴尔的甜蜜和亲昵阶段，夫妻间感情浓烈，充满激情，表现为夫妻间强烈的依恋感和频繁的性亲近。

矛盾期：夫妻俩各自从原来的家庭中分化出来，开始独立的家庭生活，在生活节奏、经济开支、感情调适、人际交往上出现了较多的矛盾，矛盾期的时间长短是夫妻关系好坏程度的"温度计"，若矛盾期短、矛盾不突出，说明这对夫妻能和谐相处；反之，这对夫妻的感情容易出现裂痕。

移情期：这一时期以新生命的降生为标志，夫妻双方这时都会不自觉地将对配偶的爱大部分转移到孩子身上，在强调亲子间纵式联系的中国家庭尤其如此；再加上工作压力增大，家务劳动增多，闲暇时间减少，生活失去了原来的浪漫而变得实在和严酷了；移情期一般出现在成人前期与中期的前半阶段。

深沉期：此时孩子年龄已大或已独立为成年人，关心照料孩子的负担减轻了；此时孩子已具有相当大的独立性，无论是物质上还是精神上，对父母的依赖性大大降低；因此，中老年夫妇又重新把注意力转移到对方身上，夫妻间强烈的依赖感和性亲近比起热烈期要显得深沉、含蓄，情感体验更为深刻。

3. 中年人的性生活

性功能的下降是成人中期的生理特点。中年人性功能下降，必然也表现在性生活频率的下降上。

中年人应该有正常的性生活，这是增强夫妻间情感基础的一个重要方面，但基于中年人的生理特点，也必须讲究性生理卫生，注意节制。

4. 离婚

关于离婚率，近几年来一直呈上升趋势。在我国，根据民政部的统计，1980—

1990 年的 8 次统计中，离婚对数分别是 27 万、34 万、37 万、41 万、54 万、63 万、74 万、79 万对；2007—2016 年每年的离婚对数分别为 209 万、226 万、246 万、267 万、287 万、310 万、350 万、363 万、384 万、415 万对。

如前所述，在我国，30 ~ 40 岁是离婚率最高的年龄段。40 ~ 50 岁及以上年龄段，从离婚率总体看，虽然略有下降的表现，但也是离婚率比较高的年龄段。尤其是中年男性，随着年龄的上升，离婚人士所占的比例也有上升的趋势。由此可见，成人中期乃人生婚恋多变之期。导致中年人婚姻破裂的主要原因有：感情转移，怀有二心，给予"第三者"插足的机会；感情不和，积怨太深，导致婚姻破裂；性生活不和谐，长期分居，一方或双方处于压抑状态；认知错觉，无端猜疑，造成夫妻互不信任、感情不睦；再婚嫁娶，将就夫妻，因子女介入而被迫离婚；等等。这些离婚的原因与成人前期离婚的原因是有一定区别的。不管是何种原因，对于当事者来讲，离婚都是一种严重的消极生活事件。尤其对中年夫妻而言，会造成彼此的心理创伤，甚至带来长期难以平复的创伤。尽管此时子女普遍已进入青少年期或成年前期，但也会对子女造成严重的消极影响。

（二）成人中期的代际关系

成人中期的代际关系（或代间关系）有两层含义，一是与孩子的关系，二是与父母的关系。不论是与孩子由上到下的关系，还是与父母由下到上的关系，这种关系或代际影响都是双向的，即不仅父母可以影响孩子，孩子也可以影响父母，只不过影响的方式与程度不同。归结为一点，代际关系是父母与子女的互动和交互影响。

1. 与孩子的关系

中年期是一个发展时间比较长的阶段，在这段时间内，孩子由儿童成长为成年人。随着孩子年龄的增长，亲子间的关系也发生了相应的变化。

未成年之前，绝大多数孩子都是与父母生活在一起的。因此，亲子之间无论是交往的次数，还是相处的时间，都是比较多的，相互影响也是比较明显的。我国传统观念是三代或四代同堂，今天从社会评论来看，它既有优点，也有欠缺的地方。在由老、中、少三代组成的家庭中可以发现，关于饮食、健康锻炼、政治态度、儿童教育等问题的看法，三代人之间是相互影响的。

尽管孩子在未成年之前，在物质上和精神上都是依赖于父母的，但是，他们的独立性是不断发展的，尤其是青少年期，追求独立与自主的倾向尤为明显，对父母不再言听计从。此阶段如果父母未认识到孩子的发展变化，仍以原来的方式对待他们，仍把他们当作"小孩子"看待，那么在父母和孩子之间就很容易产生冲突或隔阂。在孩子即将离家自立时，他们已有相当大的独立性和自主能力，他们有自己的思想、自己的生活目标，他们将按自己的意愿选择职业、建立家庭。此时，做父母的一方面要给孩子一定的自主权，不宜过多干涉，更不能包办代替，否则易引起亲子矛盾；另一方面父母还要用自己的知识经验与生活阅历给孩子以指导和帮助。总之，在孩子离家自立之前，无论父母的教育观念和方式怎样，他们的情感指向主要是孩子。在孩子离家自立时，中年人对婚姻的满意度最低。

孩子离家后，由于空间上的限制，再加上孩子已经成年，他们在各个方面都已基本成熟，思想观念、人格特质(personal trait)等都趋于稳定，父母对他们的影响相对减弱，亲子关系也不同于以前。一方面，父母和孩子都是成年人，在许多方面都是平等的、相同的，如都有工作、都是自立的、都有家庭等；另一方面，此时的情感投入也不同于以前了。在孩子成年前，父母的情感投入与指向在孩子身上的占有很大比例；在孩子成年离家后，中年父母的注意力开始转向配偶或第三代。而进入成年期的孩子，他们的注意力主要指向自己的家庭与事业。尽管如此，在日常生活中可以看到，在一般情况下，此阶段的亲子关系仍是很密切的，青年子女往往在经济上还需要父母的接济，需要父母帮助他们照看自己的孩子，而父母也可以从中体验到一种满足。

2. 与父母的关系

在孩子离家独立生活后，中年人抚养下一代的使命基本结束了。然而，家庭负担并没有因此而减轻，因为此时中年人的父母已年届古稀，赡养老人的问题又摆在他们面前。尤其是我国广大农村地区，这种情形更普遍，老年人得到的社会保障较少，晚年生活主要由子女负责。照顾老年人，尤其是身体状况欠佳的老年人，不仅经济上要承担责任，而且心理上也要承担一定的压力。因为对老年人而言，仅有物质生活的保障是不够的，情感的交流与沟通也是非常必要的。

二、成人中期的职业

人到中年，职业已趋稳定，因此成人中期的职业就是他的事业。人们说中年人成为社会的中流砥柱，主要是指他们在职业中担当的角色和在事业中做出的成就。

(一)成人中期的职业发展

申继亮(1994)的研究指出，中年人的职业发展有多层含义，既有心理的，也有生理的；既有社会的，也有个人的。这是一个错综复杂的过程。

1. 职业发展的心理特点

从心理发展上讲，中年人的职业发展过程就是埃里克森所讲的获得繁殖(创生)感而避免停滞感的过程。在工作中，创生不仅表现在中年人比以往生产出更多的物质产品和精神产品，而且表现在中年人乐于充当"导师"的角色，将自己拥有的知识经验传授给其他人，尤其是年轻人。如果他们没有体验关怀的实现，就会产生停滞感。

从职业活动上考察，中年期是个人事业趋于成熟并达到巅峰的时期，他们可能是生产能手、有相当学术造诣的学者、经验丰富的管理者等。事业上的成功往往意味着角色的改变，从专业活动的具体实践者转变为管理者、指导者。同时，中年期也是个人依据事业发展情况进行自我评价的时期。他们往往用目前事业上取得的成就去对照、检查先前设立的奋斗目标。如果已基本实现或将要实现目标，那么就很有可能感到自我满足，表现出积极的自我意象。相反的，如果认识到没有实现或不可能实现先前确立的奋斗目标，那么就需要重新评价原来的目标，通常也重新评价自我。如果在此基础上，不能根据自己的具体情况调整事业目标和志向，那么就会产生消极的情绪体验，如挫折感、停滞感和自我匮乏感。

2. 职业发展的社会性特点

从社会发展方面看，中年人面临接受再教育的问题。当今社会是高速发展的社会，科学技术日新月异，工作的条件与要求也随之不断改变，如电子计算机的广泛使用对生产、科研、管理、教学等都产生了重要影响。中年人只有适应社会变化，跟上时代前进的步伐，事业上才能不断进步，取得新的成就。这就要求中年人接受再教育，学习新知识、新技术，否则就会被时代淘汰。因为中年人的知识结构、技术经验与时代发展对各种职业活动提出的新要求之间存在着差异，所以中年人面临的职业挑战是严峻的。尤其是失业以后，重新就业的难度就更大。有人把中年人重新就业的障碍归纳为如下 5 个方面：①雇主的消极态度；②中年人的薪水高于年轻人；③年纪稍大的人不愿意重新安置自己；④雇主的观念，认为雇用年纪大的人是不明智的投资，因为雇员年龄大，其职业生涯就短；⑤与年轻人相比，年龄大的人相对来讲受教育程度低，掌握的现代技术少，这就会使中年人的重新就业雪上加霜。

3. 职业发展的卫生特点

从医疗卫生方面看，中年人要注意防止职业病。一般来讲，中年人的职业习惯已基本形成，对自己的职业比较熟悉，能够掌握自己所承担职业的规律与特点，并且有希望在工作上做出成就。但是，长期的职业习惯所接触的物理、化学及社会因素都有可能导致某些疾病的发生。例如，中年知识分子由于担负的社会责任重大，工作量大，长期从事紧张的脑力劳动，身体活动少，平时缺乏时间锻炼身体，因此较易罹患神经衰弱。此外，知识分子与工人、农民相比，有较强的事业心、荣誉感、竞争性，在人际关系上内心活动更为突出。他们长期心理负担过重，使大脑皮质过度紧张，由此作用于自主神经系统，又称植物神经系统(vegetative nervous system)，即支配内脏机能的神经装置，会导致内脏机能紊乱，所以消化性溃疡、慢性胃炎是中年知识分子常见的疾病。此外，如果各种复杂的心理压力作用于心血管系统，还会成为高血压、冠心病的诱发因素。临床资料表明，外科医生、麻醉师、会计师、飞行员、火车司机等，因为大脑经常处于紧张状态，所以患消化性溃疡、高血压、胃痉挛者，较从事其他职业的人明显更多。中年的工人、农民，由于长时间的体力劳动，由心理因素引起的疾病相对较少，但工人、农民的疾病也与其职业有明显的关系。据统计，中年工人、农民患有软组织损伤和风湿病者占 40% 左右。另外，由于各自生活、工作环境的卫生条件不同，工人、农民较知识分子更容易患感染性疾病，如肠道传染病和结核病等。为了提高健康水平，防止职业疾病，中年人在工作之余，应积极培养业余爱好，以调剂工作压力带来的不良影响。

(二) 成人中期的职业适应

人到中年，择业基本完成，绝大部分的个体，尤其是男性个体，都有了自己的职业，但是，对职业的适应情况有不同的表现，且有不同的影响因素。

1. 成人中期职业适应的表现

中年人对职业的适应首先决定于成人前期对职业的选择。年轻时职业选择满意程度的高低，决定其日后对工作的投入量和获得成就的大小。

中年人对职业的适应决定于事业心。并不是所有做出成就的中年人都是在年轻时就选择了理想的职业，有的可能当初对职业的满意程度并不高，有的可能是改行从事新的职业。他们之所以做出了成就，主要是因为事业心和进取心。王极盛（1986）在科学管理人才成长因素的心理学研究中列出了影响科技人员成长的 10 个因素。在这 10 个因素中有 4 个是事业心、献身精神、立志、顽强的意志，其中事业心排第二位。而且进一步研究发现，事业心与立志、顽强的意志、献身精神等因素之间呈高度相关。可见，事业心对中年人的职业适应产生了举足轻重的作用。

工作中职务的升迁与工作类别的变化，影响其对职业的适应。中年人在职业中的角色扮演，往往来自职业中职务的升迁和工作类别的变化。这一系列的变化，也直接影响中年人及其家庭的经济来源和收入水平。

职业适应与人际关系联系在一起。中年人与同事、上司、下属之间的关系状况直接影响中年人对职业的适应，这一点在后文中再做进一步的论述。

2. 成人中期职业适应的影响因素

中年人在职业、工作和专业中所取得的成就，以及适应能力的情况，既决定于主体的心理因素，又决定于客观的社会因素。

心理因素，主要是兴趣、事业心、勤奋和能力。人到中年，不论是"名人"，还是"凡人"，多数中年人对职业都有基本相似的经历和体验，最突出的便是工作压力大（占 41%）。而兴趣、事业心、勤奋和能力等水平的不同往往使人对同样的工作压力产生不同的感受、付出不同努力，从而导致其职业的情况大相径庭。事实上，智(能)力与非智(能)力因素对职业适应也是十分重要的。

客观社会因素，中国人历来讲究"天时、地利、人和"，也就是机遇，这也是影响职业适应的重要条件。机遇好的人，往往对职业的满意度高。一般地说，"天时""地利"等条件难以改变，而"人和"，即人际关系，在一定程度上还是可以通过自身的努力去改善的。建立良好的人际关系对职业适应与事业成功来说是十分必要的。

第四节

成人中期的社会性发展

成人中期展示出一个较完善的社会性。人格完全进入稳定状态，自我意识具有更高的监控作用，性别角色已经整合，人际关系不断协调。与此同时，中年人身心疾病加剧，社会现实已向他们亮出"黄牌警告"。此时此刻，心理适应和调节应成为中年人保健不可缺少的重要内容。

一、成人中期的人格稳定性

成人中期乃是人格稳定之年。当然，人格稳定并不等于人格不发展，本章第一节提到中年人的发展任务时，论及成人中期面临着一系列人格发展任务，中年人正是在这些发展任务的基础上获得人格自我完善的。

(一)人格结构的稳定性

成人中期人格的稳定性主要表现为其人格结构的基本稳定性。虽然个体在成人中期面临一系列的发展任务，但这些任务的完成仅有助于人格的完善，并不从根本上改变其结构本身，这已经为许多研究所证明。特别地，研究者多是从人格特质的角度得到人格结构稳定性的结论的。

1. 人格特质

在众多的人格理论中，特质理论是较有代表性的一种，主要代表人物有戈登·奥尔波特（Gordon Allport，1897—1967）和雷蒙德·伯纳德·卡特尔（Raymond Bernard Cattell，1905—1998）。他们认为，人格特质是个体反映环境刺激的一种内在倾向，它是由遗传和环境两方面的因素决定的，对个体行为有动机作用。人们用于描述自己或其他人的一些形容词就是这样一些特质，如内倾、独立性、攻击性等。

卡特尔提出了著名的卡特尔 16 种人格因素测验。这 16 种人格因素是乐群性、聪慧性、稳定性、恃强性、兴奋性、有恒性、敢为性、敏捷性、怀疑性、幻想性、世故性、忧虑性、实验性、独立性、自律性、紧张性。

奥尔波特和卡特尔关于人格特质的分类，在他们之后的人格研究领域产生了广泛的影响。许多人格心理学家根据他们的思想，对人格特质进行了大量的研究。研究者根据横断研究和纵向研究两个方面的研究结果，建立了一种新的人格特质模型。该模型包括 3 个独立的维度，即神经过敏症（nervousness）、外倾（extroversion）、开放性（openness）。每个维度又包括 6 个方面，具体内容为：①神经过敏症维度包括焦虑、敌意、自我意识、抑郁、冲动性和脆弱性；②外倾维度包括热情、爱交际、武断、活动性、寻求兴奋、积极情绪；③开放性维度包括幻想、美学、行动、观念、价值观、情感。

2. 中年人人格结构的稳定性

人格结构的稳定性包括两层基本含义：一是人格结构的构成成分不变；二是各成分的平均水平不变。把成人中期人格结构的特点与其他发展阶段比较，成人中期人格结构保持相对稳定。

（二）成人中期的人格发展特点

我国有些心理学家在各自的研究中揭示了中年人的人格特点。例如，程学超、毛伟宾（1991）全面地从自我概念、性别角色、时间观念、生活评价、权威感受、内倾性格 6 个方面归纳了中年人的人格特点；申继亮（1994）突出重点地从人格特质、发展任务和自我意识 3 个大的方面概括了中年人的人格特点。以下从自我调节功能、性别角色、对自己内心世界的关注、对生活的评价 4 个方面加以对比分析。

1. 自我调节功能趋向整合水平

自我不仅可以作为客体被人们认识，而且可以作为主体发挥调节功能。国内外的人格研究（范德赞登等，2010；郭永玉，2016；林崇德，2008）都认为，自我是人格的核心，成熟的人格有着拓展的自我，了解了自我的发展也就等于认识了人格的发展。所谓自我，就是"组织者"，是个体的价值观、道德、目标、思想过程的整合器。自我是一个努力控制、整合并弄懂经验的过程，它并不是自我的某种功能，而是自我本身。由自我负责进行的整合活动是非常复杂的，是受个人经验影响的。自我的发展是个人与环境交互作用的结果，自我的改变也意味着人的思想、价值、道德、目标等组织方式的改变。按照拉文格的观点，自我发展既不单纯是序列的，也不单纯是类型的，而是二者的综合，即发展类型说——自我的发展既是一个过程，又是一个结构。

近年关于自我发展的横断研究和纵向研究都表明，自我发展与年龄有密切关系。成年期的自我发展主要经历如下几个阶段。

一是从众水平。从众就是按规则行事。只有少数成年人处于这个水平。在这一水平上，个体的行为完全服从于社会规则，如果违反了社会规则，就会产生内疚感。

二是公正水平，也叫良心水平。处于这一水平的个体，他们遵守（或服从）规则并不是为了逃避惩罚，也不是因为群体支持和采纳这些规则，而是真正为了自己才去选择、评价规则。也就是说，社会的、外在的规则已经内化为个体自己的规则，个体已有自己确立的理想和自己设立的目标，已形成自我评价标准。因此，此时自我反省思维也发展起来。

三是自主水平。自我评价标准与社会规则、个人的需要和他人的需要并不总是一致的、和谐的，有时也是矛盾的、有冲突的。在上一水平，个体不能容忍这些矛盾与冲突的存在，通过两极化的思想方法来解决矛盾。而这一水平的突出特点就是能承认、接受这些矛盾与冲突，对这些矛盾与冲突表现出高度的容忍性。因此，人对异己之见不再感到不安，而能欣然接受，能认识到其他人也有自我完善的需要。在思想方法方面，不再用两极化或二元论的观点看世界，而能把现实视为复杂的、多侧面的，认为可以通过多种方式、多种角度看问题。

四是整合水平。这是自我发展的最高水平，只有极少数人能达到这一水平。在此阶段，个体不仅能正视内部矛盾与冲突，而且能积极地调和、解决这些冲突，他们还会放弃那些不可能实现的目标。成人中期的自我调节功能趋向这个水平。

2. 性别角色进入整合阶段

任何人身上都存在两个互相独立、互无联系的行为丛（或行为群）（behavior clustering）。其中一个为男性化行为丛（masculinizing behavior clustering），主要是关于胜任感方面的，如计划、组织及取得成就的能力；另一个为女性化行为丛（feminizing behavior clustering），主要是关于情感方面的，如关心他人、善良和依赖性。每个人都具有这两个行为丛的某种特质，只是在不同的人中每个行为丛所占的比例是不一样的。有些人的男性特质和女性特质都比较强，这种个体为男女同化（或双性性格）（androgyny），也被称作完美人格；而有些人的男女特质都比较弱，被称为未分化（或未分类）（undifferentiated）的人格。这样就产生男性化、女性化、二者都具备、二者都不具备4种性别角色。

莱文森（Levinson，1978，1996）提出，在人的一生中，性别角色发展经历了3个阶段。在人生的头几年，性别角色处于一个完全的、未分化的阶段；然后是一个高度分化的、适合性阶段，在此阶段中，性别角色是严格地、极端地区分开来的；之后是整合阶段，在这个阶段，先前处于两极状态的性别角色开始逐渐整合为一体，这个阶段直到成人中期才达到。

在成人中期的生活中，男性和女性彼此互相接近，变得更为相像。男女两性在生活中沿着不同的道路，占有男性化行为丛（特质）和女性化行为丛（特质），达到性别角色的整合。而整合性别角色，即形成完美人格的能力，与人的整个心理健康密切相关。在 50 岁时，心理健康的男性和女性都具有整合的性别角色。

3. 对自己内心世界的关注日益增强

在成人中期，反思和内省成为其心理生活颇具特色的形式。正如荣格所指出的，当跨入中年、进入后半生，个体的心理发展倾向于重新逆转，更多地表现出内倾性的特点。他们不再有青年期疾风怒涛般的激情，他们变得老练持重，遇到挫折时能反省自问，而且能根据先前的目标来评价自己已取得的成就，以现有的成就和期望的成就来调整自己的奋斗目标。总之，后半生的发展是转向内部的。荣格的观点也得到了一些研究的印证，如著名的堪萨斯城研究。这是一项有关成人人格发展的系列研究，始于 20 世纪 50 年代，研究对象为生活在堪萨斯城的 40~80 岁成年人。研究方法包括投射测验(projective test)、问卷调查和访谈。该项研究的结果之一是发现与年龄相关的变化主要发生在内在心理生活过程中，表现为对外部世界积极趋向的态度日益减退。例如，40 岁的人认为通过自己的身体行动可以影响环境，而 60 岁的人则更容易认为环境左右他们，身体的作用只是服从和顺应，即个体处于一种防御状态。这种防御状态也叫消极适应(passive adaptation)。由消极适应引起的中年人的反思、内省，不同于老年期的追忆，它以当前生活事件为主要内容，但它也可能成为老年期追忆的前奏。堪萨斯城研究的这一结论在不同文化地区，如墨西哥、以色列等地，也得到了验证，说明这种人格变化是一种发展性变化，具有一定的普遍性。

4. 对生活的评价具有现实性

人到中年，对社会、对他人、对自己的评价都是十分现实的，尤其是对个人成就的评价，懂得如何对个体生活的梦想、目标与现实之间的差异进行评价。

对社会的评价表现出既关心，又实事求是；既有分析，又比较中肯；既符合社会潮流，又有其独特的性质。

对他人的评价大都是从自己现时的经济、社会地位出发。中年人一般有了教育与人际关系的基础，对种种社会关系也已有健全的价值观念与判断能力，对周围环境的他人也看得较透彻，因此，评价他人既有其客观性的一面，又有受自身经济、社会地位等影响的主体性的一面。

对自己的评价，如劳恩桑（Lowenthal，1975）的调查所指出的，中年男子的自我评价更为谨慎、坦率；而中年女子的自我评价更为果断、实事求是。尽管不少中年人还有雄心和抱负，但也有不少中年人更重视量力而行、尽力而为、顺其自然。正如程学超（1991）的研究所指出的，到40多岁，中年人就逐渐承认这样一个事实，即个人的成就难免受制于实际能力；同时也开始相信"谋事在人，成事在天"。因为中年人确信自己已尽了最大的努力，并懂得如果再以年轻时的观念来行事，就会遭受更多的打击和忧虑的道理。

二、成人中期的人际关系

成人中期是人生中扮演角色最多的时期。这种社会角色的多重性，不仅决定了中年人人际关系的特点，而且促使中年人领会到处理好人际关系的重大意义。所谓人际关系，就是人与人交感互动时存在于人与人之间的关系。人际关系对成人中期来说有格外的意义，因为这个时期拥有比之前任何时期都复杂多样的生活路径。中年人只有不断协调人际关系，才能使自己有效地工作、生活，并保持身心健康。

（一）中年人人际关系的影响因素

1. 交往范围广泛

多方面的交往、多重的社会角色决定中年人人际关系的复杂性。从生活中可以看到，中年人的交往范围很广，在社会上，有群己与人己的关系，有竞争与合作的关系；在工作中，有与同事及与上下级的关系；在家庭里，有如前所述的双重身份的亲子关系，婆媳（翁婿）关系；等等。这就决定了中年人人际关系的复杂性。

2. 人际关系的紧张

人事关系的紧张给中年人人际关系带来纷扰或内耗。人到中年，成为社会的中坚与骨干，但每个人都有成就欲，而获得成功难免要有竞争，竞争有正当的方式，也有不正当的手段，谣言、嫉妒、偏见就是不正当的竞争手段，这种不正当的手段是造成中年人人际关系纷扰或内耗的主要原因。除中年人人际关系的内耗表现外，近年来还因社会上竞争机制的大力提倡而加强了人际关系纷扰的增长趋势。

3. 人际关系结构的稳定

由于中年人在几十年长期生活中与人相处，形成了亲疏人际关系的稳定性。长期以来的人际交往使中年人具备社会学所区分出的人际关系之8种模式：①由管理、指挥、指导、劝告、教育等行为导致尊敬和服从等反应；②由帮助、支持、同情等行为导致信任和接受等反应；③由同意、合作、友好等行为导致协助和温和等反应；④由尊敬、信任、赞扬、求助等行为导致劝导和帮助等反应；⑤由害羞、礼貌、敏感、服从等行为导致骄傲、控制等反应；⑥由反抗、疲倦、怀疑等行为导致惩罚或拒绝等反应；⑦由攻击、刑罚、不友好等行为导致敌对和反抗等反应；⑧由激烈、拒绝、夸大、炫耀等行为导致不信任、自卑等反应。

总之，中年人的尊敬、信任、帮助、拒绝、敌对等一系列人际关系日臻稳定。

4. 人际关系深刻性的要求

中年人在长期与相处中，由于各种成败的经验与教训考验了自己所处的各种人际关系，其人际关系比较深刻。人际关系包括认识（相互了解）、动作（交往动作）和情感（肯定的与否定的）3种成分，其中情感是核心成分。中年人在长期与人交往过程中，了解了人，明确了人的行为，在信念、价值观和人格特征上形成了可接受性，无论人际关系是给予自己经验还是留下教训，在感情上都是深刻的，这就促使成人中期在人际关系上比以往的阶段要谨慎得多。

（二）中年人人际关系的特点

鉴于上述影响因素，成人中期的人际关系必然表现出以下5种特点。

第一，扮演多重社会角色，在人际关系的范围上较广泛。

第二，在生活中要结交三教九流，因而在人际关系的层次上显得较复杂。

第三，长时间经历各种类型的人际关系，在人际关系的结构上较稳定。

第四，经历各种成败的考验，在人际关系的情感上比较深刻。

第五，存在纷扰和内耗，在人际关系的交往上比较谨慎。

三、成人中期的心理适应

成人中期是人生旅程中最繁忙、最紧张、负荷最重的时期，也是播种后收获的季节，但同时是应十分珍重、爱惜身体的阶段。

(一)中年危机

中年危机主要指人格方面的危机，同时包括整个身心变化的转折，以及在实现这个转折过程中所出现的各种"故障"。中年人为完成特定的历史使命，在长时间快节奏、超负荷的不断运转中，容易在身心健康上出现问题，这是中年人开始走下坡路的信号，也是社会生活现实向中年人亮出的无情的"黄牌警告"。

1. 更年期传出衰退的信号

人到中年期，既是心理成熟期，又是经历巨大变化的转折期，医学上称之为更年期。男性和女性都有更年期，但男性的表现不明显。

女性更年期(female climacterium)指妇女绝经前后的一段时期，即性腺功能开始衰退直至完全消失的时期，其持续时间的长短因人而异，一般为8~12年。多数女性更年期发生在45~55岁，平均年龄为47岁左右，但也有少数女性到55岁左右才开始进入更年期。一般来说，第一次月经来潮较早的人，更年期来得比较晚；月经来得迟的人，更年期来得比较早；没有生育过孩子的人绝经比较早，而生育多的人绝经比较晚。现代研究表明，女性绝经的早晚，还与种族、家庭、气候、营养等因素有一定的关系。目前，随着人们生活水平的不断提高、体质的增强，绝经年龄已出现了向后推延的趋势。

在更年期，女性的第二性征逐步退化，生殖器官慢慢萎缩，其他与雌性激素代谢相关的组织也随之退化。在卵巢分泌激素减少的同时，大脑丘脑下部、脑垂体和卵巢之间的平衡关系也发生了改变，因而产生了丘脑下部和垂体功能亢进现象，表现为自主神经系统功能紊乱等一系列症状，如面部潮红、出汗、头痛、眩晕、肢体麻木、情绪不稳定、小腹疼痛、心慌、失眠、易怒甚至多疑等。学者们统称这些症状为女性更年期综合征(female climacterium syndrome)。

虽然女性更年期综合征是由生理内分泌的改变引起的，但它不是唯一的影响因素。中年女性所处的家庭、社会地位及复杂的心理社会因素也参与整个病理过程，对女性更年期综合征所出现的时间和反应的程度都有重要的影响。临床观察发现，处于更年期的女性，由于亲子关系紧张、夫妻不和、工作不顺心等因素的影响，易表现出严重的精神症状。

一言以蔽之，女性更年期综合征的症状多种多样。这些症状主要是女性自己的主观感受、自我描述，具有移动性，没有恒定的、确切的部位，同时多受气候、环境、精神等因素的影响，表现为时隐时现、时轻时重。根据文献报告，女性更年期综合征在绝经前出现的约占 53.7%，绝经时出现的约占 18.7%，绝经后出现的约占 27.6%。

更年期无疑是每一位女性生命过程中必然经历的一个阶段，它的出现属于自然生理现象，任何人都无法抗拒。同样，这个时期在部分女性身上表现出来的综合征（或症候群）是女性生理现象改变后的一种自然反应，并不是什么大病，经过 0.5~2 年的时间，身体内部就会建立起新的平衡，恢复正常的生理状况。因此，更年期的女性应以科学态度，正确认识和对待这种生理的变化，消除顾虑，减少思想负担，排除紧张、消极、焦虑、恐惧情绪，避免或尽量减少不必要的刺激，保持精神愉快、心情舒畅，这样就会使不舒适的感觉减轻或消失，从而顺利地度过生命历程中的这一转折期。研究表明(尹延梅、岳静玲、程淑英，2009)，45~55 岁的城市女性的更年期症状更明显，抑郁评分更高。改善更年期症状可减少女性更年期抑郁的发生。

就男性更年期(male climacterium)而言，虽然没有女性绝经那样明显的标志，但在 50 岁左右，男性的睾丸逐渐萎缩，性功能也出现由盛到衰的变化过程，表现出以性功能减退为其鲜明特征的一系列症状。在医学上这被称为男性更年期综合征(male climacterium syndrome)。

男性在更年期主要有以下几个方面的变化。

精神情绪的变化：随着机体内分泌的变化，出现烦躁、易怒或精神压抑等现象，有时仅因为某一件小事而自责、自卑，甚至丧失信心；在社会生活及人际交往中容易产生失去信心、多疑、不合群及自我孤独感等现象。

自主性神经循环机能障碍：主要表现为心悸、恐惧不安、呼吸不畅、兴奋过度、眩晕、耳鸣、食欲缺乏、便秘等症状。

疲劳：因睡眠减少，机体感到疲乏无力，对生活中面临的各种事情缺乏兴趣，往往感到精力、体力不济，视力迅速下降，自感心有余而力不足。

性机能降低：表现为性欲、阴茎勃起、性交、射精、性欲高潮一系列功能减退的症状。

上述症状的出现主要是由于睾丸的萎缩、退化而引起丘脑、垂体、肾上腺等全身内分泌的变化。从生理上讲，上述症状出现的年龄、程度及持续的时间长短与睾丸的变化是相一致的。但是，不同个体所表现出来的症状有很大的差别。有的人在40岁时就明显地表现出性功能下降，逐步出现更年期症状；有的人则到60岁时才开始出现上述变化。研究表明，我国大多数男性在50岁左右就表现出明显的性欲减退和性功能减弱的现象。

男性更年期与女性更年期一样，是生命过程中必然经历的一个阶段，是一种自然生理现象。为顺利度过这一转折期，中年男性不仅要正确认识和对待更年期出现的生理变化，还要注意安排好个人的工作与生活，做到饮食、起居、工作有序，体力或大脑负担适度，同时也不要过于安逸。工作时间则集中精力，业余时间多从事一些感兴趣的有益活动，从而保持精神愉快、心情舒畅、情绪稳定的生活状态。

2. 心理负荷超载打破身心平衡

身心关系论争（body-mind problem）是理解心理实质的一个重大问题。无论是身心等同说（theory of body-mind identity）、身心平衡论（body-mind parallelism），还是身心交感论（body-mind interactionism），都强调生理发展与心理发展的一致性和协调性。

然而，人到中年，强烈的事业心与成就欲驱使中年人坚持不懈、锲而不舍地进行顽强拼搏，繁重的工作加上沉重的家庭负担超出了这个时期生理的承受能力，身心之间便形成巨大的反差。这种心理负荷（mental workload）不仅打破了身心平衡，而且也带给中年人极度的心理疲劳(mental fatigue)。所谓中年人心理疲劳，是指中年人的心理活动过激或不足使神经系统紧张程度过高，或长时间从事单调、厌烦的工作而引起疲劳。这种疲劳表现为：体力不支，注意力不易集中，容易出现错觉，思维迟缓，语言功能差，情绪低落，并同时伴有工作效率低、错误率上升等现象。心理疲劳的持续发展会导致头痛、眩晕、心血管和呼吸系统功能紊乱、食欲减退、消化不良及失眠等，严重的会导致英年早逝。由于所有这一切，不能不提醒中年人：生活现实是无情的，它已向中年人亮出了"黄牌警告"。

(二)中年人心理适应的范围与内容

生活现实向中年人亮出了"黄牌警告"，中年人处于自珍自重之年。因此，中年人的一切心理适应都要从这个特点入手，这是中年人适应的关键。

1. 中年人心理适应的范围

中年人的心理适应主要是对职业、家庭、人际关系及自己身心变化的适应。对此前文都已做了阐述，这里就不展开了。

2. 中年人心理适应的内容

一是正视现实。正视自身身心发展的基础、现状和可能性，对生活中的各种问题、困难和矛盾，既要积极进取、奋发图强、尽我所能，又要从实际出发、实事求是、量力而行。

二是知足常乐。客观地评价自己在学习、工作和事业上的成绩，力求知己知彼，百战不殆。中年人的聪明才智已发挥在前半生的学习、工作和事业上，对前半生在事业上取得的成绩要做客观的评价，既要继续努力，又要知足常乐，不应该因达不到的某种成就、职务、名望而耿耿于怀，造成心理负担。

三是善与人相处。中年人所面临的人际关系很复杂，因此，与人相处要豁达、尊重和信任。既要做到"宁可天下人负我，我决不负天下人"，又要有"害人之心不可有，防人之心不可无"的意识。这样，中年人可以在善与人相处、乐与人相处的良好人际环境中愉快地生活。

四是情绪稳定。遇事冷静，不断调整自己的情绪。中年人处于各种巨大的紧张之中，加上更年期的缘故，容易"上火"。因此，要善于不断控制和协调自己的情绪，加强冷静应变能力的锻炼，这是中年人提高应变能力，不被突如其来的天灾人祸击垮的重要保证。

五是警惕心理致病。心理可以防病、治病，也可以致病。中年人心理上的紧张感、挫折感与压抑感，不良的人际关系，心理冲突与心理危机，以及性格不良等，都是致病因素。心血管疾病、消化道溃疡和癌症等无不与心理因素有关。因此，加强自我修养，调整不良情绪，保持愉快心境，遇事乐观，自尊自制，健全性格，这是消除或减少致病因素，预防心理障碍发生的关键。

总之，中年人如果有良好的心理适应，既能雄心勃勃、拼搏奋进、大展宏图、金秋丰收，又能实事求是、轻松潇洒、家庭幸福、乐观向上，就可以健康而稳定地度过中年危机，顺利地进入老年期。

第十章

成人晚期的心理发展

　　成人晚期(或成年晚期)，也称老年期，一般指60岁至死亡这段时期。俗话说得好，"朝阳固然可爱，夕阳也当珍惜"。成人晚期的身心发展处于一个令人珍惜的矛盾变化之中，一方面，由于成人晚期是人生的衰退期，不论是生理组织的功能还是认知能力，都走向衰退；另一方面，成人晚期经验丰富，技能熟练，因此老年人的智力并非全面衰退，有的仍处于创造阶段，且智力变化的个别差异也很大，不能一概而论。以人格发展为例，成人晚期人格上表现出以自我为中心、猜疑心、保守性、情绪性、内倾性和顺从性等老年人特有的特点，所以容易产生老年人的病理心理问题。然而，他们的人格稳定，生活方式也较稳定，待人处事老练稳固，成为其他年龄阶段人们的长者。这就是"夕阳能烧红晚霞一片"的道理。一般而言，成人晚期普遍面临退休与死亡两大难题，构成了其特殊的心理适应和濒临死亡的心理反应。据此，世界卫生组织发出"让老年人焕发青春"的号召，可谓寓意深刻。就绝大多数人来说，都会有走向成人晚期的一天。有人说，人的一生，唯有60~80岁这20年才是无忧无虑、无牵无挂、享受人生的黄金时代。这是有一定道理的。然而，处在这个年龄阶段的人并非都能享受人生，还有不少人过得很不如意。这里关键的一个条件是良好的心态。所以，如何使当今的老年人和未来的老年人得到最佳的身心健康，继续发挥其才智与专长，幸福、愉快地度过晚年，已成为老年心理学(geriatric psychology)的主要研究课题。

　　毋庸置疑，心理学对老年人心理特征的研究还很少，这种状况在我国表现得尤为明显。然而，随着经济的发展，人们生活质量的提高，老龄(old age)问题越来越成为一个重大的社会问题。研究老年人的心理特征，为老年人的身心健康保障服务，为国家的老龄决策提供理论依据，已经成为社会对心理学家提出的一个艰巨的任务，为此，本章主要从以下问题入手，探讨成人晚期个体的心理发展特征。

①面临退休的现实，成人晚期的认知有哪些表现？

②成人晚期的认知有何特点？如何评价老年人的智力？

③老年人的人格是如何变化的？怎样分析这个时期的社会性变化？

④什么叫长寿心理？如何有效地开展老年人的心理卫生保健工作？

⑤面临死亡威胁，成人晚期最后阶段的心理状态是怎样的？

第一节

成人晚期的心理适应

面对身心衰退的过程、退休后的社会角色和职能的变化、家庭结构关系的变化及经济拮据或财产继承等新问题，成人晚期必须做出明确的回答，产生对这些问题适应的需要，于是便出现了老年人的心理适应。

一、老龄与老化的新解释

老龄与老化是老年心理的两个概念。老龄指进入老年期的年龄。随着社会的发展，增龄现象越来越普遍，老年化社会和老龄社会问题越来越明显。老化则指从人的生长发育、成熟到衰退过程的最后一个阶段所表现出来的一系列形态学及身心功能方面衰退性的变化，其中衰老是老化过程的最后阶段或结果。近年来，老年心理研究关注的主要问题包括：生理基础（神经基础、行为与遗传、认知神经科学、脑结构与功能变化、激素与行为）；感知觉（视、听、动作）；基本认知（记忆、智力、行为速度、执行功能、认知干预）；复杂认知与智慧（创造力、问题解决、决策）；

人格与社会性(人格、动机、情绪情感、老化态度、控制);心理与行为健康(临床评估、心理病理学、心理干预、健康行为、死亡与临终、工作、睡眠及睡眠障碍、压力);社会文化影响(文化与种族、社会影响、老年生态学、老年照料、晚年家庭、代际沟通)(彭华茂,2017)。

(一)老龄

在某一社会人口的平均构成中高龄者的比例相对提高,这通常被叫作人口老龄化(aging of population)。

1. 人口老龄化的界定

根据联合国教科文组织(United Nations Educational, Scientific and Cultural Organization, UNESCO)的规定,在某一国家或地区人口的年龄构成中,60 岁以上者占 10%或 65 岁以上者占 7%,则称为人口老龄化的国家或地区。

目前,随着社会经济、科学技术的发展和卫生医疗、生活条件的改善,越来越多的国家或地区跨入人口老龄化社会。显然,老龄化的趋势与一个国家或地区的经济发达程度成正比。

在美国,1975 年有 4330 万人的寿命超过 60 岁(占全国人口的 19.7%);2200 万人的寿命超过 65 岁(占全国人口的 10.0%)。预计到 2030 年,将有 27.1%的人的寿命会超过 60 岁,22.0%的人的寿命会超过 65 岁。

在日本,第二次世界大战结束时,寿命超过 65 岁的人口占 4.6%;1970 年达 7.1%,从此日本进入人口老龄化社会;2018 年,日本已有 27.7%的人口超过 65 岁。

中国自 20 世纪 90 年代形成老龄化的人口结构,这比欧美发达国家晚了 0.5~1 个世纪,比日本晚了 20 多年。到 2013 年,我国 60 岁以上老年人突破 2 亿大关,老龄化水平达 14.8%。但我国从开始老龄化到高度老龄化,只经历了 20 多年的时间,比欧美(大约经历 80 多年)、日本(经历 40~50 年)速度要快,规模要大,属于未富先老。

2. 老龄化与近代社会生活

老龄化发生在近代社会。近代工业社会里，老年人都能在做工、养家的年龄之后仍然健在。而在古代农业社会里，老年人极少。在任何社会里，老年人都是有经验、知识渊博的，往往担任家长的角色，握有产权、族权。经济发达国家在百余年的广泛变迁中，确定了今天老年人的地位，这就有效地解决了在经济上不再劳动的老年人维持收入的问题。老龄化的社会生活问题表现在以下几方面。

人口基础：西方国家老年人的数量一直在显著增加，其增长速度比总人口数增长速度要快得多，这种比例的改变主要是由于死亡率下降，而儿童与青少年人数增加相对变慢；此外，在老龄化社会里，女性的比例也在增长（女性比男性寿命更长）。

经济地位：老年人的社会经济地位与这个社会的经济发展状况有密切联系，在一定范围内相比较而言，老年人一般处于不利地位，大都由于参加劳动少而收入降低，因而社会必须对退休金（pension）、养老金（old-age pension）或社会保证金（social seaurity fund）做出老龄规定；事实上，绝大部分老年人虽然已到 60 多岁，但仍认为自己宝刀不老，可为社会做事。

教育条件：老年人比青年人接受正规教育的机会要少，接受新知识与新方法的机会也少，而对许多老年人来讲，接受新知识、再教育不仅对其晚年生活来说是一种充实，而且还提供给他们一种发挥余热的途径。

居住环境：人口分布、社区规划、房屋设计和买卖等方面的历史性变迁，都会影响老年人的自然和社会生活环境。

在家庭中的地位：随着家庭结构的变化，家庭更多地转变为核心家庭，即由父母及其子女所组成的家庭；许多老年夫妻单独居住，不与子女共同生活，于是对家庭其他成员的影响逐渐减弱；但在东方国家，多数老年父母还是与子女一起生活的。

老龄化的社会生活表现给老年人的心理特别是人格变化带来了许多影响。老年人只有根据这些变化，做好应变的准备，才能有良好的心理适应，做到有备无患，兵来将挡，水来土掩。

3. 老龄化使老年人的角色发生改变

老龄化社会生活使老年人的社会角色发生了一系列改变。

从为生活奔波的谋职者变成了退休者，即使是有知识的长者，也得退居二线。这使老年人进入闲暇阶段。

从经济比较富裕者变成收入微薄者，或为经济困难者。在西方，大多数高收入老年人，按照经济学家所规定的贫富标准，仍不能进入较富裕者的行列。

从关怀子女者变成接受子女赡养者。年龄越大，老年人生活对子女的依靠程度也就越大。

从与配偶共同生活逐渐变成鳏夫或寡妇（其中寡妇更多一些）。

可见，老年人的角色变化对其心理影响是相当大的，只有根据角色的变更不断调整自己的行为，才能有良好的心理适应。

(二) 老化

人的生理和心理随着时间的推移而发生的退化性变化被称为老化。

1. 关于衰退的事实

狭义的老化是指一种衰退期的状态，而成人晚期正处于这种状态。从生理上看，各系统的机能都趋向衰退。

在神经系统方面，脑细胞减少，到 90 岁左右脑细胞数目只有中青年的 70% 左右，细胞的功能也在减弱。

在循环系统方面，心肌细胞逐渐减少，心肌收缩力下降，因而心搏量减少；血管阻力也因血管内腔变狭窄而变大，心脏病、高血压等疾病的发病率增加。

在呼吸系统方面，肺的肺泡部分相对地减少，由 20 多岁时占肺的 60%～70% 降至 50% 以下；肺组织的弹性因弹力纤维功能下降而降低，气管绒毛上皮出现萎缩、变性；呼吸肌的肌力下降，因而肺活量下降；咳嗽和咳痰的能力下降。

在消化方面，口腔黏膜、唾液腺发生萎缩，唾液分泌减少；胃壁伸缩性减弱；肝脏有萎缩趋势，肝细胞减少，双核细胞增加，肝功能可维持正常；胆囊、胆管等弹性纤维增生，胆道壁增厚；肠道肌层萎缩，黏膜分泌功能下降，蠕动减少。

在泌尿系统方面，肾脏重量减轻、老化，因而控制能力下降；前列腺肥大现象增多。

在内分泌方面，甲状腺重量减轻，甲状腺功能减弱，肾上腺重量也减轻，男性激素的合成能力明显下降；甲状旁腺分泌功能下降；性腺萎缩，分泌功能下降。

在骨骼系统方面，骨组织处于萎缩和肥厚交错状态，骨容积逐渐减小；骨的含钙量减少，脆性增加，容易骨折。

在皮肤、肌肉系统方面，皮肤的组织萎缩，深部脂肪减少，弹性下降；皮脂腺萎缩；汗液分泌减少，皮肤干燥、无光泽、皱纹多；肌肉萎缩，弹性降低，肌肉的肌力减小。

从心理上看，各种感觉（视觉、听觉、味觉、嗅觉、触觉）能力下降。例如，视力下降，耳聋，品味能力差，嗅觉不灵，皮肤触觉迟钝，等等。记忆力下降，不论是识记、再认还是重现能力，均不如中青年。思维迟滞，想象力也不如青少年和中年丰富。

就整个智力活动状况看，呈衰退趋势。一般认为，智力在16岁以前快速发展，之后减缓；20岁左右达到智力发展的顶峰，之后智力保持一段高原期；到35~40岁开始缓慢衰退；60岁后加速衰退；80岁后急剧衰退。

2. 人类老化是生理现象，亦是社会现象

人类的老化问题不仅作为自然状态存在着，而且受社会的影响。它往往是生物学、社会学、心理学、医学和环境保护科学等多个领域的现象复杂地交织在一起并互相影响的结果。因此，老化问题既是一种生物与社会交叉的现象，又是多种学科共同研究的对象。

于是，一方面，老化现象作为一个生物学事实，有着共同的规律，它具有普遍性，即老化现象在生物中普遍发生；老化现象如同诞生、成长和死亡，也是个体内在固有的，具有内在性（intrinsicality）；老化现象是一种不可逆、不再复原的过程，具有进行性（progressiveness）；且老化现象明显地体现在生理功能下降上，具有有害性。另一方面，老化现象又取决于承担社会任务方面的个体，具有很大的个体差异性。虽然成人晚期的社会任务较成人前期、中期要少，应退休而非工作，但仍然在工作岗位上的男女，虽然在身体的操作方面差些，但工作效率并不低，创造能力并不减退，如许多学术的、科学的和美术的老专家，都是不可忽视的、对社会有贡献的潜在力量。由此可见，从一定意义上说，老化现象是相对的而不是绝对的，这尤指生物方面而不是社会方面。若不然，对老年人可能是一种"惩罚"，而对社会则是人力资源的浪费。

3. 关于老化的理论

在对老化进行研究的过程中，形成了一些观点，其中有影响的理论是社会学和心理学的理论。

社会学的理论主要有 3 种。一是减少参与理论（disengagement theory）。这是库明和亨利（Cumming & Henry，1961）提出来的老化理论，意指老年人期冀愉快生活的一种理论性建议。该理论认为，若要使老年人享有愉快的生活，最基本的原则是减少职业性与社交性活动，尤其在情感性人际关系上应避免涉入。二是持续活动理论（activity theory）。这种理论并没有明确的提倡者，但哈威格斯特（Havighurst，1953，1974）很赞赏这种老化理论。这种理论也是对老年人期冀愉快生活的一种建议。该理论认为，若想让老年人享有愉快的生活，最基本的原则是使老年人保持与社会的接触，继续以往中年期的一切活动；即使到退休后，仍须以退而不休的做法，在活动中获得充实感，从而避免因退休而产生的失落与寂寞。三是连续性理论（continuity theory）。这种理论是由纽加顿和罗伯特（Neugarten & Robert，1964）提出的。该理论认为，人进入老年期后应继续保持良好的习惯和爱好；即使习惯与爱好发生变化，也应看作是对现实的一种适应。连续性理论主张在适应上可有不同的方向，且承认每个老年人都存在各自的差异性。

心理学的老化理论比较有影响力的是社会情绪选择理论（socioemotional selectivity theory，SST）。在更宏观的社会实践层面，学者们提倡健康老龄化、成功老龄化和积极老龄化，特别是积极老龄化，这是当前整个老年工作的核心理念，心理学也越来越偏向探讨积极老龄化视角下的老化规律和干预途径（王人华，2017）。

近些年来，美国斯坦福大学卡斯滕森等人（Carstensen et al.，1995，1999，2002）提出了社会情绪选择理论。社会情绪选择理论原本研究个体对未来时间的感知及其与社会动机、社会目标追求、情绪管理和认知过程的关系。后来，研究者在发展心理学与老年心理学的背景下，阐述了老化问题中社会交往的选择和社会情绪管理的心理机制，即从情绪、动机、时间知觉等角度来说明个体在老年期出现社会交往行为减少是由于其感知到时间的有限，这使得其社会行为动机转向以情绪调节为目的。

所谓健康老龄化，是指人们不再单纯追求长寿，而是进一步探索如何提高老年人的健康水平，以保持老年人晚年的生命质量（Baltes，1986，2001；许淑莲，1988）。所谓成功老龄化，是指把老龄化现象放在更为广阔的社会背景中讨论，从而超越个人的层面，使老年人的生活条件及参与生产的意愿、能力与权利得到尊重与保障，并建设"老年友好社会"（Rowe & Kahn，1987；张旭升、林卡，2015）。而积极老龄化则是对老龄化从消极趋向较为积极的论述，并逐渐形成应对 21 世纪人口老龄化问题的新的理论、政策和发展战略。山东大学刘文、焦佩（2015）对积极老龄化理论的发展脉络做了梳理，如表 10-1 所示。

表 10-1　积极老龄化理论的发展脉络

时间	提出方	成果
1982	美国西奈山伊坎医学院国际长寿中心主任罗伯特·巴特勒（Robert Butler）	提出"生产性老龄化"，不仅强调老年人要有健康，而且认为老年人应参与社会经济活动并有所贡献。
1987	罗韦和卡恩（Rowe & Kahn，1987）	在《科学》杂志上发表《人的老龄化：普通与成功》，认为过去的研究只考察了受损和正常两种类型的老龄化，没有考虑老年人口的异质性；主张在正常老龄化中增加成功老龄化类型的研究，成功意指生理健康，即不被老年疾病困扰，针对那些功能局限最少的老年人。
1987	世界卫生大会	首次提出健康老龄化的概念，把健康老龄化的决定因素列为老龄研究项目的主要研究课题。
1990	世界卫生组织世界老龄大会（哥本哈根大会）	把健康老龄化作为应对人口老龄化的一项发展战略。

续表

时间	提出方	成果
1993	第15届国际老年学大会(布达佩斯大会)	把"科学要为健康的老龄化服务"作为会议的主题。
1997	西方七国丹佛会议	首次提出积极老龄化的概念。
1999	欧盟积极老龄化国际会议	学者们从理论上探讨了积极老龄化问题及其解决的现实可能性。
2002	世界卫生组织	出版《积极老龄化:从论证到行动》一书,将积极老龄化的内涵定义为人到老年时,为了提高生活质量,使健康、参与和保障的机会尽可能发挥至最大效应的过程。
2002	联合国第二次老龄问题世界大会	通过了《老龄问题国际行动计划》。

二、退休与心理适应

退休是一个历史并不太长的现代概念,意指职工退出工作岗位的养老制度。每个国家要根据本国有关职工退休处理的规定,对不同职业、职务的职工达到一定年龄和工龄后安排退休。职工退休后,按照全国各地规定的标准,由职工所在的企业(事业)或民政部门按月或按年发给退休金,直到职工去世。因此,退休是每个老年人要面临的一种现实。

(一)退休的心理反应

老年人对退休的态度具有很大的差异。按健康老龄化、成功老龄化、积极老龄化理论,老年人退休的心理反应趋向越来越正面的状态。

对待退休,有一部分老年人感到高兴,特别是那些健康状态不好者,可以利用退休脱离艰苦的劳动,调整自己的生活节奏,一项针对中国城镇低龄退休老年人的研究(张奇林、周艺梦,2017)发现,与没有工作的城镇低龄退休老年人相比,有工作的老年人闲暇活动少、幸福感低。但多数退休者不太愿意退休，甚至因退休而产生失落感和自卑感，特别是一些知识分子和行政人员。这些人在西方国家多半属于中上层或高层社会集团，更会感到自己成为无用的、被社会抛弃的人。

老年人退休产生失落感和自卑感的原因来自4个方面。

首先，工作是个人自我观念的核心。成人晚期在退休前对事业有着深厚的感情，而退休是对老年人感到自己有存在价值和有用的一种挑战；一旦退休，老年人在感情上很可能无着落。难怪有些老年人风趣地比喻自己与工作"失恋"了。

其次，失去工作等于失去社会的敬重和社会赋予他们的权力和责任。退休前，职工把自己看作社会的主人、事业的主人，参与意识强，一旦离开了工作岗位，老年人就不能全身心投入工作了。因此，有些老年人说："我们不是贪恋名与利，而是抱有对社会、工作的责任心，现在要为自己的事业'画句号'，实在缺少很好的精神准备。"

再次，在成人中期，尽管上有老、下有小，健康上曾获"黄牌警告"，但在工作上仍花费了大部分时间和精力，以致被称为"工作狂"；而进入成人晚期，身体还很好，子女已独立，本可以再拼一场，但退休年龄到了，不能拼了，所以从心底里不愿意。

最后，退休造成经济上的收入减少。例如，在西方国家，退休者的房子越住越小，汽车越坐越差，这会导致失落感。

(二)退休的心理适应

老年人对退休的现实有一个适应的过程，这个适应程度主要决定于其主体，因此，自我调节是十分必要的。

1. 个人对退休的适应取决于态度和人格

在那些把将到来的退休视为一种伤痛或曾对社会做出有益贡献的人中，有相当一部分会发现退休是难熬和不愉快的；而把退休视作成功生活历程的一部分、一段循序渐进的生涯的最后阶段的态度，则有助于个体对退休的积极适应。

那些被判定为不能适应退休的人，其性格往往易怒，易被激愤情绪支配。良好适应退休生活的情况往往发生在具有健全或成熟人格的人身上；也会发生在被认为通常消极被动、不愿承担责任的人身上；还会发生在应变性强或防御机制强，免于陷入焦虑的人身上。

2. 个人对退休的适应取决于自我调节

老年人对退休要有良好的适应，必须做好自我调节。

其一，自己为自己做广告，为社会做点事，不仅发挥老年人的余热，而且证明自身确实存在社会工作的潜力。

其二，自己为自己做设计，老有所学，如进入老年大学一类的学习场所。这不仅可发展老年人的兴趣，使之老有所为，发挥专长，继续为社会做好事；而且使之继续在群体之中，满足其退休后的交往、友谊、归属等方面的需要，克服冷落感和孤独感。在我国，近年来微信等社交软件逐渐成为退休老年人的一种新兴社交方式。

其三，自己为自己做安排，正确认识闲暇，利用自己获得的自由，创造性地自我发展，如跳广场舞、参加老年合唱团等，既寻找退休后的生活乐趣，又增加团体活动，为社会做点力所能及的事情。

所有这一切，都会成为成人晚期对退休心理适应的一些重要方面。

三、家庭变化与心理适应

成人晚期的家庭变化主要表现在两个方面：一是老年夫妻关系的变化；二是老年人与第二代、第三代关系的变化。随之会产生一系列心理适应问题。

(一)老年夫妻关系与心理适应

在老年期，夫妻关系是老年人具有健康的心理适应力，能顺利走完人生最后阶段的基石。一个人步入老年期后，心理上的无用感与无助感日渐强烈，这时良好的夫妻关系是其心理上最大的慰藉。下面从 3 个方面展开论述。

1. 老年期的依恋

成人依恋(或成人依附)(attachment in adult)一般出现在50岁以后的成人中期与晚期,特别是老年期依恋(或老年期依附)(attachment in old age)。此时,老年夫妻双方在情感和精神上互相依赖、互相慰藉,这就是"老来伴"的含义。天津市1998年关于退休老年人与伴侣感情的问卷调查发现,感情深厚的占61.0%,感情一般的占16.5%,感情不好的仅占2.4%。还有20.1%的被试未交问卷。可见老年夫妻依恋的事实是存在的。主要原因有:①子女独立,有的已自立门户,建立其核心家庭,这会使老年夫妻倍感冷清;②退休后,社会活动减少,交际范围缩小,常感孤单和寂寞;③健康状况的下降使他们的生活能力受影响;④自信程度降低,老年人常失去自身的价值感,觉得到了这个年龄自己就是无用的人了;⑤死神的威胁,产生一种心理紧张和恐惧感。由于上述这些方面的变化,老年夫妻在情感上比以往任何时候都更加靠近。这是良好心理适应的表现形式。他们在孤独和紧张中相互依靠、相互慰藉,在生活上相互扶持,以求平安地度过晚年。近期追踪研究表明(叶婉青、李晓彤、王大华,2018),婚姻满意度越高的老年人在两年后会更少使用他责(将自己所经历的事情归责于他人)和沉思(思考与消极事件有关的想法和感受)策略。

2. 老年期的性欲

老年人的性激素分泌量显著减少直至枯竭。但由于大脑中既往性活动的表象及其新的组合想象以及性活动的体验都可作为内部刺激,老年人仍有性欲或继续性活动的可能。

3. 寡妇、鳏夫以及老年人再婚

在对老年人死亡问题的研究中,几乎各国的研究资料都表明:丈夫先去世,妻子照样长寿;妻子先去世,丈夫往往过不了一两年也会去世。这是一种较为普遍的现象,但不是一种绝对的规律。

在美国,所有65岁以上的女性中,有一半以上是寡居。丈夫的年龄一般要比妻子大,而女性又往往活得比男性长,所以寡妇与鳏夫不相称的比例就不足为奇了。当然,鳏夫也有一定比例,只是比寡妇少,还不到寡妇的一半。

据我国的统计数据，60～79 岁的老年人中，丧偶男性占全部男性的 25.3%，女性则占 55.1%；80 岁以上的这一比例，男性为 59.5%，女性为 92.5%。寡妇与鳏夫在我国老年人中高比例地存在，而且寡妇比鳏夫要多得多。

失去配偶的角色变化对当事者心理的影响之大是难以预料的。一个人在配偶去世后的 1 年或 1 年多的时间里，还充满高度紧张感。照顾好丧偶老年人，使他们产生良好的心理适应，是社会特别是丧偶老年人家人的一项艰难的工作。老年人的自我心理调节当然也是十分重要的。否则，一位老年人先去世，另一位老年人可能会跟着与世长辞，感情特别深厚的老年夫妻则更易如此。这在生活中也是经常出现的。

再婚，即找一个老伴并重建家庭，是消除家庭生命周期空巢(empty nest)阶段给老年人带来的多种困苦，以使老年人建立良好心理适应的最佳途径。

潘穆(1983)的调查指出，当前我国城市老年人再婚有"三多三少"及"四性"的特点。

"三多三少"指：在老年独身者中，主观上有再婚需求的多，客观上能再婚成功的少；男性老年人有再婚需求的多，而女性老年人有再婚想法的少；社会和家庭，特别是子女对老年人再婚反对、阻碍的多，而同情、支持的少。

"四性"指：目的的互助性，对象的实惠性，年龄的差距性，婚礼的简单性。

再婚老年人心理协调的敏感点何在？程学超、王洪美(1986)指出：一是对先前配偶的感情，再婚双方要互相体谅；二是对社会上流行的某种习惯的舆论观点，再婚双方要科学分析；三是对前后老伴的对比，再婚双方要建立情感，用情感影响支配认知。

(二) 与第二代及第三代的关系

在老年人的各种复杂的人际关系中，大量或突出的是两代人之间的所谓代际关系。这其中最重要的又当数与子女之间的亲子关系和与第三代之间的祖孙关系。

1. 亲子关系

老年人与第二代关系的变化，不仅表现在子女的自立上，而且表现在经济上。

老年人中有一部分收入高，有多年积蓄，甚至有自己的房子；但也有一部分老年人退休后收入低，没有资产，于是如前文提到的，从关怀子女者转变为接受子女赡养者。后一类老年人，在我国，由女儿赡养的占 3%～5%，由儿子赡养的占 90%。80% 农村老年人的老有所养是一个突出的社会问题。年龄越大，老年人对子女的依赖程度也就越大。且老年人中长期有病者问题更多。为适应这种变化，不仅需要亲子关系(parent-child relation)的密切，特别是子女的孝顺，而且需要社会支持(social support)。

2. 充当(外)祖父母

老年人当了(外)祖父母，是否像传统所说的和蔼可亲、对(外)孙子(外)孙女感兴趣？这是一个值得研究的问题。在一项关于(外)祖父母的内容广泛的研究中，大约有 2/3 的人认为充当这个角色是令人满意的。也有少数人表示不愉快，重要原因有两个：一是与第二代在教育第三代的观念、方法上有矛盾；二是相对年轻的老年人不愿充当这个角色，认为(外)祖父母是一种与老年相连的概念，而自己并没有老。

充当(外)祖父母的表现也有各种类型，如(外)祖父母的娇惯型，退休后的找乐趣型，与(外)孙子(外)孙女保持一定距离的疏远型，代替第二代照看第三代的现代父母型。不同类型有着不同的投入，会产生不同的效果。

不论如何，充当(外)祖父母，定期与第三代接触、交流、沟通，都是促使老年人心理健康的一种有效途径。这不仅使第三代有人照顾，而且使老年人老有所养。即使是在老年人俱乐部、养老院生活的老年人，每天晚上被接回家中，与第二代、第三代相处，享受天伦之乐，也是促进老年人长寿的一种措施。

四、社会支持与心理适应

老年人一旦退休，即便不少人在情感上没有失落感，也可能遇到经济问题。前文提到我国农村老年人的老有所养成为一个突出的社会问题就是一个事实。所有这一切都说明，老年人得以欢度晚年，还必须靠社会支持。

社会支持应包括对老年人经济上的支持、精神上的支持、生活上的支持等，这些都是成人晚期心理适应的保证。

(一)经济接济

多数老年人需要社会提供退休金、养老金和社会保证金等社会福利，老有所养是成人晚期生存条件的基本经济保障。

退休金是连续、定期地对年老、丧失工作能力或由于工作已满规定期限而退休的人员的货币支付。个人退休金计划始于 19 世纪的欧洲，影响享受退休金的资格及数额的因素有很多，如就业年限、年龄、工资等，有时也包括过去所做的贡献。

养老金是对缺乏劳动力且无赡养者的孤寡老年人支付的救济金或抚恤金，以保障老年人应享有的权利，解除他们生老病死等后顾之忧。

社会保证金包括用于社会救济(social-relief)、社会福利和劳动保险(labor security)等方面的支出。社会救济指国家对城乡困难户的生活救济，救济的对象主要是无依无靠、无经济来源的鳏寡孤独者，以及丧失劳动力和收入不足以维持基本生活(或在贫困线以下)的人。社会福利是指国家为安置残疾人员、精神病人和孤寡老人而兴办的各种事业、企业和各种社会福利基金，及各种教育、文化、体育措施。劳动保险是劳动者因为各种原因不能继续从事劳动或暂时中断劳动时，从国家和社会获得物质帮助的一种社会保障制度。劳动保险的某些长期待遇就包括退休金、养老金等。

老年人只有在生存条件有基本经济保障的情况下才能有安全感，才能适应退休后经济状况的变化。

(二)精神寄托

多数老年人为退休感到烦恼，这不仅因为他们的个人身份在很大程度上是由其职业决定的，而且因为他们为不能达成自己的生活目标而感到精神空虚，不愿或不能接受其奋斗目标的终结。

针对这种心理状态，社会要给予老年人精神上的支持，采取各种措施，把老年人组织起来，如创办老年大学，成立各种老年人对问题儿童与青少年进行帮教的团体，开展各种有益老年人身心健康的文娱、棋类比赛，或者组织老年人学习广场舞、组建老年合唱团等，使老年人有精神寄托，能发挥余热，继续为社会做贡献。

老年人只有在精神上有所寄托，才能有充实感和斗志，才能适应退休后无所事事的状态。

(三)生活照料

有些老年人属于孤寡老人；有的虽有子女，但自己单独生活；有的即使与子女住在一起，但子女处于超负荷的中年期，工作繁忙，白天不在家中，老年人留守空房。于是，有相当一部分老年人在生活上需要照顾。

社会要给予这部分老年人生活上的支持，疏通各种赡养和养老渠道，建立专为老年人服务的老年人俱乐部、养老院、敬老院、老人乐团、老人商店等组织和团体，使全体老年人都能安度晚年。

老年人，特别是孤寡老人，只有在生活上有照料，才能安安稳稳地生活下去，才能适应孤独状态的出现。

(四)社会风气

老年人既有自卑感，又有不服老的自尊心。他们中间有部分人的消极情绪逐步增加，常会无端地恐惧、忧虑、失望，对一点儿小事大发雷霆、争吵不休，因此需要社会的谅解、体贴和关心。社会应加强舆论宣传，倡导尊老爱幼，尤其在中国，尊老爱幼早已是中华民族的优良传统；要树立敬老、爱老、养老的社会风气。

在我国，人口老龄化最高的地区是上海，上海的 60 岁及 60 岁以上的人口所占比例最高。上海是个大城市，也有环境污染的现象，甚至饮用水源黄浦江也曾被污染。但上海人长寿，除医疗条件和生活条件比较优越外，关心老年人的社会风气也起了很大作用。在上海，老年人受到诸多的照顾和尊重。

生活在上海的老年人，在敬老和爱老的社会风气下，自然地在情绪体验上获得欣慰和喜悦，必然在心理上适应自身老化的各种变化。因此，西方发展心理学者提出"SOC 老年人适应模型"是有道理的，即老年人在社会支持下必须选择(Selection)

一定数量的目标, 优化(Optimization)资源以实现目标, 而在资源减少或欠缺的条件下, 采取措施与策略达到补偿(Compensation), 以提高老年人的适应能力。

第二节

老年人的认知

子曰: "六十而耳顺, 七十而从心所欲, 不逾矩。"(《论语·为政》)这里既指老年人的认知特别是社会认知的特点, 又指老年人的社会性特点。

随着成人晚期的身心变化, 老年人的认知也会出现新特点。然而, 对成人晚期的认知, 绝不能简单地从成熟期递减来认识, 而应该从一个完整的认知结构出发, 全面地分析老年人的认知特点。"耳顺"之年, "耳闻其言, 而知其微旨"; 到了 70 岁, 由于经验丰富, 可"从心所欲"而不会违背规矩, 可见老年人的认知有着成熟性和稳定性的一面。因此, 对老年人认知的评价必须要具全面性。

一、增龄与老年人的智力

如前所述, 增龄不仅指年龄的增加, 而且指成熟期以后随着年龄的增加而老化。

增龄是否带来老年人智力衰退的趋势, 这是发展心理学界极为关心的课题。

心理学研究发现, 老年人的智力变化有两个不一致的事实, 一是呈衰退的趋势, 二是呈稳定的趋势。

(一)老年人的智力呈衰退的趋势

早年的研究者琼斯和康拉特(Jones & Conrad, 1933)发现, 人的智力在 21 岁时到达顶峰，之后便开始下降，到 55 岁时下降到 14 岁时的智力。米勒斯夫妇（Miles & Miles，1932）的研究结果表明，18 岁为智力顶峰，之后便开始缓慢下降，50 岁时相当于 15 岁时的智力，80 岁以上便急剧下降。韦克斯勒（Wechsler，1944，1955）也运用自己制定的韦氏成人智力量表（或魏氏成人智力量表）（Wechsler Adult Intelligence Scale，WAIS）对成人进行了两次智力测验，结果表明，男性 25～32 岁、女性 20～24 岁为智力发展的顶峰，随后便开始呈下降的趋势。

卡普兰（Kaplan，1947）将上述 3 项研究结果加以整理，获得了成人智力的年龄变化曲线，如图 10-1 所示。

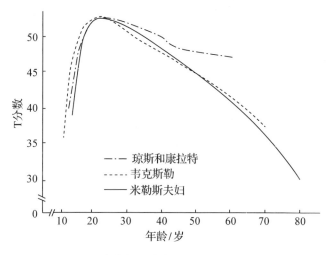

图 10-1　成人智力的发展曲线（Kaplan，1947）

从图 10-1 可以看到，尽管人的智力的发展高峰点在研究中尚未统一，但都有一个发生、发展和衰退的过程。人到成人晚期，智力呈衰退的趋势，各种感觉能力下降，记忆力也下降，思维灵活性变差，想象力也不如青少年期与成人前期、中期丰富。我国的研究（唐细容、蒋莉、曾慧等，2013）发现，中国成人的晶体智力在 74 岁前比较稳定，没有明显老化，但流体智力和注意记忆能力可能在 45 岁就开始老化。

（二）老年人的智力呈稳定的趋势

20 世纪 60 年代以后的智力变化研究认为，老年人的智力并非全面衰退。

　　因为智力是综合的心理特征，研究智力的方法也不一样，所以简单地说老年人的智力呈衰退趋势的结论受到质疑。

　　克隆巴赫、沙依和斯特罗瑟（Cronbach，1970；Schaie & Strother，1963）在 20 世纪六七十年代对老年人进行了纵向追踪研究，获得如图 10-2 所示的结果。后来，更

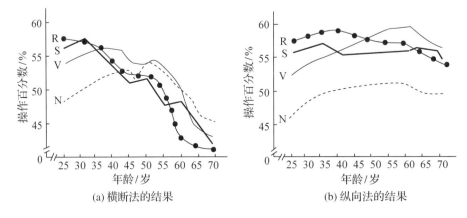

注：R 为推理因素；S 为空间因素；V 为语言因素；N 为计数因素。

图 10-2　年龄与智力发展的研究结果（Cronbach，1970；Schaie & Strother，1963）

多的研究（Craik & Salthouse，1999；Salthouse，2006）支持了克隆巴赫他们的结论。从图 10-2 中可见，分析纵向法（或纵贯法）资料，言语因素（V）和计数因素（N）在 60 岁以前的曲线是持续上升的，空间因素（S）在 60 岁时大致呈高原状态，推理因素（R）在 40 岁前是上升的，之后是缓慢下降的。这与横断法的研究结果有显著不同。

　　由此可见，从整体来看，老年人智力衰退是个事实，但并不是所有智力因素都受增龄的影响而衰退；换句话说，老年人的智力因素并非全部衰退。其一，老年人的智力是一个完整的结构，有的因素衰退，有的因素保持稳定，有的因素如依赖于知识、文化、经验的智力因素（知识的广度、词汇、判断力等）还可能发展。其二，不同老年人的智力变化很不一样，有的人衰退得快，甚至出现老年期痴呆（senile dementia）；有的人衰退得慢，到七八十岁后才明显衰退；还有人仍然"从心所欲"地从事某方面的创造性事业；至于有些人六十"耳顺"圣通，七十则"出圣入神"，尽管是极少数，但也是存在的。可见，对具体问题要做具体分析，不可一概而论。其

三，成人晚期智力变化的影响因素是不同的。老年人智力衰退虽是个普遍的事实，但又因人而异，因此需要分析影响老年人智力的 5 种因素——遗传、机体、知识、职业、性别，影响因素的不同必然会造成老年人智力变化的个体差异。当然，以上这些差异是综合发生、交互作用的，构成成人晚期智力衰退及个体差异的整体效应。

二、成人晚期记忆的变化

不论是国内还是国际心理学界，对成人晚期认知变化的研究，相当程度上都是研究老年人的记忆变化，并获得"老年人记忆力下降"的结论，尽管这种下降的速度并不快。

(一) 成人晚期记忆的特点

假定 18~35 岁的人，其记忆的平均成绩为 100%（最高），35~60 岁记忆的平均成绩为 95%，60~85 岁的为 80%~85%。在成年人中期和晚期，40 岁以后和 70 岁以后是两个记忆明显衰退的阶段（Arenbery，1983）。

1. 成人晚期理解记忆尚佳，机械记忆进一步衰退

成人晚期对自己所理解的材料的记忆与成人前期、中期相比没有多大差别；而对无意义联系材料的记忆成绩，从成人前期到中期再到晚期，逐步地衰退。许淑莲等人（1982）对 50~90 岁成人短时记忆的研究指出，老年人数字记忆有如下特点：各年龄组（自 50 岁起，每隔 10 岁为 1 个年龄组）的成绩均随年龄的增长而下降；各年龄组间分别比较，60 岁组与 70 岁组或 80 岁组的差异是显著的，可见 70 岁后的顺背数字广度才有明显减退；倒背数字，各组间比较，均有显著差异。

记忆人的姓名困难是老年人常见的烦恼，该研究进行的人像特点联系回忆测量的结果证实了这一点。其研究结果表明，老年人记忆姓氏最难，爱好次之，职业再次之。80 岁组机械记忆姓名的平均成绩仅达 20 岁组的 30%，这说明机械记忆是老年人的一个难题。

2. 成人晚期短时记忆、工作记忆有所减退

许淑莲等人（1982，1985）对 102 个 50~90 岁的中老年人的短时记忆进行了研究，并与 20~25 岁组做比较，获得的结果有两个。一是在总体上考察，记忆都有随年龄增长而逐步衰退的显著趋势。其中，在图片自由回忆总分和逻辑故事记忆的分节分数方面，减退的趋势更为明显；顺背数字和逻辑故事记忆的中心意义分数随年龄的增长而缓慢下降。二是老年人的记忆减退有其特点。记忆逻辑故事时，对中心意义的记忆虽有随年龄的增长而明显减退的现象，但其减退的速度较分节记忆缓慢，这与老年人的意义记忆较机械记忆减退得晚相关；顺背数字的成绩虽也有明显的减退，但减退的速度较慢，70 岁以后才有很明显的减退，这可能是由于它所包含的初级记忆成分较多，而老年人的初级记忆较晚受到损害。可见，老年人短时记忆减退表现出初级记忆比次级记忆减退得慢；而需要集中注意和组织的记忆材料对老年人来说更困难；老年人对那些容易的不计时间或材料的记忆并不比年轻人差。

3. 成人晚期的记忆保持能力下降

杨治良等人（1981）曾对 8 个年龄组（幼儿组，6 岁；初小组，8 岁；高小组，10 岁；初中，14~15 岁；大学组，21 岁左右；中年组，40 岁左右；壮年组，50 岁左右；老年组，55 岁以上）运用具体图形、抽象图形和词 3 种材料进行信号检测论的再认实验（recognition experiment with signal detection method），获得如图 10-3 所示的趋势。

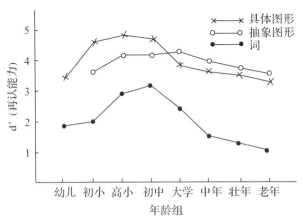

图 10-3　年龄与再认能力的关系（杨治良等，1981）

从图 10-3 可以看出：①与其他年龄组相比，老年人的再认能力下降；②老年组和其他年龄组一样，都不容易再认那些既无直观支撑又不能理解的抽象图形，相反，却比较容易再认那些易于定名的具体图形和熟悉的词，也就是说，如前文提到的，老年人的理解记忆效果比机械记忆的效果好。

4. 成人晚期对远事的保持比对近事的保持好

老年人的记忆保持能力在下降，但并非全部衰退。一般地说，老年人对较为远期的经验或事物的记忆保持得较好，如对往事的回忆比较清晰而富有情感，甚至对往事的某些细节都能记忆犹新、加以回忆；而对新近的材料或对最近发生的事情的记忆却保持得很差。

（二）影响成人晚期记忆减退的因素

综上所述，许多研究证实成人晚期个体的记忆明显地减退。那么，这种记忆减退的原因何在呢？这里主要从以下 3 点来分析。

1. 生理因素

成人晚期的记忆减退主要与生理衰退有关。成人晚期的个体在生理上，各系统的机能都走向衰退。记忆首先与神经系统有关。老年人的脑细胞不仅数量减少且功能减弱，脑重减轻，侧脑室扩大，大脑皮质变小，神经束内脂肪沉积，这些变化都是促使老年人记忆下降的原因。近年来，大脑静息态研究发现，随着阿尔茨海默病（Alzheimer's disease）病程的推进，患者显示出默认网络连接逐渐减弱及额叶认知网络连接先增强后减弱的整体趋势（樊东琼、李锐、雷旭等，2016）。此外，记忆与心血管系统的状态有关。在脑动脉硬化、脑供血不足的情况下，老年人自然难以保持良好的记忆。

2. 文化教育因素

不同文化水平的老年被试，其记忆减退的表现是不一样的，许淑莲等人（1982，1985）的实验证明了这一点，如图 10-4 所示。

3 种记忆的成绩均随着增龄减退，但有文化组的成绩在各实验中均为最好，无文化组在各实验中均为最差。由此可见，记忆减退还决定于文化教育因素，并且常

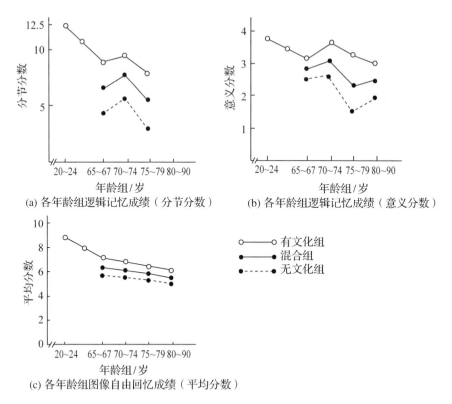

图 10-4　记忆减退速度实验在不同文化水平老年被试中的结果(许淑莲等，1982，1985)

因人而异。

3. 心理因素

老年人退休后会产生心理的自卑感与失落感，往往有"我老了，记性不好了"这种消极的自我暗示(self-suggestion)，这会加速其记忆减退。程学超等人(1986)的研究指出，有些老年人意志消沉、缺乏职业和智力上的激励因素，这比增龄更能使人的记忆衰退。这又进一步说明记忆减退因人而异。

三、成人晚期的思维特征

从总体上说，成人晚期的思维呈衰退趋势，但又具有较大的不平衡性。那些依赖于机体状态的思维因素衰退较快，如思维的速度、灵活程度等，而与知识、文化、经验相连的思维因素衰退较迟，如语言—理论思维（language-theory thought）、社会认知等，甚至老年期仍有创造思维。这便呈现出成人晚期的思维特征。

（一）语言—理论思维

成人晚期的思维是语言—理论思维。在智力衰退的过程中，老年人的语言性思维、空间关系的掌握、推理能力等理论思维水平下降的幅度较小。

沙依（Schaie，1977，1978）对老年人思维变化的研究很有意义。他从20世纪50年代中期开始，共调查了3000多人，其中有些人每7年复查1次，连续测查了21年，最后他发现：人在80岁以前，在语言的流畅性和对空间关系等思维因素的掌握方面，能力不会有什么大的下降。

克隆巴赫等人（Cronbach et al.，1970）采用纵向研究法，对同一组被试的智力进行了追踪研究（1919—1961年），年龄为19～61岁，结果表明：61岁之前的语言、推理等思维作业水平保持不变，到61岁以后才有所下降，但下降幅度也不大（如图10-5所示）。

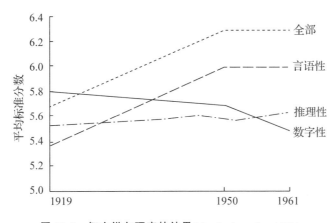

图 10-5　智力纵向研究的结果（Cronbach et al.，1970）

日本研究者（小野寺等，1973）用韦氏成人智力量表测量了334名60岁以上老年人的智力，尽管是一般性智力测验，但也可看出思维发展的某些特征。结果如图10-6所示。

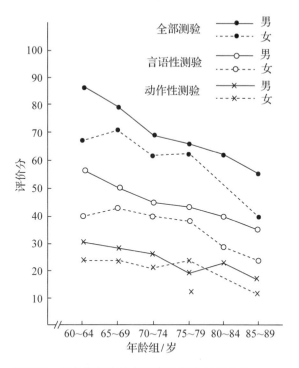

全部测验 ●── 男
........● 女

言语性测验 ○── 男
........○ 女

动作性测验 ×── 男
........× 女

图 10-6　老年期智力的年龄变化曲线（小野寺等，1973）

从图 10-6 明显可以看到，尽管男女被试的测验成绩在 60 岁以后开始缓慢地下降，但言语性测验和动作性测验成绩的下降程度是不一样的。言语性测验成绩下降得较缓慢，而动作性测验成绩下降得较快。

简言之，成人晚期是理论型思维。这种思维以文化、教育、知识、经验为基础，通过抽象假设、逻辑推理、反省监控来完成。其特点是发生迟，衰退也慢。

(二) 思维内容偏重对社会的认知

从思维上说，孔子的"六十而耳顺"，说的是听别人的言语便可分辨真假、判明是非；"七十而从心所欲，不逾矩"，说的是所想所做十分自若，决不越出"法"或"礼义"的规矩。所有这一切，都主要是说老年人的认知。

人到老年，主要面临的是社会生活，于是老年人对社会制度加以综合地认识，从而构成老年人行为的基础。社会提供给老年人多种信息：一是随着退休后角色的改变，社会对其的看法也发生改变，如何适应、如何应对、如何分辨是非真假等，构成了老年人思维的重要内容；二是对一生的回顾，个人的成功与失败、经验与教训，老年人要加以思考与整理，把它作为教育第二代、第三代的材料；三是保持晚节，为社会发挥余热，以及对生死问题进行思考（这会在第五节展开论述）；四是凭老年人自身的见解，对现时社会刺激做出种种分析，而这种种分析在伦理上不会越出成人晚期个体的"礼仪"规矩，即按照信念、价值观和人生观来进行认知。

（三）思维仍有创造性

成人晚期的思维仍然具有创造性，老年人仍然具有创造力。人的创造虽然有高峰年龄，但创造的年龄范围宽广。2003—2007 年与 2012—2016 年，我分别主持了两项关于创造性与创新人才的教育部哲学社会科学重大攻关课题，其中拔尖创新人才的被试有被评为院士的自然科学家 34 位、德高望重的社会科学家 36 位、民营企业家 33 位，其中 80% 的被试年龄在 60~75 岁，属于成人晚期，这些创新人才全部仍在从事创造性活动。自然科学家们说，他们的主要学术成果产生在成人中期，但现在也有学术成果；而社会科学家们表示，成人晚期的成果不比成人中期少；企业家们则表示，在成人晚期做生意更成熟了。这里分析的是自然科学家、社会科学家和企业家的创造性工作，至于大器晚成的例子，更是不胜枚举。可见，人到老年，其思维仍然有创造性。当然，以上例子都是知识界、学术界和企业界的，一般人的思维也仍然有创造性，不过，知识界、学术界、艺术界、企业界和政界人士更为明显。国际上也有把从事艺术创作活动的老年人与不从事艺术创作活动的老年人分为两组调查，前者从事绘画和造型艺术的创作，平均年龄为 83 岁；后者是养老院身心健康的老年人，平均年龄为 75 岁。调查内容为记忆、判断、行为、创造力、情绪等。结果发现，从事艺术创作活动的老年人不仅自觉创造力在发展，自认为"创造力更强了"的人有 46.7%，"创作内容越来越成熟"的占 66.7%，没有认为自己"创造力与创作内容降低"的；而且对知、情、意方面自觉有衰退的人较少，对身心忧虑的人也少。这能说明老年人思维的创造性，一是决定于教育条件，即与文化、知识、经验有密切的联系；二是决定于事业心、责任感及稳定而广泛的兴趣。同时，这也有力地证明了老年人从事创造性思维活动有利于身心健康。

(四)思维衰退

尽管在成人晚期，个体的思维依然具有创造性，但不可否认，在这一阶段，个体的思维从总体上说表现出衰退的趋势，这种思维衰退(thinking decay)突出地表现在以下 3 点上。

1. 老年人思维的自我中心化

按照皮亚杰的观点，儿童与青少年自我中心的表现欲随年龄增长而下降。自我中心主义主要指从自己的观点和立场去认知事物，而不能从客观的、他人的观点和立场去认知事物。儿童在 6 岁或 7 岁以前是自我中心年龄(egocentric age)。近年来的研究发现，存在皮亚杰的思维发展阶段以反方向在老年时重现的现象，即老年人随年龄的增长而越来越自我中心化。在儿童身上，自我中心思维可能随着其社会性的发展而逐渐下降；而老年人思维的自我中心化，是老年期逐步脱离社会所造成的结果。

老年人思维的自我中心化特点主要表现在老年人坚持己见，带有很大的主观性，而不能从他人和客观的观点去全面地分析问题。但老年人和年轻人一样能解决问题、与人交往，这一点与儿童的自我中心思维不一样。自我中心的儿童因不会从他人的角度去看问题，而在解决问题时发生困难。

2. 老年人在解决问题时深思熟虑，但又缺乏信心

为了证明这个观点，马森(Mussen，1991)设计了一项对几名未受过高等教育的 65～75 岁中产阶级妇女进行"面积守恒"作业的实验研究：2 个等面积的纸板代表草地，有 1 头牛在上面吃草，另有牛舍 14 间，在第一个纸板上它们是放在一起的，而在第二个纸板上是散放的；由此测定被试对草地面积的判断，分析其可逆性。研究结果表明，这些妇女具备了守恒问题的基本能力，但因为过分深思熟虑和缺乏信心，所以在皮亚杰的逻辑思维作业中表现拙劣，思维敏捷性变差，反应时间变长。

3. 老年人思维的灵活性变差，想象力减弱

老年人因为体力衰退、活动范围相应变小、交往对象减少，所以他们在思考问题时显得迟滞、灵活性差，想象力远远不如青少年和中年人。

老年人的思维衰退不仅有身体、生理和行为衰退方面的原因，而且有认知方面各因素变化的原因。具体地说，老年人感知觉的变化很大，各种感觉器官的功能变得很不敏锐，受老化影响严重的是视觉和听觉；与此同时，如前所述，记忆也减退。这些认知因素的变化使思维的基础和材料部分受到损伤，这是造成思维衰退的直接原因。正是感知、记忆、思维的衰退，促使增龄中老年人的智力、认知整体减退。至于思维、认知、智力变化的个别差异问题，就是问题的另一个方面了，在此不再赘述。

第三节

老年人的社会性

孔子所说的"六十而耳顺，七十而从心所欲，不逾矩"，点出了老年期的社会性，特别是道德修养的特点。"耳闻其言，则知其微旨而不逆也"，即"言人于耳，扬其善，隐其恶"。换言之，就是对各种言论，包括对别人和对自己的好话、坏话，都听得进去。从"志于学"到"从心"，善始善终，贵不逾法。老年人的社会性成熟稳定，能按照自己的心愿去做任何事情，得心应手，不会违背法度和礼仪，简直达到了"天人合一"的境地。当然，这仅是老年人社会性发展的一面，毕竟老年人的个体差异十分显著，必然会出现在社会性发展上存在问题和缺陷的一面，这就要求客观地分析和评价。

一、成人晚期人格的变化

西方心理学界比较重视埃里克森的人格发展观，认为成人晚期的人格特点主要是完善感与失望、厌恶感。老年人的任务主要是获得完善感和避免失望与厌恶感，体验智慧的实现。这时人生进入了最后阶段，如果自己的一生获得了最充分的评价，则产生一种完善感，这种完善感包括一种长期锻炼出来的智慧和人生哲学，伸延到自己的生命周期以外，产生与新一代的生命周期融为一体的感觉。一个人若达不到这一感觉，就不免会恐惧死亡，觉得人生短促，对人生感到厌恶和失望。

老年人逐步走向人格的完善，走向成熟，进入最高智慧境界，这正是孔子的从"耳顺"到"从心所欲，不逾矩"的思想。

(一) 老年人的人格特征

成人晚期的人格特征主要来自一生的连续发展。尽管老年人心理的老化为其人格发展带来一些改变的因素，但老年人的人格应该被看作从童年期到中年期人格发展的继续。

1. 稳定、成熟、可塑性小是成人晚期人格的主要特点

肯士曼等人(Kunzmann et al., 2002)的研究指出，从理论上看，人格发展阶段论认为包括老年人在内的整个成人期是不断变化的时期，个体总体发展是积极的；而人格发展特质论更强调老年期人格的稳定性，人格特质、类型是较难改变的，尽管有消极变化的成分。

2. 自尊心强、衰老感及希望做出的贡献传于后世

这是成人晚期人格倾向性(personality inclination)的明显特点。

老年人鉴于自身的经验和智慧，希望第二代、第三代对其尊敬并接受其忠告和帮助。因此，被尊敬的需要成为老年人需要的重点。

随着身心衰退的变化，老年人会产生衰老感，常被孤独和冷寂的感觉困扰，于是人格趋于内向性。

老年人希望做出的贡献传于后世，留给后世精神的及物质的东西。其类别取决于民族的特点和受教育的程度。一般来说，西方人喜欢留给后人精神作品，东方人则喜欢留给后人物质财富；知识界老年人喜欢给后人留下精神作品，非知识界老年人则喜欢给后人留下物质财富。

3. 成人晚期人格的积极因素是有责任心，而消极因素主要是以自我为中心、猜疑多虑、刻板性强、不容易听取反面意见等。

这不仅为我自己的研究（林崇德，2008）所肯定，而且也为国外的研究所证实（Nofile & Fleeson，2010）。

（二）老年人的人格类型

成人晚期的人格变化具有很大的差异性，大致分为 4 种类型。

1. 成熟型

成熟型（mature type）老年人经受多种考验与锻炼，所以能以积极的态度对待现实，特别是在退休的时候，能心安理得，毫无怨言；积极参与工作和社会活动，发挥余热；满足自己一生已有的事业，不提奢望；积极处理人际关系，特别是家庭的人际关系，表现出恰当的自我尊重。

2. 安乐（椅）型

安乐（椅）型（rocking chair man）老年人人格的特点是逍遥自在。他们在人生中属于与世无争或无拘无束者，所以能承认和接受现在的自我，即对退休的现状及置于这种现状中的自身都能接受；尽量享受闲暇生活的乐趣，满足于这种隐退的生活，自得其乐；满足于现状，对退休后参加工作不感兴趣、不存奢望；对别人在物质上或精神上的帮助心安理得。

3. 防御型

防御型（armored type）老年人人格的特点是自我防卫强。他们属于争强好胜者，为了不受老化的威胁而设置牢固的自我防御（或自我防卫）（ego-defense）体系。他们不能正视老化，回避衰老，企图借助工作或社会活动来排除身心机能衰退所带来的不安；由于忙碌，也无暇顾及未来与生死；对闲暇缺乏正确的理解，而对工作、对事业有过分的要求；对年轻人看不惯、不满甚至有嫉妒心，与年轻人有较深的代沟。

4. 易怒型

易怒型（angry man）老年人人格的特点是攻击性较强，自我封闭，对事物失去兴趣。他们在人生的历程中可能失败较多。其攻击性有两种明显的表现，要么是对别人，要么是对自己。这类老年人千方百计回避衰老的现实，恼恨自己没有达到人生目标。他们将挫折、失败、恼怒发泄到别人身上，表现出敌意与攻击性行为，或充满偏见；也可能把自己的不幸归咎于自身，自己责备自己，因而总是悲观失望的。

总之，成人晚期个体的人格有差异，这既决定于个体毕生的性格、人格倾向、价值观和人生观，又决定于一生的经历和特点，还受个体的境遇（如退休、与子女分离、丧偶、面临死亡等）和整个社会环境的制约。

(三) 对毕生的回顾

进入成人晚期后，大部分老年人处于退休后的休养状态，昔日的忙碌和操劳已不复存在。这时个体普遍地调整心态，颐养天年。这其中必然包括对自己已经走过的人生的回顾与总结，而且，这种对人生历程的回顾对老年人来说也是极为必要的。

1. 对毕生回顾的表现形式

进入成人晚期，必然要面临死亡的挑战，这会激起老年人在人生告终前对毕生的回顾。这在老年人人格中被称为生命的回顾过程。这个过程可能是细致和精心组织的，其具体表现有：①一般的回忆，如与老伙伴、老朋友谈论往事，喜欢翻阅相册和集贴簿，故地重游，沉思往事和怀旧等；②向第二代、第三代讲述自己的过去，谈经验、说教训，对第二代、第三代寄予希望；③撰写回忆录或自传，可以用第一人称写，也可以用第三人称请别人写。

对毕生的回顾可能与想给后人留下一些遗物有关，也可能与安排传人（接班人）有关。对于一般人来说，往往是做些回忆，向第二代、第三代讲述过去，并给他们留下一些遗产；对于知识分子，尤其是有名望的知识分子来说，他们喜欢将丰硕的论著（学术思想）留给后人，回忆录和自传是集其经历和人生智慧之大成的作品；对于有权力的人来说，就是选择自己的传人或接班人，这既包括家族企业的传人或接班人，又包括学术界的梯队建设，因为梯队建设是老一代学术权威的学术生命之延续。当然，选择传人或接班人有一个"任人唯贤"或"任人唯亲"的问题，其中的影响因素之一就是老年人的人格。在一定意义上说，对毕生的回顾都是一个生命周期用明智的方式对另一个生命周期施加影响。

2. 对毕生回顾的意义

对毕生的回顾可以稳定、巩固或延续一生的人格，使良好的人格类型成为老年人发挥余热、欢度晚年的主体内在基础。

对毕生的回顾有助于老年人的心理适应，老年人通过对毕生的回顾，看到自己的价值，更好地安排晚年、适应现实。

对毕生的回顾是对老年人心理治疗的一种方式。心理医生可以根据老年人对毕生回顾的过程及其类型的综合分析，了解由人格变化导致的病因；还可根据老年人翻阅的相册、旧信函及与家人的谈话内容进行系统分析，了解来自毕生经历与现时环境的致病因素，并加以心理治疗。这无疑有助于老年人的心理健康。

二、成人晚期的自我意识

从客观上说，成人晚期是个体老化的阶段，是衰退的时期。但对于老年人来说，他们如何认识和体验自己的这些变化，并开始控制自己由身心变化带来的情绪反常，就是研究成人晚期自我意识的内容。

(一)内容和范围

与老年人有关的自我观念，不同年龄阶段对这类观念表现出不同的想法，即既有以年轻人为中心而考虑的观念，也有从年轻时期向老年变化而涉及的观念，还有以老年人为中心而思考的观念。成人晚期的自我意识，当然是以老年人为中心而思考的自我意识。

考察老年人的自我意识，涉及 3 个依据——因人而异、因地而异、因时而异，即老年人个体条件的依据、环境条件的依据和时间条件的依据。这 3 个依据构成了老年人的生物性自我(biological self)、社会性自我(social self)和时间性自我(timely self)。

从以老年人为中心而思考的生物性自我、社会性自我和时间性自我来看，老年人的自我意识包括：老年(老人)观和生死观(outlook of life-death)；老年人的生活态度和社会态度；对年轻时期的追忆或现世观；余世观和来世观。

由此可见，老年人的自我意识是一个相当复杂的课题，除这里论述的其中一些问题外，其余会在第四节和第五节展开阐述。

(二)老年人自我意识的认知

老年人是从什么时候开始有老年的自我意识的？老年人自我意识的发展有无转折点？这是老年心理学关心的重要课题。

1. 老年意识出现的年龄

自我认定为老年人的时间，个体差异很大。它取决于环境因素和自身条件。

环境因素主要指时空问题。在时间上，社会的平均寿命是一个重要因素。我国20世纪60年代平均寿命为57岁，相当一部分60岁上下的人认为自己是老年人；现在人均预期寿命为77岁，尽管人们清楚在社会上60岁以上者占人口的10%或65岁以上者占7%就属于老年化社会，但60~65岁的老年人，半数以上没有老年人的自我意识。在我国人均预期寿命最长的上海市，接触65~75岁的老年人会发现，他们大多数不承认自己已经老了。当然，人的寿命的延长不完全是一个时间问题，它是一个国家、一个社会的政治、经济、文化、科技进步的综合反映，也是一个空间问题；也就是说，在空间上，城乡、政治经济条件、医疗条件、文化教育环境及亲人死亡事件等都影响老年意识出现的年龄。

自身或主观条件包括心理年龄、健康状况、生活现状、人格特点和对未来的心态等，它们都会影响不服老的心态或老年意识出现的年龄。

2. 老年人自我意识的认知，取决于实用性的人格

对于老年人自我意识的认知与基于年龄的自我刻板化、各种各样的长期身体健康和心理幸福感的结果有关。对于老年人功能限制的日常经验如何与自我评价中的消极年龄刻板印象维度相关这一问题，研究者(Allen, Meiia, & Hooker, 2015)检验了在基线水平的远端人格特质和整体的年龄自我知觉是如何影响日常经验加工的，发现这种日常经验与随时间变化的基于年龄的自我刻板印象有关。数据来自为期

100 天的基于网络的个人生活理解和社会经验的研究，研究者检验了人格和不同年龄自我意识之间的关系，这种年龄差异的自我意识主要指的是两个年龄段刻板印象相关的日常经验——认知局限和有用性的变化。多层随机系数模型表明，人格和自我意识老化与在学习期间所报告的精神难以集中的有用性和频率存在联系。精神难以集中的日常经验与更低的知觉有用性显著相关，且尽责性调节这种关系。通过将人格和整体自我意识与日常经验联系起来，研究者的发现有助于理解自我刻板印象过程，而人格和自我意识都可能对此产生长期影响。

(三) 老年人的社会性自我

由于社会环境的影响，自我意识中的社会性产生。老年人的社会性自我主要表现在老年人自我意识的幸福观、未来观和生活态度 3 个方面。

1. 老年人自我意识的幸福观

对自己的生活感到幸福的程度，是老年人自我意识的一个重要方面，这种感受直接影响他们的社会适应程度。

我国学者(王大华、申继亮，2005)采用自编的老年人日常环境控制感问卷、主观幸福感问卷和一般自我效能感问卷对 217 名 60 岁以上的老年人施测。探索性因素分析表明，老年人日常生活环境控制感包括 3 个维度：物理环境控制、人际环境控制和假想环境控制。相关及回归分析表明：老年人物理环境控制感与主观幸福感中的正性情绪存在密切关系，可以明显预测主观幸福感中的正性情绪；老年女性的日常环境控制感高于老年男性。

2. 老年人自我意识的未来观

成人晚期的个体迈向人生的最后阶段。老年人对自己的未来是如何看待的？这确实是一个有意思的研究问题。国内外的研究都表明，老年人自我意识的未来观属于悲观的、感到无所事事的是少数。美国学者的研究(Kave & Halan，2015)表明，在对未来的看法上，年轻人、中年人和老年人的自信心没有太大的差异，甚至老年人对其知识更加自信。不少研究指出，对未来属于"维持现状"者占多数，一般尽可能保持原有的兴趣爱好；属于"沉浸在过去"的回忆者占极少数。近几年，属于"过好晚年的每一天"者在我国越来越多，他们利用广场舞、老年文娱团体或旅游反映其老有所乐。例如，平均年龄为 74 岁的清华大学上海校友合唱团在中央广播电视总台演出，获得了广大观众的赞扬，展示了我国知识界老年人对未来充满自信。

3. 老年人自我意识的生活态度

老年人的生活态度是其自我意识的重要内容之一。随着年龄的增长，"我已经老了"的印象越来越深入老年人的脑海，成为其自我意识中一个重要组成部分。这时有部分老年人逐步表现出对自己生活的淡漠态度，对未来也不抱希望，只对生存还有一种强烈的留恋。

老年人自我意识的生活态度表现为对生活有衰退感，例如，对现实生活的积极性丧失，对现实生活的幸福感降低，对未来的志向性减少。但在我国，由于逐步实现小康生活，对生活有衰退感的老年人的比例越来越小。相反地，在老年人中"不服老"或无老年人意识且有积极性者越来越多。这在一定意义上也反映了我国对老年人的社会支持。由此可知，尊老、爱老是何等重要。

三、成人晚期的人际关系

退休决定了成人晚期的角色改变，这种角色的变化使老年人的人际关系也发生较大的变化。能否协调好老年人的人际关系，直接影响老年人能否顺利地适应成人晚期的生活及其身心健康、心理气氛和行为表现的好坏。

(一)影响老年人人际关系的因素

在老年人人际关系的变化中，主要的影响因素有以下 4 点。

1. 交往范围缩小，老年人人际关系减少

一般来说，人到老年，随着身心功能的衰退，活动能力就会降低，加上退休后接触的人的范围变小，交往领域也自然逐步缩小。这样，从成人中期到成人晚期，必然会在原有广泛的人际关系中逐渐缩小交往的范围。

2. 各种人际关系随着时间的推移，在感情上更加深刻

比起以往的时期，老年人的人际关系持续的时间更长，而且受信念、价值观和人格等内在因素的影响也更强烈，于是感情体验更加深刻。

3. 经受长期考验，各类人际关系的结构更加稳定

由于老年人数十年里长期与人交往，或亲或疏，或近或远，人际关系一般都比较稳定。特别是对知己，经历数十年的考验，交情变得更加坚定。一般老年人的各种人际关系的稳定性不易改变。

4. 退休后角色变化，人际关系的内容随之变化

原先的下属可能变成上司，原先的联络者可能变成"人走茶凉"；与社会上的交往减少，与家庭内成员的交往增加；与原工作单位成员的交往减少，与社会上一起进行闲暇活动，如棋友、鱼友或一起做操、练功等的老年伙伴的交往增加。

以上只反映一般人退休后人际关系的变化及特点。实际上，人与人在人际关系上存在很大的差异性。

（二）代际关系

本章第一节已论述了老年人与第二代、第三代的人际关系与心理适应问题，在一定意义上阐述了代际关系，这里不再赘述。但有两个问题必须在此展开，一是代际距离；二是成人晚期特有的家庭关系——婆媳关系。

1. 代际距离

早在 1965 年，希尔、艾尔德斯和卡尔逊（Hill, Aldous, & Carlson, 1965）通过对家庭内三代人在消费和生活方式等方面的研究，发现在某些类型的家庭中，有一些特点在几代人的人际关系中存在着连续性，而另一些特点则不存在这种连续性。因此，他们认为，代际的心理冲突主要表现在一些次级的价值观念上。各代之间在主要的或核心的价值观念上具有一致或相似的看法。

形成这种代际关系心理距离的原因是很复杂的。一般来说，两代人或三代人发展变化的社会文化背景不同，社会化经历不同，心理年龄不同，社会角色也不同，因此，老年人与第二代、第三代之间的心理距离是在所难免的。

程学超、王洪美（1986）在综合归纳各种有关材料和观点的基础上，指出我国老一代与年青一代之间的代际距离（或代沟）主要表现在下面几个方面。

在思想上：老一代比较务实、内倾；年青一代则较开放、外倾。

在道德观念上：老一代强调道德准则；年青一代则强调个人不受约束。

在家庭关系上：老一代强调第二代、第三代服从长辈；年青一代则强调民主家庭。

在行为反应上：老一代比较保守，反应比较迟钝；年青一代则比较敏感、灵活。

在性情上：老一代比较沉着、老练；年青一代则比较活泼、开朗。

在生活上：老一代比较实际、俭朴，不太注重享受；年青一代则有较多幻想，讲究实惠、享受。

在家庭责任上：老一代愿为家庭做出牺牲，倾向于大家庭；年青一代则重视个人自由，喜欢小家庭生活。

在用钱上：老一代比较节俭；年青一代则不那么算计、勤俭。

在服装上：老一代主张朴素大方；年青一代人则追求新奇，讲究时尚。

上述代际关系的种种差异只是大致地反映了我国老一代与年青一代之间差异的一般倾向，决不能由此判定每一个老年人同第二代、第三代都存在着这些差异，也不能由此认为同一代人诸方面的特性完全相同而没有差异。

2. 婆媳关系

人到老年，子女多达适婚年龄，子女成家，生儿育女，进入新一轮的生命循环。子女成家，不管是否与老年人一起生活，都会产生新的特殊关系：婆（公）媳关系、翁（姑）婿关系。而家庭内最微妙、最难处理的要数婆媳关系。俗话说"婆媳亲，全家和"，婆媳关系的融洽与否直接影响整个家庭中其他的人际关系和谐与否。

婆媳关系在家庭中有其特殊性，它既非婚姻关系，又非血缘关系，是以亲子关系与夫妻关系为中介所组成的特殊人际关系。婆媳相处，有时会遇到人际冲突和相互接纳不良的问题，在儿子（丈夫）中介失衡时就容易产生人际关系失调，造成婆媳不和。因此，有效地处理婆媳关系，不仅有利于建立和睦的家庭，而且有利于老年人的心理适应。

第四节

成人晚期的心理卫生

步入成人晚期，随着身体各种机能的衰退，老年人在心理上也开始出现一些明显的变化，这些变化可能直接导致一些心理障碍。因此，老年人要增进身心健康，除了讲究生理卫生，还须讲究心理卫生。

一、心理病理学与老年人生活

在老年期，由于身体机能的衰退及心理适应方面出现的问题，许多老年人都不同程度地产生一些心理障碍，甚至出现心理病理性反应，这严重影响个体的晚年生活，也给老年人的家庭和社会带来许多不便。因此，有必要从心理病理学的角度关注老年人在生活中出现的种种心理问题。

(一) 心理病理学

了解心理病理学，能使我们更好地认识老年人的病理变化和健康。以下从两个方面加以说明。

1. 心理病理学的概念

心理病理学是专门研究心理疾病原因与机制的一门学科，换句话说，它是一门研究心理障碍的基本性质及其产生原因、结构、变化、机制和过程的学科。它是精神病学等学科的基础之一，但顾名思义，它重病理研究，与以治疗为主的精神病学（或精神医学）稍有不同，后者是侧重诊断、治疗及心理疾病预防的一门医学学科。

从心理病理学的历史考察，最先提出心理病理学这一名称并将其发展为系统学科的是埃宾（Ebing，1875）。其间，德国的贾斯珀斯（Jaspers，1962）功不可没，他主要探讨了心理障碍发生发展的影响因素及其生理、心理机制，被誉为这一研究领域的杰出代表。近些年，心理病理学成为一门重要的心理学交叉学科。

在心理病理学的理论观点方面，由于研究者来自不同的学术训练环境，而且各自的专业、文化背景和研究兴趣有所不同，其研究观点也就各异。例如，精神分析学家关注早期婴幼儿经验与以后心理异常的关系，强调早期生活经验对成人心理发展的影响与作用，认为成人的精神病变绝大部分源于儿童时期；而学习理论家则从可观察到的外显行为出发，按照遵循人类行为形式的原则来探讨心理病理现象，认为异常行为与正常行为的机制相同，不需要强调器质或神经生理性的特点。这些探讨应该说各有千秋，目前对此的研究正进一步深入。

2. 心理病理和成人的生命历程

为了更好地了解老年期心理病理的各种表现，有必要从生命全程观点来谈这个问题。

首先，如何区分心理卫生和心理病理是探讨心理病理问题的关键。一般来说，人们很难对正常和异常行为下一个准确的定义，因为人们对行为的期望及行为的标准是随时间、情绪和年龄变化的。因此，心理卫生的标准要视具体情况而定。比勒恩和雷纳（Birren & Renner，1980）曾就心理卫生的实质总结了几种观点：①对自我的积极态度；②对现实的标准知觉；③对环境的把握；④自主性；⑤个性的平衡；⑥成长和自我实现。但这个定义未必适用于所有老年人。例如，一些被认为是异常的行为（如抑郁、攻击性、孤僻、被动等）在某种情况下，对很多老年人来说实际上是适应性行为。由于生理、经济、社会和健康等因素，一些老年人没有机会把握他们的环境，抑郁或敌意可能是对这种限制的适当、合理的反应，而且这种反应实际上可能有助于他们有效地应付所处的环境。

其次，生命历程的观点与传统医学模式不同，这种观点认为心理病理产生于个体间因素（人际关系）、个体内部各因素（个别因素）、生物的和身体的因素以及生命周期因素的复杂交互作用。只有将人际关系、个别因素、生物的和自身的因素以及生命周期因素综合考察，才能确认存在的心理障碍并对其进行治疗。例如，由于老年人可能更多地遇到朋友亡故的事情，对他们来说，悲痛和忧伤是正常的，但对其他年龄阶段的人来说并非如此。

（二）老年人生活的心理问题

在成人晚期，个体可能出现多种心理问题。归纳起来主要有两类，一类是心理疾病，另一类是老年人的社会心理问题。

1. 老年人最常见的心理疾病

步入老年期，有许多心理疾病困扰着老年人，其中，抑郁和痴呆是老年人最严重和常见的两种疾病。当然，老年人的心理疾病因人而异，具有很大的个体差异性。

在抑郁方面，大多数老人承认他们曾有抑郁性症状（Gallagher & Thompson，1983）。对此的解释既有生物、生理的因素，也有心理与社会的因素。其表现为感到消沉、沮丧。弗赖伊（Fry，1986）认为，老年人可能不会给他们的沮丧感受贴上抑郁的标签，而是称之为悲观或无助，从而出现冷漠、自我排斥、面无表情等；对他们而言，退缩、不与任何人说话、死守着床、不爱惜自己的身体等现象是很常见的。贝克等人（Beck et al.，1996）认为，抑郁常与一些身体症状（失眠、食欲的变化、疼痛扩散、呼吸困难、头痛、疲乏、感觉丧失等）相伴。但对此的评估要非常谨慎，因为有些身体症状可能与抑郁无关，也可能反映一些潜在的疾病。只有当上述症状持续2周以上，排除导致这种症状的其他原因，同时专家确认了这些症状对日常生活有严重影响时，才能确认为抑郁。所以，对抑郁的诊断不能只靠测验得分，而只有经过全方位的评估才能做出准确的诊断。对抑郁的治疗要视具体情况而定，重度抑郁患者可能需服药；对严重的长期患者还要使用电休克疗法（或电痉挛治疗法）（electroconvulsive therapy，ECT）；而对于轻度抑郁患者，则可运用各种形式的心理疗法。

至于痴呆方面，与老化相联系的各种疾病中没有一种比痴呆更可怕，它使人几乎丧失理智，甚至连自己的亲人也不能辨认。现在有许多有争议性的统计数据，例如，65 岁以上老年人中有 1／9、75 岁以上老年人中有 1／5 患有某种类型的痴呆。数字不完全确切，每个国家的统计也不一致。在目前已被确认的 12 种痴呆中，最常见且最为人知的是阿尔茨海默病(Alzheimer，1907)。引起这种病的主因是大脑潜在的神经病变与神经化学变化，其表现症状是：认知功能逐渐退化；记忆力、学习能力、注意力和判断力下降；时空定向出现问题；沟通困难；个人卫生自理能力下降；社会性行为不适当；人格发生改变。开始时这些症状一般表现得并不明显，很像抑郁、紧张等心理疾病；渐渐地，症状越来越严重，病人变得不能自制，越来越依赖他人的照料；最后，病人发展到连穿衣、吃饭都不能自理。对此的诊断包括了解过去的病史，获得认知发生缺陷的材料，全面了解身体状况和神经系统的检查，通过实验室实验排除其他疾病，精神病学评价，以及进行神经心理测验等方面。由于阿尔茨海默病无法治愈，早期干预往往是寻找一些能减轻认知障碍的办法，如改善记忆的药物。此外，也可用创设支持环境的办法来解决认知问题，如在橱柜上贴标签等；还可通过一些行为技术来治疗抑郁、易怒等情绪问题，采取环境干预的办法，如控制声、光和卧室的温度来改善睡眠等。

2. 老年人的主要社会心理问题

如前所述，人口的老龄化现象势必带来许多老年人的生活问题，如城市孤寡老人、老年人自杀、虐待老年人、老年越轨和犯罪、老年人婚姻等，这些老年人的生活问题与其心理问题密切相关。具体地说，老年人的社会心理问题主要是 4 种问题：①老年人的心理活动和人格特征；②对退休的心理适应；③衰老、疾病引起的社会心理反应；④在家庭中的角色扮演。对这些问题前文大都已经涉及，故不再赘述。

二、老年人的心理卫生

心理问题可能是成人晚期许多个体普遍存在的问题，但这并不可怕，只要能帮助老年人掌握解决心理问题的方法，就可以防止和减少老年人的心理问题，使他们能更愉悦地安度晚年。

（一）老年人心理卫生的概念

要讨论老年人的心理卫生问题，首先须从概念上理清心理卫生的含义，明确老年人心理卫生的原则。

1. 老年人心理卫生

心理卫生（或心理健康）一般指人们以积极的、有效的心理活动，平衡的、正常的心理状态，对当前和发展着的社会和自然环境做出良好的适应。老年人讲究心理卫生是一剂延年益寿的良方。

具体来说，对于老年人的心理卫生，应该根据老龄阶段的生理特征、心理特征和心理发展规律，通过各种有益的社会活动和训练，凭借家庭和社会的良好影响，维护老年人已经确立的人格、健康的心理和社会适应能力，使老年人在学习、生活和各项社会活动中保持身心健康。为了实现这一点，须做到预防为主。

2. 老年人心理卫生的原则

老年人心理卫生要遵循保持自我意识、维护人际关系、继续社会适应和参加劳动锻炼4项原则。

第一，保持自我意识。就老年人心理卫生来说，自我意识的核心是自知和自爱。自知即认识自己，通过自我观察、自我体验、自我判断和自我评价，对自己的能力、情感、人格及心理特征有一个正确的认识，在此基础上，展开自己的活动。有些老年人，由于对自身缺乏正确的认识，或不自量力，或妄自菲薄，从而滋生心理疾病。自爱比自知更难些，其内涵包括自尊、自信、自制和自强，以个体接纳自己、喜欢自己、爱惜自己、保护自己的形式表现出来，这是求得自身充分发展的前提条件。

第二，维护人际关系。老年人应积极维护和正常对待人际关系，在人际互助过程中，提高自身的心理健康水平。鉴于老年人的心理特点，以下3个方面尤为重要：一是真诚地鼓励和赞美他人；二是善意地建议或批评他人；三是从尊重人的基本立场出发，不把自己的观点强加给他人。

第三，继续社会适应。社会生活环境是不断更新变化的，这就要求老年人活到老学到老，继续与现实环境保持良好的接触；积极投身于社会生活，对生活中的各种问题不退缩、不幻想、不逃避，面对现实，以切实的方法进行处理，这实际上也是一个继续社会化的过程。

第四，参加劳动锻炼。老年人参加一些力所能及的劳动锻炼，不仅具有经济和道德意义，而且具有心理意义。没有适当劳动锻炼的老年人是难以维持身心健康的。劳动锻炼能够有效地延缓身体机能和心理能力的衰老，同时可以使老年人与现实世界保持直接的对话，摆脱过分关注自己的自我中心主义倾向及一些不必要的忧虑；在这个过程中，老年人可以认识自己存在的价值，并从中享受人生的乐趣。

(二)老年人心理卫生的具体内容

要摆脱心理的困扰，幸福地安度晚年，可以列出许多针对老年人的忠告。但考虑到老年人的身心特点，要保护自己的身心健康，作为老年人，应特别注意以下几点。

1. 争取老年新生

老年人的心理卫生没有灵丹妙药，但努力认识和实践老年新生(youth of old age)观，对于增进老年人的心理卫生是有益的。老年人为使自己以后的生活过得满意，就必须有一个崭新的心理阶段的开始，把自己从青年情结中释放出来，以协调的统一人格在现实生活中计划未来。因某些随年龄增长出现的生理、心理机能的衰退，如耳聋、眼花、白发、驼背等，而愈来愈感到和周围世界隔绝的老年人，应尽可能利用人造工具的帮助以补偿日益扩大的感觉缺陷，为实现老年新生铺平道路。

2. 更新思想观念

思想决定行动，老年人的思想观念和心理卫生关系密切。老年人一旦有了积极向上、乐观进取的精神，其心情就会是愉快舒畅的，胸怀就会是豁达宽广的，并对生活充满信心和力量，这是心理健康的思想保证。然而，不可能每个老年人都能做到积极进取这一点，更多的老年人则现实地生活着。鉴于此，面对现实的人生，接受有益的观念是必要的。第一，正确对待死亡，把它看成人生的一个过渡、生命过程的一个部分。第二，慷慨赠予，照亮自身。老年人在把自己的光明慷慨地赋予世界后，就像太阳收起光线，以照亮自身。第三，重视晚年生活的意义。晚年一定有自己的意义，只有从中挖掘生活的意义，拓展人生的价值，才能找到生命的归宿。上述这些观念对促使老人保持正常的心理状态是有益的，同时也有利于他们面对现实的人生。

3. 培养学习的兴趣

老年的生活内容、形式发生了很大变化，空巢家庭越来越多，填补空虚的好办法就是学习。这种学习是通过前文提到的老年大学等方式实现的。在老年大学里，老年人们在思维方式、知识结构等方面相似，也就有共同语言。但也必须指出，老年人的学习受不同兴趣的制约，有的依靠自学，有的依靠讨论，从而表现出不同的学习活动。仇立平（1988）曾对我国老年人的学习兴趣爱好进行了调查，结果如下：电影、电视（28.79%）；看报、听广播（19.08%）；戏曲（17.52%）；看书（7.59%）；花鸟鱼草、棋类扑克、闲谈聊天、书法绘画（14.84%）；其他（12.18%）。这说明老年人的学习兴趣是多种多样的，照顾和满足老年人的兴趣，使他们找到新的精神寄托，是保持良好的心理状态、适应变化的新环境的有力保证。

4. 参加身体锻炼

老年人的身体状况是个敏感的问题，同样的疾病，若发生在其他年龄段，个体则可能不以为然，而对老年人来说则可能带来很大的心理负担。老年人对自己的身体健康状况尤为关心。老年人勤于锻炼，其中的原因颇多，但主要的还是对健康的重视，这无疑可丰富老年人的生活，增强其体质，对他们的心理健康也可产生积极的促进作用。

（三）长寿者心理

长寿可以说是人类亘古不变的梦想之一，早在古代，人们就为求长寿而费尽周折。但人们在谈及长寿时，往往都只说如何保养身体，而忽视心理因素的作用，这显然是片面的。随着研究的深入，现在人们慢慢地意识到，要想长寿，就必须重视个体的心理因素的影响。

1. 人的寿命与长寿

古时认为"人生七十古来稀"，今天已是"九十不稀奇，八十多来兮，七十算弟弟"。可见人类的生存年限在不断增长。然而，人类的最高寿限或者说正常寿命究竟有多长，这是自古以来人们十分关心的问题。

一般来说，人的自然寿命可根据生物学的普遍规律及动物实验结果加以推测，其方法有3种：①性成熟期测算法；②生长期测算法；③细胞分裂次数和分裂周期预算法。据此推算人的寿命在100~175岁。

历史上有许多长寿者的传说，如相传英国老人马斯·佩普活了152岁；另一位寿星弗姆·卡恩寿高207岁；匈牙利的维诺·罗汶夫妇共同生活了147年，罗汶先生活到172岁，罗汶夫人活到164岁。我国第六次人口普查统计，100岁以上的老年人共有35934人。随着社会和科学的发展、生活水平的提高，人类的寿命在不同地区均有提高。这说明人们正处在一个"百岁诚可期"的令人振奋的时代，人类寿命的进一步增加，无疑对文明社会的进步与发展具有重要意义。

2. 影响寿命的主要因素

人类的自然寿命可达百岁以上，但由于机体内部因素的消极影响，许多人不到百岁就去世了。影响寿命的主要因素有环境因素和心理因素两类。

环境因素方面，人类的生活环境包括自然环境和社会环境。自然环境中的气候、水质、辐射、药物、噪声、空气、细菌、营养等多种自然条件，以及物理和化学因素，都可在各个水平上影响衰老和寿命。例如，自然因素在组织和器官水平上的影响、在细胞分了水平上的影响等。另外，人生活在一定的社会条件下，要受到来自社会的各种因素的作用。例如，社会生产力发展的水平、作息制度、生活方式、生活习惯、医疗水平等因素，都会对人类的衰老和寿命产生影响。

心理因素方面，人作为社会关系的产物，其内部的心理活动往往在一定程度上影响个体的衰老进程。身心两者的关系是辩证的，是互为因果的。心理因素对人类寿命的影响表现在情绪因素、智力因素和社会心理因素3个方面。第一，情绪因素：老年人易生消极情绪，好起怒火，易焦虑、抑郁、孤独、烦恼等，这些消极情绪常会引起心血管方面的疾病，进而加速衰老，缩短寿命。第二，智力因素：一般来说，智力水平高的人对自然和社会环境的适应能力强，能根据外在条件的变化而及时调节自己的行为，使之处于健康的身心状态，这有利于延年益寿；反之，则会导致过早离世。第三，社会心理因素：稳定的社会秩序、社会环境，以及良好的人际关系、群体凝聚力，都会促进老年人的心理健康；在这方面，家庭人际关系尤为重要，家庭成员的志趣相投和相互吸引，与健康及长寿关系密切。

(四) 长寿者的心理特点

现代心理学研究表明，古今中外的长寿者均有自己独特的心理特点。归纳起来，这些心理特点表现在以下几个方面。

1. 积极活动

长寿老年人大多老当益壮，热爱生活、热爱工作、热爱劳动，对生活满腔热忱，对人生持有积极信念，做到生命不息、活动不止。这能促进身心向健康方向发展。

2. 情绪乐观

长寿老年人情绪愉快且安定，适应能力强。他们的情绪积极，心情舒畅，绝不为生活中的小事紧锁双眉，而是乐观地面对，把环境中的不良刺激视为生活的磨炼，情绪波动较小，人体的生理功能始终处于协调状态。对退休老年人所做的调查表明，情绪稳定与身体健康、心理健康水平显著相关。要想做到情绪乐观稳定，具体措施有 4 条：①善于控制自己的情绪；②有幽默感；③知足常乐；④加强修养。

3. 性格开朗

性格开朗是大多数长寿老年人的一个心理特点。具有良好性格的老年人在生活、工作中遇事想得开，不钻牛角尖，不患得患失，心胸豁达，通情达理。

4. 人际关系良好

良好的人际关系会使交往双方心情愉快，心理距离更近，社会适应能力更强；反之，则会导致心情压抑，产生无助感，从而影响健康，引起疾病。调查研究表明，家庭和谐、心情愉快的老年人，患病率为 1.4%；在家庭不和、子女不孝等因素的影响下，老年人的患病率高达 40.0%。因此，正确处理人际关系，建立良好的人际网络，是老年人安度晚年的心理基础。

此外，修身养性、清心寡欲、饮食有节、起居有常、良好的生活习惯与和睦的家庭关系等都有利于增进老年人的身心健康，延年益寿。

第五节

——————

生命的最后阶段

老年人要面临自己徘徊在死亡边缘的现实。对此，许多老年人总不敢正视。然而，对生命规律采取不关心或否定的态度，并不是年龄增长、达到成熟的人应有的态度。老年人不仅要正视死亡，而且应该把死亡与生命融合起来，从从容容地走完自己生命的最后路程，从而发现人生的全部意义。本节从发展心理学的角度，探讨在成人晚期个体对待死亡的态度，分析濒临死亡时个体的心理反应，讨论个体面临居丧(funeral arrangement)时的心理调适问题。

一、死亡概念的发展

人们对死亡这个概念并不陌生，个体从童年期开始逐步理解这个概念的含义。然而，没有哪一个阶段的人比成人晚期的人更能深刻地感受到死亡的存在。在这一时期，个体越来越意识到死亡的临近，并由此产生了许多心理的波动。对死亡这个现实的接受和适应也成为成人晚期个体心理生活的重要内容之一。

(一)老年人的生死观

成人晚期个体如何看待死亡，直接影响个体对其晚年生活的设计和生活态度。因此，有必要确知老年人的死亡观(death outlook)，明白这种死亡观形成和发展的历程。这对帮助老年人调节其心理生活、提高其生活质量大有裨益。

李晓东(2013，2016)提出，科学理解死亡是老年人生死观的基础。死亡包含 3

个成分：一是不可逆转性，即一旦活着的有机体死亡，其肉体就不可能重新获得生命；二是无功能性，即死亡一旦发生，身体机能就停止运转；三是普遍性，即所有活着的有机体最终都会死亡。

1. 对死亡的意识

人们对于客观世界、内部生理过程或主观体验的意识，总在前意识（preconscious）上不同程度地表现出来。同样，老年人对死亡的意识也可以通过死亡概念（concept of death）间接地反映出来。研究表明，老年人的这种死亡意识往往发生在前意识水平上。

关于老年人死亡意识的大规模研究中，有一项是由美国杜克大学的研究者们主持的。他们共调查了140名60~94岁不在养老院的老年人的死亡念头，发现这些老年人中有49%说每天至少有1次想到死，25%说每星期至少1次，而5%否认他们曾经想到死，1%未明确表态。这表明老年人已经意识到或部分意识到自己接近死亡的边缘。这与年轻人、中年人形成了鲜明的对比，因为这样的念头在60岁以上的人群中比在青年中更为普遍（Riley，1968）。产生这种现象的可能解释是：年轻人觉得自己年龄较小、生命力旺盛且健康状况良好，因而就觉得离死亡较远；而老年人则可能已意识到自己身体状况衰退的速度及生命力的萎缩，因而对死亡较为敏感。

随着人们年龄的增加，老年人更清楚地意识到死亡，且很少有人害怕死亡，理由有3条。第一，年龄较大的人们已经经历了适度的平均生命，并且他们很少想到可资利用的未来，他们只着眼于现实，对未来的命运缺少幻想。第二，随着他们的朋友和周围人年龄的增长及严重疾病的出现，死亡出现的频率增加，这使他们对死亡已习以为常，将之看作个体生命的必然归宿；在他们眼里，死亡是不可避免的客观规律。第三，这些人对待死亡的被动态度和他们对死后生活的一些信仰，共同构成一个强有力的情景，使他们随着年龄的增长，对死亡越发产生一种坦然的态度，由这种态度而形成的坚强信仰，为他们处理由年龄增长和死亡引起的焦虑提供了一种最重要的防御。据此，登普西（Dempsey，1975）得到的结论是：老年人不会害怕死亡，他们在面临死亡的挑战时表现出来的态度是比较冷静、沉着的。

总的来说，现有的研究表明，老年人对死亡的意识可能发生在前意识水平上，他们出现死亡念头的频率较高，在身体患病的情况下问题更加严重。显然，从发展的角度看，现实地承认死亡是生命的必然结局很可能是情绪成熟、心理健康的标志。

2. 老年人生死观的形成

与老年人死亡意识相对应的另一问题是老年人的生死观。老年人的生死观不仅与人格、人生观和价值观紧密联系，而且与其毕生的生活经历，所处的社会文化、政治、经济条件，以及家庭关系有着不可分割的联系。

我国学者对老年人的生死观也进行了若干研究，例如，《关于老年人生死观的调查和初步分析》(姜德珍，1991)、《上海城市老年人生死观的调查研究》(曾建国，1992)等。这些研究均认为我国老年人的生死观是中华民族文化的产物，受儒家生死观念的影响更为明显。同时，在不同时代或同一时代不同的生活条件下，老年人的生死观也有所不同，这说明时代背景也是影响老年人生死观的一个因素。其他如个人的生活阅历、知识经验、受教育程度、人格特点、家庭成员关系、生活状况、经济条件、社会地位等因素，也影响着老年人的生死观。总之，老年人的生死观是主客观相互作用的积淀物。

老年人生死观的一个重要方面是希望暴死(sudden unexpected death)，就是在形式上希望自己能一下子死去。

为什么老年人会产生"暴死"的念头？这一方面是因为老年人对护理自己的人(亲属)的体谅；另一方面是因为对自己身心健康的丧失、经济自立的丧失、与家庭和社会联系的丧失及生存意义的丧失的反抗，即对严重违反个人尊严的反抗。这些复杂的情绪情感构成了希望暴死的强烈动机。因此，老年人希望暴死并非出自本意，尽管他们在形式上乞求死，而实质上却希望以死而得到更为充实的生。这在本质上与希望长寿是同义的。

(二) 对死亡的态度与死亡焦虑

从某种意义上说，成人晚期的个体的死亡观是其内在的心理现实，这种观念最直接地表现为个体在其日常生活中对待死亡的态度。从更广泛的意义上讲，这种死亡态度受到许多外在因素的影响，其中最重要的外在因素有两个，一是社会因素，二是宗教因素。

1. 社会对待死亡的态度

随着死亡率降低，更多的人能够进入老年期，从而出现社会年龄结构老化的现象，这种现象使人们往往把死亡和老年人联系在一起，实际上这是很不确切的。虽然老年人并不怕死，但他们最厌恶的问题就是否认死亡事件本身。

人们最初看到的死亡现象往往来自长辈、其他亲戚、朋友、熟人和家庭中的亲密成员的死亡。在父母逝世之前，子女多半已是成年人，这个时期的生活经历对他们来说并不显得特别重要。当他们的长辈疾病加重最终死亡，长辈的尸体马上离开病房，被运到医院的太平间或地下室。当其他人问及发生了什么事，医生或死者的家属往往会委婉地说"他满期了"（寿终正寝了）或"他走了""离开了"（逝世了）。现在，在人们生活的许多领域里，社会的发展和进步正在改变人们对死亡的态度，避免人们在死亡面前感到恐惧与惊慌，能用镇定自若、冷静沉着的态度正确地对待死亡。

一般来说，老年人经历过的社会沧桑，他们面对死亡的自然规律时能保持清醒的头脑，部分原因是他们对生活的许多方面采取比较开放的态度，对于生活有自己独特的见解，不为社会环境所左右。在这些人的思想中存在较多的对死亡的社会认识，他们把死亡视作社会生活的一部分内容，死亡本身意味着人类向大自然的回归，把死亡当作自然界发展进步不可违背的规律。有了这些与社会发展和进步相协调的认识，对死亡就能持有较为正确的看法。显然地，这些对死亡的认知有利于人类自身的发展。

2. 死亡焦虑

死亡焦虑（death anxiety）是关于死亡的一种态度集合，包括恐惧、威胁、不安、不舒服及其他负性情绪反应，是一种无特定对象的弥散性恐惧（Neimeyer，1998）。按照常理，人们对死亡会感到忧虑。一般来说，老年人虽然更常想到死亡，但不像年轻人那样恐惧，这可能是因为他们经历的社会上的死亡现象比年轻人要多得多；也可能是因为他们对自己的一生感到充实而满意，从而降低了死亡焦虑，但这一点增加了青少年和中年人的死亡恐惧（夏埃、威里斯，2002）。

研究发现，影响老年人死亡焦虑的因素主要有：①住在疗养院中的老年人有更强的死亡焦虑，即使他们的身体相对健康，但暴露在失能、濒死和死亡的环境中增加了他们的焦虑；②老年女性比老年男性的死亡焦虑强；③受教育程度高的老年人的死亡焦虑弱；④有虔诚宗教信仰的老年人的死亡焦虑弱。（Azaiza，Ron，Shoham，& Gigini，2010；李晓东，2013）

二、濒临死亡的心理反应

虽然在整个成人晚期个体已经逐步接受了死亡的存在，但当死亡真的站在个体面前，个体的心理反应远不是简单和平淡的，而常表现出非常复杂的心理活动。这里从以下两个方面来讨论濒临死亡时个体的心理反应。

（一）濒临死亡时的心理体验

早在古代就有人记载了个体死亡时的心理感受。随着科学心理学的发展，濒死时的心理体验问题也引起了发展心理学家的重视。这一方面是终身发展思想的反映，另一方面是人们认识自身存在的需要。

1. 死前的心理活动

多年来，人们一直认为当人的心脏停止跳动或呼吸停止，这个人就被确认为已经死亡。现在，死亡这一概念既包括大脑彻底死亡，也包括心脏停止活动。下面这几项标准可以作为确定死亡的原则：在 1 小时内，个体不再有任何动作或呼吸；在 24 小时内，个体没有任何反射活动，也没有脑电波活动的迹象；在 24 小时内，这些状况没有任何变化。

在临床医学上，急救技术的进一步发展和应用，使人们有可能观察到人临死时的心理活动和心理状态。通过推迟垂死病人的死亡时间，可以询问并记录人们临死时的种种心理体验。临床医生和临床心理学家在遵循伦理原则的前提下进行了这种研究。伍迪（Woody，1977）通过观察许多垂死病人的病例，发现人们死前仍有一系列与平时类似的心理活动，如想象、记忆、思维、联想等，不过这种心理活动显得更特殊。具体地说，个体在濒临死亡时，首先体验到一种分离感，即他的精神从肉体中分离出来，并且感到他被推进一个黑暗的隧道；然后垂死的个体发现自己出现了另一种形式的"精神实体"，可以非常轻易地从一个地方向另一个地方进行运动，这种现象会持续一段时间；在这种状态之后，个体体验到和长期没有见面的朋友、情人重聚，这个时候，一件令人难以相信的事出现，有一盏明亮的灯并使人感到温暖，这时个体非常注意所在环境中的灯光，这是一种比较快的回光返照现象，或者说个体沉浸在错误的判断方式中；此后，个体报告说已经离开黑暗的隧道，并且体验到思想迅速进入他们的躯体；最后，一瞬间就苏醒了。对于大多数"死而复生"的人来说，濒临死亡的体验在其态度上带来了深远的变化，他们不但变得对死亡不再害怕，而且变得更加关心他们以前经历过的关于学习、爱情和生活的价值问题。

2. 死前的心理状态

萨鲍姆(Sabon，1981)对这个问题进行了系统研究，他对那些医学上已经判断为濒临死亡，而后来病情好转的病人进行了随机取样，然后对他们进行观察、询问和调查，发现其中40%的人对自己死亡的遭遇有着很清晰的印象。也有研究指出，对死亡的不同认知和体验产生不同的死亡意识，抽象的认知产生死前的焦虑，具体的认知产生死亡反省(Cozzolion，2006)。

人们对濒临死亡时的体验这个问题已经提出了很多观点，有的人认为濒临死亡时的体验是可理解的，有的人认为这是达到高峰时的体验，有的人认为这是对死亡生活的一瞥。一些研究者坚信这些体验并不纯粹是个体的幻觉，而是与个体濒临死亡时的身体状况和强烈情绪激动有密切关系的。对于人们死后的生活，任何人的研究工作都不足以证明是这样的而不是那样的一种模式，因为每个人离开现实世界的真正死亡只有一次，所以不可能有人体验过死亡之后的生活实践再回来告诉活着的人们。人们对死后的生活的描述都是按照他们的主体愿望想象出来的。

(二) 趋向死亡的阶段

1. 罗斯的研究

人们除对濒临死亡时的心理进行若干研究外，也对临死时的临床体验产生了浓厚的兴趣。在这个领域最有代表性的研究者是罗斯。从 1964 年开始，她和她的同事在芝加哥大学的医院里临床观察研究了 500 多个快要死亡的病人案例，从中得到一些描述性材料，并试图寻找一条研究临床体验的分析途径。1975 年，她发现了一个重要的现象：即使没有告知病人任何病情，这些病人仍能感到这样一个事实，即他们距离死亡的时间越来越近。罗斯认为，个体在临死时一般要经过以下几个阶段，虽然有时候这些阶段也可能互相交叉或重叠，但为了叙述方便，她还是人为地把它们区分开来。

第一阶段：否认死亡。在这个阶段，这些垂危的病人否认死亡事件将会发生，他们认为死亡不可能发生在自己身上。病人对即将发生的死亡的否认有助于保护自己免受死亡带来的深刻情感的煎熬，给人们提供了时间去处理所面临的糟糕事实。接着，个体倾向于向其他人表现出他愿意谈论死亡的微小信号。这说明他从彻底否认死亡发生的死胡同里逐渐走出来。但这个阶段中，垂危者的亲友或医生只愿意在探望的时间里和垂危者谈论死亡，谈论几分钟后就戛然而止，不愿做长谈或深谈。其目的仅是希望他有一个正确的思想准备，留出更多的时间让他去考虑如何适应即将来临的死亡。

第二阶段：愤怒情绪。在这个阶段里，垂危者开始承认死亡，结果带来了情绪上的极不稳定。他们感到愤怒和怨恨，常自言自语道："为什么死亡偏偏降临到我头上呢？"他们常带着这种情感去对待周围的人，这时往往会发一阵儿无名之火，但在发一顿脾气伤害了亲人时，又感到很后悔。这种情绪反复无常，实际上是妒忌他人的生命和健康的表现。对于活着的人来说，这时非常重要的工作就是帮助这些垂危者把这些情感表达出来，不要让他们把怨恨、妒忌带到另一个世界。

第三阶段：讨价还价。此阶段的主要特征是试图对死亡的时间讨价还价。处于这个阶段的个体常说："我知道我将要死了，但是……""但是"后面的潜台词是非常清楚的。总之，垂危者都想要多活几天，多做一点事，再多看一眼世界，他们对生活表现出从未有过的留恋。然后他们就会天真地想象：如果我和医生或家属认真合作，那么，也许我能再活一段时间，那时我的女儿大学毕业，我的儿子结婚，我也就无所牵挂了。实际上，这种牵挂不过是逃避死亡的借口而已。

第四阶段：沮丧情绪。这是垂危者对过去的丧失和目前面临的巨大丧失的哀伤情绪。他们为自己即将到来的死亡而悲哀，并希望别人分担自己的哀痛。在理智上，他们对自然规律所带来的死亡威胁不再感到恐惧，开始面对现实，但又觉得自己在不断地被抛弃，内心感到愤愤不平，陷入抑郁而不能自拔，处于一种矛盾冲突的交织中。在这个时候，垂危者非常重要的一件事是向他人发泄悲痛的情绪和表达悲哀的绝望。这时垂危者的朋友和亲人往往会做一件错事，即否认死者的这些情感，而鼓励他们振作起来，这无疑是火上浇油，使他们处于一个更加愤怒焦虑的状态中。

第五阶段：接受死亡。虽然并不是所有垂死的人都会经历这个过程，因为在某个时刻，大多数垂死的人都已经在接待探访者和其他人的过程中消耗了大量的时间和精力，他们还来不及仔细考虑就过世了。这时，他们就有意或无意地接受了它。虽然他们更有可能死在医院里，但他们大都不想孤孤单单地死去，这就是为什么大多数人喜欢死在家里的原因。事实上，临死的很多痛苦来自内心的苦恼和矛盾，特别是害怕和长期生活在一起的亲人、朋友分离，于是感到抑郁、愤怒甚至绝望。

应该说，罗斯对垂死者死亡过程的研究有开创性的意义，为之后人们对临终体验的研究打下了基础。并且，她第一个提出大多数人的死亡并非按部就班的观点，提出了抑郁、苦恼、痛苦贯穿于死亡过程的观点，这些都是与实际情况相符合的，而且对于人们加深对人本身的认识具有一定的启发性。但是，也应该看到她的死亡过程模式有很多不足，这个理论不能解释由于疾病引起的自然死亡，并忽视了垂死者的性别差异。但她也承认年龄差异、个性差异、认知风格差异和文化环境差异，认为这些差异引起的临终体验是不同的，她进一步指出个体差异在临终的体验方面比任何方面都更加突出。

2. 正确地面对死亡

人们面对死亡时，一个最普遍的反应是用错误的方式生活，自暴自弃。有的人在遭受器质性疾病的折磨时，往往只求助于医生的诊断，而放弃了利用自己身体的防御机制，在心理上进行调节，利用生物反馈对疾病产生积极的影响；个体的主观能动性在其眼中是无足轻重的。另外，当这些人意识到自己的生命快要结束，他们面对死亡的挑战只是审慎地平均使用时间，结果使时间使用效率不高，往往事倍功半。面对死亡时的另一个较普遍的反应就是通过否认死亡来缓和、减少紧张，然而，结果往往适得其反。这些人越对死亡否认，死亡的时间就来得越快。

萧纳塔曼（Shueidman，1973）通过研究认为，老年人的绝大部分痛苦来自严重疾病的折磨，老年人不希望用类似于以前的生活方式来结束他的风烛残年。例如，有的老年人在医院里拒绝治疗，拔下针管，搅乱药剂，然后爬过床的横档，打开窗户，从楼上纵身跳下。在旁人看来，这种死亡方式显然是不可取的。因此，学会正确认识死亡是非常重要的。

三、居丧

处于成人晚期的个体，很少有夫妻双方在同一时间去世的，一般都是有一方先走一步。因此可以说，有约半数的老年人要经历居丧这一事件的发生，并体验由丧偶带来的伤痛。

（一）居丧的概念

居丧是一个备受痛苦煎熬的时期，也是一个对失去配偶这个痛苦事实逐渐适应的过程。

1. 什么是居丧

当人们在生活中失去非常亲密的人，就会明确意识到生活中缺少了什么，或者说失去了构成生活某一部分的东西。这时人们的情感就会备受煎熬，内心感到异常痛苦。由这种事情引起的悲伤、哀痛，被称为居丧。

社会学家常常要求人们按照社会既定的风俗习惯、道德准则、行为规范来更好地认识和解决居丧问题。在社会学家描述的某种社会模式中，寡妇必须穿上黑色的丧服，以表示对丈夫的忠贞；鳏夫必须穿上黑色的长袍，以表示对妻子的追悼。这些都是居丧行为的具体体现。随着社会的发展，守灵和吊唁正在被一些有意义的纪念活动代替，人们希望居丧者从悲痛中振作精神，居丧后尽可能地在学习、生活、工作中重新唤起对生命的热烈追求。化悲痛为力量，这是现代人对待居丧的基本态度。

居丧引起的悲伤体验常有各种不同的强度水平，这取决于死者和生者关系的亲密程度。对大多数人来说，居丧引起的悲伤体验一般取决于当时的情景，而这种情景又通过葬礼和场面来体现。例如，死者若是叔叔、婶婶，那么他们的葬礼场面就不及直系亲属的葬礼场面所引起的悲伤程度深。当人们获悉某位不熟悉者突然逝世，人们很快就会把这件事忘记；而那些失去父母的人，他们的痛苦体验则会更加深刻、持久。

2. 居丧与悲痛体验

人们的居丧过程与临终时的体验有很多相似之处。例如，当人们面对某人的死亡，最初的反应常是否认他的死亡。然而，事实上，这个事件已经发生了。这反映了人们总不愿意接受没有任何心理准备的东西，于是采取否认的方式来缓和冲突引起的心理紊乱，以达到一种心理平衡。愤怒是从居丧者身上可以看到的另一种情感表现。在人们明确意识到死亡事件确实发生，而且这个事件又与自己的关系极为密切的时候，有的人常会对其他人发泄他的情绪，例如，无故对家庭成员挑剔，与之发生争执，甚至责备、批评或诅咒医生、护士等。有时候还会表现为对这个死亡事件的发生存在内疚。例如，与死者曾经争吵过，或死者曾经施恩于自己，这时人们就会拼命自责，有一种内疚感。这种内疚感深深隐藏于潜意识中，只有在适当的时候才会表现出来。

居丧的共同特点是一种悲痛的过程（Patricelli，2006；李晓东，2013，2016）。哈罗维茨等人（Harowitz et al.，1993）提出了4阶段居丧模型：懊恼阶段，否定和侵扰阶段，恢复阶段，完成阶段。兰度（Rantlo，1988）提出"6R"悲痛模型：承认丧失（recognize），反应（react），重温过去（re-collect & re-experience），放弃（relinguish），重新调整（readjust），重新建立关系（reinvest）。

(二) 居丧心理体验的差异

对于亲人的逝去,不同人的身心体验是不尽相同的,这种居丧心理体验的特殊性主要表现在两个方面:年龄差异和性别差异。

1. 居丧心理体验的年龄差异

在居丧心理体验方面存在年龄的差异。儿童不能理解死亡的真正意义,因而他们倾向于依靠本能的和即时的反应,悲痛过程较快消失。居丧的中年人和老年人在死亡面前则显得比较老练、沉着,他们能充分依靠成熟的防御机制对待突然来临的或意料之中的灾难。老年人在居丧过程中能更灵活地处理疾病和疾病的症状,他们对死亡的认识比中年人更深刻,因此,在对待死亡时更加冷静。人们居丧时的各种各样的反应是和他们的心理发展水平相适应的,不同年龄阶段的人对亲人的死亡会做出不同的反应,并通过防御机制来实施这种反应。人们在反应过程中不断获得新知识、新经验,适应突如其来的、意料之外的各种事件,事件既包括学习、工作方面的困难挫折,也包括生活、家庭方面的不幸和悲伤,亲人的死亡仅是这类事件中的一种。

2. 居丧心理体验的性别差异

在面对亲友的死亡时,男性比女性的反应更加严重,女性比男性更具有控制力。

如前所述,配偶去世后不再婚的男人寿命更短。但是,女性的死亡率几乎不受丈夫去世的影响。对于配偶的去世,老年妇女更容易控制悲伤。那些丧失了配偶的女性与同样年纪的再婚女性相比,死亡率只存在微小的差别。而对于鳏夫来说,死亡率就比再婚的男性要高得多。这除了有男女生理方面的原因,还有两个因素的作用:一是女性的自控情绪情感能力强于男性;二是男性的生活自理能力一般不如女性,一旦失去日常照顾自己的妻子,生活就会发生困难。西方心理学者也提出了3个类似的解释。第一种解释认为男人的浪费、偏食、贪食、狂饮等比女人要严重得多,在生活上,男人若没有女人的管理,就会搞得一团糟,而生活上的无规律、无节制、无管制状况会深深危及健康,从而缩短寿命。第二种解释认为,丈夫更需要妻子的体贴、关心和理解,丈夫在情感上更依赖妻子;因为男人在工作中承受了比女人更大的压力和紧张，有更多的责任和义务，碰到更多的困难和挫折，所以丈夫需要妻子更多的抚慰和温柔。第三种解释则认为，鳏夫更多地沉浸在往事的回忆中，沉浸在对配偶死亡的悲哀中，这种被压抑的悲伤时时折磨着他们的心灵；而那些再婚的男人，新的生活激起了他们新的追求，由亡妻引起的压抑的悲痛被再婚妻子的体贴代替，他们在生活中看到的是一线光明、一些生机，这种心理状况当然是有利于身心健康的。然而，再婚毕竟不是原配，老年人再婚的成功率往往是不高的。

3. 让居丧者走出困境

有几种方式可以使居丧体验产生较好的效果：把事情谈透彻，把事情想清楚，把事情做完整。虽然在居丧的头几个星期里，其他人要与居丧者谈论他们所挚爱的人的死亡事实是非常困难的，但过一段时间，当把这件事谈透彻，就能对居丧者有所帮助，因为他们毕竟经受了一段相当长时间的痛苦煎熬。在居丧过程中，居丧者若记住已经发生的那些主要的事情，并把注意力集中在这些事上面，不断思索，理清头绪，就有利于其调整对居丧及对寂寞的感受。作为居丧者的朋友，应该倾听居丧者的痛苦、悲伤，尽可能地和居丧者谈论他的感受和思想，帮助他尽快地从悲伤的情绪中走出来。

另外，鼓励居丧者表达和发泄他们的悲伤情感也是非常必要的。当居丧者在生活中对其亲近的朋友，尤其是那些与其私交甚深的朋友吐露内心的悲伤时，他的悲伤就能够得到某种程度的减轻。当人们用关切的神情、温柔的目光、体贴的动作、得体的语言对待居丧者，就能使其感受到温暖，感到彼此之间心理距离的接近，从而使其向人们倾吐出其心头的巨大悲伤。这个时候，有的人会号啕大哭，有的人会歇斯底里地喊叫，有的人会默默流泪，有的人则会报以感激。所有这些，对于其减少内心的悲痛、使心境恢复平静来说都是非常有效的。

[1] Abravanel, E., & Sigafoos, A. D. Exploring the presence of imitation during early infancy[J]. Child development, 1984, 381-392.

[2] Ainsworth, M. D. S., Blehar, M., Waters, E., & Wall, S. Patterns of attachment: A psychological study of the strange situation[M]. Hillsdale, NJ: Erlbaum, 1978.

[3] Aldridge, M. A., Stillman, R. D. & Bower, T. G. R. Newborn categorization of vowel-like sounds[J]. Developmental science, 2001, 4: 220-232.

[4] Alexander, W. P. Intelligence, concrete and abstract[J]. British journal of psychology, 1935, 29: 74-74.

[5] Allen, P. M., Mejia, S. T., & Hooker, K. Personality, self-perceptions, and daily variability in perceived usefulness among older adults[J]. Psychology and aging, 2015, 30(3): 534.

[6] Allport, G. W., Vernon, P. E., & Lindzey, G. Study of values[M]. Boston: Houghton Mifflin, 1960.

[7] Alzheimer, A. About a peculiar disease of the cerebral cortex[J]. Centralblatt für Nervenheilkunde Psychiatrie, 1907, 30(1): 177-179.

[8] American Psychiatric Association. Diagnostic and statistical manual of mental disorders (DSM-5)[M]. American Psychiatric Pub, 2013.

[9] Aronfreed, J. The socialization of altruistic and sympathetic behavior: Some theoretical and experimental analyses[A]. In J. Macaulay & L. Berkowitz (eds.), Altruism and helping behavior: social psychological studies of some antecedents and consequences

[C]. New York: Academic Press, 1970.

[10] Azaiza, F., Ron, P., Shoham, M., & Gigini, I. Death and dying anxiety among elderly Arab Muslims in Israel[J]. Death studies, 2010, 34(4): 351-364.

[11] Baillargeon, R. Young infants reasoning about the physical and spatial properties of a hidden object[J]. Cognitive development, 1987, 2(3): 179-200.

[12] Bales, R. F., & Couch, A. S. The value profile: A factor analytic study of value Statements[J]. Sociological inquiry, 1969, 39(1): 3-17.

[13] Baltes, M. M., & Reisenzein, R. The social world in long-term care institutions. Psychological control toward dependency[J]. The psychology of control and aging, 1986, 315-343.

[14] Baltes, P. B., & Singer, T. Plasticity and the ageing mind: An exemplar of the bio-cultural orchestration of brain and behaviour[J]. European review, 2001, 9(1): 59-76.

[15] Baltes, P. B., Nesselroade, J. R., Schaie, K. W., & Labouvie, E. W. On the dilemma of regression effects in examining ability-level-related differentials in ontogenetic patterns of intelligence[J]. Developmental psychology, 1972, 6(1): 78.

[16] Bandura, A. Modeling theory: Some traditions, trends, and disputes. In Recent trends in social learning theory[M]. New York: Academic Press, 1972.

[17] Barrera, M. E., & Maurer, D. Discrimination of strangers by the three-month-old [J]. Child development, 1981, 558-563.

[18] Bartrip, J., Morton, J. & de Schonen, S. Responses to mother's face in 3-week to 5-month-old infants[J]. British Journal of developmental psychology, 2002, 19: 219-232.

[19] Bateson, G. Conventions of communication: Where validity depends on belief[A]. In J. Ruesch & G. Bateson (eds.), Communication: The social matrix of psychiatry [C]. New York: Norton, 1951.

[20] Baumrind, D. Effects of authoritative parental control on child behavior[J]. Child

development, 1966, 887-907.

[21]Baumrind, D. Current patterns of parental authority[J]. Developmental psychology, 1971, 4: 1.

[22]Baumrind, D. The development of instrumental competence through socialization[A]. Minnesota symposium on child psychology[C]. 1973, 7: 3-46.

[23]Baumrind, D. What research is teaching us about the differences between authoritative and authoritarian child-rearing styles[J]. Human dynamics in psychology and education, 1977, 3.

[24]Baumrind, D. Rejoinder to Lewis's reinterpretation of parental firm control effects: Are authoritative families really harmonious[J]? Psychological bulletin, 1983, 94 (1): 132-142.

[25]Baumrind, D.,& Black, A. E. Socialization practices associated with dimensions of competence in preschool boys and girls[J]. Child development, 1967, 38(2): 291-327.

[26]Bayley, N. Bayley Scales of infant development[M]. San Antonio, TX: The Psychological Corporation, 1969.

[27]Beck, A. T., Steer, R. A., Ball, R., & Ranieri, W. F. Comparison of Beck Depression Inventories-I and-II in psychiatric outpatients[J]. Journal of personality assessment, 1996, 67(3): 588-597.

[28]Bernstein, N. A. The co-ordination and regulation of movements: Conclusions towards the study of motor co-ordination[J]. Biodynamics of locomotion, 1967, 104-113.

[29]Bertenthal, B. I., & Campos, J. J. A reexamination of fear and its determinants on the visual cliff[J]. Psychophysiology, 1984, 21(4): 413-417.

[30]Binet, A., & Simon, T. New methods for the diagnosis of the intellectual level of subnormals[A]. In H. H. Goddard (ed.), Development of intelligence in children (the Binet-Simon Scale) [C]. Baltimore: Williams & Wilkins, 1905.

[31]Birren, J.E. & Renner, V.J. Concepts and issues of mental health and aging[A].

In J. E. Birren and R. B. Sloane (eds.). The handbook of mental health and aging [C]. Englewood Cliffs, NJ: Prentice-Hall, 1980.

[32] Bower, T. G. Human development[M]. WH Freeman, 1979.

[33] Bowlby, J. Maternal care and mental health (Vol. 2) [M]. Geneva: World Health Organization, 1951.

[34] Brazelton, T. B., Koslowski, B., & Tronick, E. Neonatal behavior among urban Zambians and Americans[J]. Journal of the American Academy of Child Psychiatry, 1976, 15(1): 97-107.

[35] Bridges, K. M. B. A study of social development in early infancy[J]. Child development, 1933, 36-49.

[36] Brown, R. A first language: The early stages[M]. Boston: Harvard University Press, 1973.

[37] Buss, D. M., Block, J. H., & Block, J. Preschool activity level: Personality correlates and developmental implications[J]. Child development, 1980, 51(2): 401-408.

[38] Buss, R. R., Yussen, S. R., Matthews, I. I., Samuel, R., Miller, G. E., & Rembold, K. L. Development of children's use of a story schema to retrieve information[J]. Developmental psychology, 1983, 19(1): 22.

[39] Butler, R. N. Productive ageing: Enhancing vitality in later life[M]. New York: Springer, 1985.

[40] Butterworth, B., & Kovas, Y. Understanding neurocognitive developmental disorders can improve education for all[J]. Science, 2013, 340(6130): 300-305.

[41] Bühler, C. Das seelenleben des jugendlichen[M]. Jena: G. Fischer, 1922.

[42] Campos, J. J., Bertenthal, B. I., & Kermoian, R. Early experience and emotional development: The emergence of wariness of heights[J]. Psychological science, 1922, 3(1): 61-64.

[43] Carstensen, L. L. Evidence for a life-span theory of socioemotional selectivity[J]. Current Directions in Psychological Science, 1995, 4(5): 151-156.

[44] Carstensen, L. L. , Fung, H. H. , & Charles, S. T. Socioemotional selectivity theory and the regulation of emotion in the second half of life[J]. Motivation and emotion, 2003, 27(2): 103-123.

[45] Carstensen, L. L. , Isaacowitz, D. M. , & Charles, S. T. Taking time seriously: A theory of socioemotional selectivity[J]. American psychologist, 1999, 54(3): 165.

[46] Casby, M. W. The development of play in infants, toddlers, and young children[J]. Communication disorders quarterly, 2003, 24(4): 163-174.

[47] Chandler, M. J. Egocentrism and antisocial behavior: The assessment and training of social perspective-taking skills[J]. Developmental psychology, 1973, 9(3): 326-332.

[48] Clarke-Stewart, K. A. , & Hevey, C. M. Longitudinal relations in repeated observations of mother-child interaction from 1 to 2 years[J]. Developmental psychology, 1981, 17(2): 127-145.

[49] Clarke-Stewart, K. A. , Umeh, B. J. , Snow, M. E. , & Pederson, J. A. Development and prediction of children's sociability from 1 to 2 years[J]. Developmental psychology, 1980, 16(4): 290-302.

[50] Cohen, S. , & Lezak, A. Noise and inattentiveness to social cues[J]. Environment and behavior, 1977, 9(4): 559-572.

[51] Coie, J. D. , & Krehbiel, G. Effects of academic tutoring on the social status of low-achieving, socially rejected children[J]. Child development, 1984, 1465-1478.

[52] Conner, J. M. , & Serbin, L. A. Behavioral based masculine and feminine activity preference scales for preschoolers: Correlates with other classroom behaviors and cognitive tests[J]. Child development, 1977, 48: 1411-1416.

[53] Coopersmith, S. Self-esteem inventories[M]. Palo Alto: Consulting Psychologists Press, 1987.

[54] Cortiella, C. , & Horowitz, S. H. The state of learning disabilities: Facts, trends and emerging issues[M]. New York: National Center for Learning Disabilities, 2014.

[55] Cozzolino, Philip J. Death contemplation, growth, and defense: Converging evidence

of dual-existential systems[J]. Psychological inquiry, 2006, 17(4): 278-287.

[56] Craik, F. I., & Hay, J. F. Aging and judgments of duration: Effects of task complexity and method of estimation[J]. Perception & psychophysics, 1999, 61(3): 549-560.

[57] Cronbach, L. J. Essentials of psychological testing[M]. New York: Harper & Row, 1970.

[58] Cumming, E., & Henry, W. E. Growing Old, The process of disengagement[M]. New York: Basic Books, 1961.

[59] Dannemiller, J. L., & Stephens, B. R. A critical test of infant pattern preference models[J]. Child development, 1988, 210-216.

[60] Darwin, C. R. A biographical sketch of an infant mind[J]. A quarterly review of psychology and philosophy, 1877, 2(7): 285-294.

[61] DeCasper, A. J., & Spence, M. J. Prenatal material speech influences newborns perception of speech sounds[J]. Infant behavior and development, 1986, 9: 133-150.

[62] DeCasper, A. J., & Fifer, W. P. Of human bonding: Newborns prefer their mothers voices[J]. Science, 1980, 208(4448): 1174-1176.

[63] DeCasper, A. J., & Spence, M. J. Prenatal maternal speech influences newborns perception of speech sounds[J]. Infant behavior and development, 1986, 9(2): 133-150.

[64] Demetriou, A. The neo-piagetian theories of cognitive development[M]. Amsterdam: North-Holland, 1988.

[65] Dempsey, D. The way we die: An investigation of death and dying in America today[M]. New York: McGraw-Hill, 1977.

[66] Dennis, W. Creative productivity between the ages of 20 and 80 years[J]. Journal of gerontology, 1966, 21(1): 1-8.

[67] Dewey, J. Theory of valuation. In Neurath, O., Carnap, R. and Morris, C. (eds.) Foundations of the unity of science: Toward an international encyclopedia of unified

science, vol. 2[M]. Chicago: University of Chicago Press, 1939.

[68]Dodge, K. A. Behavioral antecedents of peer social status[J]. Child development, 1983, 54(6): 1386-1399.

[69]Douvan, E. A. M., Douvan, E., & Adelson, J. The adolescent experience[M]. New Jersey: John Wiley & Sons, 1966.

[70]Dunn, J., & Kendrick, C. Interaction between young siblings in the context of family relationships[J]. The child and its family, 1979, 143-168.

[71]Edelman, G. M. Neural darwinism: The theory of neuronal group selection[M]. New York: Basic Books, 1987.

[72]Ellsworth, C. P., Muir, D. W., & Hains, S. M. Social competence and person-object differentiation: An analysis of the still-face effect[J]. Developmental psychology, 1993, 29(1): 63-73.

[73]Erikson, E. H. Childhood and society[M]. New York: Norton, 1950.

[74]Erikson, E. H. Youth: Change and challenge[M]. New York: Basic Books, 1963.

[75]Fagan III, J. F. Infants recognition memory for a series of visual stimuli[J]. Journal of experimental child psychology, 1971, 11(2): 244-250.

[76]Fagan III, J. F. Infants delayed recognition memory and forgetting[J]. Journal of experimental child psychology, 1973, 16(3): 424-450.

[77]Fagan III, J. F. New evidence for the prediction of intelligence from infancy[J]. Infant mental health journal, 1982, 3(4): 219-228.

[78]Fagan III, J. F., & McGrath, S. K. Infant recognition memory and later intelligence [J]. Intelligence, 1981, 5(2): 121-130.

[79]Field, J., Clarke, K. R., & Warwick, R. M. A practical strategy for analyzing multispecies distribution patterns[J]. Marine ecology progress series, 1982, 37-52.

[80]Field, T. Infant arousal and affect during early interactions[J]. Advances in infancy research, 1981, 1: 57-100.

[81]Flavell, J. H., Beach, D. R., & Chinsky, J. M. Spontaneous verbal rehearsal in a

memory task as a function of age[J]. Child development, 1996, 283-299.

[82] Fogel, A. The effect of brief separations on 2-month-old infants[J]. Infant behavior and development, 1980, 3: 315-330.

[83] Frankenburg, W. K., & Dodds, J. B. The Denver Developmental Screening Test [J]. The journal of pediatrics, 1967, 71(2): 181-191.

[84] Freud, S. The origin and development of psychoanalysis[J]. American journal of psychology, 1910, 21: 181-218.

[85] Friedman, S. L., & Stevenson, M. B. Developmental changes in the understanding of implied motion in two-dimensional pictures[J]. Child development, 1975, 773-778.

[86] Fuchs, D., Mock, D., Morgan, P. L., & Young, C. L. Responsiveness-to intervention: Definitions, evidence, and implications for the learning disabilities construct [J]. Learning disabilities research & practice, 2003, 18(3): 157-171.

[87] Ginzberg, E. Toward a theory of occupational choice: A restatement[J]. Vocational guidance quarterly, 1972, 20(3): 2-9.

[88] Goldfarb, W. The effects of early institutional care on adolescent personality[J]. The journal of experimental education, 1943, 12(2): 106-129.

[89] Goldfarb, W. Variations in adolescent adjustment of institutionally-reared children [J]. American journal of orthopsychiatry, 1947, 17(3): 449.

[90] Granrud, C. E., Yonas, A., & Pettersen, L. A comparison of monocular and binocular depth perception in 5-and 7-month-old infants[J]. Journal of experimental child psychology, 1984, 38(1): 19-32.

[91] Greenbaum, C. W., & Landau, R. The Infant's exposure to talk by familiar people: Mothers, fathers, and siblings in different environments. In Michael L., and Leonard A. R. (eds). The child and its family[M]. Boston, MA: Springer, 1979.

[92] Greenough, W. T., Black, J. E., & Wallace, C. S. Experience and brain development[J]. Child development, 1987, 539-559.

[93] Grusec, J. E., Saas-Kortsaak, P., & Simutis, Z. M. The role of example and moral

exhortation in the training of altruism[J]. Child development, 1978, 920-923.

[94]Guidubaldi, J., Cleminshaw, H. K., Perry, J. D., Nastasi, B. K., & Lightel, J. The role of selected family environment factors in children's post-divorce adjustment [J]. Family relations, 1986, 141-151.

[95]Gutkin, D. C. The effect of systematic story changes on intentionality in children's moral judgments[J]. Child development, 1972, 187-195.

[96]Haith, M. M. Rules That babies look by: The Organization of newborn visual activity [M]. New Jersey: Lawrence Erlbaum Associates, 1980.

[97]Hall, G. S. Adolescence: Its psychology and its relations to physiology, anthropology, sociology, sex, crime, religion, and education[M]. New York: D. Appleton & Company, 1904.

[98]Harter, S. The perceived competence scale for children [J]. Child development, 1982, 87-97.

[99]Havighurst, R. J. & Albrecht, R. E. Older people[M]. London: Longmans, 1953.

[100]Havighurst, R. J. Research on the developmental-task concept[J]. The school review, 1956, 64(5): 215-223.

[101]Havighurst, R. J., Neugarten, B. L., & Tobin, S. S. Disengagement and patterns of aging[J]. Gerontologist, 1964, 4(3): 24.

[102]Haviland, J. M., & Lelwica, M. The induced affect response: 10-week-old infants responses to three emotion expressions [J]. Developmental psychology, 1987, 23 (1): 97.

[103]Hay, D. F. Cooperative interactions and sharing between very young children and their parents[J]. Developmental psychology, 1979, 15(6): 647-653.

[104]Hayes, D. S., Gershman, E., & Bolin, L. J. Friends and enemies: Cognitive bases for preschool children's unilateral and reciprocal relationships[J]. Child development, 1980, 1276-1279.

[105]Hoffman, M. L., Paris, S. G., & Hall, E. Developmental psychology today[M].

New York: McGraw-Hill College, 1994.

[106] Hoffman, M. L. Parent discipline, moral internalization, and development of prosocial motivation[J]. Development and maintenance of prosocial behavior, 1984, 117-137.

[107] Hollingworth, H. L. Mental growth and decline[M]. New York: D. Appleton & Company, 1927.

[108] Hollingworth, H. L. Psychology: Its facts and principles[M]. New York: D Appleton & Company, 1928.

[109] Holmes, T. H., & Masuda, M. Life change and illness susceptibility. In Dohrenwend, B. S., Dohrenwend, B. P. (eds). Stressful life events: Their nature and effects[M]. John Wiley & Sons, 1974.

[110] Horn, J. L. Organization of data on life-span development of human abilities[A]. In L. R. Goulet & P. B. Baltes (eds.), Life-span developmental psychology[C]. Academic Press, 1970.

[111] Horn, J. L. The theory of fluid and crystallized intelligence in relation to concepts of cognitive psychology and aging in adulthood. In F. I. M. Craik & S. Trehub (eds.) Aging and cognitive processes[M]. Boston, MA: Springer, 1982.

[112] Horn, J. L., & Cattell, R. B. Whimsy and misunderstanding of gf-gc theory: A comment on Guilford[J]. Psychological bulletin, 1982, 91(3): 623-633.

[113] Horn, J. L., & Cattell, R. B. Age differences in fluid and crystallized intelligence [J]. Acta Psychologica, 1967, 26(2): 107-129.

[114] Horn, J. L., & Donaldson, G. Cognitive development in adulthood[M]. Cambridge, Mass: Harvard University Press, 1980.

[115] Horn, J. L., & Hofer, S. M. Major abilities and development in the adult period [A]. In R. J. Sternberg & C. A. Berg (eds.) Intellectual development[C]. Cambridge: Cambridge University Press, 1992.

[116] Horowitz, M., Stinson, C., Fridhandler, B., Milbrath, C., Redington, D., &

Ewert, M. Pathological grief: An intensive case study[J]. Psychiatry, 1993, 56 (4): 356-374.

[117]Hurlock, E. B. Developmental psychology[M]. New York: McGraw-Hill, 2001.

[118]Iglowstein, I., Jenni, O. G., Molinari, L., & Largo, R. H. Sleep duration from infancy to adolescence: Reference values and generational trends[J]. Pediatrics, 2003, 111(2): 302-307.

[119]Izard, C. E., Huebner, R. R., Risser, D., & Dougherty, L. M. The young Infant's ability to produce discrete emotion expressions[J]. Developmental psychology, 1980, 16(2):132.

[120]Jaspers, K. Der philosophische glaube angesichts der offenbarung[M], München: R. Piper & Co. Verlag, 1962.

[121]Jensen, A. R. How much can we boost I. Q. and scholastic achievement[J]? Harvard educational review, 1969, 39(1): 1-123.

[122]Johnson, M. H. The neural basis of cognitive development[A]. In W. Damon (eds.), Handbook of child psychology: Vol. 2. cognition, perception, and language[C]. New Jersey: John Wiley & Sons, 1998.

[123]Jones, H. E., & Conrad, H. S. The growth and decline of intelligence: A study of a homogeneous group between the ages of ten and sixty[J]. Genetic psychology monographs, 1933, 13(3): 223-298.

[124]Jung, C. G. Modern man in search of a soul[M]. New York and London: Harcourt Brace Jovanovich, 1933.

[125]Jung, C. G. Psychology and alchemy (vol. 12): The collective works of C. G. Jung[M]. Princeton: Princeton University Press, 1953.

[126]Jung, C. G. The stages of life[A]. In Campbell, J. (eds.), The portable Jung [C]. New York: Penguin, 1971, 3-22.

[127]Jung, C. G., Jung, K. G., Kerényi, C., & Kerényi, K. Essays on a science of mythology: The myth of the divine child and the mysteries of eleusis (vol. 22)

[M]. Princeton: Princeton University Press, 1969.

[128] Justice, E. M. Categorization as a preferred memory strategy: Developmental changes during elementary school[J]. Developmental psychology, 1985, 21(6): 1105.

[129] Kaluger, G., & Kaluger, M. F. Human development[M]. Columbus, Ohio: Merrill Publishing Company, 1986.

[130] Kaplan, O. J. Mental disorders in later life[M]. California: Stanford University Press, 1945.

[131] Kavé, G., & Halamish, V. Doubly blessed: Older adults know more vocabulary and know better what they know[J]. Psychology and aging, 2015, 30(1): 68.

[132] Keeney, T. J., Cannizzo, S. R., & Flavell, J. H. Spontaneous and induced verbal rehearsal in a recall task[J]. Child development, 1967, 38(4): 953–966.

[133] Kermoian, R., & Campos, J. J. Locomotor experience: A facilitator of spatial cognitive development[J]. Child development, 1988, 59(4): 908–917.

[134] Kirk, S. A. Behavioral diagnoses and remediation of learning disabilities[A]. In Proceedings of the annual meeting: Conference on exploration into the problems of the perceptually handicapped child[C]. Evanston, IL, 1963, 1–7.

[135] Kirk, S. A. Learning disabilities: A historical note[J]. Academic therapy, 1981, 17(1): 5–11.

[136] Kirk, S. A., & Gallagher, J. J. Educating exceptional children[M]. Boston: Houghton Mifflin Company, 1989.

[137] Klinnert, M. D., Campos, J. J., Sorce, J. F., Emde, R. N., & Svejda, M. Emotions as Behavior Regulators: Social referencing in infancy[A]. In R. Plutchik & H. Kellerman (eds.), Emotions in early development[C]. New York: Academic Press, 1983, 57–86.

[138] Kobasigawa, A. Utilization of retrieval cues by children in recall[J]. Child development, 1974, 127–134.

[139] Kohlberg, L. High school democracy and educating for a just society. In R. L.

Mosher (eds.), Moral education: A first generation of research and development [M]. New York: Praeger, 1980, 20-57.

[140] Kreutzer, M. A., Leonard, C., Flavell, J. H., & Hagen, J. W. An interview study of children's knowledge about memory[J]. Monographs of the society for research in child development, 1975, 40: 1-60.

[141] Krupenye, C., Kano, F., Hirata, S., Call, J., & Tomasello, M. Great apes anticipate that other individuals will act according to false beliefs[J]. Science, 2016, 354: 110-114.

[142] Kuhlen, R. G., & Johnson, G. H. Changes in goals with adult increasing age[J]. Journal of consulting psychology, 1952, 16(1): 1-4.

[143] Kunzmann, U., Little, T., & Smith, J. Perceiving control: A double-edged sword in old age[J]. The journals of gerontology series B: Psychological sciences and social sciences, 2002, 57(6): 484-491.

[144] Labouvie-Vief, G., DeVoe, M., & Bulka, D. Speaking about feelings: Conceptions of emotion across the life span[J]. Psychology and aging, 1989, 4(4): 425-437.

[145] Labouvie-Vief, G., Hakim-Larson, J., & Hobart, C. J. Age, ego level, and the life-span development of coping and defense processes[J]. Psychology and aging, 1987, 2(3): 286.

[146] Lachman, M. E. Development in midlife[J]. Annual review of psychology, 2004, 55(1): 305-331.

[147] Lam, V. L., & Leman, P. J. The influence of gender and ethnicity on children's inferences about toy choice[J]. Social development, 2003, 12(2): 269-287.

[148] Lamb, M. E. Father-infant and mother-infant interaction in the first year of life[J]. Child development, 1977, 48(1): 167.

[149] Lee, C. L., & Bates, J. E. Mother-child interaction at age two years and perceived difficult temperament[J]. Child development, 1985, 56(5): 1314-1325.

［150］Lehman, H. C. The creative years in science and literature［J］. The scientific monthly, 1936, 43(2): 151-162.

［151］Levinson, D. J., & Levinson, J. D. The seasons of a woman's life［M］. New York: Ballantine Books, 1996.

［152］Levinson, D. J., Darrow, C. H., Klein, E. B., Levinson, M. H. & McKee, B. The seasons of a man's life［M］. New York: Ballantine Books, 1978.

［153］Lipsitt, L. P., Engen, T., & Kaye, H. Developmental changes in the olfactory threshold of the neonate［J］. Child development, 1963, 34(2): 371-376.

［154］Lowenthal, M. F., Thurnher, M., & Chiriboga, D. A. Four stages of life［M］. San Francisco: Jossey-Bass, 1975.

［155］Maccoby, E. E. Socialization and developmental change［J］. Child development, 1984, 55(2): 317-328.

［156］Maccoby, E. E., & Jacklin, C. N. Myth, reality and shades of gray-what we know and don't know about sex differences［J］. Psychology today, 1974, 8(7): 109-112.

［157］Maccoby, E. E., & Jacklin, C. N. Sex differences in aggression: A rejoinder and reprise［J］. Child development, 1980, 51(4): 964.

［158］Maccoby, E. E., Snow, M. E., & Jacklin, C. N. Children's dispositions and mother-child interaction at 12 and 18 months: A short-term longitudinal study［J］. Developmental psychology, 1984, 20(3): 459.

［159］Mahler, M. S., Pine, F., & Bergman, A. The psychological birth of the human infant: Symbiosis and individuation［M］. New York: Basic Books, 1975.

［160］Main, M., & Weston, D. R. The quality of the toddler's relationship to mother and to father: Related to conflict behavior and the readiness to establish new relationships［J］. Child development, 1981, 52(3): 932.

［161］Mandler, J. M. Representation［A］. In W. Damon (eds.) Handbook of child psychology: Vol. 2. cognition, perception, and language［C］. New Jersey: John Wiley & Sons, 1998.

[162]Masur, E. F., McIntyre, C. W., & Flavell, J. H. Developmental changes in apportionment of study time among items in a multitrial free recall task[J]. Journal of experimental child psychology, 1973, 15(2): 237-246.

[163]Maurer, D., & Maurer, C. The world of the newborn[M]. New York: Basic Books, 1988.

[164]McCrae, R. R., Arenberg, D., & Costa, P. T. Declines in divergent thinking with age: Cross-sectional, longitudinal, and cross-sequential analyses[J]. Psychology and aging, 1987, 2(2): 130.

[165]McNeill, D. Developmental Psycholinguistics[A]. In Smith, F., & Miller, G. A. (eds.). The genesis of language[C]. Cambridge: MIT Press, 1966, 15-84.

[166]Meltzoff, A. N., & Moore, M. K. Newborn infants imitate adult facial gestures [J]. Child development, 1983, 54: 702-709.

[167]Meumann, E. Experimentelle Pädagogik und Ihre. Psychologischen grundlagen [M]. Verlag von Wilhelm Engelmann, 1914.

[168]Miles, C. C., & Miles, W. R. The correlation of intelligence scores and chronological age from early to late maturity[J]. The American journal of psychology, 1932, 44(1): 44-78.

[169]Moely, B. E., Olson, F. A., Halwes, T. G., & Flavell, J. H. Production deficiency in young children's clustered recall[J]. Developmental psychology, 1969, 1 (1): 26-34.

[170]Moody, R. A. Life after life[M]. New York: Random House, 2001.

[171]Mounoud, P. Les révolutions psychologiques de I'enfant [J]. Archives de psychologie, 1976, 44(171): 103-114.

[172]Mussen P. H., Conger J. J., Kagan, J. Child development and personality[M]. New York: Harper & Row, 1990.

[173]Mussen, P. H., Conger, J. J., Kagan, J., & Huston, A. C. Intelligence and achievement[A]. In P. Mussen, J. Conger, J. Kagan y A. Huston. Child develop-

ment and personality[C]. New York: Harper & Row, 1990, 325-378.

[174] Myers, N. A., Clifton, R. K., & Clarkson, M. G. When they were very young: Almost-threes remember two years ago[J]. Infant behavior and development, 1987, 10(2): 123-132.

[175] Neimeyer, R. A. Death anxiety research: The state of the art[J]. Omega-lournal of death and dying, 1998, 36(2): 97-120.

[176] Oster, H. and Ekman, P. Facial behavior in child development[A]. Minnesota symposia on child psychology. vol. 11[C]. Hillsdale, NJ: Erlbaum, 2013, 11: 231-276.

[177] Patricelli. Introduction to grief & bereavement Issues[Z/OL]. https:// www. gracepointwellness. org/58-grief-bereavement-issues/ article/8441-introduction-to-grief-andbereavement-issues, 2019-12-21.

[178] Perry. W. G. Forms of intellectual and ethical development in the college years: A scheme[M]. New York: Hold, Rinehart, and Winston, 1968.

[179] Piaget, J. The moral judgment of the child [M]. London: Simon and Schuster, 1997.

[180] Piaget, J. Origins of intelligence in the child[M]. London: Routledge & Kegan Paul, 1936.

[181] Piaget, J. The origins of intelligence in children[M]. New York: International Universities Press, 1936.

[182] Piaget, J. The general problems of the psychobiological development of the child [A]. In J. Tanner & B. Inhelder (eds.). Discussions on child development[C]. London: Tavistock, 1960.

[183] Piaget, J. Structuralism[M]. New York: Harper and Row, 1968.

[184] Piaget, J. The principles of genetic epistemology[M]. New York: Harper and Row, 1970.

[185] Piaget, J., & Inhelder, B. The psychology of the child[M]. New York: Basic Books, 1969.

[186] Power, T. G., & Chapieski, M. L. Childrearing and impulse control in toddlers: A naturalistic investigation[J]. Developmental psychology, 1986, 22(2): 271-275.

[187] Premack, A. J., & Premack, D. Teaching language to an ape[J]. Scientific American, 1972, 227(4): 92-99.

[188] Preyer, W. T. Die seele des kindes: Beobachtungen über die geistige entwicklung des menschen in den ersten lebensjahren[M]. Leipzig: Grieben, 1895.

[189] Ramsden, S., Richardson, F. M., Josse, G., Thomas, M. S., Ellis, C., Shakeshaft, C., & Price, C. J. Verbal and non-verbal intelligence changes in the teenage brain[J]. Nature, 2011, 479(7371): 113-116.

[190] Rando, T. A. Grieving: How to go on living when someone you love dies[M]. Lexington, MA: Lexington Books, 1988.

[191] Rheingold, H. L., Hay, D. F., & West, M. J. Sharing in the second year of life [J]. Child development, 1976, 47(4): 1148.

[192] Riegel, K. Dialectical operations[J]. Human development, 1973, 16: 346-370.

[193] Riley, M. W., & Foner, A. (eds.). Aging and society: An inventory of research findings[M]. New York: Russell Sage Foundation, 1968.

[194] Rogers, C. R. The interpersonal relationship: The core of guidance[A]. In CR Rogers & B. Stevens (eds.). Person to person: The problem of being human[C]. California: Real People Press, 1971.

[195] Rogers, C. R. Becoming partners: Marriage and its alternatives[M]. New York: Delacorte, 1972.

[196] Rokeach, M. The nature of human values[M]. Free Press, 1973.

[197] Rovee-Collier, C. K., Sullivan, M. W., Enright, M., Lucas, D., & Fagen, J. W. Reactivation of infant memory[J]. Science, 1980, 208(4448): 1159-1161.

[198] Rowe, J. W., & Kahn, R. L. Human aging: Usual and successful[J]. Science, 1987, 237(4811): 143-149.

[199] Ruble, D. N., Balaban, T., & Cooper, J. Development of responsiveness to sex-

stereotyped information in children: A television study[Z]. Unpublished paper, Princeton University, Department of Psychology, 1979.

[200]Ruble, D. N. , Martin, C. L. , & Berenbaum, S. A. Gender development[A]. In N. Eisenberg, W. Damon, & R. M. Lerner (eds.). Handbook of child psychology [C], New Jersey: John Wiley & Sons, 2006, 858-932.

[201]Sabom, M. B. Recollections of death: A medical investigation[M]. New York: Harper & Row, 1982.

[202]Sagi, A. , & Hoffman, M. L. Empathic distress in the newborn[J]. Developmental psychology, 1976, 12(2): 175-176.

[203]Sallquist, J. , DiDonato, M. D. , Hanish, L. D. , Martin, C. L. , & Fabes, R. A. The importance of mutual positive expressivity in social adjustment: Understanding the role of peers and gender[J]. Emotion, 2012, 12(2): 304-313.

[204]Salthouse, T. A. , Bialystok, E. , & Craik, F. I. M. Aging of thought[A]. In Bialystok, E. , & Craik, F. I. M. (eds.). Lifespan cognition: Mechanisms of change [C]. Oxford: Oxford University Press, 2006, 274-284.

[205]Schaffer, H. R. , & Emerson, P. E. The development of social attachments in infancy[J]. Monographs of the society for research in child development, 1964, 1-77.

[206]Schaie, K. W. Quasi-experimental research designs in the psychology of aging[A]. In K. W. Schaie, & S. Willis. (eds). Handbook of the psychology of aging[C], 1977, 1: 39-69.

[207]Schaie, K. W. Developmental influences on adult intelligence: The seattle longitudinal study[M]. Oxford: Oxford University Press, 2005.

[208]Schaie, K. W. , & Strother, C. R. The effect of time and cohort differences on the interpretation of age changes in cognitive behavior[J]. Multivariate behavioral research, 1968, 3(3): 259-293.

[209]Schiamberg, L. B. , & Smith, K. U. Human development[M]. New York: Mac-

millan, 1985.

[210] Schwartz, S. H. An invitation to collaborate in cross-cultural research on values [D]. Jerusalem: The Hebrew University of Jerusalem, 1987.

[211] Selman, R. L. , Asher, S. R. , & Gottman, J. M. The development of children's friendships[M]. Cambridge : Cambridge University Press, 1981.

[212] Shaw, P. , Greenstein, D. , Lerch, J. , Clasen, L. , Lenroot, R. , Gogtay, N. E. E. A. , Giedd, J. Intellectual ability and cortical development in children and adolescents[J]. Nature, 2006, 440(7084): 676-679.

[213] Shneidman, E. S. Deaths of man[M]. London: Penguin Books, 1973.

[214] Shorr, J. E. The development of a test to measure the intensity of values[J]. Journal of educational psychology, 1953, 44(5): 266-274.

[215] Simpson, A. E. , & Stevenson-Hinde, J. Temperamental characteristics of three-to four-year-old boys and girls and child-family interactions[J]. Journal of child psychology and psychiatry, 1985, 26(1): 43-53.

[216] Sinnott, J. D. The developmental approach: Postformal thought as adaptive intelligence[A]. In F. Blanchard-Fields & T. Hess (eds.). Perspectives on cognitive change in adulthood and aging[C]. New York: McGraw-Hill, 1996, 358-383.

[217] Skinner, B. F. The operational analysis of psychological terms[J]. Psychological review, 1945, 52: 270-277.

[218] Smetana, J. G. , & Letourneau, K. J. Development of gender constancy and children's sex-typed free play behavior[J]. Developmental psychology, 1984, 20(4): 691-696.

[219] Soldz, S. The construction of meaning: Kegan, Piaget, and psychoanalysis[J]. Journal of contemporary psychotherapy, 1988, 18(1): 46-59.

[220] Spranger, E. Types of men: The psychology and ethics of personality[M]. Niemeyer, 1928.

[221] Sroufe, L. A. , Fox, N. E. , & Pancake, V. R. Attachment and dependency in de-

velopmental perspective[J]. Child development, 1983, 1615–1627.

[222] Steiner, J. E. , & Glaser, D. Differential behavioral responses to taste stimuli in non-human primates[J]. Journal of human evolution, 1984, 13(8): 709–723.

[223] Stern, W. The psychology of early childhood up to the sixth year of age[M]. London: Allen & Unwin, 1924.

[224] Sternberg, R. J. Implicit theories of intelligence, creativity, and wisdom[J]. Journal of personality and social psychology, 1985, 49(3), 607.

[225] Sullivan, H. S. The interpersonal theory of psychiatry [M]. New York: Norton, 1953.

[226] Super, D. E. Work values inventory[M]. Boston: Houghton Mifflin, 1968.

[227] Teller, D. Y. , & Bornstein, M. H. Infant color vision and color perception[J]. Handbook of infant perception, 1987, 1: 185–236.

[228] Thomas, A. , & Chess, S. Temperament and development[M]. New York: Brunner/ Mazel, 1977.

[229] Thompson, R. A. , & Lamb, M. E. Security of attachment and stranger sociability in infancy[J]. Developmental psychology, 1983, 19(2): 184–191.

[230] Tuddenham, R. D. Constancy of personal morale over a fifteen-year interval[J]. Child development, 1962, 33: 663–673.

[231] Ungerer, J. A. , Brody, L. R. , & Zelazo, P. R. Long-term memory for speech in 2 to 4-week-old infants[J]. Infant behavior and development, 1978, 1: 177–186.

[232] Varendi, H. , & Porter, R. H. Breast odour as the only maternal stimulus elicits crawling towards the odour source[J]. Acta paediatrica, 2001, 90(4): 372–375.

[233] Von Krafft-Ebing, R. Lehrbuch der gerichtlichen psychologie, 2[M]. umgearb. Aufl. der ersten von, 1875.

[234] Waas, F. Behavior problems of peer-neglected and peer-rejected elementary-age children: Parent and teacher perspectives[J]. Child development, 1985, 56(1): 246–252.

［235］Walk，R. D. The development of depth perception in animals and human infants［J］. Monographs of the society for research in child development，1966，31(5)：82-108.

［236］Walk，R. D. Depth perception and a laughing heaven. Perception and its development：A tribute to Eleanor J. Gibson［M］. Hillsdale，NJ：Erlbaum，1979.

［237］Walk，R. D. ，& Gibson，E. J. A comparative and analytical study of visual depth perception［J］. Psychological monographs：General and applied，1961，75(15)：1-44.

［238］Watson，J. B. behaviorism［M］. New York：Norton，1925.

［239］Wechsler，D. Manual for the Wechsler Adult Intelligence Scale［M］. Oxford：Psychological Corp，1955.

［240］Weizmann，F. ，Cohen，L. B. ，& Pratt，R. J. Novelty，familiarity，and the development of infant attention［J］. Developmental psychology，1971，4(2)：149-154.

［241］Wheldall，K. ，& Poborca，B. Conservation without conversation? An alternative，non-verbal paradigm for assessing conservation of liquid quantity［J］. British journal of psychology，1980，71(1)：117-134.

［242］Willis，S. L. ，& Schaie，K. W. Intellectual functioning in midlife. In life in the middle［M］. New York：Academic Press，1999.

［243］Wyrwicka，W. Imitative behavior［J］. The pavlovian journal of biological science，1988，23(3)：125-131.

［244］Yankelovich，D. The new morality：A profile of American youth in the 70's［M］. NY：McGraw Hill，1974.

［245］Yussen，S. R. ，& Levy，V. M. Developmental changes in knowledge about different retrieval problems［J］. Developmental psychology，1977，13(2)：114-120.

［246］Zahn-Waxler，C. ，& Radke-Yarrow，M. The development of altruism：Alternative research strategies［A］. In Eisenberg，N. (eds.). The development of prosocial behavior［C］. New York：Academic Press，1982，pp. 109 - 137.

［247］Zigler，E. F. & Finn-Stevenson，M. Children：Development and social issues［M］.

Lexington, Mass: DC Heath & Co, 1987.

[248] Люблинская, А. А.. Очерки психического развития ребенка: Ранний идошкольный возраст[M]. Изд-во АПН РСФСР, 1959.

[249] Эльконин, Д. Б. Детская психология: Развитие ребенка от рождения до семи лет [M]. Гос. учебно-педагогическое изд-во министерства просвещения РСФСР, 1960.

[250] 坂本一郎. 插图青年心理学[M]. 东京: 岩崎学术出版社, 1966.

[251] 陈帼眉, 沈德立. 幼儿心理学[M]. 石家庄: 河北人民出版社, 1979.

[252] 陈辉. 短时记忆容量的年龄特点和材料特点[J]. 天津师范大学学报(社会科学版), 1988(4): 25-30.

[253] 陈科文. 当代大学生人生价值观调查[J]. 青年研究, 1985(4): 20-29.

[254] 陈欣银. 道德价值结构研究的几个问题[J]. 华东师范大学学报(教育科学版), 1987(2): 53-62.

[255] 程学超. 中年心理学[M]. 济南: 山东教育出版社, 1991.

[256] 丹尼斯·维特利. 成功者心理学——成就大业者的十种心理品质[M]. 长春: 北方妇女儿童出版社, 1987.

[257] 丁祖荫, 潘洁, 罗珉, 孙煜明. 小学生对非连贯的单字、数目和图画材料的意义识记[J]. 心理学报, 1964(1): 33-40.

[258] 丁祖荫. 儿童图画认识能力的发展[J]. 心理学报, 1964(2): 161-169.

[259] 范存仁, 周志芳. 从初生到六岁儿童智能发展规律的探讨[J]. 心理学报, 1983(4): 429-444.

[260] 范德赞登等. 人类发展(第八版)[M]. 北京: 中国人民大学出版社, 2010.

[261] 冯晓梅, 张晓冬, 张厚粲, 徐雅文, 张之芬. 新生儿视觉分辨能力的研究[J]. 心理学报, 1988(3): 253-259.

[262] 高月梅, 张泓. 幼儿心理学[M]. 杭州: 浙江教育出版社, 1993.

[263] 郭可教. 儿童早期大脑右半球切除心理活动的影响——对一例术后22年病例的观察[C]. 中国心理学会第三次会员代表大会及建会60周年学术会议(全国

第四届心理学学术会议)文摘选集(下).北京:中国心理学会,1981.

[264]郭占基,张振声,祖晶.青年友谊观调查研究——现代青年价值观系列调查研究之一(摘要)[J].心理科学,1988(3):43-44.

[265]韩进之,杨丽珠.我国学前期儿童自我意识发展初探[J].心理发展与教育,1986(3):2-13.

[266]韩进之,黄白.我国关于教师心理的研究[J].心理发展与教育,1992(4):38-44.

[267]韩进之,魏华忠.我国中、小学生自我意识发展调查研究[J].心理发展与教育,1985(1):13-20.

[268]黄硕.幼儿颜色经验对短时记忆容量的影响[D].开封:河南大学,2011.

[269]黄希庭,时勘,王霞珊.大学班集体人际关系的心理学研究[J].心理学报,1984(4):455-465.

[270]黄希庭,徐凤姝.大学生心理学[M].上海:上海人民出版杜,1988.

[271]黄希庭,张进辅,张蜀林.我国大学生需要结构的调查[J].心理科学,1988(2):9-14.

[272]黄希庭,张蜀林.562个人格特质形容词的好恶度、意义度和熟悉度的测定[J].心理科学,1992(5):17-22.

[273]黄希庭.普通心理学[M].兰州:甘肃人民出版社,1982.

[274]黄希庭.心理学导论[M].北京:人民教育出版社,1990.

[275]黄煜烽,雷雳.初中生心理学[M].杭州:浙江教育出版社,1993.

[276]姜德珍.关于老年人生死观的调查和初步分析[J].社会心理研究,1991(2):22-27.

[277]纪秩尚,颜慰庭,王宝祥.学校班会活动100例[M].杭州:浙江教育出版社,1987.

[278]寇彧,傅鑫媛,黄殷,黄玉,王锦,张兰鸽,冯姬.北京市三类儿童青少年对行贿的认知发展[J].北京社会科学,2012(6):72-80.

[279]郎景和.既往剖腹产再次妊娠分娩问题[J].中国医刊,1979(8):27-29.

[280]李伯黍,岑国桢,叶慧珍,卢家楣,邵渭滨. 小学儿童集体观念发展研究
[J]. 心理科学,1985(1):13-17.

[281]李伯黍. 国内 18 个地区 5~11 岁儿童道德判断发展调查[C]. 中国心理学会第
三次会员代表大会及建会 60 周年学术会议(全国第四届心理学学术会议)文摘
选集(上). 北京:中国心理学会,1981.

[282]李伯黍. 儿童友谊观发展调查[J]. 心理科学通讯,1986(6):12-15.

[283]李伯黍. 中国儿童青少年的道德认知发展与教育. 见朱智贤. 中国儿童青少年
心理发展与教育[M]. 北京:中国卓越出版公司,1990.

[284]李丹,缪小春,武进之. 学龄儿童理解寓言、比喻词的年龄特点[J]. 心理学
报,1962(2):125-135.

[285]李丹. 儿童发展心理学[M]. 上海:华东师范大学出版社,1987.

[286]李虹. 少年儿童对漫画认知发展的研究[J]. 心理科学通讯,1986(5):17-22.

[287]李怀美. 天津市中小学生道德认识发展的调查研究[J]. 天津师范大学学报
(社会科学版),1986(5):19-23.

[288]李林慧,周兢,刘宝根,高晓妹. 学前儿童图画故事书阅读理解研究[J]. 中
国特殊教育,2011(2):90-96.

[289]李鸣杲,金魁和. 医学心理学[M]. 沈阳:辽宁科学技术出版社,1987.

[290]李文馥. 8~13 岁儿童空间表象发展的研究[J]. 心理学报,1987(1):10-17.

[291]李晓东. 发展心理学[M]. 北京:北京大学出版社,2013.

[292]廖德爱. 关于新生儿听觉发生期的探讨. 见中国心理学会发展心理、教育心理
专业委员会. 发展心理、教育心理论文选[M]. 北京:北京师范大学出版
社,1985.

[293]林崇德,沈德立. 当代智力心理学丛书[M]. 杭州:浙江教育出版社,1996.

[294]林崇德. 学龄前儿童数概念与运算能力发展[J]. 北京师范大学学报(社会科
学版),1980(2):67-77.

[295]林崇德. 小学儿童数概念与运算能力发展的研究[J]. 心理学报,1981(3):
289-298.

［296］林崇德. 中学生心理学［M］. 北京：北京出版社，1983.

［297］林崇德. 品德发展心理学［M］. 上海：上海教育出版社，1989.

［298］林崇德. 中国中学教学百科全书·教育卷［M］. 沈阳：沈阳出版社，1990.

［299］林崇德. 离异家庭子女心理的特点［J］. 北京师范大学学报（社会科学版），
1992（1）：54-61.

［300］林崇德. 学习与发展［M］. 北京：北京教育出版社，1992.

［301］林崇德. 中国小学教学百科全书［M］. 沈阳：沈阳出版社，1993.

［302］林崇德. 发展心理学（第二版）［M］. 北京：人民教育出版社，2008.

［303］林崇德. 发展心理学（第三版）［M］. 北京：人民教育出版社，2018.

［304］铃木康平. 现代青年心理学［M］. 东京：有斐阁，1987.

［305］刘静和，王宪钿，范存仁，张梅玲. 四至九岁儿童类概念的发展的实验——I.
分类与分类命名的实验研究［J］. 心理学报，1963（4）：39-47.

［306］刘世熠，邬勤娥. 8 岁至 20 岁儿童与青少年脑电图的研究［J］. 心理学报，
1962（3）：173-185.

［307］刘世熠. 人类脑电图的分析方法与技术［J］. 心理科学通讯，1964（2）：11-20.

［308］刘文，焦佩. 老龄化，并非想象的那么可怕. 决策探索（下半月），2015（8）：
22-24.

［309］刘云英，陶沙. 阅读困难诊断标准与模式的"后智力—成就差异"趋势［J］. 北
京师范大学学报（社会科学版），2007（5）：13-21.

［310］刘兆吉. 美育心理学［M］. 重庆：西南师范大学出版社，1989.

［311］卢乐山，林崇德，王德胜. 中国学前教育百科全书：教育理论卷［M］. 沈阳：
沈阳出版社，1995.

［312］鲁志鲲，申继亮. 问题解决与成人思维［J］. 心理学动态，1994（2）：27-33.

［313］马森. 人类心理发展历程［M］. 沈阳：辽宁人民出版社，1991.

［314］毛汉斌，卢志高，罗宏元. 变化中的青工思想观念［J］. 青年研究，1985（5）：
24-29.

［315］茅于燕，周志芳. 初生至三十六个月儿童智能发展的追踪研究（二）［J］. 心理

学报，1986(3)：248-255.

[316]孟昭兰. 普通心理学[M]. 北京：北京大学出版社，1994.

[317]牛岛义友. 教育心理学新辞典(第11版)[M]. 东京：金子书房，1982.

[318]潘穆，陈信生. "老吾老以及人之老"——上海市"孤老包护组"情况调查[J].
社会科学，1983(1)：93-94.

[319]潘允康. 家庭网和现代家庭生活方式[J]. 天津社会科学，1988(1)：33-37.

[320]潘哲，郭永玉，徐步霄，杨沈龙. 人格研究中的"能动"与"共生"及其关系
[J]. 心理科学进展，2016(1)：99-110.

[321]庞丽娟，李辉. 婴儿心理学[M]. 杭州：浙江教育出版社，1993.

[322]庞丽娟. 幼儿心理[M]. 北京：北京少年儿童出版社，1985.

[323]庞丽娟. 幼儿同伴交往类型、成因与培养的研究[D]. 北京：北京师范大
学，1991.

[324]庞丽娟. 幼儿不同交往类型的心理特征的比较研究[J]. 心理学报，1993(3)：
84-91.

[325]彭凯平，陈仲庚. 北京大学学生价值观倾向的初步定量研究[J]. 心理学报，
1989(2)：39-45.

[326]仇立平. 论社会学理论研究与经验研究的结合[J]. 社会学研究，1988(4)：
38-44.

[327]邵渭溟，郭英. 幼儿文明礼貌行为习惯的调查研究[J]. 教育科研情况交流，
1984(1)：71-74.

[328]沈德立，阴国恩，林镜秋，刘景全. 中小学生对于系列材料的长时与短时记
忆的实验研究[J]. 心理发展与教育，1985(2)：24-29.

[329]时蓉华，梁镜清，盛一新. 小学生解答算术应用题思维能力的性别差异[J].
心理科学通讯，1982(4)：52-53.

[330]史慧中. 3~6岁儿童语言发展与教育. 见朱智贤. 中国儿童青少年心理发展与
教育[M]，北京：中国卓越出版公司，1990.

[331]谭欣. 知心术：面对上中学的孩子[M]. 南宁：广西科学技术出版社，1990.

[332]唐慧琴,忻仁娥,徐韬元.社会家庭因素与儿童学习困难(2000名小学生的对比分析)[J].中国神经精神疾病杂志,1989(3):166-168.

[333]田崎仁.生行莫入,熟行莫出——择业心理学[M].上海:文汇出版社,2004.

[334]王大华,申继亮.老年人的日常环境控制感特点及其与主观幸福感的关系[J].中国老年学杂志,2005(10):1145-1147.

[335]王大华,熊必俊,谭卓曌.早规划 定好位 找事干 赶走退休后的失落[J].新湘评论,2017(22):53-54.

[336]王极盛.重视培养和选拔优秀的中青年科技人才[J].中国科技论坛,1986(1):51-53.

[337]王通讯.人才最佳创造年龄规律[J].中国人才,2008(3):31-32.

[338]王唯.小学儿童观察能力研究报告[J].心理发展与教育,1985(3):26-32.

[339]王新玲.关于北京市一所中学学生的价值系统与道德判断的调查报告[J].心理学报,1987(4):365-374.

[340]王耘,叶忠根,林崇德.小学生心理学[M].杭州:浙江教育出版社,1993.

[341]王耘.美国关于儿童对父母离婚的适应的研究[J].心理发展与教育,1992(3):41-44,49.

[342]王争艳,王京生,陈会昌.促进被拒绝和被忽视幼儿的同伴交往的三种训练法[J].心理发展与教育,2000(1):6-11.

[343]沃建中,曹河圻,潘昱,林崇德.6~12岁儿童脑电α波的发展特点[J].心理发展与教育,2000(4):1-7.

[344]吴鸿业,朱霁青.二至六岁儿童语言发展的调查研究——儿童各种词类发展的趋势与特点[J].儿童心理与教育心理,1980(4):3-4.

[345]吴筱珍.关于幼儿独生子女和非独生子女对公私财物损坏的道德判断的比较研究[J].青海师范大学学报(哲学社会科学版),1989(2):95-101.

[346]许淑莲,孙长华,吴振云,王新德,蔡晓杰.老年人短时记忆特点的研究[J].心理学报,1982(4):441-448.

[347]许淑莲. 老年心理学中的一种重要理论——毕生发展观[J]. 老年学杂志，1988(4)：194-197，202.

[348]杨国枢. 小学与初中学生自我概念的发展及其相关因素：中国儿童行为之发展[M]. 台北：环宇出版社，1974.

[349]杨小洋，李歆瑶，周晖. 中学生个人认识论对创造性思维的影响：自我提问的调节作用分析[J]. 心理发展与教育，2012(6)：603-610.

[350]杨玉英. 3～7岁儿童推理过程发展的初步研究[J]. 心理科学通讯，1983(1)：30-38，66.

[351]杨志伟，李雪荣. 9—11岁学习困难儿童IQ水平、社会适应能力与行为问题的对照研究[J]. 中国心理卫生杂志，1991(4)：155-159，191.

[352]杨治良. 记忆心理学[M]. 上海：华东师范大学出版社，1994.

[353]叶奕乾. 图解心理学[M]. 南昌：江西人民出版社，1982.

[354]伊万诺夫-斯莫林斯基. 第一和第二信号系统协同活动的实验研究[M]. 北京：科学出版社，1956.

[355]依田新. 青年心理学[M]. 北京：知识出版社，1981.

[356]游季浦，黄克远. 青年大学生需要的初步探讨[J]. 南充师院学报（哲学社会科学版），1985(4)：67-75.

[357]余强基. 中小学生个性发展某些特点的初步调查研究[J]. 心理发展与教育，1985(2)：13-17.

[358]俞国良，辛涛. 社会认知视野中的家长教育观念研究[J]. 华东师范大学学报（教育科学版），1995(3)：87-93.

[359]俞国良. 学习不良儿童的社会交往、自我概念与社会行为[J]. 北京师范大学学报(社会科学版)，1995(1)：76-83.

[360]俞国良. 学习不良儿童社会性发展及其家庭资源关系的研究[D]. 北京：北京师范大学，1995.

[361]约翰·桑特洛克. 青少年心理学[M]. 北京：人民邮电出版社，2013.

[362]曾建国. 心理咨询——中等学校青春期教育的新探索[J]. 当代青年研究，

1991(3)：8-11.

[363]曾建国. 上海城市老年人生死观的调查研究[J]. 心理科学，1992(5)：55-57.

[364]张春兴. 教育心理学的困境与出路——全人教育取向教育心理学的构想[J].
心理发展与教育，1993(2)：32-38.

[365]张笛梅，杨陵康. 中国高等学校中的中国科学院院士传略[M]. 北京：高等教
育出版社，1998.

[366]张荆. 当代青年的道德价值观[J]. 青年研究，1990，11(12)：2-8.

[367]张仁俊，朱曼殊. 婴儿的语音发展——一例个案的分析[J]. 心理科学通讯，
1987(5)：9-13.

[368]张日昇. 中日青年心理不安的比较[C]. 北京：全国第七届心理学学术会
议，1993.

[369]张旭升，林卡. "成功老龄化"理念及其政策含义[J]. 社会科学战线，2015
(2)：185-190.

[370]张增慧，林仲贤，茅于燕. 1.5岁~3岁幼儿的同色配对、颜色爱好及颜色命
名的初步研究[J]. 心理科学通讯，1984(1)：9-15.

[371]张日昇，高木秀明. 关于大学生的宗教态度和宗教观的日中比较研究[J]. 横
浜国立大学教育纪要，1989(29)：121-135.

[372]钟其翔. 医学心理学[M]. 南宁：广西壮族自治区卫生厅医教处，1986.

[373]周宗奎. 现代儿童发展心理学[M]. 合肥：安徽人民出版社，1999.

[374]朱曼殊，缪小春. 心理语言学[M]. 上海：华东师范大学出版社，1990.

[375]朱曼殊，武进之，缪小春. 幼儿口头言语发展的调查研究 1. 幼儿简单陈述句
句法结构发展的初步分析[J]. 心理学报，1979(3)：281-286.

[376]朱智贤，林崇德. 思维发展心理学[M]. 北京：北京师范大学出版社，1986.

[377]朱智贤，钱曼君，吴凤岗，林崇德. 小学生字词概念发展的研究[J]. 心理科
学通讯，1982(3)：25-31.

[378]朱智贤. 儿童掌握让步连接词的年龄特点. 见朱智贤. 朱智贤心理学文选
[M]. 北京：人民教育出版社. 1989.

［379］朱智贤. 中国儿童青少年心理发展与教育［M］. 北京：中国卓越出版公司，1990.

［380］左梦兰，傅金芝. 儿童记忆发展的若干特点的研究［J］. 心理科学通讯，1990（1）：9-14.

索　引 | INDEX

S

Z

扫描二维码,下载本书学习要点相关内容

图书在版编目（CIP）数据

林崇德文集：全十二卷／林崇德著．—北京：北京师范大学出版社，2020.10
　　ISBN 978-7-303-26290-8

Ⅰ．①林…　Ⅱ．①林…　Ⅲ．①教育学-文集　Ⅳ．①G40-53

中国版本图书馆 CIP 数据核字（2020）第 154509 号

营　销　中　心　电　话　　　010-58807651
北 师 大 出 版 社 高 等 教 育 分 社 微 信 公 众 号　　新外大街拾玖号

林崇德文集（全十二卷）第三卷：发展心理学
LIN CHONGDE WENJI：QUAN SHI'ER JUAN
出版发行：北京师范大学出版社　www.bnup.com
　　　　　北京市西城区新街口外大街 12-3 号
　　　　　邮政编码：100088
印　　刷：北京盛通印刷股份有限公司
经　　销：全国新华书店
开　　本：787 mm×1092 mm　1/16
印　　张：40（本卷）
字　　数：618 千字（本卷）
版　　次：2020 年 10 月第 1 版
印　　次：2020 年 10 月第 1 次印刷
定　　价：2300.00 元（全十二卷）

策划编辑：关雪菁　周雪梅　　　责任编辑：齐　琳　张筱彤
美术编辑：王齐云　　　　　　　装帧设计：王齐云
责任校对：包冀萌　王志远　　　责任印制：马　洁